王振芬　孟憲實　榮新江　主編

旅順博物館藏新疆出土漢文文獻

總目索引　上

中華書局

圖書在版編目（CIP）數據

旅順博物館藏新疆出土漢文文獻. 總目索引 / 王振
芬, 孟憲實, 榮新江主編. －北京：中華書局, 2020.10
　ISBN 978-7-101-14844-2

　Ⅰ. 旅… Ⅱ. ①王… ②孟… ③榮… Ⅲ. 出土文
物－漢語－文獻－書目索引－新疆 Ⅳ. Z89：K877.9

　中國版本圖書館CIP數據核字(2020)第207497號

旅順博物館藏新疆出土漢文文獻·總目索引（全三册）

主　　編　王振芬　孟憲實　榮新江
封面題簽　劉　濤
責任編輯　李　勉
出版發行　中華書局
　　　　　（北京市豐臺區太平橋西里38號　100073）
　　　　　http://www.zhbc.com.cn
　　　　　E-mail:zhbc@zhbc.com.cn
印　　刷　北京市白帆印務有限公司
版　　次　2020年10月北京第1版
　　　　　2020年10月北京第1次印刷
規　　格　開本787×1092毫米　1/16
　　　　　印張128½　插頁9　字數2650千字
印　　數　1-500册
國際書號　ISBN 978-7-101-14844-2
定　　價　600.00元

THE CATALOGUE AND INDEX OF CHINESE TEXTS FROM XINJIANG IN THE LUSHUN MUSEUM

I

Edited by

Wang Zhenfen

Meng Xianshi

Rong Xinjiang

ZHONGHUA BOOK COMPANY

BEIJING

2020

出版説明

　　本書是《旅順博物館藏新疆出土漢文文獻》一書的總目索引。《旅順博物館藏新疆出土漢文文獻》圖版共編爲三十二册，每册後附有相應的解題，對照使用。爲便於讀者快速瀏覽和检索全書内容，現將解題部分匯總成册，並編製了題名索引，原書前言與凡例也予以保留。希望本書有助於學界更方便地瞭解和利用旅順博物館藏新疆出土漢文文獻。

中華書局編輯部

二〇二〇年十月

編委會

目　録

旅順博物館藏新疆出土漢文文獻的入藏與整理 …………………………………………… 1

旅順博物館藏新疆出土漢文文獻的學術價值 …………………………………………… 12

旅順博物館藏新疆出土寫經的書法斷代 …………………………………………… 40

凡　例 …………………………………………… 1

經册一 …………………………………………… 1

經册二 …………………………………………… 21

經册三 …………………………………………… 43

經册四 …………………………………………… 87

經册五 …………………………………………… 111

經册六 …………………………………………… 140

經册七 …………………………………………… 186

經册八 …………………………………………… 238

經册九 …………………………………………… 265

經册十 …………………………………………… 314

經册十一 …………………………………………… 331

經册十二 …………………………………………… 387

經册十三 …………………………………………… 438

經册十四 …………………………………………… 465

經册十五 …………………………………………… 485

經册十六 …………………………………………… 530

經册十七 …………………………………………… 555

經册十八 …………………………………………… 579

經册十九 …………………………………………………………………… 597

經册二十 …………………………………………………………………… 617

經册二十一 ………………………………………………………………… 642

經册二十二 ………………………………………………………………… 655

經册二十三 ………………………………………………………………… 663

經册二十四 ………………………………………………………………… 684

經册二十五 ………………………………………………………………… 689

經册二十六 ………………………………………………………………… 701

經册二十七 ………………………………………………………………… 710

經册二十八 ………………………………………………………………… 718

經册二十九 ………………………………………………………………… 727

經册三十 …………………………………………………………………… 732

經册三十一 ………………………………………………………………… 740

經册三十二 ………………………………………………………………… 751

經册三十三 ………………………………………………………………… 757

經册三十四 ………………………………………………………………… 761

經册三十五 ………………………………………………………………… 764

經册三十六 ………………………………………………………………… 772

經册三十七 ………………………………………………………………… 776

經册三十八 ………………………………………………………………… 845

經册三十九 ………………………………………………………………… 878

經册四十 …………………………………………………………………… 890

經册四十一 ………………………………………………………………… 914

經册四十二 ………………………………………………………………… 928

經册四十三 ………………………………………………………………… 940

經册四十四 ………………………………………………………………… 956

經册四十五 ………………………………………………………………… 970

經册四十六 ………………………………………………………………… 984

經册四十七 ………………………………………………………………… 995

經册四十八 ………………………………………………………………… 1010

經册四十九 ………………………………………………………………… 1025

經册五十 …………………………………………………………………… 1040

經册五十一 ………………………………………………………………… 1053

經册五十二 ………………………………………………………………… 1067

經册五十三 …………………………………………………………………… 1088

經册五十四 …………………………………………………………………… 1099

經册五十五 …………………………………………………………………… 1111

經册五十六 …………………………………………………………………… 1127

經册五十七 …………………………………………………………………… 1169

經册五十八 …………………………………………………………………… 1230

經册五十九 …………………………………………………………………… 1277

經册六十 ……………………………………………………………………… 1315

經册六十一 …………………………………………………………………… 1355

經册六十二 …………………………………………………………………… 1359

經册六十三 …………………………………………………………………… 1368

經册六十四 …………………………………………………………………… 1381

經册六十五 …………………………………………………………………… 1394

經册六十六 …………………………………………………………………… 1408

經册六十七 …………………………………………………………………… 1410

經册六十八 …………………………………………………………………… 1418

經册六十九 …………………………………………………………………… 1472

經册七十 ……………………………………………………………………… 1509

經册七十一 …………………………………………………………………… 1548

經册七十二 …………………………………………………………………… 1589

經册七十三 …………………………………………………………………… 1638

經册七十四 …………………………………………………………………… 1670

散存文書 ……………………………………………………………………… 1692

參考文獻及縮略語 …………………………………………………………… 1733

題名索引 ……………………………………………………………………… 1745

旅順博物館藏新疆出土漢文文獻的入藏與整理

王振芬

　　創建於1917年的旅順博物館在中國博物館界是個獨特的存在，它的獨特性不僅體現在歷經日本殖民時期建館、蘇聯紅軍接管和中國政府最終收回的滄桑變遷中，更主要是在這種獨特的歷史際遇下所造就的獨特的藏品體系。其中來源於新疆地區、以吐魯番爲主要出土地的漢文文獻就是這些特色藏品中重要的内容，我們稱其爲“旅順博物館藏新疆出土漢文文獻”。這批文獻無論從數量上，還是其所涵蓋的内容上都是整個西域文獻重要的一宗。由於種種原因，這宗文獻也是目前所知國内新疆出土文獻中唯一尚未全面整理公佈的大宗收藏，被稱爲敦煌吐魯番文書“最後的寶藏”。旅順博物館藏新疆出土漢文文獻與現在已經完整公佈的日本龍谷大學藏“大谷文書”同屬大谷探險隊的收集品。衆所周知，20世紀初，日本西本願寺第二十二代法主大谷光瑞在1902—1914年間曾三次組織探險隊，在我國的甘肅、新疆和包括阿富汗、巴基斯坦在内的古印度地區從事考古探險活動，獲得了大量珍貴的文物資料。關於大谷探險隊活動的具體情況集中見於1937年出版的《新西域記》（上、下），還有一些當時的探險隊員的個人回憶[①]，近年又出版了一些研究者的研究成果[②]，也可以作爲瞭解探險隊活動的補充。

　　由於歷史的原因，大谷探險隊的收集品在上世紀早期就被分散，現在的主要收藏單位是分屬中國、日本、韓國的旅順博物館、龍谷大學、韓國國立中央博物館。從現在公佈的資料看，三宗收藏各有側重，旅順博物館所藏大谷收集品除了古印度佛教造像，最重要的就是來

① 橘瑞超著，柳洪亮譯《中亞探險》，新疆人民出版社，1993年。

② 白須净真《忘れられた明治の探險家渡邊哲信》，中央公論社，1992年；又《大谷探檢隊研究の新たな地平：アジア廣域調查活動と外務省外交記録》，勉誠出版，2012年；《大谷光瑞師五十回忌記念號》；龍谷大學東洋史學會《東洋史苑》第50、51合併號；柴田幹夫《大谷光瑞の研究：アジア廣域における諸活動》，勉誠出版，2014年；片山章雄《大谷探檢隊の追跡——交流人物、探檢記録、關係文物》，《龍谷史壇》第124號，2006年；宋文《大谷探險隊吐魯番地區活動研究》，蘭州大學碩士論文，2010年；尹紅丹《大谷探險隊第一次西域探險研究》，蘭州大學碩士論文，2012年；荒川正晴、柴田幹夫編《シルクロードと近代日本の邂逅：西域古代資料と日本近代佛教》，勉誠出版，2016年。

源於敦煌、新疆等地的文獻資料，其中包括敦煌佛教經卷[1]、新疆出土漢文和胡語文獻。近年我們對其中數量最多的漢文文獻進行了持續不斷的整理和研究，除了對其學術價值有了越來越清晰的認識之外，我們也對其整理與研究等情況進行了梳理，同時也涉及這宗文獻的分散和入藏等相關問題。與敦煌經卷不同，旅順博物館藏新疆出土漢文文獻多爲大小不一的殘片，現屬於館藏文物的第20類，主要佔用74個文物編號，這74個編號都由若干數量的殘片組成，統計數量26000多片，由於整理時期不同，保存方式不同，又分別稱爲大藍册（四十一册，尺寸爲30.5×45.4cm）、小藍册（十一册，18.2×24.2cm）、十六包和六包。這些文獻的整理與研究始自20世紀初，迄今已逾一個世紀，大體經歷日本二樂莊時期、20世紀20年代入藏旅順博物館時期、20世紀50年代之後三个重要時期，四個階段。

一　二樂莊時期的整理

大谷探險隊三次探險發掘獲得了大量的文物資料，最初全部運回日本，爲了解決其存放問題，大谷光瑞斥資在神户六甲修建了二樂莊。二樂莊是大谷收集品最初集中的存放地，在這裏大谷光瑞組織進行了最初的全面整理[2]，與漢文文獻有關的就是大、小藍册的裝裱成册和《二樂叢書》（四卷）編輯刊行、《西域考古圖譜》（天、地）出版。

關於文獻在二樂莊裝裱成册的情況，一份現藏西本願寺史料研究所、名爲《發掘書畫表具控》的資料有記録，它是有關本願寺室内部在明治四十四年（1911）1月28日至大正元年（1912）10月23日整理發掘品的備忘録，主要涉及發掘品裝裱、攝影、研究者來訪等内容。據橘堂晃一推測，這份記録主要由内田巨集道、佐佐木了玄、清原秀惠三人書寫，三人皆爲本願寺室内部部員[3]。有關大、小藍册的記録開始於大正元年4月28日，持續到9月3日，主要爲每日送出數量不等的大册、小册裝裱和收回的情況，其中提到裝裱者的名字是山切重次郎。在這份記録中還有一個重要名字伊藤義賢（1885—1969），他被認爲是其中數量最多的漢文佛典的主要整理者，他當時也是武庫佛教中學的教員。需要指出的是，根據這份記録統計出有48册大册、10册小册，與旅順博物館現存的41大册、11小册有出入，這一點還需要進一步調查和討論。

二樂莊裝裱標記除了大、小册的封皮都用了藍色宣紙，從而稱爲大藍册、小藍册外，還在封皮的右上角貼上了登記標籤。

大藍册分别爲：

① 關於旅順博物館藏敦煌經卷的調查，參看尚林、方廣錩、榮新江《中國所藏“大谷收集品”概況——特别以敦煌寫經爲中心》，龍谷大學佛教文化研究所，1991年3月。
② 近年陸續刊行了有關二樂莊時期的資料，見龍谷大學博物館2014年特别展圖録《二樂莊と大谷探檢隊：シルクロード研究の原點と隊員たちの思い：特别展》。
③ 橘堂晃一《二樂莊における大谷探檢隊將來佛典斷片の整理と研究：旅順博物館所藏の所謂“ブルーノート”の場合》，龍谷大學東洋史研究會《東洋史苑》第60、61合併號，2003年。

　　"經帖一"至"經帖二十一"（現編號LM20-1450~1470）

　　"净土一"（現編號LM20-1471）

　　"經帖燒一""燒帖貳"（現編號LM20-1472~1473）

　　"外經一""外經二"（現編號LM20-1474~1475）

　　"法華第一帖"至"法華第十帖"（現編號LM20-1476~1485）

　　"木版經一""木版經二"（現編號LM20-1486~1487）

　　"涅槃經"（現編號LM20-1488）

　　"涅槃般若一""涅槃般若二"（現編號LM20-1489~1490）

　　小藍冊分別爲：

　　"小帳一"至"小帳十一"（現編號LM20-1491~1501）[①]

　　藍冊的整理方式是每個殘片都給出流水編號，個別的標出出土地和經名，但這些有標記的殘片與總數相比還是微不足道，況且當中還有錯訛[②]。這些標記應該來源於整理者的記憶或者是探險隊發掘時的記錄。衆所周知，由於大谷探險隊最初沒有對發掘品的基本信息進行系統記錄，招致了後來學者的批評，所以這些早期的標記既難能可貴又讓人對其準確性生疑。

　　在二樂莊時期的整理活動還有一個重要人物橘瑞超，他是大谷探險隊的主要成員，也是早期最主要的整理者。他在1912年6月5日結束探險從敦煌回到二樂莊，帶回了大谷探險隊第三次探險活動的部分發掘品（留下吉川小一郎繼續發掘，吉川於1914年7月回到二樂莊，這時大谷光瑞已經辭去法主職位，二樂莊內部的整理工作已經結束），運抵日期爲6月12日，據前面提到的《發掘書畫表具控》記載，在此之前的4月28日已經整理出大小10冊，顯然這10冊整理的是第一、第二次的發掘品，只可惜我們現在還無法分出這10冊究竟是哪些。

　　在大、小藍冊接近完成的1912年9月15日，《二樂叢書》第一號刊行，到1913年7月28日，共刊行四號，由橘瑞超編輯，是大谷收集品中有關文獻資料的第一個公開研究成果。第一號刊佈了净土經相關文獻，第二至四號是法華經相關經典，有胡語，也有漢文。值得特別關注的是，如上述提到的大藍冊中有專門標注爲"净土"和"法華"的，橘堂晃一認爲這是橘瑞超整理出的兩大類殘片。另外，在藍冊中個別殘片有標出經名的情況，如LM20-1471-02-03旁邊標出"大無量壽經"，這些冊子中的殘片與《二樂叢書》著錄的內容應該密切相關，具體情況還需要進一步核查，但可以説《二樂叢書》體現了二樂莊時期文書殘片的第一批整理成果。

　　1915年，大谷光瑞委託國華社出版了《西域考古圖譜》（天、地），以圖錄的形式公佈了大谷收集品的主要內容，每件有圖片、經名、時代、出土地。其中有76件漢文文獻卻不在藍冊中，2016年，它們中的大部分突然出現在日本横濱一個拍賣會上[③]，據稱來源於與本願寺有關

① 王珍仁、孫慧珍《旅順博物館藏新疆出土漢文文書概況》，《新疆文物》1991年第4期，49—56頁。

② 房學惠、孫慧珍《旅順博物館藏新疆出土漢文佛經殘片原始整理狀況分析評述》，旅順博物館、龍谷大學合編《旅順博物館藏新疆出土漢文佛經研究論文集》，龍谷大學，2006年，35—45頁。

③ 見於日本横濱國際拍賣會印製的《横濱國際2016秋季五週年拍賣會·中國書畫》739號。

聯的私人手中，那麼可以推測，這些文獻在出版過程中脱離了二樂莊收藏，並在二樂莊文物分散後成爲私人收藏品。

二　入藏旅順博物館

二樂莊文物的分散開始於1915年，恰恰在同一年，日本殖民統治下的旅順由殖民當局籌劃建立了關東都督府滿蒙物産陳列所，這個陳列所就是現在旅順博物館的前身。受大谷光瑞的委託，由橘瑞超首先列出了出售給久原房之助並通過久原轉給朝鮮總督府博物館的文物目録。1916年，這批文物運到漢城，先是在景福宮展出，後來成爲現在韓國國立中央博物館的大谷收集品，在1935年出版的《新西域記》上有目録清單，這批文物以美術品爲主，鮮見文獻類資料[①]。據《橘瑞超年譜》[②]，1916年5月6日，橘瑞超由神户到旅順，他此行是隨同大谷光瑞移居旅順，與他們同來的還有原來存放在二樂莊内除了上述轉給久原之外的所有大谷收集品。大谷光瑞將其全部寄存在剛剛成立的博物館裏，並由橘瑞超“在旅順整理運送來的發掘品，編號登記，準備陳列。爲第二年（1917）在關東都督府滿蒙物産館展出”做準備[③]。橘瑞超的整理工作從1916年5月開始，到1917年12月結束，據《年譜》記録，當時參加整理的並不僅僅是他一個人，還有“伊藤等人”，這個伊藤也許就是二樂莊時期藍册的整理者伊藤義賢。橘瑞超等人在旅順博物館的整理工作也可以看作是二樂莊工作的繼續。

橘瑞超在旅順博物館整理文書的成果是完成了“十六包”（現編號LM20-1502~1517）。之所以稱爲“十六包”[④]，是因爲不同於二樂莊時期粘貼在册子上，每個殘片都是先用精心裁好的紙片包好，上面標記尺寸大小，再成組裝入特别糊製的紙袋中，袋子的表面書寫“大谷家經破片”作爲名稱。在LM20-1512袋子上有用鉛筆書寫的“大正六年六月二日記入濟，池園、山口兩人封”的記録，大正六年是1917年，正是橘瑞超在旅順整理期間，據大正八年《關東廳博物館一覽》，博物館當時有一位工作人員叫山口松次郎，没有查到池園氏的相關情況，但可以想見，橘瑞超等人的整理工作一定是與博物館工作人員相互配合進行的。LM20-1510和LM20-1513封袋上除了整理者簽名外，還有個日期“20/4/23”，即1920年4月23日[⑤]，説明直到這個時間還在登記，此時距橘瑞超回到日本已經兩年多了。

特別要説明的是，十六包的整理方式更接近博物館的文物登記方式，不僅給出編號，還

---

① 現在日本東京國立博物館也收藏了一批大谷收集品，這一部分應該是第一次探險所獲。具體情況參見東京國立博物館編《東京國立博物館圖版目録：大谷探險隊將來品篇》，1971年。

② 見橘瑞超著，柳洪亮譯《中亞探險》，113頁。

③ 同上注。另外，文中提到的“關東都督府滿蒙物産館”與上文中的“關東都督府滿蒙物産陳列所”以及後文將出現的“關東廳博物館”，都是旅順博物館初建時所使用過的名稱。

④ 爲方便查閲，2003年以來，旅順博物館將十六包殘片也按照大藍册的方式，粘貼成册，但稱呼仍使用原名。

⑤ 房學惠、孫慧珍《旅順博物館藏新疆出土漢文佛經殘片原始整理狀況分析評述》，35—45頁。

給出尺寸和出土地①，基本不再涉及殘片的具體内容。

關於這一時期的整理，需要進一步説明的還有兩個問題。

一是龍谷大學現藏“大谷文書”的整理。龍谷大學藏大谷文書計有八千多號，主要以佛教文獻之外的世俗文書爲主，1949年由西本願寺内務部倉庫移交，“古文書類裝在27個紙袋裏面，進一步打開紙袋，約三分之一的袋内附有一頁編號，意味着進行過某種程度的整理”②。文書和一些其他類的發掘品一起裝在一個約長3尺、寬2尺、高2尺多的木箱子裏，在木箱的側面有“大連關東別院光壽會”的字樣，説明這些文物也曾經被大谷光瑞帶到旅順，之後不知什麽時候又再次運去日本，那麽早期的整理也有可能在旅順完成。我們看到，無論是大、小藍册，還是十六包，都是以佛教類（或者是整理者以爲的佛教文獻）爲主。也許早期整理的大原則是先將大谷光瑞更關注的佛教類文獻整理出來，因而我們看到的是將佛教文獻與非佛教類文獻分開的狀態。當然，我們現在發現也有相當數量互相混淆，這是整理的“初步”所致，並不影響上述説法的成立。需要補充的是，個别重要的非佛教文書在二樂莊時期也有所整理，如著名的《孔目司帖》和“李柏文書”，不僅在二樂莊展示，也和部分其他文書一樣刊佈在《西域考古圖譜》上。

二是關於《新西域記》附録的《關東廳博物館大谷家出品目録》所涉及的一些問題。這份目録的形成年代大概是1925至1935年間，共有679個明確的編號，前638個是敦煌經卷（這些經卷1954年調撥至北京圖書館，即現在的中國國家圖書館，旅順博物館現保存有10件，均爲吉川小一郎帶回、未經二樂莊時期裝裱的），從639號開始爲“經帖破片”，52册大小藍册佔用9個編號，十六包佔用1個編號，這些編號現在還存在於藍册封皮上。據旅順博物館現在保留下來的當時的文物大帳（簡稱爲《日本大帳》）記載，大谷收集品登記上帳的時間是1929年，這個年代也就自然成爲大谷收集品正式入藏旅順博物館的標誌。在此之前，從1916年開始是大谷收集品寄存旅順博物館的階段。《日本大帳》上登記的大谷收集品以古印度佛教造像、吐魯番高昌古墓陶俑等等立體文物爲主，單單不見紙質的文獻。究其原因是大谷收集品因材質不同分别存放，立體文物在當時的關東廳博物館考古分館，以文獻爲主的紙質文物存放在關東廳博物館的圖書館。1925年至1928年，關東廳博物館的圖書館從博物館中分離，成立獨立的旅順圖書館，在這個過程中編製了一份圖書館藏大谷收集品的目録。在《關東廳博物館大谷家出品目録》最後還附了41件無編號的、各種材質的文物，這41件應該是當時在博物館展出的大谷收集品。

---

① 關於十六包標注的出土地，是因爲每包包裝袋的封面上都有“C”“CC”“CK”“CT”“CB”等記録，這被有些研究者認爲是出土地。同見上注。

② 小笠原宣秀《龍谷大學所藏大谷探險隊帶來的吐魯番出土文書綜述》，橘瑞超著，柳洪亮譯《中亞探險》附録二。

三　二十世紀五十年代之後的重新登記和整理

1945年，蘇聯紅軍接管了旅順博物館，一直到1955年。十年中，旅順博物館没什麽明顯的發展，留下的印記是在幾乎每件文物、資料上都有其登記的記録，藍册封面上的兩行俄文即是。

到了1954年，旅順博物館回歸在即，開始對其所藏文物進行重新登記，此次登記將館内所有文物按材質分類，每類給出流水號，大谷收集品爲第20類。1955年，館内業務人員對保留下來的殘紙片進行再次揀選，將選出的殘片簡單分裝爲8包。2002年再次組織人員對這8包進行整理登記，共計3408片，給出6個文物登記號（LM20-1518~1523），這次整理應該是繼二樂莊時期、博物館初建時期之後對文書殘片的第三次整理。在這個過程中，博物館的業務人員也開始了研究工作，編製了整理目録[①]，並在相關刊物上發表。

四　二十一世紀以來的研究性整理

2003至2006年，旅順博物館與日本龍谷大學合作，共同開展分别由中國國家文物局、日本文部科學省批准立項的"旅順博物館藏新疆出土漢文佛經殘片的整理和研究"課題項目。雙方代表人分别是時任旅順博物館館長劉廣堂、龍谷大學校長上山大峻，雙方本着對等的原則，均有十餘人參加具體工作。日本京都大學竺沙雅章、上海師範大學方廣錩分别應邀指導。工作方法是首先對前列52册、十六包、六包的所有殘片進行攝影掃描，採集每件殘片的高清信息資料，然後利用《大正藏》電子檢索系統對每件殘片進行檢索，比定出殘片的經名、内容。殘片的斷代是按照日本學者藤枝晃的分期法，分爲：北朝前期（AA期，3世紀末至5世紀前半北涼時期止）、北朝後期（A期，5世紀前半至6世紀中葉）、高昌國時期（A'期，6世紀前半至7世紀中葉麴氏高昌王國滅亡止）、高昌國末期—唐西州時期（C1期）、唐西州時期（C2期）、唐西州—回鶻時期（C3期）、回鶻時期（D期，8世紀末至14世紀）。整理體例要求每件殘片的整理檔案包括經名、譯者、撰著者、録文、在《大正藏》中的位置、尺寸、書寫方式、紙質、書體和時代等二十八項内容。共查出13930片，502部佛教典籍。2006年在大連雙方聯合召開了國際學術研討會，同年合編出版了《旅順博物館藏新疆出土漢文佛經選粹》，有1429片佛經殘片公佈出來。此次合作的學術成果有：一是再次發現了與已知世界上最早的漢文佛教寫本——西晉元康六年（296）《諸佛要集經》爲同一寫本的殘片14片，這14片殘片散存在不同經册中，將其一一比對出來[②]。二是新發現了帶

① 　王珍仁、孫慧珍《旅順博物館藏新疆出土漢文文書概況》，49—55頁。
② 　三谷真澄《旅順博物館所藏〈諸佛要集經〉寫本について》，旅順博物館、龍谷大學合編《旅順博物館藏新疆出土漢文佛經研究論文集》，2006年，64—73頁。

有承陽三年（427）年款的《菩薩懺悔文》。承陽是沮渠氏北涼使用的年號，不見於史書記載，現在已知使用承陽年號的只有兩件實物，一件是甘肅酒泉出土的北涼時期馬德惠石塔，另一件是吐魯番出土的户籍文書（現藏德國柏林）。不僅如此，這件寫本本身也是研究當時南北佛教文獻交流、早期佛教菩薩受戒等問題的重要資料①。三是對新疆吐魯番地區本土佛教傳播情況有了初步的認識②。除此之外，通過整理許多殘片，實現了連綴，特別是與龍谷大學藏品的連綴，爲雙方的藏品研究都提供了新的方法。

但是，此次合作初步完成的整理僅僅限於佛教文獻，整理的廣度和深度都是有限的。合作結束後，雙方還保持交流③，旅順博物館的工作人員也有新的成果發表④，但就全面整理和研究而言，投入的人員和時間明顯不足。

2015年，旅順博物館與北京大學中國古代史研究中心達成合作協定，由旅順博物館、北京大學中國古代史研究中心、中國人民大學歷史學院、首都師範大學歷史學院、中國社會科學院古代史研究所的工作人員、教師、在讀博士生和碩士生組成“旅順博物館藏新疆出土漢文文獻”整理團隊，開始了新一輪整理和研究工作。這次整理承接歷次成果，採取分工檢索、集體會讀、實物比對等方式，與以往各階段的整理工作相比，不同之處有三：

一是整理範圍全面，以前整理規模有大有小，但均局限於一個類別、一種文獻，此次整理不僅要對數量佔絶對優勢的佛教文獻進行整理，而且對其他宗教——道教、摩尼教等文獻，世俗文書，無論數量多少，均納入工作範圍。另外，對其來源、分散等文獻本身情況的調查也是此次工作的内容。

二是工作起點高，以前的整理都只是就整理而整理，眼光和視野局限在材料本身，此次整理不僅要確定出殘片本身在内容、時代等方面的準確信息，更主要是將工作重點放在與其他宗相關收藏的關聯上，連綴、比對、排列，從而確定學術價值。

三是整理目標明確，以前整理新疆出土文獻或則依據敦煌文書的整理方法和成果，或則按照傳統文獻學的方法，此次整理是站在寫本時代吐魯番文獻的角度，建立該時代該地區的文獻體系。

從一開始，整理和研究就同步進行。2016年8月，整理團隊參加中國人民大學國學院在無錫召開的學術研討會，會上提交論文24篇。由於整理工作還處於初期階段，大部分研究是就獨立的一個或一組殘片展開，但也充分展示出了研究成果，現在這些成果已經陸續在專業刊物上發表。

2016年底，該項目順利成爲教育部人文社會科學重點研究基地北京大學中國古代史研

---

①　王振芬《承陽三年〈菩薩懺悔文〉及其相關問題》，同上注，74—83頁。

②　橘堂晃一《旅順博物館藏麴氏高昌國時代の佛教注釋書概觀》，同上注，84—103頁。

③　旅順博物館、龍谷大學合編《旅順博物館藏新疆出土漢文净土教寫本集成》，龍谷大學，2010年。

④　郭富純、王振芬《旅順博物館藏西域文書研究》，萬卷出版公司，2007年；《書法叢刊：旅順博物館藏西域書跡選》，文物出版社，2006年專刊。

究中心重大項目。2017年8月，在新疆師範大學黃文弼中心召開了第二次學術研討會，會上提交論文25篇。與前次不同，論文從關注一個殘片的點，到更關注一個殘片所代表的面，反映了團隊整體研究視野在深度和廣度上的擴展，文獻本身的學術價值也通過這樣的整理和研究得以凸顯。我們有理由期待更多更有價值的成果在不久的將來出現，揭示出旅順博物館藏新疆出土漢文文獻的真正價值。

　　旅順博物館藏新疆出土文獻，從日本二樂莊時期以來，經過多次整理，相關研究未曾停止，幾代人的不懈努力，終於結成碩果，撫今追昔，感慨良多。滄海桑田，人間多故，學術建設更待後人。

附： 旅順博物館藏新疆出土文獻編號匯總

2017年新統計流水號	1950年代至今登記號	最初整理編號	關東廳博物館登記號	蘇聯時期登記號	圖書登記號	整理分期
經册一	20.1450	經帖一	8—639—1	722	645	日本二樂莊時期整理
經册二	20.1451	經帖二	8—639—2	772	628	
經册三	20.1452	經帖三	8—639—3	722	635	
經册四	20.1453	經帖四	8—639—4	722	621	
經册五	20.1454	經帖五	8—639—5	722	647	
經册六	20.1455	經帖六	8—639—6	772	619	
經册七	20.1456	經帖七	8—639—7	722	624	
經册八	20.1457	經帖八	8—639—8	722	651	
經册九	20.1458	經帖九	8—639—9	722	634	
經册十	20.1459	經帖十	8—639—10	722	637	
經册十一	20.1460	經帖十一	8—639—11	722	641	
經册十二	20.1461	經帖十二	8—639—12	722		
經册十三	20.1462	經帖十三	8—639—13	722	653	
經册十四	20.1463	經帖十四	8—639—14	722	638	
經册十五	20.1464	經帖十五	8—639—15	722	622	
經册十六	20.1465	經帖十六	8—639—16	772	652	
經册十七	20.1466	經帖十七	8—639—17	722	629	
經册十八	20.1467	經帖十八	8—639—18	722	636	
經册十九	20.1468	經帖十九	8—639—19	772	645	
經册二十	20.1469	經帖二十	8—639—20		633	

續表

2017年新統計流水號	1950年代至今登記號	最初整理編號	關東廳博物館登記號	蘇聯時期登記號	圖書登記號	整理分期
經册二十一	20.1470	經帖二十一	8—639—21	772	627	
經册二十二	20.1471	净土一	8—640	722		
經册二十三	20.1472	經帖燒一	8—641—1	772	646	
經册二十四	20.1473	燒帖貳	8—641—2	722	626	
經册二十五	20.1474	外經一	8—645—1	722	640	
經册二十六	20.1475	外經二	8—645—2	722	632	
經册二十七	20.1476	法華第叁帖	8—643—1	722	618	
經册二十八	20.1477	法華第貳帖	8—643—2		644	
經册二十九	20.1478	法華第九帖	8—643—3	722	631	
經册三十	20.1479	法華第壹帖	8—643—4	722	623	
經册三十一	20.1480	法華第四帖	8—643—5	722	657	
經册三十二	20.1481	法華第六帖	8—643—6	722	648	日本二樂莊時期整理
經册三十三	20.1482	法華第七帖	8—643—7		656	
經册三十四	20.1483	法華第八帖	8—643—8	722	625	
經册三十五	20.1484	法華第五帖	8—643—9	722	620	
經册三十六	20.1485	法華第十帖	8—643—10	722	639	
經册三十七	20.1486	木版經一	8—642—1		643	
經册三十八	20.1487	木版經二	8—642—2	722	642	
經册三十九	20.1488	涅槃經	8—646	722	630	
經册四十	20.1489	涅槃般若一	8—647—1	722	655	
經册四十一	20.1490	涅槃般若二	8—647—2	722		
經册四十二	20.1491	小帳一	8—644—1	689	246	
經册四十三	20.1492	小帳二	8—644—2	689—5	247	
經册四十四	20.1493	小帳三	8—644—3	689—3	248	
經册四十五	20.1494	小帳四	8—644—4	689—1	249	
經册四十六	20.1495	小帳五	8—644—5	689—10	250	
經册四十七	20.1496	小帳六	8—644—6	689—6	251	
經册四十八	20.1497	小帳七	8—644—7	689—7	252	
經册四十九	20.1498	小帳八	8—644—8	689—8	253	

續表

2017年新統計流水號	1950年代至今登記號	最初整理編號	關東廳博物館登記號	蘇聯時期登記號	圖書登記號	整理分期
經册五十	20.1499	小帳九	8—644—9	689—2	254	日本二樂莊時期整理
經册五十一	20.1500	小帳十	8—644—10	689—9	255	
經册五十二	20.1501	小帳十一	8—644—11	689—8	256	
經册五十三	20.1502	大谷家經破片 C自壹號 至壹百五號在中 C其之一	十六包 8—648—7		692	關東廳博物館時期整理登記
經册五十四	20.1503	大谷家經破片 C自百五拾壹號 至四百五拾七號 C其之二	十六包 8—648—13		699	
經册五十五	20.1504	大谷家經破片 C自三百貳拾八號 至四百五拾七號 C其之三	十六包 8—648—9		692	
經册五十六	20.1505	大谷家經破片 C自四百五拾八號 至七百拾七號 C其之四	十六包 8—648—16			
經册五十七	20.1506	大谷家經破片 C自九百七拾八號 至壹千貳百三拾七號 C其之六	十六包 8—648—10			
經册五十八	20.1507	大谷家經破片 C自七百拾八號 至九百七十七號 C其之五	十六包 8—648—5			
經册五十九	20.1508	大谷家經破片 C自壹千貳百三拾八號 至壹千四百九拾七號 C其之七	十六包 8—648—8			
經册六十	20.1509	大谷家經破片 C自壹千四百九拾八號 至壹千六百五拾號 C其之八	十六包 8—648—14			

續表

2017年新統計流水號	1950年代至今登記號	最初整理編號	關東廳博物館登記號	蘇聯時期登記號	圖書登記號	整理分期
經册六十一	20.1510	經破片三十八片在中自一六五一至一六八八	十六包 8—648—15			關東廳博物館時期整理登記
經册六十二	20.1511	大谷家經破片CB自壹號至壹佰八拾七號	十六包 8—648—3			
經册六十三	20.1512	大谷家經破片CT自壹號至壹百八拾七號	十六包 8—648—1		1156	
經册六十四	20.1513	大谷家經破片CT自百八拾八號至三百五拾號	十六包 8—648—2			
經册六十五	20.1514	大谷家經破片CT自三百五拾一號至五百三拾號	十六包 8—648—4			
經册六十六	20.1515	大谷家經破片CC自壹號至拾四號CY自壹號至五號	十六包 8—648—11			
經册六十七	20.1516	大谷家經破片CK自壹號至百〇五號	十六包 8—648—12		692	
經册六十八	20.1517	佛經斷片				一九五〇年代整理
經册六十九	20.1518					
經册七十	20.1519					
經册七十一	20.1520					
經册七十二	20.1521					
經册七十三	20.1522					
經册七十四	20.1523					

旅順博物館藏新疆出土漢文文獻的學術價值

榮新江　孟憲實　朱玉麒　孟彦弘　游自勇*

　　旅順博物館(簡稱"旅博")藏新疆出土漢文文獻與日本"大谷文書",同屬西本願寺第二十二代法主大谷光瑞組織的中亞探險隊的收集品,二者的分合情況具見前文所述。相較於史學界對大谷文書較爲充分的研究而言,旅博所藏新疆出土漢文文獻雖然很早就爲學界所知,但由於歷史原因,很少有人能真正經眼這批資料,相關研究亦多屬"挖寶式"的。進入21世紀之後,旅博與日本龍谷大學合作,對這批文獻進行了部分整理,刊佈了一些資料,但對於館藏總數來説也只是很少的一部分。2015年8月以來,我們對旅博館藏新疆出土漢文文獻進行了全面的清理,在能力所及範圍之内對大多數殘片給出了定名和解題。在這個過程中,我們對這批資料的學術價值有了較爲全面的認識。以下,我們根據文獻的性質,分類提示一些富有研究旨趣的内容,以揭櫫這批資料所藴含的學術價值。

一　西域佛典

　　旅博館藏的新疆出土漢文文獻當中,無疑以佛典最多,數量逾兩萬片,其中主要部分應當來自吐魯番盆地各個遺址,但也有一些是出自庫車、和田地區。雖然因爲出土於佛寺或千佛洞遺址,保存狀態不佳,大多數都是殘片,但經過我們的比定,其内涵十分豐富,大大推進了人們對吐魯番乃至整個西域地區漢文佛教典籍内容的認知,有不少極具學術價值。前人常常用"吉光片羽"來形容這些殘片,誠非虚言。

(一)吐魯番出土佛典概況

　　自19世紀末以來,吐魯番盆地各個遺址出土了大量佛教典籍的殘片,其中比較大宗的

---

*　本文各部分執筆情況如下:榮新江(西域佛典),游自勇(西州道經、典籍文獻之子部、占卜與醫藥文獻),朱玉麒(典籍文獻之經部、集部),孟彦弘(典籍文獻之史部、法典),孟憲實(公私文書)。本文最後由游自勇統合完成。

收集品保存在德國國家圖書館（Staatsbibliothek Preussischer Kulturbesitz）、亞洲藝術博物館（Museum für Asiatische Kunst）、英國國家圖書館（The British Library）、俄羅斯科學院東方文獻研究所（Institute of Oriental Manuscripts of Russian Academy of Science）、芬蘭國家圖書館（The National Library of Finland）、日本龍谷大學圖書館、書道博物館、静嘉堂文庫，中國旅順博物館、新疆博物館、吐魯番博物館，數量少一些的收集品則分散在世界各地，其中包括中國國家博物館、土耳其伊斯坦布爾大學圖書館（The Library of Istanbul University）、美國普林斯頓大學葛斯德圖書館（Gest Library, Princeton University）、日本大阪四天王寺出口常順氏，等等。

多年來，通過各國學者的不懈努力，許多佛典殘片都經過修復、整理、編目和比定工作，有些還有相當豐厚的研究史，在此無法一一列舉。目前，我們對於已出土的吐魯番以及西域其他地區的漢文佛典有了比較全面的認識，但與敦煌佛典的研究相比，還有相當大的距離，許多問題還有待深入探討。以下就從幾個方面，來加以闡述。由於大多數旅博藏品出自吐魯番，但又缺乏清楚的出土地記錄，爲了叙述方便，以下多以吐魯番出土佛典來指稱旅博所藏新疆出土文獻，而在最後專列一小節，討論明確出自吐魯番之外地區（主要是庫車）的漢文佛典。

吐魯番地區出土佛教典籍的年代延續時間很長，西晉元康六年（296）寫本竺法護譯《諸佛要集經》題記是所見最早的年款[①]。經過高昌郡時期（327—443）、高昌國時期（443—640）、唐朝時期（640—803）、回鶻汗國時期（803—866）、西州回鶻時期（866—1283），高昌地區佛教一直興盛，產生了大量的寫本、刻本佛經，有的是中原傳來，有的則是當地抄寫的。因爲大多數寫本是殘片狀態，所以需要先做比定，在瞭解了大多數殘片的内涵之後，我們才可以進而探討這些殘片所能説明的問題。

（二）涼土異經

東漢末年，以公元148年安世高進入洛陽爲標誌，正規的佛教組織進入中國，開始譯經事業。到了西晉時期，"敦煌菩薩"竺法護在河西、長安等地譯經，佛教經典大幅度增加。隨後的十六國時期，特別是北涼時期，涼州地區翻譯了不少佛經，道安的《綜理衆經目録》中有所謂"涼土異經録"。這些經典有些傳入中原，有些則因種種原因，未必傳入内地。吐魯番出土寫經中，有不少屬於高昌郡和高昌國早期的寫經，其中是否包括"涼土異經"，這是非常值得探討的問題。

旅博發現的幾件早期《無量壽經》（編號LM20-1490-14-01、LM20-1462-29-01、LM20-1454-08-07、LM20-1462-35-01、LM20-1453-17-03），與現存的早期《無量壽經》各本，如吳支謙譯《阿彌陀三耶三佛薩樓佛檀度人道經》（《大阿彌陀經》）、題後漢支婁迦讖譯《無

[①] 除《西域考古圖譜》（國華社，1915年）刊佈的帶有題記的寫本外，屬於同一寫本的其他殘片在旅博藏卷中又有發現，參看三谷真澄《旅順博物館所藏〈諸佛要集經〉寫本について》，旅順博物館、龍谷大學合編《旅順博物館藏新疆出土漢文佛經研究論文集》，龍谷大學，2006年，64—73頁。

量清净平等覺經》、題曹魏康僧鎧譯《無量壽經》，在結構、形態、用詞、語句等方面都不相同。同類的寫本也見於德國吐魯番探險隊收集品，都來自吐魯番地區[①]。我們不禁要問，這些早期《無量壽經》是不是只在包括吐魯番地區的涼州範圍内傳播？它們或許就是没有進入中原的涼土異經。

　　早期的佛典寫本，不論是否涼土異經，其實都是十分珍貴的材料，旅博所藏《菩薩懺悔文》[②]、《悲華經》[③]、《大般涅槃經》（北本）[④]、《賢愚經》[⑤]、《治禪病祕要法》[⑥]、《道行般若經》[⑦]、《維摩詰經》[⑧]，以及大量净土經類寫本[⑨]，不論從佛教史還是佛典流傳史的研究方面，都有重要的參考價值。

（三）北朝經疏

　　隋唐統一中國以後，南朝系統的佛教學説被當作正統的教法而得以保存和發揚，而北朝系統的學説只是在北方的一些地區繼續流傳，後來就湮没無聞了。敦煌藏經洞保存的北朝寫本佛典注疏的發現，可以讓我們部分瞭解北朝系的學説，從而也部分明確了隋唐佛教思想的一些來源問題[⑩]。現在，隨着吐魯番文獻的整理研究，特别是旅博館藏大量佛典斷片的比定和釋録，各種北朝經疏的面貌逐漸顯露出來。

　　橘堂晃一對屬於高昌國時期寫本的《勝鬘義疏本義》、《勝鬘義記》、勝鬘經雙行注本，《注維摩詰經》僧肇單注本、《維摩義記》，《法華義記》及其他法華經注疏，慧遠《涅槃義

① 三谷真澄《旅順博物館所藏の净土教寫本について》，《龍谷大學國際文化研究》第12號，2008年，29—44頁；又《旅順博物館所藏の漢文無量壽經寫本》，《宗教研究》第83卷第4號，2010年，409—410頁；又《ドイツトルファン隊收集の初期無量壽經寫本》，《佛教學研究》第70號，2014年，1—25頁；又《德國吐魯番探險隊收集的早期〈無量壽經〉寫本考釋》，陸帥譯，《魏晉南北朝隋唐史資料》第32輯，2015年，220—241頁。

② 王振芬《承陽三年〈菩薩懺悔文〉及相關問題》，《旅順博物館藏新疆出土漢文佛經研究論文集》，74—83頁；又載《敦煌吐魯番研究》第14卷，上海古籍出版社，2014年，467—477頁。

③ 陰會蓮《旅順博物館藏吐魯番出土〈悲華經〉之整理狀況》，《旅順博物館藏新疆出土漢文佛經研究論集》，104—117頁。

④ 王宇、王梅《旅順博物館藏吐魯番出土〈大般涅槃經〉（北本）早期寫本的綴殘及其他》，《旅順博物館藏新疆出土漢文佛經研究論文集》，46—63頁。

⑤ 三谷真澄《旅順博物館所藏〈賢愚經〉漢文寫本について》，《印度學佛教學研究》第52卷第2號，2004年，236—239頁。

⑥ 包曉悦《旅順博物館所藏吐魯番出土〈治禪病秘要法〉殘片研究》，王振芬主編《旅順博物館學苑·2016》，吉林出版集團股份有限公司，2017年，112—122頁。

⑦ 孫傳波《旅順博物館藏新疆出土漢文〈道行般若經〉殘片述略》，《旅順博物館藏新疆出土漢文佛經研究論文集》，160—203頁。

⑧ 王梅《旅順博物館藏吐魯番出土〈維摩經〉漢文寫本殘片整理概述》，《旅順博物館藏新疆出土漢文佛經研究論文集》，135—159頁。

⑨ 郭富純、入澤崇主編《旅順博物館所藏新疆出土漢文净土教寫本集成》，法藏館，2010年。

⑩ 榮新江《敦煌學十八講》，北京大學出版社，2001年，226頁。

記》、其他涅槃經注疏，《文殊師利菩提經》雙行注本等等，做了簡要的概說[1]，並專門就《勝鬘義記》做了深入討論和對比研究，以下據橘堂氏的研究略作陳述。

《勝鬘義疏本義》已知有6個殘片（編號LM20-1466-19-01、LM20-1451-25-02、LM20-1494-21-04、LM20-1520-37-04+LM20-1460-10-18、LM20-1458-21-16），它們與敦煌本柰93（BD0114）、玉24（BD0113）《勝鬘義疏本義》相同[2]。據藤枝晃研究，敦煌本所代表的北朝經疏，正是日本聖德太子《勝鬘經義疏》的依據，故稱"本義"[3]。

《西域考古圖譜》下卷佛典附録1-5曾刊佈《勝鬘義記》卷中寫本12行，最後一行題記作"延昌廿七年（587）□（下殘）"。橘堂氏又從旅博現存文獻中找到屬於同一卷寫本的18件殘片（LM20-1452-39-09等），所存文字基本涵蓋了敦煌本（BD0114）第314—375行的內容。此卷出吐峪溝，説明作爲聖德太子《勝鬘經義疏》思想來源之一的北朝《勝鬘義記》，也在吐魯番的高昌王國流行[4]。

《西域考古圖譜》下卷佛典附録3-1曾刊佈吐峪溝出土建昌二年（556）寫《維摩義記》卷四，橘堂氏又從旅博找到另一個寫本的《維摩義記》，由10個殘片綴合幾近完整的一葉（編號LM20-1452-30-01+LM20-1456-04-07+LM20-1462-16-01+LM20-1457-38-07+LM20-1470-23-01+LM20-1457-22-02+LM20-1497-13-04+LM20-1461-01-10+LM20-1462-16-02+LM20-1464-22-02），與法藏敦煌本P.2273（29-16）內容相同[5]。我們這次又比定出一件（LM20-1468-21-05）。

此外，旅博還有僧肇單注本《注維摩詰經》、慧遠《維摩義記》等[6]。我們在旅博藏卷中，找到數十件《涅槃經》注疏殘片，年代均在唐朝以前的高昌國時期。這些殘片的內容與現存的蕭梁寶亮等人注釋的《大般涅槃經集解》、灌頂的《大般涅槃經疏》，以及敦煌發現的二十多件、內容屬於數種的涅槃經疏都不相同，經與敦煌本（上博064、BD93、BD2276等）以詞、句爲單位逐個詮釋的涅槃經疏書寫體例對比，LM20-1450-18-03、LM20-1469-14-01等殘片應當是曇無讖《大般涅槃經》的注疏，與南方偏重義理的學說不同，可能是北方涅槃學初

---

[1]　橘堂晃一《旅順博物館に藏される麴氏高昌國時代の佛教注釋書概觀》，《旅順博物館藏新疆出土漢文佛經研究論文集》，84—103頁。

[2]　旅順博物館、龍谷大學主編《旅順博物館藏新疆出土漢文佛經選粹》（以下簡稱《旅博選粹》），法藏館，2006年，72、77、162、168頁；橘堂晃一《旅順博物館に藏される麴氏高昌國時代の佛教注釋書概觀》，87—88頁。

[3]　藤枝晃《北朝における〈勝鬘經〉の傳承》，《東方學報》（京都）第40册，1969年，325—349頁；藤枝晃、古泉圓順《E本〈勝鬘義疏本義〉敦煌本》，《聖德太子集》（日本思想大系2），岩波書店，1975年。

[4]　《旅博選粹》，75—77頁；橘堂晃一《トユク出土〈勝鬘義記〉について——トルファン，敦煌そして飛鳥》，《佛教文化研究所紀要》第46集，2007年，266—286頁。

[5]　《旅博選粹》，71頁；橘堂晃一《旅順博物館に藏される麴氏高昌國時代の佛教注釋書概觀》，94—95頁。

[6]　鄭阿財《旅順博物館藏新疆出土〈注維摩詰經〉殘卷初探》，王振芬、榮新江主編《絲綢之路與新疆出土文獻：旅順博物館百年紀念國際學術研討會論文集》，中華書局，2019年，171—208頁。

期的產物。考慮到北涼名僧法進（又名道進、法迎）曾從曇無讖受菩薩戒[①]，後來又隨沮渠無諱、安周兄弟流亡到高昌[②]，隨之而來的有不少北涼僧人，因此不難設想北涼涅槃學此後在高昌傳播開來，産生不少具有河西、高昌地方特色的涅槃經疏，在其他地方並不流行。

（四）唐朝中原寫經

唐朝於貞觀十四年（640）滅高昌王國，在吐魯番設立直轄的西州後，唐朝的制度、文化很快進入這裏，佛教也不例外。中原地區流行的經典，如《金剛經》、《維摩詰經》、《妙法蓮華經》，以及玄奘譯《大般若波羅蜜多經》、義净譯《金光明最勝王經》、實叉難陀譯《大方廣佛華嚴經》等，也都是西州地區最爲流行的經典。我們在旅博藏卷中見到有唐太宗的《大唐三藏聖教序》（LM20-1456-28-11、LM20-1507-C1061a）和唐中宗的《大唐龍興三藏聖教序》（編號LM20-1505-C0680b、LM20-1511-CB0086、LM20-1511-CB0079、LM20-1486-29-10）[③]，表明敕頒的佛典，陸續送到了吐魯番盆地的寺院。

武則天以佛教宣揚的“女主轉世”説作爲其上臺的理論基礎，因此特別重視《大雲經》和《寶雨經》。過去我們曾經根據大谷探險隊所得《武周康居士寫經功德記碑》和德藏MIK III 113（T II）寫本，討論《寶雨經》傳播到高昌的問題[④]。現在，我們又從旅博藏卷中找到更多的《寶雨經》寫本斷片（編號LM20-1457-11-15、LM20-1451-24-07、LM20-1456-20-05、LM20-1460-38-22、LM20-1492-03-04、LM20-1506-C0780d、LM20-1506-C0976b、LM20-1509-C1561c、LM20-1519-36-05、LM20-1519-36-06、LM-1522-20-03），説明作爲武則天政治宣傳品的《寶雨經》，曾經在西州地區廣泛傳寫[⑤]。

此外，還有唯識學著作[⑥]、《俱舍論頌釋序》[⑦]、多種《金剛經》注疏[⑧]等中原僧人著述，又有僧傳文獻，以及《法苑珠林》等中土著述和靈驗記、《冥報記》等佛教文學類作品。這是學界所熟知的，此不贅述。

---

① 《高僧傳》卷二《曇無讖傳》，中華書局，1992年，79頁。
② 參看孟憲實《北涼高昌初期内政索隱——以法進自殺事件爲中心》，朱玉麒主編《西域文史》第1輯，科學出版社，2006年，135—144頁；後收入氏著《出土文獻與中古史研究》，中華書局，2017年，163—175頁。
③ 王衛平《關於〈大唐中興三藏聖教序〉——兼及旅順博物館藏吐魯番出土殘片略考》，《絲綢之路與新疆出土文獻》，262—265頁。
④ 榮新江《胡人對武周政權之態度——吐魯番出土〈武周康居士寫經功德記碑〉校考》，初刊《民大史學》第1期，1996年，6—18頁；後收入氏著《中古中國與外來文明》，三聯書店，2001年，204—221頁。
⑤ 榮新江《“康家一切經”考》，《旅順博物館學苑·2016》，60—73頁。
⑥ 王丁《吐魯番出土的唐代唯識學文獻小考》，《敦煌寫本研究年報》創刊號，2007年，145—164頁。
⑦ 史睿《旅順博物館藏〈俱舍論頌釋序〉寫本考》，《旅順博物館學苑·2016》，74—87頁。
⑧ 李昀《旅順博物館藏〈金剛經〉注疏小考》，《旅順博物館學苑·2016》，88—111頁。

（五）疑僞經

按照佛教的正統觀念，凡是非佛親口所説的經，就是"僞經"；真僞難辨者則是"疑經"；合稱"疑僞經"。目前所見，最晚到東晉道安的《綜理衆經目録》（簡稱《道安録》，已佚），已經爲疑僞經單辟一目，意欲禁絶。這一傳統，爲歷代經録所延續。

旅博館藏新疆出土漢文文獻中，也有大量的佛教疑僞經，從高昌國經唐西州到西州回鶻時期都有，大多是從中原轉抄或當地重抄而得，流傳於吐魯番及西域其他地區。目前已經見到的禪宗系統之外的疑僞經，主要有[①]：

《決定罪福經》，又名《決罪福經》、《慧法經》、《惠法經》，《出三藏記集》即將此經列入僞經，以後諸家經録多入僞經録。敦煌寫本中有8個寫本，此前吐魯番寫本有3個本子（Ot.5784、出口常順藏卷114號、Ch/U.6466）[②]。我們幸運地在旅博藏卷中找到8個編號，均爲卷下。

《像法決疑經》，隋代《法經録》以下多列入僞經，但在敦煌、房山及日本藏經中都有抄本，數量也頗多[③]。我們在旅博藏卷中找到多個殘片（編號LM20-1457-07-04、LM20-1459-02-01、LM20-1459-03-03等），表明此經在吐魯番地區的流行。

《大通方廣懺悔滅罪莊嚴成佛經》，又名《大通方廣經》，隋代《法經録》以下多列入疑僞經，敦煌寫本中有多個抄本，且有藏文譯本，德國國家圖書館、出口常順、静嘉堂文庫也藏有吐魯番殘卷[④]，旅博有卷中的多件寫本。

《觀世音三昧經》，又名《觀音三昧經》，隋代《法經録》以下多入疑僞經，敦煌與日本存有7個編號[⑤]。CBETA據臺北"中央圖書館"藏敦煌本録入，題"説觀世音三昧經"，爲潘重規先生擬名[⑥]，現應該用經録原名。旅博藏卷中，有11個編號（LM20-1517-0198等），可見其流行程度。

《妙法蓮華經度量天地品》，隋代《法經録》以下多列入僞經，敦煌有28號，分屬兩個系

---

① 劉廣堂《旅順博物館藏新疆出土漢文佛經寫本綜述》對疑僞經有初步統計，《旅順博物館藏新疆出土漢文佛經研究論文集》，24頁。目前我們又比定出更多種書，每種書的殘片數也有所增加。

② 鈴木裕美《疑經〈決罪福經〉について》，《印度學佛教學研究》第46卷第2號，1998年，7—10頁；曹凌《中國佛教疑僞經綜録》，上海古籍出版社，2011年，40—43頁。

③ 牧田諦亮《疑經研究》，京都大學人文科學研究所，1976年，304—319頁；曹凌《中國佛教疑僞經綜録》，98—113頁。

④ 參看牧田諦亮《疑經研究》，290—303頁；上山大峻《敦煌出土〈大通方廣經〉とそのチベット譯》，《龍谷大學論集》第445號，1995年，55—89頁；落合俊典編《七寺古逸經典研究叢書》第二卷《中國撰述經典（其之二）》的《大通方廣經》篇，大東出版社，1996年，351—499頁；曹凌《中國佛教疑僞經綜録》，119—129頁。

⑤ 參看牧田諦亮《疑經研究》，212—246頁；落合俊典編《七寺古逸經典研究叢書》第二卷《中國撰述經典（其之二）》的《觀世音三昧經》篇，655—698頁；曹凌《中國佛教疑僞經綜録》，132—135頁。

⑥ 潘重規編《"國立中央圖書館"所藏敦煌卷子》第6册，石門圖書公司，1976年，1065—1070頁。

統①。旅博藏卷中，我們找到8個編號的寫本。

《大方廣華嚴十惡品經》，又名《華嚴十惡經》等，隋代《法經録》以下均列入僞經録，但敦煌寫本中有存，也見於石刻經文，吐魯番本有Ot.5060一件殘片②。旅博藏卷中，我們找到4個寫本。

《佛説救護身命經》，又稱《救護身命濟人病苦厄經》、《護身命經》、《救護身經》、《護身經》，最早著録於《出三藏記集》卷四，入失譯經録；隋代《法經録》以下，多入疑僞經録。敦煌發現的寫本可分爲兩種系統，《大正藏》卷八五以No.2865（以P.2340爲底本）和No.2866（以書道博物館藏173號爲底本）加以録文③。我們從旅博藏卷中又發現了至少17件殘片，其中屬於前一系統的有11片，後一系統的有6片，另有一件寫卷的外題，説明這部疑僞經在吐魯番地區也很流行。同時，通過兩個系列的經的比對，以及對相關經録著録的考察，我們懷疑這應該是兩部經，No.2865系列是大乘疑僞經，No.2866系列是小乘真經④。

《天公經》，隋代《法經録》以下入僞經録，敦煌文獻中有3個號，分屬三個系統⑤。旅博藏卷中也有7個編號（LM20-1472-04-03、LM20-1472-04-04、LM20-1472-04-06b等）。

《敬福經》，一稱《如來在金棺囑累清净莊嚴敬福經》，隋《法經録》以下列入僞經，敦煌寫本中有二殘本，在龍興寺、三界寺藏經目録中有著録⑥。此次在旅博藏卷中找到兩個唐寫本殘片（LM20-1503-C0188、LM20-1508-C1355a），爲吐魯番寫本此前未見，彌足珍貴。

《齋法清净經》，隋代《法經録》以下都指爲僞經，但敦煌文書中有12個寫本，德藏吐魯番文獻中有1個寫本，分屬兩個系統⑦。旅博所見，目前已有4件（LM20-1450-33-06等）。

《佛説咒魅經》，隋代《法經録》以下列爲僞經，敦煌、吐魯番、日本頗有存本，分屬六個系統，其中吐魯番所出德藏、出口氏藏、龍谷大學藏卷計5件⑧。旅博藏卷中有7個編號。

《救疾經》，全稱《救護衆生惡疾經》，又名《救病經》、《救疫經》、《救疾病經》、《救護疾病經》。隋代《法經録》已將其列爲僞經，這是目前所見最早關於該經的著録。其後，

① 曹凌《中國佛教疑僞經綜録》，149—153頁。

② 徐紹强曾據敦煌本整理校録，收入《藏外佛教文獻》第1輯，宗教文化出版社，1995年，359—368頁；參看曹凌《中國佛教疑僞經綜録》，182—186頁。

③ 增尾伸一郎〈《救護身命經》の傳播と《厭魅蠱毒》——敦煌、朝鮮の傳本と七寺本をめぐって〉；落合俊典編《七寺古逸經典研究叢書》第二卷《中國撰述經典（其之二）》，815—852頁；並參看同書《救護身命經》篇，501—537頁；曹凌《中國佛教疑僞經綜録》，204—209頁。

④ 孟彦弘《旅順博物館所藏〈佛説救護身命經〉考》，《文獻》2018年第5期，46—58頁。

⑤ 方廣錩整理本《天公經》，載所編《藏外佛教文獻》第1輯，369—373頁；曹凌《中國佛教疑僞經綜録》，215—218頁。

⑥ 曹凌《中國佛教疑僞經綜録》，220—224頁。

⑦ 曹凌《中國佛教疑僞經綜録》，230—234頁。

⑧ 參看落合俊典編《七寺古逸經典研究叢書》第二卷《中國撰述經典（其之二）》的《咒魅經》篇，699—742頁；曹凌《中國佛教疑僞經綜録》，236—241頁。

《大周録》、《開元録》等也將該經視作僞經①。但此經在民間社會廣泛流傳，抄本不脛而走，官府累禁不絶。敦煌藏經洞保存有《救疾經》寫本43件。《大正藏》卷八五疑似部收録了根據S.2467、S.1198、日本大谷大學藏敦煌本整理的《救疾經》一卷。然而，該整理本卷首殘損嚴重。王宇、王梅《〈救疾經〉補刊》一文，曾整理旅博館藏該經53件，增補了部分佚文②。我們在旅博藏卷中又新發現了13件，總計目前所知有68件，根據字體風格，大概屬於43種寫本，分屬高昌國和唐朝時期。旅博所藏《救疾經》，爲探索其在佛教和民間社會所充當的角色和地位，以及該僞經流行千年而不絶的原因，特別是邊疆地區疑僞經流行的問題，都提供了豐富的素材③。

《善惡因果經》，自《大周録》以下均入疑僞經，但敦煌保存抄本甚多，日本也有傳存④。另外，敦煌還有粟特文寫本⑤。旅博目前發現有13個殘片⑥，可見也比較流行。

《大辯邪正經》，又名《大辯邪正法門經》，《大周録》以下列爲疑僞經。敦煌保存有四卷完整寫本，還有41件殘本，龍谷大學藏大谷文書有一個斷片（Ot.4986，正背書）⑦。我們在旅博藏卷中找到5個殘片。

《佛性海藏智慧解脱破心相經》，又名《佛性海藏經》、《智慧海藏經》，《大周録》以下均作僞經。敦煌寫本中有全本1卷、殘本6件⑧，其中S.4000有題記：“大唐寶應元年（762）六月廿九日，中京延興寺沙門常會，因受請往此敦煌城西塞亭供養，忽遇此經，無頭，名目不全。遂將至宋渠東支白佛圖，別得上卷，合成一部。恐後人不曉，故於尾末書記，示不思議之事合。會願以此功德，普及於一切，我等與衆生，皆共佛道。”⑨可見當年流行情況。幸運的是，我們在旅博藏卷中，也找到一件此經寫本（LM20-1520-20-10），説明此經也傳到了吐魯番。

《父母恩重經》，《大周録》以下列爲僞經，但在民間極爲流行，大致有四個傳本系統，敦煌有大量抄本，北京房山、四川安岳卧佛院等地有石刻，黑城出土西夏寫本，敦煌還出有

① 曹凌《中國佛教疑僞經綜録》，250—255頁。
② 王宇、王梅《〈救疾經〉補刊》（一），郭富純主編《旅順博物館學苑》，吉林文史出版社，2006年，104—109頁；收入鄭炳林、樊錦詩、楊富學主編《敦煌佛教與禪宗學術討論會文集》，三秦出版社，2007年，225—266頁。
③ 馬俊傑《旅順博物館藏〈救疾經〉殘片考》，《絲綢之路與新疆出土文獻》，230—254頁。
④ 參看牧田諦亮《疑經研究》，336—344頁；曹凌《中國佛教疑僞經綜録》，322—328頁。
⑤ D. N. MacKenzie, *The 'Sūtra of the Causes and Effects of Actions' in Sogdian*. London 1970.
⑥ 其中LM20-1452-05-16和LM20-1455-22-01兩號收入《旅博選粹》，154頁。
⑦ 曹凌《中國佛教疑僞經綜録》，338—340頁。
⑧ 曹凌《中國佛教疑僞經綜録》，340—343頁。
⑨ 池田温《中國古代寫本識語集録》，東京大學東洋文化研究所，1990年，306頁。

絹畫[①]。此前吐魯番寫本有德藏Ch.3556一件，這次我們在旅博又找到一件（LM20-1464-03-12），與敦煌本相比，要少得多。

《佛説七千佛神符經》，又名《七佛神符經》、《益算神符經》、《七千佛神符益算經》、《益算經》，《大周録》分作《益算經》、《七佛神符經》、《益算神符經》，均定爲僞經，以下經録亦皆入僞經録。敦煌發現13件寫本，吐魯番已知有4件（Ot.4397、Ch.989、Ch.2190、Ch.2860）[②]。旅博藏卷中至少有18號殘片[③]，分屬高昌國、唐、西州回鶻時期，可見流傳之廣。

《無量大慈教經》，又名《慈教經》、《大慈教經》，《大周録》以下列入僞經。敦煌出有37件寫本，分屬三個系統[④]。我們在旅博藏卷中，找到7個編號的寫本。

《要行捨身經》，又名《捨身經》、《菩薩要行捨身經》，《開元録》、《貞元録》入僞經録。敦煌保存有5件完本，24件殘本[⑤]，可見流傳之廣。在旅博藏卷中，我們計找到9個殘片[⑥]。

《示所犯者瑜伽法鏡經》，又名《瑜伽法鏡經》，《開元録》、《貞元録》均入僞經録。此前已知敦煌文獻中有3個寫本，吐魯番有2件寫本（Ch/U.6981、出口常順藏卷233號）[⑦]。我們在旅博藏卷中找到11個編號的殘本[⑧]，加上已知的2件，數量甚至大大多於敦煌本，值得關注。

《天地八陽神咒經》，又名《八陽神咒經》，與竺法護譯《八陽神咒經》内容迥異，歷代經録列入僞經。但這部經典在敦煌、吐魯番都非常流行，漢文本之外，還有相當多的回鶻文本，有寫本，也有刻本[⑨]。我們在旅博藏卷中，又找到一批此經寫本。

---

① 牧田諦亮《疑經研究》，47—60頁；張涌泉《敦煌本〈佛説父母恩重經〉研究》，《文史》第49輯，1999年，65—86頁；新井慧譽《敦煌本〈父母恩重經〉について》，《印度學佛教學研究》第100號，2002年，680—686頁。參看落合俊典編《七寺古逸經典研究叢書》第五卷《中國日本撰述經典（其之五）·撰述書》的《父母恩重經》篇，大東出版社，2000年，3—22頁；鄭阿財《〈父母恩重經〉傳佈的歷史考察》，項楚、鄭阿財主編《新世紀敦煌學論集》，巴蜀書社，2003年，27—48頁；曹凌《中國佛教疑僞經綜録》，358—373頁。

② 增尾伸一郎《日本古代の咒符木簡、墨書土器と疑僞經典——〈佛説七千佛神符經〉もしくは〈佛説益算經〉の受容》，《東洋の思想と宗教》第13號，1996年，78—104頁；曹凌《中國佛教疑僞經綜録》，384—387頁。

③ 其中LM20-1453-13-01一件，收入《旅博選粹》，182頁。

④ 曹凌《中國佛教疑僞經綜録》，390—394頁。

⑤ 參看牧田諦亮《疑經研究》，320—335頁；曹凌《中國佛教疑僞經綜録》，448—452頁。

⑥ 其中LM20-1467-16-02一件，收入《旅博選粹》，155頁。

⑦ 曹凌《中國佛教疑僞經綜録》，452—457頁。

⑧ 其中LM20-1465-03-03一件，收入《旅博選粹》，156頁。

⑨ 小田壽典《佛説天地八陽神咒經一卷トルコ語譯の研究》，法藏館，2010年。

《佛母經》，僞經，歷代大藏經不收。敦煌寫本中有多個寫本，分爲四個系統①。在旅博藏卷中，存有2件殘本，可以與Ot.5064綴合②，其文字與《大正藏》卷八五（1463頁）所刊敦煌本有些出入，或爲"異本"。

《佛説十王經》，又名《地獄十王經》、《閻羅王經》、《閻羅王授記經》、《閻羅王授記令四衆逆修生七齋功德往生浄土經》，歷代經録不載，大藏經未收。但敦煌、吐魯番發現有大量寫本，還有插圖本。漢文之外，也有回鶻文殘卷③。今在旅博中發現殘片一件（LM20-1507-C1010），可以與Ot.3325綴合④。

對比曹凌《中國佛教疑僞經綜録》所匯集的敦煌、吐魯番疑僞經寫本的信息，我們可以看出：（一）旅博館藏的疑僞經在經典的數量和一部經典的寫本數量上，都遠遠超過此前所知的吐魯番疑僞經寫本；（二）吐魯番所有的疑僞經基本不出敦煌所存疑僞經的範圍，説明這些疑僞經都是中古時期西北地區流行的經典；（三）吐魯番的疑僞經雖然沒有敦煌的疑僞經種類多，但現在已經越來越接近了，個別經典的寫本數量，吐魯番甚至超過了敦煌。

（六）禪籍

敦煌保存的早期禪宗典籍，對於中國佛教史、思想史、社會史的研究做出了非常大的貢獻。隨着吐魯番文獻的整理與研究，也陸續發現了一些早期禪宗的燈史、語録等類的文獻，雖然較敦煌本要殘，但因爲出土於西域，所以從中原文化向西域傳播的角度來看，又別有一番更爲重要的意義⑤。我們這次對旅博館藏新疆出土漢文佛典的整理，在禪宗典籍方面，又有不少新的收獲，有些是十分重要的收獲。

敦煌文獻中保存有一件《觀世音經讚》，尾題"觀音經一卷　金剛藏菩薩注釋"，現藏於中國國家圖書館（BD03351），首殘尾全⑥，據伊吹敦的考證，係北宗禪的重要典籍⑦。我們這次從旅博藏品中檢出《觀世音經讚》殘片40件，從龍谷大學所藏大谷文書中檢出1件

① 李際寧整理本《佛母經》，載《藏外佛教文獻》第1輯，374—391頁；相關討論，見氏撰《敦煌疑僞經典佛母經考察》，《北京圖書館館刊》1996年第4期，82—89頁。

② 《旅博選粹》，187頁；橘堂晃一《〈旅順博物館藏トルフアン出土佛典選影〉補遺》，《佛教文化研究所紀要》第49集，2010年，95頁。

③ 杜斗城《敦煌本佛説十王經校録研究》，甘肅教育出版社，1989年；S.-C. Raschmann, 'The Old Turkish Fragments of *The Scripture on the Ten Kings in the* Collection of the Institute of Oriental Manuscripts, RAS', *Dunhuang Studies: Prospects and Problems for the Coming Second Century of Research*, ed. I. Popova and Liu Yi, St. Petersburg, 2012, pp. 209-216。

④ 《旅博選粹》，175頁；橘堂晃一《〈旅順博物館藏トルフアン出土佛典選影〉補遺》，95—96頁。

⑤ 參看榮新江《唐代禪宗的西域流傳》，《田中良昭博士古稀記念論集·禪學研究の諸相》，大東出版社，2003年，59—68頁。

⑥ 田中良昭、程正《敦煌禪宗文獻分類目録》，大東出版社，2014年，214—215頁。

⑦ 伊吹敦《北宗禪の新資料——金剛藏菩薩撰とされる〈觀世音經讚〉と〈金剛般若經注〉について》，《禪文化研究所紀要》第17號，1991年，183—212頁。

（Ot.9121r），共計41件，均屬於同一寫本，楷書，大字正文，雙行小注，遠較敦煌本書寫謹嚴，十分規整，爲精美的唐朝寫經。其中LM20-1502-C0032號寫本保存 "〔觀〕世音經讚" 的題名以及4行序的殘文；LM20-1469-05-07則有4行序文以及 "金剛藏菩薩" 署名部分，係與LM20-1502-C0032上下對應，但不能直接綴合。從内容上看，吐魯番本的大部分爲敦煌本BD03351所缺部分，僅有四片重合。兩種文本内容高度一致，但吐魯番本較敦煌本要有所節略，或許是《觀世音經讚》節抄本。無論如何，此次所獲41件寫本，對於復原《觀世音經讚》的全貌以及進一步研究北宗思想，都具有很高的學術價值[①]。

　　禪宗系統的僞經也全面浮現在吐魯番出土佛典當中。

　　《佛爲心王菩薩説頭陀經》是東山法門成立之前的禪宗系僞經，《大周録》著録爲僞經。此書影響很大，本文之外，還有 "五陰山室寺惠辯禪師" 注釋本，敦煌石窟發現屬於原本的有2件漢文寫本，1件粟特文譯本；注本有6件漢文本[②]；其中天津藝術博物館藏171和BD15369（新1569）分別爲原本和注本的全本[③]。讓人欣喜的是，我們今天在旅博也找到了3件《佛爲心王菩薩説頭陀經》（編號LM20-1454-07-06、LM20-1457-25-08、LM20-1521-18-04），甚至還找到一件注本（LM20-1522-03-05），説明它也傳到了高昌地區。

　　《佛説法王經》成書於武周時期，是禪宗系經典，《大周録》列爲僞經，此後大藏經均未收録。敦煌文獻中發現有16件漢文寫本、7件藏文寫本、1件粟特文寫本[④]，可見在敦煌流行之廣，而且還譯成藏和粟特文，影響深遠。過去，吉田豐氏曾在大谷文書中找到3件《法王經》的粟特文斷片（Ot.2326、Ot.2922、Ot.2437）[⑤]，但卻沒有見到漢文本。後來，包曉悦在日本書道博物館藏卷中，找到一件很殘的漢文《法王經》寫本，原爲王樹枏收藏品，裱於《北涼寫經殘紙册·五》葉五，據題記係1910年前後出土於吐峪溝[⑥]。我們這次整理旅博文獻，又找到12件漢文殘片[⑦]，可知此經在吐魯番也頗爲流行。

　　《禪門經》成書於7世紀末、8世紀初，也是禪宗系經典，《開元釋教録》定爲僞經。此書由神秀的徒孫、禪宗北宗的高僧慧光作序，雖然《開元録》定爲僞經，但仍然流傳廣遠，敦煌寫本中發現有7個抄本，記録蜀地禪宗燈史的敦煌本《歷代法寶記》也有抄録，還有敦煌本《諸經要抄》也有摘録[⑧]。如今我們又在旅博藏卷中找到一件《禪門經》殘片（LM20-1450-

① 嚴世偉《新見旅順博物館藏〈觀世音經讚〉復原研究》，《絲綢之路與新疆出土文獻》，304—340頁。

② 曹凌《中國佛教疑僞經綜録》，343—349頁；田中良昭、程正《敦煌禪宗文獻分類目録》，220—227頁。

③ 方廣錩《佛爲心王菩薩説頭陀經（附注疏）》，同氏主編《藏外佛教文獻》第1輯，251—328頁；榮新江《書評：方廣錩編〈藏外佛教文獻〉第一輯》，《唐研究》第2卷，北京大學出版社，1996年，465頁。

④ 曹凌《中國佛教疑僞經綜録》，333—337頁；田中良昭、程正《敦煌禪宗文獻分類目録》，228—233頁。

⑤ 吉田豐《大谷探險隊將來中世イラン語文書管見》，《オリエント》第28卷第2號，1985年，50—65頁；又見百濟康義等編《イラン語斷片集成·解説編》，法藏館，1997年，72—73頁，及《圖版編》，15頁。

⑥ 包曉悦《日本書道博物館藏敦煌吐魯番 "寫經殘片册" 的文獻價值》，《文獻》2015年第5期，42頁。

⑦ 其中LM20-1491-25-02一件，收入《旅博選粹》，155頁。

⑧ 曹凌《中國佛教疑僞經綜録》，474—478頁；田中良昭、程正《敦煌禪宗文獻分類目録》，233—236頁。

09-06），這是在敦煌寫本之外首次發現的《禪門經》，意義重大。

《佛説法句經》是唐初編成的禪宗文獻，此前發現的敦煌本有22件，吐魯番本一件（日本出口常順氏藏234號），其中包括5種注本[①]。我們在旅博藏卷中又找到30件寫本，可見傳播之廣，與敦煌地區寫本相映成趣。

净覺撰《楞伽師資記》是北宗系統的燈史，在敦煌非常流行，現在已知有16個編號的14個抄本，另外還有兩個藏文本[②]。最近，吉田豐氏在德藏吐魯番粟特語殘片中，找到3件《楞伽師資記》寫本（So 10100o、So 10650(25)+So 10311）[③]。無獨有偶，我們又在旅博藏卷中找到2件《楞伽師資記》的寫本（LM20-1454-05-18、LM20-1522-17-16），可以與粟特文本相輝映，表明這一重要的北宗燈史，也傳到吐魯番，並且翻譯成粟特文了。

旅博所藏吐魯番文書，不僅有早期禪宗偽經以及北宗禪文獻，還有屬於荷澤宗的神會語錄，即《菩提達摩南宗定是非論》卷下（LM20-1523-19-178），特別是有一組記錄神會思想的《南陽和尚問答雜徵義》，其中旅博藏14件，龍谷大學藏18件，總計32件殘片，均屬於同一寫本。神會此書敦煌發現了3件、北庭1件（石井光雄氏舊藏）、于闐1件（MT. b. 001）[④]，旅博藏卷填補了此前吐魯番本的空白，是神會思想在西域流傳的又一有力證據。由該寫本所存劉澄的序文，與最早集結本S.6557在篇章結構上比較接近，以及使用他本所不見之"磨磚"典故，説明該本爲早期集結本。此本在新疆出土文獻中的新發現，意義重大，彌足珍貴[⑤]。

旅博所藏禪宗類文獻中，還有一種寶誌禪師的《大乘讚》，據《景德傳燈錄》載，成書於梁，原有二十四首，盛行於世，但全書已佚，目前僅存十首，收録於《景德傳燈錄》卷二九。我們這次在旅博藏卷中檢出兩組相關寫本：第一組存兩件，即LM20-1517-0096a、LM20-1523-15-143a，與龍谷大學藏Ot.4995爲同一寫本，雙面書寫，據字跡判斷，當爲西州回鶻時期寫本；第二組寫本包含LM20-1459-17-01、LM20-1459-30-01、LM20-1506-C0912a、LM20-1507-C1106d、LM20-1520-27-05，共5件殘片，均爲同一寫本，其中，LM20-1459-17-01欄外存子題"第十八"，LM20-1459-30-01存尾題"觸池自生邊疆　第廿一"，我們認爲很可能是《大乘讚》的佚失部分，該組寫本格式工整，字體遒美，屬唐代寫本。

（七）曇曠著作

曇曠是長安西明寺的僧人，原籍河西建康（今甘州、肅州之間）。安史之亂後，曇曠在河西講學，遇吐蕃乘虛進攻唐朝領土，於是從涼州一步步退至敦煌城中，據S.2436曇曠《大乘

① 猪崎直道《敦煌本法句經の諸本について》，《宗教研究》第71卷第315號，1998年，268頁；曹凌《中國佛教疑偽經綜録》，287—300頁；田中良昭、程正《敦煌禪宗文獻分類目録》，238—249頁。

② 田中良昭、程正《敦煌禪宗文獻分類目録》，31—37頁。

③ 吉田豐《ソグド語譯〈楞伽師資記〉と關連する問題について》，《東方學》第133輯，2017年，31—52頁。

④ 田中良昭、程正《敦煌禪宗文獻分類目録》，31—37頁。

⑤ 李昀《旅順博物館藏〈南陽和尚問答雜徵義〉》，《絲綢之路與新疆出土文獻》，282—303頁。

起信論略述》題記"寶應貳載（763）玖月初於沙州龍興寺寫記"，知他在763年已經在沙州講學。又據曇曠《大乘百法明門論開宗義決序》："後於敦煌，撰《入道次第開決》，撰《百法論開宗義記》（即《大乘百法明門論開宗義記》），所恐此疏旨復文幽，學者難究。遂更傍求衆義，開決疏文（指撰《大乘百法明門論開宗義決》），使夫學徒，當成事業。其時巨唐大曆九年歲次〔甲〕寅（774）三月二十三日。"可見《義記》和《義決》兩書，是大曆九年三月之前完成於敦煌。到貞元二年（786），沙州百姓與吐蕃"尋盟而降"，敦煌以和平方式轉入吐蕃佔領時期，曇曠繼續在當地講學，還應吐蕃贊普之命，撰寫了《大乘二十二問》[1]。

此前吐魯番文獻中未見曇曠的著作，2005年出版的《臺東區立書道博物館中村不折舊藏禹域墨書集成》，刊佈了王樹枏舊藏吐峪溝出土的《六朝寫經殘字册·二》，其葉一九上有一殘片，經包曉悦比定，是爲《大乘二十二問》[2]。這是曇曠著作在吐魯番文獻中的首次發現。幸運的是，目前在旅博藏卷中又發現了5件《大乘百法明門論開宗義記》（編號LM20-1458-04-10、LM20-1464-08-17、LM20-1466-20-09、LM20-1493-05-01、LM20-1497-24-02）和1件《大乘百法明門論開宗義決》（LM20-1455-06-07r）[3]。

（八）版刻大藏經

吐魯番發現的佛典刻本殘片，目前已經成爲研究版刻大藏經，特別是早期經版的重要材料。旅博也爲這項研究提供了豐富的素材，據竺沙雅章、李際寧等先生的研究，旅博藏品中有《開寶藏》1件、《金藏》17件，而最大量的是《契丹藏》，在1640件版刻殘片總數中，佔95%！此外還有江南地區雕刻的《毗盧藏》殘片，可能還有《崇寧藏》和《磧沙藏》[4]。

（九）經録

旅博館藏新疆出土漢文佛教文獻中，有一些佛教典籍目録類的寫本殘片，主要是道宣的《大唐内典録》，説明西州地區的藏經也和唐朝其他地區的藏經一樣，是按照《内典録》編排上架的。

但值得注意的是，旅博LM20-1494-29-03、LM20-1451-38-01r、LM20-1507-C1130c、LM20-1469-02-05、俄聖彼得堡Kr.4/654v、Ot.5452v+LM20-1523-06-53r、Ot.5059v、書道

① 關於曇曠的生平著作，參看上山大峻《西明寺學僧曇曠と敦煌の佛教學》，氏著《敦煌佛教の研究》，法藏館，1990年，17—83頁。

② 磯部彰編《臺東區立書道博物館中村不折舊藏禹域墨書集成》下卷，103頁；包曉悦《日本書道博物館藏敦煌吐魯番"寫經殘片册"的文獻價值》，40—41頁。

③ 上山大峻《敦煌·トルファン出土寫本研究の現狀と展望》對此做了提示，但没有深論，見《旅順博物館藏新疆出土漢文佛經研究論文集》，33頁。

④ 竺沙雅章《西域出土の印刷佛典》，《旅順博物館藏新疆出土漢文佛經研究論文集》，118—134頁；李際寧《關於旅順博物館藏吐魯番出土木刻本佛經殘片的考察》，《旅順博物館藏新疆出土漢文佛經研究論文集》，230—244頁。

博物館SH.125-1v等一組殘片，都是同一寫本，並不能與《大唐内典録·入藏録》勘合，卻與敦煌發現的P.3807及S.2079《龍興寺藏經録》基本吻合。由此看來，此前被學界定爲"龍興寺藏經録"者，並不是龍興寺一寺的經録，吐魯番地區也流行着同一種經録，它應當是當時河西、西域地區據以搜集、入藏、點勘佛典的實用目録。這一經録據《大唐内典録·入藏録》編撰，其間的淵源關係應該是《大唐内典録·入藏録》→河西地區經録→敦煌經録、吐魯番經録[①]。

（十）西域其他地區出土漢文佛典

由於大谷探險隊隊員缺乏考古學訓練，收集品又輾轉搬運，所以旅博收藏的很多殘片缺少原始的出土記録，雖然我們知道絕大多數出自吐魯番盆地各遺址，但也有不少得自龜兹和于闐，目前有些還無法判斷。

《西域考古圖譜》下卷佛典51刊佈《法華義記》第一，標爲"庫車"出土。橘堂晃一比定旅博有一殘片（LM20-1467-28-03r）與之可以綴合[②]，我們在旅博殘片中又發現LM20-1453-04-04v、LM20-1456-35-10r、LM20-1457-30-02v、LM20-1461-12-27r、LM-1464-28-03v，均爲同一寫本《法華義記》卷第一，背面則都是《羯磨文》。可見，旅博殘片中還有不少屬於古代龜兹地區的佛教文獻。

二　西州道經

旅博藏卷中，道經的數量僅次於佛典。敦煌道經之於中古道教研究的意義早已衆所周知，無須贅叙。唐代西州道教的發展情況，經榮新江、雷聞的揭櫫，學界對其概貌已有一定認識[③]。但此前吐魯番所出道教文獻數量較少，收藏分散，長期以來是作爲敦煌寫本的附屬品而存在。近年來，德國國家圖書館、日本龍谷大學、日本書道博物館的藏品陸續刊佈，學界也作過一些介紹和綴合工作，但還談不上系統的整理，相關研究也尚未完全展開[④]。旅博藏卷與

① 王振芬、孟彦弘《新發現旅順博物館藏吐魯番經録——以〈大唐内典録·入藏録〉及其比定爲中心》，《文史》2017年第4輯，171—196頁。

② 《旅博選粹》，209頁；橘堂晃一《旅順博物館に藏される麴氏高昌國時代の佛教注釋書概觀》，95頁。

③ 榮新江《唐代西州的道教》，《敦煌吐魯番研究》第4卷，北京大學出版社，1999年，127—144頁；雷聞《國家宫觀網絡中的西州道教——唐代西州道教補説》，朱玉麒主編《西域文史》第2輯，科學出版社，2007年，117—127頁。

④ 王卡《敦煌道教文獻研究：綜述·目録·索引》，中國社會科學出版社，2004年；陳國燦、劉安志主編《吐魯番文書總目（日本收藏卷）》，武漢大學出版社，2005年；榮新江主編《吐魯番文書總目（歐美收藏卷）》，武漢大學出版社，2007年；包曉悦《日本書道博物館藏吐魯番文獻目録》（上、中、下），分見《吐魯番學研究》2015年第2期、2016年第1期、2017年第1期；部同麟《敦煌吐魯番道經殘卷拾遺》，《敦煌學輯刊》2016年第1期，34—50頁。

大谷文書本屬同一批，此前都築晶子等已對部分道經進行過整理①，仍屬片段式的。此次我們對旅博館藏道經進行了通盤清理，從中比對出了近90號道經殘片②，在諸家館藏中居於首位。就整體數量和道經種類而言，旅博館藏吐魯番出土道經還不能與敦煌道經相媲美，但可大大推進學界對於唐代西州道教的總體認識，其價值不容小覷。我們以爲，可以從以下三個方面加以説明。

第一，就目前比定的結果來看，西州道教三洞經典存續完整。此前發現的西州道經只有十幾個號，從中比定出了《度人經》《昇玄經》《本際經》《業報因緣經》等靈寶經及《老子道德經序訣》《老子河上公注》等太玄部經典③。旅博館藏中上述道經的殘片數量成倍增加，尤其是靈寶經佔了六成，《老子道德經》及其相關寫本也新比定出了22個號。這樣，目前所知吐魯番所出道經總數約有110多號，多數是官頒寫經。把這些道經放置於"開元道藏"的系統中加以觀察，完全可以歸入洞真部上清經、洞玄部靈寶經、洞淵部神咒經、太玄部這樣的"三洞四輔"中古道經框架中去，可知唐代西州道觀所藏道經種類與其他地區基本一致，都是當時唐帝國向天下傳抄道藏這一政治性宗教活動整齊劃一的結果④。

第二，旅博藏卷中有一些不見於敦煌道經。LM20-1493-14-05《洞淵神咒經》殘存四行，爲該經卷三的內容。此經出於東晉末，是南北朝隋唐時期流傳較廣的道經。唐前期編爲十卷，而唐末則被續爲二十卷，《道藏》本亦爲二十卷。敦煌已發現該寫本30餘件，基本爲十卷本（也曾發現卷二十的唐末寫本），文字與《道藏》本有較大出入。旅博館藏的這片，恰爲敦煌道經所缺者⑤。LM20-1452-37-17+LM20-1455-17-04《老子道德經》注疏，楷書，經注相間，經文朱書，注文墨書，經注文間空一格以區分，大小一致。綴合後的文字是《老子德經》第六二章"雖有拱璧以先駟馬，不如坐進此道也。古之所以貴此道者何？不日求以得，有罪以免耶？"幾句的注疏，內引顧歡注和成玄英疏，也有一些別家注，可能屬於已佚的某部《老子道德經》的注疏本，不見於敦煌道經⑥。LM20-1491-02-04《無上內祕真藏經》，此經十卷皆存於《道藏》，而敦煌文書中僅俄藏Дx.2774A存其卷題"真藏經卷第一"，另P.2467《諸經要略妙義》有此經八卷節錄本。旅博館藏的這件，存5行，楷書，爲該經卷一寫本。對照節錄本及傳世本，此件應爲全本殘片。LM20-1494-09-05殘存4行，文字與梁陶弘景撰《養性延命錄》卷上"雜誡忌禳害祈善篇"論述"六不祥"及"七癡"內容相同，但文字有些許差異。此外，孫思邈《千金翼方》卷一二和《醫心方》卷二七引《養生經》也有相同內容。故該片疑爲《養性延

① 都築晶子等《大谷文書の比較研究：旅順博物館藏トルファン出土文書を中心に》，《龍谷大學佛教文化研究所紀要》第49集，2010年，68—79頁。

② 詳細的比定過程及結果，見趙洋《新見旅順博物館藏吐魯番道經叙錄》，《敦煌吐魯番研究》第17卷，上海古籍出版社，2017年，189—213頁。

③ 榮新江《唐代西州的道教》，138—140頁。

④ 趙洋《唐代西州道經的流佈》，《中華文史論叢》2017年第3期，163—192頁。

⑤ 趙洋《新見旅順博物館藏吐魯番道經叙錄》，202頁。

⑥ 游自勇《吐魯番所出〈老子道德經〉及其相關寫本》，《中華文史論叢》2017年第3期，151—153頁。

命錄》的早期寫本，或與此相關的論述道教養生的經典①。

第三，可以推進我們對於西州道經傳抄時間的認識。榮新江推斷唐代西州道觀的建立始於唐玄宗時期，雷聞則將時間提前到了高宗時期。由於西州道經多爲官頒寫經，而道經的傳抄流佈與當地道觀是息息相關的，因此如果我們能夠確定西州道經的更早年代，就有可能將西州道觀的建立時間往前推移。《太玄真一本際經》是隋唐之際新造的一部道經，原爲五卷，唐初被續爲十卷，元代以後佚失。該經在敦煌藏經洞被大量發現，基本都是十卷本。旅博藏卷LM20-1460-37-14雖然只有2行殘文，但首行"聖行品第四"在十卷本中作"聖行品第三"，因此這件很可能屬於五卷本。劉屹根據敦煌寫本中帶題記的十卷本《本際經》，并考慮到續作者的生活年代，指出《本際經》由五卷本變成十卷本約在627—649年的二十多年間，亦即唐太宗時期②。唐王朝在640年正式改高昌爲西州，我們可以再進一步推測《本際經》由五卷本續成十卷本，當在640—649年的十年間，同時唐代西州道經的流佈至遲恐怕也在649年前後，亦即唐太宗貞觀末年。此外，LM20-1464-33-04中"世"未避諱，而太宗朝"世"及"民"只要不連讀寫，就不需要避諱，而且LM20-1457-32-04《洞玄靈寶長夜之府九幽玉匱明真科》中"世"和"治"，以及部分吐魯番出土《道德經》中"治"皆未避諱，也可以證明唐代西州道經傳抄的最晚時間恐怕也在唐高宗以前。所以，如果這些道經係由涼州轉抄頒下，而非從中原攜來，那麼根據目前所見吐魯番道經，遲至唐太宗末年，西州很可能已經有道教的傳播及道經的傳抄活動，與此相聯繫，西州道觀的建立恐怕也在這個時間内或之後不久③。

以上我們簡單從三個方面提示了旅博館藏新疆出土道經的學術價值，至於校勘價值是題中應有之義，自然無須再論。這批道經與大谷文書屬於同一批，不少道經殘片均可綴合，可進一步延展我們對於吐魯番道經的研究。有意思的是，旅博藏卷中LM20-1522-09-16+LM20-1509-C1582e正好可與芬蘭馬達漢（Carl Gustav Emil Mannerheim）藏品Mannerheim MS.30-3綴合，其内容是《老子道德經序訣》第一、二部分。馬達漢藏品的來源多樣，並無明晰記録，二者的綴合至少可以佐證其中有一部分很可能是來自吐峪溝的④。

三　典籍文獻

旅博館藏新疆漢文文獻的經部文獻中，發現了《古文尚書》《毛詩》《禮記》《春秋左傳》《論語》和小學類韻書、字書、音義之屬的一些殘片。

---

① 趙洋《新見旅順博物館藏吐魯番道經叙録》，209—210、212頁。

② 劉屹《本際經的"續成"問題及其對南北道教傳統的融合》，初刊《華學》第9、10輯合刊，上海古籍出版社，2008年；此據氏著《神格與地域》，上海人民出版社，2011年，351頁。

③ 趙洋《唐代西州道經的流佈》，171—175頁。

④ 游自勇《吐魯番所出〈老子道德經〉及其相關寫本》，155—157頁。馬達漢藏品Mannerheim MS.30-3圖版見西脇常記《中國古典時代の文書の世界——トルファン文書の整理と研究》，知泉書館，2016年，191頁。

　　孔安國傳《古文尚書》過去在吐魯番發現有9件,我们在旅博藏卷中又发现了6個號。LM20-1521-11-10、LM20-1458-13-05+LM20-1509-C1617a+LM20-1521-30-07爲《古文尚書·商書·湯誓》,有界欄,字體工整,抄寫精美,其中有隸古定字5個,因此可以判定爲隸古定本。LM20-1461-27-15係《古文尚書·周書·畢命》結尾部分内容,此殘片“世”、“治”字明顯缺筆,顯係唐代抄本。《湯誓》篇和《畢命》篇是首次在敦煌、吐魯番寫本中被發現。LM20-1468-06-08r是《古文尚書·商書·盤庚下》的内容,《盤庚》篇雖然在敦煌寫本中多有發現,但在吐魯番尚屬首例。後兩件文書殘存文字少,未見隸古定字,因而無法判定究竟是古字還是今字本①。

　　旅博藏卷中的《詩經》殘片共6個號,分別出自《詩經》的《周頌》和《小雅》,其中4個號屬《小雅》,内容出自《采芑》《賓之初筵》《四月》和《谷風》四篇。LM20-1504-C0472b是《小雅·谷風》,可以與大谷文書Ot.4848上下直接綴合。LM20-1522-08-16是《小雅·賓之初筵》,LM20-1469-12-04是《小雅·四月》,LM20-1466-12-14和LM20-1520-26-06是《周頌·閔予小子》。以上寫本均爲經文單行大字、傳箋雙行小字格式,因此都是《毛詩》鄭箋本。LM20-1480-04-10是《小雅·采芑》,此本不見雙行傳箋,是白文本,應亦源自《毛詩》鄭箋本,只是在抄録時略去了傳箋部分。此前,《詩經》在吐魯番地區多有出土,旅博藏卷中有5個號均爲鄭箋本,更加證明了吐魯番出土《詩經》多數爲《毛詩傳箋》寫本的情形。而《小雅·谷風》殘片與大谷文書的直接綴合,説明了兩者之間天然的聯繫以及將來整理、研究需要重視的特點②。

　　《禮記》在以往的吐魯番文書中發現很少,只有白文和鄭注各1件,旅博藏卷中則發現了2個號。LM20-1523-26-271是唐寫本鄭玄注《禮記·坊記》,與之前發現的俄藏Дx.16721、Дx.16839、Дx.16884,德藏Ch.2068(T II D61)係同一寫本,但不能直接綴合。LM20-1523-23-234經比定係陸德明《經典釋文·禮記音義》,這在吐魯番出土的《禮記》或者小學類群書音義之屬的門類中,也是首次發現。同樣類型的音義,還有編號爲LM20-1523-01-02v的《爾雅音義·釋鳥》和LM20-1523-19-183v的《爾雅音義·釋魚》的殘片。

　　旅博藏卷中的《春秋左傳》殘片有8個號。LM20-1455-14-12r是《左傳·昭公四年》,《旅博選粹》已經著録,定名爲“非佛典(春秋注釋)”③。這一殘片雖然僅僅殘存3行文字,但隸書書寫精美,行間有烏絲界欄,字間有朱點,傳文單行大字,注文雙行小字,是高昌郡時代非常完美的寫本典籍。在外形上,它與書道博物館所藏的古抄本《春秋左氏傳·昭公七年》非常一致,應該是同一寫本的不同片段。以上寫本的雙行小字注文,與通行的杜預注本《春秋左傳集解》不同，後者經考證，爲通行的杜預注本外更早的服虔注本①；旅博的這一殘片，也當是服虔注本。據《隋書·經籍志序》的記載，服注《春秋左氏傳》出現於東漢，晉時與杜預《春秋經傳集解》、范寧注《春秋穀梁傳》及何休注《春秋公羊傳》並行於世，至隋，杜預《春秋左傳集解》盛行，服注《春秋左氏傳》及其他兩種《春秋》傳本逐漸湮滅無聞②，以往的輯佚，很難恢復服虔注本的原貌。吐魯番所出以上兩片，不僅時代最早，體現了服虔注本在隋代以前大行於世的現象，而且也爲以往輯佚所未載，因此彌足珍貴③。此外，LM20-1451-27-11是《左傳·莊公九年》的殘片，據其書寫形式，也當是服虔注本。但是文書殘片保存完整的文字2、殘筆劃文字4，斷定證據不充分，附此聊備一説。

此外，LM20-1520-34-05、LM20-1520-20-05r、LM20-1461-09-19、LM20-1514-CT0410、LM20-1520-38-01、LM20-1493-03-04是杜預注本《春秋經傳集解》襄公二十一年、三十一年和昭公二十年、二十四年、二十五年、二十六年的内容，據字體判斷，書寫年代當在唐西州時期。此前已公佈的資料顯示，吐魯番出土文書中確定爲杜預《春秋經傳集解》的共6片，經過比對，一些殘片無論内容、書體、還是行文格式，都與此旅博藏卷有差異，不存在綴合關係，説明這些旅博藏卷大多是獨立寫本。旅博館藏的《春秋經傳集解》寫本殘片的發現，爲唐時期吐魯番地區杜預注本的流行提供了具體可觀的文本④。

《論語》作爲儒家經典和啓蒙讀物，在旅博館藏中有6個號。唐以前，最爲流行的《論語》注本是鄭玄《論語注》和何晏《論語集解》。這兩種注本，在之前的吐魯番文獻中也多有發現；特別是當唐末五代鄭玄的《論語》注本散佚之後，敦煌、吐魯番寫本中大量出現的鄭注《論語》殘片，使得該書的輯佚與研究取得了重要成果。旅博館藏中，有3個號是唐寫本鄭注《論語》，分別是LM20-1461-06-02、LM20-1461-12-18和LM20-1505-C0705b。前兩個號屬同一文本，爲《論語·子路》篇的文字，與大谷文書中的Ot.8088v、Ot.8110v以及斯坦因第三次中亞考古所獲Or.8212-632v爲同一寫本。以上兩件在内容上不見於已刊佈的敦煌、吐魯番出土鄭注，亦未有完整的傳世文獻可與之對校，因此也有輯佚補遺之功。LM20-1505-C0705b是另一寫本，屬於《論語·子罕》的部分。另有兩件《論語集解》的殘片，編號爲LM20-1506-C0941c和LM20-1460-06-09，分別屬於《論語·先進》和《子罕》篇中的内容。還有一種《論語義疏》，編號爲LM20-1464-12-21，存《八佾》篇中的内容。旅博館藏中三種注本的出現，進一步證明了唐代公私學塾繼承隋代制度而在《論語》注本的教科書上何、鄭並

① 白石將人《書道博物館藏吐魯番出土〈左傳〉服虔注殘卷について》，高田時雄編《敦煌寫本研究年報》第7號，京都大學人文科學研究所，2013年，347—360頁；又《西陲出土日藏〈左傳〉昭公殘卷兩種》，劉玉才主編《國際漢學研究通訊》第12輯，北京大學出版社，2016年，105—120頁。
② 《隋書》卷三二，中華書局，1973年，933頁。
③ 朱月仁《西域出土寫本〈春秋左氏傳〉殘卷輯録與探討》，《文獻》2018年第5期，15—29頁。
④ 同上注。

行的局面①。

　　除以上傳統經籍外，旅博館藏中還發現了小學類韻書之屬的《切韻》殘片6件。《切韻》問世後，在唐代的正音、詩賦、科舉等領域發揮了權威性的作用，不僅流傳廣遠，且增補之作層出不窮，形成了頗爲可觀的"《切韻》系韻書"。編號LM20-1508-C1334c、LM20-1521-12-11r、LM20-1521-12-11v、LM20-1548-09-59的殘片屬於《王仁昫刊謬補缺切韻》的不同抄本②。編號LM20-1523-01-02、LM20-1523-19-183的殘片，正面爲《切韻》，背面爲《爾雅音義》，它與德藏的5件《切韻》殘片爲同一寫本。這些殘片的背面有的保留了回鶻人的字跡，是唐朝勢力退出高昌後，回鶻人繼續使用《切韻》的有力證據。不同系統的《切韻》在吐魯番文獻中的出現，不僅一次次地證明了各版本《切韻》系韻書在中原王朝周邊地區的廣泛傳播，同時也是瞭解高昌回鶻人如何接受和學習漢文化的鮮活例證③。其餘因爲殘破而難以定名的韻書，在旅博館藏中也還有不少，如LM20-1521-12-02。

　　小學類字書之屬的殘片，旅博館藏中有《急就篇》（LM20-1505-C0617a）、《開蒙要訓》（LM20-1523-21-210）、《千字文》（LM20-1468-18-10、LM20-1468-19-02、LM20-1468-19-03、LM20-1505-C0639b、LM20-1548-02-05f），以及尚不能確切判斷其歸屬的字書（LM20-1520-33-15）。5片《千字文》從字形判斷，已經屬於西州回鶻時期，可見作爲學習漢字的蒙書，它始終是重要的識字課本④。

　　小學類佛經音義之屬的玄應《一切經音義》，也在旅博館藏中有所發現。存世所見佛經音義數種，在敦煌、吐魯番出土的《一切經音義》都爲《玄應音義》。玄應《一切經音義》雖係其未竟全功的遺作，但在其去世後仍被廣泛傳播。之前旅博只發現兩件《玄應音義》寫本，而新近又整理出26件，其中既有正規寫經，也有字跡、紙張一般的私人寫經，且大多數寫本更接近《高麗藏》的刻本系統。《高麗藏》保存的《玄應音義》應當也最爲接近唐代官藏的原本形態。吐魯番本在《高麗藏》及《磧砂藏》本系統以外，還有一些明顯增删的寫本，可知《玄應音義》不僅僅是宗教性經典，同時也是實用性強的工具書，在傳播過程中，抄寫者往往會根據自身需求對文本加以增删改造，或添加本地方音，或删去不需要的古文。這種改造過程也是知識被傳播與被接受的過程，從而形成了各自不同樣貌的《玄應音義》寫本⑤。

①　何亦凡《新見旅順博物館藏吐魯番唐寫本鄭玄〈論語〉注》，《絲綢之路與新疆出土文獻》，112—137頁。

②　張新朋《吐魯番出土四則〈切韻〉殘片考》，《漢語史學報》2014年第1期，117—125頁。該文在前人識讀基礎上，又新認定了大谷Ot.5465（1）、Ot.5468（2）-26、柏孜克里克石窟出土漢文佛教典籍"未定名佛經殘片"109號及此旅博殘片爲《切韻》。

③　徐維焱《旅順博物館藏〈切韻〉殘片考釋》，《西域研究》2018年第1期，14—22頁。

④　關於吐魯番出土《千字文》以往研究的最新成果，可參張新朋《吐魯番出土〈千字文〉殘片考》，《文獻》2009年第4期，11—16頁。

⑤　趙洋《新見旅順博物館藏〈一切經音義〉研究——兼論〈玄應音義〉在吐魯番的傳播》，《西域研究》2018年第1期，32—39頁。

旅博館藏中的史書數量不多,有《漢紀》《春秋後語》和《列女傳》等。

東漢獻帝苦於班固《漢書》難讀,命荀悦將紀傳體的《漢書》改編、增訂爲編年體的《漢紀》。敦煌、吐魯番寫本中,班固《漢書》及相關注本多有發現,荀悦《漢紀》則較少,僅在吐魯番安樂城遺址①、柏孜克里克千佛洞②、吐峪溝③發現過。旅博藏品中有兩個號(LM20-1455-07-01和LM20-1452-05-30)可前後相續,從字跡判斷,爲同一唐寫本。殘片依每行字數匡算,相差只有幾個字,但不能直接綴合,其内容爲《漢紀·孝成帝紀三》,文字與明本《漢紀》略有差異。經考訂,旅博本更符合《漢紀》原貌,屬早期北方寫本系統。除這兩個號外,旅博館藏中還有兩件與漢史相關的殘片。LM20-1499-30-01b殘存4行,僅可辨5字,書風屬於高昌郡時期,從内容推測極可能是范曄《後漢書》的删改本。LM20-1501-14-08存4行4字,爲唐寫本,其内容爲《漢紀》的可能性最大④。

《春秋後語》爲晉人孔衍撰寫的雜史,敦煌文獻中發現有十多件⑤。此前吐魯番只發現過一件,即德藏Ch.734(T II 1578)號,乃盧藏用注本⑥,彌足珍貴。旅博藏品中新發現一件LM20-1523-12-120號,内容爲《春秋後語》的《秦語》。據寫本形態和字跡,可判定其與德藏Ch.734有密切關係,疑爲同一寫本,且屬精抄本⑦。

唐修《晉書》之前,曾有多家有關晉史的編年體和紀傳體的史書流傳,如後人輯爲《九家舊晉書輯本》《衆家編年體晉史》等⑧。敦煌、吐魯番也有多種有關晉史的寫本發現,但在具體的名稱及作者判定上,學界還存在不同認識。旅博藏品中有一件唐寫本的殘片(LM20-1496-38-01),書法工整,存6行,内容涉及八王之亂和兩晉之際的史事⑨,這爲我們瞭解唐修

① 原件今藏新疆維吾爾自治區博物館,文書編號65TIN：53、54、55,共計20餘片,可以綴合,應是《漢紀》卷二二,其出土信息可參李遇春《吐魯番出土〈三國志·魏書〉和佛經時代的初步研究》,《敦煌學輯刊》1989年第1期,42—47頁。

② 新疆維吾爾自治區吐魯番研究院、武漢大學三至九世紀研究所《吐魯番柏孜克里克石窟出土漢文佛教典籍》,文物出版社,2007年,330頁;余欣《中古異相:寫本時代的學術、信仰與社會》,上海古籍出版社,2011年,32—34頁。

③ 吐峪溝發現者,今藏日本書道博物館,編號SH174-1-47和SH174-1-48,可直接綴合,見包曉悦《日本書道博物館藏敦煌吐魯番“寫經殘片册”的文獻價值》,38—40頁。

④ 參榮新江《書評:〈旅順博物館藏新疆出土漢文佛經選粹〉》,《敦煌吐魯番研究》第10卷,上海古籍出版社,2007年,411頁;馮璇《新見旅順博物館藏新疆出土漢文文獻中的漢史寫本考釋》,《西域研究》2018年第1期,1—13頁。

⑤ 康世昌《〈春秋後語〉輯校》(上),《敦煌學》第14輯,1989年,91—187頁;《〈春秋後語〉輯校》(下),《敦煌學》第15輯,1990年,9—85頁;王恒傑《春秋後語輯考》,齊魯書社,1993年。

⑥ 榮新江《德國“吐魯番收集品”中的漢文典籍與文書》,饒宗頤主編《華學》第3輯,紫禁城出版社,1998年,312頁;榮新江《德藏吐魯番出土〈春秋後語〉注本殘卷考釋》,《北京圖書館館刊》1999年第2期,71—73頁。

⑦ 劉子凡《旅順博物館藏〈春秋後語〉(擬)研究》,《文獻》2018年第5期,30—37頁。

⑧ 《九家舊晉書輯本》,湯球輯,楊朝明校補,中州古籍出版社,1991年;《衆家編年體晉史》,湯球等輯,喬治忠校注,天津古籍出版社,1989年。

⑨ 陳燁軒《旅順博物館新發現的晉史寫本考釋》,《西域研究》2018年第1期,23—31頁。

《晉書》之前有關晉代史書的流傳提供了新的資料。

唐代的州郡姓氏譜，是我們瞭解士族發展的重要資料。此前敦煌文獻中曾發現過9件，其中有6件可以綴合爲一個寫本。吐魯番也發現過《某氏族譜》和《某氏殘族譜》，但只是宗枝譜系的排列，而非某一區域乃至全國郡望的記錄。旅博寫本LM20-1523-11-103於2007年公佈①，但没有進入學者關注的視綫。這件寫本存3行15個姓氏，經過與國家圖書館藏BD8679號比對，二者文字高度雷同，再與敦煌所出其他姓氏譜進行比較，可將此件定名爲《唐天下諸郡姓氏譜》。它與BD8679爲同一系統，撰成於天寶元年至乾元元年（742—758）之間，反映了唐前期的郡姓情況②。

旅博館藏中的集部文獻數量很少，但重要性不容小覷，最重要的發現是劉勰的《文心雕龍》。LM20-1522-19-01殘片僅僅保留了四個殘缺的文字，但通過檢索，可知是《文心雕龍》卷七《情采》篇“詳覽《莊》《韓》，則見華實過乎淫侈”四六句中“見華實過”的殘存筆劃。《文心雕龍》過去在敦煌文獻中僅見S.5478號，存卷二至卷三共15篇。在吐魯番卻是首次被發現，其内容不見於敦煌本，對於我們瞭解吐魯番地區中古文學傳播與接受的實際狀況，增加了重要的例證。

《文選》在敦煌文獻中寫本不少，有蕭統原本，也有李善注本，還有《文選音》。吐魯番文獻中也發現了俄藏Дx.1551、Дx.7305、Дx.8011、Дx.8462，德藏Ch.3164v，龍谷大學藏Ot.5028、Ot.5423、Ot.5468(26)、Ot.10374、Ot.11030等同屬於《七命》的殘片③。我們在旅博寫卷中新發現了3個號。LM20-1517-C0275r也是李善注《文選》卷三五張景陽《七命》的内容，可與大谷文書Ot.10374、Ot.5423直接綴合④。LM20-827-06-85是唐寫本《文選》卷五七潘岳《夏侯常侍誄》殘片，今存3行，楷書，原册標爲吐峪溝出土，因爲存字均爲大字正文，是否注本，還有待考核。LM20-1523-09-81是《文選》卷六〇謝惠連《祭古塚文一首并序》注。《祭古塚文》之前未見於敦煌、吐魯番本，這次所見，“十月十四日”下有雙行小注，爲六臣注本所無，可以補充李善注刻本之缺。又有朱筆校改之處，比較明顯的是“令使”之“令”，誤作“今”字，朱筆改爲“令”字。此當是唐時寫本。這幾件《文選》殘片的發現，不僅證明了唐代西州受中原科舉制的影響程度，以及李善注的早期形態，同時也爲吐魯番文書散藏品之間的綴合提供了重要個案。此外，編號LM20-1515-CC0014v存字無多，卻可判定是張衡《歸田賦》的習字，可能也是屬於《文選》系統的作品，體現了該總集本在唐時期的流行。

---

① 郭富純、王振芬《旅順博物館藏西域文書研究》，萬卷出版公司，2007年，198頁。

② 沈琛《旅順博物館藏吐魯番本〈唐天下諸郡姓氏譜〉考釋》，《文獻》2018年第5期，38—45頁。

③ 榮新江《德國“吐魯番收集品”中的漢文典籍與文書》，309—325頁；榮新江主編《吐魯番文書總目（歐美收藏卷）》，230頁；小田義久編《大谷文書集成》（肆），法藏館，2010年，149、195頁；張涌泉《敦煌寫本文獻學》，甘肅教育出版社，2013年，599頁；李昀《吐魯番本〈文選〉李善注〈七命〉的再發現》，朱玉麒主編《西域文史》第9輯，科學出版社，2014年，135—153頁。

④ 李昀《旅順博物館藏〈金剛經〉注疏小考——附李善注〈文選・七命〉補遺》，《旅順博物館學苑・2016》，88—111頁。

　　唐人抄録當時的賦體作品，在敦煌、吐魯番的出土文獻中最爲常見的殘片是《駕（或作賀）幸温泉賦》。唐玄宗在天寶元年前後每年十月、十一月赴驪山温泉宮，與群臣吟詩作賦，史有明文。敦煌文書、《文苑英華》卷五八分別有劉瑕、林琨同名賦作。在大谷文書中，研究者先後比定出了Ot.3170、Ot.3172、Ot.3174、Ot.3177、Ot.3180、Ot.3185、Ot.3190、Ot.3227、Ot.3504、Ot.3505、Ot.3506、Ot.4004、Ot.4362、Ot.5789、Ot.10443、Ot.10486等多片屬於《駕幸温泉賦》的文字[①]。旅博藏卷中也發現了LM20-1523-27-281、LM20-1523-27-282兩個號。《駕幸温泉賦》的抄寫，反映了西州人士對描述皇帝巡幸生活的津津樂道，它與玄宗詩歌在吐魯番的出土一樣，體現了政治的因素統攝傳播渠道的文學生態[②]。

　　屬於民間文學類型的作品，也在旅博文書中有所發現。如編號LM20-1523-03-27的《十二時》，即典型的民間小調。屬於宣傳佛理的通俗小説類作品也時有發現。如編號LM20-1457-10-01即《冥報記》的内容；“入冥記”題材的《黄仕强傳》，之前在敦煌、吐魯番文書中也多有殘片，此次旅博文書中也出現了編號爲LM20-1507-C1107d、LM20-1520-37-14、LM20-1523-15-140b等三件。

　　除以上所列外，典籍類文獻尚有《列子》和《劉子》。

　　《列子》相傳爲戰國人列禦寇所撰，一般認爲今本《列子》係僞書，以晋張湛注本最早。敦煌本《列子》有三個抄本。S.777等二十殘片均爲《列子·楊朱篇》張湛注，屬同一抄本[③]。另有P.2495(1)和S.6134，王卡判定前者是《列子·説符篇》張湛注的節抄，後者是《列子》古注本節抄[④]；劉佩德則認爲這兩片都是在《列子》原文基礎上進行的重新整理，並非注本，而是節選本[⑤]。旅博藏卷中有一件，編號LM20-1523-19-181，是《列子·楊朱篇》張湛注。這是吐魯番地區首次發現《列子》，雖然只有2行，但内容與敦煌本不重合。首行大字“袞文”在今本中作“袞衣”，但唐人殷敬順纂、宋人陳景元補的《列子釋文》及北宋初年刻本中均作“袞

①　大谷文書中《駕幸温泉賦》殘片的比定、綴合，可參張娜麗《西域發見の佚文資料：〈大谷文書集成〉所收諸斷片について》，《學苑》第742號，2002年，26—43頁；又《西域發見の文字資料（四）：〈大谷文書集成〉三讀後劄記》，《學苑》第764號，2004年，11—34頁；又《〈駕幸温泉賦〉諸斷片の復原と研究》，氏著《西域出土文書の基礎的研究——中國古代における小學書·童蒙書の諸相》，汲古書院，2006年，341—357頁；劉安志《吐魯番出土〈駕幸温泉賦〉殘卷考釋》，初刊《吐魯番學研究》2004年第1期，67—75頁，收入氏著《新資料與中古文史論稿》，上海古籍出版社，2014年，330—342頁；張新朋《吐魯番出土〈駕幸温泉賦〉殘片新考》，《文獻》2014年第4期，74—79頁。

②　西州時代的文學傳播情況，參朱玉麒《吐魯番文書中的玄宗詩》，朱玉麒主編《西域文史》第7輯，科學出版社，2012年，63—75頁。

③　榮新江《英國國家圖書館藏敦煌漢文非佛教文獻殘卷目録》，新文豐出版公司，1994年，236頁；榮新江《〈英國圖書館藏敦煌漢文非佛教文獻殘卷目録〉補正》，宋家鈺、劉忠編《英國收藏敦煌漢藏文獻研究：紀念敦煌文獻發現一百周年》，中國社會科學出版社，2000年，387頁；王卡《敦煌道教文獻研究：綜述·目録·索引》，183—184頁。

④　王卡《敦煌道教文獻研究：綜述·目録·索引》，184—185頁。

⑤　劉佩德《敦煌〈列子〉殘卷整理——兼與楊思範先生商榷》，《中南大學學報》2012年第6期，216—219頁。

文”，注文中的“復”字較諸家注文義勝，書跡爲唐風，可定此件爲唐寫本，較傳世本更多保留了早期寫本的狀態，具有較高的校勘價值[1]。

《劉子》内容博雜，囊括各家，流傳頗廣。敦煌有8個本子，和田出土1個，此前學界已經作過整理[2]。旅博藏卷LM20-1464-10-09存3行11字，抄録《劉子·和性第三十八》，在吐魯番地區尚屬首次，内容與以往出土的殘卷均無重合。《劉子》在中原地區受重視的程度不高，但在西域則被選入《雜抄》一類的小型類書中，作爲學童啓蒙的讀物，佛教和道教徒也都曾使用和閲讀過《劉子》，其地位稍高於中原地區。旅博新發現的這片《劉子》，填補了其傳播路綫在敦煌和于闐之間的空白，爲我們瞭解該書在西域的流傳提供了新的證據[3]。

四　法典與公私文書

旅博館藏新疆出土漢文文獻中，法典和公私世俗文書很少，這與大谷文書的情形正相反，但其史料價值亦不容低估。

《唐律》或《唐律疏議》，在當時是最爲重要且具有根本性的法典，有很强的實用功能。敦煌和吐魯番均發現了不少唐律的寫本[4]。旅博寫本中新發現的、可確定爲唐律的至少有10個號。LM20-1457-20-01r與大谷Ot.5098、Ot.8099字跡相同，背面的佛典都使用了武周新字，背後的裱紙也都相同，表明原是一件殘片而被撕裂，可直接綴合。從背面使用武周新字的情形來看，這應該是《永徽律》或《垂拱律》的“賊盜律”。此件文字與今本唐律也不盡相同，或許涉及永徽、開元年間唐律的修訂問題。LM20-1493-04-01、LM20-1509-C1571c（1571原編號作1580）、LM20-1507-C0988c和LM20-1507-C1176b均爲《唐開元律疏》卷三“名例律”，後三號可以直接綴合，是一個新見的律疏抄本。從其字體工整秀麗程度來看，或許是官頒的精抄寫本[5]。LM20-1452-35-05也是一件武周時期的寫本，有武周新字，抄寫工整，有烏絲欄，因殘存字過少，無法確切比定爲唐律的哪一條，但應屬唐律無疑；考慮到武周革李唐命而稱帝，《垂拱律》的可能性似乎更大一些。LM20-1509-C1625d則是《斷獄律》殘

---

① 游自勇《唐寫本〈列子·楊朱〉（張湛注）的文獻價值——從旅順博物館藏殘片談起》，《中國典籍與文化》2019年第1期，11—17頁。

② 林其錟、陳鳳金《劉子集校合編》，華東師範大學出版社，2012年。

③ 徐維焱《旅順博物館藏〈劉子〉殘片的新發現及〈劉子〉在西域的流傳》，榮新江主編《唐研究》第22卷，北京大學出版社，2016年，357—369頁。

④ 參Yamamoto, T., O. Ikeda & Y. Okano. *Tun-huang and Turfan Documents concerning Social and Economic History*, I. Legal Texts (A)(B), Tokyo, 1978-1980；劉俊文《敦煌吐魯番唐代法制文書考釋》，中華書局，1989年。庫車亦有發現，參榮新江《唐代龜茲地區流傳的漢文典籍》，氏著《絲綢之路與東西文化交流》，北京大學出版社，2015年，163—165頁。

⑤ 參榮新江《〈唐律〉〈唐禮〉及其他》（初刊2003年），《文獻》2009年第4期；岡野誠《新たに紹介された吐魯番·敦煌本〈唐律〉〈律疏〉斷片——旅順博物館及び中國國家圖書館所藏資料を中心に》，土肥義和編《敦煌·吐魯番出土漢文書の新研究》，東洋文庫，2013年，87—91頁。

片①。另外還有幾片不能與今本比定，但應屬唐律無疑，如LM20-1506-C0921a、LM20-1508-C1268i、LM20-1520-36-14等。至此，吐魯番發現的唐律或律疏的寫本已達14件，其間不乏能直接綴合或可判定爲屬同一寫本的，這無疑會大大深化我們對唐律及疏議的認識。

　　唐令的研究，一直是學術界的一個熱點。隨着寧波天一閣所藏《天聖令》的整理與刊佈，唐令的研究又掀起了一個高潮。不過，宋代《天聖令》裏的唐令是附於宋令之後的，並非唐令原本。此前所見唐令原本，只有敦煌發現的《永徽東宮諸府職員令》（P.4634+P.4634C2+P.4634C1+S.1880+S.3375+S.11446）、《開元公式令》（P.2819）、《臺省職員令》和《祠令》殘卷抄本（Дx.3558），後兩篇是類抄性質，前兩篇分屬“職員令”和“公式令”，吐魯番則未見。旅博寫本中有一件LM20-1453-13-04，存7行35字，有界欄，楷書，字跡工整，其中有3行以“諸”字起首，符合唐令的通常格式。經復原研究，大體可確定此三條應爲開元三年户令②。唐令自武德至開元，反復修訂過多次，開元時期即有《開元三年令》《開元七年令》和《開元二十五年令》三種，但所有令書均已佚失，這使得學者們在令文的年代判定上多有爭議，如關於《天聖令》所附唐令的年代，迄今達不成共識。而《開元三年令》又是見諸史籍最少的一種。旅博館藏的這件讓我們看到了《開元三年令》的唐令原本，這一發現無論是對法制史研究還是對經濟史研究，意義都十分重大。

　　旅博館藏公私文書中，最早刊佈並引起廣泛關注的是《建中四年（783）孔目司帖》（編號LM20-1609）③。《西域考古圖譜》列於史料部分第14件，稱《唐建中五年孔目司文書》，不過括號注爲“吐峪溝”，據當事人的記録，應出自克孜爾石窟④。這件文書記載建中四年七月十九日，安西節度使孔目司，就“春裝布”的配織問題，以“帖”這種公文書形式下達指示，幾位行官前往執行，並留下文字記録。兩張紙粘在一起，第一張是“帖”全文，行官記録是第二張紙。三方朱印爲“安西節度使之印”，皆印在第一紙上。《孔目司帖》是習慣簡稱，按唐代出土文書命名法，應作《唐建中四年（783）七月安西節度使孔目司帖爲配織五年春裝布事》。前人對於這件文書的討論很多，關注點主要在文書具體內容的辨析，而對當時整體的歷史背景

①　陳燁軒《新發現旅順博物館藏法制文書考釋》，《唐研究》第22卷，184頁。
②　田衛衛《旅順博物館藏唐户令殘片考——以令文復原與年代比定爲中心》，《中華文史論叢》2017年第3期，193—214頁。
③　比較清晰圖版可見王振芬主編《旅順博物館概覽》，上海古籍出版社，2015年，16頁。
④　小田義久《關於大谷探險隊將來の庫車出土文書について》有詳細説明，見《東洋史苑》第40、41期合刊號，1993年，5—6頁。

關注不多①。荒川正晴認爲《孔目司帖》所透露出四鎮機構對於錢糧的直接管理，這是安史亂後西域的特殊背景造成的，因爲吐蕃佔據河西走廊之後，切斷了中原與西域的聯繫，中原的物資無法運抵西域，四鎮只好依靠各個綠洲居民解決各項軍需。我們認同荒川氏的觀點，現在看來，安史之亂後的西域三十六年，應該視爲單獨的一個歷史階段，在這個特殊的背景下，軍政體制發生了明顯變化，節度使體制不得不地方化了。《孔目司帖》十分具體地反映了西域管理體制的這種變化。其實，安史之亂後的中原各地，也同樣具有這個趨勢，在中央統一調配能力下降之後，地方經濟的自主權明顯加强了②。

　　大谷文書中有一組物價文書，從公佈之日起就受到學界重視，被稱爲“物價表書”、“物價表文書”等等③。池田温認爲這是天寶二年（743）交河郡（西州）的市場物價管理制度的一種體現，稱之爲“交河郡市估案”④，被學界廣爲接受。1964年，橘瑞超整理的物價文書被發現⑤，池田温繼續研究，對這組文書進行了復原，把121件斷片進行綴合、排序，並且對缺環進行了推測，預留下可能的空間⑥。1979年，池田温出版《中國古代籍帳研究：概觀・録文》，總計收録了125件物價文書，並且區分出了AB兩種字體⑦，成爲學界研究該類文書的經典之作。

①　參見王珍仁、劉廣堂《新疆出土的“孔目司公牘”析》，《西域研究》1992年第4期，86—89頁；王珍仁《對旅順博物館藏〈唐建中五年孔目司公牘〉的再研究》，《敦煌學輯刊》1998年第1期，39—46頁；錢伯泉《〈唐建中伍年孔目司文書〉研究》，《新疆大學學報》1993年第3期，44—50頁；陳國燦《唐建中七年西州蒲昌縣配造秋布花問題》，氏著《斯坦因所獲吐魯番文書研究》，武漢大學出版社，1994年，122—136頁；凍國棟《旅順博物館藏〈唐建中伍年“孔目司帖”〉管見》，初刊《魏晉南北朝隋唐史資料》第14輯，武漢大學出版社，1996年，收入氏著《中國中古經濟與社會史論稿》，湖北教育出版社，2005年，278—310頁；吳青雲《唐孔目司文書考略》，《遼寧師範大學學報》1996年第3期，65—66頁；馮培紅《關於唐代孔目司文書的幾個問題》，《遼寧師範大學學報》1997年第1期，78—79頁；陳國燦《關於〈唐建中五年安西大都護府孔目司帖〉釋讀的幾個問題》，《敦煌學輯刊》1999年第2期，6—13頁；荒川正晴《クチャ出土〈孔目司文書〉考》，《古代文化》第49卷第3號，1997年，145—162頁。

②　參見孟憲實《安史之亂後四鎮管理體制問題——從〈建中四年孔目司帖〉談起》，《絲綢之路與新疆出土文獻》，552—568頁。

③　小笠原宣秀《龍大所藏吐魯番出土經濟文書の特色》，《龍谷大學論集》第349號，1955年，1—15頁；《龍谷大學所藏大谷探險隊將來吐魯番出土文書素描》，西域文化研究會編《西域文化研究》第二《敦煌吐魯番社會經濟資料》（上），法藏館，1959年，387—410頁；仁井田陞《吐魯番出土の唐代取引法關係文書》，《西域文化研究》第三《敦煌吐魯番社會經濟資料》（下），法藏館，1960年，187—214頁；收入氏著《中國法制史研究　土地法・取引法》，東京大學出版會，1960年，762—826頁；那波利貞《唐朝政府の醫療機構と民庶の疾病に對する救濟方法に就きての小考》，《史窗》第17、18號，1960年，24—26頁。

④　池田温《中國古代市估制の一考察》，《史學雜誌》第70編第12號，1961年，84—85頁。

⑤　上野アキ《トルファン出土彩畫紙片について》，《美術研究》第230號，1964年，27—36頁，圖版六。

⑥　池田温《中國古代物價の一考察》（一）、（二），《史學雜誌》第77編第1號（1—45頁）、第2號（45—64頁），1968年。

⑦　池田温《中國古代籍帳研究》，東京大學出版會，1979年，32—59頁；龔澤銑中譯本，中華書局，2007年，303—318頁。另參池田温撰、韓昇譯《中國古代物價初探——關於天寶二年交河郡市估案斷片》，《日本學者研究中國史論著選譯》（四），中華書局，1992年，445—513頁。

此後，旅博、京都大學羽田紀念館也發現了多件物價文書或照片，在片山章雄等人的努力下，研究得以持續推進①。這些所謂“物價文書”，其實是天寶二年七月廿一日交河郡市司上交河郡倉曹的狀所附物價表。唐朝有“每月立三等估價”的制度，即市司每月都要做物價統計上報，不僅具有市場管理意義，也具有司法意義。因此，物價文書是理解唐朝經濟政治的重要資料。傳世文獻對此的記載相當簡略，敦煌文獻中曾經發現過7行文字的《唐沙州某市時價簿口馬行時估》②，所含信息極爲有限。吐魯番出土的這些物價文書數量衆多，涉及種類豐富，最成系統，是我們研究唐朝物價、市場以及政府的市場管理最重要的史料③。因此，旅博藏卷中的物價文書雖然零碎，但作爲研究唐代經濟及其管理體制的重要史料，真稱得上是片羽吉光。

　　户籍文書曾是吐魯番出土文獻中最耀眼的史料，通過對户籍文書的解讀，我們對於中古土地管理制度的認知得以大大推進。旅博館藏的户籍類文書有10個號。其中LM20-1480-05-07可與大谷文書Ot.2905綴合，據後者顯示，可以確定這是一件“欠田文書”④。LM20-1451-38-01v和LM20-1523-07-53v字跡相同，背面均爲佛經目錄，應係同一寫本。根據背面佛教經錄這一綫索，我們又找到了屬於同一寫本的其他11件，分藏於俄羅斯聖彼得堡東方文獻研究所、日本書道博物館、日本龍谷大學、芬蘭國家圖書館。這批總共13件文書都屬於武周大足元年（701）西州高昌縣順義鄉户籍⑤，爲我們深入瞭解這一時期的户籍制度提供了新的資料。

　　官文書是我們瞭解政治制度和政府權力運作的重要資料。旅博館藏中有一組開元二十三年（735）閏十一月的西州官府文書（編號LM20-1406-04r、LM20-1407-01r、LM20-1407-02r、LM20-1412-01r等）。還有幾件十二月的官文書（編號LM20-1409-06r、LM-1415r等），主要涉及官倉糧料的調配問題。這兩組都屬於《唐開元二十三年（735）西州都督府案卷》的

① 池田温《中國古代物價初探——關於天寶二年交河郡市估案斷片》（修訂本），收入氏著《唐研究論文選集》，中國社會科學出版社，1999年，122—189頁；郭富純、王振芬《旅順博物館藏西域文書研究》，148—152頁；片山章雄、王振芬、孫慧珍《旅順博物館所藏文書と大谷文書その他の綴合》，土肥義和主編《敦煌・トルファン漢語文獻の特性に關する研究》，東洋文庫，2009年，6—10頁；片山章雄《大谷探險隊將來吐魯番出土物價文書斷片の數點の綴合について》，《敦煌・吐魯番出土漢文文書の新研究》，東洋文庫，2009年，315—335頁。

② 參見張勛燎《敦煌石室奴婢馬匹價目殘紙的初步研究》，《四川大學學報》1978年第3期，85—91頁；朱雷《敦煌所出〈唐沙州某市時價簿口馬行時估〉考》，初刊唐長孺主編《敦煌吐魯番文書初探》，武漢大學出版社，1983年，收入氏著《朱雷敦煌吐魯番文書論叢》，上海古籍出版社，2012年，230—246頁。

③ 參見王仲犖《唐西陲物價考》，北京大學中國古代史研究中心編《敦煌吐魯番文獻研究論集》第5輯，北京大學出版社，1990年，1—21頁；衡之《唐代吐魯番地區的物價管理》，《西域研究》1997年第4期，92—94頁；盧向前《唐代前期市估法研究》，初刊《敦煌吐魯番學研究論文集》，漢語大詞典出版社，1989年，收入氏著《唐代政治經濟史綜論——甘露之變研究及其他》，商務印書館，2012年，363—402頁。

④ 片山章雄、王振芬、孫慧珍《旅順博物館所藏文書と大谷文書その他の綴合》，7頁。

⑤ 參見何亦凡、朱月仁《武周大足元年西州高昌縣籍拾遺復原研究》，《文史》2017年第4輯，197—214頁。

内容。據史籍記載，前一年初夏，西州遭到突騎施的襲擊，屯田遭到焚毀，二十三年十月，唐朝"移隸伊西北庭都護屬四鎮節度"，伊、西、庭發生重大的軍政體制調整。旅博館藏的這兩組文書所記史事正當其後，這些具體文書反映了怎樣的問題，值得繼續深究①。

旅博館藏中還有一些比較碎的公私文書殘片，雖然只有片言隻語，也可爲我們進一步研究提供一些綫索。如LM20-1517-0588只有一行"度計至今卌七年"，這應是某位僧人的僧籍。幾件跟牛坊相關的文書，透露出西州的交通運輸情況②。

五　占卜與醫藥文獻

旅博館藏新疆出土漢文文獻中的占卜文獻總數約有十餘片，目前比定出有律吕書、占風法、夢書、宅經、祿命書、時日宜忌等，但多比較破碎，存字不多，其中最重要的是LM20-1456-23-22"律吕書"。該殘片存字6行，36字，雜糅陰陽、五行、地支、爻卦等多類信息，更結合了律吕所代表的樂律體系，此類内容在傳世文獻及出土簡牘中均未能找到完全對應者，内容令人極爲費解。經研究，該律吕書是以十二律吕相生關係爲邏輯，以"陰""陽"爲六律、六吕的屬性區分，再以六吕爲順序搭配，其中陰、陽二爻的變化導致了之後陰支、陰吕的對應關係③。正因爲此前的文獻中未系統呈現此類搭配及推導原則，因此，這件占卜文書極有可能並非實際行用者，而是作爲一種知識體系被抄録的，其價值尚需在今後的進一步研究中逐步揭示。

旅博藏卷中LM20-1523-13-128上部可與大谷文書Ot.3747下部綴合，都築晶子等定名"地相占"，並作了復原工作④。此件是一幅圖式，中央部分爲四方，外圍四角是八卦方位，外圍順時針環繞十二地支搭配黄道十二神，參照黄正建對敦煌占卜文書的分類⑤，我們定名爲"宅經"。與此前發現的敦煌宅經相比，此圖式的整體方向是反着的，訛誤也多，字跡潦草，應爲民間實用性占卜書。

旅博藏卷中LM20-1458-27-03存字四行，有朱筆句點分隔符號，從"風從南來"這樣的句式來看，應是某種"占風法"。此前德藏吐魯番文獻中曾經發現過一件"占風法"，是以圖式的方法"占八方風"，所占内容涉及作物收成、疾病、竊賊等⑥。此件有烏絲欄，爲正式抄本，非圖式，所占内容與作物收成有關。

① 參見郭富純、王振芬《旅順博物館藏西域文書研究》，127—147頁。
② 參見郭富純、王振芬《旅順博物館藏西域文書研究》，153—155頁。
③ 段真子《旅順博物館藏吐魯番出土"律吕書"考釋》，《文史》2017年第4輯，215—228頁。
④ 都築晶子等《大谷文書の比較研究：旅順博物館藏トルフアン出土文書を中心に》，48頁。
⑤ 黄正建《敦煌占卜文書與唐五代占卜研究》（增訂版），中國社會科學出版社，2014年。
⑥ 余欣《中國古代占風術研究——以柏林藏吐魯番文獻Ch3316爲中心》，高田時雄編《唐代宗教文化與制度》，京都大學人文科學研究所，2007年，87—114頁；此據氏著《中古異相：寫本時代的學術、信仰與社會》，上海古籍出版社，2011年，140—170頁。

　　醫藥類文獻約二十多片，也比較殘碎。此前，豬飼祥夫對大谷文書中的漢文醫書類文獻進行過全盤清理①，未涉及與旅博館藏文獻的關係。此次我們發現，旅博館藏醫藥文獻中有不少與大谷文書關係密切，如LM20-1469-11-07等7片和Ot.1052等38片字跡相同，應屬同一寫本，可綜合討論。這批醫藥文獻中，大多數均是不知名藥方，目前能確切比定出來的是LM20-1455-31-15《針灸甲乙經》卷一〇《陰受病發痺》，以及LM20-1506-C0771e《肘後備急方》卷二。《針灸甲乙經》爲針灸類醫書，出土文獻中此前發現過兩件寫本。俄藏敦煌文獻Дx.2683r +Дx.11074r經王杏林考訂爲《針灸甲乙經》卷六《陰陽大論》及《正邪襲内生夢大論》兩篇②，她的定名可從，但從綴合後背面所記“石垂渠諸地現種青苗曆”文書來看，這應是吐魯番出土寫本，並非敦煌文獻。另一件是阿斯塔那墓地出土的65ATM42：48(a)，是節抄本，抄録了《針灸甲乙經》卷十一第十篇和卷十二第十篇的部分内容③。這次新發現的這件存4行20字，是全本殘片，可能是唐代西州的醫學教材，爲唐代中醫針灸學在新疆地區的流行與傳播提供了新的證據。

　　以上，我們從五個方面對旅順博物館藏新疆出土漢文文獻中最富有研究旨趣的内容做了簡略概説，這只是就我們目前研究所及範圍的一些介紹。希望隨着全部文獻的刊佈，學界可以利用這批資料繼續探討，逐步豐富並加深我們對於新疆地區歷史文化的認識，使得絲綢之路沿綫的歷史更加清晰和明朗。

① 都築晶子等《大谷文書中の漢語資料の研究：〈大谷文書集成〉IVにむけて》，《龍谷大學佛教文化研究所紀要》第46集，2007年，72—118頁。

② 王杏林《關於俄藏敦煌文獻Дx.2683、Дx.11074殘片的定名》，《敦煌學輯刊》2010年第4輯，105—108頁。

③ 唐長孺主編《吐魯番出土文書》圖録本（叁），文物出版社，1996年，146頁。

旅順博物館藏新疆出土寫經的書法斷代

史　睿

中村不折《禹域出土墨寶書法源流考》是最早關於吐魯番出土文獻書法研究的專著[①]，系統梳理了書道博物館所藏西漢成帝綏和二年（前7年）至宋太宗太平興國二年（977）近一千年的書法墨跡，其中最爲重要的就是吐魯番出土寫本文獻和墓誌。中村依據紀年文獻對其他寫本加以推斷，並爲之斷代，還就漢唐之間書法、書體演變問題加以闡述。由於使用了出土文獻，此書極大地豐富了中國書法史的内涵，擴展了書法史的研究對象，確立了根據有紀年出土寫本來斷定無紀年寫本年代的方法。此後，内藤湖南、羅振玉、藤枝晃、施安昌、劉濤、王素、趙聲良、王振芬、孫傳波、毛秋瑾等學者圍繞吐魯番文獻的書法斷代問題也做了重要的研究[②]。藤枝晃最早建立敦煌吐魯番寫本書法的斷代方法體系，並得到廣泛應用。施安昌借鑒石刻研究的成果，提出依據寫

---

① 中村不折《禹域出土墨寶書法源流考》，西東書房，1926年；李德範中譯本，中華書局，2003年。

② 藤枝晃《文字の文化史》，岩波書店，1971年，翟德芳、孫曉林中譯本《漢字的文化史》，知識出版社，1991年；藤枝晃撰，白文譯，李愛民校《中國北朝寫本的三個分期》，《敦煌研究》1990年第2期，40—49頁；又"The Earliest Types of Chinese Buddhist Manuscripts Excavated in Turfan", *Acta Orientalia Academiae Scientiarum Hungaricae*, Vol. 43, No. 2/3 (1989), pp. 325-329.劉禕中譯本《吐魯番出土漢文佛經寫本的最早類型》，《吐魯番學研究》2018年第1期，134—138頁，圖版肆；又《トルフアン出土佛典の研究——高昌殘影釋錄》，法藏館，2005年；王素、劉紹剛《十六國時期高昌郡書法簡論》，《書法叢刊》1992年第4期，1—14頁，此據王素《漢唐歷史與文獻研究》，故宫出版社，2011年，436—442頁；王振芬《從西晉元康六年〈諸佛要集經〉寫本探寫經體之源》，《書法叢刊》2006年第6期，17—29頁；王振芬《承陽三年〈菩薩懺悔文〉及相關問題》，《旅順博物館藏新疆出土漢文佛經研究論文集》，74—83頁；又載《敦煌吐魯番研究》第14卷，上海古籍出版社，2014年，467—477頁；孫傳波《旅順博物館藏吐魯番出土北朝時期佛經殘片書體探源》，《吐魯番學研究》2008年第2期，63—73頁；毛秋瑾《北涼沮渠氏與佛教寫經——兼談公元五世紀中期南北書風差異及"北涼體"》，《中國書畫》2008年第11期，63—65頁；同作者《從敦煌吐魯番寫本看佛教信衆與寫經書法》，《南京藝術學院學報》2009年第6期，13—19、233頁；同作者《寫經書法述論——以敦煌吐魯番寫本爲中心》，《故宫博物院院刊》2011年第3期，97—161頁。

本字群遞變規律進行書法斷代，最具遠見卓識[1]，如今張涌泉的團隊在精密的俗字研究基礎上將此法不斷推展，創獲實多。趙聲良主張寫本書法的分型與斷代的綜合研究，并提出基本的框架，具有重要意义[2]。毛秋瑾《墨香佛音》廣泛搜集寫經書法資料，繼續實踐分型與斷代的綜合研究，更新了這一理論框架，有了更爲嚴密的方法和完善的結論[3]。

本文在書法史界最新研究成果的基礎上，提出關注書寫工具、書寫姿態（包括執筆法、使筆法）、書寫目的對於書法樣式的決定性意義，試圖建立基於書體及風格分析、筆畫分析、部件分析、字勢分析的書法斷代方法論，並嘗試將這種方法應用於旅順博物館（簡稱"旅博"）藏新疆出土漢文寫經的整理和書法斷代，並從佛教文化史的角度重新解釋寫經書體的演變。

一　寫經書法斷代的基礎

書寫工具很大程度上決定着書法樣式，書法史學者近年越來越重視這兩方面關係的研究。進行書法斷代研究，也必須瞭解書寫工具演變對於書法樣式變遷的作用，否則很多問題就無法解決。古人將書法樣式的變遷歸納爲"晉人尚韻"、"唐人尚法"、"宋人尚意"、"元明尚態"，這種説法虛無縹紗，難以把握，更無法用作斷代方法，只有從書寫工具對於書法樣式的決定性影響上加以研究，才能變觀風望氣式的書法斷代爲有理可據的科學書法斷代。

毛筆製作工藝對書體演變的影響，是此前書法史研究上被忽視的重要因素。戰國至西漢毛筆，將筆毛插入木質或竹質筆管，工藝至爲簡單。東漢末使用捆紮筆頭的毛筆，使得毛筆腰力增强，聚鋒效果明顯。曹魏開始出現以不同毛質多重捆紮的筆頭，此即纏紙筆的筆端。筆柱（内芯）部分使用彈性較强的兔毫，而周圍裹以蓄墨量較高的羊毫，形成最優配置。至東晉，則有纏帛或纏紙的筆頭出現，見諸文獻和考古發現。東晉、南北朝是戰國西漢筆與纏紙筆交替的時期，隋唐時代則普遍使用纏紙筆，實物在新疆多有發現[4]。

書寫工具從戰國西漢筆到纏紙筆的變化與從隸書向楷書的過渡基本同期，除了書寫方便、動作簡化的原因之外，我們必須關注書寫工具和書法形態之間的密切關聯。筆頭腰力較弱的戰國西漢筆鋪毫容易，書寫古隸的波磔或今隸橫畫、捺畫粗壯的收筆非常自然，豎畫收筆向左下撇出，折筆平滑無肩，斜鉤（或卧鉤）則很難鉤挑出尖，收筆與捺畫圓潤的捺腳並無二致，豎鉤平出不鉤起，撇畫常有翻挑或粗壯的收筆，點畫多作短橫、短豎、短撇之形。纏紙

① 施安昌《敦煌寫經斷代發凡——兼論遞變字群的規律》，《故宫博物院院刊》1985年第4期，58—66頁；又《敦煌寫經的遞變字群及其命名》，《故宫博物院院刊》1988年第4期，66—71頁。

② 趙聲良《早期敦煌寫本書法的時代分期和類型》，《敦煌書法庫》第2輯，甘肅人民出版社，1995年，1—9頁。

③ 毛秋瑾《墨香佛音——敦煌寫經書法研究》，北京大學出版社，2014年。

④ 王學雷《韋誕筆方校議》，《古筆考——漢唐古筆文獻與文物》，蘇州大學出版社，2013年，101—108頁；李小平《古代毛筆"纏紙法"淺議》，《紫禁城》2014年第12期，60—65頁。

筆筆頭內有纏紮緊實的筆柱，腰力比戰國西漢筆大有增強，聚鋒效果明顯，橫畫、豎畫起筆收筆的自然停頓即形成楷書必備的要素“三過折”，折筆頓按有肩，斜鈎、臥鈎、豎鈎的向上向內鈎挑出尖變得簡易，捺畫藉助捆紮的筆毫自然出現平齊捺腳，撇畫送筆出尖也是同理，點畫則變爲上尖下圓，如高峰墜石之態。反之，如果是唐代成熟纏紙筆書寫的隸書，如唐玄宗《石臺孝經》，雖與漢隸要素相同，但筆畫形態則有顯著差別，例如燕尾和捺尾皆作平腳，其他筆畫也多以方筆代替圓筆，這説明纏紙筆所作隸書也與戰國西漢筆不同。

　　至唐代中期，逐漸根據書寫和字體需求，分化出不同的筆形。我們可以從空海《奉獻狸毛筆表》中看到筆分爲多種類型，有真書筆、行書筆、草書筆、八分筆、小書筆、寫書筆、踏書筆和臨書筆，尤其是將不同筆形用於不同書體，表明唐代書家和筆工都已對兩者之間的對應關係有了深入認知。此外，寫書筆（即用於抄寫典籍所用之筆）、小書筆（即用於抄寫細字寫本之筆）在諸體書法筆之外，更説明了寫書與一般臨創之筆不同。宋代文化興盛，識字率超過唐代，毛筆市場需求空前增長，製筆業放棄了此前複雜的纏紙筆工藝，改用便於大量生產的工藝，不再纏裹筆毛，稱爲“散卓筆”，其工藝是用膠將筆毛粘在筆管空腔內，入管深度淺，出鋒更長，毛料也從昂貴且使用壽命較短的兔毫日漸爲價廉長壽的羊毫、狼毫所代替。此種製筆工藝令毛筆的腰力變弱，彈性變小，聚鋒效果變差，使用這樣的毛筆顯然不能再現晉唐筆法。

　　書寫姿態與書法形態也有着非常密切的關係，主要包括執筆法、使筆法，古人統歸之爲筆法。書寫姿態對於書法樣式有着重要影響，晉唐時代通常是以手腕爲支點的側鋒書寫，三指執筆，執筆位置較低，而宋代之後逐漸有垂直於桌面的懸腕、懸肘書寫，執筆較高。據傳衛夫人所作《筆陣圖》中原有執筆圖三幅，亦不可見，今所見者最早爲日本入唐求法僧空海所作《執筆法·使筆法》中的圖像和解説，第一圖爲三指法，第二圖爲五指法[1]。空海筆法自大唐習得，淵源有自，其執筆圖像可能從唐代所傳《筆陣圖》得來；其使筆法的解説則與中唐書家韓方明之法相同[2]。北宋晚期黄伯思利用六朝隋唐時代圖畫上的執筆方式復原晉唐古法，最具真知卓見。沙孟海、張朋川提出了晉唐時代多是側鋒用筆[3]，近年馮亞君更有深入研究[4]，莊天明系統梳理了歷代執筆圖像，用以考證古代書寫以三指執筆法爲主，五指法雖然産生於晚唐，但應用不廣[5]。

　　西晉是紙的生產使用新階段，此時已經有大量潔白平滑方正耐折的紙，成爲佔支配地位的書寫載體，而簡牘則很少使用。潘吉星認爲在西北地區從西晉懷帝永嘉年間（307—312）

① 空海《執筆法·使筆法》，祖風宣揚會編《弘法大師全集》卷九，吉川弘文館，1966年，153—154頁。

② 空海《敕賜屏風書了即獻表并詩》，空海《遍照發揮性靈集》卷三，《弘法大師全集》卷一〇，43頁。

③ 沙孟海《古代書法執筆初探》，同編者《中國書法史圖録（一）》，上海人民美術出版社，1991年，428—432頁；張朋川《中國古代書寫姿勢演變略考》，《文物》2002年第3期，85—91頁。

④ 馮亞君《書法側鋒用筆研究》，湖南美術出版社，2015年。

⑤ 莊天明《執筆的流變——中國歷代執筆圖像匯考》，江蘇鳳凰教育出版社，2014年。

開始，紙已經在書寫材料中佔有壓倒性優勢①。西川寧對於樓蘭、吐魯番出土魏晉墨跡的定量
分析也同樣支持這個結論②。潘吉星曾做過敦煌吐魯番出土寫本紙張的科學檢測和分析，推
測施膠技術至遲起源於魏晉之際，今存年代最早的施膠紙是黄文弼所得後秦白雀元年（384）
《衣物疏》③。施膠工藝使得紙面光潔不洇墨，從此紙上墨跡較之無施膠工藝的紙張邊緣更
爲清晰。此後施膠、涂布、入潢、砑光等工藝逐漸普及，紙變得更爲光滑適用，故筆毫的任何
細微動作都能原樣保留在紙上。新疆樓蘭出土西晉紙質文書中往往有洇墨現象，殆至吐魯
番出土高昌郡時期後期寫本，則不見洇墨現象，可知當時書寫用紙已經普遍使用上述加工
工藝。

　　唐代寫書寫經紙入潢、上蠟、砑光爲基本加工手段，從紙色、光潔度上可以輕鬆分辨。而
唐末至西州回鶻時期，由於河西政治勢力屢有更代，交通不暢，内地輸入的紙張驟減，本地
紙成爲主要書寫用紙。較之唐代内地所産薄韌的優質皮紙而言，西州回鶻紙張厚而鬆軟，纖
維粗疏，簾紋較窄，因爲製紙原料加工過程不完整，導致紙色沉暗，入潢、上蠟、砑光等後期
加工有時或缺，故常有洇墨現象。以上特徵皆可作爲斷代依據。

　　中古時期西域出土寫經中書體有隸書、楷書、行書、草書等多種形態，這一時期是楷書定
型發展期，需要重視隸書與楷書的區別。西川寧提出楷書的基本特徵是筆畫的三過折，劉濤
進一步提出七項特徵，即：横畫，起筆按鋒，收筆頓按；豎畫，收筆處駐筆；豎撇，方頭尖尾，
收筆不再發筆翻挑；斜捺，收筆處駐筆頓按，然後折筆平出；豎鈎，豎筆頓按後向左上方挑
出；"心"字的臥鈎出現鈎挑；折筆處出現按鋒④。兩位學者從墨跡歸納出來的楷書特徵，其
實正好與傳王羲之《題衛夫人〈筆陣圖〉後》所描述的鍾繇之法相同⑤。上述兩位學者所云横
畫、豎畫的"三過折"（"萬歲枯藤"亦同於三過折），點畫的頓按，斜鈎（或臥鈎）的鈎挑，折
筆的按鋒，捺腳的頓按和折筆平出，等等，無一不合。與之相反，隸書則横畫、豎畫皆無三過
折，横畫尖鋒入筆，豎畫尖鋒收筆，撇畫有翻挑，捺畫無平捺腳，鈎畫無鈎挑，折筆圓滑無頓
按，凡是具有以上全部特點者，我們可定爲隸書；符合部分特點，我們可稱之爲有隸意。書法
史家們對於隸書和楷書特徵的條分縷析，使得寫經分期有了科學基礎。

①　潘吉星《中國科學技術史·造紙與印刷卷》，科學出版社，1998年，105頁。
②　西川寧《西域出土晉代墨跡の書道史的研究》，二玄社，1991年，此據姚宇亮中譯本《西域出土晉代墨
　　跡的書法史研究》，人民美術出版社，2015年，11—191頁。
③　潘吉星《新疆出土古紙的研究》，《文物》1973年第10期，50—60頁；潘吉星《中國造紙技術史稿》，文
　　物出版社，1979年，61—62頁。又北朝唐代紙張測試數據見潘吉星《敦煌石室寫經紙的研究》，《文物》
　　1966年第3期，39—47頁。
④　劉濤《中國書法史·魏晉南北朝卷》，江蘇教育出版社，2002年，137頁。關於楷書筆法的形成，參考邱振
　　中《書法的形態與闡釋》，重慶出版社，1993年，39—42頁。
⑤　王羲之《題衛夫人〈筆陣圖〉後》，張彦遠《法書要録》卷一，人民美術出版社，1986年，8頁。

二　新疆出土寫經的分期與實例

本文優先利用新疆（主要是吐魯番）出土有紀年文獻和已考定紀年的寫經作爲標本，包括寫本、磚誌墨跡、木板墨跡以及石刻碑銘，其次利用敦煌出土有紀年文獻，再次利用内地碑誌、刻經、造像記等類佛教石刻文獻，以及可靠的傳世晉唐寫經，以推斷旅博所藏無紀年寫經的大致分期。

由旅順博物館、北京大學中國古代史研究中心、中國人民大學國學院合作的"旅順博物館藏新疆出土漢文文獻整理與研究"項目，將旅博藏新疆出土漢文寫經分爲四期：高昌郡時期（327—460）、高昌國時期（460—640）、唐時期（640—866）、西州回鶻時期（866—1275）。高昌郡的設立雖在東晉時期，但是此前高昌地位與郡無別，從行政體制上歸入高昌郡時期本無疑義；且西晉時期的寫經出土極少，除了元康六年（296）《諸佛要集經》之外，僅有無紀年寫經數件而已，而十六國時期更是延續了西晉開創的寫經傳統，屬於同一個書法史分期。又，與政治史分期不同，吐魯番寫經書法史的高昌國時期從460年闞氏政權建立開始，這是因爲自河西姑臧（今甘肅武威）遷入高昌（今新疆吐魯番）的沮渠氏大涼政權（443—460）仍是北涼政權的延續，故這個時期的寫經書法與北涼寫經同屬一個類型。460年建立的闞氏高昌政權是柔然政權的附庸，文化特性與之前北涼不同，其寫經書法面貌一變，故可劃入高昌國時期。

（一）高昌郡時期（327—460）

藤枝晃所説吐魯番寫本"北朝時期類型的早期階段"（AA類型，3世紀至5世紀前期）大致與此相當。

内藤湖南最早注意到吐魯番吐峪溝出土西晉元康六年《諸佛要集經》和無紀年《道行般若經》關聯，後者可能時代早。同爲吐魯番吐峪溝出土的《老女人經》無紀年，西川寧定爲永嘉時期（307—312）寫本。以上寫本雖稍早於高昌郡建立之時，但年代相距很近，皆可作爲高昌郡時代書法的斷代標準。沮渠無諱、安周兄弟的高昌大涼政權時代（443—460）寫經書法與高昌郡時期無別，可謂之尾聲。

從西晉元康六年《諸佛要集經》到後涼麟嘉五年（393）《維摩詰經》（上海博物館01號）、西涼建初七年（411）《妙法蓮華經》卷一（大谷收集品）[①]，都是方正的隸書，風格非常一致，例如字取橫勢，橫畫尖鋒入筆，折筆圓潤，捺畫不出捺腳。如果説稍有區別，就是東晉十六國的寫經隸書意味反而比西晉寫經更濃，例如捺畫收筆更爲粗壯。從北涼玄始十六年（427）《優婆塞戒》卷七（京都博物館藏）開始，楷書意味增加，例如橫畫出現明顯的"三過折"，起筆改尖

---

① 　香川默識編《西域考古圖譜》下卷佛典四，國華社，1915年。

LM20-1450-31-06
《道行般若經》卷一

LM20-1450-26-01
西晉元康六年（296）
《諸佛要集經》

LM20-1462-03-13
《摩訶般若波羅蜜經》卷九

北涼承平三年（445）
《且渠安周造寺碑》

圖一　　　　　　　　　　　　　　　　　圖二

鋒爲稍有頓筆，收筆不同於此前粗壯圓潤的停頓，而顯示出向下收筆的頓筆。這種整體偏向隸書而略有楷書特徵的寫經延續至5世紀70年代。藤枝晃認爲北魏皇興五年（471）絹本《金光明經》（P.4506）和太延二年（436）紙本《首楞嚴三昧經》是這個時期最晚的樣本[1]，但是我們認爲當以承平年間（440—460）的一組沮渠安周供養經（日本書道博物館藏）爲最晚，這不僅是北涼最後紀年的寫經，而且此後闞氏高昌國寫經的書法特徵與這組寫經明顯不同。絹本《金光明經》已屬非常成熟的楷書，且爲内地書法高手所書，顯然不能排入這個時期。

旅博藏寫經斷片可與已知紀年者相比較，大致可以確定其年代，例如旅博LM20-1450-31-06《道行般若經》卷一、LM20-1465-05-06《大般涅槃經》卷二五、SH.005《道行般若經》卷七（日本書道博物館藏）與西晉元康六年（296）《諸佛要集經》相似（圖一），旅博LM20-1451-23-01《金光明經》卷四與後涼麟嘉五年（393）《維摩詰經》相近，旅博LM20-1452-34-06《悲華經》卷一與庚午歲（430）《金光明經》卷二（新疆博物館藏）類似，旅博LM20-1450-37-05《佛説華手經》卷五與北涼玄始十六年（427）《優婆塞戒》卷七（日本京都國立博物館藏）、北涼承平十三年（455）沮渠封戴木表（新疆博物館藏）及SH.009承平十五年《佛説菩薩藏經》卷一相近，旅博LM20-1462-03-13《摩訶般若波羅蜜經》卷九與《且渠安周造寺碑》如一手所寫（圖二），完全合乎“北涼體”特徵[2]。旅博LM20-1467-22-01+ LM20-1467-22-03+ LM20-1495-01-

[1]　Fujieda Akira, "The Earliest Types of Chinese Buddhist Manuscripts Excavated in Turfan", *Acta Orientalia Academiae Scientiarum Hungaricae*, Vol. 43, No. 2/3 (1989), p. 326.

[2]　施安昌《北涼體析——探討書法的地方體》，《書法叢刊》總36輯，1993年，此據同作者《善本碑帖論集》，紫禁城出版社，2002年，240頁；又《北涼書體叙録——兼談銘石書與寫經書》，《第五屆書法史討論會論文集》，文物出版社，2002年，此據同作者《善本碑帖論稿》，上海書畫出版社，2017年，50—58頁；毛秋瑾《北涼沮渠氏與佛教寫經——兼談公元五世紀中期南北書風的差異及“北涼體”》，《中國書畫》2008年第11期，63—65頁。

06北涼承陽三年（427）《菩薩善戒經》卷一則是這個時期略帶草體意味的樣例，旅博LM20-1467-20-04《大般涅槃經》卷一四年代相距不遠，書體亦近。

此期有來自南朝劉宋的SH.161-6吳客張休祖寫《持世經》卷一，而高昌本地所寫的SH.152-16《十住論》卷七也有相同的書法形態。

（二）高昌國時期（460—640）

藤枝晃所説的吐魯番寫本"北朝時期類型的晚期階段"（A類型，5世紀前半期至6世紀中期）和高昌國時期（A'類型，460—640）都屬於這個時期。

P.4506皇興五年（471）《金光明經》卷二寫於黃絹上，來自内地定州，S.669北魏太和三年（479）《雜阿毗曇心經》卷六爲馮熙寫經，來自洛陽，皆爲當時高級寫經，其書法皆有斜畫緊結的特點，屬於成熟的楷書，在邊地罕有匹敵者。

闞氏高昌國時期紀年寫經有SH.010永康五年（470）《妙法蓮華經》卷一〇（日本書道博物館藏）可作標準，其特徵是基本已經脱去隸書意味，橫畫呈"三過折"之態，鈎畫出鋒，捺畫有平腳，折畫有頓按，並有斜畫緊結的趨勢，用筆極硬，而形態柔軟。此件寫經雖短，但是具有重大意義，正是寫經書法轉變的重要標本。旅博LM20-1466-22-02《佛所行讚》卷三、LM20-1466-09-02《添品妙法蓮華經》卷六、LM20-1465-19-05《小品般若波羅蜜經》卷一〇的書寫年代均與之相近。

張氏、馬氏高昌國國祚甚短，沒有明確紀年的寫經。麴氏高昌國建立，已經進入6世紀。麴氏高昌國的王室寫經則體現出統一風貌，較爲容易辨別，其字扁平，略呈斜畫緊結之勢，橫畫細長，撇畫硬直犀利，折畫濃重誇張。旅博有高昌王麴乾固寫經殘片兩件，即LM20-1520-15-05+LM20-1462-02-10《佛説仁王般若波羅蜜經》卷下和LM20-1467-32-05《金光明經》卷四，據研究與Ch.1891延昌三十七年（597）《金光明經》卷三題記相同，當是同時所寫[1]。藤枝晃通過綴合多件殘片，指出這些寫經出自高昌王室寫經機構，此類寫經用紙、書法風格和字體佈局都十分統一[2]。高昌王室寫經可能持續多年，大約從6世紀初到7世紀初。此類寫經也有書法高下之別，SH.012高昌延和八年（609）《摩訶般若波羅蜜經》卷二寫本可推爲翹楚。

除了高昌王室寫經之外，此期也有受外來書風影響的寫經。敦煌出土北魏東陽王元榮寫經大致書於530—533年間，字跡特徵突出，尤以粗壯的捺畫，用轉筆停頓之法，偶爾出鋒，容易辨識。旅博所藏與之相近的寫經僅有一卷《摩訶般若波羅蜜經》，卷次二五，目前所見有十餘件殘片，如LM20-1450-24-03、LM20-1466-04-01、LM20-1466-30-05等，疑爲從敦煌傳入。北魏太和（477—499）改制之後，書風受江南影響，明顯轉向斜畫緊結的書體，尤以洛陽

---

[1]　彭傑《旅順博物館藏兩件高昌王麴乾固供養寫經殘片探析》，《敦煌研究》2015年第3期，67—73頁。按此文將LM20-1462-02-10誤作LM20-1462-17-09。

[2]　Fujieda Akira, "The Earliest Types of Chinese Buddhist Manuscripts Excavated in Turfan", Acta Orientalia Academiae Scientiarum Hungaricae, Vol. 43, No. 2/3 (1989), p. 328.

LM20-1453-26-09
《大方廣佛華嚴經》卷四九

北魏太和十九年（495）
《尉遲爲牛橛造像記》

圖三

LM20-1463-03-05
《發菩提心經論》卷下

北齊（550—577）
河北涉縣媧皇宮刻經

圖四

龍門造像題記爲著。這種書風也在寫經體中有所體現，旅博LM20-1453-26-09《大方廣佛華嚴經》卷四九與北魏太和十九年（495）《尉遲爲牛橛造像記》互爲映像（圖三），折筆斬截，如刀切斧砍，字形瘦長而重心較高。

高昌國與南朝交往密切，江南寫經通過客使不斷傳入，所見者有Ch.2521南朝劉宋末年蕭道成寫經、SH.014梁天監十一年（512）蕭偉寫經《摩訶般若波羅蜜經》卷一四、一五，以及數卷梁普通年間（520—527）寫經（日本書道博物館藏）。與北魏寫經受世俗書法影響而趨向斜畫緊結不同，齊梁寫經始終保持着平畫寬結的書法特徵。旅博所藏與江南寫經之相似的有細字寫本《大方廣佛華嚴經》（集中於經册一一、經册二〇），如果將此細字寫本字跡放大，我們可以看到它與蕭偉寫經非常近似。

南北朝晚期寫經書體有隸書復興的趨勢，河北涉縣媧皇宮北齊刻經[①]、P.2965敦煌出土陳太建八年（576）《生經》和P.2160陳至德四年（586）《摩訶摩耶經》，皆有隸楷結合的共同特徵，這種書法風格也影響到吐魯番，故高昌國時期也有一批接近這種風格的寫經，旅博所藏有LM20-1463-03-05《發菩提心經論》卷下（圖四）、LM20-1452-06-03《摩訶般若波羅蜜經》卷一三、LM20-1451-11-02《大般涅槃經》卷二八等數十件殘片。從中可以發現南北朝晚期，寫經南北書風一度統合於隸楷兼融的書風。隋開皇（581—600）到大業（605—618）間是寫經的轉變節點，開皇寫經仍然延續着西晉以來帶有隸書意味的正體書風，始終與世俗書法保持着差異，但是自大業開始，寫經書法與世俗書法的區別越來越小。

① 馬忠理、張沅、程躍峰、江漢卿《涉縣中皇山北齊佛教摩崖刻經調查》，《文物》1995年第5期，66—76頁；王學仲《天下第一壁經考——媧皇宮石刻》，《中國書法》2001年第3期，10—13頁。圖版見歐陽中石編《涉縣北齊刻經》，萬卷出版公司，2009年。

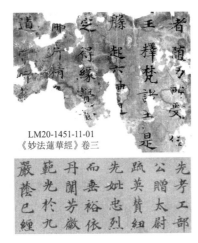

LM20-1451-11-01
《妙法蓮華經》卷三

P. 3788 唐上元年間（674—676）
《妙法蓮華經》前武則天寫經發願文
圖五

LM20-1453-08-04
涅槃經注疏

唐景龍二年（708）薛崇徽
題記《大般涅槃經》卷七
圖六

（三）唐時期（640—866）

藤枝晃所説的典型唐寫本樣式時期（C類型，7世紀中期至8世紀末）。

唐代寫經書法兼祧北朝的方正嚴謹和南朝的柔媚攲側，從魏晉以來隸楷結合的寫經體折入妍媚的南朝世俗楷書寫經體。唐代寫經楷書大致皆出自智永《千字文》法乳，同時也不斷吸收當時著名書家的優長，終唐一代呈現出非常豐富的書法樣式。唐初著名書家虞世南、褚遂良、歐陽詢的書法風格盛行於有唐一代，盛唐時代又生發出徐浩、顏真卿、柳公權一派的的楷書風格和李邕一派的行書風格，草書在延續前代章草的孫過庭之外，又有狂放的懷素今草。隋代以下，世俗書寫與宗教典籍書寫已經融爲一體，無論佛典、道經的書寫都顯示出各派書風的影響。

初唐書風澤被之下，旅博LM20-1470-20-04《大方廣佛華嚴經》卷五、LM20-1456-01-04《金剛般若波羅蜜經》、LM20-1450-03-01《阿閦佛國經》卷上筆畫粗細一致，折筆圓潤，結體方正，近似虞世南書《孔子廟堂碑》。旅博LM20-1469-33-02《佛頂尊勝陀羅尼經序》、LM20-1450-14-04《大般若波羅蜜多經》卷四三三筆畫較細，起筆多帶裝飾性的曲折，楷書中略有行書筆意，總體近似褚遂良書《大唐三藏聖教序》。高宗、武后時期，長安的宮廷寫經頒賜至河西，沙州（今甘肅敦煌）、西州（今新疆吐魯番）寺院皆有，旅博LM20-1451-11-01《妙法蓮華經》卷三楷法精妙，接近P.3788上元年間（674—676）宮廷寫經《妙法蓮華經》卷一（圖五），當出自長安宮廷書家之手。旅博LM20-1453-08-04涅槃經注疏與景龍二年（708）薛崇徽題記《大般涅槃經》相似（圖六）[①]。這是流行範圍很小的書法形態，淵源於南朝梁代

---

① 敦煌藏經洞所出薛崇徽敬寫《大般涅槃經》共有四卷，卷五藏中國國家圖書館（編號BD14949），卷七藏三井紀念美術館，卷九藏藤井有鄰館（今年保利拍賣公司拍出），卷十藏英國國家圖書館（S.2136）。參考方廣錩《唐景龍二年（708）薛崇徽寫〈大般涅槃經〉卷九跋》，保利2017春拍圖録《仰之彌高——中國古代書畫夜場》，北京保利國際拍賣有限公司，2017年。惟云卷七藏書道博物館，不確。

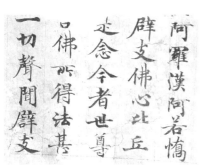

LM20-1450-02-01　　　　　　唐開元年間（703–741）　　　LM20-1454-01-19　　　　唐天寶十一載（752）
《妙法蓮華經》卷一　　　　　　《靈飛經》　　　　　　　　《維摩詰所説經》卷中　　　顏真卿《多寶塔碑》

圖七　　　　　　　　　　　　　　　　　　　　　圖八

寫經，唐初王紹宗爲其開創者。史云紹宗係瑯琊王氏後裔，"尤工草隸，家貧，常傭力寫佛經以自給……寓居寺中，以清净自守，垂三十年"，此在高宗時期，是其潛心寫經書法的階段。睿宗文明元年（684）入東都，任秘書少監，侍皇太子李憲讀書，705年神龍政變之後罷官[①]。在東都時書法作品有垂拱二年（686）《王徵君碑》、垂拱三年《盧承禮墓誌》等。薛崇徽出身不凡，疑是薛紹家族，與皇室聯姻，而王紹宗時任李憲侍讀，廣受士林敬仰，其書法正當流行，薛崇徽故能於景龍二年（708）求得王紹宗爲其親寫愿經。此外，敦煌藏經洞所出P.2485《漢書·蕭望之傳》、P.2513《漢書·王莽傳》疑皆出自王紹宗之手[②]。

　　盛唐開元年間（703—741）的道教寫經《靈飛經》可稱這個時代的代表作，旅博所藏《妙法蓮華經》卷一（LM20-1450-02-01）、卷二（LM20-1452-27-02）、卷四（LM20-1462-14-03、LM20-1469-21-03），LM20-1450-33-06《齋法清净經》皆學自唐《靈飛經》（圖七），洵爲書法之寶。旅博LM20-1454-01-19《維摩詰所説經》卷中則近似天寶十一載（752）顏真卿《多寶塔碑》（圖八）。中唐書風則有旅博LM20-1462-17-07《佛説觀藥王藥上二菩薩經》，與敦煌藏經洞所出P.4503柳公權書《金剛經》拓本神似。

　　敦煌吐魯番章草寫經主要是唯識宗的章疏，如玄奘弟子窺基《法華玄贊》（P.2176）、净眼《因明入正理論後疏》《因明入正理論略抄》（P.2063）、法成《瑜伽論手記》（P.2037）、曇曠《大乘起信論略述》（P.2141）、圓暉《俱舍論頌疏論本》（LM20-1460-31-12），等等。最初玄奘弟子在譯場中記錄玄奘口述經義多用章草，逐漸形成唯識宗經疏、論疏寫本的傳統，傳抄這些寫經的僧俗人士如果有識讀、書寫章草的能力，則儘量仍然保持章草書體，能力不足者或改作行書，或照描其中的高頻字的章草字形，部分保持原寫經的書體形態，其餘則用楷書代替，前者如LM20-1451-28-02r佛典注疏，書寫流暢；保留行書者如旅博LM20-1451-

①　《舊唐書》卷一八九下《儒學·王紹宗傳》，中華書局，1975年，4963—4964頁。

②　饒宗頤定爲唐初寫本，見所編《法藏敦煌書苑菁華》，廣東人民出版社，1993年，圖版164—178頁，解説304—305頁。

29-01《成唯識論述記》卷三，照描章草者如旅博LM20-1454-06-12圓暉《俱舍論頌疏論本序》注，紙墨不佳。這種特殊的章草書體爲我們辨識唯識宗寫經，並推斷其寫本年代提供了便利[①]。

（四）西州回鶻時期（866—1275）

藤枝晃所説的回鶻寫本時期（D類型，8世紀末期至14世紀）即這個時期。

唐貞元八年（792）吐蕃一度攻破西州，將此地官員、高僧和世家大族遷往河西，這些人物都是漢文化和漢化佛教的傳承者，他們的離去動搖了西州漢文化的根基[②]，雖然宋王延德《使高昌記》云"佛寺五十餘區，皆唐朝所賜額，寺中有《大藏經》《唐韻》《玉篇》《經音》等"[③]，但這些經典畢竟都是唐朝故物，西州回鶻添寫的漢文經典則數量不多。自西州回鶻割據之後，中原地區輸入的寫本大爲減少，本地書家則鮮有高明，故呈現出寫本書法水平降低的趨勢。

旅博LM20-1469-17-02、LM20-1469-17-03《佛説相好經》紙質粗疏，橫紋，紙色暗褐（似未經漂白的楮皮紙），筆多分叉，書寫生拙，顯非出自經生熟手，紙墨不佳，墨跡時呈焦枯之色，又有洇暈之痕。西州回鶻時期有一種特殊的寫本，即回鶻人書寫的漢文寫本。柏孜克里克石窟就曾出土此類，例如柏孜克里克石窟所出殘片80TBI:086b（圖九），其特徵有二：其一是漢字部分筆畫僵直，書不成字，與慣於書寫漢字者所寫文字迥不相侔，甚至不如常見的

圖九

80TBI：086b
西州回鶻時期回鶻人所書漢字寫本

圖一〇

LM20-1459-38-01
《梁朝傅大士頌金剛經》

① 參考拙稿《旅順博物館藏〈俱舍論頌釋序〉寫本考》，王振芬主編《旅順博物館學苑·2016》，吉林出版集團股份有限公司，2017年，74—87頁。
② 參考榮新江《摩尼教在高昌的初傳》，劉東主編《中國學術》2000年第1期，167—170頁。
③ 《宋史》卷四九〇《外國·高昌傳》，中華書局，1977年，14112頁。參考榮新江《王延德所見高昌回鶻大藏經及其他》，《慶祝鄧廣銘教授九十華誕論文集》，河北教育出版社，1997年，267—272頁。

學童習字；其二是此類寫本往往夾寫回鶻文，而回鶻文部分則書寫流暢，非漢人所能。具有以上特徵的寫本非常容易斷定爲回鶻人書寫，屬於西州回鶻時期。

西州回鶻時期是寫本向印本轉化，以至印本廣泛流傳的時期。寫本與印本長時期並行不悖。旅博藏寫本中有一類正是雕版印本逐漸流傳之後的新類型，即寫樣本和鈔配本，如LM20-1459-38-01、LM20-1459-39-02《梁朝傳大士頌金剛經》（圖一〇），LM20-1459-39-04、LM20-1459-40-01~04《妙法蓮華經》卷七爲單刻本佛經的鈔配本，LM20-1459-38-02+LM20-1459-37-02《大般若波羅蜜多經》卷二九五等則可能是《契丹藏》的鈔配本。舉凡以上鈔配本，就是按照原經刻本的版式、字體摹寫，毫不走樣，以至於研究者將其誤認作刻本[1]。這也是西州回鶻時期一類特殊寫本，對於我們深入理解寫本、印本並行時代書籍與書法的各種新問題提供了極好的資料。

三　總結：從佛教文化論寫經書體的演變

佛教經典，尤其是稱誦讀和抄寫佛經爲功德的大乘佛教，從中亞傳入，最早的譯經者多是印度或中亞的僧人，他們與西域及河西地區的漢地僧人合作，將梵本、胡本佛經譯作漢語，姑臧、敦煌、高昌、于闐（今新疆和田）都是當時佛教盛行之地，也是佛經翻譯中心和最早漢文佛經形成之處。作爲具有宗教神聖性的文本，漢文佛經如何書寫，使用何種書體，當時的僧尼和信衆必有其規定。西晉十六國佛經序跋題記即有"正書"、"正寫"的記載，寫經體的基礎是魏晉的正書[2]，以表禮敬、鄭重的宗教意義。

南朝書家從書寫用途將書跡分爲銘石書、章程書、行狎書（又稱相聞書）三類[3]，説明當時對於不同書寫目的的書法樣式已經加以明確區分。章程書的功能是"傳秘書、教小學"，前者用於傳抄内廷典藏書籍，後者是教習學童和官吏，也用於公文書寫，無論何種功能，無非強調使用的是當時的標準字體和書體，即所謂"正書"。啓功先生的觀點非常精到，他説："每一個時代中，字體至少有三大部分：即當時通行的正體字；以前各時代的各種古體字；新興的新體字或説俗體字。前一時代的正體，到後一時代常成爲古體，前一時代的新體，到後一時代常成爲正體或通行體。"[4]同爲正體，銘石書或與章程書不易區分，實則刻於碑版的書體偏於"古質"，或用前代的正書，而章程書則偏於"今妍"，是當代通行書體。前賢或將寫經書法

---

① 參考陳耕《刀筆殊途——論旅順博物館藏吐魯番出土佛經"單刻本"實爲寫本考論》，王振芬、榮新江主編《絲綢之路與新疆出土文獻：旅順博物館百年紀念國際學術研討會論文集》，中華書局，2019年，341—368頁。

② 王振芬《從西晉元康六年〈諸佛要集經〉寫本探寫經體之源》，18—19頁；毛秋瑾《墨香佛音》，180頁。

③ 羊欣《采古來能書人名》云："鍾書有三體：一曰銘石之書，最妙者也；二曰章程書，傳秘書教小學者也；三曰行狎書，相聞者也。三法皆世人所善。"見張彥遠《法書要録》卷一，12—13頁。

④ 啓功《古代字體論稿》，文物出版社，1964年，37—38頁。劉濤《字裏書外》（三聯書店，2017年，8—10頁），有更詳細的論述。

歸入章程書，但是就目前發現的西晉至北朝早期寫經而言，正如施安昌所言，其書法形態與銘石書更爲接近①。旅博所藏西晉元康六年《諸佛要集經》所用爲隸書，稍有楷書色彩。然而比《諸佛要集經》更早的樓蘭出土西晉泰始二年（266）四月木簡（M.175）、泰始三年二月木簡（M.247），以及大約泰始年間的紙本尺牘（C.14，1）皆爲楷書，尤其泰始三年二月木簡更具楷書化的穩定字形②。湖南郴州出土西晉簡牘已有非常標準的楷書③，形態與南朝後期楷書形態幾乎相同。魏晉時期楷書已經基本定型，而《諸佛要集經》仍用古舊的隸書寫成，顯然與當時的銘石書使用隸書一樣，是出於禮敬和鄭重之意。如果説《諸佛要集經》與當時通行的略帶早期楷書特徵的隸書（正書）區別不大，那麼我們看看此後帶有紀年的一系列寫經，例如更晚一百年的後涼麟嘉五年《維摩詰經》（上海博物館01號）、西涼建初七年《妙法蓮華經》卷一（大谷收集品）等，比西晉《諸佛要集經》隸書意味更爲濃厚④。值得注意的是5世紀初期的世俗書法已經演變爲成熟的楷書，寫經體的書兼隸楷的舊體已經與世俗楷書分道揚鑣。同時學者注意到早期（3世紀至5世紀）寫經與佛教銘石書之間有着密切的聯繫，相關刻石包括刻經、造像題記、造塔題記、佛教功德碑、僧尼塔銘等等⑤；但是石刻没有快速書寫的要求，可以在更長歷史時期内使用古舊的隸書，所以直到北朝晚期反而出現了一個隸書刻經高峰⑥。大約在6世紀之後，佛教刻石一定程度上與寫經也發生分化，至少有部分刻經還保留傳統的有波磔的隸書，與寫經的書兼隸楷有了差異。

　　華人德、劉濤提出寫經體較之日常書寫字體，有明顯的滯後性，毛秋瑾做了全面深入的論述⑦。所謂寫經書體的滯後性，是指較之日常書寫的書體，寫經所用書體較爲古質，自從魏晉時期這種古質的書體用於書寫佛經之後，就逐漸固定並延續下來，成爲比較固定的寫經書法形態⑧。毛秋瑾的結論非常敏鋭，但是在書法史視角之外，我們還需要進一步從佛教文化的角

①　施安昌《北涼書體叙録——兼談銘石書與寫經書》，58頁。

②　西川寧《西域出土晉代墨跡的書法史研究》，20、26—27、78—83頁。參考西川寧《楷書の成立——敦煌・樓蘭・吐魯番出土文書による四—六世紀の解明》，《書品》第120號，1961年，此據《西川寧著作集》第一卷，170—183頁；劉濤《中國書法史・魏晉南北朝卷》，吳國的楷書見63—64頁，樓蘭的楷書見134—135頁。

③　湖南省文物考古研究所、郴州市文物處《湖南郴州蘇仙橋遺址發掘簡報》，郭偉民主編《湖南考古輯刊》第8集，岳麓書社，2009年，圖版三1—3，108頁。承蒙中國社會科學院古代史研究所王天然提示，謹此致謝。

④　毛秋瑾《西晉至東晉十六國時期佛教寫本字例》和《南北朝至隋唐寫經書法字例》，見《墨香佛音》，188、192頁。

⑤　華人德《論六朝寫經體——兼及蘭亭論辯》，華人德、白謙慎主編《蘭亭論集》，蘇州大學出版社，2000年，284—297頁；施安昌《北涼書體叙録——兼談銘石書與寫經書》，58頁。

⑥　劉正成主編《中國書法全集》第12卷《北朝摩崖刻經》，榮寶齋出版社，2000年，41—306頁。

⑦　華人德前引文，284—297頁；劉濤《魏晉新書風在江南的發展與南朝書法的北傳》，巫鴻主編《漢唐之間的視覺文化與物質文化》，文物出版社，2003年，599—635頁；毛秋瑾《墨香佛音》，183—184、193頁。

⑧　毛秋瑾《墨香佛音》，179—180頁。

度重新審視寫經書體的問題。

華人德總結出寫經體書法的兩項特徵：一是要用正體書寫，一是要方便快速書寫，最早的西晉寫本《諸佛要集經》完全符合這兩項特徵，書體介於隸書、楷書之間，隸書意味更濃。早期寫經之所以選用這種書法形態，就是使用古舊正體以表禮敬鄭重的宗教意義，同時兼顧卷帙繁複的佛經得以快速謄抄。這樣的書法形態正是魏晉南北朝寫經僧俗所謂的正寫、正書。雖然佛教寫經有後代模仿前代的習慣，但是支配這一傳統延續下去的不僅是書法上的原因，更多是佛經的宗教神聖性和佛教文化地域性所決定的。早期佛教教團鑒於西北地區是佛經最早傳入和翻譯之地，故此地形成的佛教寫經傳統也被當做基本範式。我們看到東晉的慧遠教團不斷向遠在河西的鳩摩羅什請教最新佛典教義和僧團戒律，涼州、敦煌、高昌也不斷向內地輸入最新的佛經譯本，這譯本既承載了譯作漢文的佛經文本，同時也包括在以上地區書寫的具有濃厚隸書意味的寫經體書法。這是始於西域及河西地區寫經書體成爲魏晉南北朝全國寫經典範樣式的重要原因。從書法史上看來，西北地域的寫經體典範偏於古質，其書法審美價值不及內地，尤其遠遠落後於自西晉洛陽地區遷往江南的最新書體（鍾王新體），但是這仍然無礙於這種寫經體成爲全國僧團長期的共同典範。

藤枝晃將吐魯番寫經書法形態分爲三個時期，即由隸書到楷書轉變的時期（或北朝時期與高昌國時期），標準唐代風格時期，以及高昌回鶻統治時期。然而第一個時期稱爲由隸書到楷書轉變的時期，不是書法史意義上的，而是專指佛教寫經的。書法史意義上的隸書到楷書的轉變在魏晉時期已經基本完成了，只是使用的範圍尚未廣及各種書寫領域而已；而佛教寫經則確實要到北朝晚期，確切説是隋開皇末年才最後完成。北朝寫經體在北魏太和改制之後一度曾經將南方的世俗書法形態，即王羲之小楷應用於寫經，部分表現於敦煌令狐崇哲寫經和元榮寫經上，但是6世紀中期東魏、北齊時期強烈的隸書復興使得整個趨勢終止了，又復歸於魏晉時期確定的兼有隸楷的書法形態。

寫經體從隸書向楷書的轉變最後結束於隋代大業年間。在此之前，梁朝因侯景之亂，建康文士多歸於江陵，而梁元帝江陵之敗導致南朝書家大量進入關中地區，他們帶來最新的江南世俗書體漸次影響到關中地區的書法。最初，王褒之書雖然廣受推崇，但關中趙文淵的舊體仍然把持銘石書的書寫；逮及隋滅陳後，江南與關中的書法交流更爲深入，尤其江南具有二王書風影響的大量寫經進入洛陽慧日內道場，成爲寫經最新典範。另外一方面，也是更爲重要的方面則是南朝佛教發展成爲成熟的中國佛教，在隋朝全國統一之後，無論僧尼領袖、佛教義理、僧團戒律、寺院建築各個方面，江南佛教都成爲了全國學習的典範，江南寫經成爲新的寫經典範也是必然。當然隋煬帝本人的偏好和推動也是重要的因素。這些因素疊加在一起，最終完成了寫經體的轉變。唐代寫經體實際與當時世俗書法並無太大差異，尤其是宮廷寫經頒佈全國，官府書手成了塑造全國寫經範本的主體，而這些書手正是浸潤於二王、智永楷書之風的文士，所以此後無論南北東西，妍美的二王書體代替了隸楷兼備的舊書體，成爲寫經體的主流。前述出身瑯琊王氏的王紹宗寫經傳至沙州、西州，正是這個歷史轉變進程的縮影。經歷了西州回鶻政權的統治，吐魯番地區的漢文化仍然頑强地生存下來，尤其是具有强烈唐代寫經特點的書風，並未與内地同步發生改變。其後雖然湮没在西域的沙漠緑洲之中，然千載而下，重新出土的吉光片羽，爲我們重新認識寫經書法史的重大變遷提供了不可替代的資料。

凡　例

一　本書收録旅順博物館藏全部新疆出土漢文文獻, 兼及少量敦煌文獻。本書以刊佈圖版
　　爲主, 並予以定名及解題。

二　文獻編號採用旅順博物館藏編號。以LM20-1464-14-01爲例, LM爲旅順博物館英文縮
　　寫, 20 爲館藏 "關内考古品" 分類號, 1464 爲文獻所在經册編號, 14 爲經册頁數, 01 爲
　　文獻在當頁的順序編號。同一文獻號之下有多件殘片者, 標爲a, b, c, d……, 其下一級
　　編號爲(a)、(b)……。如: LM20-1464-14-01a(b)。同一件文獻正反面皆有文字者, 正
　　面作 r, 背面作 v。

三　旅順博物館藏新疆出土漢文文獻以佛典居多。佛典可確定名稱者加書名號, 後標卷數,
　　不標注品名; 若是異本, 則在佛典題目後標注 "(異本)" 或 "(別本)"。佛典注疏不能
　　確定名稱者, 擬名 "某某注疏"、"佛典注疏" 等, 能確定所注經名者, 擬名 "《某經》注
　　疏", 如 "《大般涅槃經》注疏"; 戒律類殘片不能定名者, 擬名 "佛教戒律"; 其他不能
　　定名者, 擬名 "佛典殘片"。非佛教文獻可定名者, 標出所據版本信息; 不能定名者, 標爲
　　"典籍殘片" 或 "殘片"。世俗文書均據其内容予以擬題, 其斷代、定性略加説明。無文
　　字者題作 "無字殘片"。

四　佛典均於解題中標明CBETA電子佛典位置, 如 "CBETA, T08, no. 223, p. 273, a11–
　　13"。殘片中的文字與佛典或典籍原文有出入者, 在解題中出校説明 "某"(殘片用字)
　　作 "某"(原典用字)。異文字詞重復出現多次需要明確標注行數者, 作 "第1行 '某' 作
　　'某'"; 同一行内出現兩次則用 "前 '某'"、"後 '某'" 方式表述。佛典以CBETA爲底
　　本進行校勘, 若CBETA原校勘記所記其他版本異文與殘片文字相同者, 則不出校記。

五　殘存文字如不能完全勘同, 但對於定名有參考價值的文獻, 於解題中標示 "參" 某文
　　獻。若與多種佛典皆契合, 依據寫本面貌和佛典流行狀況取其一; 僅與兩種佛典契合,
　　則取其一作爲定名, 並於解題中寫明 "某人譯《某經》"; 同一佛典中出現兩處吻合者,
　　則定名爲該佛經, 並於解題中寫明卷次; 同一佛典出現兩處以上吻合者, 則定名爲該佛

　　　經，並於解題中寫明 "此段文字多處可見"；同一卷中出現兩次以上者，則標明卷次，並
　　　記 "此段文字多處可見"。

六　　對於特殊寫本或印本形態、行間小字注、貼附殘片，以及敦煌寫本等信息，均在解題中
　　　標注。

七　　根據文書内容、書法形態及書寫特徵等，參照有紀年同類文書加以斷代，劃分爲高昌郡
　　　時期、高昌國時期、唐時期、西州回鶻時期四段標注。敦煌寫本則標爲唐時期或歸義軍
　　　時期。

八　　學界已有研究成果，列爲參考項，在相應文獻解題中，以縮略語形式予以標明；完整信
　　　息見書後所附 "參考文獻"。

九　　已定名佛典解題包括譯（作）者、出處、校勘記、文書年代、參考文獻五部分内容。如：

　　　　　LM20-1450-07-03　《佛説灌頂經》卷六

　　　　　東晉帛尸梨蜜多羅譯，CBETA, T21, no.1331, p.512, c1–13，"誨" 作 "悔"，"告"
　　　　　作 "言"。唐時期。

　　　　　參：《旅博選粹》，137。

一〇　通過CBETA電子佛典比對現存文字，以確定相關文字在通行藏經中的位置。但佛典
　　　的具體定名和卷次則據實際情況確定。如：

　　　　　LM20-1489-31-12　《大方廣佛華嚴經》卷四六（五十卷本）

　　　　　東晉佛陀跋陀羅譯，《中華大藏經》第12册，566b9–14；參CBETA, T09,
　　　　　no.278, p.751, b11–18。高昌國時期。

一一　爲便於檢索，本書另附文獻題名索引，按音序排列。

一二　原文中的異體、俗體、別體字，除人名、地名、書名、度量衡名等予以保留外，使用通
　　　行繁體字。

經册一

LM20-1450-01-01 《大般涅槃經》卷四

北涼曇無讖譯，CBETA，T12，no.374，p.386，c22–p.387，a2，"集"作"習"，唐時期。

LM20-1450-01-02 《大般涅槃經》卷二一

北涼曇無讖譯，CBETA，T12，no.374，p.492，c12–13。唐時期。

LM20-1450-01-03 《大般涅槃經》卷四

北涼曇無讖譯，CBETA，T12，no.374，p.386，c14–20。唐時期。

LM20-1450-01-04 《大方等大集經》卷二

北涼曇無讖譯，CBETA，T13，no.397，p.14，b3–8。唐時期。

LM20-1450-01-05 《合部金光明經》卷二

梁真諦譯，隋寶貴合，CBETA，T16，no.664，p.369，c28–p.370，a4，"燃大法炬"作"然大法燈"。唐時期。

LM20-1450-01-06 《金光明經》卷三

北涼曇無讖譯，CBETA，T16，no.663，p.348，b15–23。唐時期。

LM20-1450-02-01 《妙法蓮華經》卷一

姚秦鳩摩羅什譯，CBETA，T09，no.262，p.6，a27–b10。唐時期。

參：史睿2019，81。

LM20-1450-02-02 《四分律》卷三二

姚秦佛陀耶舍、竺佛念等譯，CBETA，T22，no.1428，p.787，b9–14。唐時期。

LM20-1450-02-03 《大般涅槃經》卷四

北涼曇無讖譯，CBETA，T12，no.374，p.386，c20–p.387，a2，"又"作"叉"。唐時期。

LM20-1450-02-04 《大方廣佛華嚴經》卷四九

東晉佛陀跋陀羅譯，CBETA，T09，no.278，p.711，b24–28。唐時期。

LM20-1450-02-05 《維摩詰所説經》卷上

姚秦鳩摩羅什譯，CBETA，T14，no.475，p.537，a8–18，"閡"作"礙"。有朱筆句讀。唐時期。

LM20-1450-03-01 《阿閦佛國經》卷上

後漢支婁迦讖譯，CBETA，T11，no.313，p.753，c15–27。唐時期。

參：史睿2019，79。

LM20-1450-03-02 《妙法蓮華經》卷三

姚秦鳩摩羅什譯, CBETA, T09, no.262, p.20, c13-23。唐時期。

LM20-1450-03-03　《大般涅槃經》卷一四

北涼曇無讖譯, CBETA, T12, no.374, p.446, b22-29, "以憶"作"無憶", "復"作"便"。唐時期。

LM20-1450-03-04　《十住經》卷一

姚秦鳩摩羅什譯, CBETA, T10, no.286, p.497, c3-17, 第5行"於一切"作"一切", 第8行"一切世"作"一切世界"。首行天頭有墨點標記。高昌國時期。

LM20-1450-04-01　《彌勒菩薩所問經論》卷一

元魏菩提流支譯, CBETA, T26, no.1525, p.234, a18-29。唐時期。

LM20-1450-04-02　《大方廣佛華嚴經》卷二二

唐實叉難陀譯, CBETA, T10, no.279, p.116, b13-27。唐時期。
參:《旅博選粹》, 113。

LM20-1450-05-01　《大般涅槃經》卷一

北涼曇無讖譯, CBETA, T12, no.374, p.369, c11-22。唐時期。

LM20-1450-05-02　《大般涅槃經》卷八

北涼曇無讖譯, CBETA, T12, no.374, p.414, a27-b3。高昌國時期。

LM20-1450-05-03　《合部金光明經》卷三

梁真諦譯, 隋寶貴合, CBETA, T16, no.664, p.373, b1-12, "依"作"又依"。唐時期。

LM20-1450-05-04　《大方等陀羅尼經》卷三

北涼法眾譯, CBETA, T21, no.1339, p.653, c8-15, "法坐"作"坐"。唐時期。

LM20-1450-05-05　《大般涅槃經》卷三七

北涼曇無讖譯, CBETA, T12, no.374, p.581, b28-c7, "閡"作"礙"。唐時期。

LM20-1450-06-01　《大智度論》卷三一

姚秦鳩摩羅什譯, CBETA, T25, no.1509, p.296, a25-29。高昌郡時期。
參:《旅博選粹》, 59。

LM20-1450-06-02　《合部金光明經》卷四

北涼曇無讖譯, 隋寶貴合, CBETA, T16, no.664, p.379, a12-24。唐時期。

LM20-1450-06-03　《阿閦佛國經》卷上

後漢支婁迦讖譯, CBETA, T11, no.313, p.753, c13-22。唐時期。

LM20-1450-06-04　《月燈三昧經》卷三

高齊那連提耶舍譯, CBETA, T15, no.639, p.562, a11-23。唐時期。

LM20-1450-06-05　《勝天王般若波羅蜜經》卷四

陳月婆首那譯, CBETA, T08, no.231, p.709, a10-17。唐時期。

LM20-1450-06-06　《千手千眼觀世音菩薩廣大圓滿無礙大悲心陀羅尼經》

唐伽梵達摩譯，CBETA，T20，no.1060，p.111，b18-28，"爲行"作"爲諸行"，"而"作"咒而"，"密"作"蜜"。唐時期。

LM20-1450-07-01 《大方廣佛華嚴經》卷一九（五十卷本）

東晉佛陀跋陀羅譯，《中華大藏經》第 12 册，237a1-4；參 CBETA，T09，no.278，p.544，a8-13。高昌國時期。

LM20-1450-07-02 《合部金光明經》卷一

梁真諦譯，隋寶貴合，CBETA，T16，no.664，p.363，b28-c8，"種種之相"作"種種相"，"說多"作"說多是"，"說一"作"說一是"。唐時期。

LM20-1450-07-03 《佛說灌頂經》卷六

東晉帛尸梨蜜多羅譯，CBETA，T21，no.1331，p.512，c1-13，"誨"作"悔"，"告"作"言"。唐時期。

參：《旅博選粹》，137。

LM20-1450-07-04 《大般涅槃經》卷八

北涼曇無讖譯，CBETA，T12，no.374，p.410，c4-7，"有言"作"言有"。唐時期。

LM20-1450-08-01 《合部金光明經》卷三

梁真諦譯，隋寶貴合，CBETA，T16，no.664，p.375，a17-b8，"哆"作"怛"，"豆"作"頭"，"陁"作"杜"。唐時期。

LM20-1450-08-02a 《合部金光明經》卷三

梁真諦譯，隋寶貴合，CBETA，T16，no.664，p.375，b8-18，"哆"作"怛"。唐時期。

LM20-1450-08-02b 《合部金光明經》卷三

梁真諦譯，隋寶貴合，CBETA，T16，no.664，p.375，b19。唐時期。

LM20-1450-08-03 《妙法蓮華經》卷三

姚秦鳩摩羅什譯，CBETA，T09，no.262，p.20，c12-24。唐時期。

LM20-1450-08-04 《佛說無希望經》

西晉竺法護譯，CBETA，T17，no.813，p.775，a28-b7。唐時期。

LM20-1450-08-05 《大般涅槃經》卷一九

北涼曇無讖譯，CBETA，T12，no.374，p.478，a29-b13。唐時期。

LM20-1450-08-06 《大般涅槃經》卷三三

北涼曇無讖譯，CBETA，T12，no.374，p.560，c8-11。高昌國時期。

LM20-1450-09-01 《唯識論》

元魏般若流支譯，CBETA，T31，no.1588，p.64，c14-21。高昌國時期。

參：《旅博選粹》，146。

LM20-1450-09-02 《大般涅槃經》卷二五

北涼曇無讖譯，CBETA，T12，no.374，p.511，a16-23。唐時期。

LM20-1450-09-03　《摩訶般若波羅蜜經》卷一九

姚秦鳩摩羅什譯, T08, no.223, p.347, a17–23。高昌國時期。

LM20-1450-09-04　《妙法蓮華經》卷七

姚秦鳩摩羅什譯, CBETA, T09, no.262, p.59, b21–27。唐時期。

LM20-1450-09-05　《大般涅槃經》卷三七

北涼曇無讖譯, CBETA, T12, no.374, p.581, b25–28。高昌國時期。

LM20-1450-09-06　《禪門經》

參敦煌本 S.5532、P.4646、BD03495、BD07333, 第 2 行 "坐" 後脱 "禪" 字, 第 7、8 行間脱漏一行文字。西州回鶻時期。

參:《旅博選粹》, 178; 榮新江 2019a, 37。

LM20-1450-10-01　《妙法蓮華經》卷六

姚秦鳩摩羅什譯, CBETA, T09, no.262, p.47, b19–c12, "政" 作 "正", "坐" 作 "座"。唐時期。

LM20-1450-10-02　《妙法蓮華經》卷六

姚秦鳩摩羅什譯, CBETA, T09, no.262, p.47, b11–18, "縮" 作 "缺"。唐時期。

LM20-1450-10-03a　《妙法蓮華經》卷六

姚秦鳩摩羅什譯, CBETA, T09, no.262, p.47, b5–10。唐時期。

LM20-1450-10-03b　《妙法蓮華經》卷六

姚秦鳩摩羅什譯, CBETA, T09, no.262, p.47, b2。唐時期。

LM20-1450-10-04　《大般涅槃經》卷一〇

北涼曇無讖譯, CBETA, T12, no.374, p.427, a28。唐時期。

LM20-1450-10-05　《大般涅槃經》卷一〇

北涼曇無讖譯, CBETA, T12, no.374, p.427, a10–12。唐時期。

LM20-1450-10-06　《大般涅槃經》卷一〇

北涼曇無讖譯, CBETA, T12, no.374, p.427, a19–20。唐時期。

LM20-1450-10-07　《大般涅槃經》卷一〇

北涼曇無讖譯, CBETA, T12, no.374, p.426, c9–13。唐時期。

LM20-1450-10-08　《大般涅槃經》卷一〇

北涼曇無讖譯, CBETA, T12, no.374, p.426, c20–22。唐時期。

LM20-1450-10-09　《大般涅槃經》卷一〇

北涼曇無讖譯, CBETA, T12, no.374, p.427, a22–26。唐時期。

LM20-1450-10-10　《大般涅槃經》卷一〇

北涼曇無讖譯, CBETA, T12, no.374, p.427, a15–17。唐時期。

LM20-1450-10-11　《大般涅槃經》卷一〇

北涼曇無讖譯, CBETA, T12, no.374, p.426, c14–18, "已" 作 "以"。唐時期。

LM20-1450-10-12 《大般涅槃經》卷一〇

北涼曇無讖譯，CBETA, T12, no.374, p.427, a13–15。唐時期。

LM20-1450-10-13 《大般涅槃經》卷一〇

北涼曇無讖譯，CBETA, T12, no.374, p.426, c22–24。唐時期。

LM20-1450-10-14 《大般涅槃經》卷一〇

北涼曇無讖譯，CBETA, T12, no.374, p.427, a9–11。唐時期。

LM20-1450-10-15 《大般涅槃經》卷一〇

北涼曇無讖譯，CBETA, T12, no.374, p.427, a4–6。唐時期。

LM20-1450-11-01 佛典論疏

高昌國時期。

LM20-1450-11-02 《净名經集解關中疏》卷上

唐道液述，CBETA, T85, no.2777, p.447, a28–b16，"樂果"作"樂異"。有朱筆句讀及勾勒符號。西州回鶻時期。

參：《旅博選粹》，153。

LM20-1450-11-03 《妙法蓮華經》卷七

姚秦鳩摩羅什譯，CBETA, T09, no.262, p.59, b9–19。唐時期。

LM20-1450-11-04 《放光般若經》卷一三

西晉無羅叉譯，CBETA, T08, no.221, p.89, a11–21。唐時期。

LM20-1450-11-05 《讚僧功德經》

作者不詳，CBETA, T85, no.2911, p.1457, b1–28，第14行"由"作"猶"。西州回鶻時期。

LM20-1450-12-01 《合部金光明經》卷二

北涼曇無讖譯，隋寶貴合，CBETA, T16, no.664, p.367, a6–b9，"衆魔"作"諸魔"，"羸瘦頓之"作"羸瘦頓乏"。唐時期。

LM20-1450-12-02 《增壹阿含經》卷二

東晉僧伽提婆譯，CBETA, T02, no.125, p.0554, a22–b1，"澹"作"憺"。唐時期。

LM20-1450-12-03 《妙法蓮華經》卷二

姚秦鳩摩羅什譯，CBETA, T09, no.262, p.14, c15–25，"賓"作"儐"。唐時期。

LM20-1450-13-01 《大般涅槃經》卷二〇

劉宋慧嚴等譯，CBETA, T12, no.375, p.741, c20–29。唐時期。

LM20-1450-13-02 《大般涅槃經》卷二八

北涼曇無讖譯，CBETA, T12, no.374, p.533, b21–c1。唐時期。

LM20-1450-13-03 《文殊師利所說摩訶般若波羅蜜經》卷下

梁曼陀羅仙譯，CBETA, T08, no.232, p.732, a14–23。高昌國時期。

LM20-1450-14-01 《梵網經》卷下

姚秦鳩摩羅什譯，CBETA, T24, no.1484, p.1006, b18-c4，"煞"皆作"殺"，"師僧"作"兄弟"。唐時期。

LM20-1450-14-02　《小品般若波羅蜜經》卷七

姚秦鳩摩羅什譯，CBETA, T08, no.227, p.567, b21-c1。高昌郡時期。

參：《旅博選粹》，35；孫傳波 2006，190。

LM20-1450-14-03　《摩訶般若波羅蜜經》卷二六

姚秦鳩摩羅什譯，CBETA, T08, no.223, p.410, b6-9。高昌國時期。

LM20-1450-14-04　《大般若波羅蜜多經》卷四三三

唐玄奘譯，CBETA, T07, no.220, p.179, a1-13。唐時期。

參：史睿 2019，79。

LM20-1450-14-05　《妙法蓮華經》卷三

姚秦鳩摩羅什譯，CBETA, T09, no.262, p.25, c18-23。唐時期。

LM20-1450-14-06　《生經》卷四

西晉竺法護譯，CBETA, T03, no.154, p.99, b13-28。高昌國時期。

參：《旅博選粹》，26。

LM20-1450-14-07　佛典注疏

高昌國時期。

LM20-1450-15-01　《金剛般若波羅蜜經》

姚秦鳩摩羅什譯，CBETA, T08, no.235, p.750, a29-b9。唐時期。

LM20-1450-15-02　《千手千眼觀世音菩薩廣大圓滿無礙大悲心陀羅尼經》

唐伽梵達摩譯，CBETA, T20, no.1060, p.111, b13-17、c12-17，"劫中輪轉"作"劫常淪"，"覩"作"覩僧"，"四王天"作"四天"，"羅鞞"作"瞿那迷"，"耶多夜泥"作"莫訶低"，"訶低"作"夜泥"。敦煌本順序與此同，CBETA 後四行在前。唐時期。

LM20-1450-15-03　《雜寶藏經》卷八

元魏吉迦夜、曇曜譯，CBETA, T04, no.203, p.488, c20-27。唐時期。

LM20-1450-15-04　《妙法蓮華經》卷三

姚秦鳩摩羅什譯，CBETA, T09, no.262, p.19, b10-16。唐時期。

LM20-1450-15-05　《大般涅槃經》卷三四及比丘弘志寫經題記

北涼曇無讖譯，CBETA, T12, no.374, p.568, b20-21。尾題作"比丘弘志所寫供養""□本一校竟"。高昌郡時期。

參：《旅博選粹》，202；《旅博研究》，230。

LM20-1450-15-06　《妙法蓮華經》卷四

姚秦鳩摩羅什譯，CBETA, T09, no.262, p.33, c25-p.34, a6，"暗"作"闇"，"然"作"燃"，"勳"作"薰"。唐時期。

LM20-1450-15-07 《大般涅槃經》卷四

北涼曇無讖譯，CBETA, T12, no.374, p.389, b23–28。高昌國時期。

LM20-1450-16-01 《大方等大集經》卷七

北涼曇無讖譯，CBETA, T13, no.397, p.41, c10–18。高昌國時期。

LM20-1450-16-02 《注維摩詰經》卷八

姚秦僧肇撰，CBETA, T38, no.1775, p.398, b1–9，"寂滅之道"作"寂滅之道也"。有雙行小字注。高昌國時期。

參：橘堂晃一 2006a, 93；鄭阿財 2019, 173–174。

LM20-1450-16-03 《金光明經》卷一

北涼曇無讖譯，CBETA, T16, no.663, p.339, a24–b2。唐時期。

LM20-1450-16-04 《大般涅槃經》卷一五

北涼曇無讖譯，CBETA, T12, no.374, p.452, c26–29。高昌郡時期。

參：《旅博選粹》, 19。

LM20-1450-16-05 《勝天王般若波羅蜜經》卷四

陳月婆首那譯，CBETA, T08, no.231, p.708, c22–p.709, a7。唐時期。

LM20-1450-17-01 陀羅尼集

參譯者不詳《陀羅尼雜集》卷二，CBETA, T21, no.1336, p.586, a16–19。高昌國時期。

參：《旅博選粹》, 176；磯邊友美 2006, 205–208、213、216；橘堂晃一 2010, 91。

LM20-1450-17-02 《大般若波羅蜜多經》卷六四

唐玄奘譯，CBETA, T05, no.220, p.360, a14–21。唐時期。

LM20-1450-17-03 《妙法蓮華經》卷四

姚秦鳩摩羅什譯，CBETA, T09, no.262, p.33, b14–21。唐時期。

LM20-1450-17-04 佛典殘片

西州回鶻時期。

LM20-1450-17-05 《金剛般若波羅蜜經》

姚秦鳩摩羅什譯，CBETA, T8, no.235, p.749, a3–8，"非有想若非"作"非有想非"。唐時期。

LM20-1450-17-06 《妙法蓮華經》卷三

姚秦鳩摩羅什譯，CBETA, T09, no.262, p.23, c6–22，"天中天"作"天中王"。唐時期。

LM20-1450-18-01 《妙法蓮華經》卷一

姚秦鳩摩羅什譯，CBETA, T09, no.262, p.6, b24–c6。唐時期。

LM20-1450-18-02 《佛本行集經》卷五

隋闍那崛多譯，CBETA, T03, no.190, p.676, c28–p.677, a4。唐時期。

參：段真子 2019, 153。

LM20-1450-18-03 《大般涅槃經》注疏

參北涼曇無讖譯《大般涅槃經》卷二，CBETA，T12，no.374，p.374，a19–b1。高昌國時期。

參: 橘堂晃一 2006a, 97; 榮新江 2019a, 28。

LM20-1450-18-04　《妙法蓮華經》卷四

姚秦鳩摩羅什譯，CBETA，T09，no.262，p.33，c26–p.34，a6。唐時期。

LM20-1450-18-05　《大般涅槃經》卷二四

北涼曇無讖譯，CBETA，T12，no.374，p.508，b8–11。高昌國時期。

LM20-1450-18-06　《大般涅槃經》卷一二

北涼曇無讖譯，CBETA，T12，no.374，p.436，c2–8，"悴"作"頯"。高昌國時期。

LM20-1450-18-07　《大智度論》卷七二

姚秦鳩摩羅什譯，CBETA，T25，no.1509，p.569，c7–p.570，a2，"罸"作"罵"。高昌國時期。

LM20-1450-19-01　《思益梵天所問經》卷一

姚秦鳩摩羅什譯，CBETA，T15，no.586，p.37，c6–26，"若在聚"作"若聚若"，"知瞋"作"知恚"。唐時期。

LM20-1450-19-02　《大方等大集經》卷二六

北涼曇無讖譯，CBETA，T13，no.397，p.183，c15–18。高昌國時期。

LM20-1450-19-03　《維摩詰所説經》注疏

有朱筆句讀與校改。唐時期。

LM20-1450-19-04　《妙法蓮華經》卷七

姚秦鳩摩羅什譯，CBETA，T09，no.262，p.56，b4–8，"應度者"作"應度"。唐時期。

LM20-1450-19-05　《佛頂尊勝陀羅尼經》

唐佛陀波利譯，CBETA，T19，no.967，p.351，c19–27。唐時期。

LM20-1450-19-06　《大般涅槃經》卷五

北涼曇無讖譯，CBETA，T12，no.374，p.390，c6–9。高昌國時期。

LM20-1450-19-07　《大般涅槃經》卷二三

北涼曇無讖譯，CBETA，T12，no.374，p.501，a7–12。高昌國時期。

LM20-1450-20-01　《大般涅槃經》卷二五

北涼曇無讖譯，CBETA，T12，no.374，p.515，a10–c7，第 23、24 行間脱漏一行，第 41 行"攢求貪可"作"攢求貪不可"。高昌郡時期。

參:《旅博選粹》，17; 王宇、王梅 2006b, 56; 郭富純、王振芬 2006, 12。

LM20-1450-20-02a　《光讚經》卷五

西晉竺法護譯，CBETA，T08，no.222，p.181，c29–p.182，a4。高昌國時期。

LM20-1450-20-02b　《光讚經》卷五

西晉竺法護譯，CBETA，T08，no.222，p.182，c4–7。高昌國時期。

LM20-1450-20-02c　《光讚經》卷五

西晉竺法護譯，CBETA, T08, no.222, p.181, c22–27，"辟支"作"辟支佛"。高昌國時期。

LM20-1450-20-02d 《光讚經》卷五

西晉竺法護譯，CBETA, T08, no.222, p.181, c10–15。高昌國時期。

LM20-1450-20-02e 《光讚經》卷五

西晉竺法護譯，CBETA, T08, no.222, p.181, c16–21，"壞"作"懷"。高昌國時期。

LM20-1450-20-02f 《光讚經》卷五

西晉竺法護譯，CBETA, T08, no.222, p.181, c4–8，"此已"作"此以"。高昌國時期。

LM20-1450-20-03 《阿毗曇毗婆沙論》卷三

北涼浮陀跋摩、道泰譯，CBETA, T28, no.1546, p.25, c11–p.26, a2。唐時期。

LM20-1450-22-01 《大般涅槃經》卷一

北涼曇無讖譯，CBETA, T12, no.374, p.370, a6–27，"梢"作"槊"，"摩訶盧呵隸"作"摩訶盧訶隸"，"摩羅"作"遮羅"。唐時期。

LM20-1450-22-02 《生經》卷四

西晉竺法護譯，CBETA, T03, no.154, p.99, b2–15，"恨"作"悔"。高昌郡時期。

參：《旅博選粹》，26。

LM20-1450-22-03 《佛説觀佛三昧海經》卷五

東晉佛陀跋陀羅譯，CBETA, T15, no.643, p.670, c14–20。高昌國時期。

參：史睿 2019, 77。

LM20-1450-23-01 《太上洞玄靈寶業報因緣經》卷六

作者不詳，與敦煌本 P.2387 第 34–39 同，《正統道藏》第 6 册，108b16–c1，"莖"作"具"，"皆有"作"皆"，"韞"作"蘊"，"年"作"年中"。唐時期。

參：趙洋 2017a, 188; 趙洋 2017b, 199–201。

LM20-1450-23-02 《佛説廣博嚴净不退轉輪經》卷一

劉宋智嚴譯，CBETA, T09, no.268, p.255, a16–19。高昌國時期。

參：《旅博選粹》，42。

LM20-1450-23-03 《思益梵天所問經》卷一

姚秦鳩摩羅什譯，CBETA, T15, no.586, p.38, b26–c8。唐時期。

LM20-1450-23-04 《大方等大集經》卷二

北涼曇無讖譯，CBETA, T13, no.397, p.14, a28–b4。高昌郡時期。

參：《旅博選粹》，53。

LM20-1450-23-05 《妙法蓮華經》卷四

姚秦鳩摩羅什譯，CBETA, T09, no.262, p.29, c15–21。唐時期。

LM20-1450-23-06 《大智度論》卷四

姚秦鳩摩羅什譯，CBETA, T25, no.1509, p.91, c13–19，"向"作"上"。高昌國時期。

LM20-1450-23-07　《合部金光明經》卷二

梁真諦譯, 隋寶貴合, CBETA, T16, no.664, p.368, c19–22, "以"作"已"。唐時期。

LM20-1450-23-08　《大般涅槃經》卷一六

北涼曇無讖譯, CBETA, T12, no.374, p.461, c7–11。高昌國時期。

LM20-1450-23-09　《妙法蓮華經》卷二

姚秦鳩摩羅什譯, CBETA, T09, no.262, p.10, c5–11, "然是我"作"是我"。唐時期。

LM20-1450-24-01　《大般涅槃經》卷五

北涼曇無讖譯, CBETA, T12, no.374, p.396, b19–25, "煞"作"殺"。唐時期。

LM20-1450-24-02　《小品般若波羅蜜經》卷五

姚秦鳩摩羅什譯, CBETA, T08, no.227, p.557, a7–13, "是"作"爲"。高昌國時期。

LM20-1450-24-03　《摩訶般若波羅蜜經》卷二五

姚秦鳩摩羅什譯, CBETA, T08, no.223, p.406, a17–23。高昌國時期。

LM20-1450-24-04　《佛說觀佛三昧海經》卷一

東晉佛陀跋陀羅譯, CBETA, T15, no.643, p.650, a21–24。高昌國時期。

LM20-1450-24-05　《治禪病祕要法》卷上

劉宋沮渠京聲譯, CBETA, T15, no.620, p.337, a17–22, "弟"作"第", "灌"作"罐"。高昌國時期。

參: 包曉悦 2017, 112–113。

LM20-1450-24-06　《大般涅槃經》卷三八

北涼曇無讖譯, CBETA, T12, no.374, p.589, c13–17。高昌國時期。

LM20-1450-24-07　《大般涅槃經》卷一二

北涼曇無讖譯, CBETA, T12, no.374, p.434, c15–21。唐時期。

LM20-1450-24-08　《大般涅槃經》卷四〇

北涼曇無讖譯, CBETA, T12, no.374, p.599, a17–23。高昌國時期。

LM20-1450-24-09　《金光明最勝王經》卷一〇

唐義净譯, CBETA, T16, no.665, p.452, a13–17, "大喜"作"歡喜"。唐時期。

LM20-1450-24-10　《合部金光明經》卷六

隋闍那崛多譯, 隋寶貴合, CBETA, T16, no.664, p.386, a10–19。唐時期。

LM20-1450-24-11　《大方等陀羅尼經》卷二

北涼法衆譯, CBETA, T21, no.1339, p.648, c15–21, 第5行"諸"作"時"。高昌國時期。

LM20-1450-25-01　《大般涅槃經》卷三四

北涼曇無讖譯, CBETA, T12, no.374, p.565, b5–10。高昌國時期。

LM20-1450-25-02　《佛說觀彌勒菩薩上生兜率天經》

劉宋沮渠京聲譯, CBETA, T14, no.452, p.420, a17–27。高昌國時期。

LM20-1450-25-03　《妙法蓮華經》卷一

姚秦鳩摩羅什譯，CBETA, T09, no.262, p.6, b20-c2。唐時期。

LM20-1450-25-04　《大智度論》卷二

姚秦鳩摩羅什譯，CBETA, T25, no.1509, p.66, c4-9，"身當"作"身常當"。唐時期。

LM20-1450-25-05　《大般涅槃經》卷一九

北涼曇無讖譯，CBETA, T12, no.374, p.480, b7-13，"如魚"作"若魚"。高昌國時期。

參：王宇、王梅 2006b，54。

LM20-1450-25-06　《大般涅槃經》卷四

北涼曇無讖譯，CBETA, T12, no.374, p.385, c26-p.386, a6。唐時期。

LM20-1450-25-07　《金光明經》卷三

北涼曇無讖譯，CBETA, T16, no.663, p.346, b16-27。高昌郡時期。

參：《旅博選粹》，19。

LM20-1450-25-08　《妙法蓮華經》卷五

姚秦鳩摩羅什譯，CBETA, T09, no.262, p.37, c4-15。唐時期。

LM20-1450-25-09　《金光明經》卷三

北涼曇無讖譯，CBETA, T16, no.663, p.346, b23-c2。高昌郡時期。

參：《旅博選粹》，19。

LM20-1450-26-01　《諸佛要集經》卷下

西晉竺法護譯，CBETA, T17, no.810, p.769, c16-20。高昌郡時期。

參：《旅博選粹》，3；三谷真澄 2006，68-69；郭富純、王振芬 2006，24；《旅博研究》，84；三谷真澄 2019，18。

LM20-1450-26-02　《大通方廣懺悔滅罪莊嚴成佛經》卷下

作者不詳，CBETA, T85, no.2871, p.1350, c22-p.1351, a3，"論議"作"論義"，"或"作"惑"。高昌國時期。

LM20-1450-26-03　《小品般若波羅蜜經》卷五

姚秦鳩摩羅什譯，CBETA, T08, no.227, p.558, c2-8，"誰"作"誰之"。高昌國時期。

參：《旅博選粹》，94。

LM20-1450-26-04　《妙法蓮華經》卷六

姚秦鳩摩羅什譯，CBETA, T09, no.262, p.46, c2-9。唐時期。

LM20-1450-26-05　《佛説大安般守意經》卷下

後漢安世高譯，CBETA, T15, no.602, p.168, b25-c3。唐時期。

LM20-1450-26-06　《大般若波羅蜜多經》卷五一〇

唐玄奘譯，CBETA, T07, no.220, p.603, b21-28。唐時期。

LM20-1450-27-01　《樂瓔珞莊嚴方便品經》

　　姚秦曇摩耶舍譯，CBETA, T14, no.566, p.935, a2–10。唐時期。

LM20-1450-27-02　《大般涅槃經》卷一九

　　北涼曇無讖譯，CBETA, T12, no.374, p.478, a17–23。唐時期。

LM20-1450-27-03　《修行道地經》卷四

　　西晉竺法護譯，CBETA, T15, no.606, p.210, b27–c5。唐時期。

LM20-1450-27-04　《大般涅槃經》卷二五

　　北涼曇無讖譯，CBETA, T12, no.374, p.516, c1–11。高昌郡時期。

　　參：《旅博選粹》，16；王宇、王梅 2006b, 54。

LM20-1450-27-05　《大般涅槃經》卷六

　　北涼曇無讖譯，CBETA, T12, no.374, p.399, b9–17。高昌國時期。

LM20-1450-27-06　《合部金光明經》卷二

　　梁真諦譯，隋寶貴合，CBETA, T16, no.664, p.372, a23–26。唐時期。

LM20-1450-27-07　《合部金光明經》卷二

　　梁真諦譯，隋寶貴合，CBETA, T16, no.664, p.371, c25–p.372, a4。唐時期。

LM20-1450-27-08　《佛説阿彌陀經》

　　姚秦鳩摩羅什譯，此段文字多處可見。西州回鶻時期。

　　參：《旅博選粹》，179；《净土集成》，80–81。

LM20-1450-27-09　《諸佛要集經》卷下

　　西晉竺法護譯，CBETA, T17, no.810, p.769, c12–16，"烏將得值"作"烏獸得值"。高昌郡時期。

　　參：《旅博選粹》，3；三谷真澄 2006, 68–69；郭富純、王振芬 2006, 24；《旅博研究》，84；三谷真澄 2019, 18。

LM20-1450-28-01　《大般若波羅蜜多經》卷一二七

　　唐玄奘譯，CBETA, T05, no.220, p.695, a18–24。唐時期。

LM20-1450-28-02　《四分僧戒本》

　　姚秦佛陀耶舍譯，CBETA, T22, no.1430, p.1024, a1–7。唐時期。

LM20-1450-28-03　《梵網經》卷下

　　姚秦鳩摩羅什譯，CBETA, T24, no.1484, p.1004, b26–p.1005, a26, 第 4 行"衆"作"一切衆"，第 18 行"當"作"當學"，第 19 行"位失"作"位亦失"。細字寫本。唐時期。

　　參：《旅博選粹》，140。

LM20-1450-28-04　《禪祕要法經》卷上

　　姚秦鳩摩羅什等譯，CBETA, T15, no.613, p.248, b6–11。唐時期。

LM20-1450-28-05　《大般涅槃經》卷二二

　　北涼曇無讖譯，CBETA, T12, no.374, p.496, b21–29, "將"作"持"，"汝"作"斷汝"，"所"

作"邪"。高昌國時期。

LM20-1450-29-01　《發覺净心經》卷上

隋闍那崛多譯，CBETA, T12, no.327, p.44, b25-c1。唐時期。

LM20-1450-29-02　《救疾經》

作者不詳，CBETA, T85, no.2878, p.1362, b14-23，"創"作"瘡"，"心"作"心中"。高昌國時期。

參：馬俊傑 2019, 441。

LM20-1450-29-03　《大般涅槃經》卷九

北涼曇無讖譯，CBETA, T12, no.374, p.422, c29-a7。高昌國時期。

LM20-1450-29-04　《大般涅槃經》卷五

北涼曇無讖譯，CBETA, T12, no.374, p.391, b27-c12。高昌郡時期。

參：《旅博選粹》，15；王宇、王梅 2006b, 53。

LM20-1450-29-05　《大方廣佛華嚴經》卷四九

東晉佛陀跋陀羅譯，CBETA, T09, no.278, p.711, c13-20。唐時期。

LM20-1450-29-06　《大智度論》卷一七

姚秦鳩摩羅什譯，CBETA, T25, no.1509, p.184, c13-p.185, a14，"或"作"惑"，"廢"作"癈"，"去"作"却"。高昌國時期。

LM20-1450-30-01　《合部金光明經》卷二

梁真諦譯，隋寶貴合，CBETA, T16, no.664, p.368, b14-18。唐時期。

LM20-1450-30-02　《大般涅槃經》卷一三

北涼曇無讖譯，CBETA, T12, no.374, p.444, b20-26。高昌國時期。

LM20-1450-30-03　《大般涅槃經》卷三

北涼曇無讖譯，CBETA, T12, no.374, p.380, b12-16。高昌國時期。

LM20-1450-30-04　《妙法蓮華經》卷一

姚秦鳩摩羅什譯，CBETA, T09, no.262, p.8, a14-19。高昌國時期。

LM20-1450-30-05　《道行般若經》卷四

後漢支婁迦讖譯，CBETA, T08, no.224, p.446, a28-b2。高昌國時期。

LM20-1450-30-06　《佛説彌勒下生成佛經》

姚秦鳩摩羅什譯，CBETA, T14, no.454, p.425, a17-20。唐時期。

LM20-1450-30-07　《大智度論》卷五四

姚秦鳩摩羅什譯，CBETA, T25, no.1509, p.446, b28-c2。高昌國時期。

LM20-1450-30-08　佛典殘片

唐時期。

LM20-1450-30-09　《金剛般若波羅蜜經》

姚秦鳩摩羅什譯，CBETA, T08, no.235, p.749, c3–7。唐時期。

LM20-1450-30-10　《妙法蓮華經》卷三

姚秦鳩摩羅什譯，CBETA, T09, no.262, p.22, a27–29。唐時期。

LM20-1450-30-11　《四分律》卷一七

姚秦佛陀耶舍、竺佛念等譯，CBETA, T22, no.1428, p.678, a29–b2。唐時期。

LM20-1450-30-12　《摩訶僧祇律》卷三九

東晉佛陀跋陀羅、法顯譯，CBETA, T22, no.1425, p.536, a27–b8。第3、4行間，第4、5行間有脫文。高昌郡時期。

參：《旅博選粹》，58。

LM20-1450-30-13　佛教戒律

參姚秦弗若多羅譯《十誦律》卷五三，CBETA, T23, no.1435, p.393, c3–8。唐時期。

LM20-1450-30-14　《妙法蓮華經》卷五

姚秦鳩摩羅什譯，CBETA, T09, no.262, p.39, a5–7。唐時期。

LM20-1450-30-15　佛典殘片

高昌國時期。

LM20-1450-30-16　《妙法蓮華經》卷六

姚秦鳩摩羅什譯，CBETA, T09, no.262, p.54, b4–7。唐時期。

LM20-1450-30-17　《妙法蓮華經》卷五

姚秦鳩摩羅什譯，CBETA, T09, no.262, p.40, c21–26。唐時期。

LM20-1450-30-18　《優婆塞戒經》卷一

北涼曇無讖譯，CBETA, T24, no.1448, p.1037, a14–17。高昌國時期。

LM20-1450-30-19　《摩訶般若波羅蜜經》卷一六

姚秦鳩摩羅什譯，CBETA, T08, no.223, p.335, c19–22。唐時期。

LM20-1450-30-20　《大智度論》卷二二

姚秦鳩摩羅什譯，CBETA, T25, no.1509, p.223, c16–19。唐時期。

LM20-1450-30-21　《大般涅槃經》卷一二

北涼曇無讖譯，CBETA, T12, no.374, p.436, a15–21，“煞”作“殺”，“善男”作“迦葉”。高昌國時期。

LM20-1450-30-22　《十一面神咒心經》

唐玄奘譯，CBETA, T20, no.1071, p.154, c23–24。唐時期。

LM20-1450-31-01　《大般涅槃經》卷二八

北涼曇無讖譯，CBETA, T12, no.374, p.533, b28–c12。唐時期。

LM20-1450-31-02　《藥師琉璃光如來本願功德經》

唐玄奘譯，CBETA, T14, no.450, p.406, c20–23。唐時期。

LM20-1450-31-03 《佛本行集經》卷五

隋闍那崛多譯，CBETA, T03, no.190, p.675, a7-13。唐時期。

參：段真子 2019, 151。

LM20-1450-31-04 《妙法蓮華經》卷六

姚秦鳩摩羅什譯，CBETA, T09, no.262, p.47, b25-c3。唐時期。

LM20-1450-31-05 《大般涅槃經》卷一九

北涼曇無讖譯，CBETA, T12, no.374, p.475, c7-17，"人持王"作"人王"，"姓"作"性"。高昌國時期。

LM20-1450-31-06 《道行般若經》卷一

後漢支婁迦讖譯，CBETA, T08, no.224, p.426, a19-24。高昌國時期。

參：上山大峻、三谷真澄 2000, 411-412；《旅博選粹》, 10；史睿 2019, 74-75。

LM20-1450-31-07 《大般若波羅蜜多經》卷二〇

唐玄奘譯，CBETA, T05, no.220, p.109, c13-29。唐時期。

LM20-1450-32-01 《合部金光明經》卷二

梁真諦譯，隋寶貴合，CBETA, T16, no.664, p.368, c16-20。唐時期。

LM20-1450-32-02 《放光般若經》卷六

西晉無羅叉譯，CBETA, T08, no.221, p.41, b2-7。唐時期。

LM20-1450-32-03 《妙法蓮華經》卷四

姚秦鳩摩羅什譯，CBETA, T09, no.262, p.30, a16-22。唐時期。

LM20-1450-32-04 《小品般若波羅蜜經》卷四

姚秦鳩摩羅什譯，CBETA, T08, no.227, p.551, c16-20。高昌國時期。

參：孫傳波 2006, 187。

LM20-1450-32-05 《僧伽吒經》卷一

元魏月婆首那譯，CBETA, T13, no.423, p.963, b12-21。唐時期。

LM20-1450-32-06 《千手千眼觀世音菩薩廣大圓滿無礙大悲心陀羅尼經》

唐伽梵達摩譯，CBETA, T20, no.1060, p.110, a3-15，"何故等"作"何等"。西州回鶻時期。

LM20-1450-32-07 《十誦比丘波羅提木叉戒本》

姚秦鳩摩羅什譯，CBETA, T23, no.1436, p.473, a23-b2。高昌國時期。

LM20-1450-32-08a 《大般涅槃經》卷八

北涼曇無讖譯，CBETA, T12, no.374, p.414, c10-16。唐時期。

LM20-1450-32-08b 《大般涅槃經》卷八

北涼曇無讖譯，CBETA, T12, no.374, p.414, c11-13。唐時期。

LM20-1450-32-09 《妙法蓮華經》卷四

姚秦鳩摩羅什譯，CBETA, T09, no.262, p.35, c3-5。唐時期。

LM20-1450-33-01　《金剛般若波羅蜜經》

元魏菩提流支譯，CBETA，T08，no.236a，p.752，c13-19。唐時期。

LM20-1450-33-02　《妙法蓮華經》卷一

姚秦鳩摩羅什譯，CBETA，T09，no.262，p.3，a9-b1，"求佛智慧我見諸王"作"求佛智慧文殊師利我見諸王"。唐時期。

LM20-1450-33-03　《摩訶般若波羅蜜經》卷一

姚秦鳩摩羅什譯，CBETA，T08，no.223，p.221，b8-25，"第子"作"弟子"，"幻法化"作"幻法幻"，"燃"作"然"。唐時期。

LM20-1450-33-04　《小品般若波羅蜜經》卷一〇

姚秦鳩摩羅什譯，CBETA，T08，no.227，p.581，c9-14。高昌國時期。

參：《旅博選粹》，95；孫傳波 2006，194。

LM20-1450-33-05a　《藥師琉璃光如來本願功德經》

唐玄奘譯，CBETA，T14，no.450，p.406，c9-18。唐時期。

LM20-1450-33-05b　《藥師琉璃光如來本願功德經》

唐玄奘譯，CBETA，T14，no.450，p.406，c8-11。唐時期。

LM20-1450-33-06　《齋法清净經》

作者不詳，CBETA，T85，no.2900，p.1432，a9-14，"則"作"即"，"打"作"彼"，"婦女"作"女婦"。唐時期。

參：史睿 2019，81；榮新江 2019a，32。

LM20-1450-33-07　《妙法蓮華經》卷二

姚秦鳩摩羅什譯，CBETA，T09，no.262，p.11，b12-15。唐時期。

LM20-1450-33-08　《維摩經義疏》卷三

隋吉藏撰，CBETA，T38，no.1781，p.937，a22-26。唐時期。

LM20-1450-34-01　《金剛般若波羅蜜經》

元魏菩提流支譯，CBETA，T08，no.236a，p.754，c21-28。唐時期。

LM20-1450-34-02a　《人本欲生經》

後漢安世高譯，CBETA，T01，no.14，p.245，b18-24，"行一"作"行道一"，"亦知從要"作"亦知從是要"。唐時期。

LM20-1450-34-02b　《人本欲生經》

後漢安世高譯，CBETA，T01，no.14，p.245，b15-17。唐時期。

LM20-1450-34-03　《大般涅槃經》卷一八

北涼曇無讖譯，CBETA，T12，no.374，p.471，b26-c2。高昌國時期。

LM20-1450-34-04　《金剛般若波羅蜜經》

姚秦鳩摩羅什譯，CBETA，T08，no.235，p.749，b13-16。唐時期。

LM20-1450-34-05　《大般涅槃經》卷三一

北涼曇無讖譯，CBETA，T12，no.374，p.549，b5–8。唐時期。

LM20-1450-34-06　《止觀輔行傳弘決》卷三

唐湛然述，CBETA，T46，no.1912，p.251，a18–21。唐時期。

LM20-1450-34-07　《妙法蓮華經》卷六

姚秦鳩摩羅什譯，CBETA，T09，no.262，p.47，c9–16。唐時期。

LM20-1450-34-08　佛典殘片

高昌國時期。

LM20-1450-34-09　《放光般若經》卷一九

西晉無羅叉譯，CBETA，T08，no.221，p.133，c15–19。高昌國時期。

LM20-1450-34-10　《大智度論》卷二六

姚秦鳩摩羅什譯，CBETA，T25，no.1509，p.247，c27–p.248，a1。唐時期。

LM20-1450-34-11　《大般涅槃經》卷一

北涼曇無讖譯，CBETA，T12，no.374，p.371，a27–b2。高昌國時期。

LM20-1450-34-12　《合部金光明經》卷二

梁真諦譯，隋寶貴合，CBETA，T16，no.664，p.368，c16–23。唐時期。

LM20-1450-34-13　《佛頂尊勝陀羅尼經序》

作者不詳，CBETA，T19，no.967，p.349，b25–27，"將本"作"將其本"。唐時期。

LM20-1450-34-14　《大智度論》卷九三

姚秦鳩摩羅什譯，CBETA，T25，no.1509，p.713，b8–10。唐時期。

LM20-1450-34-15　《大智度論》卷二

姚秦鳩摩羅什譯，CBETA，T25，no.1509，p.66，c5–10，"莫"作"不"。唐時期。

LM20-1450-35-01　《合部金光明經》卷二

梁真諦譯，隋寶貴合，CBETA，T16，no.664，p.368，c6–10。唐時期。

LM20-1450-35-02　《大般涅槃經》卷二七

北涼曇無讖譯，CBETA，T12，no.374，p.528，b12–20，"遂"作"逐"。高昌國時期。

LM20-1450-35-03　《救疾經》

作者不詳，CBETA，T85，no.2878，p.1362，b10–17，"力士"作"大士"，"白佛言"，S.1198
同，S.2467、大谷大學藏敦煌本作"白言"。高昌國時期。

參：馬俊傑 2019，441。

LM20-1450-35-04　《大般若波羅蜜多經》卷二八

唐玄奘譯，CBETA，T05，no.220，p.154，a24–b2。唐時期。

LM20-1450-35-05　《妙法蓮華經》卷五

姚秦鳩摩羅什譯，CBETA，T09，no.262，p.39，a10–15。唐時期。

LM20-1450-35-06　《大般涅槃經》卷三六

北涼曇無讖譯，CBETA, T12, no.374, p.575, a17-20。唐時期。

LM20-1450-35-07　《維摩詰所説經》卷上

姚秦鳩摩羅什譯，CBETA, T14, no.475, p.540, c20-26。高昌國時期。

LM20-1450-35-08　《佛説迴向輪經》

唐尸羅達摩譯，CBETA, T19, no.998, p.577, c4-10。唐時期。

LM20-1450-35-09　《妙法蓮華經》卷三

姚秦鳩摩羅什譯，CBETA, T09, no.262, p.25, b3-6。唐時期。

LM20-1450-35-10　《合部金光明經》卷七

北涼曇無讖譯，隋寶貴合，CBETA, T16, no.664, p.392, c22-p.393, a4。唐時期。

LM20-1450-35-11　《金剛般若波羅蜜經》

姚秦鳩摩羅什譯，CBETA, T08, no.235, p.750, a13-16。唐時期。

LM20-1450-35-12　《諸法無行經》卷下

姚秦鳩摩羅什譯，CBETA, T15, no.650, p.757, c12-19。唐時期。

LM20-1450-36-01　《金剛般若波羅蜜經》卷中

元魏菩提流支譯，CBETA, T08, no.236a, p.754, a13-19。唐時期。

LM20-1450-36-02　《佛説灌頂經》卷一二

東晉帛尸梨蜜多羅譯，CBETA, T21, no.1331, p.534, a13-23，"焚漂"作"焚漂者"，"疾梨"作"蒺藜"。唐時期。

LM20-1450-36-03　《妙法蓮華經》卷七

姚秦鳩摩羅什譯，CBETA, T09, no.262, p.56, b2-10。唐時期。

LM20-1450-36-04　《妙法蓮華經》卷六

姚秦鳩摩羅什譯，CBETA, T09, no.262, p.48, b7-19。高昌國時期。

參:《旅博選粹》，41。

LM20-1450-36-05　《大般涅槃經》卷二七

北涼曇無讖譯，CBETA, T12, no.374, p.522, b16-19。唐時期。

LM20-1450-36-06　《妙法蓮華經》卷三

姚秦鳩摩羅什譯，CBETA, T09, no.262, p.20, c2-13。唐時期。

LM20-1450-36-07　《放光般若經》卷一〇

西晉無羅叉譯，CBETA, T08, no.221, p.73, b28-c7。唐時期。

LM20-1450-37-01　《賢劫經》卷三

西晉竺法護譯，CBETA, T14, no.425, p.23, b17-20。唐時期。

LM20-1450-37-02r　《妙法蓮華經》卷七

姚秦鳩摩羅什譯，CBETA, T09, no.262, p.59, a4-8。唐時期。

LM20-1450-37-02v 胡語殘片

無法揭取拍攝。

LM20-1450-37-03 《合部金光明經》卷六

北涼曇無讖譯, 隋寶貴合, CBETA, T16, no.664, p.387, b22–c4, "阿"作"河", "垢"作"妬"。唐時期。

LM20-1450-37-04 《大智度論》卷二

姚秦鳩摩羅什譯, CBETA, T25, no.1509, p.66, b28–c5。唐時期。

LM20-1450-37-05 《佛説華手經》卷五

姚秦鳩摩羅什譯, CBETA, T16, no.657, p.162, a14–19。有貼附殘片, 無法揭取。高昌郡時期。

參: 《旅博選粹》, 55; 史睿 2019, 74。

LM20-1450-37-06 《妙法蓮華經》卷二

姚秦鳩摩羅什譯, CBETA, T09, no.262, p.18, c17–p.19, a4, "大悲"作"大恩"。西州回鶻時期。

LM20-1450-37-07 《妙法蓮華經》卷四

姚秦鳩摩羅什譯, CBETA, T09, no.262, p.30, c18–29。唐時期。

LM20-1450-37-08 《摩訶般若波羅蜜經》卷一

姚秦鳩摩羅什譯, CBETA, T08, no.223, p.223, b13–20。高昌國時期。

LM20-1450-37-09 《大智度論》卷九三

姚秦鳩摩羅什譯, CBETA, T25, no.1509, p.710, b1–5。唐時期。

LM20-1450-38-01 《大般涅槃經》卷一四

北涼曇無讖譯, CBETA, T12, no.374, p.450, a19–23。高昌國時期。

LM20-1450-38-02 《大方廣佛華嚴經》卷四九

東晉佛陀跋陀羅譯, CBETA, T09, no.278, p.711, b29–c10, "餘"作"飲"。唐時期。

LM20-1450-38-03 《妙法蓮華經》卷一

姚秦鳩摩羅什譯, CBETA, T09, no.262, p.10, a22–b2。唐時期。

LM20-1450-38-04 《妙法蓮華經》卷五

姚秦鳩摩羅什譯, CBETA, T09, no.262, p.44, a8–14。唐時期。

LM20-1450-38-05 《瑜伽師地論》卷七

唐玄奘譯, CBETA, T30, no.1579, p.312, b19–22。唐時期。

LM20-1450-38-06 《大乘義章》卷一四

隋慧遠撰, CBETA, T44, no.1851, p.745, a23–28。高昌國時期。

LM20-1450-38-07 《摩訶般若波羅蜜經》卷二五

姚秦鳩摩羅什譯, CBETA, T08, no.223, p.404, b5–9。唐時期。

LM20-1450-38-08 《妙法蓮華經》卷三

姚秦鳩摩羅什譯，CBETA，T09，no.262，p.20，b18–23。高昌國時期。

LM20-1450-38-09 《大智度論》卷三

姚秦鳩摩羅什譯，CBETA，T25，no.1509，p.76，b4–7。唐時期。

LM20-1450-38-10 佛名經

參元魏菩提流支譯《佛説佛名經》卷一，CBETA，T14，no.441，p.187，b16–19。
唐時期。

經册二

LM20-1451-01-01 《妙法蓮華經》卷一

姚秦鳩摩羅什譯，CBETA，T9，no.262，p.3，a21–b3，"或見"作"又見"。高昌國時期。

LM20-1451-01-02 《大般涅槃經》卷六

北涼曇無讖譯，CBETA，T12，no.374，p.401，a27–29。高昌國時期。

LM20-1451-01-03 《大般涅槃經》卷六

北涼曇無讖譯，CBETA，T12，no.374，p.401，b2–4。高昌國時期。

LM20-1451-01-04 《大般涅槃經》卷六

北涼曇無讖譯，CBETA，T12，no.374，p.401，b6–8。高昌國時期。

LM20-1451-01-05 《佛說灌頂拔除過罪生死得度經》

參東晉帛尸梨蜜多羅譯《佛說灌頂經》卷一二，CBETA，T21，no.1331，p.534，c25–p.535，a1。高昌國時期。

LM20-1451-02-01 《大般涅槃經》卷二三

北涼曇無讖譯，CBETA，T12，no.374，p.503，c16–21。唐時期。

LM20-1451-02-02a 《現在十方千五百佛名並雜佛同號》

作者不詳。此段文字多處可見。唐時期。

LM20-1451-02-02b 《現在十方千五百佛名並雜佛同號》

作者不詳。與 LM20-1451-02-03 爲同一寫本，據此定名。唐時期。

LM20-1451-02-03 《現在十方千五百佛名並雜佛同號》

作者不詳，CBETA，T85，no.2905，p.1448，a24–25。唐時期。

LM20-1451-02-04 《現在十方千五百佛名並雜佛同號》

作者不詳，CBETA，T85，no.2905，p.1448，a27–28。唐時期。

LM20-1451-02-05a 《現在十方千五百佛名並雜佛同號》

作者不詳，CBETA，T85，no.2905，p.1448，b2–3，"力"作"方"。唐時期。

LM20-1451-02-05b 《現在十方千五百佛名並雜佛同號》

作者不詳。與 LM20-1451-02-03 爲同一寫本，據此定名。唐時期。

LM20-1451-02-05c 《現在十方千五百佛名並雜佛同號》

作者不詳，CBETA，T85，no.2905，p.1448，b12。唐時期。

LM20-1451-02-05d 《現在十方千五百佛名並雜佛同號》

作者不詳。與 LM20-1451-02-03 爲同一寫本，據此定名。唐時期。

LM20-1451-02-06　《大般涅槃經》卷二二

北涼曇無讖譯，CBETA, T12, no.374, p.493, c15–17。高昌國時期。

LM20-1451-02-07　《大般涅槃經》卷一七

北涼曇無讖譯，CBETA, T12, no.374, p.476, c20–24。高昌郡時期。

LM20-1451-03-01　《摩訶僧祇律》卷五

東晉佛陀跋陀羅、法顯譯，CBETA, T22, no.1425, p.264, b26–c17。高昌郡時期。

參：《旅博選粹》，57。

LM20-1451-03-02　《鞞婆沙論》卷四

姚秦僧伽跋澄譯，CBETA, T28, no.1547, p.446, c2–4，"扶"作"菩"。高昌郡時期。

參：《旅博選粹》，63。

LM20-1451-03-03　《鞞婆沙論》卷四

姚秦僧伽跋澄譯，CBETA, T28, no.1547, p.446, c7–8，"欲界"作"欲"。高昌郡時期。

參：《旅博選粹》，63。

LM20-1451-03-04　《鞞婆沙論》卷四

姚秦僧伽跋澄譯，CBETA, T28, no.1547, p.446, b26–29，"扶"作"菩"。高昌郡時期。

參：《旅博選粹》，63。

LM20-1451-03-05a　《現在十方千五百佛名並雜佛同號》

作者不詳，CBETA, T85, no.2905, p.1448, a20。唐時期。

LM20-1451-03-05b　《現在十方千五百佛名並雜佛同號》

作者不詳，CBETA, T85, no.2905, p.1448, a21–22。唐時期。

LM20-1451-03-05c　《現在十方千五百佛名並雜佛同號》

作者不詳。與 LM20-1451-02-03 爲同一寫本，據此定名。唐時期。

LM20-1451-03-05d　《現在十方千五百佛名並雜佛同號》

作者不詳。與 LM20-1451-02-03 爲同一寫本，據此定名。唐時期。

LM20-1451-04-01　《賢愚經》卷八

元魏慧覺等譯，CBETA, T4, no.202, p.406, a2–21，第 1 行"就"作"復"，"由"作"能"，第 3 行"以"作"已"，第 4 行"重"作"愛"，第 6 行"託來"作"來"，"寶"作"物"，第 9 行"逐"作"推"，第 10 行"得其寶"作"復得物"，"不稱其"作"不稱時"。高昌郡時期。

參：三谷真澄 2004，237–238；《旅博選粹》，8；Mitani Mazumi 2010, 118。

LM20-1451-04-02　《金剛般若波羅蜜經》

姚秦鳩摩羅什譯，CBETA, T8, no.235, p.751, c20–22。唐時期。

LM20-1451-04-03　佛典殘片

參梁真諦譯《大乘起信論》，CBETA,T32,no.1666,P.576,c9–16; P.576,c29–P.577,a3; P.577, b6–22。唐時期。

LM20-1451-05-01 《圓覺道場修證禮懺文》卷一八

唐宗密述，CBETA，X74，no.1475，p.505，b12–b16，"有意"作"有異"，第3行脱"一百九十二觀歷"，"則无"作"則心無"。唐時期。

LM20-1451-06-01 《大般涅槃經》卷九

北涼曇無讖譯，CBETA，T12，no.374，p.417，b25–c8，"迳"作"經"。高昌國時期。

LM20-1451-06-02 《妙法蓮華經》卷一

姚秦鳩摩羅什譯，CBETA，T09，no.262，p.6，c26–p.7，a2。高昌國時期。

LM20-1451-06-03 《十誦律》卷一九

姚秦弗若多羅譯，CBETA，T23，no.1435，p.137，c5–13，"受飯食"作"受食"。高昌郡時期。
參：《旅博選粹》，58。

LM20-1451-07-01 《四分僧戒本》

姚秦佛陀耶舍譯，CBETA，T22，no.1430，p.1025，a6–13，"以"作"已"，"迳"作"經"。
唐時期。

LM20-1451-07-02 佛典注疏

高昌國時期。

LM20-1451-07-03 《妙法蓮華經》卷五

姚秦鳩摩羅什譯，CBETA，T09，no.262，p.37，a28–b6。高昌國時期。

LM20-1451-07-04 《十誦律》卷五八

姚秦弗若多羅譯，CBETA，T23，no.1435，p.431，c17–29，"賈"作"價"。高昌國時期。
參：《旅博選粹》，139。

LM20-1451-08-01 《梵網經》卷下

姚秦鳩摩羅什譯，CBETA，T24，no.1484，p.1003，c5–9。西州回鶻時期。

LM20-1451-08-02 《鞞婆沙論》卷四

姚秦僧伽跋澄譯，CBETA，T28，no.1547，p.446，c10–12。高昌郡時期。
參：《旅博選粹》，63。

LM20-1451-08-03 《金光明經》卷二

北涼曇無讖譯，CBETA，T16，no.663，p.343，c3–6。高昌國時期。

LM20-1451-08-04 《摩訶僧祇律》卷二二

東晉佛陀跋陀羅、法顯譯，CBETA，T22，no.1425，p.406，a12–16。高昌國時期。

LM20-1451-08-05 《放光般若經》卷一

西晉無羅叉譯，此段文字多處可見。高昌國時期。

LM20-1451-08-06 佛典殘片

唐時期。

LM20-1451-08-07　佛典殘片

唐時期。

LM20-1451-09-01　《大通方廣懺悔滅罪莊嚴成佛經》卷下

作者不詳, CBETA, T85, no.2871, p.1350, b6–b11。唐時期。

LM20-1451-09-02　《摩訶般若波羅蜜經》卷一五

姚秦鳩摩羅什譯, CBETA, T08, no.223, p.329, c6–10, "八十五"作"五十一"。高昌國時期。

LM20-1451-09-03　《妙法蓮華經》卷七

姚秦鳩摩羅什譯, T09, no.262, p.58, c2–3。唐時期。

LM20-1451-09-04　佛典殘片

唐時期。

LM20-1451-09-05　《佛説灌頂經》卷一二

東晉帛尸梨蜜多羅譯, CBETA, T21, no.1331, p.533, b28–c1。唐時期。

LM20-1451-09-06a　《金剛仙論》卷八

元魏菩提留支譯, CBETA, T25, no.1512, p.859, c27–p.860, a1。唐時期。

參: 李昀 2017, 92–93。

LM20-1451-09-06b　《金剛仙論》卷八

元魏菩提留支譯, CBETA, T25, no.1512, p.859, c27–p.860, a1。唐時期。

參: 李昀 2017, 92–93。

LM20-1451-09-07　《大通方廣懺悔滅罪莊嚴成佛經》卷上

作者不詳, CBETA, T85, no.2871, p.1343, a3–9。高昌國時期。

LM20-1451-10-01　《佛説灌頂經》卷一一

東晉帛尸梨蜜多羅譯, CBETA, T21, no.1331, p.529, c1–10, "若"作"汝"。唐時期。

LM20-1451-10-02　《妙法蓮華經》卷七

姚秦鳩摩羅什譯, CBETA, T09, no.262, p.55, b20–26。唐時期。

LM20-1451-10-03　《勝天王般若波羅蜜經》卷三

陳月婆首那譯, CBETA, T08, no.231, p.704, c5–8。高昌國時期。

LM20-1451-10-04　《妙法蓮華經》卷四

姚秦鳩摩羅什譯, CBETA, T09, no.262, p.33, a10–20。高昌國時期。

LM20-1451-11-01　《妙法蓮華經》卷三

姚秦鳩摩羅什譯, CBETA, T09, no.262, p.20, a20–29。唐時期。

參: 史睿 2019, 79。

LM20-1451-11-02　《大般涅槃經》卷二八

北涼曇無讖譯, CBETA, T12, no.374, p.532, a18–19。高昌國時期。

參: 史睿 2019, 78。

LM20-1451-11-03　《妙法蓮華經》卷三

姚秦鳩摩羅什譯，CBETA, T09, no.262, p.19, b10–16。唐時期。

LM20-1451-11-04　《大方等陀羅尼經》卷四

北涼法衆譯，CBETA, T21, no.1339, p.660, a9–12。高昌國時期。

LM20-1451-11-05　《佛説仁王般若波羅蜜經》卷上

姚秦鳩摩羅什譯，CBETA, T08, no.245, p.828, c18–p.829, a2。高昌國時期。

LM20-1451-12-01　佛典殘片

唐時期。

LM20-1451-12-02　佛典殘片

唐時期。

LM20-1451-12-03a　佛典殘片

LM20-1451-12-03b　佛典殘片

LM20-1451-12-03c　佛典殘片

LM20-1451-12-03d　佛典殘片

LM20-1451-12-03e　佛典殘片

LM20-1451-12-03f　佛典殘片

LM20-1451-12-03g　佛典殘片

LM20-1451-12-03h　佛典殘片

LM20-1451-12-03i　佛典殘片

LM20-1451-12-03j　《佛説仁王般若波羅蜜經》卷上

姚秦鳩摩羅什譯，CBETA, T08, no.245, p.828, c8–11。高昌國時期。

LM20-1451-12-04a　《大般若波羅蜜多經》

唐玄奘譯，此段文字多處可見。唐時期。

LM20-1451-12-04b　《大般若波羅蜜多經》

唐玄奘譯，此段文字多處可見。唐時期。

LM20-1451-12-04c　《大般若波羅蜜多經》

唐玄奘譯，此段文字多處可見。唐時期。

LM20-1451-12-04d　《大般若波羅蜜多經》

唐玄奘譯，此段文字多處可見。唐時期。

LM20-1451-12-04e　《大般若波羅蜜多經》

唐玄奘譯，此段文字多處可見。唐時期。

LM20-1451-12-05a　《大般若波羅蜜多經》

唐玄奘譯，此段文字多處可見。唐時期。

LM20-1451-12-05b　《大般若波羅蜜多經》

唐玄奘譯，此段文字多處可見。唐時期。

LM20-1451-12-06　《大般泥洹經》卷四

東晉法顯譯，CBETA, T12, no.376, p.879, c27–29。高昌國時期。

LM20-1451-12-07　《大般泥洹經》卷四

東晉法顯譯，CBETA, T12, no.376, p.879, c29–p.880, a2。高昌國時期。

LM20-1451-12-08　《大般泥洹經》卷四

東晉法顯譯，CBETA, T12, no.376, p.880, a2–4。高昌國時期。

LM20-1451-12-09　《大般泥洹經》卷四

東晉法顯譯，CBETA, T12, no.376, p.880, a4–6。高昌國時期。

LM20-1451-12-10　《大般泥洹經》卷四

東晉法顯譯，CBETA, T12, no.376, p.880, a6–8。高昌國時期。

LM20-1451-12-11　《大般泥洹經》卷四

東晉法顯譯，CBETA, T12, no.376, p.880, a8–10。高昌國時期。

LM20-1451-13-01a　《大般若波羅蜜多經》

唐玄奘譯，此段文字多處可見。唐時期。

LM20-1451-13-01b　《大般若波羅蜜多經》

唐玄奘譯，此段文字多處可見。唐時期。

LM20-1451-13-02a　《大般若波羅蜜多經》

唐玄奘譯，此段文字多處可見。唐時期。

LM20-1451-13-02b　《大般若波羅蜜多經》

唐玄奘譯，此段文字多處可見。唐時期。

LM20-1451-13-02c　《大般若波羅蜜多經》

唐玄奘譯，此段文字多處可見。唐時期。

LM20-1451-13-03a　《摩訶僧祇律大比丘戒本》

東晉佛陀跋陀羅譯，此段文字多處可見。高昌國時期。

LM20-1451-13-03b　《摩訶僧祇律大比丘戒本》

東晉佛陀跋陀羅譯，此段文字多處可見。高昌國時期。

LM20-1451-13-03c　《大般若波羅蜜多經》

唐玄奘譯，此段文字多處可見。唐時期。

LM20-1451-13-03d　《摩訶僧祇律大比丘戒本》

東晉佛陀跋陀羅譯，CBETA, T22, no.1426, p.552, b25–27。高昌國時期。

LM20-1451-13-03e　《摩訶僧祇律大比丘戒本》

東晉佛陀跋陀羅譯，此段文字多處可見。高昌國時期。

LM20-1451-13-03f　《摩訶僧祇律大比丘戒本》

東晉佛陀跋陀羅譯，CBETA，T22，no.1426，p.552，b17–19。高昌國時期。

LM20-1451-13-03g　《摩訶僧祇律大比丘戒本》

東晉佛陀跋陀羅譯，此段文字多處可見。高昌國時期。

LM20-1451-13-03h　《摩訶僧祇律大比丘戒本》

東晉佛陀跋陀羅譯，此段文字多處可見。高昌國時期。

LM20-1451-13-03i　《摩訶僧祇律大比丘戒本》

東晉佛陀跋陀羅譯，此段文字多處可見。高昌國時期。

LM20-1451-13-03j　《大般若波羅蜜多經》

唐玄奘譯，此段文字多處可見。唐時期。

LM20-1451-13-03k　《摩訶僧祇律大比丘戒本》

東晉佛陀跋陀羅譯，此段文字多處可見。高昌國時期。

LM20-1451-13-03l　《摩訶僧祇律大比丘戒本》

東晉佛陀跋陀羅譯，此段文字多處可見。高昌國時期。

LM20-1451-13-03m　《摩訶僧祇律大比丘戒本》

東晉佛陀跋陀羅譯，此段文字多處可見。高昌國時期。

LM20-1451-13-03n　《摩訶僧祇律大比丘戒本》

東晉佛陀跋陀羅譯，此段文字多處可見。高昌國時期。

LM20-1451-13-03o　《摩訶僧祇律大比丘戒本》

東晉佛陀跋陀羅譯，此段文字多處可見。高昌國時期。

LM20-1451-13-03p　《摩訶僧祇律大比丘戒本》

東晉佛陀跋陀羅譯，此段文字多處可見。高昌國時期。

LM20-1451-13-03q　《摩訶僧祇律大比丘戒本》

東晉佛陀跋陀羅譯，此段文字多處可見。高昌國時期。

LM20-1451-13-03r　《摩訶僧祇律大比丘戒本》

東晉佛陀跋陀羅譯，此段文字多處可見。高昌國時期。

LM20-1451-13-03s　《摩訶僧祇律大比丘戒本》

東晉佛陀跋陀羅譯，此段文字多處可見。高昌國時期。

LM20-1451-13-03t　《摩訶僧祇律大比丘戒本》

東晉佛陀跋陀羅譯，此段文字多處可見。高昌國時期。

LM20-1451-13-03u　《摩訶僧祇律大比丘戒本》

東晉佛陀跋陀羅譯，此段文字多處可見。高昌國時期。

LM20-1451-13-03v　《摩訶僧祇律大比丘戒本》

東晉佛陀跋陀羅譯，此段文字多處可見。高昌國時期。

LM20-1451-13-03w　《大般若波羅蜜多經》

唐玄奘譯，此段文字多處可見。唐時期。

LM20-1451-13-03x 《摩訶僧祇律大比丘戒本》

東晉佛陀跋陀羅譯，此段文字多處可見。高昌國時期。

LM20-1451-13-03y 《摩訶僧祇律大比丘戒本》

東晉佛陀跋陀羅譯，CBETA，T22，no.1426，p.552，b11。高昌國時期。

LM20-1451-13-03z 《摩訶僧祇律大比丘戒本》

東晉佛陀跋陀羅譯，CBETA，T22，no.1426，p.552，b4。高昌國時期。

LM20-1451-13-04a 《摩訶僧祇律大比丘戒本》

東晉佛陀跋陀羅譯，CBETA，T22，no.1426，p.553，b27-c1；CBETA，T22，no.1426，p.553，b28-29。高昌國時期。

LM20-1451-13-04b 《摩訶僧祇律大比丘戒本》

東晉佛陀跋陀羅譯，CBETA，T22，no.1426，p.553，b27-c1；CBETA，T22，no.1426，p.554，a2，"欲"作"浴"。高昌國時期。

LM20-1451-13-05a 《摩訶僧祇律大比丘戒本》

東晉佛陀跋陀羅譯，CBETA，T22，no.1426，p.553，c7-10。高昌國時期。

LM20-1451-13-05b 《摩訶僧祇律大比丘戒本》

東晉佛陀跋陀羅譯，CBETA，T22，no.1426，p.553，b2-3。高昌國時期。

LM20-1451-13-06a 《摩訶僧祇律大比丘戒本》

東晉佛陀跋陀羅譯，CBETA，T22，no.1426，p.552，a5-9。高昌國時期。

LM20-1451-13-06b 《摩訶僧祇律大比丘戒本》

東晉佛陀跋陀羅譯，CBETA，T22，no.1426，p.552，a5-9。高昌國時期。

LM20-1451-13-07a 《摩訶僧祇律大比丘戒本》

東晉佛陀跋陀羅譯，CBETA，T22，no.1426，p.553，c22-25。高昌國時期。

LM20-1451-13-07b 《摩訶僧祇律大比丘戒本》

東晉佛陀跋陀羅譯，CBETA，T22，no.1426，p.553，b18-21，"檀"作"壇"。高昌國時期。

LM20-1451-13-08 《大般泥洹經》卷四

東晉法顯譯，CBETA，T12，no.376，p.880，a10-12。高昌國時期。

LM20-1451-13-09 《大般泥洹經》卷四

東晉法顯譯，CBETA，T12，no.376，p.880，a12-14。高昌國時期。

LM20-1451-13-10 佛典殘片

唐時期。

LM20-1451-14-01 《摩訶僧祇律大比丘戒本》

東晉佛陀跋陀羅譯，CBETA，T22，no.1426，p.553，a12-14。高昌國時期。

LM20-1451-14-02a 《摩訶僧祇律大比丘戒本》

東晉佛陀跋陀羅譯，CBETA, T22, no.1426, p.553, a18–20，"僧"作"捨"。高昌國時期。

LM20-1451-14-02b 《摩訶僧祇律大比丘戒本》

東晉佛陀跋陀羅譯，CBETA, T22, no.1426, p.554, a14–17。高昌國時期。

LM20-1451-14-03a 《摩訶僧祇律大比丘戒本》

東晉佛陀跋陀羅譯，CBETA, T22, no.1426, p.552, c21–22。高昌國時期。

LM20-1451-14-03b 《摩訶僧祇律大比丘戒本》

東晉佛陀跋陀羅譯，CBETA, T22, no.1426, p.554, b4–6，"丘"作"過"。高昌國時期。

LM20-1451-14-04a 《摩訶僧祇律大比丘戒本》

東晉佛陀跋陀羅譯，CBETA, T22, no.1426, p.552, a25。高昌國時期。

LM20-1451-14-04b 《摩訶僧祇律大比丘戒本》

東晉佛陀跋陀羅譯，CBETA, T22, no.1426, p.554, a8–9, 第2行"丘"作"比丘"。高昌國時期。

LM20-1451-14-05a 《摩訶僧祇律大比丘戒本》

東晉佛陀跋陀羅譯，CBETA, T22, no.1426, p.554, a27–29。高昌國時期。

LM20-1451-14-05b 《摩訶僧祇律大比丘戒本》

東晉佛陀跋陀羅譯，CBETA, T22, no.1426, p.554, b10–12。高昌國時期。

LM20-1451-14-06a 《摩訶僧祇律大比丘戒本》

東晉佛陀跋陀羅譯，CBETA, T22, no.1426, p.553, a25–26。高昌國時期。

LM20-1451-14-06b 《摩訶僧祇律大比丘戒本》

東晉佛陀跋陀羅譯，CBETA, T22, no.1426, p.552, c11–14。高昌國時期。

LM20-1451-14-07 《摩訶僧祇律大比丘戒本》

東晉佛陀跋陀羅譯，CBETA, T22, no.1426, p.554, a22。高昌國時期。

LM20-1451-14-08 《大般泥洹經》卷四

東晉法顯譯，CBETA, T12, no.376, p.879, c16–17。唐時期。

LM20-1451-14-09 《大般泥洹經》卷四

東晉法顯譯，CBETA, T12, no.376, p.879, c20–23。唐時期。

LM20-1451-14-10 《大般泥洹經》卷四

東晉法顯譯，CBETA, T12, no.376, p.879, c25–27。唐時期。

LM20-1451-14-11 《大般泥洹經》卷四

東晉法顯譯，CBETA, T12, no.376, p.879, c18–19。唐時期。

LM20-1451-15-01 （1）《無量大慈教經》（2）佛典殘片

前者作者不詳，CBETA, T85, no.2903, p.1445, c27–p.1446, a1。尾題"佛説無量大慈經"
西州回鶻時期。

參：《旅博選粹》，182；《旅博研究》，225。

LM20-1451-15-02 《四分僧戒本》

姚秦佛陀耶舍譯，CBETA, T22, no.1430, p.1024, b16–19。西州回鶻時期。

LM20-1451-15-03　《陀羅尼雜集》卷四

譯者不詳，CBETA, T21, no.1336, p.600, b12–15。西州回鶻時期。

LM20-1451-15-04a　佛典殘片

唐時期。

LM20-1451-15-04b　佛典殘片

唐時期。

LM20-1451-15-04c　佛典殘片

唐時期。

LM20-1451-15-05　《善慧大士語録》卷三

唐樓穎録，CBETA, X69, no.1335, p.119, b14–c24，"俎"作"沮"。西州回鶻時期。

LM20-1451-16-01　金剛經集注

與Дх.4823B+A爲同一寫本，集慧净（作"静曰"）、義曰、演曰等注。唐時期。

參：《旅博選粹》，187；李昀 2017, 89–90。

LM20-1451-16-02　《大般涅槃經》卷一三

北涼曇無讖譯，CBETA, T12, no.374, p.443, b1–4，"相"作"想"。高昌國時期。

LM20-1451-16-03　《金剛般若波羅蜜經》

姚秦鳩摩羅什譯，CBETA, T08, no.235, p.750, b12–19。西州回鶻時期。

LM20-1451-16-04　《金剛般若波羅蜜經》

姚秦鳩摩羅什譯，CBETA, T08, no.235, p.750, b10–16。西州回鶻時期。

LM20-1451-17-01　《大般涅槃經》卷一

北涼曇無讖譯，CBETA, T12, no.374, p.371, a23–26。高昌國時期。

LM20-1451-17-02　《摩訶般若波羅蜜經》卷九

姚秦鳩摩羅什譯，CBETA, T08, no.223, p.289, c11–14。唐時期。

LM20-1451-17-03　《救疾經》

作者不詳，CBETA, T85, no.2878, p.1361, b19–21。參房山石經本《佛説救護身命經》，
CBETA, F03, no.248, p.557, a16。唐時期。

參：《旅博選粹》，155；王宇、王梅 2006a, 104；馬俊傑 2019, 441。

LM20-1451-17-04　《救疾經》

作者不詳，CBETA, T85, no.2878, p.1361, b20–27，"案"作"安"，"間"作"界"。唐時期。

參：《旅博選粹》，155；王宇、王梅 2006a, 104；馬俊傑 2019, 441。

LM20-1451-17-05　《大般涅槃經》卷四

北涼曇無讖譯，CBETA, T12, no.374, p.390, a3–5。高昌國時期。

LM20-1451-18-01　《佛説盂蘭盆經》

西晉竺法護譯，CBETA, T16, no.685, p.779, a28–c7，第 5 行 "揣食" 作 "搏飯"，第 8 行 "奈河" 作 "奈何"，第 13 行 "父母在厄" 作 "在父母厄"，第 14 行 "鋌" 作 "錠"，第 21 行 "父母得" 作 "親屬得"，第 22 行 "自在入天" 作 "自在化生入天"，第 24 行 "願行禪定" 作 "願七世父母行禪定"，第 26 行 "大眾皆" 作 "大菩薩眾皆"，"劫之苦" 作 "劫餓鬼之苦"。有墨筆、朱筆句讀。唐時期。

參：《旅博選粹》，136。

LM20-1451-18-02　《妙法蓮華經》卷七

姚秦鳩摩羅什譯，CBETA, T09, no.262, p.57, b5–c7。高昌國時期。

LM20-1451-18-03　《妙法蓮華經》卷七

姚秦鳩摩羅什譯，此段文字多處可見。唐時期。

LM20-1451-18-04　《大般涅槃經》卷一四

北涼曇無讖譯，CBETA, T12, no.374, p.449, c28–p.450, a5。高昌國時期。

LM20-1451-19-01　《大般涅槃經》卷一五

北涼曇無讖譯，CBETA, T12, no.374, p.455, c13–27。唐時期。

LM20-1451-20-01　《妙法蓮華經》卷七

姚秦鳩摩羅什譯，CBETA, T09, no.262, p.57, b4–14。唐時期。

LM20-1451-20-02　《佛說觀藥王藥上二菩薩經》

劉宋畺良耶舍譯，CBETA, T20, no.1161, p.660, c28–p.661, a8。唐時期。

LM20-1451-20-03r　《妙法蓮華經》卷一

姚秦鳩摩羅什譯，CBETA, T09, no.262, p.2, c3–8。唐時期。

LM20-1451-20-03v　殘片

無法揭取拍攝。

LM20-1451-20-04r　《摩訶般若波羅蜜經》卷一六

姚秦鳩摩羅什譯，CBETA, T08, no.223, p.336, a28–b4。高昌國時期。

LM20-1451-20-04v　殘片

無法揭取拍攝。

LM20-1451-21-01　《妙法蓮華經》卷五

姚秦鳩摩羅什譯，CBETA, T09, no.262, p.40, b12–24。唐時期。

LM20-1451-21-02　《大般涅槃經》卷八

北涼曇無讖譯，CBETA, T12, no.374, p.410, a7–12。高昌國時期。

LM20-1451-21-03　佛典殘片

唐時期。

LM20-1451-21-04　《妙法蓮華經》卷一

姚秦鳩摩羅什譯，CBETA, T09, no.262, p.1, c28–p.2, a6。唐時期。

LM20-1451-22-01　《大般涅槃經》卷二九

北涼曇無讖譯，CBETA, T12, no.374, p.535, c23–24。唐時期。

LM20-1451-22-02　《妙法蓮華經》卷一

姚秦鳩摩羅什譯，CBETA, T09, no.262, p.2, a3–10。唐時期。

LM20-1451-22-03　《大般涅槃經》卷三一

北涼曇無讖譯，CBETA, T12, no.374, p.553, c5–6，"集"作"習"。唐時期。

LM20-1451-22-04　《金剛般若波羅蜜經》

元魏菩提流支譯，CBETA, T08, no.236a, p.754, c26–29。高昌國時期。

LM20-1451-22-05　《妙法蓮華經》卷七

姚秦鳩摩羅什譯，CBETA, T09, no.262, p.57, b12–15。唐時期。

LM20-1451-22-06　《妙法蓮華經》卷二

姚秦鳩摩羅什譯，CBETA, T09, no.262, p.16, a22–b4。高昌國時期。

LM20-1451-22-07　《請觀世音菩薩消伏毒害陀羅尼咒經》

東晉竺難提譯，CBETA, T20, no.1043, p.35, c2–6，"勳"作"熏"。西州回鶻時期。

LM20-1451-23-01　《金光明經》卷四

北涼曇無讖譯，CBETA, T16, no.663, p.353, a9–16。高昌郡時期。

參：《旅博選粹》, 68; 史睿 2019, 74。

LM20-1451-23-02　《佛説灌頂經》卷一二

東晉帛尸梨蜜多羅譯，CBETA, T21, no.1331, p.536, a14–20。西州回鶻時期。

LM20-1451-23-03　《妙法蓮華經》卷六

姚秦鳩摩羅什譯，CBETA, T09, no.262, p.51, c11–13。唐時期。

LM20-1451-23-04　《大般涅槃經》卷三

北涼曇無讖譯，CBETA, T12, no.374, p.383, c10–12。高昌國時期。

LM20-1451-23-05　《妙法蓮華經》卷五

姚秦鳩摩羅什譯，CBETA, T09, no.262, p.45, c29–p.46, a4。唐時期。

LM20-1451-23-06　《十地經論》卷八

元魏菩提流支譯，CBETA, T26, no.1522, p.168, c3–6。高昌國時期。

LM20-1451-23-07　《妙法蓮華經》卷五

姚秦鳩摩羅什譯，CBETA, T09, no.262, p.37, a27–b7。高昌國時期。

LM20-1451-24-01　《示所犯者瑜伽法鏡經》

唐室利末多譯，CBETA, T85, no.2896, p.1418, c2–8。唐時期。

LM20-1451-24-02　《大般涅槃經後分》卷上

唐若那跋陀羅譯，CBETA, T12, no.377, p.900, b11–16。唐時期。

LM20-1451-24-03　《妙法蓮華經》卷七

姚秦鳩摩羅什譯，CBETA, T09, no.262, p.56, c18–20。高昌國時期。

LM20-1451-24-04 《大般涅槃經》卷一〇

北涼曇無讖譯，CBETA, T12, no.374, p.426, a24–27。唐時期。

LM20-1451-24-05 《妙法蓮華經》卷六

姚秦鳩摩羅什譯，CBETA, T09, no.262, p.49, c9–11。唐時期。

LM20-1451-24-06 《大般涅槃經》卷八

北涼曇無讖譯，CBETA, T12, no.374, p.415, a26–28。唐時期。

LM20-1451-24-07 《佛説寶雨經》卷四

唐達摩流支譯，CBETA, T16, no.660, p.297, b11–13。唐時期。

參：榮新江 2019a, 29。

LM20-1451-24-08 《大方廣佛華嚴經》卷二（五十卷本）

東晉佛陀跋陀羅譯，《中華大藏經》第 12 册，15a6–9；參 CBETA, T09, no.278, p.403, a8–11。高昌國時期。

LM20-1451-25-01 《佛説無常經》

唐義淨譯，CBETA, T17, no.801, p.745, c15–17。唐時期。

LM20-1451-25-02 《勝鬘義疏本義》

參中國國家圖書館藏 BD5793（舊編號北 114）。高昌國時期。

參：《旅博選粹》，162；橘堂晃一 2006a, 88、101；榮新江 2019a, 27。

LM20-1451-25-03 《妙法蓮華經》卷六

姚秦鳩摩羅什譯，CBETA, T09, no.262, p.54, b19–21。唐時期。

LM20-1451-25-04 《佛説七千佛神符經》

作者不詳，與敦煌本 p.2558 同；參 CBETA, T85, no.2904, p.1446, b15–18。唐時期。

LM20-1451-25-05 佛典殘片

唐時期。

LM20-1451-25-06 佛典殘片

高昌國時期。

LM20-1451-25-07 佛典殘片

高昌國時期。

LM20-1451-25-08 《佛説首楞嚴三昧經》卷上

姚秦鳩摩羅什譯，CBETA, T15, no.642, p.633, b19–24。高昌國時期。

LM20-1451-25-09 《妙法蓮華經》卷一

姚秦鳩摩羅什譯，CBETA, T09, no.262, p.7, a24–27。唐時期。

LM20-1451-25-10 佛典殘片

唐時期。

LM20-1451-26-01　佛典殘片

唐時期。

LM20-1451-26-02　《妙法蓮華經》卷二

姚秦鳩摩羅什譯，CBETA, T09, no.262, p.15, c22。唐時期。

LM20-1451-26-03　《大般涅槃經》卷一〇

北涼曇無讖譯，CBETA, T12, no.374, p.424, c20–22。唐時期。

LM20-1451-26-04　《妙法蓮華經》卷七

姚秦鳩摩羅什譯，CBETA, T09, no.262, p.57, b10–13。唐時期。

LM20-1451-26-05　《妙法蓮華經》卷一

姚秦鳩摩羅什譯，CBETA, T09, no.262, p.9, a26–b3。唐時期。

LM20-1451-26-06　《大般涅槃經》卷八

北涼曇無讖譯，CBETA, T12, no.374, p.415, c1。唐時期。

LM20-1451-26-07　《妙法蓮華經》卷四

姚秦鳩摩羅什譯，CBETA, T09, no.262, p.32, b17–21。唐時期。

LM20-1451-26-08　《妙法蓮華經》卷三

姚秦鳩摩羅什譯，CBETA, T09, no.262, p.19, c5–7。唐時期。

LM20-1451-26-09a　《妙法蓮華經》卷二

姚秦鳩摩羅什譯，CBETA, T09, no.262, p.17, c26–29。唐時期。

LM20-1451-26-09b　《妙法蓮華經》卷二

姚秦鳩摩羅什譯，CBETA, T09, no.262, p.17, c19。唐時期。

LM20-1451-26-10　佛典殘片

唐時期。

LM20-1451-26-11　《大般若波羅蜜多經》卷五七六

唐玄奘譯，CBETA, T07, no.220, p.978, c16–18。唐時期。

LM20-1451-26-12　《佛説灌頂經》卷一二

東晉帛尸梨蜜多羅譯，CBETA, T21, no.1331, p.534, b8–11。唐時期。

LM20-1451-27-01　《金剛般若波羅蜜經》

姚秦鳩摩羅什譯，CBETA, T08, no.235, p.751, b24–26。唐時期。

LM20-1451-27-02　《大般涅槃經》卷三〇

北涼曇無讖譯，CBETA, T12, no.374, p.546, c4–6。唐時期。

LM20-1451-27-03　《放光般若經》卷一八

西晉無羅叉譯，CBETA, T08, no.221, p.129, a11–12。高昌國時期。

LM20-1451-27-04　《佛説如來不思議祕密大乘經》卷二〇

北宋惟净等譯，CBETA, T11, no.312, p.749, a20–23。西州回鶻時期。

LM20-1451-27-05 《大般涅槃經》卷一六

北涼曇無讖譯，CBETA, T12, no.374, p.458, c9-10。高昌國時期。

LM20-1451-27-06 《妙法蓮華經》卷二

姚秦鳩摩羅什譯，CBETA, T09, no.262, p.16, b14-17。唐時期。

LM20-1451-27-07 《大通方廣懺悔滅罪莊嚴成佛經》卷上

作者不詳，CBETA, T85, no.2871, p.1342, b26-28。高昌國時期。

LM20-1451-27-08 佛典殘片

唐時期。

LM20-1451-27-09 《金光明經》卷二

北涼曇無讖譯，CBETA, T16, no.663, p.344, a7-9。有貼附殘片，無法揭取。唐時期。

LM20-1451-27-10 《大方廣佛華嚴經》卷七〇

唐實叉難陀譯，CBETA, T10, no.279, p.380, c5。唐時期。

LM20-1451-27-11 《春秋左氏傳·莊公九年》服虔注

與日本書道博物館所藏《左傳》昭公七年服虔注殘卷（臺東區立書道博物館編《臺東區立書道博物館圖録》，東京：臺東區立書道博物館，2007年，16頁）爲同一寫本，據以定名。參西晉杜預撰《春秋經傳集解》，上海古籍出版社，1988年，147、1520頁。高昌郡時期。參：朱玉麒、孟彦弘 2019, 43。

LM20-1451-27-12 佛典殘片

高昌國時期。

LM20-1451-27-13 《法界次第初門》卷下

隋智顗撰，CBETA, T46, no.1925, p.692, b14-17。高昌國時期。

LM20-1451-27-14 《佛説灌頂經》尾題

東晉帛尸梨蜜多羅譯，CBETA, T21, no.1331。唐時期。

LM20-1451-27-15 殘片

唐時期。

LM20-1451-27-16 《大般涅槃經》卷二〇

北涼曇無讖譯，CBETA, T12, no.374, p.480, c28-29。高昌國時期。

LM20-1451-27-17 《妙法蓮華經》卷三

姚秦鳩摩羅什譯，CBETA, T09, no.262, p.22, b5-10。唐時期。

LM20-1451-27-18 《大方廣佛華嚴經》卷八

東晉佛陀跋陀羅譯，CBETA, T09, no.278, p.402, c19-20。唐時期。

LM20-1451-27-19 佛典殘片

有貼附殘片，無法揭取。高昌國時期。

LM20-1451-27-20 佛典殘片

高昌國時期。

LM20-1451-27-21　佛典殘片

唐時期。

LM20-1451-27-22　佛典殘片

高昌郡時期。

LM20-1451-27-23　《妙法蓮華經》卷五

姚秦鳩摩羅什譯，CBETA，T09，no.262，p.42，b8–11。唐時期。

LM20-1451-27-24　佛典殘片

高昌國時期。

LM20-1451-28-01　《御注金剛般若波羅蜜經宣演》卷下

唐道氤集，CBETA，T85，no.2733，p.35，b7–1，"正明"作"正釋"，"大三"作"大"。唐時期。

參：《旅博選粹》，181；王丁2007，157；橘堂晃一2010，91；李昀2017，90–91。

LM20-1451-28-02r　佛典注疏

唐時期。

參：史睿2019，82。

LM20-1451-28-02v　佛典注疏

無法揭取拍攝。

LM20-1451-28-03　佛典注疏

參唐澄觀述《大方廣佛華嚴經隨疏演義鈔》，CBETA，T36，no.1736，p.119，a6–14。唐時期。

LM20-1451-28-04　《御注金剛般若波羅蜜經宣演》卷下

唐道氤撰，CBETA，T85，no.2733，p.33，b23–c1。唐時期。

LM20-1451-29-01　《成唯識論述記》卷三

唐窺基撰，CBETA，T43，no.1830，p.344，b13–25。有朱筆句讀。唐時期。

參：《旅博選粹》，150；王丁2007，148、161；橘堂晃一2010，92；史睿2019，82。

LM20-1451-29-02　《成唯識論述記》卷三

唐窺基撰，CBETA，T43，no.1830，p.344，c3–7。有朱筆句讀。唐時期。

LM20-1451-29-03　《成唯識論述記》卷三

唐窺基撰，CBETA，T43，no.1830，p.343，c20–25。唐時期。

LM20-1451-29-04　佛典注疏

有朱筆句點及勾勒符號。唐時期。

LM20-1451-29-05　佛典注疏

第2行被朱筆劃去。唐時期。

LM20-1451-29-06　《成唯識論述記》卷三

唐窺基撰，CBETA，T43，no.1830，p.344，b21–25。唐時期。

參：《旅博選粹》，150；王丁2007，148、160–161；橘堂見一2010，92。

LM20-1451-30-01 《阿彌陀經疏》

唐窺基撰，CBETA, T37, no.1757, p.310, c25–p.311, a5，"一敘"作"第一敘"，"二敘"作"第二敘"，"三敘"作"第三敘"，"七判"作"第七判"，"答見佛"作"答見"，"成熟"作"成就"。唐時期。

參：《旅博選粹》，148；《净土集成》，109。

LM20-1451-30-02　唯識論疏

參唐玄奘譯《大乘百法明門論》，CBETA, T31, no.1614, p.855, b15–20。唐時期。

參：《旅博選粹》，187；劉廣堂2006，18。

LM20-1451-30-03 《大乘入道次第》

唐智周撰，CBETA, T45, no.1864, p.451, b2–10。西州回鶻時期。

LM20-1451-30-04　佛典殘片

參唐道玄述《四分律比丘含注戒本》，CBETA, T40, no.1806。西州回鶻時期。

參：《旅博選粹》，166。

LM20-1451-30-05 《大乘入道次第》

唐智周撰，CBETA, T45, no.1864, p.450, a12–22，"假使"作"假設"，"離"作"無"，"智惠"作"智慧"。西州回鶻時期。

參：《旅博選粹》，181；王丁2007，157、160–161。

LM20-1451-31-01 （1）佛名經題記（2）《蜜莊嚴施一切普讚》

後者含《施粥咒願文》等。西州回鶻時期。

參：《旅博選粹》，162；《旅博研究》，223。

LM20-1451-31-02　佛典注疏

高昌國時期。

參：《旅博選粹》，166；王振芬2008，60。

LM20-1451-31-03　佛典注疏

參劉宋沮渠京聲譯《佛説耶祇經》，CBETA, T14, no.542, p.829, b4–11。西州回鶻時期。

LM20-1451-31-04　佛典注疏

唐時期。

參：《旅博選粹》，166。

LM20-1451-31-05a　佛典殘片

高昌國時期。

LM20-1451-31-05b　佛典殘片

高昌國時期。

LM20-1451-31-06 《四分律刪繁補闕行事鈔》卷中

唐道宣撰，CBETA, T40, no.1804, p.49, c22–28。西州回鶻時期。

LM20-1451-31-07　《維摩經疏》卷六

作者不詳，CBETA, T85, no.2772, p.417, a13–19。西州回鶻時期。

LM20-1451-32-01　《阿彌陀佛説咒》

譯者不詳，CBETA, T12, no.369, p.352, a23–26，"夜那"作"夜那摩"。唐時期。

參：《旅博選粹》，126；《净土集成》，95。

LM20-1451-32-02　《辯中邊論》卷上

唐玄奘譯，CBETA, T31, no.1600, p.468, a8–19。唐時期。

LM20-1451-32-03　《涅槃義記》卷七

隋慧遠述，CBETA, T37, no.1764, p.789, c16–25。高昌國時期。

LM20-1451-32-04　《大乘入道次第》

唐智周撰，CBETA, T45, no.1864, p.459, b26–c7。西州回鶻時期。

LM20-1451-32-05　佛典殘片

有貼附殘片，無法揭取。高昌國時期。

LM20-1451-32-06　佛教戒律

參唐道宣著《四分律删繁補闕行事鈔》卷下，CBETA, T40, no.1804, p.127, b10。存篇名"對施興治篇第廿"，有朱筆注記、勾勒。唐時期。

參：《旅博選粹》，161；《旅博研究》，241。

LM20-1451-32-07　醫書殘片

唐時期。

LM20-1451-33-01　《大般涅槃經》卷三五

北涼曇無讖譯，CBETA, T12, no.374, p.570, b2–4。唐時期。

LM20-1451-33-02　《金剛般若波羅蜜經》

姚秦鳩摩羅什譯，CBETA, T08, no.235, p.750, b15–17。唐時期。

LM20-1451-33-03　《雜阿毗曇心論》卷一

劉宋僧伽跋摩等譯，CBETA, T28, no.1552, p.877, b13–15。唐時期。

LM20-1451-33-04　《禪祕要法經》卷下

姚秦鳩摩羅什譯，CBETA, T15, no.613, p.265, a3–6。唐時期。

LM20-1451-33-05　《金剛三昧經》

譯者不詳，CBETA, T09, no.273, p.374, b21–24。唐時期。

LM20-1451-33-06　佛教戒律

參梁真諦譯《大乘起信論》，CBETA, T32, no.1666, p.576, a18–b6。唐時期。

LM20-1451-33-07　《大方等大集經》卷三四

隋那連提耶舍譯，CBETA, T13, no.397, p.233, b21–29。唐時期。

LM20-1451-33-08　《大般涅槃經》卷二一

北涼曇無讖譯，CBETA，T12，no.374，p.492，c15–19。高昌國時期。

LM20-1451-33-09　《大通方廣懺悔滅罪莊嚴成佛經》卷下

作者不詳，CBETA，T85，n2871，p1345，a36。唐時期。

LM20-1451-34-01　佛典注疏

唐時期。

LM20-1451-34-02　《成唯識論述記》卷六

唐窺基撰，CBETA，T43，no.1830，p.446，b22–c9，"別緣"作"緣"。唐時期。

LM20-1451-34-03　《成唯識論述記》卷六

唐窺基撰，CBETA，T43，no.1830，p.446，c19–26，"非"作"無"。唐時期。

參：《旅博選粹》，150；王丁2007，148、161；橘堂晃一2010，92（編號誤作LM20-1453-34-03）。

LM20-1451-34-04　佛經疏釋

唐時期。

LM20-1451-34-05　《成唯識論述記》卷三

唐窺基撰，CBETA，T43，no.1830，p.344，b26–c7。唐時期。

LM20-1451-34-06　《成唯識論述記》卷六

唐窺基撰，CBETA，T43，no.1830，p.446，c10–25，"非無死後"作"非無色死後"。唐時期。

參：《旅博選粹》，150；王丁2007，148、161；橘堂晃一2010，92（編號誤作LM20-1453-34-06）。

LM20-1451-35-01　佛典殘片

西州回鶻時期。

LM20-1451-35-02　《大寶積經》卷九〇

唐菩提流志譯，CBETA，T11，no.310，p.516，a19–23。唐時期。

LM20-1451-35-03　《净名經集解關中疏》卷上

唐道液集，CBETA，T85，no.2777，p.447，a13–18。有朱筆句讀。唐時期。

參：鄭阿財2019，194。

LM20-1451-35-04　《佛説無常經》

唐義净譯，CBETA，T17，no.801，p.745，c18–22。唐時期。

LM20-1451-35-05　《俱舍論頌疏論本》卷四

唐圓暉述，CBETA，T41，no.1823，p.845，c17–20。唐時期。

LM20-1451-35-06　《佛説無常經》

唐義净譯，CBETA，T17，no.801，p.745，c17–18。唐時期。

LM20-1451-35-07　佛典注疏

參北宋從芳述《百法論顯幽鈔》，CBETA, X48, no.799, p.248, a21–22。西州回鶻時期。

LM20-1451-35-08　佛經疏釋

參蕭梁曼陀羅仙譯《寶雲經》卷四，CBETA, T16, no.658, p.230, a26–b1。唐時期。

LM20-1451-35-09　《佛説灌頂經》卷一二

東晉帛尸梨蜜多羅譯，CBETA, T21, no.1331, p.535, c18–20。西州回鶻時期。

LM20-1451-35-10　佛典殘片

西州回鶻時期。

LM20-1451-35-11　佛典殘片

西州回鶻時期。

LM20-1451-35-12　佛典殘片

西州回鶻時期。

LM20-1451-35-13　佛典殘片

西州回鶻時期。

LM20-1451-35-14　《大般若波羅蜜多經》卷四七一

唐玄奘譯，CBETA, T07, no.220, p.385, c22–25。西州回鶻時期。

LM20-1451-36-01　《四分律刪繁補闕行事鈔》卷中

唐道宣撰，CBETA, T40, no.1804, p.88, b21–28。唐時期。

LM20-1451-36-02　法華經疏

參唐窺基《妙法蓮華經玄贊》卷三，CBETA, T34, no.1723, p.700, b27–c5。西州回鶻時期。

LM20-1451-36-03　佛典注疏

西州回鶻時期。

LM20-1451-36-04　《四分律》卷六

姚秦佛陀耶舍、竺佛念等譯，CBETA, T22, no.1428, p.606, b12–13。西州回鶻時期。

LM20-1451-36-05　佛典殘片

唐時期。

LM20-1451-36-06　佛典殘片

唐時期。

LM20-1451-36-07　法華經疏

參唐智度《法華疏義纘》卷四，CBETA, X29, no.594, p.63, c13–15;《法華問答》，CBETA, T85, no.2752, p.200, b16–18，“辟”作“譬”。唐時期。

LM20-1451-36-08　《大方等大集經》卷三四

隋那連提耶舍譯，CBETA, T13, no.397, p.236, b17–24，“治之”作“治”。唐時期。

LM20-1451-36-09　《維摩經義疏》卷二

隋吉藏撰，CBETA, T38, no.1781, p.925, c29–p.926, a2。唐時期。

LM20-1451-36-10　醫書殘片

雙行夾注,有朱點,與 Ot.1056、Ot.1074、Ot.1076、Ot.10212、Ot.10407、Ot.10513、Ot.10548、Ot.10580 等號爲同一寫本。唐時期。

參:《大谷文書集成》壹, 11-12, 16, 圖版 107; 王珍仁、孫慧珍 1997b, 94; 陳明 2005, 186-195; 都築晶子等 2007, 107、114、116-117。

LM20-1451-36-11　《中觀論疏》卷一

隋吉藏撰, CBETA, T42, no.1824, p.19, a18-24,"十八"作"十八部"。唐時期。

LM20-1451-37-01　醫書殘片

與 Ot.1056、Ot.1074、Ot.1076、Ot.10212、Ot.10407、Ot.10513、Ot.10548、Ot.10580 等號爲同一寫本。唐時期。

LM20-1451-37-02　佛典注疏

參梁法雲撰《法華經義記》卷二, CBETA, T33, no.1715, p.594, a6-9; 隋慧遠述《大般涅槃經義記》卷六, CBETA, T37, no.1764, p.758, c23-28。西州回鶻時期。

LM20-1451-37-03　《佛説無常經》

唐義净譯, CBETA, T17, no.801, p.745, c28-p.746, a1。西州回鶻時期。

LM20-1451-37-04　《阿彌陀經疏》

唐窺基撰, CBETA, T37, no.1757, p.322, a2-3。唐時期。

LM20-1451-37-05　《讚僧功德經》

作者不詳, CBETA, T85, no.2911, p.1458, a20。西州回鶻時期。

LM20-1451-37-06　高昌國帳曆

高昌國時期。

LM20-1451-37-07　法華經疏

參唐智度《法華疏義纘》卷四, CBETA, X29, no.594, p.63, c13-15;《法華問答》, CBETA, T85, no.2752, p.200, b16-18,"辟"作"譬"。唐時期。

LM20-1451-37-08　《十住毗婆沙論》卷五

姚秦鳩摩羅什譯, CBETA, T26, no.1521, p.45, a24-26。高昌國時期。

LM20-1451-37-09　陀羅尼集

參譯者不詳《陀羅尼雜集》卷七《七佛咒頭痛神咒》, CBETA, T21, no.1336, p.620, a20-24。高昌國時期。

參:磯邊友美 2006, 210、217。

LM20-1451-37-10　佛典殘片

唐時期。

LM20-1451-37-11　佛典殘片

有朱筆句讀。唐時期。

LM20-1451-37-12　佛典注疏

唐時期。

LM20-1451-37-13　殘片

唐時期。

LM20-1451-37-14　《南陽和尚問答雜徵義》

唐劉澄集。參敦煌本 P.3047、S.6557。唐時期。

參：李昀 2019, 282、285、299。

LM20-1451-37-15　《維摩經義疏》卷二

隋吉藏撰，CBETA, T38, no.1781, p.925, c22–24，"心欲示難行能行伏諸" 作 "心受學之意欲示難行能諸"。唐時期。

LM20-1451-37-16　《金剛般若波羅蜜經》

姚秦鳩摩羅什譯，CBETA, T08, no.235, p.750, c26–28。唐時期。

LM20-1451-37-17　佛典殘片

高昌國時期。

LM20-1451-37-18　《阿彌陀經疏》

唐窺基撰，CBETA, T37, no.1757, p.317, c17–18。唐時期。

參：《旅博選粹》，180；《净土集成》，111。

LM20-1451-37-19　佛典殘片

唐時期。

LM20-1451-38-01r　佛教經録

參唐道宣撰《大唐内典録》卷八，CBETA, T55, no.2149, p.307, c12–p.308, a12。與 Ot.5059、Ot.5452、Kr.4/654、SH.125、Manerheim MS 151 爲同一寫本。唐時期。

參：《旅博選粹》，152；《旅博研究》，222；王振芬、孟彦弘 2017, 175–176；榮新江 2019a, 39；孟憲實 2019a, 60。

LM20-1451-38-01v　武周大足元年（七〇一）西州高昌縣籍

與 Ot.5059、Ot.5452、Kr.4/654、SH.125、MannerheimMS 151 爲同一户籍。唐時期。

參：何亦凡、朱月仁 2017, 197–214。

LM20-1451-38-02a　佛典注疏

高昌國時期。

LM20-1451-38-02b　佛典注疏

參姚秦鳩摩羅什譯《坐禪三昧經》卷下，CBETA, T15, no.614, p.283, a6–7, a16–17。高昌國時期。

LM20-1451-38-03　《佛説灌頂經》卷一二

東晉帛尸梨蜜多羅譯，CBETA, T21, no.1331, p.532, c7–19。西州回鶻時期。

經册三

LM20-1452-01-01　《大般涅槃經》卷二二

北涼曇無讖譯，CBETA, T12, no.374, p.493, c1-3。高昌國時期。

LM20-1452-01-02　《添品妙法蓮華經》卷五

隋闍那崛多、達摩笈多譯，CBETA, T09, no.264, p.180, a25-29。唐時期。

LM20-1452-01-03　《千手千眼觀世音菩薩廣大圓滿無礙大悲心陀羅尼經》

唐伽梵達摩譯，CBETA, T20, no.1060, p.110, a9-16，"佛言觀"作"佛言此菩薩名觀"，"已成"作"已作"。西州回鶻時期。

LM20-1452-01-04　《四分律》卷四三

姚秦佛陀耶舍、竺佛念等譯，CBETA, T22, no.1428, p.878, c24-26。唐時期。

LM20-1452-01-05　《大般涅槃經》卷二五

北涼曇無讖譯，CBETA, T12, no.374, p.511, b17-22。高昌國時期。

LM20-1452-01-06　《妙法蓮華經》卷七

姚秦鳩摩羅什譯，CBETA, T09, no.262, p.58, b21-24。唐時期。

LM20-1452-01-07　《妙法蓮華經》卷二

姚秦鳩摩羅什譯，CBETA, T09, no.262, p.13, a7-11。唐時期。

LM20-1452-01-08　《大智度論》卷一〇

姚秦鳩摩羅什譯，CBETA, T25, no.1509, p.131, a5-8。高昌國時期。

LM20-1452-01-09　《大般涅槃經》卷一九

北涼曇無讖譯，CBETA, T12, no.374, p.475, c2-4。高昌國時期。

LM20-1452-01-10　《大般涅槃經》卷八

北涼曇無讖譯，CBETA, T12, no.374, p.409, c23-29。高昌國時期。

LM20-1452-01-11　《大般若波羅蜜多經》卷五九

唐玄奘譯，CBETA, T05, no.220, p.334, b2-4。唐時期。

LM20-1452-01-12　《大般涅槃經》卷六

北涼曇無讖譯，CBETA, T12, no.374, p.398, b6-10。唐時期。

LM20-1452-01-13　《大般涅槃經》卷一七

北涼曇無讖譯，此段文字多處可見。高昌國時期。

LM20-1452-01-14　《妙法蓮華經》卷三

姚秦鳩摩羅什譯，CBETA, T09, no.262, p.23, a27–b2。唐時期。

LM20-1452-01-15 《摩訶般若波羅蜜經》卷六

姚秦鳩摩羅什譯，CBETA, T08, no.223, p.262, c1–2。唐時期。

LM20-1452-01-16 《大方廣佛華嚴經》卷四八（五十卷本）

東晉佛陀跋陀羅譯，《中華大藏經》第12册，593b20–c2; 參 CBETA, T09, no.278, p.767, c19–21。高昌國時期。

LM20-1452-01-17 《金光明經》卷三

北涼曇無讖譯，CBETA, T16, no.663, p.347, a2–4。唐時期。

LM20-1452-01-18 《大方廣佛華嚴經》卷八（五十卷本）

東晉佛陀跋陀羅譯，《中華大藏經》第12册，92b9–12; 參 CBETA, T09, no.278, p.453, c16–20，"閡"作"礙"。高昌國時期。

LM20-1452-01-19 《梵網經》卷下

姚秦鳩摩羅什譯，CBETA, T24, no.1484, p.1007, c25–p.1008, a3。唐時期。

LM20-1452-01-20 《妙法蓮華經》卷二

姚秦鳩摩羅什譯，CBETA, T09, no.262, p.13, b27–29。高昌國時期。

LM20-1452-02-01 佛名經

參譯者不詳《十方千五百佛名經》，CBETA, T14, no.442, p.317, b11–16。高昌國時期。

LM20-1452-02-02 《妙法蓮華經》卷一

姚秦鳩摩羅什譯，CBETA, T09, no.262, p.10, a5–17。唐時期。

LM20-1452-02-03 《妙法蓮華經》卷二

姚秦鳩摩羅什譯，CBETA, T09, no.262, p.13, c3–4。唐時期。

LM20-1452-02-04 《大般涅槃經》卷三四

北涼曇無讖譯，CBETA, T12, no.374, p.568, c18–21。高昌國時期。

LM20-1452-02-05 《金剛般若波羅蜜經》

姚秦鳩摩羅什譯，CBETA, T08, no.235, p.750, b24–28。唐時期。

LM20-1452-02-06 《順權方便經》卷上

西晉竺法護譯，CBETA, T14, no.565, p.924, b1–4。唐時期。

LM20-1452-02-07 《十誦比丘波羅提木叉戒本》

姚秦鳩摩羅什譯，CBETA, T23, no.1436, p.473, c4–9。高昌國時期。

LM20-1452-02-08 《大般涅槃經》卷一七

北涼曇無讖譯，CBETA, T12, no.374, p.464, c2–4。唐時期。

LM20-1452-02-09 《金剛般若波羅蜜經》

姚秦鳩摩羅什譯，CBETA, T08, no.235, p.749, b9–12。唐時期。

LM20-1452-02-10 《四分律》卷四九

姚秦佛陀耶舍、竺佛念等譯，CBETA, T22, no.1428, p.932, a6–10。唐時期。

LM20-1452-02-11 《大般涅槃經》卷三九

北涼曇無讖譯，CBETA, T12, no.374, p.594, a11–13。高昌國時期。

LM20-1452-02-12 《大般涅槃經》卷一○

北涼曇無讖譯，CBETA, T12, no.374, p.425, a2–6。高昌郡時期。

參：《旅博選粹》, 16。

LM20-1452-02-13 《勝天王般若波羅蜜經》卷七

陳月婆首那譯，CBETA, T08, no.231, p.723, c15–17。唐時期。

LM20-1452-02-14 《妙法蓮華經》卷四

姚秦鳩摩羅什譯，CBETA, T09, no.262, p.29, c8–11。唐時期。

LM20-1452-02-15 《大般涅槃經》卷一○

北涼曇無讖譯，CBETA, T12, no.374, p.428, a15–24。高昌國時期。

LM20-1452-02-16 《大智度論》卷一二

姚秦鳩摩羅什譯，CBETA, T25, no.1509, p.145, b5–7。唐時期。

LM20-1452-02-17 《佛垂般涅槃略說教誡經》

姚秦鳩摩羅什譯，CBETA, T12, no.389, p.1111, b2–4。唐時期。

LM20-1452-02-18 《摩訶般若波羅蜜經》卷三

姚秦鳩摩羅什譯，CBETA, T08, no.223, p.238, a5–12。唐時期。

LM20-1452-02-19 《大般涅槃經》卷九

北涼曇無讖譯，CBETA, T12, no.374, p.421, c3–5。高昌國時期。

LM20-1452-03-01 《大般涅槃經》卷二

北涼曇無讖譯，CBETA, T12, no.374, p.375, a16–18。高昌國時期。

LM20-1452-03-02 《大般涅槃經》卷二九

北涼曇無讖譯，CBETA, T12, no.374, p.536, a7–10。高昌國時期。

LM20-1452-03-03 《佛說仁王般若波羅蜜經》卷下

姚秦鳩摩羅什譯，CBETA, T08, no.245, p.832, a27–b2。高昌國時期。

LM20-1452-03-04 《菩薩善戒經》卷八

劉宋求那跋摩譯，CBETA, T30, no.1582, p.1006, a9–11。高昌國時期。

LM20-1452-03-05 《十地經論》卷一○

元魏菩提流支譯，CBETA, T26, no.1522, p.200, c16–21。高昌國時期

LM20-1452-03-06 《菩薩善戒經》卷一

劉宋求那跋摩譯，CBETA, T30, no.1582, p.966, b6–9。唐時期。

LM20-1452-03-07 《妙法蓮華經》卷六

姚秦鳩摩羅什譯，CBETA, T09, no.262, p.52, a17–22。高昌郡時期。

參：《旅博選粹》, 40。

LM20-1452-03-08　《雜阿含經》卷七

劉宋求那跋陀羅譯, CBETA, T02, no.99, p.45, b10-11。唐時期。

LM20-1452-03-09　《妙法蓮華經》卷一

姚秦鳩摩羅什譯, CBETA, T09, no.262, p.3, c10-14。唐時期。

LM20-1452-03-10　《大般涅槃經》卷七

北涼曇無讖譯, CBETA, T12, no.374, p.403, c26-27。高昌國時期。

LM20-1452-03-11　《大般若波羅蜜多經》卷四二六

唐玄奘譯, CBETA, T07, no.220, p.140, a21-24。唐時期。

LM20-1452-03-12　佛典殘片

唐時期。

LM20-1452-03-13　佛典殘片

高昌國時期。

LM20-1452-03-14　《佛本行集經》卷四六

隋闍那崛多譯, CBETA, T03, no.190, p.865, b17-19。高昌國時期。

參：段真子 2019, 160。

LM20-1452-03-15　《大般涅槃經》卷七

北涼曇無讖譯, CBETA, T12, no.374, p.403, b5-10。高昌國時期。

LM20-1452-03-16　《十住經》卷二

姚秦鳩摩羅什譯, CBETA, T10, no.286, p.509, b10-17。高昌郡時期。

參：《旅博選粹》, 45。

LM20-1452-03-17　《金剛般若波羅蜜經》

姚秦鳩摩羅什譯, CBETA, T08, no.235, p.749, b19-23。唐時期。

LM20-1452-03-18　《妙法蓮華經》卷一

姚秦鳩摩羅什譯, CBETA, T09, no.262, p.3, c8-11。唐時期。

LM20-1452-03-19　《維摩詰所説經》卷下

姚秦鳩摩羅什譯, CBETA, T14, no.475, p.553, a12-15。唐時期。

LM20-1452-03-20　《妙法蓮華經》卷三

姚秦鳩摩羅什譯, CBETA, T09, no.262, p.25, b14-17。高昌國時期。

參：《旅博選粹》, 37。

LM20-1452-04-01　《大般涅槃經》卷七

北涼曇無讖譯, CBETA, T12, no.374, p.404, a22。高昌國時期。

LM20-1452-04-02　《金剛般若波羅蜜經》

姚秦鳩摩羅什譯, CBETA, T08, no.235, p.749, c28-p.750, a1。唐時期。

LM20-1452-04-03　《妙法蓮華經》卷七

姚秦鳩摩羅什譯，CBETA, T09, no.262, p.55, a27–b4。唐時期。

LM20-1452-04-04　《大方廣佛華嚴經》卷二九

唐實叉難陀譯，CBETA, T10, no.279, p.157, a4–7。唐時期。

LM20-1452-04-05r　佛典注疏

唐時期。

LM20-1452-04-05v　唐戶籍

唐時期。

LM20-1452-04-06　《大般涅槃經》卷一四

北涼曇無讖譯，CBETA, T12, no.374, p.446, b8–10，"羅羅"作"羅邏"。高昌國時期。

LM20-1452-04-07　《大般涅槃經》卷三二

北涼曇無讖譯，CBETA, T12, no.374, p.558, c25–28。高昌國時期。

LM20-1452-04-08　《摩訶般若波羅蜜經》卷一二

姚秦鳩摩羅什譯，CBETA, T08, no.223, p.309, c26–p.310, a1。高昌國時期。

參：《旅博選粹》，30。

LM20-1452-04-09　《阿閦佛國經》卷上

後漢支婁迦讖譯，CBETA, T11, no.313, p.754, b17–19。唐時期。

LM20-1452-04-10　《金剛般若波羅蜜經》

姚秦鳩摩羅什譯，CBETA, T08, no.235, p.751, b21–22。唐時期。

LM20-1452-04-11　《金光明經》卷四

北涼曇無讖譯，CBETA, T16, no.663, p.354, a28–b2。唐時期。

LM20-1452-04-12　《大通方廣懺悔滅罪莊嚴成佛經》卷上

作者不詳，CBETA, T85, no.2871, p.1339, b2–5。高昌國時期。

LM20-1452-04-13　《大般涅槃經》卷二

北涼曇無讖譯，CBETA, T12, no.374, p.372, b9–11。高昌國時期。

LM20-1452-04-14　《金光明經》卷一

北涼曇無讖譯，CBETA, T16, no.663, p.337, b18–20。高昌國時期。

LM20-1452-04-15　《佛說灌頂經》卷一二

東晉帛尸梨蜜多羅譯，T21, no.1331, p.533, c29–p.534, a3。唐時期。

LM20-1452-04-16　《佛說觀藥王藥上二菩薩經》

劉宋畺良耶舍譯，CBETA, T20, no.1161, p.664, b16–20。唐時期。

LM20-1452-04-17　《金剛般若波羅蜜經》

姚秦鳩摩羅什譯，CBETA, T08, no.235, p.749, b10–11。唐時期。

LM20-1452-04-18　《大方廣佛華嚴經》卷三七

東晉佛陀跋陀羅譯, CBETA, T09, no.278, p.638, c8–12。唐時期。

LM20-1452-04-19　《大般涅槃經》卷二八

北涼曇無讖譯, CBETA, T12, no.374, p.534, c3–6。高昌國時期。

LM20-1452-04-20　《佛所行讚》卷三

北涼曇無讖譯, CBETA, T04, no.192, p.26, a7–14。西州回鶻時期。

LM20-1452-04-21　《大般涅槃經》卷三八

北涼曇無讖譯, CBETA, T12, no.374, p.590, b18–20。高昌國時期。

LM20-1452-04-22　《大方廣佛華嚴經》卷九

東晉佛陀跋陀羅譯, CBETA, T09, no.278, p.456, b19–25。唐時期。

LM20-1452-04-23　《太玄真一本際經》卷二

隋劉進喜撰, 唐李仲卿續, 與敦煌本 P.2393 第 6–9 行同, 相當於葉貴良《敦煌本〈太玄真一本際經〉輯校》(巴蜀書社, 2010 年) 38 頁錄文 4–7 行。唐時期。

參: 趙洋 2017a, 190; 趙洋 2017b, 207–208。

LM20-1452-04-24　《妙法蓮華經》卷二

姚秦鳩摩羅什譯, CBETA, T09, no.262, p.11, c17–20。唐時期。

LM20-1452-04-25　《佛說觀無量壽佛經》

劉宋畺良耶舍譯, CBETA, T12, no.365, p.344, a5–11。高昌國時期。

參:《旅博選粹》, 118;《净土集成》, 44–45。

LM20-1452-04-26　願文

參唐智昇撰《集諸經禮懺儀》卷上, CBETA, T47, no.1982, p.465, b11–12。唐時期。

LM20-1452-05-01　《合部金光明經》卷二

梁真諦譯, 隋寶貴合, CBETA, T16, no.664, p.368, b14–18。唐時期。

LM20-1452-05-02　《大通方廣懺悔滅罪莊嚴成佛經》卷下

作者不詳, CBETA, T85, no.2871, p.1350, c3–7。高昌國時期。

LM20-1452-05-03　《佛說法句經》

作者不詳, CBETA, T85, no.2901, p.1435, a27–b1。唐時期。

LM20-1452-05-04　《佛說觀佛三昧海經》卷五

東晉佛陀跋陀羅譯, CBETA, T15, no.643, p.674, a7–10, "嚼"作"昏"、"藝"作"囈"。高昌國時期。

LM20-1452-05-05　《大方廣佛華嚴經》卷一五（五十卷本）

東晉佛陀跋陀羅譯,《中華大藏經》第 12 册, 183a12–17; 參 CBETA, T09, no.278, p.512, b2–7。細字寫本。高昌國時期。

LM20-1452-05-06　《大般涅槃經》卷二八

北涼曇無讖譯, CBETA, T12, no.374, p.528, c28–p.529, a2。高昌國時期。

參：《旅博選粹》, 18; 王宇、王梅 2006b, 56。

LM20-1452-05-07 《金光明經》卷二

北涼曇無讖譯, CBETA, T16, no.663, p.343, b22–24。高昌國時期。

LM20-1452-05-08 《妙法蓮華經》卷五

姚秦鳩摩羅什譯, CBETA, T09, no.262, p.42, c17–20。唐時期。

LM20-1452-05-09 《救疾經》

作者不詳, CBETA, T85, no.2878, p.1361, c11–12。高昌國時期。

參：馬俊傑 2019, 446。

LM20-1452-05-10 《大般涅槃經》卷二九

北涼曇無讖譯, CBETA, T12, no.374, p.539, b18–22。高昌國時期。

LM20-1452-05-11 《善惡因果經》

作者不詳, CBETA, T85, no.2881, p.1381, b3–4。唐時期。

LM20-1452-05-12 《大乘起信論》

梁真諦譯, CBETA, T32, no.1666, p.576, b20–21。唐時期。

LM20-1452-05-13 《佛説彌勒大成佛經》

姚秦鳩摩羅什譯, CBETA, T14, no.456, p.428, c9–13。高昌國時期。

LM20-1452-05-14 《佛説温室洗浴衆僧經》

後漢安世高譯, CBETA, T16, no.701, p.803, a4–6。唐時期。

LM20-1452-05-15 《合部金光明經》卷二

北涼曇無讖譯, 隋寶貴合, CBETA, T16, no.664, p.367, c23–26。唐時期。

LM20-1452-05-16 《善惡因果經》

作者不詳, CBETA, T85, no.2881, p.1381, a6–9。唐時期。

參：《旅博選粹》, 154。

LM20-1452-05-17 《太玄真一本際經》卷四

隋劉進喜撰, 唐李仲卿續, 與敦煌本 P.2470 第 216–217 行同, 相當於葉貴良《敦煌本〈太玄真一本際經〉輯校》(巴蜀書社, 2010 年)140 頁録文 5–7 行。唐時期。

參：趙洋 2017a, 191; 趙洋 2017b, 208–209。

LM20-1452-05-18 《妙法蓮華經》卷六

姚秦鳩摩羅什譯, CBETA, T09, no.262, p.52, b22–29。唐時期。

LM20-1452-05-19 《大般涅槃經》卷一三

北涼曇無讖譯, CBETA, T12, no.374, p.441, a28–b2。高昌國時期。

LM20-1452-05-20 《辯中邊論》卷中

唐玄奘譯, CBETA, T31, no.1600, p.469, b6–15。唐時期。

LM20-1452-05-21 佛典殘片

高昌國時期。

LM20-1452-05-22　《金剛般若波羅蜜經》

姚秦鳩摩羅什譯, CBETA, T08, no.235, p.750, b13–16。唐時期。

LM20-1452-05-23　《大智度論》卷五六

姚秦鳩摩羅什譯, CBETA, T25, no.1509, p.460, c10–13。唐時期。

LM20-1452-05-24　《大智度論》卷四六

姚秦鳩摩羅什譯, CBETA, T25, no.1509, p.394, c18–20。唐時期。

LM20-1452-05-25　《妙法蓮華經》卷四

姚秦鳩摩羅什譯, CBETA, T09, no.262, p.33, b23–26。唐時期。

LM20-1452-05-26　《阿毗達磨發智論》卷五

唐玄奘譯, CBETA, T26, no.1544, p.941, c28–29。唐時期。

LM20-1452-05-27　《佛説仁王般若波羅蜜經》卷下

姚秦鳩摩羅什譯, CBETA, T08, no.245, p.833, a18–21。唐時期。

LM20-1452-05-28　《妙法蓮華經》卷一

姚秦鳩摩羅什譯, CBETA, T09, no.262, p.2, b9–14。唐時期。

LM20-1452-05-29　《妙法蓮華經》卷三

姚秦鳩摩羅什譯, CBETA, T09, no.262, p.26, c15–21。高昌國時期。

LM20-1452-05-30　《漢紀》卷二六《孝成帝紀三》

參後漢荀悦撰《漢紀》, 見《兩漢紀》, 中華書局, 2002 年, 455–456 頁, "宴" 作 "醼", "取" 作 "娶"。唐時期。

參: 馮璇 2018, 2–3、13; 朱玉麒、孟彦弘 2019, 45。

LM20-1452-06-01　《大般涅槃經》卷二三

北涼曇無讖譯, CBETA, T12, no.374, p.501, c10–14。高昌國時期。

LM20-1452-06-02　《大般涅槃經》卷一二

北涼曇無讖譯, CBETA, T12, no.374, p.434, a21–24。高昌國時期。

LM20-1452-06-03　《摩訶般若波羅蜜經》卷一三

姚秦鳩摩羅什譯, CBETA, T08, no.223, p.316, a17–21。高昌國時期。

參: 史睿 2019, 81。

LM20-1452-06-04　《妙法蓮華經》卷三

姚秦鳩摩羅什譯, CBETA, T09, no.262, p.22, b19–20。唐時期。

LM20-1452-06-05　《妙法蓮華經》卷五

姚秦鳩摩羅什譯, CBETA, T09, no.262, p.40, b5–8。唐時期。

LM20-1452-06-06　《妙法蓮華經》卷七

姚秦鳩摩羅什譯, CBETA, T09, no.262, p.62, a12–16, "坐" 作 "座"。高昌國時期。

LM20-1452-06-07a 《佛説無量壽經》卷下

曹魏康僧鎧譯，CBETA, T12, no.360, p.275, c20–23。高昌國時期。

參：《旅博選粹》, 115;《净土集成》, 18–19。

LM20-1452-06-07b 《妙法蓮華經》卷一

姚秦鳩摩羅什譯，CBETA, T09, no.262, p.8, a1–7, "如"作"汝"。高昌國時期。

LM20-1452-06-08 《妙法蓮華經》卷五

姚秦鳩摩羅什譯，CBETA, T09, no.262, p.42, b1–5。唐時期。

LM20-1452-06-09 《妙法蓮華經》卷六

姚秦鳩摩羅什譯，CBETA, T09, no.262, p.47, a14–18, "梨"作"鰲"。唐時期。

LM20-1452-06-10 佛名經

高昌國時期。

LM20-1452-06-11 《大般涅槃經》卷三二

北涼曇無讖譯，CBETA, T12, no.374, p.556, c28–p.557, a4, "畢"作"必"。高昌國時期。

LM20-1452-06-12 《大般涅槃經》卷八

北涼曇無讖譯，CBETA, T12, no.374, p.410, a25–b1。高昌國時期。

LM20-1452-06-13a 《合部金光明經》卷三

梁真諦譯，隋寶貴合，CBETA, T16, no.664, p.373, a14–19, "願"作"名願"。唐時期。

LM20-1452-06-13b 《合部金光明經》卷二

梁真諦譯，隋寶貴合，CBETA, T16, no.664, p.369, a14–19。唐時期。

LM20-1452-06-14 《大般涅槃經》卷三九

北涼曇無讖譯，CBETA, T12, no.374, p.591, b26–c3。高昌國時期。

LM20-1452-06-15 《大般涅槃經》卷三二

北涼曇無讖譯，CBETA, T12, no.374, p.556, c3–6。高昌國時期。

LM20-1452-07-01 《妙法蓮華經》卷六

姚秦鳩摩羅什譯，CBETA, T09, no.262, p.47, a10–14。唐時期。

LM20-1452-07-02 佛典殘片

高昌國時期。

LM20-1452-07-03 《大般涅槃經》卷一九

劉宋慧嚴譯，CBETA, T12, no.375, p.736, c2–4, 第 2 行 "涅槃" 以下脱十字。唐時期。

LM20-1452-07-04 《大般涅槃經》卷三七

北涼曇無讖譯，CBETA, T12, no.374, p.586, a3–6。唐時期。

LM20-1452-07-05 《妙法蓮華經》卷四

姚秦鳩摩羅什譯，CBETA, T09, no.262, p.27, b17–22。高昌國時期。

LM20-1452-07-06 《大般涅槃經》卷二二

北涼曇無讖譯，CBETA, T12, no.374, p.497, c17–19。高昌國時期。

LM20-1452-07-07a　《勝天王般若波羅蜜經》卷四

陳月婆首那譯，CBETA, T08, no.231, p.710, a29–b5。唐時期。

LM20-1452-07-07b　佛典殘片

唐時期。

LM20-1452-07-08　《妙法蓮華經》卷一

姚秦鳩摩羅什譯，CBETA, T09, no.262, p.2, b22–25。唐時期。

LM20-1452-07-09　《大方廣佛華嚴經》卷一九

東晉佛陀跋陀羅譯，CBETA, T09, no.278, p.523, b7–9。唐時期。

LM20-1452-07-10　《合部金光明經》卷三

梁真諦譯，隋寶貴合，CBETA, T16, no.664, p.377, a14–16。唐時期。

LM20-1452-07-11　《佛説灌頂經》卷一二

東晉帛尸梨蜜多羅譯，CBETA, T21, no.1331, p.533, b27–c1。唐時期。

LM20-1452-07-12　《妙法蓮華經》卷四

姚秦鳩摩羅什譯，CBETA, T09, no.262, p.33, a19–21。唐時期。

LM20-1452-07-13　《金光明經》卷四

北涼曇無讖譯，CBETA, T16, no.663, p.353, c1–4。高昌郡時期。

LM20-1452-07-14　《天地八陽神咒經》

唐義凈譯，CBETA, T85, no.2897, p.1423, c12–15，"求"作"謾求"。西州回鶻時期。

LM20-1452-07-15　《大方廣佛華嚴經》卷二二

唐實叉難陀譯，CBETA, T10, no.279, p.116, b13–15。唐時期。

LM20-1452-07-16　《正法華經》卷一

西晉竺法護譯，CBETA, T09, no.263, p.63, b4–7。高昌國時期。

參：《旅博選粹》，42。

LM20-1452-07-17　《妙法蓮華經》卷三

姚秦鳩摩羅什譯，CBETA, T09, no.262, p.23, c9–14。唐時期。

LM20-1452-07-18　《摩訶般若波羅蜜經》卷五

姚秦鳩摩羅什譯，CBETA, T08, no.223, p.248, b18–22。高昌郡時期。

參：《旅博選粹》，9。

LM20-1452-07-19　《妙法蓮華經》卷五

姚秦鳩摩羅什譯，CBETA, T09, no.262, p.39, b4–9。高昌國時期。

LM20-1452-08-01　《金光明經》卷三

北涼曇無讖譯，CBETA, T16, no.663, p.351, a27–29。高昌國時期。

LM20-1452-08-02　《大方便佛報恩經》卷四

譯者不詳, CBETA, T03, no.156, p.144, c21–23。唐時期。

LM20-1452-08-03 《大方廣佛華嚴經》卷四五

唐實叉難陀譯, CBETA, T10, no.279, p.237, b8–11。唐時期。

LM20-1452-08-04 《妙法蓮華經》卷七

姚秦鳩摩羅什譯, CBETA, T09, no.262, p.58, a3–11。唐時期。

LM20-1452-08-05 《金光明最勝王經》卷二

唐義净譯, CBETA, T16, no.665, p.407, c1–3。西州回鶻時期。

LM20-1452-08-06a 《妙法蓮華經》卷四

姚秦鳩摩羅什譯, CBETA, T09, no.262, p.28, a2–5。高昌國時期。

LM20-1452-08-06b 《維摩詰所説經》卷上

姚秦鳩摩羅什譯, CBETA, T14, no.475, p.537, c11–12。高昌國時期。

參: 王梅 2006, 148。

LM20-1452-08-07 《摩訶般若波羅蜜經》

姚秦鳩摩羅什譯。卷品尾題, 此段文字多處可見。唐時期。

LM20-1452-08-08 《佛説觀藥王藥上二菩薩經》

劉宋畺良耶舍譯, CBETA, T20, no.1161, p.666, b9–12, "逕" 作 "經"。高昌國時期。

LM20-1452-08-09 《佛説灌頂經》卷一一

東晉帛尸梨蜜多羅譯, CBETA, T21, no.1331, p.530, b20–22。唐時期。

LM20-1452-08-10 《大般涅槃經》卷三五

北涼曇無讖譯, CBETA, T12, no.374, p.571, a21–23。唐時期。

LM20-1452-08-11 《妙法蓮華經》卷六

姚秦鳩摩羅什譯, CBETA, T09, no.262, p.47, b19–23。唐時期。

LM20-1452-08-12 《佛説仁王般若波羅蜜經》卷上

姚秦鳩摩羅什譯, CBETA, T08, no.245, p.827, a19–24。高昌國時期。

LM20-1452-08-13 《合部金光明經》卷一

隋彦琮述, CBETA, T16, no.664, p.363, a1–5。唐時期。

LM20-1452-08-14 《大般涅槃經》卷二五

北涼曇無讖譯, CBETA, T12, no.374, p.511, a14–20。唐時期。

LM20-1452-08-15 《大般涅槃經》卷三九

北涼曇無讖譯, CBETA, T12, no.374, p.592, b2–7。唐時期。

LM20-1452-08-16 《摩訶般若波羅蜜經》卷一

姚秦鳩摩羅什譯, CBETA, T08, no.223, p.217, b29–c6。高昌國時期。

LM20-1452-08-17 《金剛般若波羅蜜經》

姚秦鳩摩羅什譯, CBETA, T08, no.235, p.751, c24–26。唐時期。

LM20-1452-09-01　《維摩詰所説經》卷上

　　姚秦鳩摩羅什譯，CBETA, T14, no.475, p.538, a14–18。唐時期。

　　參：王梅 2006, 149。

LM20-1452-09-02　《大般涅槃經》卷五

　　北涼曇無讖譯，CBETA, T12, no.374, p.394, a23–25。唐時期。

LM20-1452-09-03　　道教類書

　　唐時期。

　　參：趙洋 2017a, 191；趙洋 2017b, 210。

LM20-1452-09-04　《大智度論》卷四

　　姚秦鳩摩羅什譯，CBETA, T25, no.1509, p.91, a24–27。唐時期。

LM20-1452-09-05　《合部金光明經》卷八

　　北涼曇無讖譯，隋寶貴合，CBETA, T16, no.663, p.356, c13–15。高昌國時期。

LM20-1452-09-06　《大般涅槃經》卷九

　　北涼曇無讖譯，CBETA, T12, no.374, p.419, b17–19。高昌國時期。

LM20-1452-09-07　　佛典殘片

　　高昌國時期。

LM20-1452-09-08　《大般涅槃經》卷三九

　　北涼曇無讖譯，CBETA, T12, no.374, p.592, c26–28。高昌國時期。

LM20-1452-09-09a　《妙法蓮華經》卷五

　　姚秦鳩摩羅什譯，CBETA, T09, no.262, p.41, a15–16。高昌國時期。

LM20-1452-09-09b　《妙法蓮華經》卷五

　　姚秦鳩摩羅什譯，CBETA, T09, no.262, p.41, a15–17。高昌國時期。

LM20-1452-09-10　《齋法清净經》

　　作者不詳，CBETA, T85, no.2900, p.1432, a14–16，"豬狗"作"腊豚"。唐時期。

LM20-1452-09-11　《妙法蓮華經》卷四

　　姚秦鳩摩羅什譯，CBETA, T09, no.262, p.32, b9–15。唐時期。

LM20-1452-09-12　《佛説仁王般若波羅蜜經》卷上

　　姚秦鳩摩羅什譯，CBETA, T08, no.245, p.825, b9–13。有朱筆句讀。唐時期。

LM20-1452-09-13　《妙法蓮華經》卷一

　　姚秦鳩摩羅什譯，CBETA, T09, no.262, p.2, c1–4。唐時期。

LM20-1452-09-14　《大智度論》卷六六

　　姚秦鳩摩羅什譯，CBETA, T25, no.1509, p.526, a13–17。高昌國時期。

LM20-1452-09-15　《維摩詰所説經》卷上

　　姚秦鳩摩羅什譯，CBETA, T14, no.475, p.540, b9–12。唐時期。

參：王梅 2006，151。

LM20-1452-09-16　佛教戒律

高昌國時期。

LM20-1452-09-17　《摩訶般若波羅蜜經》卷二五

姚秦鳩摩羅什譯，CBETA，T08，no.223，p.405，a17–20。高昌國時期。

LM20-1452-09-18　《妙法蓮華經》卷四

姚秦鳩摩羅什譯，CBETA，T09，no.262，p.27，c1–3。唐時期。

LM20-1452-09-19　《金剛般若論會釋》卷上

唐窺基撰，CBETA，T40，no.1816，p.722，c11–13。唐時期。

LM20-1452-09-20　《妙法蓮華經》卷四

姚秦鳩摩羅什譯，CBETA，T09，no.262，p.31，a1–4。唐時期。

LM20-1452-10-01　《合部金光明經》卷六

北涼曇無讖譯，隋寶貴合，CBETA，T16，no.664，p.386，c9–11。唐時期。

LM20-1452-10-02　《妙法蓮華經》卷四

姚秦鳩摩羅什譯，CBETA，T09，no.262，p.29，b3–9。唐時期。

LM20-1452-10-03　《摩訶般若波羅蜜經》卷七

姚秦鳩摩羅什譯，CBETA，T08，no.223，p.273，a6–10。高昌國時期。

LM20-1452-10-04　《妙法蓮華經》卷七

姚秦鳩摩羅什譯，CBETA，T09，no.262，p.58，b9–15。唐時期。

LM20-1452-10-05　《摩訶般若波羅蜜經》卷一〇

姚秦鳩摩羅什譯，CBETA，T08，no.223，p.293，c19–20。高昌國時期。

LM20-1452-10-06　佛典殘片

唐時期。

LM20-1452-10-07　《妙法蓮華經》卷七

姚秦鳩摩羅什譯，CBETA，T09，no.262，p.60，b7–9。唐時期。

LM20-1452-10-08　《大般涅槃經》卷一三

北涼曇無讖譯，CBETA，T12，no.374，p.440，a20–22。唐時期。

LM20-1452-10-09　《妙法蓮華經》卷二

姚秦鳩摩羅什譯，CBETA，T09，no.262，p.15，b26–28。唐時期。

LM20-1452-10-10　《妙法蓮華經》卷二

姚秦鳩摩羅什譯，CBETA，T09，no.262，p.13，c9–10。唐時期。

LM20-1452-10-11　《佛説仁王般若波羅蜜經》卷下

姚秦鳩摩羅什譯，CBETA，T08，no.245，p.833，c10–12。唐時期。

LM20-1452-10-12　《大智度論》卷八六

姚秦鳩摩羅什譯, CBETA, T25, no.1509, p.664, b14–17。高昌國時期。

LM20-1452-10-13 《佛説觀佛三昧海經》卷三

東晉佛陀跋陀羅譯, CBETA, T15, no.643, p.661, c19–23。高昌國時期。

LM20-1452-10-14 《摩訶般若波羅蜜經》卷五

姚秦鳩摩羅什譯, CBETA, T08, no.223, p.255, a29–b3。高昌國時期。

LM20-1452-10-15 《大般涅槃經》卷三一

北涼曇無讖譯, CBETA, T12, no.374, p.548, c23–25。高昌國時期。

LM20-1452-10-16 《菩薩地持經》卷一〇

北涼曇無讖譯, CBETA, T30, no.1581, p.953, c9–11。高昌國時期。

LM20-1452-10-17 《妙法蓮華經》卷二

姚秦鳩摩羅什譯, CBETA, T09, no.262, p.11, a20–29。唐時期。

LM20-1452-11-01 《妙法蓮華經》卷三

姚秦鳩摩羅什譯, CBETA, T09, no.262, p.25, a14。唐時期。

LM20-1452-11-02 《摩訶般若波羅蜜經》卷二四

姚秦鳩摩羅什譯, CBETA, T08, no.223, p.394, b8–9。高昌國時期。

LM20-1452-11-03 《金剛般若波羅蜜經》

姚秦鳩摩羅什譯, CBETA, T08, no.235, p.752, b17–20。唐時期。

LM20-1452-11-04 《大般若波羅蜜多經》卷一

唐玄奘譯, 此段文字多處可見。唐時期。

LM20-1452-11-05 《小品般若波羅蜜經》卷一

姚秦鳩摩羅什譯, CBETA, T08, no.227, p.537, a25–28。高昌國時期。

LM20-1452-11-06 《大智度論》卷一八

姚秦鳩摩羅什譯, CBETA, T25, no.1509, p.196, b19–21。高昌國時期。

LM20-1452-11-07 《妙法蓮華經》卷六

姚秦鳩摩羅什譯, CBETA, T09, no.262, p.54, a7–10。高昌國時期。

LM20-1452-11-08 《摩訶般若波羅蜜經》卷一五

姚秦鳩摩羅什譯, CBETA, T08, no.223, p.329, a13–15。高昌國時期。

LM20-1452-11-09 《大智度論》卷六五

姚秦鳩摩羅什譯, CBETA, T25, no.1509, p.516, a3–5。高昌國時期。

LM20-1452-11-10 《金光明經》卷二

北涼曇無讖譯, CBETA, T16, no.663, p.341, a15–18。唐時期。

LM20-1452-11-11 《大般若波羅蜜多經》卷五二九

唐玄奘譯, CBETA, T07, no.220, p.717, b11–14。唐時期。

LM20-1452-11-12 《大般涅槃經》卷三

北涼曇無讖譯，CBETA，T12，no.374，p.383，a23-24。高昌國時期。

LM20-1452-11-13 《大般若波羅蜜多經》卷五一一

唐玄奘譯，CBETA，T07，no.220，p.607，b14-18。唐時期。

LM20-1452-11-14 《大般涅槃經》卷九

北涼曇無讖譯，CBETA，T12，no.374，p.416，b25-28。高昌國時期。

LM20-1452-11-15 《集諸經禮懺儀》卷上

唐智昇譯，CBETA，T47，no.1982，p.456，b23-28。唐時期。

LM20-1452-11-16 《大般若波羅蜜多經》卷三八七

唐玄奘譯，CBETA，T06，no.220，p.999，b29-c1。唐時期。

LM20-1452-11-17 《大般涅槃經》卷二五

北涼曇無讖譯，CBETA，T12，no.374，p.511，b14-17。高昌國時期。

LM20-1452-11-18 《十住經》卷四

姚秦鳩摩羅什譯，CBETA，T10，no.286，p.526，b8-12。高昌國時期。

LM20-1452-11-19 《佛説仁王般若波羅蜜經》卷上

姚秦鳩摩羅什譯，CBETA，T08，no.245，p.828，b18-20，"炎"作"焰"。高昌國時期。

LM20-1452-12-01 《妙法蓮華經》卷六

姚秦鳩摩羅什譯，CBETA，T09，no.262，p.47，a17-21。唐時期。

LM20-1452-12-02 《大智度論》卷五八

姚秦鳩摩羅什譯，CBETA，T25，no.1509，p.469，a14-17，"誦讀"作"讀誦"。唐時期。

LM20-1452-12-03 《大智度論》卷一

姚秦鳩摩羅什譯，CBETA，T25，no.1509，p.64，a8-9。高昌國時期。

LM20-1452-12-04 《摩訶般若波羅蜜經》卷二七

姚秦鳩摩羅什譯，CBETA，T08，no.223，p.422，a10-13。高昌國時期。

LM20-1452-12-05 《佛説佛名經》卷一〇

元魏菩提流支譯，CBETA，T14，no.440，p.169，a26-b2。有捺印佛像。唐時期。

LM20-1452-12-06 《妙法蓮華經》卷一

姚秦鳩摩羅什譯，CBETA，T09，no.262，p.7，a27-29。唐時期。

LM20-1452-12-07 《大般若波羅蜜多經》卷五七六

唐玄奘譯，CBETA，T07，no.220，p.978，c17-19。唐時期。

LM20-1452-12-08 《佛頂尊勝陀羅尼經序》

唐志静述，CBETA，T19，no.967，p.349，c2-7。唐時期。

LM20-1452-12-09 佛典殘片

高昌國時期。

LM20-1452-12-10 《合部金光明經》卷六

北涼曇無讖譯, 隋寶貴合, CBETA, T16, no.664, p.386, c4–10。唐時期。

LM20-1452-12-11　《十方千五百佛名經》

譯者不詳, CBETA, T14, no.442, p.316, c10–17, "數"作"樓"。高昌國時期。

LM20-1452-12-12　《妙法蓮華經》卷七

姚秦鳩摩羅什譯, CBETA, T09, no.262, p.59, b7–9。唐時期。

LM20-1452-13-01　《大般涅槃經》卷二五

北涼曇無讖譯, CBETA, T12, no.374, p.512, a12–15。高昌國時期。

LM20-1452-13-02　《大般若波羅蜜多經》卷五七八

唐玄奘譯, CBETA, T07, no.220, p.986, a29–b3。唐時期。

LM20-1452-13-03　《放光般若經》卷二

西晉無羅叉譯, CBETA, T08, no.221, p.10, b22–26。高昌國時期。

LM20-1452-13-04　《大般涅槃經》卷二二

北涼曇無讖譯, CBETA, T12, no.374, p.497, c11–15。高昌國時期。

LM20-1452-13-05　《大般涅槃經》卷二七

北涼曇無讖譯, CBETA, T12, no.374, p.523, a17–19。高昌國時期。

LM20-1452-13-06　《妙法蓮華經》卷七

姚秦鳩摩羅什譯, CBETA, T09, no.262, p.62, a10–14。唐時期。

LM20-1452-13-07　佛典殘片

高昌國時期。

LM20-1452-13-08　《請觀世音菩薩消伏毒害陀羅尼咒經》

東晉竺難提譯, CBETA, T20, no.1043, p.38, a15–20。高昌國時期。

LM20-1452-13-09　《佛説未曾有因緣經》卷下

蕭齊曇景譯, CBETA, T17, no.754, p.587, b24–27, "勉"作"免"。高昌國時期。

LM20-1452-13-10　《妙法蓮華經》卷三

姚秦鳩摩羅什譯, CBETA, T09, no.262, p.20, a7–10。唐時期。

LM20-1452-13-11　《佛説仁王般若波羅蜜經》卷上

姚秦鳩摩羅什譯, CBETA, T08, no.245, p.829, c14–17。高昌國時期。

LM20-1452-13-12　《雜阿毗曇心論》卷一

劉宋僧伽跋摩等譯, CBETA, T28, no.1552, p.871, c8–10。有朱點。唐時期。

LM20-1452-13-13　《大般涅槃經》卷八

北涼曇無讖譯, CBETA, T12, no.374, p.415, a16–20。唐時期。

LM20-1452-14-01　《思益梵天所問經》卷一

姚秦鳩摩羅什譯, CBETA, T15, no.586, p.33, c22–p.34, a3。西州回鶻時期。

LM20-1452-14-02　《妙法蓮華經》卷五

姚秦鳩摩羅什譯，CBETA, T09, no.262, p.41, c18-24，"世尊云"作"世尊方云"。高昌國時期。

LM20-1452-14-03　《大方廣佛華嚴經》卷一四

東晉佛陀跋陀羅譯，CBETA, T09, no.278, p.485, b12-14。唐時期。

LM20-1452-14-04　《金光明經》卷一

北涼曇無讖譯，CBETA, T16, no.663, p.335, b27-c1。唐時期。

LM20-1452-14-05　《妙法蓮華經》卷六

姚秦鳩摩羅什譯，CBETA, T09, no.262, p.54, c4-6。唐時期。

LM20-1452-14-06　《大方便佛報恩經》卷四

譯者不詳，CBETA, T03, no.156, p.144, a20-22。唐時期。

LM20-1452-14-07　《佛説灌頂經》卷一二

東晉帛尸梨密多羅譯，CBETA, F03, no.88, p.2, b9。唐時期。

LM20-1452-14-08　《妙法蓮華經》卷二

姚秦鳩摩羅什譯，CBETA, T09, no.262, p.12, c18-20。唐時期。

LM20-1452-14-09　《妙法蓮華經》卷二

姚秦鳩摩羅什譯，CBETA, T09, no.262, p.12, a9-11。唐時期。

LM20-1452-14-10　《摩訶般若波羅蜜經》卷二三

姚秦鳩摩羅什譯，CBETA, T08, no.223, p.387, c11-14。高昌國時期。

LM20-1452-14-11　《放光般若經》卷一五

西晉無羅叉譯，CBETA, T08, no.221, p.107, a12-15，"大人利"作"大利人"。高昌國時期。

LM20-1452-14-12　《佛説無量壽經》卷上

曹魏康僧鎧譯，CBETA, T12, no.360, p.269, a15-16。高昌國時期。

參:《旅博選粹》, 114;《净土集成》, 10-11。

LM20-1452-14-13　《妙法蓮華經》卷四

姚秦鳩摩羅什譯，CBETA, T09, no.262, p.29, c4-9。高昌國時期。

LM20-1452-14-14　《大般涅槃經後分》卷上

唐若那跋陀羅譯，CBETA, T12, no.377, p.904, c24-26。唐時期。

LM20-1452-15-01　《佛本行集經》卷五

隋闍那崛多譯，CBETA, T03, no.190, p.675, c24-27。唐時期。

LM20-1452-15-02　《佛説華手經》卷一〇

姚秦鳩摩羅什譯，CBETA, T16, no.657, p.203, a12-16。高昌國時期。

LM20-1452-15-03　《妙法蓮華經》卷六

姚秦鳩摩羅什譯，CBETA, T09, no.262, p.53, b7-9。高昌國時期。

LM20-1452-15-04　《佛説觀藥王藥上二菩薩經》

劉宋畺良耶舍譯，CBETA, T20, no.1161, p.666, a25–28。唐時期。

LM20-1452-15-05 《妙法蓮華經》卷二

姚秦鳩摩羅什譯，CBETA, T09, no.262, p.13, a2–6。唐時期。

LM20-1452-15-06 《金剛般若波羅蜜經》

元魏菩提流支譯，CBETA, T08, no.236a, p.753, b6–8。唐時期。

LM20-1452-15-07 《佛説法句經》

作者不詳，CBETA, T85, no.2901, p.1434, b19–21。唐時期。

LM20-1452-15-08 《妙法蓮華經》卷七

姚秦鳩摩羅什譯，CBETA, T09, no.262, p.57, b14–17。唐時期。

LM20-1452-15-09 《大般涅槃經》卷一三

北涼曇無讖譯，CBETA, T12, no.374, p.443, a15–16。唐時期。

LM20-1452-15-10 《悲華經》卷八

北涼曇無讖譯，CBETA, T03, no.157, p.221, b20–22。高昌國時期。

參：陰會蓮 2006, 109。

LM20-1452-15-11 《大方廣佛華嚴經》卷一八（五十卷本）

東晉佛陀跋陀羅譯，《中華大藏經》第 12 册，225c14–18；參 CBETA, T09, no.278, p.537, a17–20。高昌郡時期。

LM20-1452-15-12 佛典殘片

高昌國時期。

LM20-1452-15-13 羯磨文

高昌國時期。

LM20-1452-15-14 《大般若波羅蜜多經》卷四二〇

唐玄奘譯，CBETA, T07, no.220, p.108, a19–22。唐時期。

LM20-1452-15-15 《放光般若經》卷二〇

西晉無羅叉譯，CBETA, T08, no.221, p.145, b28–c3。高昌國時期。

LM20-1452-16-01 《妙法蓮華經》卷七

姚秦鳩摩羅什譯，CBETA, T09, no.262, p.57, a19–23。西州回鶻時期。

LM20-1452-16-02 《金剛般若波羅蜜經》

姚秦鳩摩羅什譯，CBETA, T08, no.235, p.751, c5–7。唐時期。

LM20-1452-16-03 《摩訶般若波羅蜜經》卷四

姚秦鳩摩羅什譯，CBETA, T08, no.223, p.240, a8–13, 第 3 行 "炎" 作 "焰"，第 4 行 "陰" 作 "蔭"。高昌國時期。

LM20-1452-16-04 《大般若波羅蜜多經》卷五七七

唐玄奘譯，CBETA, T07, no.220, p.985, a26–29。唐時期。

LM20-1452-16-05 《佛説觀佛三昧海經》卷一

東晉佛陀跋陀羅譯, CBETA, T15, no.643, p.649, a17–21。高昌郡時期。

參:《旅博選粹》, 55。

LM20-1452-16-06 《妙法蓮華經》卷三

姚秦鳩摩羅什譯, CBETA, T09, no.262, p.26, a22–24。高昌國時期。

LM20-1452-16-07 《佛説佛名經》卷二

元魏菩提流支譯, CBETA, T14, no.440, p.124, a20–25, "障礙"作"障礙發"。西州回鶻時期。

LM20-1452-16-08 《金光明經》卷四

北涼曇無讖譯, CBETA, T16, no.663, p.354, b12–16。高昌國時期。

LM20-1452-16-09 《長阿含經》卷一九

姚秦佛陀耶舍、竺佛念譯, CBETA, T01, no.1, p.124, b17–20。唐時期。

LM20-1452-16-10 《金光明最勝王經》卷三

唐義净譯, CBETA, T16, no.665, p.415, b5–8。唐時期。

LM20-1452-16-11 《大般涅槃經》卷八

北涼曇無讖譯, CBETA, T12, no.374, p.413, a19–21。高昌國時期。

LM20-1452-16-12 《大智度論》卷四四

姚秦鳩摩羅什譯, CBETA, T25, no.1509, p.376, a24–28。高昌國時期。

LM20-1452-16-13 《大通方廣懺悔滅罪莊嚴成佛經》卷上

作者不詳, CBETA, T85, no.2871, p.1341, a22–27, "受"作"命", "見佛"作"見了佛"。

高昌國時期。

LM20-1452-16-14 《大智度論》卷四〇

姚秦鳩摩羅什譯, CBETA, T25, no.1509, p.350, b19–23。唐時期。

LM20-1452-17-01 《信力入印法門經》卷五

元魏曇摩流支譯, CBETA, T10, no.305, p.953, c4–6。高昌國時期。

LM20-1452-17-02 《阿毗達磨順正理論》卷五一

唐玄奘譯, CBETA, T29, no.1562, p.625, c19–20。唐時期。

LM20-1452-17-03 《妙法蓮華經》卷二

姚秦鳩摩羅什譯, CBETA, T09, no.262, p.16, a16–21。唐時期。

LM20-1452-17-04 《金光明經》卷一

北涼曇無讖譯, CBETA, T16, no.663, p.335, c17–19。唐時期。

LM20-1452-17-05 《過去現在因果經》卷三

劉宋求那跋陀羅譯, CBETA, T03, no.189, p.640, b21–26。高昌國時期。

LM20-1452-17-06 《金光明經》卷二

北涼曇無讖譯, CBETA, T16, no.663, p.346, a28–b1, "法坐"作"法座"。高昌國時期。

LM20-1452-17-07　《大般涅槃經》卷二七

北涼曇無讖譯，CBETA, T12, no.374, p.523, b26–29。高昌國時期。

LM20-1452-17-08　佛典殘片

唐時期。

LM20-1452-17-09　《大方等大集經》卷三〇

北涼曇無讖譯，CBETA, T13, no.397, p.208, c5–7，"非慧"作"非智慧"。高昌國時期。

LM20-1452-17-10　《大般涅槃經》卷二五

北涼曇無讖譯，CBETA, T12, no.374, p.514, a27–b1。高昌國時期。

LM20-1452-17-11　《妙法蓮華經》卷二

姚秦鳩摩羅什譯，CBETA, T09, no.262, p.12, a15–17。高昌國時期。

LM20-1452-17-12　《摩訶般若波羅蜜經》卷一三

姚秦鳩摩羅什譯，CBETA, T08, no.223, p.316, a17–19。唐時期。

LM20-1452-17-13　《妙法蓮華經》卷四

姚秦鳩摩羅什譯，CBETA, T09, no.262, p.33, c23–26。唐時期。

LM20-1452-17-14　《妙法蓮華經》卷七

姚秦鳩摩羅什譯，CBETA, T09, no.262, p.60, c14–17，"白汝軻"作"白如珂"。高昌國時期。

LM20-1452-17-15　《大般涅槃經》卷九

北涼曇無讖譯，CBETA, T12, no.374, p.418, b17–21。高昌國時期。

LM20-1452-17-16　《金剛般若波羅蜜經》

姚秦鳩摩羅什譯，CBETA, T08, no.235, p.751, b17–21。唐時期。

LM20-1452-17-17　《妙法蓮華經》卷五

姚秦鳩摩羅什譯，CBETA, T09, no.262, p.38, a4–6。唐時期。

LM20-1452-18-01　《攝大乘論釋》卷四

陳真諦譯，CBETA, T31, no.1595, p.176, b12–16。高昌國時期。

LM20-1452-18-02　《金剛般若波羅蜜經》

姚秦鳩摩羅什譯，CBETA, T08, no.235, p.751, a27–29。唐時期。

LM20-1452-18-03　《妙法蓮華經》卷二

姚秦鳩摩羅什譯，CBETA, T09, no.262, p.18, b7–14。唐時期。

LM20-1452-18-04　《金剛般若波羅蜜經》

姚秦鳩摩羅什譯，CBETA, T08, no.235, p.749, b15–17。唐時期。

LM20-1452-18-05　《大方等大集經賢護分》卷五

隋闍那崛多譯，CBETA, T13, no.416, p.893, a1–3。唐時期。

LM20-1452-18-06　《梵網經》（異本）

參唐道世撰《法苑珠林》卷八九，CBETA, T53, no.2122, p.939, c5–13。高昌國時期。

LM20-1452-18-07 《老子德經下》

與今本差異較大, 與敦煌本 P.2375 同。唐時期。

參: 游自勇 2017, 144–145。

LM20-1452-18-08 《佛説灌頂經》卷一二

東晉帛尸梨蜜多羅譯, CBETA, T21, no.1331, p.535, c22–26。唐時期。

LM20-1452-18-09 《妙法蓮華經》卷五

姚秦鳩摩羅什譯, CBETA, T09, no.262, p.43, b9–19。高昌國時期。

LM20-1452-18-10 《大般涅槃經》卷二

北涼曇無讖譯, CBETA, T12, no.374, p.374, c2–6。唐時期。

LM20-1452-18-11 《金光明經》卷二

北涼曇無讖譯, CBETA, T16, no.663, p.346, b2–4。唐時期。

LM20-1452-18-12 《大般涅槃經》卷二一

北涼曇無讖譯, CBETA, T12, no.374, p.493, a10–11。高昌國時期。

LM20-1452-18-13 《大通方廣懺悔滅罪莊嚴成佛經》卷上

作者不詳, CBETA, T85, no.2871, p.1342, c29–p.1343, a3。高昌國時期。

LM20-1452-19-01 《金剛般若波羅蜜經》

姚秦鳩摩羅什譯, CBETA, T08, no.235, p.752, a17–22。唐時期。

LM20-1452-19-02 《妙法蓮華經》卷五

姚秦鳩摩羅什譯, CBETA, T09, no.262, p.44, c27–p.45, a9。唐時期。

LM20-1452-19-03 《金剛般若波羅蜜經》

姚秦鳩摩羅什譯, CBETA, T08, no.235, p.752, b12–17。唐時期。

LM20-1452-19-04 《合部金光明經》卷五

北涼曇無讖譯, 隋寶貴合, CBETA, T16, no.664, p.383, c18–20。唐時期。

LM20-1452-19-05 《大般涅槃經》卷三

北涼曇無讖譯, CBETA, T12, no.374, p.379, a22–25。高昌國時期。

LM20-1452-19-06 《妙法蓮華經》卷一

姚秦鳩摩羅什譯, CBETA, T09, no.262, p.2, b24–27。唐時期。

LM20-1452-19-07 《金剛般若波羅蜜經》

元魏菩提流支譯, CBETA, T08, no.236a, p.753, b6–10。唐時期。

LM20-1452-19-08 《妙法蓮華經》卷六

姚秦鳩摩羅什譯, CBETA, T09, no.262, p.52, a5–8。唐時期。

LM20-1452-19-09 佛典殘片

唐時期。

LM20-1452-19-10 《妙法蓮華經》卷四

姚秦鳩摩羅什譯，CBETA，T09，no.262，p.27，c15-18。唐時期。

LM20-1452-19-11　《妙法蓮華經》卷七

姚秦鳩摩羅什譯，CBETA，T09，no.262，p.56，c4-6。唐時期。

LM20-1452-19-12　《妙法蓮華經》卷一

姚秦鳩摩羅什譯，CBETA，T09，no.262，p.4，b13-17。唐時期。

LM20-1452-19-13　《佛説灌頂經》卷一一

東晉帛尸梨蜜多羅譯，CBETA，T21，no.1331，p.530，c16-18。唐時期。

LM20-1452-19-14　《妙法蓮華經》卷四

姚秦鳩摩羅什譯，CBETA，T09，no.262，p.28，c24-p.29，a3。唐時期。

LM20-1452-20-01　《妙法蓮華經》卷七

姚秦鳩摩羅什譯，CBETA，T09，no.262，p.60，b5-11。唐時期。

LM20-1452-20-02　《大般涅槃經》卷一二

北涼曇無讖譯，CBETA，T12，no.374，p.437，c20-24。唐時期。

LM20-1452-20-03　《大般涅槃經》卷二七

北涼曇無讖譯，CBETA，T12，no.374，p.522，c18-21。唐時期。

LM20-1452-20-04　《大般涅槃經》卷三

北涼曇無讖譯，CBETA，T12，no.374，p.379，a19-22。高昌國時期。

LM20-1452-20-05　《妙法蓮華經》卷二

姚秦鳩摩羅什譯，CBETA，T09，no.262，p.14，a21-26。唐時期。

LM20-1452-20-06　《金剛般若波羅蜜經》

姚秦鳩摩羅什譯，CBETA，T08，no.235，p.749，a15-16。唐時期。

LM20-1452-20-07　《大智度論》不分卷

姚秦鳩摩羅什譯，CBETA，T25，no.1509，p.584，b29-c13。唐時期。

LM20-1452-20-08　《金剛般若波羅蜜經》

元魏菩提流支譯，CBETA，T08，no.236a，p.753，a17-20。唐時期。

LM20-1452-20-09　《大方等無想經》卷一

北涼曇無讖譯，CBETA，T12，no.387，p.1079，a25-29。唐時期。

LM20-1452-20-10　《妙法蓮華經》卷三

姚秦鳩摩羅什譯，CBETA，T09，no.262，p.22，a23-26。唐時期。

LM20-1452-20-11　《佛説灌頂經》卷一二

東晉帛尸梨蜜多羅譯，CBETA，F03，no.88，p.2，b12。唐時期。

LM20-1452-20-12　《大般若波羅蜜多經》卷二四五

唐玄奘譯，此段文字多處可見。唐時期。

LM20-1452-20-13　《金剛般若波羅蜜經》

元魏菩提流支譯，CBETA，T08，no.236a，p.752，c10–20。唐時期。

LM20-1452-21-01 《妙法蓮華經》卷三

姚秦鳩摩羅什譯，CBETA，T09，no.262，p.19，b9–13。唐時期。

LM20-1452-21-02 《大般若波羅蜜多經》卷五一一

唐玄奘譯，CBETA，T07，no.220，p.612，c12–16。唐時期。

LM20-1452-21-03 《妙法蓮華經》卷五

姚秦鳩摩羅什譯，CBETA，T09，no.262，p.41，c6–9。唐時期。

LM20-1452-21-04 《金剛般若波羅蜜經》

姚秦鳩摩羅什譯，CBETA，T08，no.235，p.750，c12–13。唐時期。

LM20-1452-21-05 《妙法蓮華經》卷五

姚秦鳩摩羅什譯，CBETA，T09，no.262，p.40，c8–10。唐時期。

LM20-1452-21-06 《妙法蓮華經》卷五

姚秦鳩摩羅什譯，CBETA，T09，no.262，p.42，c22–27。唐時期。

LM20-1452-21-07 《妙法蓮華經》卷六

姚秦鳩摩羅什譯，CBETA，T09，no.262，p.49，b17–23。唐時期。

LM20-1452-21-08 《妙法蓮華經》卷六

姚秦鳩摩羅什譯，CBETA，T09，no.262，p.51，c29–p.52，a4。唐時期。

LM20-1452-21-09 《妙法蓮華經》卷一

姚秦鳩摩羅什譯，CBETA，T09，no.262，p.2，a7–13。唐時期。

LM20-1452-21-10 《大般涅槃經》卷二七

北涼曇無讖譯，CBETA，T12，no.374，p.526，c10–15。高昌國時期。

LM20-1452-21-11 《妙法蓮華經》卷六

姚秦鳩摩羅什譯，CBETA，T09，no.262，p.52，a17–20。唐時期。

LM20-1452-21-12 《大智度論》卷三四

姚秦鳩摩羅什譯，CBETA，T25，no.1509，p.308，c17–19。高昌國時期。

LM20-1452-22-01 《小品般若波羅蜜經》卷一

姚秦鳩摩羅什譯，CBETA，T08，no.227，p.538，c26–29。高昌國時期。

LM20-1452-22-02 《四分律》卷二五

姚秦佛陀耶舍、竺佛念等譯，CBETA，T22，no.1428，p.736，a18–20。唐時期。

LM20-1452-22-03 佛典殘片

唐時期。

LM20-1452-22-04 《金光明經》卷四

北涼曇無讖譯，CBETA，T16，no.663，p.355，a29–b2。高昌國時期。

LM20-1452-22-05 《佛説灌頂經》卷一二

東晉帛尸梨蜜多羅譯，CBETA, T21, no.1331, p.535, c18–20。唐時期。

LM20-1452-22-06　《正法念處經》卷一

元魏般若流支譯，CBETA, T17, no.721, p.2, b7–13。唐時期。

LM20-1452-22-07　《菩薩地持經》卷七

北涼曇無讖譯，CBETA, T30, no.1581, p.928, c13–15。高昌國時期。

LM20-1452-22-08　《根本説一切有部苾芻尼毗奈耶》卷一五

唐義淨譯，CBETA, T23, no.1443, p.987, a17–23。唐時期。

LM20-1452-22-09　《大般涅槃經》卷二九

北涼曇無讖譯，CBETA, T12, no.374, p.541, a28–b2。高昌國時期。

LM20-1452-22-10　《大般涅槃經》卷二九

北涼曇無讖譯，CBETA, T12, no.374, p.537, b29–c3。唐時期。

LM20-1452-22-11　《妙法蓮華經》卷四

姚秦鳩摩羅什譯，CBETA, T09, no.262, p.35, b25–27。唐時期。

LM20-1452-22-12　《大智度論》卷二

姚秦鳩摩羅什譯，CBETA, T25, no.1509, p.67, a7–9。唐時期。

LM20-1452-22-13　《優婆塞戒經》卷一

北涼曇無讖譯，CBETA, T24, no.1488, p.1038, b6–9。高昌國時期。

LM20-1452-22-14　《正法念處經》卷五四

元魏般若流支譯，CBETA, T17, no.721, p.319, a21–22。唐時期。

LM20-1452-22-15　《大般涅槃經》卷三六

北涼曇無讖譯，CBETA, T12, no.374, p.578, b11–13。唐時期。

LM20-1452-22-16　《妙法蓮華經》卷二

姚秦鳩摩羅什譯，CBETA, T09, no.262, p.18, a9–13。唐時期。

LM20-1452-22-17　《大智度論》卷七三

姚秦鳩摩羅什譯，CBETA, T25, no.1509, p.575, c10–13。高昌國時期。

LM20-1452-22-18　《大般涅槃經》卷二〇

北涼曇無讖譯，CBETA, T12, no.374, p.481, a13–14。高昌國時期。

LM20-1452-22-19　《大般涅槃經》卷一

北涼曇無讖譯，CBETA, T12, no.374, p.366, a26–29。高昌國時期。

LM20-1452-22-20　《大般涅槃經》卷二

北涼曇無讖譯，CBETA, T12, no.374, p.372, a15–17。高昌國時期。

LM20-1452-22-21　《合部金光明經》卷二

梁真諦譯，隋寶貴合，CBETA, T16, no.664, p.370, a22–24。唐時期。

LM20-1452-23-01　《大般涅槃經》卷四

北涼曇無讖譯，CBETA，T12，no.374，p.385，c26–p.386，a4。唐時期。

LM20-1452-23-02 《大般若波羅蜜多經》

唐玄奘譯，此段文字多處可見。唐時期。

LM20-1452-23-03 《大般涅槃經》卷三四

北涼曇無讖譯，CBETA，T12，no.374，p.567，b18–21。唐時期。

LM20-1452-23-04 《妙法蓮華經》卷四

姚秦鳩摩羅什譯，CBETA，T09，no.262，p.30，c20–p.31，a1。唐時期。

LM20-1452-23-05 《大般涅槃經》卷一四

北涼曇無讖譯，CBETA，T12，no.374，p.450，b25–29。高昌國時期。

LM20-1452-23-06 《金剛般若波羅蜜經》

元魏菩提流支譯，CBETA，T08，no.236a，p.755，a28–b1。高昌國時期。

LM20-1452-23-07 殘片

唐時期。

LM20-1452-23-08 《妙法蓮華經》卷三

姚秦鳩摩羅什譯，CBETA，T09，no.262，p.22，b27–c1。唐時期。

LM20-1452-23-09 寶積經

參唐菩提流志譯《大寶積經》卷一一二，CBETA，T11，no.310，p.635，b28–c1。高昌國時期。

LM20-1452-23-10 《大般涅槃經》卷九

北涼曇無讖譯，CBETA，T12，no.374，p.422，b7–9。高昌國時期。

LM20-1452-23-11 《勝天王般若波羅蜜經》卷一

陳月婆首那譯，CBETA，T08，no.231，p.687，a9–12。有朱點標記。高昌國時期。

LM20-1452-23-12 《佛說救護身命經》

作者不詳，CBETA，T85，no.2866，p.1326，c4–8，"恩慈"作"慈恩"。唐時期。

參：孟彦弘 2018，54。

LM20-1452-23-13 《佛說灌頂經》卷一二

東晉帛尸梨蜜多羅譯，CBETA，T21，no.1331，p.532，c18–23。唐時期。

LM20-1452-23-14 《大般若波羅蜜多經》卷四七四

唐玄奘譯，CBETA，T07，no.220，p.400，c12–14。唐時期。

LM20-1452-23-15 《摩訶般若波羅蜜經》卷二六

姚秦鳩摩羅什譯，CBETA，T08，no.223，p.407，b15–21。唐時期。

LM20-1452-24-01 《大般涅槃經》卷二九

北涼曇無讖譯，CBETA，T12，no.374，p.536，a22–25。唐時期。

LM20-1452-24-02 《大般涅槃經》卷二〇

北涼曇無讖譯，CBETA，T12，no.374，p.481，a28–b2。高昌國時期。

LM20-1452-24-03　《大通方廣懺悔滅罪莊嚴成佛經》卷中

作者不詳，CBETA，T85，no.2871，p.1345，a31-32，"受"作"壽"。唐時期。

LM20-1452-24-04　《金剛般若波羅蜜經》

元魏菩提流支譯，CBETA，T08，no.236a，p.755，c1-5。唐時期。

LM20-1452-24-05　《妙法蓮華經》卷七

姚秦鳩摩羅什譯，CBETA，T09，no.262，p.57，c21-23。唐時期。

LM20-1452-24-06　《大般涅槃經》卷一九

北涼曇無讖譯，CBETA，T12，no.374，p.480，a28-b1。高昌國時期。

LM20-1452-24-07　《佛説法王經》

作者不詳，CBETA，T85，no.2883，p.1386，b4-8。唐時期。

LM20-1452-24-08r　《妙法蓮華經》卷五

姚秦鳩摩羅什譯，CBETA，T09，no.262，p.42，b24-26。唐時期。

LM20-1452-24-08v　　回鶻文殘片

無法揭取拍攝。

LM20-1452-24-09　《妙法蓮華經》卷四

姚秦鳩摩羅什譯，CBETA，T09，no.262，p.31，a9-11。唐時期。

LM20-1452-24-10　《大般若波羅蜜多經》卷五一〇

唐玄奘譯，CBETA，T07，no.220，p.605，a5-11。唐時期。

LM20-1452-24-11　《大般若波羅蜜多經》卷四二六

唐玄奘譯，CBETA，T07，no.220，p.140，a3-7。唐時期。

LM20-1452-24-12　《金剛般若波羅蜜經》

姚秦鳩摩羅什譯，CBETA，T08，no.235，p.751，b20-24。唐時期。

LM20-1452-24-13　《妙法蓮華經》卷六

姚秦鳩摩羅什譯，CBETA，T09，no.262，p.52，c2-7。唐時期。

LM20-1452-25-01　《大般涅槃經》卷五

北涼曇無讖譯，CBETA，T12，no.374，p.396，a4-7。唐時期。

LM20-1452-25-02　《妙法蓮華經》卷四

姚秦鳩摩羅什譯，CBETA，T09，no.262，p.30，c18-21。唐時期。

LM20-1452-25-03　《大般涅槃經》卷一八

北涼曇無讖譯，CBETA，T12，no.374，p.469，b20-24。唐時期。

LM20-1452-25-04　《賢愚經》卷一

元魏慧覺等譯，CBETA，T04，no.202，p.349，a17-21。高昌國時期。

LM20-1452-25-05　《佛説仁王般若波羅蜜經》卷上

姚秦鳩摩羅什譯，CBETA，T08，no.245，p.825，c16-18。高昌國時期。

LM20-1452-25-06 《勝天王般若波羅蜜經》卷四

陳月婆首那譯，CBETA，T08，no.231，p.706，b23-27。高昌國時期。

LM20-1452-25-07 《佛本行集經》卷一〇

隋闍那崛多譯，CBETA，T03，no.190，p.700，a25-28，"坐"作"座"。高昌國時期。

參：段真子 2019，161。

LM20-1452-25-08 《道行般若經》注

參後漢支婁迦讖譯《道行般若經》卷三，CBETA，T08，no.224，p.438，c23-26。高昌國時期。

參：《旅博選粹》，6。

LM20-1452-25-09 《維摩詰所説經》卷上

姚秦鳩摩羅什譯，CBETA，T14，no.475，p.537，c1-4。高昌國時期。

參：《旅博選粹》，53；王梅 2006，148。

LM20-1452-25-10 《梵網經》卷下

姚秦鳩摩羅什譯，CBETA，T24，no.1484，p.1006，b15-18，"常"作"應"。唐時期。

LM20-1452-25-11 《妙法蓮華經》卷四

姚秦鳩摩羅什譯，CBETA，T09，no.262，p.29，c1-5。唐時期。

LM20-1452-25-12 《金剛般若波羅蜜經》

姚秦鳩摩羅什譯，CBETA，T08，no.235，p.752，a21-25，第 4 行"三菩提者"作"三菩提心者"。高昌國時期。

LM20-1452-25-13 《維摩詰所説經》卷中

姚秦鳩摩羅什譯，CBETA，T14，no.475，p.548，a4-6。唐時期。

LM20-1452-26-01 《妙法蓮華經》卷二

姚秦鳩摩羅什譯，CBETA，T09，no.262，p.13，b14-17。高昌郡時期。

參：《旅博選粹》，37。

LM20-1452-26-02 《勝天王般若波羅蜜經》卷五

陳月婆首那譯，CBETA，T08，no.231，p.711，c5-7。唐時期。

LM20-1452-26-03 《妙法蓮華經》卷一

姚秦鳩摩羅什譯，CBETA，T09，no.262，p.9，b20-24。唐時期。

LM20-1452-26-04 《大般涅槃經》卷二九

北涼曇無讖譯，CBETA，T12，no.374，p.536，b8-12。高昌國時期。

LM20-1452-26-05 《大般涅槃經》卷一〇

北涼曇無讖譯，CBETA，T12，no.374，p.427，b21-22。唐時期。

LM20-1452-26-06 勝鬘經疏

參劉宋求那跋陀羅譯《勝鬘師子吼一乘大方便方廣經》，CBETA，T12，no.353，p.219，

c13–14。高昌國時期。

LM20-1452-26-07　《摩訶般若波羅蜜經》卷二六

姚秦鳩摩羅什譯，CBETA, T08, no.223, p.415, b23–25。高昌國時期。

LM20-1452-26-08　《四分律》卷二五

姚秦佛陀耶舍、竺佛念等譯，CBETA, T22, no.1428, p.736, a24–29，“我不”作“我今不”，“戒律”作“律者”。唐時期。

LM20-1452-26-09　《大方廣佛華嚴經》卷三四（五十卷本）

東晉佛陀跋陀羅譯，《中華大藏經》第 12 册，411c9–12；參 CBETA, T09, no.278, p.653, c6–9。高昌國時期。

LM20-1452-26-10　《大般涅槃經》卷一

北涼曇無讖譯，CBETA, T12, no.374, p.367, c17–20。唐時期。

LM20-1452-26-11　《佛説七俱胝佛母心大准提陀羅尼經》

唐地婆訶羅譯，CBETA, T20, no.1077, p.186, a22–27。唐時期。

LM20-1452-26-12　《一切經音義》卷八

唐玄應撰，CBETA, C056, no.1163, p.942, c16–p.943, a2，“猴也”與“經文”中間脱十數字，“下直有反”作“下”。西州回鶻時期。

參：趙洋 2018, 35、38。

LM20-1452-26-13　《大般若波羅蜜多經》卷三五二

唐玄奘譯，CBETA, T06, no.220, p.809, b1–5。唐時期。

LM20-1452-26-14　《大方便佛報恩經》卷三

譯者不詳，CBETA, T03, no.156, p.136, b18–22。唐時期。

LM20-1452-26-15　《摩訶般若波羅蜜經》卷二〇

姚秦鳩摩羅什譯，CBETA, T08, no.223, p.365, c18–22。高昌國時期。

LM20-1452-26-16　《大般涅槃經》卷一五

北涼曇無讖譯，CBETA, T12, no.374, p.451, c8–13。唐時期。

LM20-1452-27-01　《大般涅槃經》卷一一

北涼曇無讖譯，CBETA, T12, no.374, p.431, a13–17。唐時期。

LM20-1452-27-02　《妙法蓮華經》卷二

姚秦鳩摩羅什譯，CBETA, T09, no.262, p.16, b16–24。唐時期。

參：史睿 2019, 81。

LM20-1452-27-03　《佛説七俱胝佛母心大准提陀羅尼經》

唐地婆訶羅譯，CBETA, T20, no.1077, p.186, a18–23。唐時期。

LM20-1452-27-04　《大般涅槃經》卷三八

北涼曇無讖譯，CBETA, T12, no.374, p.588, b24–28。高昌國時期。

LM20-1452-27-05 《妙法蓮華經》卷二

姚秦鳩摩羅什譯，CBETA，T09，no.262，p.16，c6–11。唐時期。

LM20-1452-27-06 《大方廣佛華嚴經》卷三

東晉佛陀跋陀羅譯，CBETA，T09，no.278，p.412，b18–26。唐時期。

LM20-1452-27-07 《大般涅槃經》卷五

北涼曇無讖譯，CBETA，T12，no.374，p.392，c11–17。唐時期。

LM20-1452-27-08 《道行般若經》卷二

後漢支婁迦讖譯，CBETA，T08，no.224，p.431，c13–15。唐時期。

LM20-1452-27-09 《妙法蓮華經》卷四

姚秦鳩摩羅什譯，CBETA，T09，no.262，p.33，a6–11。唐時期。

LM20-1452-27-10 《妙法蓮華經》卷四

姚秦鳩摩羅什譯，CBETA，T09，no.262，p.31，a24–b3。唐時期。

LM20-1452-27-11 《妙法蓮華經》卷五

姚秦鳩摩羅什譯，CBETA，T09，no.262，p.38，c10–13。唐時期。

LM20-1452-27-12 《金剛般若波羅蜜經》

姚秦鳩摩羅什譯，CBETA，T08，no.235，p.749，c9–17。唐時期。

LM20-1452-28-01 《大般若波羅蜜多經》卷五一〇

唐玄奘譯，CBETA，T07，no.220，p.604，a10–13。唐時期。

LM20-1452-28-02 《大般涅槃經》卷四

北涼曇無讖譯，CBETA，T12，no.374，p.385，c27–p.386，a3。高昌國時期。

LM20-1452-28-03 《大般涅槃經》卷二三

北涼曇無讖譯，CBETA，T12，no.374，p.503，c11–14。高昌國時期。

LM20-1452-28-04 《大般涅槃經》卷四

北涼曇無讖譯，CBETA，T12，no.374，p.387，a1–5。高昌國時期。

LM20-1452-28-05 《金剛般若波羅蜜經》

姚秦鳩摩羅什譯，CBETA，T08，no.235，p.750，c20–23。唐時期。

LM20-1452-28-06 《妙法蓮華經》卷四

姚秦鳩摩羅什譯，CBETA，T09，no.262，p.36，b18–21。唐時期。

LM20-1452-28-07 《佛説灌頂經》卷一二

東晉帛尸梨蜜多羅譯，CBETA，T21，no.1331，p.533，b14–21。唐時期。

LM20-1452-28-08 佛典注疏

有雙行小字注。高昌國時期。

LM20-1452-28-09 《大般若波羅蜜多經》

唐玄奘譯，此段文字多處可見。唐時期。

LM20-1452-28-10　《金光明經》卷一

　　北涼曇無讖譯，CBETA，T16，no.663，p.340，b22–27。唐時期。

LM20-1452-28-11　《妙法蓮華經》卷四

　　姚秦鳩摩羅什譯，CBETA，T09，no.262，p.34，a2–5。唐時期。

LM20-1452-28-12　《大般涅槃經》卷一〇

　　北涼曇無讖譯，CBETA，T12，no.374，p.428，a6–11。高昌國時期。

LM20-1452-28-13　《大般涅槃經》卷四

　　北涼曇無讖譯，CBETA，T12，no.374，p.386，a4–7。高昌國時期。

LM20-1452-29-01　《大般涅槃經》卷一五

　　北涼曇無讖譯，CBETA，T12，no.374，p.453，a13–16。唐時期。

LM20-1452-29-02　《楞伽阿跋多羅寶經》卷一

　　劉宋求那跋陀羅譯，CBETA，T16，no.670，p.483，a11–12。高昌國時期。

LM20-1452-29-03　《大般涅槃經》卷八

　　北涼曇無讖譯，CBETA，T12，no.374，p.410，c3–4。高昌國時期。

LM20-1452-29-04　《大智度論》卷六五

　　姚秦鳩摩羅什譯，CBETA，T25，no.1509，p.517，b14–17。高昌國時期。

LM20-1452-29-05　《佛説仁王般若波羅蜜經》卷下

　　姚秦鳩摩羅什譯，CBETA，T08，no.245，p.831，a29–b2。高昌國時期。

LM20-1452-29-06　《妙法蓮華經》卷三

　　姚秦鳩摩羅什譯，CBETA，T09，no.262，p.19，c29–p.20，a2。唐時期。

LM20-1452-29-07　《妙法蓮華經》卷五

　　姚秦鳩摩羅什譯，CBETA，T09，no.262，p.38，b21–26。唐時期。

LM20-1452-29-08　《道行般若經》卷二

　　後漢支婁迦讖譯，CBETA，T08，no.224，p.437，b13–17。高昌國時期。

LM20-1452-29-09　《大般涅槃經》卷二五

　　北涼曇無讖譯，CBETA，T12，no.374，p.511，a24–27。高昌國時期。

LM20-1452-29-10　《雜阿毗曇心論》卷一

　　劉宋僧伽跋摩等譯，CBETA，T28，no.1552，p.877，a22–24。唐時期。

LM20-1452-29-11　《大般涅槃經》卷一三

　　北涼曇無讖譯，CBETA，T12，no.374，p.440，b11–12。唐時期。

LM20-1452-29-12　《妙法蓮華經》卷三

　　姚秦鳩摩羅什譯，CBETA，T09，no.262，p.19，c11–16。高昌國時期。

LM20-1452-29-13　《大方廣佛華嚴經》卷四八（五十卷本）

　　東晉佛陀跋陀羅譯，《中華大藏經》第 12 冊，588c4–6；參 CBETA，T09，no.278，p.764，

a19–21。高昌國時期。

LM20-1452-29-14 《妙法蓮華經》卷一

姚秦鳩摩羅什譯，CBETA, T09, no.262, p.5, b25–29。高昌國時期。

LM20-1452-29-15 《大般涅槃經》卷三三

北涼曇無讖譯，CBETA, T12, no.374, p.563, a18–22。唐時期。

LM20-1452-29-16 《妙法蓮華經》卷二

姚秦鳩摩羅什譯，CBETA, T09, no.262, p.12, b26–29。唐時期。

LM20-1452-29-17 《四分律删補隨機羯磨》卷上

唐道宣集，CBETA, T40, no.1808, p.497, c3–17，"三説"作"三乞"，"復座"作"復坐"，"語言"作"應言"。唐時期。

LM20-1452-29-18 《大般涅槃經》卷三

北涼曇無讖譯，CBETA, T12, no.374, p.382, a5–7。高昌國時期。

LM20-1452-29-19 《十誦律》卷七

姚秦弗若多羅譯，CBETA, T23, no.1435, p.48, c10–15。高昌國時期。

LM20-1452-30-01 《維摩義記》

參敦煌本 P.2273（《法藏敦煌西域文獻》第 10 册，317 頁上）。高昌國時期。

參：《旅博選粹》，71；橘堂晃一 2006a, 94；榮新江 2019a, 28。

LM20-1452-30-02 《大般涅槃經》卷二五

北涼曇無讖譯，CBETA, T12, no.374, p.516, b3–4。高昌國時期。

LM20-1452-30-03 佛名經

有貼附殘片，無法揭取。高昌國時期。

LM20-1452-30-04 《大般涅槃經》卷三四

北涼曇無讖譯，CBETA, T12, no.374, p.568, c19–24。高昌國時期。

LM20-1452-30-05 《大智度論》卷六五

姚秦鳩摩羅什譯，CBETA, T25, no.1509, p.517, b24–27。高昌國時期。

LM20-1452-30-06 《大方廣佛華嚴經》卷四二（五十卷本）

東晉佛陀跋陀羅譯，《中華大藏經》第 12 册，504b2–6；參 CBETA, T09, no.278, p.710, c25–28。高昌國時期。

LM20-1452-30-07 《大般涅槃經》卷一四

北涼曇無讖譯，CBETA, T12, no.374, p.446, a1–5。有貼附殘片，無法揭取。高昌國時期。

LM20-1452-30-08 《大方廣佛華嚴經》卷三二（五十卷本）

東晉佛陀跋陀羅譯，《中華大藏經》第 12 册，396b2–7；參 CBETA, T09, no.278, p.638, b11–14。高昌國時期。

LM20-1452-30-09 《大智度論》卷五

姚秦鳩摩羅什譯，CBETA, T25, no.1509, p.100, a5-7。高昌國時期。

LM20-1452-30-10　《妙法蓮華經》卷七

姚秦鳩摩羅什譯，CBETA, T09, no.262, p.60, b17-18。唐時期。

LM20-1452-30-11　《大般涅槃經》卷二八

北涼曇無讖譯，CBETA, T12, no.374, p.530, b20-23。高昌國時期。

LM20-1452-30-12　《小品般若波羅蜜經》卷一〇

姚秦鳩摩羅什譯，CBETA, T08, no.227, p.580, b27-28。高昌國時期。

LM20-1452-30-13　《小品般若波羅蜜經》卷九

姚秦鳩摩羅什譯，CBETA, T08, no.227, p.577, a13-14。高昌國時期。

參：《旅博選粹》，36。

LM20-1452-30-14　《大般涅槃經》卷九

北涼曇無讖譯，CBETA, T12, no.374, p.417, c28-p.418, a1。高昌國時期。

LM20-1452-30-15　《大方廣佛華嚴經》卷二二（五十卷本）

東晉佛陀跋陀羅譯，《中華大藏經》第12册，277b18-c6; 參 CBETA, T09, no.278, p.571, a11-18。高昌國時期。

LM20-1452-31-01　《大方等大集經》卷七

北涼曇無讖譯，CBETA, T13, no.397, p.42, a12-15。高昌國時期。

LM20-1452-31-02　《思益梵天所問經》卷一

姚秦鳩摩羅什譯，CBETA, T15, no.586, p.38, b22-26。高昌國時期。

LM20-1452-31-03　《妙法蓮華經》卷五

姚秦鳩摩羅什譯，CBETA, T09, no.262, p.45, c19-22。唐時期。

LM20-1452-31-04　《大般涅槃經》卷一一

北涼曇無讖譯，CBETA, T12, no.374, p.430, a1-4。唐時期。

LM20-1452-31-05　《金剛般若波羅蜜經》

姚秦鳩摩羅什譯，CBETA, T08, no.235, p.748, c24-p.749, a3。唐時期。

LM20-1452-31-06　《大通方廣懺悔滅罪莊嚴成佛經》卷中

作者不詳，CBETA, T85, no.2871, p.1345, a38。唐時期。

LM20-1452-31-07　《大般涅槃經》卷二三

北涼曇無讖譯，CBETA, T12, no.374, p.501, b18-21。高昌國時期。

LM20-1452-31-08　《金剛般若波羅蜜經》

姚秦鳩摩羅什譯，CBETA, T08, no.235, p.749, b21-25。唐時期。

LM20-1452-31-09　《金光明經》卷一

北涼曇無讖譯，CBETA, T16, no.663, p.338, b25-28。高昌國時期。

LM20-1452-31-10　《大般涅槃經》卷一三

北涼曇無讖譯，CBETA，T12，no.374，p.442，c4–6。高昌郡時期。

LM20-1452-31-11　佛經題記

高昌國時期。

LM20-1452-31-12　《大般涅槃經》卷二三

北涼曇無讖譯，CBETA，T12，no.374，p.502，c26–p.503，a2。高昌國時期。

LM20-1452-31-13　《佛本行集經》卷五

隋闍那崛多譯，CBETA，T03，no.190，p.674，c28–p.675，a3。唐時期。

參：段真子 2019，164。

LM20-1452-31-14　《妙法蓮華經》卷一

姚秦鳩摩羅什譯，CBETA，T09，no.262，p.6，a3–5，“可”作“能”。唐時期。

LM20-1452-31-15　《大方廣佛華嚴經》卷四七（五十卷本）

東晉佛陀跋陀羅譯，《中華大藏經》第 12 冊，580a17–19；參 CBETA，T09，no.278，p.759，c10–12。高昌國時期。

LM20-1452-32-01　《妙法蓮華經》卷四

姚秦鳩摩羅什譯，CBETA，T09，no.262，p.32，b21–23。唐時期。

LM20-1452-32-02　《妙法蓮華經》卷四

姚秦鳩摩羅什譯，CBETA，T09，no.262，p.29，a16–19。有朱點標記。唐時期。

LM20-1452-32-03　《合部金光明經》卷二

梁真諦譯，隋寶貴合，CBETA，T16，no.664，p.370，c28–p.371，a5。唐時期。

LM20-1452-32-04　《妙法蓮華經》卷七

姚秦鳩摩羅什譯，CBETA，T09，no.262，p.58，b9–13。唐時期。

LM20-1452-32-05　《妙法蓮華經》卷六

姚秦鳩摩羅什譯，CBETA，T09，no.262，p.50，c1–5。高昌國時期。

LM20-1452-32-06　《大般涅槃經》卷九

北涼曇無讖譯，CBETA，T12，no.374，p.416，a28–b2。高昌國時期。

LM20-1452-32-07　《大寶積經》卷五

唐菩提流志譯，CBETA，T11，no.310，p.30，b12–15。唐時期。

LM20-1452-32-08　《大般涅槃經》卷三一

北涼曇無讖譯，CBETA，T12，no.374，p.550，a4–6。高昌國時期。

LM20-1452-32-09　《妙法蓮華經》卷一

姚秦鳩摩羅什譯，CBETA，T09，no.262，p.7，b23–25。高昌國時期。

LM20-1452-32-10　《摩訶般若波羅蜜經》卷一四

姚秦鳩摩羅什譯，CBETA，T08，no.223，p.326，b16–19。高昌國時期。

LM20-1452-32-11　《羯磨》

曹魏曇諦譯, CBETA, T22, no.1433, p.1055, a8-10。唐時期。

LM20-1452-32-12　《請觀世音菩薩消伏毒害陀羅尼咒經》

東晉竺難提譯, CBETA, T20, no.1043, p.35, b12-17。高昌國時期。

LM20-1452-32-13　《妙法蓮華經》卷四

姚秦鳩摩羅什譯, CBETA, T09, no.262, p.36, a21-24。唐時期。

LM20-1452-32-14　《大般涅槃經》卷七

北涼曇無讖譯, CBETA, T12, no.374, p.403, c28-p.404, a2。高昌國時期。

LM20-1452-32-15　《維摩詰所説經》卷上

姚秦鳩摩羅什譯, CBETA, T14, no.475, p.538, b26-29。唐時期。

參：王梅 2006, 150。

LM20-1452-32-16　《大般涅槃經》卷一八

北涼曇無讖譯, CBETA, T12, no.374, p.469, b14-15。高昌國時期。

LM20-1452-32-17　《金剛般若波羅蜜經》

元魏菩提流支譯, CBETA, T08, no.236a, p.756, c2-4。高昌國時期。

LM20-1452-32-18　《金剛般若波羅蜜經論》卷下

元魏菩提流支譯, CBETA, T25, no.1511, p.794, b10-14。高昌國時期。

參：李昀 2017, 95。

LM20-1452-33-01　《四分律》卷三二

姚秦佛陀耶舍、竺佛念等譯, CBETA, T22, no.1428, p.787, b14-18, "邪"作"法"。唐時期。

LM20-1452-33-02　《妙法蓮華經》卷三

姚秦鳩摩羅什譯, CBETA, T09, no.262, p.25, c7-9, "教無量"作"教化無量"。高昌郡時期。

參：《旅博選粹》, 38。

LM20-1452-33-03　《大般涅槃經》卷一八

北涼曇無讖譯, CBETA, T12, no.375, p.726, c29-p.727, a1。高昌國時期。

LM20-1452-33-04　寶積經

參姚秦鳩摩羅什譯《大寶積經》卷七九, CBETA, T11, no.310, p.453, a21-25, "樹下"作"樹", "息入出"作"息入息出"。高昌國時期。

LM20-1452-33-05　《大般涅槃經》卷一

北涼曇無讖譯, CBETA, T12, no.374, p.370, b9-11。高昌國時期。

LM20-1452-33-06　《道行般若經》卷一〇

後漢支婁迦讖譯, CBETA, T08, no.224, p.474, c23-27。高昌國時期。

LM20-1452-33-07　《大般涅槃經》卷七

北涼曇無讖譯, CBETA, T12, no.374, p.404, c5-8。高昌國時期。

LM20-1452-33-08 《大智度論》卷七二

姚秦鳩摩羅什譯，CBETA, T25, no.1509, p.567, b5–9。高昌國時期。

LM20-1452-33-09 《放光般若經》卷二

西晉無羅叉譯，CBETA, T08, no.221, p.8, c8–11。高昌國時期。

LM20-1452-33-10 《大般涅槃經》卷一七

北涼曇無讖譯，CBETA, T12, no.374, p.463, c1–c4。高昌國時期。

LM20-1452-33-11 《摩訶般若波羅蜜經》卷二〇

姚秦鳩摩羅什譯，CBETA, T08, no.223, p.366, c22–27。唐時期。

LM20-1452-33-12 《大方等大集經》卷一二

北涼曇無讖譯，CBETA, T13, no.397, p.81, a20–25，“智”作“慧”。高昌國時期。

LM20-1452-33-13 《大智度論》卷七五

姚秦鳩摩羅什譯，CBETA, T25, no.1509, p.588, b8–12。高昌國時期。

LM20-1452-33-14 《大般涅槃經》卷三七

北涼曇無讖譯，CBETA, T12, no.374, p.582, b19–24。高昌國時期。

LM20-1452-33-15 《妙法蓮華經》卷一

姚秦鳩摩羅什譯，CBETA, T09, no.262, p.7, c7–8。唐時期。

LM20-1452-33-16 《妙法蓮華經》卷三（十卷本）

姚秦鳩摩羅什譯，CBETA, T09, no.262, p.19, a11、a19–20。高昌國時期。

LM20-1452-34-01 《大方等大集經》卷九

北涼曇無讖譯，CBETA, T13, no.397, p.56, b12–16。高昌國時期。

LM20-1452-34-02 《妙法蓮華經》卷五

姚秦鳩摩羅什譯，CBETA, T09, no.262, p.44, c15–21。唐時期。

LM20-1452-34-03 《佛説仁王般若波羅蜜經》卷下

姚秦鳩摩羅什譯，CBETA, T08, no.245, p.832, a12–15。高昌國時期。

LM20-1452-34-04 《佛説灌頂經》卷一二

東晉帛尸梨蜜多羅譯，CBETA, T21, no.1331, p.533, a3–5。唐時期。

LM20-1452-34-05 《大方等大集經》卷二七

劉宋智嚴、寶雲譯，CBETA, T13, no.397, p.191, b3–6。高昌國時期。

LM20-1452-34-06 《悲華經》卷一

北涼曇無讖譯，CBETA, T03, no.157, p.171, a11–14。高昌郡時期。

參：《旅博選粹》，7; 陰會蓮 2006, 109; 史睿 2019, 74。

LM20-1452-34-07 《大方等陀羅尼經》卷二

北涼法衆譯，CBETA, T21, no.1339, p.648, c15–17。唐時期。

LM20-1452-34-08 《佛説觀佛三昧海經》卷一

東晉佛陀跋陀羅譯, CBETA, T15, no.643, p.647, a8–11。高昌國時期。

參：《旅博選粹》, 55。

LM20-1452-34-09 《佛説觀藥王藥上二菩薩經》

劉宋畺良耶舍譯, CBETA, T20, no.1161, p.661, c28–p.662, a3。唐時期。

LM20-1452-34-10 《諸佛要集經》卷下

西晉竺法護譯, CBETA, T17, no.810, p.769, c9–12。高昌郡時期。

參：《旅博選粹》, 2；三谷真澄 2006, 68–69；郭富純、王振芬 2006, 23；《旅博研究》, 84；三谷真澄 2019, 18。

LM20-1452-34-11 《妙法蓮華經》卷七

姚秦鳩摩羅什譯, CBETA, T09, no.262, p.58, c2–8。唐時期。

LM20-1452-34-12 《大般涅槃經》卷一六

北涼曇無讖譯, CBETA, T12, no.374, p.461, b6–9。高昌國時期。

LM20-1452-34-13 《大智度論》卷九六

姚秦鳩摩羅什譯, CBETA, T25, no.1509, p.729, b2–4。高昌郡時期。

參：《旅博選粹》, 21。

LM20-1452-34-14 《大方等無想經》卷六

北涼曇無讖譯, CBETA, T12, no.387, p.1106, c22–25。高昌國時期。

LM20-1452-34-15 陀羅尼集

高昌國時期。

參：《旅博選粹》, 177；磯邊友美 2006, 208–209、216；三谷真澄、磯邊友美 2006, 119–122；橘堂晃一 2010, 91。

LM20-1452-34-16 《妙法蓮華經》卷三

姚秦鳩摩羅什譯, CBETA, T09, no.262, p.23, c8–11。唐時期。

LM20-1452-35-01 《妙法蓮華經》卷六

姚秦鳩摩羅什譯, CBETA, T09, no.262, p.54, a13–18。高昌郡時期。

參：《旅博選粹》, 13。

LM20-1452-35-02 佛典殘片

唐時期。

LM20-1452-35-03 《妙法蓮華經》卷四

姚秦鳩摩羅什譯, CBETA, T09, no.262, p.32, b7–10。唐時期。

LM20-1452-35-04 《金光明經》卷一

北涼曇無讖譯, CBETA, T16, no.663, p.338, c15–19。高昌國時期。

LM20-1452-35-05 《唐律》（垂拱律）

內有武周新字, 當爲《垂拱律》寫本。唐時期。

參: 陳燁軒 2016, 184–185; 朱玉麒、孟彦弘 2019, 47。

LM20-1452-35-06 《觀無量壽經義疏》

隋慧遠撰, CBETA, T37, no.1749, p.186, a24–29, "許" 作 "受", "勿" 作 "無", "妄" 作 "忘"。唐時期。

參:《旅博選粹》, 180;《净土集成》, 107。

LM20-1452-35-07 《大般涅槃經》卷五

北涼曇無讖譯, CBETA, T12, no.374, p.390, b26–c2。高昌國時期。

LM20-1452-35-08 《大般涅槃經》卷一七

北涼曇無讖譯, CBETA, T12, no.374, p.463, a15–16。高昌國時期。

LM20-1452-35-09ar 佛典注疏

西州回鶻時期。

LM20-1452-35-09av 殘片

無法揭取拍攝。

LM20-1452-35-09br 佛教戒律注疏

有雙行小字注。西州回鶻時期。

LM20-1452-35-09bv 殘片

無法揭取拍攝。

LM20-1452-35-10 《妙法蓮華經》卷七

姚秦鳩摩羅什譯, CBETA, T09, no.262, p.56, a5–6。唐時期。

LM20-1452-35-11 《諸佛要集經》卷下

西晉竺法護譯, CBETA, T17, no.810, p.769, c6–7。高昌國時期。

參:《旅博選粹》, 2; 三谷真澄 2006, 68–69; 郭富純、王振芬 2006, 22;《旅博研究》, 84; 三谷真澄 2019, 18。

LM20-1452-35-12 《毗尼心》

作者不詳, CBETA, T85, no.2792, p.666, b6–10。唐時期。

LM20-1452-35-13 四分律戒本疏

參北宋元照述《四分律含注戒本疏行宗記》卷四, CBETA, X40, no.714, p.133, a6–10。唐時期。

LM20-1452-35-14 《佛説仁王般若波羅蜜經》卷上

姚秦鳩摩羅什譯, CBETA, T08, no.245, p.828, c4–7。高昌國時期。

LM20-1452-35-15 佛典殘片

唐時期。

LM20-1452-35-16a 殘片

高昌國時期。

LM20-1452-35-16b　維摩詰經注疏

參姚秦僧肇撰《注維摩詰經》卷三，CBETA，T38，no.1775，p.356，a20-22。有雙行小字注。高昌國時期。

參：鄭阿財 2019，174。

LM20-1452-35-17　《佛説佛名經》卷四

譯者不詳，此段文字多處可見。有貼附殘片，無法揭取。唐時期。

LM20-1452-35-18　《大般若波羅蜜多經》

唐玄奘譯，此段文字多處可見。西州回鶻時期。

LM20-1452-36-01　《妙法蓮華經》卷三

姚秦鳩摩羅什譯，CBETA，T09，no.262，p.20，c12-17。高昌國時期。

LM20-1452-36-02　佛典注疏

高昌國時期。

LM20-1452-36-03　《妙法蓮華經》卷四

姚秦鳩摩羅什譯，CBETA，T09，no.262，p.27，c5-7。唐時期。

LM20-1452-36-04　《大般涅槃經》卷二七

北涼曇無讖譯，CBETA，T12，no.374，p.524，b5-6。唐時期。

LM20-1452-36-05　《十誦比丘波羅提木叉戒本》

姚秦鳩摩羅什譯，CBETA，T23，no.1436，p.472，b2-8。高昌國時期。

LM20-1452-36-06　《四分戒本疏》卷三

作者不詳，CBETA，T85，no.2787，p.607，b7-17。唐時期。

參：《旅博選粹》，153。

LM20-1452-36-07r　《賢愚經》卷一〇

元魏慧覺等譯，CBETA，T04，no.202，p.417，c10-15。高昌國時期。

參：《旅博選粹》，28。

LM20-1452-36-07v　殘片

無法提取拍攝。

LM20-1452-36-08　金剛經疏

參元魏菩提流支譯《金剛般若波羅蜜經》，CBETA，T08，no.236a，p.752，c21-22。首行"經"字上有分節朱筆標記。唐時期。

LM20-1452-36-09　《摩訶般若波羅蜜經》卷二一

姚秦鳩摩羅什譯，CBETA，T08，no.223，p.369，a11-14。唐時期。

LM20-1452-36-10　《十誦比丘波羅提木叉戒本》

姚秦鳩摩羅什譯，CBETA，T23，no.1436，p.472，a28-b7。高昌國時期。

LM20-1452-36-11　《大般涅槃經》卷三九

北涼曇無讖譯，CBETA, T12, no.374, p.596, c24-26。唐時期。

LM20-1452-36-12 《大般涅槃經》卷三一

北涼曇無讖譯，CBETA, T12, no.374, p.548, c13-16。高昌國時期。

LM20-1452-36-13 《四分律比丘戒本》

姚秦佛陀耶舍譯，CBETA, T22, no.1429, p.1015, a21-b1。唐時期。

LM20-1452-36-14 《肇論》

姚秦僧肇作，CBETA, T45, no.1858, p.157, c27-p.158, a6。唐時期。

參：《旅博選粹》，150。

LM20-1452-36-15r 《大般涅槃經》注疏

參隋灌頂撰，唐湛然再治《涅槃經會疏》卷一八，CBETA, X36, no.659, p.600, b11-
c10。高昌國時期。

參：橘堂晃一 2006a, 97。

LM20-1452-36-15v 殘片

無法揭取拍攝。

LM20-1452-37-01 《佛頂尊勝陀羅尼經》

唐佛陀波利譯，CBETA, T19, no.967, p.351, c18-22。唐時期。

LM20-1452-37-02 《金光明經》卷四

北涼曇無讖譯，CBETA, T16, no.663, p.355, c27-p.356, a1，"我惜"作"可惜"。高昌國
時期。

LM20-1452-37-03 佛典注疏

唐時期。

參：《旅博選粹》，166。

LM20-1452-37-04 《大般涅槃經》卷八

北涼曇無讖譯，CBETA, T12, no.374, p.415, a9-10。高昌國時期。

LM20-1452-37-05 《大般涅槃經》卷二八

北涼曇無讖譯，CBETA, T12, no.374, p.534, b5-6。唐時期。

LM20-1452-37-06 《列女傳》

參《古列女傳》卷八《漢孝平王后傳》，《四部叢刊》本，葉二十四。唐時期。

參：王衛平 2019a, 18；朱玉麒、孟彦弘 2019, 46。

LM20-1452-37-07 佛典注疏

高昌國時期。

LM20-1452-37-08 《小品般若波羅蜜經》卷一〇

姚秦鳩摩羅什譯，CBETA, T08, no.227, p.580, b28-c2。唐時期。

參：孫傳波 2006, 192。

LM20-1452-37-09　佛典殘片

唐時期。

LM20-1452-37-10　《維摩詰所説經》卷中

姚秦鳩摩羅什譯，CBETA, T14, no.475, p.546, a23–25。唐時期。

參：王梅 2006, 154。

LM20-1452-37-11　《佛説藥師如來本願經》

隋達摩笈多譯，CBETA, T14, no.449, p.402, a1–3。唐時期。

LM20-1452-37-12　《大般涅槃經》卷二九

北涼曇無讖譯，CBETA, T12, no.374, p.537, c2–4。高昌國時期。

LM20-1452-37-13　《妙法蓮華經》卷二

姚秦鳩摩羅什譯，CBETA, T09, no.262, p.17, b7–9。唐時期。

LM20-1452-37-14　《合部金光明經》卷三

梁真諦譯，隋寶貴合，CBETA, T16, no.664, p.377, a7–9。唐時期。

LM20-1452-37-15　《妙法蓮華經》卷三

姚秦鳩摩羅什譯，CBETA, T09, no.262, p.23, b2–8。唐時期。

LM20-1452-37-16　佛典殘片

高昌國時期。

LM20-1452-37-17　《老子道德經》注疏

參原題南齊顧歡撰《道德真經疏》卷下，《正統道藏》第 13 冊，338c4–7；金李霖集《道德真經取善集》卷一〇，《正統道藏》第 13 冊，920c4–7。“者何”爲朱筆。唐時期。

參：游自勇 2017, 151–153；游自勇 2019b, 52。

LM20-1452-37-18　《大般涅槃經》卷一四

北涼曇無讖譯，CBETA, T12, no.374, p.450, c4–5。高昌國時期。

LM20-1452-37-19　《大般涅槃經》卷三〇

北涼曇無讖譯，CBETA, T12, no.374, p.546, b4–6。高昌國時期。

LM20-1452-37-20　《金剛般若波羅蜜經》

姚秦鳩摩羅什譯，CBETA, T08, no.235, p.749, a10–12。唐時期。

LM20-1452-37-21　《大般若波羅蜜多經》卷五七七

唐玄奘譯，CBETA, T07, no.220, p.984, c18–21。唐時期。

LM20-1452-37-22　《大般若波羅蜜多經》卷四八三

唐玄奘譯，CBETA, T07, no.220, p.450, a21–23。唐時期。

LM20-1452-37-23　《妙法蓮華經》卷七

姚秦鳩摩羅什譯，CBETA, T09, no.262, p.57, b7–8。唐時期。

LM20-1452-37-24　《妙法蓮華經》卷三

姚秦鳩摩羅什譯，CBETA, T09, no.262, p.23, b6–13，"同聲"作"一心同聲"。唐時期。

LM20-1452-37-25　《小品般若波羅蜜經》卷九

姚秦鳩摩羅什譯，CBETA, T08, no.227, p.578, b1–4。高昌國時期。

LM20-1452-37-26　佛典殘片

高昌國時期。

LM20-1452-37-27　《大智度論》卷一〇〇

姚秦鳩摩羅什譯，CBETA, T25, no.1509, p.751, b14–18。高昌國時期。

LM20-1452-38-01　《金剛般若波羅蜜經》

姚秦鳩摩羅什譯，CBETA, T08, no.235, p.751, c12–13。唐時期。

LM20-1452-38-02　《佛説灌頂經》卷一二

東晉帛尸梨蜜多羅譯，CBETA, T21, no.1331, p.533, b20–22。唐時期。

LM20-1452-38-03　《大般涅槃經》卷二七

北涼曇無讖譯，CBETA, T12, no.374, p.525, b12–14。高昌國時期。

LM20-1452-38-04a　《金光明經》卷二

北涼曇無讖譯，CBETA, T16, no.663, p.341, b5–8。唐時期。

LM20-1452-38-04b　《大般涅槃經》卷二八

北涼曇無讖譯，CBETA, T12, no.374, p.530, c16–17。高昌國時期。

LM20-1452-38-05　《妙法蓮華經》卷五

姚秦鳩摩羅什譯，CBETA, T09, no.262, p.44, c23–26。高昌國時期。

LM20-1452-38-06　《佛説大安般守意經》卷下

後漢安世高譯，CBETA, T15, no.602, p.168, c2–3。唐時期。

LM20-1452-38-07　《佛説華手經》卷二

姚秦鳩摩羅什譯，CBETA, T16, no.657, p.137, c26–28。高昌國時期。

LM20-1452-38-08　《梵網經》卷下

姚秦鳩摩羅什譯，CBETA, T24, no.1484, p.1007, c5–10。唐時期。

LM20-1452-38-09　《阿毗達磨大毗婆沙論》卷七九

唐玄奘譯，CBETA, T27, no.1545, p.409, b7–11。西州回鶻時期。

LM20-1452-38-10　殘片

唐時期。

LM20-1452-38-11　佛典論疏

唐時期。

LM20-1452-38-12　《妙法蓮華經》卷一

姚秦鳩摩羅什譯，CBETA, T09, no.262, p.8, c22–23。唐時期。

LM20-1452-38-13　《妙法蓮華經》卷一

姚秦鳩摩羅什譯，CBETA, T09, no.262, p.10, b14–20。高昌國時期。

LM20-1452-38-14　寶積經

參姚秦鳩摩羅什譯《大寶積經》卷七九，CBETA, T11, no.310, p.453, a18–21。高昌國時期。

LM20-1452-38-15　《十誦律》（別本）

參姚秦弗若多羅譯《十誦律》卷二二，CBETA, T23, no.1435, p.158, c29–p.159, a7。高昌郡時期。

LM20-1452-38-16　《藥師琉璃光如來本願功德經》

唐玄奘譯，CBETA, T14, no.450, p.406, a3–4。唐時期。

LM20-1452-38-17　《大般涅槃經》卷三二

北涼曇無讖譯，CBETA, T12, no.374, p.559, a17–18。高昌國時期。

LM20-1452-38-18　《維摩詰所説經》卷上

姚秦鳩摩羅什譯，CBETA, T14, no.475, p.543, b17。唐時期。

LM20-1452-38-19　《妙法蓮華經》卷一

姚秦鳩摩羅什譯，CBETA, T09, no.262, p.10, a8–12。唐時期。

LM20-1452-38-20　《金光明經》卷四

北涼曇無讖譯，CBETA, T16, no.663, p.355, c22–25。高昌國時期。

LM20-1452-38-21　《金剛般若波羅蜜經》挾注

參元魏菩提流支譯《金剛般若波羅蜜經》，CBETA, T08, no.236a, p.754, c22。有雙行小字注。唐時期。

參：李昀 2017, 97–98。

LM20-1452-38-22　《佛説灌頂拔除過罪生死得度經》

參東晉帛尸梨蜜多羅譯《佛説灌頂經》卷一二，CBETA, F03, no.88, p.2, a19–20。高昌國時期。

LM20-1452-38-23　佛典殘片

有朱筆句讀。唐時期。

LM20-1452-39-01　《妙法蓮華經》卷六

姚秦鳩摩羅什譯，CBETA, T09, no.262, p.53, c4–8。唐時期。

LM20-1452-39-02　《妙法蓮華經》卷六

姚秦鳩摩羅什譯，CBETA, T09, no.262, p.47, a3–6。唐時期。

LM20-1452-39-03r　《大方等陀羅尼經》（異本）

參道世撰《法苑珠林》卷八六，CBETA, T53, no.2122, p.914, b4–7。高昌國時期。

LM20-1452-39-03v　殘片

無法揭取拍攝。

LM20-1452-39-04　《大般涅槃經》卷三六

北涼曇無讖譯，CBETA, T12, no.374, p.577, a14–17。高昌國時期。

LM20-1452-39-05 《大智度論》卷一八

姚秦鳩摩羅什譯，CBETA, T25, no.1509, p.190, b2–7。高昌郡時期。

參:《旅博選粹》，59。

LM20-1452-39-06 《妙法蓮華經》卷六

姚秦鳩摩羅什譯，CBETA, T09, no.262, p.54, b29–c2。唐時期。

LM20-1452-39-07 《思益梵天所問經》卷一

姚秦鳩摩羅什譯，CBETA, T15, no.586, p.36, a17–19。高昌郡時期。

參:《旅博選粹》，54。

LM20-1452-39-08　寶積經

參譯者不詳《大寶積經》卷一一二，CBETA, T11, no.310, p.635, c3–7。高昌郡時期。

參: 榮新江 2019a, 28。

LM20-1452-39-09 《勝鬘義記》卷中

作者不詳。與《西域考古圖譜》下卷 "佛典附録"（1）–（5）屬同一寫本，據尾題定名。高昌國時期。

參:《旅博選粹》，75; 橘堂晃一 2006a, 89; 橘堂晃一 2007, 268–269; 橘堂晃一 2010, 92。

LM20-1452-39-10 《光讚經》卷九

西晉竺法護譯，CBETA, T08, no.222, p.207, a3–6。唐時期。

LM20-1452-39-11 《大般涅槃經》卷二〇

北涼曇無讖譯，CBETA, T12, no.374, p.480, c27–29。唐時期。

LM20-1452-39-12 《摩訶般若波羅蜜經》卷二四

姚秦鳩摩羅什譯，CBETA, T08, no.223, p.393, b15–17。唐時期。

LM20-1452-39-13 《金剛般若波羅蜜經》挾注

參元魏菩提流支譯《金剛般若波羅蜜經》，CBETA, T08, no.236a, p.754, c21–22。有雙行小字注。唐時期。

參: 李昀 2017, 97–98。

LM20-1452-39-14 《大智度論》卷三三

姚秦鳩摩羅什譯，CBETA, T25, no.1509, p.304, a13–15。高昌國時期。

LM20-1452-39-15 《大通方廣懺悔滅罪莊嚴成佛經》卷上

作者不詳，CBETA, T85, no.2871, p.1341, c4–7。高昌國時期。

LM20-1452-39-16　寶積經

參高齊那連提耶舍譯《大寶積經》卷七四，CBETA, T11, no.310, p.419, a5–11。高昌國時期。

LM20-1452-39-17　《大方等陀羅尼經》卷四

　　北涼法衆譯, CBETA, T21, no.1339, p.659, a28–b3。高昌國時期。

LM20-1452-39-18　《十方千五百佛名經》

　　譯者不詳, CBETA, T14, no.442, p.317, c12–14。高昌國時期。

LM20-1452-39-19　《金剛般若波羅蜜經》

　　元魏菩提流支譯, CBETA, T08, no.236a, p.756, b2–6。唐時期。

LM20-1452-40-01　《維摩詰所説經》卷中

　　姚秦鳩摩羅什譯, CBETA, T14, no.475, p.547, b14–15。唐時期。

LM20-1452-40-02　《大般涅槃經》卷三九

　　北涼曇無讖譯, CBETA, T12, no.374, p.596, c28–p.597, a3。高昌國時期。

LM20-1452-40-03　《撰集百緣經》卷五

　　吳支謙譯, CBETA, T04, no.200, p.226, a27–b02。唐時期。

LM20-1452-40-04　《温室經義記》

　　隋慧遠撰, CBETA, T39, no.1793, p.514, b6–10。高昌國時期。

經册四

LM20-1453-01-01 《佛説仁王般若波羅蜜經》卷上

姚秦鳩摩羅什譯，CBETA, T08, no.245, p.827, a6–9。高昌國時期。

LM20-1453-01-02 《金光明經》卷一

北涼曇無讖譯，CBETA, T16, no.663, p.338, c4–10。高昌國時期。

LM20-1453-01-03 《阿毗曇毗婆沙論》卷三〇

北涼浮陀跋摩、道泰譯，CBETA, T28, no.1546, p.220, a21–27，"緣不"作"緣若不"。高昌國時期。

參：《旅博選粹》，62。

LM20-1453-01-04 《大般涅槃經》卷七

北涼曇無讖譯，CBETA, T12, no.374, p.404, c2–7。高昌國時期。

LM20-1453-01-05 《摩訶般若波羅蜜經》卷七

姚秦鳩摩羅什譯，CBETA, T08, no.223, p.274, b7–11。高昌國時期。

LM20-1453-01-06 《放光般若經》卷一八

西晉無羅叉譯，CBETA, T08, no.221, p.129, a29–b4，"十力"作"十種力"。高昌國時期。

LM20-1453-01-07 《大般涅槃經》注疏

參隋灌頂撰、唐湛然再治《大般涅槃經疏》，CBETA, T38, no.1767, p.169, a27–b4。高昌國時期。

LM20-1453-01-08 《大智度論》卷一三

姚秦鳩摩羅什譯，CBETA, T25, no.1509, p.157, b9–11。高昌國時期。

LM20-1453-01-09 《大般涅槃經》卷三

北涼曇無讖譯，CBETA, T12, no.374, p.382, a6–12。高昌國時期。

LM20-1453-01-10 《合部金光明經》卷八

北涼曇無讖譯，隋寶貴合，CBETA, T16, no.664, p.400, c10–18，"常我"作"我常"，第1、2行間脱一行文字。高昌國時期。

LM20-1453-01-11 《大般涅槃經》卷三二

北涼曇無讖譯，CBETA, T12, no.374, p.554, b7–12。高昌國時期。

LM20-1453-01-12 《大般涅槃經》卷一五

北涼曇無讖譯，CBETA, T12, no.374, p.456, b4–8。唐時期。

LM20-1453-01-13　《光讚經》卷六

西晉竺法護譯，T08, no.222, p.190, a6-12。高昌國時期。

LM20-1453-01-14　《佛説華手經》卷三

姚秦鳩摩羅什譯，CBETA, T16, no.657, p.141, a6-11。高昌國時期。

LM20-1453-01-15　《佛説觀藥王藥上二菩薩經》

劉宋畺良耶舍譯，CBETA, T20, no.1161, p.664, c23-28。唐時期。

LM20-1453-02-01　《合部金光明經》卷六

隋闍那崛多譯，隋寶貴合，CBETA, T16, no.664, p.386, b1-7。唐時期。

LM20-1453-02-02　《大般若波羅蜜多經》卷一

唐玄奘譯，CBETA, T05, no.220, p.2, a13-17。唐時期。

LM20-1453-02-03　《妙法蓮華經》卷七

姚秦鳩摩羅什譯，CBETA, T09, no.262, p.60, a18-25，"華"作"羅"。唐時期。

LM20-1453-02-04　殘片

唐時期。

LM20-1453-02-05　《大智度論》卷六二

姚秦鳩摩羅什譯，CBETA, T25, no.1509, p.497, a12-17。高昌國時期。

LM20-1453-02-06　《金剛般若波羅蜜經》

元魏菩提流支譯，CBETA, T08, no.236a, p.757, a7-10。唐時期。

LM20-1453-02-07　《大般涅槃經》卷三九

北涼曇無讖譯，CBETA, T12, no.375, p.839, c12-16，"輩"作"衆"。高昌國時期。

LM20-1453-02-08　《大般涅槃經》卷二九

北涼曇無讖譯，CBETA, T12, no.374, p.540, c22-27，"真"作"填"。唐時期。

LM20-1453-02-09　《妙法蓮華經》卷五

姚秦鳩摩羅什譯，CBETA, T09, no.262, p.41, a26-b4。唐時期。

LM20-1453-02-10　《摩訶般若波羅蜜經》卷一六

姚秦鳩摩羅什譯，CBETA, T08, no.223, p.336, a25-28。高昌國時期。

LM20-1453-02-11　《大般若波羅蜜多經》卷四八七

唐玄奘譯，CBETA, T07, no.220, p.472, c17-23。西州回鶻時期

LM20-1453-02-12　《放光般若經》卷二

西晉無羅叉譯，CBETA, T08, no.221, p.8, c12-17。高昌國時期。

LM20-1453-03-01　《大哀經》卷一

西晉竺法護譯，CBETA, T13, no.398, p.409, c28-p.410, a9。唐時期。

LM20-1453-03-02　《大方等大集經》卷四

北涼曇無讖譯，CBETA, T13, no.397, p.26, a18-26。高昌國時期。

LM20-1453-03-03 《妙法蓮華經》卷一

姚秦鳩摩羅什譯，CBETA，T09，no.262，p.9，b2-9。唐時期。

LM20-1453-03-04 《大般涅槃經》卷五

北涼曇無讖譯，CBETA，T12，no.374，p.391，c8-13。高昌國時期。

LM20-1453-03-05 《大般涅槃經》卷一五

北涼曇無讖譯，CBETA，T12，no.374，p.453，c17-24。唐時期。

LM20-1453-03-06 《妙法蓮華經》卷六

姚秦鳩摩羅什譯，CBETA，T09，no.262，p.52，b22-c2。唐時期。

LM20-1453-03-07 佛典殘片

高昌國時期。

LM20-1453-03-08 《佛説仁王般若波羅蜜經》卷下

姚秦鳩摩羅什譯，CBETA，T08，no.245，p.831，c11-21，"倒是"作"到是"。高昌國時期。

LM20-1453-04-01 《阿毗達磨順正理論》卷五四

唐玄奘譯，CBETA，T29，no.1562，p.647，a5-17。唐時期。

LM20-1453-04-02 《大明度經》卷三

吳支謙譯，CBETA，T08，no.225，p.488，b19-22。唐時期。

LM20-1453-04-03 《佛説彌勒下生成佛經》

姚秦鳩摩羅什譯，CBETA，T14，no.454，p.425，c2-11，"弟子迦葉"作"弟子大迦葉"。
高昌國時期。

LM20-1453-04-04r 羯磨文

與《西域考古圖譜》下卷"佛典"（52）-（53）爲同一寫本，據以定名。存子目"解不失衣
界羯磨文"。唐時期。

參：《旅博選粹》，165；橘堂晃一 2010，93。

LM20-1453-04-04v 《法華義記》卷一

與《西域考古圖譜》下卷"佛典"（51）爲同一寫本，據尾題定名。高昌國時期。無法揭
取拍攝。

LM20-1453-04-05 《佛説灌頂經》卷一二

東晉帛尸梨蜜多羅譯，CBETA，T21，no.1331，p.532，b22-24。唐時期。

LM20-1453-04-06 《妙法蓮華經》卷二

姚秦鳩摩羅什譯，CBETA，T09，no.262，p.17，b21-26。唐時期。

LM20-1453-04-07 《大般涅槃經》卷二

北涼曇無讖譯，CBETA，T12，no.374，p.374，b6-11。唐時期。

LM20-1453-04-08 《藥師琉璃光七佛本願功德經》卷上

唐義净譯，CBETA，T14，no.451，p.411，c5-12。唐時期。

LM20-1453-04-09 《妙法蓮華經》卷五

　　姚秦鳩摩羅什譯，CBETA, T09, no.262, p.44, a12-19。唐時期。

LM20-1453-04-10 《勝天王般若波羅蜜經》卷一

　　陳月婆首那譯，CBETA, T08, no.231, p.693, c5-11。高昌國時期。

LM20-1453-05-01 《佛説一切法高王經》

　　元魏般若流支譯，CBETA, T17, no.823, p.852, a28-b4。唐時期。

LM20-1453-05-02 《別譯雜阿含經》卷五

　　譯者不詳，CBETA, T02, no.100, p.410, c21-27。唐時期。

LM20-1453-05-03 《佛説觀藥王藥上二菩薩經》

　　劉宋畺良耶舍譯，CBETA, T20, no.1161, p.663, a6-10。唐時期。

LM20-1453-05-04 《光讚經》卷七

　　西晉竺法護譯，CBETA, T08, no.222, p.194, b17-21。唐時期。

LM20-1453-05-05 《賢愚經》卷八

　　元魏慧覺等譯，CBETA, T04, no.202, p.403, c11-17。高昌國時期。

LM20-1453-05-06 《道行般若經》卷二

　　後漢支婁迦讖譯，CBETA, T08, no.224, p.432, b3-9，"作佛者少"作"作佛少"。高昌國時期。
　　參：孫傳波 2006, 171、197。

LM20-1453-05-07 《大般涅槃經》卷三〇

　　北涼曇無讖譯，CBETA, T12, no.374, p.545, b12-18。高昌國時期。

LM20-1453-05-08 《大般涅槃經》卷一

　　北涼曇無讖譯，CBETA, T12, no.374, p.371, a8-12。唐時期。

LM20-1453-05-09 《大智度論》卷三二

　　姚秦鳩摩羅什譯，CBETA, T25, no.1509, p.296, b16-18。唐時期。

LM20-1453-05-10 《妙法蓮華經》卷二

　　姚秦鳩摩羅什譯，CBETA, T09, no.262, p.13, a8-14。唐時期。

LM20-1453-05-11 《金剛般若波羅蜜經》

　　姚秦鳩摩羅什譯，CBETA, T08, no.235, p.750, b13-20。唐時期。

LM20-1453-05-12 《大般涅槃經》卷一六

　　北涼曇無讖譯，CBETA, T12, no.374, p.460, c25-27。高昌國時期。

LM20-1453-06-01 《大般若波羅蜜多經》卷三五二

　　唐玄奘譯，CBETA, T06, no.220, p.809, a22-28。唐時期。

LM20-1453-06-02 《四分律》卷四九

　　姚秦佛陀耶舍、竺佛念等譯，CBETA, T22, no.1428, p.933, a16-24，"任"作"妊"。
　　唐時期。

LM20-1453-06-03 《佛説十地經》卷九

唐尸羅達摩譯，CBETA, T10, no.287, p.571, c15–19，"雲智"作"雲地"。唐時期。

LM20-1453-06-04 《雜阿含經》卷四五

劉宋求那跋陀羅譯，CBETA, T02, no.99, p.329, a26–b3。唐時期。

LM20-1453-06-05 楞伽經注

有朱筆句讀。唐時期。

參：《旅博選粹》，188。

LM20-1453-06-06 《大般涅槃經》卷一五

北涼曇無讖譯，CBETA, T12, no.374, p.451, b21–27。唐時期。

LM20-1453-06-07 《十住經》卷一

姚秦鳩摩羅什譯，CBETA, T10, no.286, p.498, b16–23，"申"作"伸"。高昌國時期。

參：《旅博選粹》，14；孫傳波 2008, 66。

LM20-1453-07-01 《維摩詰所説經》卷上

姚秦鳩摩羅什譯，CBETA, T14, no.475, p.538, b13–20。有朱筆句讀。唐時期。

LM20-1453-07-02 《金光明經》卷一

北涼曇無讖譯，CBETA, T16, no.663, p.336, c28–p.337, a9。唐時期。

LM20-1453-07-03 佛典殘片

高昌國時期。

LM20-1453-07-04 《妙法蓮華經》卷五

姚秦鳩摩羅什譯，CBETA, T09, no.262, p.44, b3–9。高昌國時期。

LM20-1453-07-05 《大般若波羅蜜多經》卷四七六

唐玄奘譯，CBETA, T07, no.220, p.412, b26–29。唐時期。

LM20-1453-07-06 《大智度論》卷四六

姚秦鳩摩羅什譯，CBETA, T25, no.1509, p.391, b6–11。高昌國時期。

LM20-1453-07-07 《妙法蓮華經》卷一

姚秦鳩摩羅什譯，CBETA, T09, no.262, p.3, b9–18，"依"作"衣"。高昌國時期。

LM20-1453-07-08 《妙法蓮華經》卷五

姚秦鳩摩羅什譯，CBETA, T09, no.262, p.37, b11–16。唐時期。

LM20-1453-07-09 《僧伽吒經》卷一

元魏月婆首那譯，CBETA, T13, no.423, p.963, b9–13。唐時期。

LM20-1453-08-01 《維摩詰所説經》卷中

姚秦鳩摩羅什譯，CBETA, T14, no.475, p.544, b12–16。唐時期。

LM20-1453-08-02 《大方廣佛華嚴經》卷三八（五十卷本）

東晉佛陀跋陀羅譯，《中華大藏經》第12冊，458b12–21；參 CBETA, T09, no.278, p.685,

b5–16。高昌國時期。

　　參:《旅博選粹》,46。

LM20-1453-08-03　《大般涅槃經》卷七

北涼曇無讖譯, CBETA, T12, no.374, p.406, c23–27。高昌國時期。

LM20-1453-08-04　涅槃經注疏

高昌國時期。

　　參:《旅博選粹》,157; 史睿 2019,79–80。

LM20-1453-08-05　《大般若波羅蜜多經》卷四四九

唐玄奘譯, CBETA, T07, no.220, p.265, a7–14。唐時期。

LM20-1453-08-06　《佛説觀藥王藥上二菩薩經》

劉宋畺良耶舍譯, CBETA, T20, no.1161, p.666, b19–21, "度"作"没"。唐時期。

LM20-1453-08-07　《大般涅槃經》卷四○

北涼曇無讖譯, CBETA, T12, no.374, p.598, c6–11。高昌國時期。

LM20-1453-08-08　《燈指因緣經》

姚秦鳩摩羅什譯, CBETA, T16, no.703, p.809, a11–15。唐時期。

LM20-1453-08-09　《金剛般若波羅蜜經》

姚秦鳩摩羅什譯, CBETA, T08, no.235, p.752, b14–16。唐時期。

LM20-1453-08-10　《大方等大集經菩薩念佛三昧分》卷六

隋達磨笈多譯, CBETA, T13, no.415, p.851, a17–20。唐時期。

LM20-1453-08-11　佛典殘片

高昌郡時期。

　　參:《旅博選粹》,68。

LM20-1453-09-01　《佛垂般涅槃略説教誡經》

姚秦鳩摩羅什譯, CBETA, T12, no.389, p.1111, b4–6, "爲"作"如"。唐時期。

LM20-1453-09-02　《維摩詰所説經》卷中

姚秦鳩摩羅什譯, CBETA, T14, no.475, p.546, c16–23。高昌國時期。

　　參:《旅博選粹》,53。

LM20-1453-09-03　佛典殘片

唐時期。

LM20-1453-09-04　《維摩詰所説經》卷上

姚秦鳩摩羅什譯, CBETA, T14, no.475, p.538, c15–20。高昌國時期。

　　參: 王梅 2006,150。

LM20-1453-09-05　《摩訶般若波羅蜜經》卷一一

姚秦鳩摩羅什譯, CBETA, T08, no.223, p.305, b10–15。唐時期。

LM20-1453-09-06 《老子道經上》

與今本差異較大，與敦煌本 P.2584 近似。唐時期。

參：游自勇 2017, 141-144。

LM20-1453-09-07 《大般涅槃經》卷二二

北涼曇無讖譯，CBETA, T12, no.374, p.495, c16-23。唐時期。

LM20-1453-09-08 《摩訶般若波羅蜜經》卷一九

姚秦鳩摩羅什譯，CBETA, T08, no.223, p.358, b19-24。高昌國時期。

LM20-1453-09-09 《思益梵天所問經》卷一

姚秦鳩摩羅什譯，CBETA, T15, no.586, p.34, a23-b21，第 3 行 "請放" 作 "放請"，
第 8 行 "應正" 作 "應供正"。西州回鶻時期。

LM20-1453-10-01 《大般涅槃經》卷四〇

北涼曇無讖譯，CBETA, T12, no.374, p.600, b12-19。唐時期。

LM20-1453-10-02 《維摩詰所説經》卷下

姚秦鳩摩羅什譯，CBETA, T14, no.475, p.556, a1-6。唐時期。

LM20-1453-10-03 《攝大乘論釋》卷八

陳真諦譯，CBETA, T31, no.1595, p.208, a17-20。有朱筆句讀。唐時期。

LM20-1453-10-04 《經律異相》卷二八

梁僧旻、寶唱等集，CBETA, T53, no.2121, p.154, c13-19。有雙行小字注。唐時期。

LM20-1453-10-05 《大般涅槃經》卷二五

北涼曇無讖譯，CBETA, T12, no.374, p.517, b5-10。高昌國時期。

LM20-1453-10-06 《大般涅槃經》卷一五

北涼曇無讖譯，CBETA, T12, no.374, p.453, a28-b2。唐時期。

LM20-1453-10-07 《妙法蓮華經》卷六

姚秦鳩摩羅什譯，CBETA, T09, no.262, p.53, b10-13。唐時期。

LM20-1453-10-08 《妙法蓮華經》卷六

姚秦鳩摩羅什譯，CBETA, T09, no.262, p.50, a3-15。高昌國時期。

LM20-1453-10-09 《大般涅槃經》卷三四

北涼曇無讖譯，CBETA, T12, no.374, p.565, a13-18，"護救" 作 "救護"。高昌國時期。

LM20-1453-11-01 《大般涅槃經》卷三〇

北涼曇無讖譯，CBETA, T12, no.374, p.542, b21-29。高昌國時期。

LM20-1453-11-02 《金光明經》卷四

北涼曇無讖譯，CBETA, T16, no.663, p.356, a6-13。唐時期。

LM20-1453-11-03 《大般涅槃經》卷三一

北涼曇無讖譯，CBETA, T12, no.374, p.550, b29-c7。高昌國時期。

LM20-1453-11-04 《大般若波羅蜜多經》卷五一七

唐玄奘譯，CBETA, T07, no.220, p.646, a2-7。唐時期。

LM20-1453-11-05 《大般涅槃經》卷三〇

北涼曇無讖譯，CBETA, T12, no.374, p.542, b26-c1。高昌國時期。

LM20-1453-11-06 《大般涅槃經》卷一一

北涼曇無讖譯，CBETA, T12, no.374, p.432, b29-c3。高昌國時期。

LM20-1453-11-07 《老子德經下》

與今本差異較大，與敦煌本 S.189 全同。唐時期。

參：游自勇 2017, 146-147。

LM20-1453-11-08 《妙法蓮華經》卷二

姚秦鳩摩羅什譯，CBETA, T09, no.262, p.18, c25-p.19, a5。唐時期。

LM20-1453-11-09 《妙法蓮華經》卷二

姚秦鳩摩羅什譯，CBETA, T09, no.262, p.17, b21-25。唐時期。

LM20-1453-11-10 佛典殘片

參唐金剛智譯《金剛頂瑜伽青頸大悲王觀自在念誦儀軌》，CBETA, T20, no.1112, p.496, b24-28。唐時期。

LM20-1453-12-01 《大方等陀羅尼經》卷一

北涼法衆譯，CBETA, T21, no.1339, p.644, b6-13，"可爲"作"可言"。唐時期。

LM20-1453-12-02 《摩訶般若波羅蜜經》卷二五

姚秦鳩摩羅什譯，CBETA, T08, no.223, p.404, c3-9。高昌國時期。

LM20-1453-12-03 《合部金光明經》卷二

梁真諦譯，隋寶貴合，CBETA, T16, no.664, p.369, c1-13，前兩行與 CBETA 順序相反，"辟支"作"辟支佛"，"界有"作"界所有"。唐時期。

LM20-1453-12-04 《大般涅槃經》卷三〇

北涼曇無讖譯，CBETA, T12, no.374, p.545, b10-16，"來未還"作"未還"。高昌國時期。

LM20-1453-12-05 《金剛般若波羅蜜經》

姚秦鳩摩羅什譯，CBETA, T08, no.235, p.751, a20-26。唐時期。

LM20-1453-12-06 《大通方廣懺悔滅罪莊嚴成佛經》卷上

作者不詳，CBETA, T85, no.2871, p.1339, a26-b1。高昌國時期。

LM20-1453-12-07 《佛頂尊勝陀羅尼經》

唐佛陀波利譯，CBETA, T19, no.967, p.352, a14-20。唐時期。

LM20-1453-12-08 《佛説華手經》卷九

姚秦鳩摩羅什譯，CBETA, T16, no.657, p.192, c23-29。高昌國時期。

LM20-1453-13-01 《佛説七千佛神符經》

作者不詳，CBETA，T85，no.2904，p.1446，a11-18，"智惠"作"智慧"，"護道"作"護導"。
西州回鶻時期。

參：《旅博選粹》，182。

LM20-1453-13-02　《大般涅槃經》卷一五

北涼曇無讖譯，CBETA，T12，no.374，p.453，a27-b2。高昌國時期。

LM20-1453-13-03　《佛本行集經》卷二一

隋闍那崛多譯，CBETA，T03，no.190，p.750，a13-19。唐時期。

參：段真子 2019，166。

LM20-1453-13-04　唐開元三年（七一五）《户令》

唐時期。

參：《旅博選粹》，161；田衛衛 2017，193-214；田衛衛 2018，1-15；朱玉麒、孟彥弘
2019，48。

LM20-1453-13-05　《勝天王般若波羅蜜經》卷七

陳月婆首那譯，CBETA，T08，no.231，p.723，c20-22。唐時期。

LM20-1453-13-06　《放光般若經》卷七

西晉無羅叉譯，CBETA，T08，no.221，p.51，a24-28。高昌國時期。

LM20-1453-13-07　《妙法蓮華經》卷二

姚秦鳩摩羅什譯，CBETA，T09，no.262，p.12，b23-28。唐時期。

LM20-1453-13-08　《勝天王般若波羅蜜經》卷五

陳月婆首那譯，CBETA，T08，no.231，p.713，b13-17，"憎"作"增"。唐時期。

LM20-1453-13-09　《四分律比丘戒本》

姚秦佛陀耶舍譯，CBETA，T22，no.1429，p.1016，b11-22。唐時期。

LM20-1453-14-01　《金光明經》卷二

北涼曇無讖譯，CBETA，T16，no.663，p.344，a5-11。唐時期。

LM20-1453-14-02　《大般涅槃經》卷三七

北涼曇無讖譯，CBETA，T12，no.374，p.584，b3-9。高昌國時期。

LM20-1453-14-03　《合部金光明經》卷二

梁真諦譯，隋寶貴合，CBETA，T16，no.664，p.368，c8-11。唐時期。

LM20-1453-14-04　《大般若波羅蜜多經》卷三〇五

唐玄奘譯，CBETA，T06，no.220，p.554，a11-16。唐時期。

LM20-1453-14-05　《大般涅槃經》卷九

北涼曇無讖譯，CBETA，T12，no.374，p.420，c9-15。唐時期。

LM20-1453-14-06　《大般若波羅蜜多經》卷三九六

唐玄奘譯，CBETA，T06，no.220，p.1051，c22-28。唐時期。

LM20-1453-14-07　《小五濁經》（？）

高昌郡時期。

參：《旅博選粹》，68。

LM20-1453-14-08　《大般涅槃經》卷一九

北涼曇無讖譯，CBETA, T12, no.374, p.474, b17–19。高昌國時期。

LM20-1453-14-09　《大般涅槃經》卷一九

北涼曇無讖譯，CBETA, T12, no.374, p.477, c26–p.478, a4。唐時期。

LM20-1453-14-10　《大智度論》卷九六

姚秦鳩摩羅什譯，CBETA, T25, no.1509, p.729, a12–16。高昌國時期。

LM20-1453-15-01　《大智度論》卷三七

姚秦鳩摩羅什譯，CBETA, T25, no.1509, p.334, a29–b5。高昌國時期。

LM20-1453-15-02　《大智度論》卷一一

姚秦鳩摩羅什譯，CBETA, T25, no.1509, p.143, b13–23，"而下"作"來下而"，"其手中"作"其左手"，"見此"作"見是"，"瑠"作"琉"。高昌國時期。

LM20-1453-15-03　《思益梵天所問經》卷二

姚秦鳩摩羅什譯，CBETA, T15, no.586, p.42, b17–24，"愚癡想"作"恚癡相"。高昌國時期。

LM20-1453-15-04　《舍利弗阿毗曇論》卷五

姚秦曇摩耶舍、曇摩崛多等譯，CBETA, T28, no.1548, p.567, a10–17，"斷非"作"斷因非"。高昌郡時期。

參：《旅博選粹》，63。

LM20-1453-15-05　《佛說觀佛三昧海經》卷一

東晉佛陀跋陀羅譯，CBETA, T15, no.643, p.647, a1–13，"喻"作"蹻"。高昌國時期。

參：《旅博選粹》，132。

LM20-1453-16-01　《十地經論》卷一二

元魏菩提流支譯，CBETA, T26, no.1522, p.194, a11–15。唐時期。

LM20-1453-16-02　《四分律》卷三三

姚秦佛陀耶舍、竺佛念等譯，CBETA, T22, no.1428, p.795, a26–b3，"地濁"作"垢濁"。唐時期。

LM20-1453-16-03　《菩薩善戒經》卷五

劉宋求那跋摩譯，CBETA, T30, no.1582, p.987, c2–10，"觀"作"修"。高昌國時期。

LM20-1453-16-04　《大寶積經》卷五一

唐玄奘譯，CBETA, T11, no.310, p.299, c13–17。唐時期。

LM20-1453-16-05　《大般涅槃經》卷一一

北涼曇無讖譯，CBETA, T12, no.374, p.432, a15–20。唐時期。

LM20-1453-16-06　《大般涅槃經》卷一九

北涼曇無讖譯，CBETA, T12, no.374, p.480, b14–16。唐時期。

LM20-1453-16-07　《大般涅槃經》卷一

北涼曇無讖譯，CBETA, T12, no.374, p.370, b1–6。高昌國時期。

LM20-1453-16-08　《佛説觀無量壽佛經》

劉宋畺良耶舍譯，CBETA, T12, no.365, p.343, b9–13。唐時期。

LM20-1453-16-09　《大般涅槃經》卷五

北涼曇無讖譯，CBETA, T12, no.374, p.396, c17–25，“摩刀”作“磨刀”。唐時期。

LM20-1453-16-10　《佛説仁王般若波羅蜜經》卷上

姚秦鳩摩羅什譯，CBETA, T08, no.245, p.828, a10–17。高昌國時期。

LM20-1453-17-01　《小品般若波羅蜜經》卷四

姚秦鳩摩羅什譯，CBETA, T08, no.227, p.552, a6–12。高昌國時期。

參：孫傳波 2006, 187。

LM20-1453-17-02　《菩薩地持經》卷七

北涼曇無讖譯，CBETA, T30, no.1581, p.929, b16–23。高昌國時期。

LM20-1453-17-03　《佛説阿彌陀三耶三佛薩樓佛檀過度人道經》卷下

吳支謙譯，CBETA, T12, no.362, p.311, c19–26，“曜”作“燿”，“甚好如此”作“甚若此”，“力急爲善”作“力爲善”。高昌郡時期。

參：《旅博選粹》，5；郭富純、王振芬 2006, 6；三谷真澄 2008a, 37；三谷真澄 2008b, 176；《净土集成》，26–27、126–129；三谷真澄 2015, 236；三谷真澄 2019, 19；榮新江 2019a, 26；史睿 2019, 77。

LM20-1453-17-04　《妙法蓮華經》卷一

姚秦鳩摩羅什譯，CBETA, T09, no.262, p.10, a9–18。唐時期。

LM20-1453-17-05　《妙法蓮華經》卷三

姚秦鳩摩羅什譯，CBETA, T09, no.262, p.20, a18–24。唐時期。

LM20-1453-17-06　《妙法蓮華經》卷六

姚秦鳩摩羅什譯，CBETA, T09, no.262, p.49, c22–28。唐時期。

LM20-1453-17-07r　《大智度論》卷八〇

姚秦鳩摩羅什譯，CBETA, T25, no.1509, p.624, c29–p.625, a4。高昌國時期。

LM20-1453-17-07v　胡語殘片

無法揭取拍攝。

LM20-1453-17-08　《優婆塞戒經》卷一

北涼曇無讖譯，CBETA, T24, no.1488, p.1035, a2–11。高昌郡時期。

參：《旅博選粹》，58。

LM20-1453-18-01　《合部金光明經》卷四

梁真諦譯, 隋寶貴合, CBETA, T16, no.664, p.381, b22–29。唐時期。

LM20-1453-18-02　《佛説觀藥王藥上二菩薩經》

劉宋畺良耶舍譯, CBETA, T20, no.1161, p.665, a20–25, "此言"作"是言"。唐時期。

LM20-1453-18-03　《妙法蓮華經》卷二

姚秦鳩摩羅什譯, CBETA, T09, no.262, p.15, c7–16。唐時期。

LM20-1453-18-04　《大般涅槃經》卷二三

北涼曇無讖譯, CBETA, T12, no.374, p.501, a3–8。高昌國時期。

LM20-1453-18-05　《元始五老赤書玉篇真文天書經》卷上

作者不詳, 約出於東晉,《正統道藏》第1册, 782a2–5, "六字攝"作"六字主攝"。唐時期。

參:《旅博選粹》, 203;《旅博研究》, 239; 榮新江 2007, 412; 都築晶子等 2010, 73; 橘堂晃一 2010, 92; 趙洋 2017a, 171、186; 趙洋 2017b, 190。

LM20-1453-18-06　《悲華經》卷四

北涼曇無讖譯, CBETA, T03, no.157, p.189, b7–15。高昌國時期。

參:《旅博選粹》, 7; 陰會蓮 2006, 106、109、112, 圖一。

LM20-1453-18-07　《佛説灌頂經》卷一二

東晉帛尸梨蜜多羅譯, CBETA, T21, no.1331, p.533, a10–14, "正"作"嚴", "喜"作"憙"。唐時期。

LM20-1453-18-08　《大智度論》卷四八

姚秦鳩摩羅什譯, CBETA, T25, no.1509, p.405, a5–10。有朱點。唐時期。

LM20-1453-19-01　《大般涅槃經》卷二三

北涼曇無讖譯, CBETA, T12, no.374, p.499, c23–29。高昌國時期。

LM20-1453-19-02　《妙法蓮華經》注疏

高昌國時期。

參:《旅博選粹》, 167; 橘堂晃一 2006a, 95–96。

LM20-1453-19-03　《請觀世音菩薩消伏毒害陀羅尼咒經》

東晉竺難提譯, CBETA, T20, no.1043, p.37, a4–9。高昌國時期。

LM20-1453-19-04　《妙法蓮華經》卷七

姚秦鳩摩羅什譯, CBETA, T09, no.262, p.60, b19–27, "聲聞衆"作"聲聞"。高昌國時期。

LM20-1453-19-05　《大乘起信論》

梁真諦譯, CBETA, T32, no.1666, p.576, b22–27。唐時期。

LM20-1453-19-06　《妙法蓮華經》卷三

姚秦鳩摩羅什譯, CBETA, T09, no.262, p.22, a2–8。唐時期。

LM20-1453-19-07　《佛説觀佛三昧海經》卷一

東晉佛陀跋陀羅譯，CBETA, T15, no.643, p.643, a12-18，"返"作"反"。高昌國時期。

LM20-1453-20-01 《大方等陀羅尼經》卷三

北涼法衆譯，CBETA, T21, no.1339, p.653, c1-8，"覩"作"皆"。高昌國時期。

LM20-1453-20-02 《大般涅槃經》卷一一

北涼曇無讖譯，CBETA, T12, no.374, p.432, c23-28，"流離"作"琉璃"，"軻目"作"珂貝"。高昌國時期。

LM20-1453-20-03 《佛本行集經》卷五

隋闍那崛多譯，CBETA, T03, no.190, p.676, c25-p.677, a2。唐時期。

參：段真子 2019, 153。

LM20-1453-20-04 《金剛般若波羅蜜經》

姚秦鳩摩羅什譯，CBETA, T08, no.235, p.750, a10-12。唐時期。

LM20-1453-20-05 《大般涅槃經》卷三二

北涼曇無讖譯，CBETA, T12, no.374, p.557, b13-17，"逕"作"經"。高昌國時期。

LM20-1453-20-06 《妙法蓮華經》卷六

姚秦鳩摩羅什譯，CBETA, T09, no.262, p.49, c6-14。唐時期。

LM20-1453-20-07 《金剛般若波羅蜜經》

姚秦鳩摩羅什譯，CBETA, T08, no.235, p.749, c26-p.750, a2。唐時期。

LM20-1453-20-08 《大比丘三千威儀》卷下

後漢安世高譯，CBETA, T24, no.1470, p.922, a12-16。唐時期。

LM20-1453-20-09 《大寶積經》卷四一

唐玄奘譯，CBETA, T11, no.310, p.325, a23-25。唐時期。

LM20-1453-21-01 《瑜伽師地論》卷八七

唐玄奘譯，CBETA, T30, no.1579, p.786, a5-10。唐時期。

LM20-1453-21-02 《妙法蓮華經》卷四

姚秦鳩摩羅什譯，CBETA, T09, no.262, p.29, a7-16。唐時期。

LM20-1453-21-03 《大般涅槃經》卷三七

北涼曇無讖譯，CBETA, T12, no.374, p.582, c8-14。高昌國時期。

LM20-1453-21-04 《妙法蓮華經》卷五

姚秦鳩摩羅什譯，CBETA, T09, no.262, p.37, b25-c1。唐時期。

LM20-1453-21-05 《大般若波羅蜜多經》卷四四二

唐玄奘譯，CBETA, T07, no.220, p.229, a12-17。唐時期。

LM20-1453-21-06 《佛説灌頂經》卷二

東晉帛尸梨蜜多羅譯，CBETA, T21, no.1331, p.501, a10-18。唐時期。

LM20-1453-21-07 《大般若波羅蜜多經》卷二三

唐玄奘譯，CBETA, T05, no.220, p.127, b15–23。唐時期。

LM20-1453-22-01　《佛頂尊勝陀羅尼經》

唐佛陀波利譯，CBETA, T19, no.967, p.350, b2–10。唐時期。

LM20-1453-22-02　《四分律》卷三二

姚秦佛陀耶舍、竺佛念等譯，CBETA, T22, no.1428, p.787, b13–23。唐時期。

LM20-1453-22-03　《大乘阿毗達磨雜集論》卷一一

唐玄奘譯，CBETA, T31, no.1606, p.743, c9–12。唐時期。

LM20-1453-22-04　《大般涅槃經》卷一六

北涼曇無讖譯，CBETA, T12, no.374, p.458, c28–p.459, a4。高昌國時期。

LM20-1453-22-05　《摩訶般若波羅蜜經》卷三

姚秦鳩摩羅什譯，CBETA, T08, no.223, p.233, b23–25。高昌郡時期。

LM20-1453-22-06　《大般若波羅蜜多經》卷三九六

唐玄奘譯，CBETA, T06, no.220, p.1053, a10–14。唐時期。

LM20-1453-22-07　《大般涅槃經》卷一

北涼曇無讖譯，CBETA, T12, no.374, p.370, c23–p.371, a2。高昌國時期。

LM20-1453-22-08　《合部金光明經》卷六

北涼曇無讖譯，隋寶貴合，CBETA, T16, no.664, p.386, c8–12。唐時期。

LM20-1453-22-09　《佛説灌頂經》卷一二

東晉帛尸梨蜜多羅譯，CBETA, T21, no.1331, p.533, a10–15。唐時期。

LM20-1453-23-01　《妙法蓮華經》卷七

姚秦鳩摩羅什譯，CBETA, T09, no.262, p.56, c17–24。唐時期。

LM20-1453-23-02　《救疾經》

作者不詳，CBETA, T85, no.2878, p.1362, c17–23，“創”作“瘡”。高昌國時期。

參：馬俊傑 2019, 444。

LM20-1453-23-03　《合部金光明經》卷三

梁真諦譯，隋寶貴合，CBETA, T16, no.664, p.374, c2–20, 第 1–4 行爲 17 字，第 5–7 行爲 21 字，其後疑與 b7–17 抄寫錯亂，“無明”作“是無明”，第 11 行“是”作“依”。唐時期。

LM20-1453-23-04　《金光明經》卷一

北涼曇無讖譯，CBETA, T16, no.663, p.339, a16–b1，“豪相”作“毫相”。唐時期。

LM20-1453-23-05　《妙法蓮華經》卷二

姚秦鳩摩羅什譯，CBETA, T09, no.262, p.11, b24–c1。唐時期。

LM20-1453-23-06　《妙法蓮華經》卷五

姚秦鳩摩羅什譯，CBETA, T09, no.262, p.45, c23–p.46, a1。唐時期。

LM20-1453-23-07　《佛説佛名經》卷三

元魏菩提流支譯，CBETA, T14, no.440, p.127, a6–9。唐時期。

LM20-1453-23-08 《佛説仁王般若波羅蜜經》卷上

姚秦鳩摩羅什譯，CBETA, T08, no.245, p.827, c18–20。唐時期。

LM20-1453-24-01 《四分律》卷三三

姚秦佛陀耶舍、竺佛念等譯，CBETA, T22, no.1428, p.795, a26–b3。唐時期。

LM20-1453-24-02 《大智度論》不分卷

姚秦鳩摩羅什譯，CBETA, T25, no.1509, p.396, b14–29。高昌國時期。

LM20-1453-24-03 《妙法蓮華經》卷六

姚秦鳩摩羅什譯，CBETA, T09, no.262, p.47, a20–25。唐時期。

LM20-1453-24-04 《維摩詰所説經》卷中

姚秦鳩摩羅什譯，CBETA, T14, no.475, p.545, c13–17。高昌國時期。

LM20-1453-24-05 《佛説灌頂經》卷一二

東晉帛尸梨蜜多羅譯，CBETA, T21, no.1331, p.535, a11–15，"妙經"作"妙法"。唐時期。

LM20-1453-24-06 《妙法蓮華經》卷一

姚秦鳩摩羅什譯，CBETA, T09, no.262, p.7, c13–22，"而於"作"而爲"。高昌國時期。

LM20-1453-24-07 《光讚經》卷一

西晉竺法護譯，CBETA, T08, no.222, p.153, a28–b9，"謂所欲法"作"法"。高昌國時期。

LM20-1453-24-08 佛典殘片

有朱筆句讀及校改，"一時"爲朱筆。西州回鶻時期。

LM20-1453-25-01 《大比丘三千威儀》卷下

後漢安世高譯，CBETA, T24, no.1470, p.921, c24–p.922, a9。唐時期。

LM20-1453-25-02 《僧伽吒經》卷二

元魏月婆首那譯，CBETA, T13, no.423, p.964, c12–18。唐時期。

LM20-1453-25-03 《妙法蓮華經》卷三

姚秦鳩摩羅什譯，CBETA, T09, no.262, p.19, b20–27。高昌國時期。

LM20-1453-25-04 《悲華經》卷九

北涼曇無讖譯，CBETA, T03, no.157, p.223, a12–19。高昌國時期。

參：《旅博選粹》，27；陰會蓮 2006，109。

LM20-1453-25-05 《大比丘三千威儀》卷下

後漢安世高譯，CBETA, T24, no.1470, p.921, c24–p.922, a9，第 3 行 "辟" 作 "襞"，第 7 行 "上坐" 作 "上座"。唐時期。

LM20-1453-25-06 《摩訶般若波羅蜜經》卷一六

姚秦鳩摩羅什譯，CBETA, T08, no.223, p.336, c19–23。高昌國時期。

LM20-1453-26-01a 《妙法蓮華經》卷三

姚秦鳩摩羅什譯，CBETA, T09, no.262, p.23, c24–p.24, a1。唐時期。

LM20-1453-26-01b　《悲華經》卷八

北涼曇無讖譯，CBETA, T03, no.157, p.216, b27–c7。高昌郡時期。

參：《旅博選粹》, 27; 陰會蓮 2006, 109、112、115。

LM20-1453-26-02　《妙法蓮華經》卷七

姚秦鳩摩羅什譯，CBETA, T09, no.262, p.57, c17–p.58, a3, "臣海"作"巨海"，"須弘峯"作"須彌峯"，"遶"作"繞"。唐時期。

LM20-1453-26-03　殘片

高昌國時期。

LM20-1453-26-04　《大般涅槃經》卷七

北涼曇無讖譯，CBETA, T12, no.374, p.408, c10–14。高昌國時期。

LM20-1453-26-05　《大般若波羅蜜多經》卷一○六

唐玄奘譯，CBETA, T05, no.220, p.587, b7–10。唐時期。

LM20-1453-26-06　《妙法蓮華經》卷二

姚秦鳩摩羅什譯，CBETA, T09, no.262, p.14, c11–13。高昌國時期。

LM20-1453-26-07　《大方等大集經》卷五五

北涼曇無讖譯，CBETA, T13, no.397, p.363, b7–14。唐時期。

LM20-1453-26-08　《大方廣佛華嚴經》卷五九

東晉佛陀跋陀羅譯，CBETA, T09, no.278, p.776, c28–p.777, a2。唐時期。

LM20-1453-26-09　《大方廣佛華嚴經》卷四一（五十卷本）

東晉佛陀跋陀羅譯，《中華大藏經》第 12 册, 499c6–14; 參 CBETA, T09, no.278, p.710, a2–12。高昌國時期。

參：史睿 2019, 77。

LM20-1453-27-01　《大智度論》卷八八

姚秦鳩摩羅什譯，CBETA, T25, no.1509, p.679, c20–25。高昌國時期。

LM20-1453-27-02　《諸法無行經》卷下

姚秦鳩摩羅什譯，CBETA, T15, no.650, p.758, a13–19。唐時期。

LM20-1453-27-03　《金光明經》卷一

北涼曇無讖譯，CBETA, T16, no.663, p.337, a18–25。高昌國時期。

LM20-1453-27-04　《雜阿毗曇心論》卷一

劉宋僧伽跋摩等譯，CBETA, T28, no.1552, p.880, b5–18, "一隨"作"一種隨"。高昌郡時期。

參：《旅博選粹》, 22。

LM20-1453-27-05　《十住經》卷四

姚秦鳩摩羅什譯，CBETA, T10, no.286, p.528, b29–c8。高昌國時期。

參：《旅博選粹》，46。

LM20-1453-27-06 《大般涅槃經》卷七

北涼曇無讖譯，CBETA, T12, no.374, p.408, a29–b2。高昌國時期。

LM20-1453-27-07 《佛説彌勒下生成佛經》

姚秦鳩摩羅什譯，CBETA, T14, no.454, p.425, c2–9，"俱詣者"作"俱就者"。首行天
頭有墨點分節符號。高昌國時期。

LM20-1453-27-08 《妙法蓮華經》卷五

姚秦鳩摩羅什譯，CBETA, T09, no.262, p.38, a29–b15。高昌國時期。

LM20-1453-27-09 《大般涅槃經》卷三五

北涼曇無讖譯，CBETA, T12, no.374, p.570, b24–27。唐時期。

LM20-1453-28-01 《大智度論》卷三九

姚秦鳩摩羅什譯，CBETA, T25, no.1509, p.348, a25–b3，第 2 行"二見"作"若見"。高
昌國時期。

LM20-1453-28-02 陀羅尼集

高昌國時期。

參：《旅博選粹》，177；磯邊友美 2006, 208–209、216；三谷真澄、磯邊友美 2006, 120–
121。

LM20-1453-28-03 《小品般若波羅蜜經》卷一〇

姚秦鳩摩羅什譯，CBETA, T08, no.227, p.580, c11–17，"譬如人"作"譬如有人"，"倫"
作"崙"。高昌國時期。

參：《旅博選粹》，36；孫傳波 2006, 192；片山章雄 2016, 48。

LM20-1453-28-04 《摩訶般若波羅蜜經》卷二四

姚秦鳩摩羅什譯，CBETA, T08, no.223, p.394, b14–20。高昌國時期。

LM20-1453-28-05 《金光明最勝王經》卷四

唐義净譯，CBETA, T16, no.665, p.419, c13–17。唐時期。

LM20-1453-28-06 《妙法蓮華經》卷一

姚秦鳩摩羅什譯，CBETA, T09, no.262, p.2, c13–23。唐時期。

LM20-1453-28-07 《妙法蓮華經》卷五

姚秦鳩摩羅什譯，CBETA, T09, no.262, p.45, c2–8。唐時期。

LM20-1453-28-08 《佛説灌頂經》卷八

東晉帛尸梨蜜多羅譯，CBETA, T21, no.1331, p.518, b7–11。唐時期。

LM20-1453-29-01 《妙法蓮華經》卷二

姚秦鳩摩羅什譯，CBETA, T09, no.262, p.18, a28–b5。高昌國時期。

LM20-1453-29-02 《大般涅槃經》卷三九

北涼曇無讖譯，CBETA, T12, no.374, p.593, c23-p.594, a4。高昌國時期。

LM20-1453-29-03　《大般涅槃經》卷八

北涼曇無讖譯，CBETA, T12, no.374, p.415, a26-28。高昌國時期。

LM20-1453-29-04　《小品般若波羅蜜經》卷一

姚秦鳩摩羅什譯，CBETA, T08, no.227, p.540, b2-7。高昌國時期。

LM20-1453-29-05　《大般涅槃經》卷四〇

北涼曇無讖譯，CBETA, T12, no.374, p.603, b19-25。高昌國時期。

LM20-1453-29-06　《妙法蓮華經》卷一

姚秦鳩摩羅什譯，CBETA, T09, no.262, p.5, b25-c3。唐時期。

LM20-1453-29-07　《大般涅槃經》卷二〇

北涼曇無讖譯，CBETA, T12, no.374, p.480, b29-c10。唐時期。

LM20-1453-29-08　佛典殘片

唐時期。

LM20-1453-29-09　《妙法蓮華經》卷一

姚秦鳩摩羅什譯，CBETA, T09, no.262, p.8, b4-11。唐時期。

LM20-1453-30-01　《大通方廣懺悔滅罪莊嚴成佛經》卷上

作者不詳，CBETA, T85, no.2871, p.1339, c28-p.1340, a3。高昌國時期。

LM20-1453-30-02　《佛説灌頂經》卷一〇

東晉帛尸梨蜜多羅譯，CBETA, T21, no.1331, p.526, c2-12, "來"作"未", "欣"作"忻", "悟"作"寤"。唐時期。

LM20-1453-30-03　《妙法蓮華經》卷五

姚秦鳩摩羅什譯，CBETA, T09, no.262, p.40, a3-11。唐時期。

LM20-1453-30-04　《大般涅槃經》卷三一

北涼曇無讖譯，CBETA, T12, no.374, p.548, b5-13。唐時期。

LM20-1453-30-05　佛典注疏

高昌國時期。

LM20-1453-30-06　《妙法蓮華經》卷六

姚秦鳩摩羅什譯，CBETA, T09, no.262, p.51, c10-12。唐時期。

LM20-1453-30-07　《發菩提心經論》卷下

姚秦鳩摩羅什譯，CBETA, T32, no.1659, p.513, c2-7。高昌國時期。

LM20-1453-30-08　《大般涅槃經》卷三二

北涼曇無讖譯，CBETA, T12, no.374, p.556, b21-29。唐時期。

LM20-1453-30-09　《金剛般若波羅蜜經》

姚秦鳩摩羅什譯，CBETA, T08, no.235, p.749, a1-6。唐時期。

LM20-1453-31-01 《大般涅槃經》卷一三

北涼曇無讖譯，CBETA, T12, no.374, p.440, c11-15，"婬人"作"婬女"。唐時期。

LM20-1453-31-02 《妙法蓮華經》卷六

姚秦鳩摩羅什譯，CBETA, T09, no.262, p.53, a26-b5。高昌國時期。

LM20-1453-31-03 《新删定四分僧戒本》

唐道宣撰，CBETA, X39, no.707, p.263, a13-17。唐時期。

LM20-1453-31-04 《大般涅槃經》卷五

北涼曇無讖譯，CBETA, T12, no.374, p.395, c24-p.396, a2。唐時期。

LM20-1453-31-05 《般若波羅蜜多心經幽贊》卷上

唐窺基撰，CBETA, T33, no.1710, p.524, c18-p.525, a3。唐時期。

參：吕媛媛 2019b, 272-273。

LM20-1453-31-06 《大般若波羅蜜多經》卷五七八

唐玄奘譯，CBETA, T07, no.220, p.986, b5-14。唐時期。

LM20-1453-31-07 《大智度論》卷八〇

姚秦鳩摩羅什譯，CBETA, T25, no.1509, p.624, c16-27。有貼附殘片，無法揭取。高昌國時期。

LM20-1453-31-08 《金剛般若波羅蜜經》

元魏菩提流支譯，CBETA, T08, no.236a, p.754, b20-c1。唐時期。

LM20-1453-32-01 《勝天王般若波羅蜜經》卷七

陳月婆首那譯，CBETA, T08, no.231, p.724, b19-25。高昌國時期。

LM20-1453-32-02 《梵網經》卷下

姚秦鳩摩羅什譯，CBETA, T24, no.1484, p.1006, a17-27，"不得自爲"作"自爲"。唐時期。

LM20-1453-32-03 《摩訶般若波羅蜜經》卷四

姚秦鳩摩羅什譯，CBETA, T08, no.223, p.242, b1-7。唐時期。

LM20-1453-32-04 《大般涅槃經》卷一五

北涼曇無讖譯，CBETA, T12, no.374, p.452, c13-19。高昌國時期。

LM20-1453-32-05 《添品妙法蓮華經序》

作者不詳，CBETA, T09, no.264, p.134, c17-19。唐時期。

LM20-1453-32-06 《大般涅槃經》卷一四

北涼曇無讖譯，CBETA, T12, no.374, p.445, c4-6。唐時期。

LM20-1453-32-07 《妙法蓮華經》卷四

姚秦鳩摩羅什譯，CBETA, T09, no.262, p.32, c22-25。唐時期。

LM20-1453-32-08 《小品般若波羅蜜經》卷四

姚秦鳩摩羅什譯，CBETA, T08, no.227, p.555, a12-17。高昌國時期。

LM20-1453-32-09　《大智度論》卷三〇

姚秦鳩摩羅什譯，CBETA, T25, no.1509, p.284, b27-c3。高昌國時期。

參:《旅博選粹》, 59。

LM20-1453-32-10　《成實論》卷一五

姚秦鳩摩羅什譯，CBETA, T32, no.1646, p.364, b15-21。高昌國時期。

LM20-1453-32-11　《妙法蓮華經》卷二

姚秦鳩摩羅什譯，CBETA, T09, no.262, p.16, a21-b1。唐時期。

LM20-1453-33-01　《大方等大集經》卷三三

北涼曇無讖譯，CBETA, T13, no.397, p.227, a9-14, "相" 作 "想"。高昌國時期。

LM20-1453-33-02　《佛本行集經》卷五

隋闍那崛多譯，CBETA, T03, no.190, p.675, a9-13, "儐" 作 "擯"。唐時期。

參: 段真子 2019, 151。

LM20-1453-33-03　《大般涅槃經》卷二八

劉宋慧嚴等譯，CBETA, T12, no.375, p.791, a3-9。唐時期。

LM20-1453-33-04　《十方千五百佛名經》

譯者不詳，CBETA, T14, no.442, p.315, b7-11。高昌國時期。

LM20-1453-33-05　《佛説觀藥王藥上二菩薩經》

劉宋畺良耶舍譯，CBETA, T20, no.1161, p.662, a22-b6, "坐" 作 "座"。高昌國時期。

LM20-1453-33-06　《大般涅槃經》卷二八

北涼曇無讖譯，CBETA, T12, no.374, p.529, a20-22。高昌國時期。

LM20-1453-33-07　《維摩詰所説經》卷上

姚秦鳩摩羅什譯，CBETA, T14, no.475, p.537, a27-b6。有朱筆句讀。唐時期。

參: 王梅 2006, 140。

LM20-1453-33-08　陀羅尼集

參譯者不詳《陀羅尼雜集》，CBETA, T21, no.1336, p.627, c23-p.628, a14。高昌國時期。

參:《旅博選粹》, 177; 磯邊友美 2006, 208-209、216; 三谷真澄、磯邊友美 2006, 119-122; 橘堂晃一 2010, 91。

LM20-1453-34-01　法數

高昌國時期。

參: 橘堂晃一 2006a, 98-99、103, 圖 3。

LM20-1453-34-02　《妙法蓮華經》卷六

姚秦鳩摩羅什譯，CBETA, T09, no.262, p.48, b5-8。唐時期。

LM20-1453-34-03　《妙法蓮華經》卷五

姚秦鳩摩羅什譯，CBETA, T09, no.262, p.43, a17-19。唐時期。

參：橘堂晃一 2010, 92。

LM20-1453-34-04　佛典注疏

高昌國時期。

LM20-1453-34-05　《妙法蓮華經》卷五

姚秦鳩摩羅什譯，CBETA, T09, no.262, p.45, c21–27。西州回鶻時期。

LM20-1453-34-06　《悲華經》卷二

北涼曇無讖譯，CBETA, T03, no.157, p.180, b11–20。高昌國時期。

LM20-1453-34-07　《佛説灌頂經》卷一二

東晉帛尸梨蜜多羅譯，CBETA, T21, no.1331, p.535, a8–12。唐時期。

LM20-1453-34-08　《金剛祕密善門陀羅尼咒經》

譯者不詳，CBETA, T20, no.1138a, p.582, c20–26。唐時期。

LM20-1453-34-09　《妙法蓮華經》卷五

姚秦鳩摩羅什譯，CBETA, T09, no.262, p.41, b16–29。唐時期。

LM20-1453-34-10　《大方廣佛華嚴經》卷二〇（五十卷本）

東晉佛陀跋陀羅譯，《中華大藏經》第 12 册，252c1–2; 參 CBETA, T09, no.278, p.554, b21–23。高昌國時期。

LM20-1453-35-01　《小品般若波羅蜜經》卷六

姚秦鳩摩羅什譯，CBETA, T08, no.227, p.565, a15–21。高昌國時期。

LM20-1453-35-02　《大般若波羅蜜多經》卷六〇〇

唐玄奘譯，CBETA, T07, no.220, p.1108, a28–b9。唐時期。

LM20-1453-35-03　《妙法蓮華經》卷三

姚秦鳩摩羅什譯，CBETA, T09, no.262, p.23, a23–27。唐時期。

LM20-1453-35-04　《大智度論》卷三三

姚秦鳩摩羅什譯，CBETA, T25, no.1509, p.304, b15–22。高昌國時期。

LM20-1453-35-05　《大般涅槃經》卷三五

北涼曇無讖譯，CBETA, T12, no.374, p.570, b4–12。高昌國時期。

LM20-1453-35-06　《摩訶般若波羅蜜經》卷八

姚秦鳩摩羅什譯，CBETA, T08, no.223, p.277, c3–9。高昌郡時期。
參：《旅博選粹》, 29。

LM20-1453-35-07　《合部金光明經》卷一

北涼曇無讖譯，隋寶貴合，CBETA, T16, no.664, p.362, a18–27,"奢等"作"奢葉"。唐時期。

LM20-1453-35-08　《大智度論》卷三三

姚秦鳩摩羅什譯，CBETA, T25, no.1509, p.304, b12–21,"器志"作"喪志"。高昌國時期。

LM20-1453-35-09　《大般涅槃經》卷二二

北涼曇無讖譯, CBETA, T12, no.374, p.495, b24–27。高昌國時期。

LM20-1453-35-10　《佛說法句經》

作者不詳, CBETA, T85, no.2901, p.1435, b2–8, "八" 作 "過八"。唐時期。

LM20-1453-35-11　《大般若波羅蜜多經》卷九

唐玄奘譯, CBETA, T05, no.220, p.50, b7–12。唐時期。

LM20-1453-36-01　《阿毗曇毗婆沙論》卷三五

北涼浮陀跋摩、道泰譯, CBETA, T28, no.1546, p.259, a11–18。高昌國時期。

LM20-1453-36-02　《大般涅槃經》卷二七

北涼曇無讖譯, CBETA, T12, no.374, p.528, b21–c2。高昌國時期。

LM20-1453-36-03　《佛說觀藥王藥上二菩薩經》

劉宋畺良耶舍譯, CBETA, T20, no.1161, p.664, a11–16。唐時期。

LM20-1453-36-04　佛典殘片

唐時期。

LM20-1453-36-05　《緣生初勝分法本經》卷上

隋達摩笈多譯, CBETA, T16, no.716, p.831, b16–21。唐時期。

LM20-1453-36-06　《大般涅槃經》卷六

北涼曇無讖譯, CBETA, T12, no.374, p.401, b27–c11。高昌郡時期。

參:《旅博選粹》, 15; 孫傳波 2008, 67。

LM20-1453-36-07　《妙法蓮華經》卷七

姚秦鳩摩羅什譯, CBETA, T09, no.262, p.61, c22–p.62, a3。唐時期。

參: 郭富純、王振芬 2006, 8。

LM20-1453-36-08　《維摩詰所說經》卷上

姚秦鳩摩羅什譯, CBETA, T14, no.475, p.540, c21–24。有朱筆句讀。唐時期。

LM20-1453-36-09　《大乘起信論》集解

參新羅元曉撰《大乘起信論別記》,CBETA,T44,no.1845,p.235,a29–b10; 新羅元曉撰《起信論疏》卷上, CBETA, T44, no.1844, p.213, c16–21。唐時期。

參:《旅博選粹》, 166。

LM20-1453-37-01　《大般涅槃經》卷二三

北涼曇無讖譯, CBETA, T12, no.374, p.503, b25–c3。唐時期。

LM20-1453-37-02　《佛說觀彌勒菩薩上生兜率天經》

劉宋沮渠京聲譯, CBETA, T14, no.452, p.418, c28–p.419, a6。唐時期。

LM20-1453-37-03　《佛說廣博嚴凈不退轉輪經》卷六

劉宋智嚴譯, CBETA, T09, no.268, p.281, c19–p.282, a14。唐時期。

LM20-1453-37-04　《天地八陽神咒經》

唐義淨譯，CBETA, T85, no.2897, p.1423, a22–23。西州回鶻時期。

LM20-1453-37-05　《佛説仁王般若波羅蜜經》卷下

姚秦鳩摩羅什譯，CBETA, T08, no.245, p.830, a20–25。高昌國時期。

LM20-1453-37-06　《小品般若波羅蜜經》卷一〇

姚秦鳩摩羅什譯，CBETA, T08, no.227, p.580, c8–11。高昌國時期。

LM20-1453-37-07　《大方廣佛華嚴經》卷二九

東晉佛陀跋陀羅譯，CBETA, T09, no.278, p.586, c24–26。唐時期。

LM20-1453-37-08　《大般若波羅蜜多經》卷二四〇

唐玄奘譯，CBETA, T06, no.220, p.211, b5–c8。唐時期。

LM20-1453-37-09　《四分僧戒本》

姚秦佛陀耶舍譯，CBETA, T22, no.1430, p.1023, c6–11。唐時期。

LM20-1453-38-01　《合部金光明經》卷三

梁真諦譯，隋寶貴合，CBETA, T16, no.664, p.373, b1–19。唐時期。

LM20-1453-38-02　《大般涅槃經》卷一

北涼曇無讖譯，CBETA, T12, no.374, p.371, b7–11。高昌國時期。

LM20-1453-38-03　《阿毗曇毗婆沙論》卷三五

北涼浮陀跋摩、道泰譯，CBETA, T28, no.1546, p.258, c27–p.259, a3。高昌國時期。

LM20-1453-38-04　《悲華經》卷八

北涼曇無讖譯，CBETA, T03, no.157, p.219, c24–p.220, a4，"當"作"要"。高昌郡時期。

參:《旅博選粹》, 7; 陰會蓮 2006, 106–107、109、112、116, 圖二; 郭富純、王振芬 2006, 9。

LM20-1453-38-05　《妙法蓮華經》卷七

姚秦鳩摩羅什譯，CBETA, T09, no.262, p.59, b6–11。唐時期。

LM20-1453-38-06　《大般涅槃經》卷四〇

北涼曇無讖譯，CBETA, T12, no.374, p.598, c19–26。高昌國時期。

LM20-1453-38-07　《大般涅槃經》卷三一

北涼曇無讖譯，CBETA, T12, no.374, p.553, a1–6。高昌國時期。

LM20-1453-38-08　《大智度論》卷四

姚秦鳩摩羅什譯，CBETA, T25, no.1509, p.91, c25–p.92, a4。高昌國時期。

LM20-1453-38-09　《央掘魔羅經》卷一

劉宋求那跋陀羅譯，CBETA, T02, no.120, p.513, c6–21。唐時期。

LM20-1453-38-10　《大智度論》卷一一

姚秦鳩摩羅什譯，CBETA, T25, no.1509, p.137, a4–9。高昌國時期。

參:《旅博選粹》, 59。

LM20-1453-39-01　《大智度論》卷七二

姚秦鳩摩羅什譯, CBETA, T25, no.1509, p.569, c23-p.570, a1。高昌國時期。

LM20-1453-39-02　《合部金光明經》卷一

梁真諦譯, 隋寶貴合, CBETA, T16, no.664, p.363, c4-9。唐時期。

LM20-1453-39-03　《放光般若經》卷一七

西晉無羅叉譯, CBETA, T08, no.221, p.124, a5-12, "戒"作"戒後"。高昌國時期。

LM20-1453-39-04　《妙法蓮華經》卷六

姚秦鳩摩羅什譯, CBETA, T09, no.262, p.54, a7-12。有朱筆句讀。唐時期。

LM20-1453-39-05　《大般涅槃經》卷一五

北涼曇無讖譯, CBETA, T12, no.374, p.454, c14-23。有朱點。高昌國時期。

LM20-1453-39-06　《合部金光明經》卷一

梁真諦譯, 隋寶貴合, CBETA, T16, no.664, p.363, b28-c4。唐時期。

LM20-1453-39-07　《大般涅槃經》卷八

北涼曇無讖譯, CBETA, T12, no.374, p.415, a3-7。高昌國時期。

LM20-1453-39-08　《大般涅槃經》卷一二

北涼曇無讖譯, CBETA, T12, no.374, p.439, c23-28。唐時期。

LM20-1453-39-09　《大般若波羅蜜多經》卷四三三

唐玄奘譯, CBETA, T07, no.220, p.177, a17-18。唐時期。

經册五

LM20-1454-01-01　佛典殘片

唐時期。

LM20-1454-01-02　《菩薩地持經》卷四

北涼曇無讖譯，CBETA, T30, no.1581, p.909, b27-c2。唐時期。

LM20-1454-01-03　《妙法蓮華經》卷二

姚秦鳩摩羅什譯，CBETA, T09, no.262, p.11, c25-a2。唐時期。

LM20-1454-01-04　《道行般若經》卷七

後漢支婁迦讖譯，CBETA, T08, no.224, p.463, a24-28，"佛頭"作"佛"。高昌國時期。

LM20-1454-01-05　《大般若波羅蜜多經》卷四七一

唐玄奘譯，CBETA, T07, no.220, p.383, c1-5。唐時期。

LM20-1454-01-06　《光讚經》卷六

西晉竺法護譯，CBETA, T08, no.222, p.189, c29-p.190, a2。高昌國時期。

LM20-1454-01-07　《注維摩詰經》卷六

姚秦僧肇撰，CBETA, T38, no.1775, p.382, b10-15。高昌國時期。

參：鄭阿財 2019, 175。

LM20-1454-01-08　《集諸經禮懺儀》卷上

唐智昇撰，CBETA, T47, no.1982, p.456, b10-16。唐時期。

LM20-1454-01-09　佛典殘片

唐時期。

LM20-1454-01-10　《放光般若經》卷二

西晉無羅叉譯，CBETA, T08, no.221, p.8, a21-26，"當知菩薩"作"當知是菩薩"。高昌國時期。

LM20-1454-01-11　《佛説華手經》卷二

姚秦鳩摩羅什譯，CBETA, T16, no.657, p.136, c17-21。高昌國時期。

參：《旅博選粹》, 55。

LM20-1454-01-12　《道行般若經》卷六

後漢支婁迦讖譯，CBETA, T08, no.224, p.457, c20-22。高昌國時期。

LM20-1454-01-13　《妙法蓮華經》卷六

姚秦鳩摩羅什譯，CBETA, T09, no.262, p.49, c24-28。唐時期。

LM20-1454-01-14　《最勝佛頂陀羅尼净除業障咒經》

唐地婆訶羅譯，CBETA, T19, no.970, p.359, b17-22，"耶地瑟"作"耶頦地瑟"，"廿四"
作"余迦反二十四"。唐時期。

LM20-1454-01-15　《大般涅槃經》卷三九

北涼曇無讖譯，CBETA, T12, no.374, p.596, a23-26。唐時期。

LM20-1454-01-16　《妙法蓮華經》卷四

姚秦鳩摩羅什譯，CBETA, T09, no.262, p.30, b11-13。唐時期。

LM20-1454-01-17　《雜阿含經》卷三〇

劉宋求那跋陀羅譯，CBETA, T02, no.99, p.214, b22-26。唐時期。

LM20-1454-01-18　《大般若波羅蜜多經》卷五三

唐玄奘譯，CBETA, T05, no.220, p.298, a8-9。唐時期。

LM20-1454-01-19　《維摩詰所説經》卷中

姚秦鳩摩羅什譯，CBETA, T14, no.475, p.544, b1-5。唐時期。

參：史睿 2019, 81。

LM20-1454-01-20　《大般涅槃經》注疏

參北涼曇無讖譯《大般涅槃經》卷二七，CBETA, T12, no.374, p.522, b6。高昌國時期。

LM20-1454-01-21　《合部金光明經》卷五

北涼曇無讖譯，隋寶貴合，CBETA, T16, no.664, p.383, b6-8。高昌國時期。

LM20-1454-02-01　《大佛頂如來密因修證了義諸菩薩萬行首楞嚴經》卷九

唐般刺蜜帝譯，CBETA, T19, no.945, p.151, a1-5，"如璃"作"如瑠璃"。唐時期。

LM20-1454-02-02　《四分律》卷五五

姚秦佛陀耶舍、竺佛念等譯，CBETA, T22, no.1428, p.973, b4-6。唐時期。

LM20-1454-02-03　佛典殘片

唐時期。

LM20-1454-02-04　《妙法蓮華經》卷二

姚秦鳩摩羅什譯，CBETA, T09, no.262, p.11, c15-21。唐時期。

LM20-1454-02-05　《道行般若經》卷九

後漢支婁迦讖譯，CBETA, T08, no.224, p.470, c5-8。高昌國時期。

LM20-1454-02-06　《金光明經》卷四

北涼曇無讖譯，CBETA, T16, no.663, p.354, c4-6。高昌國時期。

參：《旅博選粹》，19。

LM20-1454-02-07　佛典殘片

唐時期。

LM20-1454-02-08 《大般若波羅蜜多經》卷五一一

唐玄奘譯，CBETA，T07，no.220，p.609，b20-23。唐時期。

LM20-1454-02-09 《維摩詰所説經》卷上

姚秦鳩摩羅什譯，CBETA，T14，no.475，p.537，b11-12。高昌國時期。

LM20-1454-02-10 《佛説灌頂經》卷一二

東晉帛尸梨蜜多羅譯，CBETA，T21，no.1331，p.535，a10-13。唐時期。

LM20-1454-02-11 《入楞伽經》卷一

元魏菩提流支譯，CBETA，T16，no.671，p.517，c22-29。高昌國時期。

LM20-1454-02-12 《佛説佛名經》卷六

元魏菩提流支譯，CBETA，T14，no.440，p.147，b19-20。唐時期。

LM20-1454-02-13r 佛典殘片

高昌國時期。

LM20-1454-02-13v 殘片

無法揭取拍攝。

LM20-1454-02-14 《大智度論》卷六一

姚秦鳩摩羅什譯，CBETA，T25，no.1509，p.495，b1-4。高昌國時期。

LM20-1454-02-15 《妙法蓮華經》卷四

姚秦鳩摩羅什譯，CBETA，T09，no.262，p.30，b14-19。唐時期。

LM20-1454-02-16 《大般涅槃經》卷九

北涼曇無讖譯，CBETA，T12，no.374，p.417，b1-3。高昌國時期。

LM20-1454-02-17 《妙法蓮華經》卷二

姚秦鳩摩羅什譯，CBETA，T09，no.262，p.15，b29-c4。唐時期。

LM20-1454-02-18 《大方廣佛華嚴經》卷一一

東晉佛陀跋陀羅譯，CBETA，T09，no.278，p.470，a27-28。唐時期。

LM20-1454-02-19 《大智度論》卷七

姚秦鳩摩羅什譯，CBETA，T25，no.1509，p.113，c22-26，"名"作"故名"。高昌國時期。

LM20-1454-02-20 《大寶積經》卷四二

唐玄奘譯，CBETA，T11，no.310，p.243，a2-5。唐時期。

LM20-1454-02-21 《大方等大集經》卷二六

北涼曇無讖譯，CBETA，T13，no.397，p.182，b4-10。高昌國時期。

LM20-1454-02-22 《妙法蓮華經》卷五

姚秦鳩摩羅什譯，CBETA，T09，no.262，p.38，c12-14。唐時期。

LM20-1454-03-01 《合部金光明經》卷三

梁真諦譯，隋寶貴合，CBETA，T16，no.664，p.374，a26-29。唐時期。

LM20-1454-03-02　《悲華經》卷七

北涼曇無讖譯，CBETA, T03, no.157, p.214, c18–22。高昌郡時期。

參：《旅博選粹》, 7; 陰會蓮 2006, 109、112。

LM20-1454-03-03　《大般若波羅蜜多經》卷三〇五

唐玄奘譯，CBETA, T06, no.220, p.557, a7–10。唐時期。

LM20-1454-03-04　《四分律比丘含注戒本》卷下

唐懷素集，CBETA, T22, no.1429, p.1022, c8–10。唐時期。

LM20-1454-03-05　《大般涅槃經》卷三七

北涼曇無讖譯，CBETA, T12, no.374, p.584, b9–11。唐時期。

LM20-1454-03-06　《妙法蓮華經》卷二

姚秦鳩摩羅什譯，CBETA, T09, no.262, p.15, c5–6。高昌國時期。

LM20-1454-03-07　《優婆塞戒經》卷三

北涼曇無讖譯，CBETA, T24, no.1488, p.1047, b5–9。高昌郡時期。

參：《旅博選粹》, 58。

LM20-1454-03-08　《大般涅槃經》卷三〇

北涼曇無讖譯，CBETA, T12, no.374, p.542, c20–22。高昌國時期。

LM20-1454-03-09　《大般涅槃經》卷二八

北涼曇無讖譯，CBETA, T12, no.374, p.532, b6–9。高昌國時期。

LM20-1454-03-10　《大通方廣懺悔滅罪莊嚴成佛經》卷中

作者不詳，CBETA, T85, no.2871, p.1345, a47–49。西州回鶻時期。

LM20-1454-03-11　《十地經論義記》卷二

隋淨影、慧遠撰，CBETA, X45, no.753, p.62, a2–6。唐時期。

LM20-1454-03-12　《金剛般若波羅蜜經》

姚秦鳩摩羅什譯，CBETA, T08, no.235, p.751, c6–8。唐時期。

LM20-1454-03-13　《放光般若經》卷一六

西晉無羅叉譯，CBETA, T08, no.221, p.115, a11–16。高昌國時期。

LM20-1454-03-14　《放光般若經》卷三

西晉無羅叉譯，CBETA, T08, no.221, p.18, b19–23。高昌國時期。

LM20-1454-03-15　《妙法蓮華經》卷二

姚秦鳩摩羅什譯，CBETA, T09, no.262, p.15, c9–13。唐時期。

LM20-1454-03-16　《合部金光明經》卷五

北涼曇無讖譯，隋寶貴合，CBETA, T16, no.664, p.385, a20–22。高昌國時期。

LM20-1454-03-17　《金光明經》卷四

北涼曇無讖譯，CBETA, T16, no.663, p.353, a9–14，"若是"作"乃至"，"父母如"作"祖

父説如"。高昌郡時期。

參:《旅博選粹》, 56。

LM20-1454-03-18　《摩訶般若波羅蜜經》卷一一

姚秦鳩摩羅什譯, CBETA, T08, no.223, p.301, b3-5。高昌國時期。

LM20-1454-03-19　佛典殘片

唐時期。

LM20-1454-03-20　《佛説出家功德經》

譯者不詳, CBETA, T16, no.707, p.814, c29-a3。唐時期。

LM20-1454-03-21　《大般涅槃經》卷二六

劉宋慧嚴等譯, CBETA, T12, no.375, p.773, b13-17。高昌郡時期。

LM20-1454-04-01　《妙法蓮華經》卷六

姚秦鳩摩羅什譯, CBETA, T09, no.262, p.52, c20-23。唐時期。

LM20-1454-04-02　《金剛般若波羅蜜經》

姚秦鳩摩羅什譯, CBETA, T08, no.235, p.750, b25-29。唐時期。

LM20-1454-04-03　《大方廣佛華嚴經》卷一四（五十卷本）

東晉佛陀跋陀羅譯,《中華大藏經》第12册, 172b15-c1; 參 CBETA, T09, no.278, p.506, a26-b4。細字寫本。高昌國時期。

LM20-1454-04-04　《妙法蓮華經》卷二

姚秦鳩摩羅什譯, CBETA, T09, no.262, p.12, c2-8。唐時期。

LM20-1454-04-05　《大般涅槃經》卷三九

北涼曇無讖譯, CBETA, T12, no.374, p.595, c22-25。唐時期。

LM20-1454-04-06　《大方廣佛華嚴經》卷四（五十卷本）

東晉佛陀跋陀羅譯,《中華大藏經》第12册, 40a12-14; 參 CBETA, T09, no.278, p.419, b17-19。高昌國時期。

參:《旅博選粹》, 45。

LM20-1454-04-07　《大般涅槃經》卷三二

北涼曇無讖譯, CBETA, T12, no.374, p.560, a21-23。高昌國時期。

LM20-1454-04-08　《勝思惟梵天所問經》卷二

元魏菩提流支譯, CBETA, T15, no.587, p.70, c3-6。唐時期。

LM20-1454-04-09　《大方廣佛華嚴經》卷三二（五十卷本）

東晉佛陀跋陀羅譯,《中華大藏經》第12册, 396b6-11; 參 CBETA, T09, no.278, p.638, b14-19。高昌國時期。

LM20-1454-04-10　《妙法蓮華經》卷一

姚秦鳩摩羅什譯, CBETA, T09, no.262, p.2, a24-26。唐時期。

LM20-1454-04-11　《大智度論》卷三〇

姚秦鳩摩羅什譯，CBETA，T25, no.1509, p.281, c5–8。高昌國時期。

LM20-1454-04-12　佛典殘片

高昌國時期。

LM20-1454-04-13　《大智度論》卷五二

姚秦鳩摩羅什譯，CBETA，T25, no.1509, p.434, b24–28。高昌國時期。

LM20-1454-04-14　《金剛般若波羅蜜經》

姚秦鳩摩羅什譯，CBETA，T08, no.235, p.751, b24–27。唐時期。

LM20-1454-04-15　《大般若波羅蜜多經》卷二七七

唐玄奘譯，CBETA，T06, no.220, p.403, b3–10。唐時期。

LM20-1454-04-16　佛典殘片

高昌國時期。

LM20-1454-04-17　《百論》疏

參姚秦鳩摩羅什譯《百論》卷下，CBETA，T30, no.1569, p.174, c10–11。高昌郡時期。

LM20-1454-04-18　《妙法蓮華經》卷六

姚秦鳩摩羅什譯，CBETA，T09, no.262, p.52, a27–b2。唐時期。

LM20-1454-04-19　《妙法蓮華經》卷四

姚秦鳩摩羅什譯，CBETA，T09, no.262, p.30, c6–9。唐時期。

LM20-1454-04-20　《優婆塞戒經》卷二

北涼曇無讖譯，CBETA，T24, no.1488, p.1040, b23–26。高昌國時期。

LM20-1454-04-21　《大般涅槃經》卷一八

北涼曇無讖譯，CBETA，T12, no.374, p.469, a17–20。高昌國時期。

LM20-1454-05-01　《大方廣佛華嚴經》卷五二

東晉佛陀跋陀羅譯，CBETA，T09, no.278, p.728, c7–11。唐時期。

LM20-1454-05-02　《大方廣佛華嚴經》卷二一（五十卷本）

東晉佛陀跋陀羅譯，《中華大藏經》第 12 册，266b5–7; 參 CBETA，T09, no.278, p.564, b27–29。高昌國時期。

LM20-1454-05-03　佛典殘片

高昌國時期。

LM20-1454-05-04　《放光般若經》卷三

西晉無羅叉譯，CBETA，T08, no.221, p.18, b19–23，高昌國時期。

LM20-1454-05-05　佛典殘片

參東晉佛陀跋陀羅譯《佛説觀佛三昧海經》卷二，CBETA，T15, no.643, p.656, a10–12。唐時期。

LM20-1454-05-06 《妙法蓮華經》卷二

姚秦鳩摩羅什譯, CBETA, T09, no.262, p.12, a20–24。高昌郡時期。

LM20-1454-05-07a 《妙法蓮華經》卷四

姚秦鳩摩羅什譯, CBETA, T09, no.262, p.34, c17–21。唐時期。

LM20-1454-05-07b 《維摩詰所説經》卷中

姚秦鳩摩羅什譯, CBETA, T14, no.475, p.545, c11–12。高昌國時期。

LM20-1454-05-08 《大般涅槃經》卷二一

北涼曇無讖譯, CBETA, T12, no.374, p.490, b12–15。唐時期。

LM20-1454-05-09 《妙法蓮華經》卷一

姚秦鳩摩羅什譯, CBETA, T09, no.262, p.5, c28–a1。唐時期。

LM20-1454-05-10 《佛説灌頂經》卷一一

東晉帛尸梨蜜多羅譯, CBETA, T21, no.1331, p.529, b16–19。唐時期。

LM20-1454-05-11 佛典殘片

唐時期。

LM20-1454-05-12 《妙法蓮華經》卷二

姚秦鳩摩羅什譯, CBETA, T09, no.262, p.11, b24–27。高昌國時期。

LM20-1454-05-13 《摩訶般若波羅蜜經》卷一一

姚秦鳩摩羅什譯, CBETA, T08, no.223, p.298, c28–p.299, a1。高昌國時期。

LM20-1454-05-14 《大智度論》卷九六

姚秦鳩摩羅什譯, CBETA, T25, no.1509, p.730, b15–19。高昌郡時期。

LM20-1454-05-15 文書殘片

唐時期。

LM20-1454-05-16 《妙法蓮華經》卷六

姚秦鳩摩羅什譯, CBETA, T09, no.262, p.49, c12–18。唐時期。

LM20-1454-05-17 《妙法蓮華經》卷三

姚秦鳩摩羅什譯, CBETA, T09, no.262, p.26, a15–18。唐時期。

LM20-1454-05-18 《楞伽師資記》

唐净覺撰, CBETA, T85, no.2837, p.1283, b15–18。唐時期。

參: 榮新江 2019a, 37; 荣新江 2019b, 473。

LM20-1454-05-19 《佛説咒魅經》

作者不詳, CBETA, T85, no.2882, p.1383, c5–9。唐時期。

LM20-1454-05-20 《妙法蓮華經》卷五

姚秦鳩摩羅什譯, CBETA, T09, no.262, p.41, c9–11。唐時期。

LM20-1454-05-21 《大般涅槃經》卷三七

北涼曇無讖譯，CBETA, T12, no.374, p.582, b3–5。唐時期。

LM20-1454-05-22　《四分律》卷四〇

姚秦佛陀耶舍、竺佛念等譯，CBETA, T22, no.1428, p.854, c24–26。唐時期。

LM20-1454-05-23　《妙法蓮華經》卷二

姚秦鳩摩羅什譯，CBETA, T09, no.262, p.11, a10–15。唐時期。

LM20-1454-05-24　《妙法蓮華經》卷四

姚秦鳩摩羅什譯，CBETA, T09, no.262, p.29, c22–24。唐時期。

LM20-1454-05-25　《大般涅槃經》卷二五

北涼曇無讖譯，CBETA, T12, no.374, p.516, b14–16。唐時期。

LM20-1454-05-26　佛典殘片

唐時期。

LM20-1454-05-27　《妙法蓮華經》卷六

姚秦鳩摩羅什譯，CBETA, T09, no.262, p.52, a28–b2。唐時期。

LM20-1454-05-28　《摩訶般若波羅蜜經》卷二六

姚秦鳩摩羅什譯，CBETA, T08, no.223, p.410, c13–17。高昌國時期。

LM20-1454-06-01　《大寶積經》卷九

西晉竺法護譯，CBETA, T11, no.310, p.48, a12–16。唐時期。

LM20-1454-06-02　《佛説灌頂經》卷一二

東晉帛尸梨蜜多羅譯，CBETA, T21, no.1331, p.533, a1–6，"逼"作"惱"。唐時期。

LM20-1454-06-03　《大方等大集經》卷一八

北涼曇無讖譯，CBETA, T13, no.397, p.127, c26–a1。高昌郡時期。

參：《旅博選粹》, 53。

LM20-1454-06-04　《金光明最勝王經》卷三

唐義净譯，CBETA, T16, no.665, p.417, b24–28。唐時期。

LM20-1454-06-05　《金剛般若波羅蜜經》

元魏菩提流支譯，CBETA, T08, 236a, p.754, b3–4。唐時期。

LM20-1454-06-06　《七佛八菩薩所説大陀羅尼神咒經》卷一

譯者不詳，CBETA, T21, no.1332, p.540, b16–18。高昌國時期。

LM20-1454-06-07　《放光般若經》卷二〇

西晉無羅叉譯，CBETA, T08, no.221, p.143, a13–22，"珍寶"作"所有"。高昌國時期。

LM20-1454-06-08　《妙法蓮華經》卷三

姚秦鳩摩羅什譯，CBETA, T09, no.262, p.23, a22–b1。唐時期。

LM20-1454-06-09　《大般涅槃經》卷三三

北涼曇無讖譯，CBETA, T12, no.374, p.562, c18–20。存尾題。高昌國時期。

LM20-1454-06-10　《大通方廣懺悔滅罪莊嚴成佛經》卷上

作者不詳，CBETA, T85, no.2871, p.1340, a2-8。高昌國時期。

LM20-1454-06-11　《大般涅槃經》卷二七

北涼曇無讖譯，CBETA, T12, no.374, p.525, c4-12。高昌國時期。

LM20-1454-06-12　《俱舍論頌疏論本序》注

參唐圓暉述《俱舍論頌疏論本》，CBETA, T41, no.18234, p.813, b19。唐時期。

參：史睿 2017, 76、80-81；史睿 2019, 82。

LM20-1454-06-13　《摩訶般若波羅蜜經》卷三

姚秦鳩摩羅什譯，CBETA, T08, no.223, p.236, a2-5。高昌國時期。

LM20-1454-06-14　《妙法蓮華經》卷七

姚秦鳩摩羅什譯，CBETA, T09, no.262, p.57, b27-c6。唐時期。

LM20-1454-07-01　《大般涅槃經》卷一九

北涼曇無讖譯，CBETA, T12, no.374, p.474, c13-19。唐時期。

LM20-1454-07-02　《大方等大集經》卷七

北涼曇無讖譯，CBETA, T13, no.397, p.44, c27-a2。高昌國時期。

LM20-1454-07-03　《大方廣佛華嚴經》卷二三（五十卷本）

東晉佛陀跋陀羅譯，《中華大藏經》第 12 册, 297c16-298a1; 參 CBETA, T09, no.278, p.585, b22-c5。高昌國時期。

LM20-1454-07-04　《佛説首楞嚴三昧經》卷上

姚秦鳩摩羅什譯，CBETA, T15, no.642, p.635, b19-24。高昌國時期。

LM20-1454-07-05　《妙法蓮華經》卷六

姚秦鳩摩羅什譯，CBETA, T09, no.262, p.49, b17-20。唐時期。

LM20-1454-07-06　《佛爲心王菩薩説頭陀經》

作者不詳，CBETA, ZW, 01, no.8, p.282, a1-8。唐時期。

參：榮新江 2019a, 36。

LM20-1454-07-07　《妙法蓮華經》卷五

姚秦鳩摩羅什譯，CBETA, T09, no.262, p.45, a2-22。高昌國時期。

參：《旅博選粹》, 40。

LM20-1454-07-08　《佛説廣博嚴净不退轉輪經》卷二

劉宋智嚴譯，CBETA, T09, no.268, p.261, a22-b6, "差別是"作"差別爲"。唐時期。

LM20-1454-07-09　佛教戒律

參姚秦佛陀耶舍、竺佛念等譯《四分律》卷四八，CBETA, T22, no.1428, p.925, c15-21; 唐時期。

LM20-1454-07-10　《妙法蓮華經》卷六

姚秦鳩摩羅什譯，CBETA, T09, no.262, p.51, c18–24。唐時期。

LM20-1454-07-11　《妙法蓮華經》卷六

姚秦鳩摩羅什譯，CBETA, T09, no.262, p.51, c16–18。唐時期。

LM20-1454-07-12　《大般涅槃經》卷七

北涼曇無讖譯，CBETA, T12, no.374, p.406, b7–13，"迸"作"羊"。高昌國時期。

LM20-1454-08-01　《妙法蓮華經》卷二

姚秦鳩摩羅什譯，CBETA, T09, no.262, p.18, a28–b6。唐時期。

LM20-1454-08-02　《大般涅槃經》卷二七

北涼曇無讖譯，CBETA, T12, no.374, p.528, b3–9。高昌國時期。

LM20-1454-08-03　《妙法蓮華經》卷四

姚秦鳩摩羅什譯，CBETA, T09, no.262, p.30, b9–12。唐時期。

LM20-1454-08-04　《妙法蓮華經》卷二

姚秦鳩摩羅什譯，CBETA, T09, no.262, p.18, c16–24。唐時期。

LM20-1454-08-05　《摩訶僧祇律》卷八

東晉佛陀跋陀羅、法顯譯，CBETA, T22, no.1425, p.291, b15–20，"憂"作"優"。唐時期。

LM20-1454-08-06　《老子道經上》

與今本差異較大，與敦煌本 P.2584 近似。唐時期。

參：游自勇 2017, 141–144。

LM20-1454-08-07　《佛説無量清净平等覺經》卷三

後漢支婁迦讖譯，CBETA, T12, no.361, p.293, b26–c2，"曾"作"增"，"猶若"作"若於"。高昌郡時期。

參：《旅博選粹》,5; 郭富純、王振芬 2006,6; 三谷真澄 2008a,36; 三谷真澄 2008b,174;《净土集成》, 25、126–129; 三谷真澄 2015, 236; 三谷真澄 2019, 19; 榮新江 2019a, 26。

LM20-1454-08-08　《大般若波羅蜜多經》卷一二

唐玄奘譯，CBETA, T05, no.220, p.68, a17–21。唐時期。

LM20-1454-08-09　《妙法蓮華經》卷四

姚秦鳩摩羅什譯，CBETA, T09, no.262, p.27, b15–p.30, b15。唐時期。

LM20-1454-09-01　《大般若波羅蜜多經》卷三五二

唐玄奘譯，CBETA, T06, no.220, p.809, a24–29。唐時期。

LM20-1454-09-02　《四分律删補隨機羯磨》卷上

唐道宣集，CBETA, T40, no.1808, p.492, c4–8，"差守"作"差人守"，"居士及比丘結營"作"故房與道俗經營"，"清"作"請"。唐時期。

LM20-1454-09-03　《藥師琉璃光如來本願功德經》

唐玄奘譯，CBETA, T14, no.450, p.405, b11–13。唐時期。

LM20-1454-09-04 《摩訶般若波羅蜜經》卷九

姚秦鳩摩羅什譯，CBETA, T08, no.223, p.284, b5–9。唐時期。

LM20-1454-09-05 《妙法蓮華經》卷四

姚秦鳩摩羅什譯，CBETA, T09, no.262, p.27, b21–25。唐時期。

LM20-1454-09-06 《佛説觀佛三昧海經》卷六

東晉佛陀跋陀羅譯，CBETA, T15, no.643, p.678, a3–6。高昌國時期。

LM20-1454-09-07 《大般涅槃經》卷二五

北涼曇無讖譯，CBETA, T12, no.374, p.510, c13–18。唐時期。

LM20-1454-09-08 《鳩摩羅什法師誦法》

東晉慧融等集，CBETA, D07, no.8779, p.5, a5–10。唐時期。

LM20-1454-09-09 《十誦比丘波羅提木叉戒本》

姚秦鳩摩羅什譯，CBETA, T23, no.1436, p.474, a3–11，"竟今"作"法今"。高昌國時期。

LM20-1454-09-10a 《千眼千臂觀世音菩薩陀羅尼神咒經》卷下

唐智通譯，CBETA, T20, no.1057a, p.88, a18–27，"之罪"作"罪者"，"若天"作"若見天"，"油"作"脂"，"多者"作"過多"。西州回鶻時期。

LM20-1454-09-10b 《大般涅槃經》卷三四

北涼曇無讖譯，CBETA, T12, no.374, p.568, b12–17。高昌國時期。

LM20-1454-09-11 《大智度論》卷三〇

姚秦鳩摩羅什譯，CBETA, T25, no.1509, p.280, a19–25。高昌國時期。

LM20-1454-10-01 《大佛頂如來密因修證了義諸菩薩萬行首楞嚴經》卷九

唐般剌蜜帝譯，CBETA, T19, no.945, p.150, c23–29。唐時期。

LM20-1454-10-02 《佛本行集經》卷五

隋闍那崛多譯，CBETA, T03, no.190, p.677, a26–b2。唐時期。

參：段真子 2019, 155。

LM20-1454-10-03 《四分僧戒本》（曇無德出）

姚秦佛陀耶舍譯，CBETA, T22, no.1430, p.1023, b13–17。唐時期。

LM20-1454-10-04 《摩訶般若波羅蜜經》卷二〇

姚秦鳩摩羅什譯，CBETA, T08, no.223, p.366, c7–16。高昌國時期。

LM20-1454-10-05 《大般若波羅蜜多經》卷四六二

唐玄奘譯，CBETA, T07, no.220, p.337, a18–23。唐時期。

LM20-1454-10-06 《觀世音三昧經》

作者不詳，CBETA, D11, no.8817, p.5, a5–8，"比丘尼"作"比丘"。高昌國時期。

LM20-1454-10-07 《佛説四輩經》

西晉竺法護譯，CBETA, T17, no.769, p.706, a4–13。高昌國時期。

LM20-1454-10-08 《金光明經》卷三

北涼曇無讖譯，CBETA，T16，no.663，p.346，c11-19。西州回鶻時期。

LM20-1454-10-09 《大般若波羅蜜多經》卷一九九

唐玄奘譯，CBETA，T05，no.220，p.1065，b4-15。唐時期。

LM20-1454-11-01 《大般若波羅蜜多經》卷一八九

唐玄奘譯，CBETA，T05，no.220，p.1014，b7-12。唐時期。

LM20-1454-11-02 《大般涅槃經》卷二五

北涼曇無讖譯，CBETA，T12，no.374，p.517，b2-4。唐時期。

LM20-1454-11-03 《大般涅槃經》卷三四

北涼曇無讖譯，CBETA，T12，no.374，p.565，a12-16。高昌國時期。

LM20-1454-11-04 《請觀世音菩薩消伏毒害陀羅尼咒經》

東晉竺難提譯，CBETA，T20，no.1043，p.36，c21-24，"壞磨"作"壞不久磨"。高昌國時期。

LM20-1454-11-05 《妙法蓮華經》卷七

姚秦鳩摩羅什譯，CBETA，T09，no.262，p.59，b5-8。唐時期。

LM20-1454-11-06 《妙法蓮華經》卷六

姚秦鳩摩羅什譯，CBETA，T09，no.262，p.52，c17-20。唐時期。

LM20-1454-11-07 "康家一切經"外題

"康家一切經"又見《西域考古圖譜》下卷"佛典附錄"（5）-3，兩者均爲佛典寫卷外題，或與武周時康居士寫經有關。唐時期。

參：《旅博選粹》，202；《旅博研究》，237；榮新江 2007，412；橘堂晃一 2010，92；榮新江 2017，60-61。

LM20-1454-11-08 《小品般若波羅蜜經》卷一〇

姚秦鳩摩羅什譯，CBETA，T08，no.227，p.583，c14-19。高昌國時期。

LM20-1454-11-09 《妙法蓮華經》卷六

姚秦鳩摩羅什譯，CBETA，T09，no.262，p.52，c20-25。唐時期。

LM20-1454-11-10 《十地經論》卷八

元魏菩提流支譯，CBETA，T26，no.1522，p.180，c10-15。高昌國時期。

LM20-1454-11-11 《大方等無想經》卷六

北涼曇無讖譯，CBETA，T12，no.387，p.1104，a7-11。高昌國時期。

LM20-1454-12-01 《佛説灌頂經》卷一一

東晉帛尸梨蜜多羅譯，CBETA，T21，no.1331，p.529，c19-25。唐時期。

LM20-1454-12-02 《放光般若經》卷一八

西晉無羅叉譯，CBETA，T08，no.221，p.129，a3-10，"想"作"相"。高昌國時期。

LM20-1454-12-03 《大方廣佛華嚴經》卷八（五十卷本）

東晉佛陀跋陀羅譯，《中華大藏經》第 12 冊，94b20-c5；參 CBETA, T09, no.278, p.456, a8-16。高昌國時期。

LM20-1454-12-04 《大般涅槃經》卷七

北涼曇無讖譯，CBETA, T12, no.374, p.408, b1-6。唐時期。

LM20-1454-12-05 《梵網經》卷下

姚秦鳩摩羅什譯，CBETA, T24, no.1484, p.1006, a17-25，"非心"作"非"。唐時期。

LM20-1454-12-06 《佛説灌頂經》卷一一

東晉帛尸梨蜜多羅譯，CBETA, T21, no.1331, p.530, b28-c5，"貧窮乏者"作"貧乏者"。唐時期。

LM20-1454-12-07 《大般若波羅蜜多經》卷四二〇

唐玄奘譯，CBETA, T07, no.220, p.108, a19-23，此段文字多處可見。唐時期。

LM20-1454-12-08 《大般涅槃經》卷四

北涼曇無讖譯，CBETA, T12, no.374, p.386, b6-12。唐時期。

LM20-1454-12-09 《放光般若經》卷一五

西晉無羅叉譯，CBETA, T08, no.221, p.106, c17-23，"佛言唯"作"佛言"。高昌國時期。

LM20-1454-13-01 《佛本行集經》卷五

隋闍那崛多譯，CBETA, T03, no.190, p.673, a7-12。唐時期。

參：段真子 2019, 144。

LM20-1454-13-02 陀羅尼集

高昌國時期。

參：《旅博選粹》，177；磯邊友美 2006, 211、217；橘堂晃一 2010, 91。

LM20-1454-13-03 《大般涅槃經》卷四〇

北涼曇無讖譯，CBETA, T12, no.374, p.600, a19-27。唐時期。

LM20-1454-13-04 陀羅尼集

高昌國時期。

參：《旅博選粹》，177；磯邊友美 2006, 210、217；橘堂晃一 2010, 91。

LM20-1454-13-05 《四分比丘尼戒本》

姚秦佛陀耶舍譯，CBETA, T22, no.1431, p.1037, b26-c6。唐時期。

LM20-1454-13-06 陀羅尼集

高昌國時期。

參：《旅博選粹》，177；磯邊友美 2006, 211、217；橘堂晃一 2010, 91。

LM20-1454-13-07 《大般涅槃經》卷四

北涼曇無讖譯，CBETA, T12, no.374, p.385, b21-26。高昌國時期。

LM20-1454-14-01 《大佛頂如來密因修證了義諸菩薩萬行首楞嚴經》卷九

唐般剌蜜帝譯，CBETA，T19，no.945，p.151，a5–13，"轉"作"輪"。唐時期。

LM20-1454-14-02　《佛説救護身命經》

作者不詳，CBETA，T85，no.2865，p.1325，a21–28，"受"作"者"，"皆"作"悉"，"静"作"侵"，"有"作"若有"。唐時期。

參：孟彦弘 2018，52。

LM20-1454-14-03　佛典注疏

唐時期。

LM20-1454-14-04　《大般涅槃經》卷一一

北涼曇無讖譯，CBETA，T12，no.374，p.433，b10–13。唐時期。

LM20-1454-14-05　《道行般若經》卷六

後漢支婁迦讖譯，CBETA，T08，no.224，p.454，c29–p.455，a4，"語"作"説"。高昌國時期。

參：孫傳波 2006，177、198。

LM20-1454-14-06　《大般涅槃經》卷一二

北涼曇無讖譯，CBETA，T12，no.374，p.439，c19–p.440，a2。高昌國時期。

LM20-1454-14-07　《大方等陀羅尼經》卷一

北涼法衆譯，CBETA，T21，no.1339，p.645，a16–22。高昌國時期。

LM20-1454-15-01　《道行般若經》卷六

後漢支婁迦讖譯，CBETA，T08，no.224，p.455，a4–6。高昌國時期。

參：孫傳波 2006，177。

LM20-1454-15-02　《妙法蓮華經》卷五

姚秦鳩摩羅什譯，CBETA，T09，no.262，p.45，c16–21。高昌國時期。

LM20-1454-15-03　《摩訶般若波羅蜜經》卷一八

姚秦鳩摩羅什譯，CBETA，T08，no.223，p.353，c2–7。高昌國時期。

LM20-1454-15-04　《大般若波羅蜜多經》卷五七四

唐玄奘譯，CBETA，T07，no.220，p.964，c26–29。唐時期。

LM20-1454-15-05　《佛説灌頂經》卷一二

東晉帛尸梨蜜多羅譯，CBETA，T21，no.1331，p.532，c19–24。唐時期。

LM20-1454-15-06　《聖善住意天子所問經》卷上

元魏毗目智仙、般若流支譯，CBETA，T12，no.341，p.119，c3–8。唐時期。

LM20-1454-15-07　《佛説施燈功德經》

高齊那連提耶舍譯，CBETA，T16，no.702，p.805，c7–13。高昌國時期。

LM20-1454-15-08　《妙法蓮華經》卷一

姚秦鳩摩羅什譯，CBETA，T09，no.262，p.6，b21–c5。高昌國時期。

LM20-1454-16-01　《佛説稱揚諸佛功德經》卷中

元魏吉迦夜譯，CBETA，T14，no.434，p.96，a1–7。高昌國時期。

參：《旅博選粹》，20。

LM20-1454-16-02 《妙法蓮華經》卷二

姚秦鳩摩羅什譯，CBETA，T09，no.262，p.17，c17–25。唐時期。

LM20-1454-16-03 《摩訶般若波羅蜜經》卷二五

姚秦鳩摩羅什譯，CBETA，T08，no.223，p.405，c15–27，"如須菩提"作"如是須菩提"，"攝"作"攝取"，"住"作"住於"，"令得"作"得"。高昌國時期。

參：《旅博選粹》，31；橘堂晃一2010，93。

LM20-1454-16-04 《大方等陀羅尼經》卷三

北涼法衆譯，CBETA，T21，no.1339，p.652，c4–9，"能於"作"乃能於"，"我能受持"作"我能修行受持"。高昌國時期。

LM20-1454-16-05 《佛説灌頂經》卷一二

東晉帛尸梨蜜多羅譯，CBETA，T21，no.1331，p.535，c9–14。唐時期。

LM20-1454-16-06 《大通方廣懺悔滅罪莊嚴成佛經》卷中

作者不詳，CBETA，T85，no.2871，p.1345，a39–40，"答曰"作"正念"。高昌國時期。

LM20-1454-16-07 《妙法蓮華經》卷二

姚秦鳩摩羅什譯，CBETA，T09，no.262，p.16，c6–11。唐時期。

LM20-1454-16-08 《注維摩詰經》卷四

姚秦僧肇撰，CBETA，T38，no.1775，p.365，a6–23，"異"作"畢"。有雙行小字注。高昌國時期。

參：《旅博選粹》，67；橘堂晃一2006a，93；鄭阿財2019，176。

LM20-1454-17-01 《佛説迴向輪經》

唐尸羅達摩譯，CBETA，T19，no.998，p.577，c14–15。唐時期。

LM20-1454-17-02 《大智度論》卷四

姚秦鳩摩羅什譯，CBETA，T25，no.1509，p.92，a9–12。高昌國時期。

LM20-1454-17-03 《佛頂尊勝陀羅尼經》

唐佛陀波利譯，CBETA，T19，no.967，p.352，c2–8。唐時期。

LM20-1454-17-04 《大般涅槃經》卷一一

北涼曇無讖譯，CBETA，T12，no.374，p.431，c1–2。唐時期。

LM20-1454-17-05 《妙法蓮華經》卷四

姚秦鳩摩羅什譯，CBETA，T09，no.262，p.29，a5–10，"賈"作"價"。高昌國時期。

LM20-1454-17-06 《放光般若經》卷一九

西晉無羅叉譯，CBETA，T08，no.221，p.135，c25–p.136，a1，"得道佛"作"得道"。高昌國時期。

LM20-1454-17-07 《妙法蓮華經》卷三

姚秦鳩摩羅什譯, CBETA, T09, no.262, p.26, a18–21。唐時期。

LM20-1454-17-08 《大般涅槃經》卷三六

劉宋慧嚴等譯, CBETA, T12, no.375, p.848, b25–c3。唐時期。

LM20-1454-17-09 《妙法蓮華經》卷四

姚秦鳩摩羅什譯, CBETA, T09, no.262, p.28, c28–p.29, a5, "憤"作"責"。高昌國時期。

LM20-1454-17-10 《維摩詰所説經》卷上

姚秦鳩摩羅什譯, CBETA, T14, no.475, p.543, c26–p.544, a3。唐時期。

參: 王梅 2006, 152。

LM20-1454-17-11 《佛説無常三啓經》

作者不詳, CBETA, T85, no.2912, p.1458, c13–22。唐時期。

LM20-1454-18-01 《妙法蓮華經》卷五

姚秦鳩摩羅什譯, CBETA, T09, no.262, p.45, a13–23。唐時期。

LM20-1454-18-02 《大般涅槃經》卷二一

北涼曇無讖譯, CBETA, T12, no.374, p.488, a11–16。唐時期。

LM20-1454-18-03 《大般涅槃經》卷三八

北涼曇無讖譯, CBETA, T12, no.374, p.589, b29–c4。高昌國時期。

LM20-1454-18-04 《大般若波羅蜜多經》卷一八七

唐玄奘譯, 此段文字多處可見。唐時期。

LM20-1454-18-05 《大般若波羅蜜多經》卷三三二

唐玄奘譯, CBETA, T06, no.220, p.700, a24–28。唐時期。

LM20-1454-18-06 《妙法蓮華經》卷六

姚秦鳩摩羅什譯, CBETA, T09, no.262, p.50, b23–c1。高昌國時期。

LM20-1454-18-07 《大方等大集經菩薩念佛三昧分》卷五

隋達磨笈多譯, CBETA, T13, no.415, p.849, c28–p.850, a3, "令"作"今"。唐時期。

LM20-1454-18-08 《佛説觀佛三昧海經》卷九

東晉佛陀跋陀羅譯, CBETA, T15, no.643, p.689, c17–21。高昌國時期。

LM20-1454-18-09 《大般涅槃經》卷七

北涼曇無讖譯, CBETA, T12, no.374, p.408, b27–c2。高昌國時期。

LM20-1454-18-10 《文殊師利所説摩訶般若波羅蜜經》卷上

梁曼陀羅仙譯, CBETA, T8, no.232, p.726, b9–13。唐時期。

LM20-1454-18-11 《妙法蓮華經》卷三

姚秦鳩摩羅什譯, CBETA, T09, no.262, p.25, b14–19。唐時期。

LM20-1454-18-12 《大般涅槃經》卷八

北涼曇無讖譯，CBETA, T12, no.374, p.413, a18–21。高昌國時期。

LM20-1454-18-13　《妙法蓮華經》卷七

姚秦鳩摩羅什譯，CBETA, T09, no.262, p.60, b11–17。唐時期。

LM20-1454-19-01　《大方廣佛華嚴經》卷三四（五十卷本）

東晉佛陀跋陀羅譯，《中華大藏經》第12册，408a14–b7；參 CBETA, T09, no.278, p.651, a13–27。高昌國時期。

LM20-1454-19-02　佛典殘片

高昌國時期。

參:《旅博選粹》, 23。

LM20-1454-19-03　《大般涅槃經》卷八

北涼曇無讖譯，CBETA, T12, no.374, p.412, b27–c5。唐時期。

LM20-1454-19-04　《大寶積經》卷六

唐菩提流志譯，CBETA, T11, no.310, p.33, b22–26。唐時期。

LM20-1454-19-05　《金剛般若波羅蜜經》

姚秦鳩摩羅什譯，CBETA, T08, no.235, p.750, a6–7。唐時期。

LM20-1454-19-06　《放光般若經》注疏

參西晉無羅叉譯《放光般若經》卷一四，CBETA, T08, no.221, p.99, b22–23。有雙行小字注。高昌國時期。

LM20-1454-19-07　《佛本行集經》卷五

隋闍那崛多譯，CBETA, T03, no.190, p.673, b18–24。唐時期。

參: 段真子 2019, 145。

LM20-1454-19-08　《金剛般若波羅蜜經》

元魏菩提流支譯，CBETA, T08, no.236a, p.755, b20–24。高昌國時期。

LM20-1454-19-09　《金光明經》卷三

北涼曇無讖譯，CBETA, T16, no.663, p.347, c5–9, "飢" 作 "肥"。唐時期。

LM20-1454-20-01　《妙法蓮華經》卷二

姚秦鳩摩羅什譯，CBETA, T09, no.262, p.18, b23–c10, "之" 作 "足"。高昌國時期。

LM20-1454-20-02　《大般若波羅蜜多經》卷一二八

唐玄奘譯，CBETA, T05, no.220, p.701, b24–29。唐時期。

LM20-1454-20-03　《金剛般若波羅蜜經論》卷中

隋達摩笈多譯，CBETA, T25, no.1510b, p.776, a12–15。高昌國時期。

LM20-1454-20-04　《佛本行集經》卷二一

隋闍那崛多譯，CBETA, T03, no.190, p.749, c15–18。唐時期。

參: 段真子 2019, 168。

LM20-1454-20-05　《天地八陽神咒經》

唐義浄譯，CBETA, T85, no.2897, p.1423, a29-b9，"若有"作"若"。西州回鶻時期。

LM20-1454-20-06　佛名經

唐時期。

LM20-1454-20-07　佛典殘片

高昌國時期。

LM20-1454-20-08　《金光明經》卷三

北涼曇無讖譯，CBETA, T16, no.663, p.348, b29-c1。唐時期。

LM20-1454-21-01　《大般涅槃經》卷四

北涼曇無讖譯，CBETA, T12, no.374, p.389, b18-22。高昌國時期。

參：《旅博選粹》，47; 王宇、王梅 2006b, 53。

LM20-1454-21-02a　《撰集百緣經》卷一〇

吳支謙譯，CBETA, T04, no.200, p.252, c8-a4，"創"作"瘡"。唐時期。

LM20-1454-21-02b　《妙法蓮華經》卷一

姚秦鳩摩羅什譯，CBETA, T09, no.262, p.10, a10-18。唐時期。

LM20-1454-21-03　《大般若波羅蜜多經》卷五二七

唐玄奘譯，CBETA, T07, no.220, p.703, c16-22。唐時期。

LM20-1454-21-04　佛典注疏

第 3-4 行出元魏菩提留支譯《入楞伽經》卷八，CBETA, T16, no.671, p.560, c8-10。唐時期。

LM20-1454-21-05　《妙法蓮華經》卷二

姚秦鳩摩羅什譯，CBETA, T09, no.262, p.12, a12-19。唐時期。

LM20-1454-21-06　《大般涅槃經》卷二三

北涼曇無讖譯，CBETA, T12, no.374, p.500, a17-24。高昌國時期。

LM20-1454-21-07　《佛本行集經》卷五

隋闍那崛多譯，CBETA, T03, no.190, p.676, b1-5。唐時期。

參：段真子 2019, 165。

LM20-1454-22-01　《維摩詰所説經》卷中

姚秦鳩摩羅什譯，CBETA, T14, no.475, p.547, a2-9。唐時期。

LM20-1454-22-02　《千手千眼觀世音菩薩廣大圓滿無礙大悲心陀羅尼經》

唐伽梵達摩譯，CBETA, T20, no.1060, p.109, b24-29，"名者"作"名字者"，"當"作"尚"，"何咒"作"何況"。第 3 行"佛"爲朱筆。唐時期。

參：《旅博選粹》，137。

LM20-1454-22-03　《摩訶般若波羅蜜經》卷二四

姚秦鳩摩羅什譯，CBETA, T08, no.223, p.400, a10–14。高昌國時期。

LM20-1454-22-04a　《大般若波羅蜜多經》卷四

唐玄奘譯，CBETA, T05, no.220, p.17, b15–19。唐時期。

LM20-1454-22-04b　《文殊師利問菩薩經》注

參姚秦鳩摩羅什譯《文殊師利問菩提經》，CBETA, T14, no.464, p.481, c16–18。有雙行小字注。高昌國時期。

參：《旅博選粹》, 167; 橘堂晃一 2006a, 97–98、103。

LM20-1454-22-05　《大般若波羅蜜多經》卷四

唐玄奘譯，CBETA, T05, no.220, p.17, b15–17。唐時期。

LM20-1454-22-06　《合部金光明經》卷二

梁真諦譯，隋寶貴合，CBETA, T16, no.664, p.370, a12–20。唐時期。

LM20-1454-22-07　《金光明經》卷二

北涼曇無讖譯，CBETA, T16, no.663, p.342, b25–c9。唐時期。

LM20-1454-22-08　《大般若波羅蜜多經》卷四

唐玄奘譯，CBETA, T05, no.220, p.17, b15–19。唐時期。

LM20-1454-23-01　《大般涅槃經》卷七

北涼曇無讖譯，CBETA, T12, no.374, p.404, a18–20, 第 2 行 "無" 作 "不"。高昌國時期。

LM20-1454-23-02　《妙法蓮華經》卷四

姚秦鳩摩羅什譯，CBETA, T09, no.262, p.28, c10–22。唐時期。

LM20-1454-23-03　《妙法蓮華經》卷一

姚秦鳩摩羅什譯，CBETA, T09, no.262, p.3, a12–21。唐時期。

LM20-1454-23-04　《四分律删補隨機羯磨》卷上

唐道宣集，CBETA, T40, no.1808, p.492, c9–13。唐時期。

參：《旅博選粹》, 149; 朱義德 2020, 112。

LM20-1454-23-05　《佛本行集經》卷五

隋闍那崛多譯，CBETA, T03, no.190, p.673, a18–22。唐時期。

參：段真子 2019, 144。

LM20-1454-23-06　《撰集百緣經》卷四

吳支謙譯，CBETA, T04, no.200, p.217, c1–5。唐時期。

LM20-1454-23-07　《大般涅槃經》卷二二

北涼曇無讖譯，CBETA, T12, no.374, p.498, a20–27。唐時期。

LM20-1454-23-08　《大般涅槃經》卷八

劉宋慧嚴等譯，CBETA, T12, no.375, p.654, a2–7。唐時期。

LM20-1454-23-09　《佛説灌頂經》卷一二

東晉帛尸梨蜜多羅譯, CBETA, T21, no.1331, p.534, c18–28。唐時期。

LM20-1454-23-10　《佛説廣博嚴净不退轉輪經》卷一

劉宋智嚴譯, CBETA, T09, no.268, p.255, b18–23。高昌國時期。

LM20-1454-24-01　《金剛般若波羅蜜經》

元魏菩提流支譯, CBETA, T08, no.236a, p.753, b25–c1。唐時期。

LM20-1454-24-02　《小品般若波羅蜜經》卷七

姚秦鳩摩羅什譯, CBETA, T08, no.227, p.567, b1–8, "炎"作"焰", "得非"作"非"。
高昌國時期。

參:《旅博選粹》, 34; 孫傳波 2006, 190。

LM20-1454-24-03　《妙法蓮華經》卷一

姚秦鳩摩羅什譯, CBETA, T09, no.262, p.7, c2–8。唐時期。

LM20-1454-24-04　《大般涅槃經》卷三八

北涼曇無讖譯, CBETA, T12, no.374, p.589, c4–11。高昌國時期。

LM20-1454-24-05　《合部金光明經》卷三

梁真諦譯, 隋寶貴合, CBETA, T16, no.664, p.375, b14–15。唐時期。

LM20-1454-24-06　《妙法蓮華經》卷六

姚秦鳩摩羅什譯, CBETA, T09, no.262, p.49, c18–22。高昌國時期。

LM20-1454-24-07　《妙法蓮華經》卷五

姚秦鳩摩羅什譯, CBETA, T09, no.262, p.44, a9–12。高昌國時期。

LM20-1454-24-08　《賢愚經》卷六

元魏慧覺等譯, CBETA, T04, no.202, p.393, c8–18, "秦言"作"此言", "當"作"自當",
"差"作"瘥", "婢"作"其婢"。高昌國時期。

參:《旅博選粹》, 73。

LM20-1454-24-09　《菩薩地持經》卷九

北涼曇無讖譯, CBETA, T30, no.1581, p.940, b8–12。高昌國時期。

LM20-1454-25-01　《救疾經》

作者不詳, CBETA, T85, no.2878, p.1362, a29–b3。唐時期。

參: 馬俊傑 2019, 444。

LM20-1454-25-02　佛典注疏

有雙行小字注。唐時期。

LM20-1454-25-03　《妙法蓮華經》卷四

姚秦鳩摩羅什譯, CBETA, T09, no.262, p.29, a6–10。高昌國時期。

LM20-1454-25-04a　《妙法蓮華經》卷五

姚秦鳩摩羅什譯，CBETA, T09, no.262, p.39, a10-12。唐時期。

LM20-1454-25-04b 《阿毗曇毗婆沙論》卷二七

北涼浮陀跋摩、道泰譯，CBETA, T28, no.1546, p.199, b1-7，"行"作"立行"。高昌國時期。

LM20-1454-25-05 《大方等大集經》卷一二

北涼曇無讖譯，CBETA, T13, no.397, p.75, a9-14，"説"作"宣"。高昌國時期。

LM20-1454-25-06 《妙法蓮華經》卷二

姚秦鳩摩羅什譯，CBETA, T09, no.262, p.15, b22-28。唐時期。

LM20-1454-25-07 《大智度論》卷三

姚秦鳩摩羅什譯，CBETA, T25, no.1509, p.81, a17-19。高昌國時期。

LM20-1454-25-08 《大般涅槃經》卷一二

北涼曇無讖譯，CBETA, T12, no.374, p.436, a11-17。高昌國時期。

LM20-1454-25-09 《佛説仁王般若波羅蜜經》卷下

姚秦鳩摩羅什譯，CBETA, T08, no.245, p.830, c27-29。高昌國時期。

LM20-1454-25-10 《金光明最勝王經》卷七

唐義凈譯，CBETA, T16, no.665, p.433, b16-23。唐時期。

LM20-1454-25-11 《大般涅槃經》卷八

北涼曇無讖譯，CBETA, T12, no.374, p.410, a8-15，"智者而諸"作"智者而作"。高昌國時期。

參：《旅博選粹》，49。

LM20-1454-26-01 《妙法蓮華經》卷四

姚秦鳩摩羅什譯，CBETA, T09, no.262, p.30, a1-7。唐時期。

LM20-1454-26-02 《佛頂尊勝陀羅尼經序》

唐志静述，CBETA, T19, no.967, p.349, b17-21，"到"作"却"。唐時期。

LM20-1454-26-03 《大般涅槃經》卷三八

北涼曇無讖譯，CBETA, T12, no.374, p.590, b8-13，"愍時念"作"悲念時"。高昌國時期。

LM20-1454-26-04 《大方廣佛華嚴經》卷二二（五十卷本）

東晉佛陀跋陀羅譯，《中華大藏經》第12冊，278b19-c2；參 CBETA, T09, no.278, p.571, c27-a1。高昌國時期。

LM20-1454-26-05 《大般涅槃經》卷三

北涼曇無讖譯，CBETA, T12, no.374, p.385, a14-18。高昌國時期。

LM20-1454-26-06 《大般涅槃經》卷三四

北涼曇無讖譯，CBETA, T12, no.374, p.567, c20-25。高昌國時期。

LM20-1454-26-07 《大般涅槃經》卷四〇

北涼曇無讖譯, CBETA, T12, no.374, p.600, a6–12。唐時期。

LM20-1454-26-08　《大般涅槃經》卷一三

北涼曇無讖譯, CBETA, T12, no.374, p.444, b29–c6。高昌國時期。

LM20-1454-26-09　《佛説廣博嚴浄不退轉輪經》卷一

劉宋智嚴譯, CBETA, T09, no.268, p.255, b17–18。高昌國時期。

LM20-1454-26-10　《妙法蓮華經》卷七

姚秦鳩摩羅什譯, CBETA, T09, no.262, p.57, c6–14。唐時期。

LM20-1454-26-11　《正法念處經》卷六二

元魏般若流支譯, CBETA, T17, no.721, p.372, a15–21。唐時期。

LM20-1454-27-01　《妙法蓮華經》卷四

姚秦鳩摩羅什譯, CBETA, T09, no.262, p.31, a10–b4, 第 5 行 "持經" 作 "能受", 第 6 行 "若有" 作 "諸有", 第 8 行 "以應天" 作 "應以天"。高昌國時期。

LM20-1454-27-02　《妙法蓮華經》卷一

姚秦鳩摩羅什譯, CBETA, T09, no.262, p.7, a4–15。唐時期。

LM20-1454-27-03　《道行般若經》卷五

後漢支婁迦讖譯, CBETA, T08, no.224, p.449, b5–9, "狹" 作 "大"。高昌國時期。

LM20-1454-27-04　《小品般若波羅蜜經》卷一〇

姚秦鳩摩羅什譯, CBETA, T08, no.227, p.580, b16–23, "生諸佛" 作 "不生無佛"。高昌國時期。

LM20-1454-27-05　《摩訶般若波羅蜜經》卷七

姚秦鳩摩羅什譯, CBETA, T08, no.223, p.273, c16–20。高昌國時期。

LM20-1454-27-06　《增壹阿含經》卷三八

東晉僧伽提婆譯, CBETA, T02, no.125, p.759, c17–19。唐時期。

LM20-1454-27-07　《摩訶般若波羅蜜經》卷五

姚秦鳩摩羅什譯, CBETA, T08, no.223, p.253, c11–16。唐時期。

LM20-1454-27-08　《大方廣佛華嚴經》卷二八（五十卷本）

東晉佛陀跋陀羅譯, 《中華大藏經》第 12 册, 340a–9; 參 CBETA, T09, no.278, p.608, a21–b1。高昌郡時期。

參:《旅博選粹》, 45。

LM20-1454-28-01　《大般涅槃經》卷三九

北涼曇無讖譯, CBETA, T12, no.374, p.597, a5–11。高昌國時期。

LM20-1454-28-02a　《佛説灌頂經》卷六

東晉帛尸梨蜜多羅譯, CBETA, T21, no.1331, p.513, a13–17。唐時期。

LM20-1454-28-02b　《雜寶藏經》卷六

元魏吉迦夜、曇曜譯，CBETA，T04，no.203，p.477，c18–23。高昌國時期。

LM20-1454-28-03　《大般涅槃經》卷一五

北涼曇無讖譯，CBETA，T12，no.374，p.451，b15–22，"耶"作"夜"，"婆"作"波"。唐時期。

LM20-1454-28-04　佛典注疏

唐時期。

LM20-1454-28-05　《大般若波羅蜜多經》卷二九二

唐玄奘譯，CBETA，T06，no.220，p.486，a2–5，"忘"作"妄"。唐時期。

LM20-1454-28-06　《大般涅槃經》卷一六

北涼曇無讖譯，CBETA，T12，no.374，p.459，b8–14。高昌國時期。

LM20-1454-28-07　《維摩詰所説經》卷上

姚秦鳩摩羅什譯，CBETA，T14，no.475，p.542，b7–11。唐時期。

LM20-1454-28-08　《妙法蓮華經》卷六

姚秦鳩摩羅什譯，CBETA，T09，no.262，p.51，b21–26。高昌國時期。

LM20-1454-29-01　《摩訶僧祇律》卷九

東晉佛陀跋陀羅、法顯譯，CBETA，T22，no.1425，p.300，c13–20，"理"作"里"，"不净"作"不净衣"。高昌國時期。

LM20-1454-29-02　《添品妙法蓮華經》卷七

隋闍那崛多、達摩笈多譯，CBETA，T09，no.264，p.191，c13–16。唐時期。

LM20-1454-29-03　《大般涅槃經》卷二九

北涼曇無讖譯，CBETA，T12，no.374，p.536，c4–8。唐時期。

LM20-1454-29-04　佛名經

参譯者不詳《十方千五百佛名經》，CBETA，T14，no.442，p.312，c28–a1。高昌國時期。

LM20-1454-29-05　《妙法蓮華經》卷七

姚秦鳩摩羅什譯，CBETA，T09，no.262，p.60，a29–b7。高昌國時期。

LM20-1454-29-06　《妙法蓮華經》卷四

姚秦鳩摩羅什譯，CBETA，T09，no.262，p.33，b14–21。唐時期。

LM20-1454-29-07　《佛説灌頂經》卷一一

東晉帛尸梨蜜多羅譯，CBETA，T21，no.1331，p.532，a22–23。唐時期。

LM20-1454-29-08　《妙法蓮華經》卷三

姚秦鳩摩羅什譯，CBETA，T09，no.262，p.22，b24–25。唐時期。

LM20-1454-29-09　《大般涅槃經》卷二四

北涼曇無讖譯，CBETA，T12，no.374，p.505，b1–6。高昌國時期。

LM20-1454-29-10　《太上洞玄靈寶三元玉京玄都大獻經》

原不題撰人，唐玄嶷《甄正論》稱劉無待造。《正統道藏》第6册，269a2–b5，"考"作"拷"，

"八難"作"五苦","毒"作"痛","共衆"作"如蒙"。最後 2 行亦見於敦煌本 S.3061 第 1、2 行。唐時期。

參: 趙洋 2017a, 188; 趙洋 2017b, 201-202。

LM20-1454-30-01 《大般涅槃經》卷三四

北涼曇無讖譯, CBETA, T12, no.374, p.568, a22-28。高昌國時期。

LM20-1454-30-02 殘片

"五明佛"見於《摩尼教下部讚》。西州回鶻時期。

LM20-1454-30-03 《妙法蓮華經》卷五

姚秦鳩摩羅什譯, CBETA, T09, no.262, p.43, c18-22。唐時期。

LM20-1454-30-04 《妙法蓮華經》卷七

姚秦鳩摩羅什譯, CBETA, T09, no.262, p.61, a25-b1。唐時期。

LM20-1454-30-05 《妙法蓮華經》卷六

姚秦鳩摩羅什譯, CBETA, T09, no.262, p.49, b24-28。唐時期。

LM20-1454-30-06 《雜阿毗曇心論》卷五

劉宋僧伽跋摩等譯, CBETA, T28, no.1552, p.914, c4-10。高昌國時期。

LM20-1454-30-07 《大智度論》卷二四

姚秦鳩摩羅什譯, CBETA, T25, no.1509, p.236, a4-10, "政"作"正"。高昌郡時期。

參:《旅博選粹》, 21。

LM20-1454-30-08 《諸法最上王經》

隋闍那崛多譯, CBETA, T17, no.824, p.864, a24-26。唐時期。

LM20-1454-30-09 《文殊師利所説摩訶般若波羅蜜經》卷下

梁曼陀羅仙譯, CBETA, T08, no.232, p.730, a8-15, "朴"作"鋌"。唐時期。

LM20-1454-31-01 《大方廣佛華嚴經》卷一八

唐實叉難陀譯, CBETA, T10, no.279, p.96, a26-b7。唐時期。

LM20-1454-31-02 《妙法蓮華經》卷一

姚秦鳩摩羅什譯, CBETA, T09, no.262, p.8, c27-a2, "臘"作"鑞"。唐時期。

LM20-1454-31-03 《四分律》卷二四

姚秦佛陀耶舍、竺佛念等譯, CBETA, T22, no.1428, p.734, a25-b13, 第 1 行"須"作"我須", "賈"作"價", "坐"作"坐時"。高昌國時期。

LM20-1454-31-04 《妙法蓮華經》卷一

姚秦鳩摩羅什譯, CBETA, T09, no.262, p.7, a5-10, "如"作"汝"。高昌國時期。

LM20-1454-31-05 《摩訶般若波羅蜜經》卷一四

姚秦鳩摩羅什譯, CBETA, T08, no.223, p.323, c21-22。高昌國時期。

LM20-1454-31-06 《佛説仁王般若波羅蜜經》卷下

姚秦鳩摩羅什譯，CBETA, T08, no.245, p.830, b6–17。唐時期。

LM20-1454-31-07　《妙法蓮華經》卷一

姚秦鳩摩羅什譯，CBETA, T09, no.262, p.4, a25–29。唐時期。

LM20-1454-31-08　《妙法蓮華經》卷二

姚秦鳩摩羅什譯，CBETA, T09, no.262, p.14, a26–b8。唐時期。

LM20-1454-31-09　《大方廣佛華嚴經》卷一四

東晉佛陀跋陀羅譯，CBETA, T09, no.278, p.489, b15–20。最後二字"無量"下草書"下空"二字係補足空白。唐時期。

LM20-1454-32-01　《大智度論》卷一二

姚秦鳩摩羅什譯，CBETA, T25, no.1509, p.145, b2–7。唐時期。

LM20-1454-32-02　《大智度論》卷二○

姚秦鳩摩羅什譯，CBETA, T25, no.1509, p.209, b7–12。高昌郡時期。

參：《旅博選粹》，20。

LM20-1454-32-03　　佛典注疏

參隋慧遠撰《大乘義章》卷一四，CBETA, T44, no.1851, p.755, c28–p.756, c27–a5；唐窺基撰《大乘法苑義林章》卷五，CBETA, T45, no.1861, p.331, b14–18。高昌國時期。

LM20-1454-32-04　《大般涅槃經》卷九

北涼曇無讖譯，CBETA, T12, no.374, p.418, a16–24，"創"作"瘡"。高昌國時期。

LM20-1454-32-05　《佛説觀藥王藥上二菩薩經》

劉宋畺良耶舍譯，CBETA, T20, no.1161, p.661, a27–b3。唐時期。

LM20-1454-32-06　《妙法蓮華經》卷一

姚秦鳩摩羅什譯，CBETA, T09, no.262, p.2, c18–a3。唐時期。

LM20-1454-32-07　《妙法蓮華經》卷一

姚秦鳩摩羅什譯，CBETA, T09, no.262, p.8, b8–18，"胎受"作"受胎"。高昌國時期。

LM20-1454-33-01　《摩訶般若波羅蜜經》卷二五

姚秦鳩摩羅什譯，CBETA, T08, no.223, p.404, a23–29。高昌國時期。

LM20-1454-33-02　《四分律》卷二○

姚秦佛陀耶舍、竺佛念等譯，CBETA, T22, no.1428, p.703, a1–7。唐時期。

LM20-1454-33-03　《摩訶般若波羅蜜經》卷二二

姚秦鳩摩羅什譯，CBETA, T08, no.223, p.377, b24–c3，"已净三世慧"作"已净三世慧净三世慧"。高昌國時期。

LM20-1454-33-04　《大般涅槃經》卷二五

北涼曇無讖譯，CBETA, T12, no.374, p.517, b15–19。唐時期。

LM20-1454-33-05　《大般涅槃經》卷一一

北涼曇無讖譯, CBETA, T12, no.374, p.429, a6–13。高昌國時期。

LM20-1454-33-06　《妙法蓮華經》卷七

姚秦鳩摩羅什譯, CBETA, T09, no.262, p.56, c21–24。唐時期。

LM20-1454-33-07　《佛説四輩經》

西晉竺法護譯, CBETA, T17, no.769, p.706, a6–10, "調"作"調弄"。唐時期。

LM20-1454-33-08　《合部金光明經》卷六

北涼曇無讖譯, 隋寶貴合, CBETA, T16, no.664, p.387, b16–23, "嗌"作"姪"。唐時期。

LM20-1454-33-09　《妙法蓮華經》卷三

姚秦鳩摩羅什譯, CBETA, T09, no.262, p.22, a21–25。唐時期。

LM20-1454-33-10　佛典殘片

高昌國時期。

參:《旅博選粹》, 157。

LM20-1454-34-01　《佛説仁王般若波羅蜜經》卷上

姚秦鳩摩羅什譯, CBETA, T08, no.245, p.826, b12–19。高昌國時期。

LM20-1454-34-02　《大方廣佛華嚴經》卷三四（五十卷本）

東晉佛陀跋陀羅譯,《中華大藏經》第 12 册, 407a12–17; 參 CBETA, T09, no.278, p.650, a25–b1。高昌國時期。

LM20-1454-34-03　《大般涅槃經》卷三八

北涼曇無讖譯, CBETA, T12, no.374, p.589, b29–c5, "是離"作"離是"。高昌國時期。

LM20-1454-34-04　《妙法蓮華經》卷四

姚秦鳩摩羅什譯, CBETA, T09, no.262, p.33, b13–15。唐時期。

LM20-1454-34-05　《大方等陀羅尼經》卷二

北涼法衆譯, CBETA, T21, no.1339, p.650, b14–16。高昌國時期。

LM20-1454-34-06　《摩訶般若波羅蜜經》卷一九

姚秦鳩摩羅什譯, CBETA, T08, no.223, p.357, b25–c8。高昌國時期。

參:《旅博選粹》, 73。

LM20-1454-34-07　《妙法蓮華經》卷一

姚秦鳩摩羅什譯, CBETA, T09, no.262, p.8, b11–19。唐時期。

LM20-1454-34-08　《大般涅槃經》卷九

北涼曇無讖譯, CBETA, T12, no.374, p.419, b12–20。高昌郡時期。

參:《旅博選粹》, 15。

LM20-1454-34-09　《妙法蓮華經》卷四

姚秦鳩摩羅什譯, CBETA, T09, no.262, p.33, c18–28。高昌郡時期。

參:《旅博選粹》, 39。

LM20-1454-34-10　《妙法蓮華經》卷二

姚秦鳩摩羅什譯，CBETA，T09，no.262，p.14，c2-6。有貼附殘片，有"是一"等字，無法揭取。唐時期。

LM20-1454-35-01　《摩訶般若波羅蜜經》卷七

姚秦鳩摩羅什譯，CBETA，T08，no.223，p.275，a13-19。高昌國時期。

LM20-1454-35-02　《雜阿毗曇心論》卷五

劉宋僧伽跋摩等譯，CBETA，T28，no.1552，p.911，a16-23。高昌國時期。

LM20-1454-35-03　《中本起經》卷上

後漢曇果、康孟詳譯，CBETA，T04，no.196，p.155，b19-21。高昌郡時期。

參：《旅博選粹》，28。

LM20-1454-35-04　《大般涅槃經》卷二七

北涼曇無讖譯，CBETA，T12，no.374，p.526，a22-27，"無名字"作"名無名"。唐時期。

LM20-1454-35-05　佛典注疏

唐時期。

LM20-1454-35-06　《金光明經》卷四

北涼曇無讖譯，CBETA，T16，no.663，p.354，a3-8。高昌國時期。

LM20-1454-35-07　《摩訶般若波羅蜜經》卷二二

姚秦鳩摩羅什譯，CBETA，T08，no.223，p.381，b11-17。高昌國時期。

LM20-1454-35-08　《雜阿毗曇心論》卷五

劉宋僧伽跋摩等譯，CBETA，T28，no.1552，p.908，b16-24。高昌國時期。

LM20-1454-35-09　《金光明經》卷一

北涼曇無讖譯，CBETA，T16，no.663，p.336，c5-14。唐時期。

LM20-1454-36-01　《大般涅槃經》卷三〇

北涼曇無讖譯，CBETA，T12，no.374，p.542，b29-c10。高昌國時期。

LM20-1454-36-02　《大般涅槃經》卷二四

北涼曇無讖譯，CBETA，T12，no.374，p.507，c6-11。高昌國時期。

LM20-1454-36-03　《放光般若經》卷二〇

西晉無羅叉譯，CBETA，T08，no.221，p.142，b26-c2，"辱"作"蓐"。高昌國時期。

LM20-1454-36-04　佛典論疏

唐時期。

LM20-1454-36-05　《菩薩戒要略勸善文》

存首題。西州回鶻時期。

參：《旅博選粹》，178；《旅博研究》，221。

LM20-1454-36-06　《大般涅槃經義記》卷一

隋慧遠述，CBETA, T37, no.1764, p.619, c4–10。唐時期。

LM20-1454-36-07 《大通方廣懺悔滅罪莊嚴成佛經》卷下

作者不詳，CBETA, T85, no.2871, p.1351, b6–7。唐時期。

LM20-1454-36-08 《維摩詰所説經》卷中

姚秦鳩摩羅什譯，CBETA, T14, no.475, p.550, a29–b27。尾題"經卷中釋沙（後殘）"。高昌國時期。

LM20-1454-37-01 《大般若波羅蜜多經》卷一二八

唐玄奘譯，CBETA, T05, no.220, p.700, c21–26。唐時期。

LM20-1454-37-02 《佛説首楞嚴三昧經》卷上

姚秦鳩摩羅什譯，CBETA, T15, no.642, p.633, b7–12。高昌國時期。

LM20-1454-37-03 《入楞伽經》卷一

元魏菩提流支譯，CBETA, T16, no.671, p.518, a26–b2。高昌國時期。

LM20-1454-37-04 《涅槃經會疏》卷三〇

北涼曇無讖譯，東晉慧嚴、慧觀、謝靈運重治，CBETA, X36, no.659, p.751, a15–20。高昌國時期。

LM20-1454-37-05 《大方廣佛華嚴經》卷一三（五十卷本）

東晉佛陀跋陀羅譯，《中華大藏經》第 12 册, 163a14–22; 參 CBETA, T09, no.278, p.500, c12–19。高昌國時期。

LM20-1454-37-06 《大般涅槃經》卷三五

北涼曇無讖譯，CBETA, T12, no.374, p.574, a28–b6，"集"作"習"。尾部有"□敬造"三字。唐時期。

LM20-1454-37-07 《妙法蓮華經》卷七

姚秦鳩摩羅什譯，CBETA, T09, no.262, p.56, c18–24。唐時期。

LM20-1454-37-08 《妙法蓮華經》卷一

姚秦鳩摩羅什譯，CBETA, T09, no.262, p.9, b6–23。唐時期。

LM20-1454-37-09 《摩訶般若波羅蜜經》卷一

姚秦鳩摩羅什譯，CBETA, T08, no.223, p.218, a29–b4，"覺"作"我"。高昌國時期。

LM20-1454-38-01 《諸佛要集經》卷上

西晉竺法護譯，CBETA, T17, no.810, p.759, a7–15。唐時期。

參：《旅博選粹》, 136。

LM20-1454-38-02 《阿毗曇毗婆沙論》卷二一

北涼浮陀跋摩、道泰譯，CBETA, T28, no.1546, p.155, c14–19。高昌國時期。

LM20-1454-38-03 《妙法蓮華經》卷二

姚秦鳩摩羅什譯，CBETA, T09, no.262, p.16, b15–25。唐時期。

LM20-1454-38-04　《妙法蓮華經》卷六

姚秦鳩摩羅什譯，CBETA, T09, no.262, p.52, b15–21。高昌國時期。

LM20-1454-38-05　《摩訶般若波羅蜜經》卷二五

姚秦鳩摩羅什譯，CBETA, T08, no.223, p.404, c14–19。高昌國時期。

LM20-1454-38-06　《維摩詰所説經》卷中

姚秦鳩摩羅什譯，CBETA, T14, no.475, p.547, a23–27。左側有“□第二”。高昌國時期。

LM20-1454-38-07　《請觀世音菩薩消伏毒害陀羅尼咒經》

東晉竺難提譯，CBETA, T20, no.1043, p.36, a25–b5。高昌國時期。

LM20-1454-38-08　《佛説灌頂經》卷一二

東晉帛尸梨蜜多羅譯，CBETA, T21, no.1331, p.534, b28–c1。唐時期。

LM20-1454-38-09　佛典殘片

參北涼曇無讖譯《大般涅槃經》卷一五，CBETA, T12, no.374, p.452, a1。唐時期。

LM20-1454-39-01　《撰集百緣經》卷一〇

吳支謙譯，CBETA, T04, no.200, p.252, c8–16。唐時期。

LM20-1454-39-02　《大般若波羅蜜多經》卷五七五

唐玄奘譯，CBETA, T07, no.220, p.970, b3–11。唐時期。

LM20-1454-39-03　《合部金光明經》卷三

梁真諦譯，隋寶貴合，CBETA, T16, no.664, p.372, c15–23。唐時期。

LM20-1454-39-04　《大方等大集經》卷五一

高齊那連提耶舍譯，CBETA, T13, no.397, p.338, a11–15。唐時期。

LM20-1454-39-05　《妙法蓮華經》卷一

姚秦鳩摩羅什譯，CBETA, T09, no.262, p.3, b4–8。唐時期。

LM20-1454-39-06　《妙法蓮華經》寫經題記

唐時期。

參：《旅博選粹》，201。

經册六

LM20-1455-01-01　《阿毗達磨順正理論》卷五四

　　唐玄奘譯, CBETA, T29, no.1562, p.647, a8–11; 唐玄奘譯《阿毗達磨藏顯宗論》卷二七, CBETA, T29, no.1563, p.908, a2–6。唐時期。

LM20-1455-01-02　《大般涅槃經》卷一

　　北涼曇無讖譯, CBETA, T12, no.374, p.366, a14–18。高昌國時期。

LM20-1455-01-03　《大般涅槃經》卷五

　　北涼曇無讖譯, CBETA, T12, no.374, p.392, c10–12。唐時期。

LM20-1455-01-04　《十地經論》卷五

　　元魏菩提流支等譯, 此段文字多處可見。高昌國時期。

LM20-1455-01-05　《摩訶般若波羅蜜經》卷二〇

　　姚秦鳩摩羅什譯, CBETA, T08, no.223, p.363, b18–19。高昌國時期。

LM20-1455-01-06　《放光般若經》卷一九

　　西晉無羅叉譯, CBETA, T08, no.221, p.139, a16–20, "佛世尊"作"世尊"。高昌國時期。

LM20-1455-01-07　《妙法蓮華經》卷二

　　姚秦鳩摩羅什譯, CBETA, T09, no.262, p.17, c8–10。唐時期。

LM20-1455-01-08　佛典殘片

　　高昌國時期。

LM20-1455-01-09　《妙法蓮華經》卷四

　　姚秦鳩摩羅什譯, CBETA, T09, no.262, p.30, a10–15。高昌郡時期。

　　參:《旅博選粹》, 38。

LM20-1455-01-10　《大般若波羅蜜多經》卷五八六

　　唐玄奘譯, CBETA, T07, no.220, p.1030, c17–19。唐時期。

LM20-1455-01-11　《雜阿毗曇心論》卷一

　　劉宋僧伽跋摩等譯, CBETA, T28, no.1552, p.872, c9–12。唐時期。

LM20-1455-01-12　《道行般若經》卷三

　　後漢支婁迦讖譯, CBETA, T08, no.224, p.440, c8–11, "云"作"芸"。高昌國時期。

　　參: 孫傳波 2006, 171。

LM20-1455-01-13　《大般涅槃經》卷一

北涼曇無讖譯，CBETA, T12, no.374, p.365, c8–10。唐時期。

LM20-1455-01-14　《大般涅槃經》卷一

北涼曇無讖譯，CBETA, T12, no.374, p.368, a18–21。高昌國時期。

LM20-1455-01-15　《大般涅槃經》卷三七

北涼曇無讖譯，CBETA, T12, no.374, p.582, a11–14。高昌國時期。

LM20-1455-01-16　《大般涅槃經》卷二一

北涼曇無讖譯，CBETA, T12, no.374, p.492, a16–19。唐時期。

LM20-1455-01-17　《大般涅槃經》卷一七

北涼曇無讖譯，CBETA, T12, no.374, p.467, c8–13。高昌國時期。

LM20-1455-01-18　《金剛般若波羅蜜經》

姚秦鳩摩羅什譯，CBETA, T08, no.235, p.751, a3–7。唐時期。

參：《旅博選粹》，153。

LM20-1455-01-19　《妙法蓮華經》卷二

姚秦鳩摩羅什譯，CBETA, T09, no.262, p.17, c22–26。唐時期。

LM20-1455-02-01　《大般涅槃經》卷二

北涼曇無讖譯，CBETA, T12, no.374, p.378, a19–23。高昌國時期。

參：《旅博選粹》，70。

LM20-1455-02-02　《大般涅槃經》卷三八

北涼曇無讖譯，CBETA, T12, no.374, p.589, a11–13。高昌國時期。

LM20-1455-02-03　《大般涅槃經》卷三七

北涼曇無讖譯，CBETA, T12, no.374, p.582, c13–15。高昌國時期。

LM20-1455-02-04　《妙法蓮華經》卷一

姚秦鳩摩羅什譯，CBETA, T09, no.262, p.2, b5–12。唐時期。

LM20-1455-02-05　《大般若波羅蜜多經》卷五七七

唐玄奘譯，CBETA, T07, no.220, p.980, b8–10。唐時期。

LM20-1455-02-06　《大般涅槃經》卷二二

北涼曇無讖譯，CBETA, T12, no.374, p.493, c17–22。高昌國時期。

LM20-1455-02-07　《大般涅槃經》卷三五

北涼曇無讖譯，CBETA, T12, no.374, p.569, c8–11。高昌國時期。

LM20-1455-02-08　《法句經》注疏

參作者不詳《佛説法句經》，CBETA, T85, no.2901, p.1433, c15–17。有單行小字注。

唐時期。

LM20-1455-02-09　《妙法蓮華經》卷一

姚秦鳩摩羅什譯，CBETA, T09, no.262, p.5, a14–20。唐時期。

LM20-1455-02-10　《妙法蓮華經》卷七

姚秦鳩摩羅什譯，CBETA, T09, no.262, p.60, c14-18，"蜜"作"密"。高昌國時期。

LM20-1455-02-11　《樂瓔珞莊嚴方便品經》

姚秦曇摩耶舍譯，CBETA, T14, no.566, p.938, b20-22。唐時期。

LM20-1455-02-12　《妙法蓮華經》卷四

姚秦鳩摩羅什譯，CBETA, T09, no.262, p.29, a3-6。唐時期。

LM20-1455-02-13　《十方千五百佛名經》

譯者不詳，CBETA, T14, no.442, p.317, c12-19，"嶮"作"燆"，"根"作"相"。唐時期。

LM20-1455-02-14　《妙法蓮華經》卷三

姚秦鳩摩羅什譯，CBETA, T09, no.262, p.26, a28-b7。唐時期。

LM20-1455-02-15　《金剛般若波羅蜜經》

元魏菩提流支譯，CBETA, T08, no.236a, p.754, c14-18。唐時期。

LM20-1455-02-16　佛名經

參元魏菩提流支譯《佛説佛名經》卷一，CBETA, T14, no.440, p.114, a9-12。西州回鶻時期。

LM20-1455-02-17　《妙法蓮華經》卷一

姚秦鳩摩羅什譯，CBETA, T09, no.262, p.9, c27-p.10, a6。唐時期。

LM20-1455-02-18　《四分律删補隨機羯磨》卷下

唐道宣集，CBETA, T40, no.1808, p.505, b12-15，"積聚不"無，"使"作"若使"，"分守"作"分與一守"，"如"作"應如"。唐時期。

LM20-1455-03-01　佛典殘片

高昌國時期。

LM20-1455-03-02　《大般涅槃經》卷三六

北涼曇無讖譯，CBETA, T12, no.374, p.580, a19-20。唐時期。

LM20-1455-03-03　《天地八陽神咒經》

唐義净譯，CBETA, T85, no.2897, p.1424, a16-19。西州回鶻時期。

LM20-1455-03-04　《大般涅槃經》卷三二

北涼曇無讖譯，CBETA, T12, no.374, p.559, c25-28。高昌國時期。

LM20-1455-03-05　《太上洞玄靈寶無量度人上品妙經》

作者不詳，約出於東晉，敦煌本 P.2606 第 247-249 行與此同。唐時期。

參：趙洋 2017a, 187; 趙洋 2017b, 193-194。

LM20-1455-03-06　《金剛般若波羅蜜經》

姚秦鳩摩羅什譯，CBETA, T08, no.235, p.751, b22-26。唐時期。

LM20-1455-03-07　《金剛般若波羅蜜經》

姚秦鳩摩羅什譯，CBETA, T08, no.235, p.751, b6-12。唐時期。

LM20-1455-03-08 《妙法蓮華經》卷六

姚秦鳩摩羅什譯，CBETA, T09, no.262, p.48, b17–21。唐時期。

LM20-1455-03-09 《大般涅槃經》卷二四

北涼曇無讖譯，CBETA, T12, no.374, p.508, c28–p.509, a3。高昌國時期。

LM20-1455-03-10 《大般涅槃經》卷三五

北涼曇無讖譯，CBETA, T12, no.374, p.573, a5–8，"蘇"作"酥"。高昌國時期。

LM20-1455-03-11 《妙法蓮華經》卷一

姚秦鳩摩羅什譯，CBETA, T09, no.262, p.7, c1–5。唐時期。

LM20-1455-03-12 《維摩詰所説經》卷上

姚秦鳩摩羅什譯，CBETA, T14, no.475, p.542, c23–28。唐時期。

LM20-1455-03-13 《五事毗婆沙論》卷下

唐玄奘譯，CBETA, T28, no.1555, p.992, a16–21。唐時期。

LM20-1455-03-14 《維摩詰所説經》卷上

姚秦鳩摩羅什譯，CBETA, T14, no.475, p.539, c16–18。唐時期。

LM20-1455-03-15 《大方廣華嚴十惡品經》

作者不詳，CBETA, T85, no.2875, p.1359, c6–10。唐時期。

LM20-1455-03-16 《妙法蓮華經》卷七

姚秦鳩摩羅什譯，CBETA, T09, no.262, p.59, b9–11。唐時期。

LM20-1455-03-17 《妙法蓮華經》卷七

姚秦鳩摩羅什譯，CBETA, T09, no.262, p.58, b23–28。唐時期。

LM20-1455-03-18 《妙法蓮華經》卷五

姚秦鳩摩羅什譯，CBETA, T09, no.262, p.39, b10–13。高昌國時期。

LM20-1455-03-19 《維摩詰所説經》卷中

姚秦鳩摩羅什譯，CBETA, T14, no.475, p.544, b2–6。有朱筆句讀。唐時期。

LM20-1455-04-01 《正法念處經》卷六二

元魏般若流支譯，CBETA, T17, no.721, p.372, a10–16。唐時期。

LM20-1455-04-02 《維摩詰所説經》卷上

姚秦鳩摩羅什譯，CBETA, T14, no.475, p.537, a29–b3。唐時期。

LM20-1455-04-03 《佛説灌頂經》卷一一

東晉帛尸梨蜜多羅譯，CBETA, T21, no.1331, p.529, c27–p.530, a2。唐時期。

LM20-1455-04-04 《大方廣佛華嚴經》卷八（五十卷本）

東晉佛陀跋陀羅譯，《中華大藏經》第 12 册，99b1–12；參 CBETA, T09, no.278, p.460, b22–c6。細字寫本。高昌國時期。

參：《旅博選粹》，43。

LM20-1455-04-05　《合部金光明經》卷一

梁真諦譯, 隋寶貴合, CBETA, T16, no.664, p.365, a3-6。高昌國時期。

LM20-1455-04-06　《金光明經》卷三

北涼曇無讖譯, CBETA, T16, no.663, p.349, a19-24。唐時期。

LM20-1455-04-07　《妙法蓮華經》卷二

姚秦鳩摩羅什譯, CBETA, T09, no.262, p.12, a10-15。唐時期。

LM20-1455-04-08　《佛説灌頂經》卷一一

東晉帛尸梨蜜多羅譯, CBETA, T21, no.1331, p.530, a24-26。唐時期。

LM20-1455-04-09　《妙法蓮華經》卷七

姚秦鳩摩羅什譯, CBETA, T09, no.262, p.61, c7-11。高昌國時期。

LM20-1455-04-10　《大方等大集經》卷一七

北涼曇無讖譯, CBETA, T13, no.397, p.120, c1-4。高昌國時期。

LM20-1455-04-11　《摩訶般若波羅蜜經》卷一

姚秦鳩摩羅什譯, CBETA, T08, no.223, p.219, b28-c3。高昌國時期。

LM20-1455-04-12　《菩薩地持經》卷八

北涼曇無讖譯, CBETA, T30, no.1581, p.938, c17-20。高昌國時期。

LM20-1455-04-13　《大智度論》卷二七

姚秦鳩摩羅什譯, CBETA, T25, no.1509, p.257, b23-26。高昌國時期。

LM20-1455-04-14　《摩訶般若波羅蜜經》卷二二

姚秦鳩摩羅什譯, CBETA, T08, no.223, p.381, a14-19。高昌國時期。

LM20-1455-04-15　《維摩詰所説經》卷中

姚秦鳩摩羅什譯, CBETA, T14, no.475, p.545, c29-p.546, a2。唐時期。

LM20-1455-04-16　佛典殘片

唐時期。

LM20-1455-05-01a　《大般涅槃經》卷三五

北涼曇無讖譯, CBETA, T12, no.374, p.573, b1-3。高昌國時期。

LM20-1455-05-01b　《大般涅槃經》卷三五

北涼曇無讖譯, CBETA, T12, no.374, p.573, a28-29。高昌國時期。

LM20-1455-05-01c　《大般涅槃經》卷三五

北涼曇無讖譯, CBETA, T12, no.374, p.573, a24-27。高昌國時期。

LM20-1455-05-02　《妙法蓮華經》卷六

姚秦鳩摩羅什譯, CBETA, T09, no.262, p.48, c8-11。唐時期。

LM20-1455-05-03　《大般涅槃經》卷二七

北涼曇無讖譯, CBETA, T12, no.374, p.522, c16-20。唐時期。

LM20-1455-05-04 《大般涅槃經》卷七

北涼曇無讖譯，CBETA，T12，no.374，p.403，a14–18。唐時期。

LM20-1455-05-05 《大般涅槃經》卷二

北涼曇無讖譯，CBETA，T12，no.374，p.373，b9–16。高昌國時期。

LM20-1455-05-06 《金剛般若波羅蜜經》

元魏菩提流支譯，CBETA，T08，no.236a，p.753，c2–5。唐時期。

LM20-1455-05-07 《大寶積經》卷五三

唐玄奘譯，CBETA，T11，no.310，p.311，b11–12。唐時期。

LM20-1455-05-08 《妙法蓮華經》卷六

姚秦鳩摩羅什譯，CBETA，T09，no.262，p.48，b28–c1。唐時期。

LM20-1455-05-09r 殘片

末行小字注年月，疑爲唐格。唐時期。

LM20-1455-05-09v 殘片

唐時期。無法揭取拍攝。

LM20-1455-05-10a 《五分戒本》

劉宋佛陀什等譯，CBETA，T22，no.1422b，p.202，a3–11。高昌國時期。

LM20-1455-05-10b 《金剛般若波羅蜜經》

元魏菩提流支譯，CBETA，T08，no.236a，p.752，c26–28。唐時期。

LM20-1455-05-11 《佛説觀無量壽佛經》

劉宋畺良耶舍譯，CBETA，T12，no.365，p.343，b8–10，“得”作“與”。高昌國時期。
參：《旅博選粹》，118；《净土集成》，42–43。

LM20-1455-05-12 佛典殘片

唐時期。

LM20-1455-05-13 《金剛般若波羅蜜經》

姚秦鳩摩羅什譯，CBETA，T08，no.235，p.751，c8–12，“相”作“諸相”。唐時期。

LM20-1455-05-14 《佛説觀佛三昧海經》卷三

東晉佛陀跋陀羅譯，CBETA，T15，no.643，p.662，c11–14。高昌國時期。

LM20-1455-05-15 《大般若波羅蜜多經》卷五九

唐玄奘譯，CBETA，T05，no.220，p.334，a16–18。唐時期。

LM20-1455-05-16 《阿毗達磨大毗婆沙論》卷四四

唐玄奘譯，CBETA，T27，no.1545，p.227，a22–24。唐時期。

LM20-1455-05-17 《妙法蓮華經》外題

姚秦鳩摩羅什譯。唐時期。

LM20-1455-05-18 《妙法蓮華經》卷五

姚秦鳩摩羅什譯, CBETA, T09, no.262, p.43, b21-c1。唐時期。

LM20-1455-05-19　《大般涅槃經》卷五

北涼曇無讖譯, CBETA, T12, no.374, p.391, c15-19, "創"作"瘡"。高昌國時期。

LM20-1455-06-01　《十誦比丘波羅提木叉戒本》

姚秦鳩摩羅什譯, CBETA, T23, no.1436, p.473, c2-9。高昌國時期。

LM20-1455-06-02　《大般涅槃經》卷一二

北涼曇無讖譯, CBETA, T12, no.374, p.437, b3-6。唐時期。

LM20-1455-06-03　《妙法蓮華經》卷五

姚秦鳩摩羅什譯, CBETA, T09, no.262, p.43, b26-28。高昌國時期。

LM20-1455-06-04　《觀無量壽佛經疏》卷一

唐善導集記, CBETA, T37, no.1753, p.246, b20-25, "以"作"能"。唐時期。

LM20-1455-06-05　《金剛般若波羅蜜經》

姚秦鳩摩羅什譯, CBETA, T08, no.235, p.749, b12-14。唐時期。

LM20-1455-06-06　佛典殘片

唐時期。

LM20-1455-06-07r　《大乘百法明門論開宗義決》

唐曇曠撰, CBETA, T85, no.2812, p.1073, a27-b6, "摩"作"磨", "斫"作"研"。西州回鶻時期。

參:《旅博選粹》, 181; 王丁2007, 158; 榮新江 2019a, 39。

LM20-1455-06-07v　殘片

唐時期。無法揭取拍攝。

LM20-1455-06-08　《佛説佛名經》卷四

譯者不詳, CBETA, T14, no.441, p.203, a27-b1, "无起"作"無發起"。高昌國時期。

LM20-1455-06-09　《妙法蓮華經》卷六

姚秦鳩摩羅什譯, CBETA, T09, no.262, p.51, c26-28。唐時期。

LM20-1455-06-10　《佛説觀佛三昧海經》卷三

東晉佛陀跋陀羅譯, CBETA, T15, no.643, p.660, c15-20, "色身"作"色"。高昌國時期。

LM20-1455-06-11　《妙法蓮華經》卷四

姚秦鳩摩羅什譯, CBETA, T09, no.262, p.30, a23-b1。唐時期。

LM20-1455-06-12　《金剛般若波羅蜜經》

姚秦鳩摩羅什譯, CBETA, T08, no.235, p.749, c29-p.750, a11。唐時期。

LM20-1455-06-13　《大般若波羅蜜多經》卷一三

唐玄奘譯, CBETA, T05, no.220, p.68, a22-25。唐時期。

LM20-1455-06-14　《菩薩地持經》卷四

北涼曇無讖譯，CBETA, T30, no.1581, p.911, a13–18。高昌國時期。

LM20-1455-06-15 《放光般若經》卷一〇

西晉無羅叉譯，CBETA, T08, no.221, p.70, c23–29。高昌國時期。

LM20-1455-06-16 《大智度論》卷一三

姚秦鳩摩羅什譯，CBETA, T25, no.1509, p.154, a7–13。高昌國時期。

LM20-1455-07-01 《漢紀》卷二六《孝成帝紀三》

參後漢荀悦撰《漢紀》，見《兩漢紀》，中華書局，2002 年，455 頁，"倉"作"蒼"，"爲"作"謂"。唐時期。

參：《旅博選粹》，174；榮新江 2007，411；馮璇 2018，2–4，13；朱玉麒、孟彥弘 2019，45。

LM20-1455-07-02 《雜阿毗曇心論》卷九

劉宋僧伽跋摩等譯，CBETA, T28, no.1552, p.945, a23–b1。高昌郡時期。

LM20-1455-07-03 《妙法蓮華經》卷四

姚秦鳩摩羅什譯，CBETA, T09, no.262, p.31, a20–23。唐時期。

LM20-1455-07-04 《合部金光明經》卷三

梁真諦譯，隋寶貴合，CBETA, T16, no.664, p.372, c13–16。唐時期。

LM20-1455-07-05 《妙法蓮華經》卷六

姚秦鳩摩羅什譯，CBETA, T09, no.262, p.46, c7–12。唐時期。

LM20-1455-07-06 空號

LM20-1455-07-07 《大般涅槃經》卷三〇

北涼曇無讖譯，CBETA, T12, no.374, p.546, c29–p.547, a1。高昌國時期。

LM20-1455-07-08 《妙法蓮華經》卷四

姚秦鳩摩羅什譯，CBETA, T09, no.262, p.29, b4–15。高昌國時期。

LM20-1455-07-09 《佛説灌頂經》卷一二

東晉帛尸梨蜜多羅譯，CBETA, T21, no.1331, p.535, a5–12，"流離"作"瑠璃"。唐時期。

LM20-1455-07-10 《四分律》卷五七

姚秦佛陀舍耶、竺佛念等譯，CBETA, T22, no.1428, p.987, b20–22。唐時期。

LM20-1455-07-11 《佛説灌頂經》卷一二

東晉帛尸梨蜜多羅譯，CBETA, T21, no.1331, p.535, a10–13，"以"作"已"。唐時期。

LM20-1455-07-12 《妙法蓮華經》卷二

姚秦鳩摩羅什譯，CBETA, T09, no.262, p.12, a6–10。唐時期。

LM20-1455-07-13 《妙法蓮華經》卷二

姚秦鳩摩羅什譯，CBETA, T09, no.262, p.11, a17–24。唐時期。

LM20-1455-07-14 《大智度論》卷六五

姚秦鳩摩羅什譯，CBETA, T25, no.1509, p.519, c23-26。高昌國時期。

LM20-1455-07-15　《舍利弗阿毗曇論》卷一六

姚秦曇摩耶舍、曇摩崛多等譯，CBETA, T28, no.1548, p.636, b22-24。高昌郡時期。

參：《旅博選粹》，63。

LM20-1455-07-16　《大方廣佛華嚴經》卷二四（五十卷本）

東晉佛陀跋陀羅譯，《中華大藏經》第 12 册，305b10-15；參 CBETA, T09, no.278, p.588, c2-7。高昌國時期。

LM20-1455-07-17　《大般涅槃經》卷五

北涼曇無讖譯，CBETA, T12, no.374, p.391, b21-24。高昌國時期。

LM20-1455-07-18　《金光明經》卷一

北涼曇無讖譯，CBETA, T16, no.663, p.338, b14-19。高昌國時期。

LM20-1455-07-19　《菩薩地持經》卷五

北涼曇無讖譯，CBETA, T30, no.1581, p.912, c20-p.913, a5，"念々"作"愛念"。高昌國時期。

LM20-1455-08-01　《中阿含經》卷六

東晉僧伽提婆譯，CBETA, T01, no.26, p.455, c23-26。唐時期。

LM20-1455-08-02　《放光般若經》卷一二

西晉無羅叉譯，CBETA, T08, no.221, p.81, c12-15，"須菩提是菩薩"作"須菩提"，"一切衆生"作"一切衆生以衆生"，"提爲世間"作"菩爲世間"。高昌國時期。

LM20-1455-08-03　《金光明經》卷三

北涼曇無讖譯，CBETA, T16, no.663, p.350, b14-22，"有力"作"有大力"。唐時期。

LM20-1455-08-04　《妙法蓮華經》卷四

姚秦鳩摩羅什譯，CBETA, T09, no.262, p.30, b5-7。唐時期。

LM20-1455-08-05　《佛説四不可得經》

西晉竺法護譯，CBETA, T17, no.770, p.707, b18-21。唐時期。

LM20-1455-08-06　《思益梵天所問經》卷二

姚秦鳩摩羅什譯，CBETA, T15, no.586, p.42, c23-28。高昌國時期。

LM20-1455-08-07　《放光般若經》卷一三

西晉無羅叉譯，CBETA, T08, no.221, p.88, b11-17。高昌國時期。

LM20-1455-08-08　《天地八陽神咒經》

唐義凈譯，CBETA, T85, no.2897, p.1424, a20-24。高昌國時期。

參：《旅博選粹》，156。

LM20-1455-08-09　《摩訶僧祇律》卷四

東晉佛陀跋陀羅、法顯譯，CBETA, T22, no.1425, p.261, b27-c3，"園内住"作"院内住"。

高昌國時期。

LM20-1455-08-10　《妙法蓮華經》卷五

姚秦鳩摩羅什譯，CBETA, T09, no.262, p.41, c10-14。高昌郡時期。

參：《旅博選粹》，13。

LM20-1455-08-11　《佛説力士移山經》

西晉竺法護譯，CBETA, T02, no.135, p.858, c4-5。唐時期。

LM20-1455-08-12　《净名經關中釋抄》卷上

唐道液撰，CBETA, T85, no.2778, p.502, c8-22。唐時期。

參：《旅博選粹》，153。

LM20-1455-08-13　《金剛般若波羅蜜經》

姚秦鳩摩羅什譯，CBETA, T08, no.235, p.750, b1-3，"即"作"則"。唐時期。

LM20-1455-08-14　《大智度論》卷八二

姚秦鳩摩羅什譯，CBETA, T25, no.1509, p.634, a24-26。高昌國時期。

LM20-1455-09-01ar　《金剛經疏》

參元魏菩提流支譯《金剛般若波羅蜜經》，CBETA, T08, no.236a, p.753, b9-10。有武周新字。唐時期。

參：《旅博選粹》，166。

LM20-1455-09-01av　金剛經注疏

參隋達磨笈多譯《金剛般若論》卷上，CBETA, T25, no.1510a, p.759, c9-10, CBETA, T25, no.1510a, p.759, c14-15。唐時期。無法揭取拍攝。

LM20-1455-09-01b　殘片

唐時期。

LM20-1455-09-02　《佛説救護身命經》

作者不詳，CBETA, T85, no.2865, p.1325, b1-7，"得"作"皆"。唐時期。

參：孟彦弘 2018, 52-53。

LM20-1455-09-03　《十二門論》

姚秦鳩摩羅什譯，CBETA, T30, no.1568, p.163, a18-22。唐時期。

參：《旅博選粹》，145。

LM20-1455-09-04　《妙法蓮華經》卷三

姚秦鳩摩羅什譯，CBETA, T09, no.262, p.26, a15-17。唐時期。

LM20-1455-09-05a　《妙法蓮華經》卷二

姚秦鳩摩羅什譯，CBETA, T09, no.262, p.11, a14-17。唐時期。

LM20-1455-09-05b　殘片

唐時期。

LM20-1455-09-06　《大般涅槃經》卷二一

北涼曇無讖譯，CBETA，T12，no.374，p.487，c9-12，"大般"作"大涅槃"。唐時期。

LM20-1455-09-07　《大般涅槃經》卷三六

北涼曇無讖譯，CBETA，T12，no.375，p.847，c27-29。唐時期。

LM20-1455-09-08　《佛説灌頂經》卷一二

東晉帛尸梨蜜多羅譯，CBETA，F03，no.88，p.2，a17。唐時期。

LM20-1455-09-09　《大般涅槃經》卷三三

北涼曇無讖譯，CBETA，T12，no.374，p.560，c19-22，"莊"作"壯"。唐時期。

LM20-1455-09-10　《妙法蓮華經》卷六

姚秦鳩摩羅什譯，CBETA，T09，no.262，p.54，b3-7，"父"作"父又"。高昌國時期。

參：《旅博選粹》，41。

LM20-1455-09-11　《佛説轉女身經》

劉宋曇摩蜜多譯，CBETA，T14，no.564，p.918，a1-14。高昌國時期。

LM20-1455-09-12　《大方等陀羅尼經》卷一

北涼法衆譯，CBETA，T21，no.1339，p.645，a14-17。唐時期。

LM20-1455-09-13a　《四分律》卷二五

姚秦佛陀耶舍、竺佛念等譯，CBETA，T22，no.1428，p.736，a2-6。唐時期。

LM20-1455-09-13b　佛典殘片

高昌國時期。

LM20-1455-09-14　《四分律比丘戒本》

姚秦佛陀耶舍譯，CBETA，T22，no.1429，p.1017，b7-14。高昌國時期。

LM20-1455-09-15　《佛本行集經》卷四六

隋闍那崛多譯，CBETA，T03，no.190，p.865，c28-p.866，a9。高昌國時期。

參：段真子 2019，160。

LM20-1455-10-01　《菩薩瓔珞經》卷七

姚秦竺佛念譯，CBETA，T16，no.656，p.70，a16-17。唐時期。

LM20-1455-10-02　《大般涅槃經》卷六

北涼曇無讖譯，CBETA，T12，no.374，p.402，a17-23。高昌國時期。

LM20-1455-10-03　《大智度論》卷五九

姚秦鳩摩羅什譯，CBETA，T25，no.1509，p.478，a22-29，"舍利"作"佛舍利"。高昌郡時期。

LM20-1455-10-04　殘片

唐時期。

LM20-1455-10-05　《大般涅槃經》卷九

北涼曇無讖譯，CBETA, T12, no.374, p.418, c14–16。唐時期。

LM20-1455-10-06 《妙法蓮華經》卷四

姚秦鳩摩羅什譯，CBETA, T09, no.262, p.36, b23–26。唐時期。

LM20-1455-10-07 《摩訶般若波羅蜜經》卷一八

姚秦鳩摩羅什譯，CBETA, T08, no.223, p.354, a22–28。高昌國時期。

LM20-1455-10-08 《等集衆德三昧經》卷下

西晉竺法護譯，CBETA, T12, no.381, p.988, a10–12。唐時期。

LM20-1455-10-09 《添品妙法蓮華經序》

作者不詳，CBETA, T09, no.264, p.134, b28–29。唐時期。

LM20-1455-10-10 《大智度論》卷四二

姚秦鳩摩羅什譯，CBETA, T25, no.1509, p.366, c6–8。高昌郡時期。

LM20-1455-10-11 《金剛般若波羅蜜經》

姚秦鳩摩羅什譯，CBETA, T08, no.235, p.752, a29–b3。唐時期。

LM20-1455-10-12 《十誦比丘波羅提木叉戒本》

姚秦鳩摩羅什譯，CBETA, T23, no.1436, p.473, b27–c4。高昌國時期。

LM20-1455-10-13 《大般若波羅蜜多經》

唐玄奘譯，此段文字多處可見。唐時期。

LM20-1455-10-14 《大般涅槃經》卷三七

北涼曇無讖譯，CBETA, T12, no.374, p.581, b11–15。高昌國時期。

LM20-1455-10-15 《妙法蓮華經》卷四

姚秦鳩摩羅什譯，CBETA, T09, no.262, p.35, a7–9。唐時期。

LM20-1455-10-16 《大般涅槃經》卷一

北涼曇無讖譯，CBETA, T12, no.374, p.367, a10–12。高昌國時期。

LM20-1455-10-17 《金光明經》卷三

北涼曇無讖譯，CBETA, T16, no.663, p.350, c4–10。唐時期。

LM20-1455-10-18 《佛說灌頂經》卷一一

東晉帛尸梨蜜多羅譯，CBETA, T21, no.1331, p.530, a16–23。唐時期。

LM20-1455-10-19 《大方等陀羅尼經》卷一

北涼法衆譯，CBETA, T21, no.1339, p.644, b28–c4。高昌國時期。

LM20-1455-10-20 《摩訶般若波羅蜜經》卷二四

姚秦鳩摩羅什譯，CBETA, T08, no.223, p.399, c11–16。唐時期。

LM20-1455-11-01 《金剛般若經疏》

作者不詳，CBETA, ZW03, no.29, p.268, a5–6。唐時期。

參：李昀 2017, 97。

LM20-1455-11-02　《大般涅槃經》卷三一

北涼曇無讖譯，CBETA, T12, no.374, p.550, a8–10。高昌國時期。

LM20-1455-11-03a　《大般涅槃經》卷三九

北涼曇無讖譯，CBETA, T12, no.374, p.594, a28–b2。高昌國時期。

LM20-1455-11-03b　《大般涅槃經》卷四

北涼曇無讖譯，CBETA, T12, no.374, p.387, a25–28。高昌國時期。

LM20-1455-11-04　《大乘起信論略述》卷上

唐曇曠撰，CBETA, T85, no.2813, p.1104, c16–22。唐時期。

LM20-1455-11-05　《妙法蓮華經》卷一

姚秦鳩摩羅什譯，CBETA, T09, no.262, p.4, a28–b2。唐時期。

LM20-1455-11-06　《大般涅槃經》卷二五

北涼曇無讖譯，CBETA, T12, no.374, p.513, a5–7。唐時期。

LM20-1455-11-07　　佛典殘片

唐時期。

LM20-1455-11-08　《大通方廣懺悔滅罪莊嚴成佛經》卷下

作者不詳，CBETA, T85, no.2871, p.1349, c21–24。高昌國時期。

LM20-1455-11-09　《修習止觀坐禪法要》

隋智顗述，CBETA, T46, no.1915, p.465, c11–17，"� "作"髀"。唐時期。

LM20-1455-11-10　《大般涅槃經》卷四

北涼曇無讖譯，CBETA, T12, no.374, p.387, a10–13。高昌國時期。

LM20-1455-11-11　《大般若波羅蜜多經》卷九四

唐玄奘譯，CBETA, T05, no.220, p.521, a9–12。唐時期。

LM20-1455-11-12　《天地八陽神咒經》

唐義净譯，CBETA, T85, no.2897, p.1423, c7–10，"清净"作"清"。唐時期。

LM20-1455-11-13　《般泥洹經》卷上

譯者不詳，CBETA, T01, no.6, p.180, b9–11。唐時期。

LM20-1455-11-14　《大智度論》卷一三

姚秦鳩摩羅什譯，CBETA, T25, no.1509, p.159, c7–12，"作伎樂"作"自歌舞作樂"。高昌國時期。

LM20-1455-11-15　《入楞伽經》卷六

元魏菩提留支譯，CBETA, T16, no.671, p.548, b2–7。唐時期。

LM20-1455-11-16　《大般涅槃經》卷四

北涼曇無讖譯，CBETA, T12, no.374, p.387, a18–21。高昌國時期。

LM20-1455-11-17　《十方千五百佛名經》

譯者不詳，CBETA，T14，no.442，p.315，a25–28，"離横諸"作"離諸"，"清净"作"清
净難俎佛"。高昌國時期。

LM20-1455-11-18 《妙法蓮華經》卷四

姚秦鳩摩羅什譯，CBETA，T09，no.262，p.29，c29–p.30，a2。唐時期。

LM20-1455-11-19 《妙法蓮華經》卷六

姚秦鳩摩羅什譯，CBETA，T09，no.262，p.47，a27–b2。唐時期。

LM20-1455-11-20 《摩訶僧祇律》卷二一

東晉佛陀跋陀羅、法顯譯，CBETA，T22，no.1425，p.400，c10–11。高昌國時期。

LM20-1455-11-21 《妙法蓮華經》卷二

姚秦鳩摩羅什譯，CBETA，T09，no.262，p.15，a25–29。唐時期。

LM20-1455-11-22 《大般涅槃經》卷三九

北涼曇無讖譯，CBETA，T12，no.374，p.594，b11–14。唐時期。

LM20-1455-12-01 《佛説四不可得經》

西晉竺法護譯，CBETA，T17，no.770，p.707，b15–17。唐時期。

LM20-1455-12-02 《大般涅槃經》卷一一

北涼曇無讖譯，CBETA，T12，no.374，p.431，c12–14。高昌國時期。

LM20-1455-12-03 《妙法蓮華經》卷一

姚秦鳩摩羅什譯，CBETA，T09，no.262，p.3，c20–22。唐時期。

LM20-1455-12-04 《大般涅槃經》卷二九

北涼曇無讖譯，CBETA，T12，no.374，p.536，c9–12。唐時期。

LM20-1455-12-05 佛典殘片

高昌國時期。

LM20-1455-12-06 《佛説灌頂經》卷一一

東晉帛尸梨蜜多羅譯，CBETA，T21，no.1331，p.532，a2–6。唐時期。

LM20-1455-12-07 《佛説灌頂經》卷一二

東晉帛尸梨蜜多羅譯，CBETA，T21，no.1331，p.533，c29–p.534，a4，"流"作"瑠"，"離"
作"璃"。唐時期。

LM20-1455-12-08 《金光明經》卷四

北涼曇無讖譯，CBETA，T16，no.663，p.356，b29–c3。高昌國時期。

LM20-1455-12-09 殘片

唐時期。

LM20-1455-12-10 《大方等大集經》卷五

北涼曇無讖譯，CBETA，T13，no.397，p.32，c29–p.33，a3–10。高昌郡時期。

LM20-1455-12-11 佛典注疏

高昌國時期。

LM20-1455-12-12　《大般涅槃經》卷一五

北涼曇無讖譯, CBETA, T12, no.374, p.455, a23–26。唐時期。

LM20-1455-12-13　《摩訶般若波羅蜜經》卷八

姚秦鳩摩羅什譯, CBETA, T08, no.223, p.277, b3–5。高昌國時期。

LM20-1455-12-14r　《解深密經疏》卷一

唐圓測撰, CBETA, X21, no.369, p.183, b14–18, "爲時分"作"即時分諸説不同"。唐時期。

LM20-1455-12-14v　　唐西州高昌縣寧泰鄉仁義里等名籍

唐時期。

LM20-1455-12-15　《大般涅槃經》卷二七

北涼曇無讖譯, CBETA, T12, no.374, p.523, a3–5。高昌國時期。

LM20-1455-12-16　《大般涅槃經》卷二二

北涼曇無讖譯, CBETA, T12, no.374, p.498, a15–17。高昌國時期。

LM20-1455-12-17　《俱舍論頌疏論本》卷三

唐圓暉述, CBETA, T41, no.1823, p.837, a23–b2。有朱筆句讀。唐時期。

LM20-1455-12-18　《摩訶般若波羅蜜經》卷二〇

姚秦鳩摩羅什譯, CBETA, T08, no.223, p.366, b17–20。唐時期。

LM20-1455-12-19　《現在十方千五百佛名並雜佛同號》

作者不詳, CBETA, T85, no.2905, p.1448, b21–22。唐時期。

LM20-1455-12-20　《大般涅槃經》卷二一

北涼曇無讖譯, CBETA, T12, no.374, p.490, a25–28。高昌國時期。

LM20-1455-12-21　《大般涅槃經》卷一一

北涼曇無讖譯, CBETA, T12, no.374, p.430, b12–14。高昌國時期。

LM20-1455-13-01a　《四分律》卷五三

姚秦佛陀耶舍、竺佛念等譯, CBETA, T22, no.1428, p.960, a26–b2。唐時期。

LM20-1455-13-01b　《大般涅槃經》卷九

北涼曇無讖譯, CBETA, T12, no.374, p.418, c24–27。唐時期。

LM20-1455-13-02　《妙法蓮華經》卷五

姚秦鳩摩羅什譯, CBETA, T09, no.262, p.39, a11–17。高昌國時期。

LM20-1455-13-03　《妙法蓮華經》卷五

姚秦鳩摩羅什譯, CBETA, T09, no.262, p.38, b5–7。唐時期。

LM20-1455-13-04　《妙法蓮華經》卷五

姚秦鳩摩羅什譯, CBETA, T09, no.262, p.38, b20–24。唐時期。

LM20-1455-13-05　《大般涅槃經》卷四

北涼曇無讖譯, CBETA, T12, no.374, p.387, a28–29。高昌國時期。

LM20-1455-13-06 《妙法蓮華經》卷四

姚秦鳩摩羅什譯, CBETA, T09, no.262, p.29, c6–9。唐時期。

LM20-1455-13-07 《大般若波羅蜜多經》卷二九二

唐玄奘譯, 此段文字多處可見。唐時期。

LM20-1455-13-08 《四分比丘尼戒本》

姚秦佛陀舍耶譯, CBETA, T22, no.1038, a1–6, "大戒"作"具足戒者", "將詣"作"往", "教"作"受教"。唐時期。

LM20-1455-13-09 《妙法蓮華經》卷五

姚秦鳩摩羅什譯, CBETA, T09, no.262, p.38, b15–18。唐時期。

LM20-1455-13-10 《妙法蓮華經》卷三

姚秦鳩摩羅什譯, CBETA, T09, no.262, p.23, c26–29。高昌國時期。

LM20-1455-13-11 《妙法蓮華經》卷一

姚秦鳩摩羅什譯, CBETA, T09, no.262, p.1, c25–p.2, a2。唐時期。

LM20-1455-13-12 《妙法蓮華經》卷五

姚秦鳩摩羅什譯, CBETA, T09, no.262, p.38, b10–13。唐時期。

LM20-1455-13-13a 《妙法蓮華經》卷一

姚秦鳩摩羅什譯, CBETA, T09, no.262, p.6, c2。高昌國時期。

LM20-1455-13-13b 《妙法蓮華經》卷一

姚秦鳩摩羅什譯, CBETA, T09, no.262, p.6, b19–24, "犍"作"乾"。高昌國時期。

LM20-1455-13-14 《佛説仁王般若波羅蜜經》卷下

姚秦鳩摩羅什譯, CBETA, T08, no.245, p.832, a18–21。高昌國時期。

LM20-1455-13-15 《妙法蓮華經》卷五

姚秦鳩摩羅什譯, CBETA, T09, no.262, p.40, c5–11。高昌國時期。

LM20-1455-13-16 《大智度論》卷五

姚秦鳩摩羅什譯, CBETA, T25, no.1509, p.95, b10–12。唐時期。

LM20-1455-13-17 《摩訶般若波羅蜜經》卷二三

姚秦鳩摩羅什譯, CBETA, T08, no.223, p.386, c8–10。高昌國時期。

LM20-1455-14-01 《維摩詰所説經》卷中

姚秦鳩摩羅什譯, CBETA, T14, no.475, p.551, b3–8。唐時期。

LM20-1455-14-02 《金剛般若波羅蜜經》

元魏菩提流支譯, CBETA, T08, no.236a, p.754, b9–15。唐時期。

LM20-1455-14-03 《月燈三昧經》卷三

高齊那連提耶舍譯, CBETA, T15, no.639, p.562, a9–11。唐時期。

LM20-1455-14-04　《大般若波羅蜜多經》

唐玄奘譯，此段文字多處可見。唐時期。

LM20-1455-14-05　《大般涅槃經》卷三五

北涼曇無讖譯，CBETA，T12，no.374，p.572，a5-9。高昌國時期。

LM20-1455-14-06a　《大般若波羅蜜多經》卷五七七

唐玄奘譯，CBETA，T07，no.220，p.980，b3-7。唐時期。

LM20-1455-14-06b　《佛説灌頂經》卷六

東晉帛尸梨蜜多羅譯，CBETA，T21，no.1331，p.512，a10-11。唐時期。

LM20-1455-14-07　《妙法蓮華經》卷一

姚秦鳩摩羅什譯，CBETA，T09，no.262，p.6，b4-12。高昌郡時期。

LM20-1455-14-08　《放光般若經》卷二〇

西晉無羅叉譯，CBETA，T08，no.221，p.142，c7-9。高昌國時期。

LM20-1455-14-09　《大般涅槃經》卷二三

北涼曇無讖譯，CBETA，T12，no.374，p.498，b28-29。高昌國時期。

LM20-1455-14-10　《妙法蓮華經》卷六

姚秦鳩摩羅什譯，CBETA，T09，no.262，p.53，a17-20。唐時期。

LM20-1455-14-11　《天請問經》

唐玄奘譯，CBETA，T15，no.592，p.124，c15。有朱點。唐時期。

LM20-1455-14-12r　《春秋左氏傳·昭公四年》服虔注

參西晉杜預撰《春秋經傳集解》，上海古籍出版社，1988年，1251頁。有朱點句讀，有雙行小字注。高昌郡時期。

參：《旅博選粹》，6；榮新江 2007，411；朱月仁 2018，18-19；朱玉麒、孟彥弘 2019，42。

LM20-1455-14-12v　佛典殘片

高昌國時期。

LM20-1455-14-13　《大般涅槃經》卷六

北涼曇無讖譯，CBETA，T12，no.374，p.398，c24-29。高昌國時期。

LM20-1455-14-14　《金剛般若波羅蜜經》

姚秦鳩摩羅什譯，CBETA，T08，no.235，p.751，c9-20。此係古本《金剛經》，較 CBETA 本少 62 字，詳參牧田諦亮《中國佛教史研究》（二）第四章。唐時期。

LM20-1455-15-01　《金光明經》卷三

北涼曇無讖譯，CBETA，T16，no.663，p.347，c14-19。高昌國時期。

LM20-1455-15-02　《妙法蓮華經》卷六

姚秦鳩摩羅什譯，CBETA，T09，no.262，p.46，b27-c1。唐時期。

LM20-1455-15-03 《妙法蓮華經》卷二

姚秦鳩摩羅什譯，CBETA, T09, no.262, p.15, a26–b3，"云"作"於"。唐時期。

LM20-1455-15-04 《金剛般若波羅蜜經》

元魏菩提流支譯，CBETA, T08, no.236a, p.753, a25–29。唐時期。

LM20-1455-15-05 《大般涅槃經》卷二七

北涼曇無讖譯，CBETA, T12, no.374, p.528, b21–23。高昌國時期。

LM20-1455-15-06a 《佛説觀藥王藥上二菩薩經》

劉宋畺良耶舍譯，CBETA, T20, no.1161, p.660, c21–25，"言"作"曰"。唐時期。

LM20-1455-15-06b 《佛説觀藥王藥上二菩薩經》

劉宋畺良耶舍譯，CBETA, T20, no.1161, p.660, c21，"坐"作"座"。唐時期。

LM20-1455-15-07 《大般涅槃經》卷三二

北涼曇無讖譯，CBETA, T12, no.374, p.557, c7–12。唐時期。

LM20-1455-15-08 《大方等大集經》卷一六

北涼曇無讖譯，CBETA, T13, no.397, p.113, b11–13。高昌國時期。

LM20-1455-15-09 《金光明經》卷三

北涼曇無讖譯，CBETA, T16, no.663, p.350, b5–10。唐時期。

LM20-1455-15-10 《大般涅槃經》卷二九

北涼曇無讖譯，CBETA, T12, no.374, p.535, c10–13。高昌國時期。

LM20-1455-15-11 《大乘阿毗達磨雜集論》卷九

唐玄奘譯，CBETA, T31, no.1606, p.736, a28–b2。唐時期。

LM20-1455-15-12 《金剛般若波羅蜜經》

姚秦鳩摩羅什譯，CBETA, T08, no.235, p.752, b10–13。唐時期。

LM20-1455-15-13 《金光明經》卷三

北涼曇無讖譯，CBETA, T16, no.663, p.347, a17–20。有朱點。高昌國時期。

LM20-1455-15-14 《金光明經》卷三

北涼曇無讖譯，CBETA, T16, no.663, p.350, c14–19，"日光"作"日王"。高昌國時期。

LM20-1455-15-15 《大般涅槃經》卷三一

北涼曇無讖譯，CBETA, T12, no.374, p.550, c14–17。高昌國時期。

LM20-1455-16-01a 《妙法蓮華經》卷二

姚秦鳩摩羅什譯，CBETA, T09, no.262, p.15, b20–25。唐時期。

LM20-1455-16-01b 《金剛般若波羅蜜經》

姚秦鳩摩羅什譯，CBETA, T08, no.235, p.750, c26–p.751, a1。唐時期。

LM20-1455-16-02 《妙法蓮華經》卷一

姚秦鳩摩羅什譯，CBETA, T09, no.262, p.2, b20–23。高昌國時期。

LM20-1455-16-03　《金光明最勝王經》卷四

唐義净譯，CBETA, T16, no.665, p.419, c9–13。唐時期。

LM20-1455-16-04　《大般涅槃經義記》卷一

隋慧遠述，CBETA, T37, no.1764, p.619, c6–12。高國昌時期。

LM20-1455-16-05　《梵網經》卷下

姚秦鳩摩羅什譯，CBETA, T24, no.1484, p.1004, b22–26。唐時期。

LM20-1455-16-06　《大般涅槃經》卷一〇

北涼曇無讖譯，CBETA, T12, no.374, p.428, b4–7。高昌國時期。

LM20-1455-16-07　殘片

唐時期。

LM20-1455-16-08　《大般涅槃經》卷二二

北涼曇無讖譯，CBETA, T12, no.374, p.498, a9–15。唐時期。

LM20-1455-16-09　《大般涅槃經》卷五

北涼曇無讖譯，CBETA, T12, no.374, p.395, a6–10。高昌國時期。

LM20-1455-16-10　《金光明經》卷二

北涼曇無讖譯，CBETA, T16, no.663, p.346, a28–b2。高昌國時期。

LM20-1455-16-11　《十誦比丘波羅提木叉戒本》

姚秦鳩摩羅什譯，CBETA2019.Q3, T23, no.1436, p.477b20–28。西州回鶻時期。

LM20-1455-16-12　《大般涅槃經》卷九

北涼曇無讖譯，CBETA, T12, no.374, p.420, c18–22。唐時期。

LM20-1455-16-13　《大般涅槃經》卷一四

北涼曇無讖譯，CBETA, T12, no.374, p.456, b6–9。高昌國時期。

LM20-1455-17-01　《勝思惟梵天所問經》卷五

元魏菩提流支譯，CBETA, T15, no.587, p.87, a17–21。唐時期。

LM20-1455-17-02　《妙法蓮華經》卷六

姚秦鳩摩羅什譯，CBETA, T09, no.262, p.51, c23–27。唐時期。

LM20-1455-17-03　《大方等陀羅尼經》卷四

北涼法衆譯，CBETA, T21, no.1339, p.656, c11–16，“懺”作“懺悔”，“行”作“行業”，“因緣”作“因緣故”，“最小”作“微塵”。高昌國時期。

LM20-1455-17-04　《老子道德經》注疏

參金李霖集《道德真經取善集》卷一〇,《正統道藏》第13冊, 920c4–7; 原題南齊顧歡撰《道德真經注疏》卷六,《正統道藏》第13冊, 338c4–7。“耶”爲朱筆。唐時期。

參: 游自勇 2017, 151–153; 游自勇 2019b, 52。

LM20-1455-17-05　《妙法蓮華經》卷六

姚秦鳩摩羅什譯，CBETA，T09，no.262，p.46，c7–13。唐時期。

LM20-1455-17-06 《大般涅槃經》卷一

北涼曇無讖譯，CBETA，T12，no.374，p.366，b25–29。高昌國時期。

LM20-1455-17-07 《金光明經》卷四

北涼曇無讖譯，CBETA，T16，no.663，p.356，c27–p.357，a2，"光"作"色"，"身"作"體"。
高昌國時期。

LM20-1455-17-08 《妙法蓮華經》卷三

姚秦鳩摩羅什譯，CBETA，T09，no.262，p.22，b17–21。唐時期。

LM20-1455-17-09 《大般涅槃經》卷二六

北涼曇無讖譯，CBETA，T12，no.374，p.517，c25–28。高昌國時期。

LM20-1455-17-10 《大般涅槃經》卷一六

北涼曇無讖譯，CBETA，T12，no.374，p.460，c3–5。高昌國時期。

LM20-1455-17-11 《佛説觀佛三昧海經》卷一

東晉佛陀跋陀羅譯，CBETA，T15，no.643，p.647，c7–12，第1、2行間脱一行文字，"相者"
作"相好者"。高昌國時期。

LM20-1455-17-12 《大般涅槃經》卷三七

北涼曇無讖譯，CBETA，T12，no.374，p.582，a14–18。高昌國時期。

LM20-1455-17-13 《妙法蓮華經》卷一

姚秦鳩摩羅什譯，CBETA，T09，no.262，p.8，c16–24，"林"作"材"。唐時期。

LM20-1455-17-14 《大般涅槃經》卷三五

北涼曇無讖譯，CBETA，T12，no.374，p.573，a29–b2。高昌國時期。

LM20-1455-17-15 《佛説灌頂經》卷一二

東晉帛尸梨蜜多羅譯，CBETA，T21，no.1331，p.534，b16–18。唐時期。

LM20-1455-17-16 《大般涅槃經》卷一五

北涼曇無讖譯，CBETA，T12，no.374，p.453，a9–13。唐時期。

LM20-1455-17-17 《維摩詰所説經》卷上

姚秦鳩摩羅什譯，CBETA，T14，no.475，p.537，a3–7。唐時期。

LM20-1455-17-18 《大般涅槃經》卷三

北涼曇無讖譯，CBETA，T12，no.374，p.382，c6–12。高昌國時期。

LM20-1455-18-01 《妙法蓮華經》卷六

姚秦鳩摩羅什譯，CBETA，T09，no.262，p.52，b10–14。唐時期。

LM20-1455-18-02 《梵網經》卷下

姚秦鳩摩羅什譯，CBETA，T24，no.1484，p.1004，c21–25。唐時期。

LM20-1455-18-03 《大般涅槃經》卷一七

北涼曇無讖譯，CBETA, T12, no.374, p.463, a13–20。高昌國時期。

LM20-1455-18-04　《佛本行集經》卷四〇

隋闍那崛多譯，CBETA, T03, no.190, p.838, c29–p.839, a2。唐時期。

參: 段真子 2019, 169。

LM20-1455-18-05　《光讚經》卷七

西晉竺法護譯，CBETA, T08, no.222, p.196, b12–15，"道地"作"十道地"。唐時期。

LM20-1455-18-06　《大般涅槃經》卷一〇

北涼曇無讖譯，CBETA, T12, no.374, p.423, b11–14。高昌國時期。

LM20-1455-18-07　《大方等大集經》卷一六

北涼曇無讖譯，CBETA, T13, no.397, p.113, b12–16。高昌國時期。

LM20-1455-18-08　《佛説廣博嚴净不退轉輪經》卷一

劉宋智嚴譯，CBETA, T09, no.268, p.255, b3–6。高昌國時期。

LM20-1455-18-09　《根本説一切有部苾蒭尼毗奈耶》卷四

唐義净譯，CBETA, T23, no.1443, p.923, b29–c3。唐時期。

LM20-1455-18-10　《大般涅槃經》卷一三

北涼曇無讖譯，CBETA, T12, no.374, p.441, a4–10，"如彗星"作"名彗星"。高昌國時期。

LM20-1455-18-11　《大般涅槃經》卷二

北涼曇無讖譯，CBETA, T12, no.374, p.376, b19–21。高昌國時期。

LM20-1455-18-12　《摩訶般若波羅蜜經》卷一

姚秦鳩摩羅什譯，CBETA, T08, no.223, p.219, b21–25，"者"作"就"。高昌國時期。

LM20-1455-18-13　《大智度論》卷一七

姚秦鳩摩羅什譯，CBETA, T25, no.1509, p.181, a24–26。唐時期。

LM20-1455-18-14　《金剛般若波羅蜜經》

元魏菩提流支譯，CBETA, T08, no.236a, p.756, b3–7。唐時期。

LM20-1455-18-15　《金剛般若波羅蜜經》

元魏菩提流支譯，CBETA, T08, no.236a, p.755, a4–6。唐時期。

LM20-1455-18-16　《摩訶般若波羅蜜經》卷八

姚秦鳩摩羅什譯，CBETA, T08, no.223, p.276, b11–15。高昌國時期。

LM20-1455-18-17　《大般涅槃經》卷二三

北涼曇無讖譯，CBETA, T12, no.374, p.503, b7–10。高昌國時期。

LM20-1455-19-01　《大般涅槃經》卷七

北涼曇無讖譯，CBETA, T12, no.374, p.405, a12–18。高昌國時期。

參:《旅博選粹》, 49。

LM20-1455-19-02　《合部金光明經》卷二

梁真諦譯，隋寶貴合，CBETA，T16，no.664，p.368，b21-24，"煞"作"殺"。唐時期。

LM20-1455-19-03 《妙法蓮華經》卷一

姚秦鳩摩羅什譯，CBETA，T09，no.262，p.4，b21-c1。唐時期。

LM20-1455-19-04 《大般涅槃經》卷二

北涼曇無讖譯，CBETA，T12，no.374，p.371，c21-25。高昌國時期。

LM20-1455-19-05 《妙法蓮華經》卷六

姚秦鳩摩羅什譯，CBETA，T09，no.262，p.54，b22-23。高昌國時期。

LM20-1455-19-06 《光讚經》卷一

西晉竺法護譯，CBETA，T08，no.222，p.152，b10-12。高昌國時期。

LM20-1455-19-07 《大智度論》卷九一

姚秦鳩摩羅什譯，CBETA，T08，no.223，p.404，b3-7。高昌國時期。

LM20-1455-19-08 《金剛般若波羅蜜經》

元魏菩提流支譯，CBETA，T08，no.236a，p.755，c28-p.756，a3。唐時期。

LM20-1455-19-09 《大般涅槃經》卷二四

北涼曇無讖譯，CBETA，T12，no.374，p.507，c8-10。高昌國時期。

參：王宇、王梅2006b，55。

LM20-1455-19-10 《大智度論》卷四六

姚秦鳩摩羅什譯，CBETA，T25，no.1509，p.390，b24-27。高昌國時期。

LM20-1455-19-11 《賢愚經》卷六

元魏慧覺等譯，CBETA，T04，no.202，p.397，b4-7。高昌國時期。

LM20-1455-19-12 《大般涅槃經》卷七

北涼曇無讖譯，CBETA，T12，no.374，p.406，b9-16。高昌國時期。

LM20-1455-19-13 《大般涅槃經》卷七

北涼曇無讖譯，CBETA，T12，no.374，p.404，a26-28。唐時期。

LM20-1455-19-14 《天請問經》

唐玄奘譯，CBETA，T15，no.592，p.124，c6-15。唐時期。

LM20-1455-19-15 《妙法蓮華經》卷三

姚秦鳩摩羅什譯，CBETA，T09，no.262，p.21，b5-11。唐時期。

LM20-1455-19-16 《佛説佛名經》卷二

元魏菩提流支譯，CBETA，T14，no.440，p.122，a29-b5。唐時期。

LM20-1455-19-17 《妙法蓮華經》卷二

姚秦鳩摩羅什譯，CBETA，T09，no.262，p.16，b16-19。唐時期。

LM20-1455-19-18 《光讚經》卷一

西晉竺法護譯，CBETA，T08，no.222，p.152，b10-11。高昌國時期。

LM20-1455-20-01　《大般涅槃經》卷一〇

北涼曇無讖譯，CBETA, T12, no.374, p.425, c14-16。高昌國時期。

LM20-1455-20-02　《小品般若波羅蜜經》卷九

姚秦鳩摩羅什譯，CBETA, T08, no.227, p.578, a28-b1。高昌國時期。

LM20-1455-20-03　《勝天王般若波羅蜜經》卷七

陳月婆首那譯，CBETA, T08, no.231, p.724, a22-26。有雙行小字注。高昌國時期。

LM20-1455-20-04　《妙法蓮華經》卷六

姚秦鳩摩羅什譯，CBETA, T09, no.262, p.49, b1-3。唐時期。

LM20-1455-20-05　《妙法蓮華經》卷四

姚秦鳩摩羅什譯，CBETA, T09, no.262, p.32, c23-27。唐時期。

LM20-1455-20-06　《十誦律》卷四六

姚秦弗若多羅、鳩摩羅什譯，CBETA, T23, no.1435, p.336, a20-23。高昌國時期。

LM20-1455-20-07　《佛本行集經》卷五

隋闍那崛多譯，CBETA, T03, no.190, p.676, c25-27。唐時期。

參：段真子 2019, 153。

LM20-1455-20-08　《妙法蓮華經》卷三

姚秦鳩摩羅什譯，CBETA, T09, no.264, p.159, a15-18。唐時期。

LM20-1455-20-09　《金剛般若波羅蜜經》

姚秦鳩摩羅什譯，CBETA, T08, no.235, p.750, c14-15。唐時期。

LM20-1455-20-10　《舍利弗阿毗曇論》卷六

姚秦曇摩耶舍、曇摩崛多等譯，CBETA, T28, no.1548, p.568, a28-b2，"覺"作"正覺"，"彼云"作"云"。高昌郡時期。

LM20-1455-20-11　《佛說灌頂經》卷一二

東晉帛尸梨蜜多羅譯，CBETA, T21, no.1331, p.533, c13-17，"流離"作"瑠璃"。唐時期。

LM20-1455-20-12　《妙法蓮華經》卷七

姚秦鳩摩羅什譯，CBETA, T09, no.262, p.62, a3-9。高昌國時期。

LM20-1455-20-13a　《妙法蓮華經》卷二

姚秦鳩摩羅什譯 CBETA, T09, no.262, p.17, a26-b5。高昌國時期。

LM20-1455-20-13b　《十誦律》卷六一

東晉卑摩羅叉譯，CBETA, T23, no.1435, p.458, a22-27。高昌國時期。

LM20-1455-20-14　《道行般若經》卷四

後漢支婁迦讖譯，CBETA, T08, no.224, p.445, c5-10。唐時期。

LM20-1455-20-15　《妙法蓮華經》卷五

姚秦鳩摩羅什譯，CBETA, T09, no.262, p.40, c26-p.41, a2。唐時期。

LM20-1455-20-16 《大通方廣懺悔滅罪莊嚴成佛經》卷下

作者不詳，CBETA，T85，no.2871，p.1349，c12-17。高昌國時期。

LM20-1455-20-17 《佛説灌頂經》卷一二

東晉帛尸梨蜜多羅，CBETA，F03，no.88，p.2，b5-6。唐時期。

LM20-1455-20-18 佛典注疏

高昌國時期。

LM20-1455-21-01 《大般若波羅蜜多經》卷五八〇

唐玄奘譯，CBETA，T07，no.220，p.590，b28-c2。唐時期。

LM20-1455-21-02 《金剛般若波羅蜜經》

姚秦鳩摩羅什譯，CBETA，T08，no.235，p.752，b5-11。唐時期。

LM20-1455-21-03 《大般涅槃經》卷三九

北涼曇無讖譯，CBETA，T12，no.374，p.591，a5-9。高昌國時期。

LM20-1455-21-04 《百論》卷下

姚秦鳩摩羅什譯，CBETA，T30，no.1569，p.178，a4-7。有朱筆句讀。唐時期。

LM20-1455-21-05 《大般涅槃經》卷一

北涼曇無讖譯，CBETA，T12，no.374，p.370，b4-6。高昌國時期。

LM20-1455-21-06 《大通方廣懺悔滅罪莊嚴成佛經》卷上

作者不詳，CBETA，T85，no.2871，p.1339，a18-21。高昌國時期。

LM20-1455-21-07 《妙法蓮華經》卷六

姚秦鳩摩羅什譯，CBETA，T09，no.262，p.50，a23-26。唐時期。

LM20-1455-21-08 《樂瓔珞莊嚴方便品經》

姚秦曇摩耶舍譯，CBETA，T14，no.566，p.937，c4-11。唐時期。

LM20-1455-21-09 《四分僧戒本》

姚秦佛陀耶舍譯，CBETA，T22，no.1430，p.1023，c24-25。唐時期。

LM20-1455-21-10a 佛典殘片

高昌國時期。

LM20-1455-21-10b 佛教戒律

高昌國時期。

LM20-1455-21-11 《觀世音三昧經》

作者不詳，CBETA，D11，no.8817，p.4，a13-p.5，a1，"閻"作"滯"。有朱筆句讀。唐時期。

LM20-1455-21-12 《大般涅槃經》卷二四

北涼曇無讖譯，CBETA，T12，no.374，p.510，a17-20。高昌國時期。

LM20-1455-21-13 佛名經

高昌國時期。

LM20-1455-21-14　《妙法蓮華經》卷四

　　姚秦鳩摩羅什譯，CBETA，T09，no.262，p.29，a22-b4。唐時期。

LM20-1455-21-15　《十誦比丘波羅提木叉戒本》

　　姚秦鳩摩羅什譯，CBETA，T23，no.1436，p.473，a18-23。高昌國時期。

LM20-1455-21-16　《大般涅槃經》卷三一

　　北涼曇無讖譯，CBETA，T12，no.375，p.813，c26-29。高昌郡時期。

LM20-1455-21-17　《維摩詰所説經》卷中

　　姚秦鳩摩羅什譯，CBETA，T14，no.475，p.550，c3-8，"首"作"守"。唐時期。

LM20-1455-22-01　《善惡因果經》

　　作者不詳，CBETA，T85，no.2881，p.1381，c24-28。唐時期。

　　參：《旅博選粹》，154。

LM20-1455-22-02　《妙法蓮華經》卷六

　　姚秦鳩摩羅什譯，CBETA，T09，no.262，p.47，b15-26，"騫"作"褰"。唐時期。

LM20-1455-22-03　《金剛般若波羅蜜經》

　　姚秦鳩摩羅什譯，CBETA，T08，no.235，p.750，c21-p.751，a1。唐時期。

LM20-1455-22-04　《妙法蓮華經》卷四

　　姚秦鳩摩羅什譯，CBETA，T09，no.262，p.33，a28-b4。高昌國時期。

LM20-1455-22-05　《妙法蓮華經》卷七

　　姚秦鳩摩羅什譯，CBETA，T09，no.262，p.57，c27-p.58，a11。唐時期。

LM20-1455-22-06　《佛頂尊勝陀羅尼經》

　　唐佛陀波利譯，CBETA，T19，no.967，p.352，b1-4，"帝"作"底"，"縛"作"幡"。與南宋思溪藏本最爲接近。有雙行小字注。唐時期。

LM20-1455-22-07　陀羅尼集

　　高昌國時期。

　　參：磯邊友美 2006，211、217。

LM20-1455-22-08　《大般若波羅蜜多經》

　　唐玄奘譯，此段文字多處可見。唐時期。

LM20-1455-22-09　《佛説觀藥王藥上二菩薩經》

　　劉宋畺良耶舍譯，CBETA，T20，no.1161，p.661，b4-7。唐時期。

LM20-1455-22-10　《大般涅槃經》卷二一

　　北涼曇無讖譯，CBETA，T12，no.374，p.490，b17-23。高昌國時期。

LM20-1455-22-11　《金光明經》卷二

　　北涼曇無讖譯，CBETA，T16，no.663，p.344，b24-28。高昌國時期。

LM20-1455-22-12r　《摩訶般若波羅蜜經》卷二

姚秦鳩摩羅什譯，CBETA, T08, no.223, p.226, b10–14。高昌郡時期。

參：《旅博選粹》，29。

LM20-1455-22-12v 佛典注疏

參隋吉藏撰《勝鬘寶窟》卷上，CBETA, T37, no.1744, p.12, c23–24。唐時期。

LM20-1455-22-13 《大智度論》卷五一

姚秦鳩摩羅什譯，CBETA, T25, no.1509, p.425, b26–29。高昌國時期。

LM20-1455-22-14 《小品般若波羅蜜經》卷二

姚秦鳩摩羅什譯，CBETA, T08, no.227, p.543, c29–p.544, a4。高昌國時期。

LM20-1455-22-15 《大般涅槃經》卷五

北涼曇無讖譯，CBETA, T12, no.374, p.394, a4–9。高昌國時期。

LM20-1455-23-01 《大般若波羅蜜多經》卷一一七

唐玄奘譯，CBETA, T05, no.220, p.641, c15–19。唐時期。

LM20-1455-23-02 《大般若波羅蜜多經》卷四六二

唐玄奘譯，CBETA, T07, no.220, p.337, b3–8。唐時期。

LM20-1455-23-03 《佛説佛名經》卷三〇

譯者不詳，CBETA, T14, no.441, p.302, c1–2。唐時期。

LM20-1455-23-04 《維摩詰所説經》卷中

姚秦鳩摩羅什譯，CBETA, T14, no.475, p.547, b4–7。唐時期。

LM20-1455-23-05 陀羅尼集

高昌國時期。

參：《旅博選粹》117；磯邊友美 2006, 208–209, 216；三谷真澄、磯邊友美 2006, 120–121；橘堂晃一 2010, 91。

LM20-1455-23-06 《妙法蓮華經》卷一

姚秦鳩摩羅什譯，CBETA, T09, no.262, p.2, c1–4。唐時期。

LM20-1455-23-07 佛典殘片

高昌國時期。

LM20-1455-23-08 《金光明經》卷四

北涼曇無讖譯，CBETA, T16, no.663, p.353, b10–12。高昌國時期。

LM20-1455-23-09a 《阿毗曇毗婆沙論》卷七

北涼浮陀跋摩、道泰譯，CBETA, T28, no.1546, p.48, a1–4。唐時期。

LM20-1455-23-09b 《涅槃經會疏》卷一一

隋灌頂撰，唐湛然再治，CBETA, X36, no.659, p.515, c1–3。唐時期。

LM20-1455-23-10 《大般涅槃經》卷三六

北涼曇無讖譯，CBETA, T12, no.374, p.576, c3–4。高昌國時期。

LM20-1455-23-11　《妙法蓮華經》卷四

姚秦鳩摩羅什譯, CBETA, T09, no.262, p.33, c4-10, "坐"作"座"。唐時期。

LM20-1455-23-12　《妙法蓮華經》卷七

姚秦鳩摩羅什譯, CBETA, T09, no.262, p.61, b28-c3。唐時期。

LM20-1455-23-13　《妙法蓮華經》卷七

姚秦鳩摩羅什譯, CBETA, T09, no.262, p.60, a29-b4。唐時期。

LM20-1455-23-14　《大般涅槃經》卷七

北涼曇無讖譯, CBETA, T12, no.374, p.404, c4-10。唐時期。

LM20-1455-23-15　佛典注疏

第 2-5 行爲小字, 有朱點。唐時期。

LM20-1455-23-16　《合部金光明經》卷二

梁真諦譯, 隋寶貴合, CBETA, T16, no.664, p.368, b25-c3。唐時期。

LM20-1455-23-17　《大般涅槃經》卷一四

北涼曇無讖譯, CBETA, T12, no.374, p.446, a8-10。高昌國時期。

LM20-1455-23-18　《大般涅槃經》卷八

北涼曇無讖譯, CBETA, T12, no.374, p.414, a4-7。高昌國時期。

LM20-1455-23-19　《妙法蓮華經》卷二

姚秦鳩摩羅什譯, CBETA, T09, no.262, p.11, b26-c1。唐時期。

LM20-1455-24-01　《大般涅槃經》卷二一

北涼曇無讖譯, CBETA, T12, no.374, p.492, a23-27。高昌國時期。

LM20-1455-24-02　佛典殘片

高昌國時期。

LM20-1455-24-03　《四分律》卷二

姚秦佛陀耶舍、竺佛念等譯, CBETA, T22, no.1428, p.580, b28-29; 姚秦佛陀舍耶譯《四分僧戒本》, CBETA, T22, no.1430, p.1023, c22-23。唐時期。

LM20-1455-24-04　《合部金光明經》卷三

梁真諦譯, 隋寶貴合, CBETA, T16, no.664, p.373, a3-6。唐時期。

LM20-1455-24-05　《妙法蓮華經》卷三

姚秦鳩摩羅什譯, CBETA, T09, no.262, p.23, a28-b4。高昌國時期。

LM20-1455-24-06　《觀世音三昧經》

作者不詳, CBETA, D11, no.8817, p.4, a12-p.5, a2。唐時期。

LM20-1455-24-07　《大般若波羅蜜多經》

唐玄奘譯, 此段文字多處可見。唐時期。

LM20-1455-24-08　《妙法蓮華經》卷二

姚秦鳩摩羅什譯，CBETA, T09, no.262, p.14, b11-14。唐時期。

LM20-1455-24-09 《妙法蓮華經》卷六

姚秦鳩摩羅什譯，CBETA, T09, no.262, p.49, b26-29。唐時期。

LM20-1455-24-10 《金剛般若波羅蜜經》

姚秦鳩摩羅什譯，CBETA, T08, no.235, p.752, a2-4。唐時期。

LM20-1455-24-11 《悲華經》卷九

北涼曇無讖譯，CBETA, T03, no.157, p.227, c7-9，"人"作"天人"。高昌國時期。

LM20-1455-24-12 殘片

唐時期。

LM20-1455-24-13 《大方等陀羅尼經》卷一

北涼法衆譯，CBETA, T21, no.1339, p.641, b16-20。高昌國時期。

LM20-1455-24-14 《金光明經》卷二

北涼曇無讖譯，CBETA, T16, no.663, p.343, c14-18。唐時期。

LM20-1455-24-15 《道行般若經》卷六

後漢支婁迦讖譯，CBETA, T08, no.224, p.455, a5-9。唐時期。

LM20-1455-24-16 《賢愚經》卷二

元魏慧覺等譯，CBETA, T04, no.202, p.360, b11-14，"尊陳"作"陳"，"得"作"蒙"。
有貼附殘片，無法揭取。高昌郡時期。
參：《旅博選粹》，28。

LM20-1455-24-17 《妙法蓮華經》卷一

姚秦鳩摩羅什譯，CBETA, T09, no.262, p.8, c25-p.9, a2。高昌郡時期。
參：《旅博選粹》，11。

LM20-1455-24-18 《金光明最勝王經》卷九

唐義净譯，CBETA, T16, no.665, p.446, b7-15。唐時期。

LM20-1455-24-19 《金剛般若波羅蜜經》

姚秦鳩摩羅什譯，CBETA, T08, no.235, p.752, a9-14。唐時期。

LM20-1455-24-20 《妙法蓮華經》卷六

姚秦鳩摩羅什譯，CBETA, T09, no.262, p.50, c3-7。唐時期。

LM20-1455-24-21 《金剛般若波羅蜜經》

姚秦鳩摩羅什譯，CBETA, T08, no.235, p.752, b14-18。唐時期。

LM20-1455-24-22 《中阿含經》卷一八

東晉僧伽提婆譯，CBETA, T01, no.26, p.539, c8-12。唐時期。

LM20-1455-25-01 《大般涅槃經》卷三

北涼曇無讖譯，CBETA, T12, no.374, p.383, b8-10。高昌國時期。

LM20-1455-25-02　《大般涅槃經》卷一二

　　北涼曇無讖譯，CBETA, T12, no.374, p.439, c17–18。唐時期。

LM20-1455-25-03　《維摩詰所説經》卷中

　　姚秦鳩摩羅什譯，CBETA, T14, no.475, p.547, b27–c1。唐時期。

LM20-1455-25-04　《大般涅槃經》卷九

　　北涼曇無讖譯，CBETA, T12, no.374, p.416, a25–b2。高昌國時期。

LM20-1455-25-05　《攝大乘論》卷上

　　陳真諦譯，CBETA, T31, no.1593, p.117, b14–18。高昌國時期。

LM20-1455-25-06　《妙法蓮華經》卷三

　　姚秦鳩摩羅什譯，CBETA, T09, no.262, p.25, b17–18。高昌郡時期。

LM20-1455-25-07　《大方廣佛華嚴經》卷一五（五十卷本）

　　東晉佛陀跋陀羅譯，《中華大藏經》第 12 册，180a20–b4; 參 CBETA, T09, no.278, p.510, a26–b4。細字寫本。高昌國時期。

LM20-1455-25-08　《增壹阿含經》卷二五

　　東晉僧伽提婆譯，CBETA, T02, no.125, p.684, b2–3。唐時期。

LM20-1455-25-09　　佛典殘片

　　唐時期。

LM20-1455-25-10　《佛説觀佛三昧海經》卷五

　　東晉佛陀跋陀羅譯，CBETA, T15, no.643, p.673, b1–5。高昌國時期。

LM20-1455-25-11　《妙法蓮華經》卷五

　　姚秦鳩摩羅什譯，CBETA, T09, no.262, p.45, a29–b6。唐時期。

LM20-1455-25-12　《雜阿毗曇心論》卷六

　　劉宋僧伽跋摩等譯，CBETA, T28, no.1552, p.921, b13–18。高昌國時期。

LM20-1455-25-13　《大般涅槃經》卷二九

　　北涼曇無讖譯，CBETA, T12, no.374, p.539, b21–25。高昌國時期。

LM20-1455-25-14　《妙法蓮華經》卷四

　　姚秦鳩摩羅什譯，CBETA, T09, no.262, p.33, a8–11。高昌國時期。

LM20-1455-25-15　《增壹阿含經》卷三四

　　東晉僧伽提婆譯，CBETA, T02, no.125, p.737, c9–13。唐時期。

LM20-1455-25-16　《十住經》卷二

　　姚秦鳩摩羅什譯，CBETA, T10, no.286, p.510, b17–21。唐時期。

LM20-1455-25-17　《顯揚聖教論》卷三

　　唐玄奘譯，此段文字多處可見。唐時期。

LM20-1455-25-18　《金剛般若波羅蜜經》

姚秦鳩摩羅什譯，CBETA, T08, no.235, p.751, b25-c4。唐時期。

LM20-1455-25-19r 《菩薩善戒經》卷一

劉宋求那跋摩譯，CBETA, T30, no.1582, p.961, b8-11。高昌郡時期。

參:《旅博選粹》, 65。

LM20-1455-25-19v 佛典殘片

唐時期。無法揭取拍攝。

LM20-1455-25-20 《佛本行集經》卷五

隋闍那崛多譯，CBETA, T03, no.190, p.673, a8-9。唐時期。

參: 段真子 2019, 144。

LM20-1455-26-01 《大般若波羅蜜多經》卷二八五

唐玄奘譯，CBETA, T06, no.220, p.449, b17-20。唐時期。

LM20-1455-26-02 《大般涅槃經》卷二二

北涼曇無讖譯，CBETA, T12, no.374, p.494, b20-22。唐時期。

LM20-1455-26-03 《過去現在因果經》卷四

劉宋求那跋陀羅譯，CBETA, T03, no.189, p.650, c3-6。有貼附殘片, 無法揭取。高昌國時期。

LM20-1455-26-04 《勝鬘義記》卷中

與《西域考古圖譜》下卷 "佛典附錄"(1)-(5)屬同一寫本, 據尾題定名。高昌國時期。

參:《旅博選粹》, 77; 橘堂晃一 2006a, 92; 橘堂晃一 2007, 276-277; 橘堂晃一 2010, 92。

LM20-1455-26-05 《大方廣佛華嚴經》卷一五（五十卷本）

東晉佛陀跋陀羅譯，《中華大藏經》第 12 册, 182a6-23; 參 CBETA, T09, no.278, p.511, b17-c2。細字寫本。高昌國時期。

LM20-1455-26-06 《大方廣佛華嚴經》卷一五（五十卷本）

東晉佛陀跋陀羅譯，《中華大藏經》第 12 册, 180b3-14; 參 CBETA, T09, no.278, p.510, b3-11。細字寫本。高昌國時期。

LM20-1455-26-07 《妙法蓮華經》卷五

姚秦鳩摩羅什譯，CBETA, T09, no.262, p.38, b9-13。唐時期。

LM20-1455-26-08 《大般涅槃經》卷二

北涼曇無讖譯，CBETA, T12, no.374, p.378, c21-23。唐時期。

LM20-1455-26-09 《妙法蓮華經》卷一

姚秦鳩摩羅什譯，T09, no.262, p.6, c25-p.7, a5。唐時期。

LM20-1455-26-10 《四分律》注疏

參唐道宣撰《四分律拾毗尼義鈔》卷中, CBETA, X44, no.747, p.792, c23-24。唐時期。

LM20-1455-26-11　《大般涅槃經》卷一六

北涼曇無讖譯，CBETA, T12, no.374, p.460, c4-7。高昌國時期。

LM20-1455-26-12　《大方廣佛華嚴經》卷一五（五十卷本）

東晉佛陀跋陀羅譯，《中華大藏經》第 12 册，180b19-c15; 參 CBETA, T09, no.278, p.510, b16-c3。細字寫本。高昌國時期。

LM20-1455-26-13　《請觀世音菩薩消伏毒害陀羅尼咒經》

東晉竺難提譯，CBETA, T20, no.1043, p.35, a10-15，"莎呵"作"縈訶"。高昌國時期。

LM20-1455-26-14　《大般若波羅蜜多經》卷四七八

唐玄奘譯，CBETA, T07, no.220, p.421, b23-25。唐時期。

LM20-1455-26-15　《小品般若波羅蜜經》卷二

姚秦鳩摩羅什譯，CBETA, T08, no.227, p.544, b4-7。高昌國時期。

LM20-1455-26-16　《光讚經》卷四

西晉竺法護譯，CBETA, T08, no.222, p.174, a26-b2。高昌國時期。

LM20-1455-27-01　《佛頂尊勝陀羅尼經》

唐佛陀波利譯，CBETA, T19, no.967, p.351, c13-17。唐時期。

LM20-1455-27-02　《大般涅槃經》卷三九

北涼曇無讖譯，CBETA, T12, no.374, p.595, c22-27，"耶"作"也"。高昌國時期。

LM20-1455-27-03　《十住經》卷一

姚秦鳩摩羅什譯，CBETA, T10, no.286, p.500, b16-20。唐時期。

LM20-1455-27-04　佛名經

高昌國時期。

LM20-1455-27-05　《佛説法句經》

作者不詳，CBETA, T85, no.2901, p.1435, a20-22，"爲業從業"作"所印云何"。唐時期。

LM20-1455-27-06　《佛説灌頂拔除過罪生死得度經》

參東晉帛尸梨蜜多羅譯《佛説灌頂經》卷一二，CBETA, T21, no.1331, p.534, b23-27。高昌國時期。

LM20-1455-27-07　《佛説佛名經》卷六

元魏菩提流支譯，CBETA, T14, no.440, p.148, a4-6。西州回鶻時期。

LM20-1455-27-08　《大智度論》卷七

姚秦鳩摩羅什譯，CBETA, T25, no.1509, p.113, b3-6。唐時期。

LM20-1455-27-09　《妙法蓮華經》卷五

姚秦鳩摩羅什譯，CBETA, T09, no.262, p.45, a6-12。唐時期。

LM20-1455-27-10　《大般涅槃經》卷一九

北涼曇無讖譯，CBETA, T12, no.374, p.480, a20-22。高昌國時期。

LM20-1455-27-11　《妙法蓮華經》卷一

姚秦鳩摩羅什譯，CBETA, T09, no.262, p.7, b6–13。唐時期。

LM20-1455-27-12　《佛説仁王般若波羅蜜經》卷上

姚秦鳩摩羅什譯，CBETA, T08, no.245, p.828, b2–5。高昌國時期。

LM20-1455-27-13　《佛説廣博嚴净不退轉輪經》卷一

劉宋智儼譯，CBETA, T09, no.268, p.255, a15–17。高昌國時期。

LM20-1455-27-14a　《佛説法句經》

作者不詳，CBETA, T85, no.2901, p.1435, a18–19。唐時期。

LM20-1455-27-14b　《佛説法句經》

作者不詳，CBETA, T85, no.2901, p.1435, a13–14。唐時期。

LM20-1455-27-15　《佛説觀佛三昧海經》卷一

東晉佛陀跋陀羅譯，CBETA, T15, no.643, p.646, a7–11。高昌國時期。

LM20-1455-27-16　《弘明集》卷二

梁僧祐撰，CBETA, T52, no.2102, p.13, a16。唐時期。

LM20-1455-27-17　《妙法蓮華經》卷一

姚秦鳩摩羅什譯，CBETA, T09, no.262, p.9, a11–15。唐時期。

LM20-1455-27-18　《大般涅槃經》卷三二

北涼曇無讖譯，CBETA, T12, no.374, p.558, a27–b1。高昌國時期。

LM20-1455-28-01　《合部金光明經》卷一

北涼曇無讖譯，隋寶貴合，CBETA, T16, no.664, p.361, a10–14。唐時期。

LM20-1455-28-02　佛典論疏

參唐玄奘譯《瑜伽師地論》卷三八，CBETA, T30, no.1579, p.500, b10–13。唐時期。

LM20-1455-28-03　陀羅尼集

參譯者不詳，《陀羅尼雜集》卷二，CBETA, T21, no.1336, p.585, c5–8。高昌國時期。

參：《旅博選粹》，176；磯邊友美 2006, 206–208、216；橘堂晃一 2010, 91。

LM20-1455-28-04　《大智度論》卷三五

姚秦鳩摩羅什譯，CBETA, T25, no.1509, p.320, a6–8，"出"作"衆人"。高昌國時期。

LM20-1455-28-05　《大方廣佛華嚴經》卷一五（五十卷本）

東晉佛陀跋陀羅譯，《中華大藏經》第 12 册，181c2–19；參 CBETA, T09, no.278, p.511, a22–b8。細字寫本。高昌國時期。

LM20-1455-28-06　《妙法蓮華經》卷一

姚秦鳩摩羅什譯，CBETA, T09, no.262, p.7, b4–8。唐時期。

LM20-1455-28-07　《妙法蓮華經》卷六

姚秦鳩摩羅什譯，CBETA, T09, no.262, p.46, c24–28。唐時期。

LM20-1455-28-08　《大般涅槃經》卷一一

　　北涼曇無讖譯, CBETA, T12, no.374, p.429, b20-23。高昌國時期。

LM20-1455-28-09　《大智度論》卷五一

　　姚秦鳩摩羅什譯, CBETA, T25, no.1509, p.422, b15-20。高昌國時期。

LM20-1455-28-10　《妙法蓮華經》卷四

　　姚秦鳩摩羅什譯, CBETA, T09, no.262, p.30, a10-15。高昌國時期。

LM20-1455-28-11　《大般若波羅蜜多經》

　　唐玄奘譯, 此段文字多處可見。唐時期。

LM20-1455-28-12　《妙法蓮華經》卷四

　　姚秦鳩摩羅什譯, CBETA, T09, no.262, p.32, b22-25。唐時期。

LM20-1455-28-13　《添品妙法蓮華經》卷三

　　隋闍那崛多、達摩笈多譯, CBETA, T09, no.264, p.154, a8-11。唐時期。

LM20-1455-28-14　《示所犯者瑜伽法鏡經》

　　唐室利末多譯, CBETA, T85, no.2896, p.1418, c2-6。唐時期。

LM20-1455-28-15　佛典殘片

　　高昌國時期。

LM20-1455-28-16　《大智度論》卷七二

　　姚秦鳩摩羅什譯, CBETA, T25, no.1509, p.569, c16-19。高昌國時期。

LM20-1455-28-17　《佛説轉女身經》

　　劉宋曇摩蜜多譯, CBETA, T14, no.564, p.919, b19-21。高昌國時期。

LM20-1455-28-18　《請觀世音菩薩消伏毒害陀羅尼咒經》

　　東晉竺難提譯, CBETA, T20, no.1043, p.35, c6-7。高昌國時期。

LM20-1455-29-01　《賢愚經》卷九

　　元魏慧覺等譯, CBETA, T04, no.202, p.410, a25-b1。高昌國時期。

LM20-1455-29-02　《妙法蓮華經》卷五

　　姚秦鳩摩羅什譯, CBETA, T09, no.262, p.42, a5-13。高昌國時期。

LM20-1455-29-03　《十方千五百佛名經》

　　譯者不詳, CBETA, T14, no.442, p.315, b6-8。高昌國時期。

LM20-1455-29-04　《妙法蓮華經》卷七

　　姚秦鳩摩羅什譯, CBETA, T09, no.262, p.58, a13-23。唐時期。

LM20-1455-29-05　《大般涅槃經》卷一三

　　北涼曇無讖譯, CBETA, T12, no.374, p.442, a8-11。唐時期。

LM20-1455-29-06r　《阿毗達磨藏顯宗論》卷一八

　　唐玄奘譯, CBETA, T29, no.1563, p.859, c17-21。唐時期。

LM20-1455-29-06v　佛典殘片

唐時期。無法揭取拍攝。

LM20-1455-29-07　《大般若波羅蜜多經》卷四六二

唐玄奘譯, CBETA, T07, no.220, p.334, a27–b2。唐時期。

LM20-1455-29-08　《大般涅槃經》卷一〇

北涼曇無讖譯, CBETA, T12, no.374, p.424, a23–27。高昌國時期。

LM20-1455-29-09　《金剛般若波羅蜜經》

姚秦鳩摩羅什譯, CBETA, T08, no.235, p.751, a8–12。唐時期。

LM20-1455-29-10　《諸法無行經》卷上

姚秦鳩摩羅什譯, CBETA, T15, no.650, p.752, b3–9。唐時期。

LM20-1455-29-11　《遺教經論》

陳真諦譯, CBETA, T26, no.1529, p.290, b23–27。唐時期。

LM20-1455-29-12　《妙法蓮華經》卷二

姚秦鳩摩羅什譯, CBETA, T09, no.262, p.16, b25–28。唐時期。

LM20-1455-29-13　《大智度論》卷三九

姚秦鳩摩羅什譯, CBETA, T25, no.1509, p.348, a27–28。高昌國時期。

LM20-1455-30-01　《正法念處經》卷五七

元魏般若流支譯, CBETA, T17, no.721, p.334, a7–11。唐時期。

LM20-1455-30-02　《大般涅槃經》卷一五

北涼曇無讖譯, CBETA, T12, no.374, p.456, b29–c4。唐時期。

LM20-1455-30-03　《妙法蓮華經》卷一

姚秦鳩摩羅什譯, CBETA, T09, no.262, p.2, a8–10。唐時期。

LM20-1455-30-04　《妙法蓮華經》卷三

姚秦鳩摩羅什譯, CBETA, T09, no.262, p.25, b22–24。唐時期。

LM20-1455-30-05　《妙法蓮華經》卷三

姚秦鳩摩羅什譯, CBETA, T09, no.262, p.20, c8–9。唐時期。

LM20-1455-30-06　《雜阿毗曇心論》卷一

劉宋伽跋摩等譯, CBETA, T28, no.1552, p.880, b2–7。高昌國時期。

參:《旅博選粹》, 22。

LM20-1455-30-07　《大智度論》卷四九

姚秦鳩摩羅什譯, CBETA, T25, no.1509, p.412, b8–10。高昌國時期。

LM20-1455-30-08　《道行般若經》卷六

後漢支婁迦讖譯, CBETA, T08, no.224, p.455, a6–8。高昌國時期。

參: 孫傳波 2006, 177。

LM20-1455-30-09 《大般涅槃經》卷三六

北涼曇無讖譯, CBETA, T12, no.374, p.574, c25–29。高昌國時期。

LM20-1455-30-10 《四分律》卷三七

姚秦佛陀耶舍、竺佛念等譯, CBETA, T22, no.1428, p.837, b19–22。唐時期。

LM20-1455-30-11 《佛説佛名經》卷三

元魏菩提流支譯, CBETA, T14, no.440, p.129, c7–9。唐時期。

LM20-1455-30-12 《佛説灌頂經》卷一二

東晉帛尸梨蜜多羅譯, CBETA, T21, no.1331, p.532, c27–28。唐時期。

LM20-1455-30-13 《大般涅槃經》卷一五

北涼曇無讖譯, CBETA, T12, no.374, p.452, c11–14。高昌國時期。

LM20-1455-30-14 《諸法最上王經》

隋闍那崛多譯, CBETA, T17, no.824, p.864, a26–28。唐時期。

LM20-1455-30-15 《妙法蓮華經》卷三

姚秦鳩摩羅什譯, CBETA, T09, no.262, p.20, c5–8, "瑠"作"琉"。唐時期。

LM20-1455-30-16 《大般涅槃經》卷二四

北涼曇無讖譯, CBETA, T12, no.374, p.504, a22–25。高昌國時期。

LM20-1455-30-17 《妙法蓮華經》卷七

姚秦鳩摩羅什譯, CBETA, T09, no.262, p.56, c3–6。唐時期。

LM20-1455-30-18 《大般若波羅蜜多經》卷一七一

唐玄奘譯, 此段文字多處可見。唐時期。

LM20-1455-30-19 《妙法蓮華經》卷四

姚秦鳩摩羅什譯, CBETA, T09, no.262, p.35, c28–p.36, a3。唐時期。

LM20-1455-30-20 《妙法蓮華經》卷二

姚秦鳩摩羅什譯, CBETA, T09, no.262, p.18, a12–19。唐時期。

LM20-1455-31-01 《大般涅槃經》卷五

北涼曇無讖譯, CBETA, T12, no.374, p.391, c18–22。高昌國時期。

LM20-1455-31-02 《放光般若經》卷二

西晉無羅叉譯, CBETA, T08, no.221, p.13, a18–23。高昌國時期。

LM20-1455-31-03 《摩訶般若波羅蜜經》卷一四

姚秦鳩摩羅什譯, CBETA, T08, no.223, p.325, c11–15。高昌國時期。

LM20-1455-31-04 《大般涅槃經》卷三一

北涼曇無讖譯, CBETA, T12, no.374, p.551, c17–20。高昌國時期。

LM20-1455-31-05 《大般若波羅蜜多經》卷四八四

唐玄奘譯, CBETA, T07, no.220, p.459, b4–7。唐時期。

LM20-1455-31-06 《合部金光明經》卷二

　　梁真諦譯，隋寶貴合，CBETA，T16，no.664，p.368，c26-28。唐時期。

LM20-1455-31-07 《摩訶般若波羅蜜經》卷二〇

　　姚秦鳩摩羅什譯，CBETA，T08，no.223，p.363，b3-5。高昌國時期。

LM20-1455-31-08 佛典殘片

　　高昌國時期。

LM20-1455-31-09 《合部金光明經》卷三

　　梁真諦譯，隋寶貴合，CBETA，T16，no.664，p.375，b23-25。唐時期。

LM20-1455-31-10 《妙法蓮華經》卷七

　　姚秦鳩摩羅什譯，CBETA，T09，no.262，p.61，c11-13。唐時期。

LM20-1455-31-11 《四分律删補隨機羯磨》卷上

　　唐道宣集，CBETA，T40，no.1808，p.492，c8-14。有雙行小字注。唐時期。

LM20-1455-31-12 《大般涅槃經》卷三〇

　　北涼曇無讖譯，CBETA，T12，no.374，p.545，c12-16。高昌國時期。

LM20-1455-31-13a 《大般涅槃經》卷九

　　北涼曇無讖譯，CBETA，T12，no.374，p.419，b11-14，"有清"作"多清"。高昌國時期。

LM20-1455-31-13b 佛名經

　　高昌國時期。

LM20-1455-31-14 《妙法蓮華經》卷七

　　姚秦鳩摩羅什譯，CBETA，T09，no.262，p.60，b7-8。高昌國時期。

LM20-1455-31-15 《黃帝針灸甲乙經》卷一〇

　　西晉皇甫謐集《黃帝針灸甲乙經》，黃祥龍校注，中國醫藥科技出版社，1990 年，458 頁，"右"作"左"。高昌國時期。

　　參：游自勇 2019b，55。

LM20-1455-32-01 《大般涅槃經》卷三〇

　　北涼曇無讖譯，CBETA，T12，no.374，p.542，c10-14。高昌國時期。

LM20-1455-32-02 《大般涅槃經》卷二〇

　　北涼曇無讖譯，CBETA，T12，no.375，p.724，b1-4。高昌國時期。

LM20-1455-32-03 《妙法蓮華經》卷六

　　姚秦鳩摩羅什譯，CBETA，T09，no.262，p.47，a16-21。高昌國時期。

LM20-1455-32-04 《小品般若波羅蜜經》卷八

　　姚秦鳩摩羅什譯，CBETA，T08，no.227，p.574，c14-19。高昌國時期。

LM20-1455-32-05 佛典殘片

　　唐時期。

LM20-1455-32-06　《大般涅槃經》卷二三

北涼曇無讖譯，CBETA，T12, no.374, p.499, a16–20。唐時期。

LM20-1455-32-07　佛典殘片

高昌國時期。

LM20-1455-32-08　《大般涅槃經》卷三二

北涼曇無讖譯，CBETA，T12, no.374, p.559, b18–20。高昌國時期。

LM20-1455-32-09　《妙法蓮華經》卷三

姚秦鳩摩羅什譯，CBETA，T09, no.262, p.25, a9–11。高昌國時期。

LM20-1455-32-10　《大智度論》卷七六

姚秦鳩摩羅什譯，CBETA，T25, no.1509, p.595, b14–19。高昌國時期。

LM20-1455-32-11　佛典殘片

高昌國時期。

LM20-1455-32-12　《妙法蓮華經》卷四

姚秦鳩摩羅什譯，CBETA，T09, no.262, p.32, c12–15。唐時期。

LM20-1455-32-13　《十方千五百佛名經》

譯者不詳，CBETA，T14, no.442, p.316, a6–10，"供養現世"作"現世"。高昌國時期。

LM20-1455-32-14　《大般涅槃經》卷三七

北涼曇無讖譯，CBETA，T12, no.374, p.582, b20–22。唐時期。

LM20-1455-32-15　《大般涅槃經》卷三

北涼曇無讖譯，CBETA，T12, no.374, p.382, c26–29。高昌國時期。

LM20-1455-33-01　《妙法蓮華經》卷一

姚秦鳩摩羅什譯，CBETA，T09, no.262, p.3, c6–11。唐時期。

LM20-1455-33-02　《諸佛要集經》卷下

西晉竺法護譯，CBETA，T17, no.810, p.769, c9–11。高昌郡時期。

參：《旅博選粹》，2；三谷真澄 2006, 68-69；郭富純、王振芬 2006, 23；《旅博研究》，84；三谷真澄 2019, 18。

LM20-1455-33-03　《菩薩本行經》卷下

譯者不詳，CBETA，T03, no.155, p.120, b13–17，第 2 行"眼"作"一眼"，"天帝"作"轉輪聖王"，"魔王"作"不求魔王"，"梵"作"不求梵"。高昌國時期。

LM20-1455-33-04　《大智度論》卷九二

姚秦鳩摩羅什譯，CBETA，T25, no.1509, p.707, c9–14。高昌國時期。

LM20-1455-33-05　《妙法蓮華經》卷三

姚秦鳩摩羅什譯，CBETA，T09, no.262, p.21, b11–17。高昌國時期。

參：《旅博選粹》，12。

LM20-1455-33-06 《大智度論》卷四九

姚秦鳩摩羅什譯，CBETA，T25，no.1509，p.412，a17-18，"暴"作"曝"。唐時期。

LM20-1455-33-07 《治禪病祕要法》卷上

劉宋沮渠京聲譯，CBETA，T15，no.620，p.336，a29-b2。高昌國時期。

參：包曉悦 2017，113、116。

LM20-1455-33-08 《大般涅槃經》卷一

北涼曇無讖譯，CBETA，T12，no.374，p.370，c20-23。高昌國時期。

LM20-1455-33-09 《妙法蓮華經》卷四

姚秦鳩摩羅什譯，CBETA，T09，no.262，p.32，b20-23。高昌國時期。

LM20-1455-33-10 《妙法蓮華經》卷七

姚秦鳩摩羅什譯，CBETA，T09，no.262，p.61，a18-21。高昌國時期。

LM20-1455-33-11 《金光明經》卷四

北涼曇無讖譯，CBETA，T16，no.663，p.357，b4-9。唐時期。

LM20-1455-33-12 《佛説仁王般若波羅蜜經》卷下

姚秦鳩摩羅什譯，CBETA，T08，no.245，p.830，c28-p.831，a3。高昌國時期。

LM20-1455-33-13 《大般涅槃經》卷二七

北涼曇無讖譯，CBETA，T12，no.374，p.523，a19-22。高昌郡時期。

LM20-1455-33-14 《妙法蓮華經》卷四

姚秦鳩摩羅什譯，CBETA，T09，no.262，p.30，c26-p.31，a1。唐時期。

LM20-1455-33-15 《大般涅槃經》卷七

北涼曇無讖譯，CBETA，T12，no.374，p.404，c24-27。高昌國時期。

LM20-1455-33-16 《妙法蓮華經》卷四

姚秦鳩摩羅什譯，CBETA，T09，no.262，p.34，b27-c4。唐時期。

參：《旅博選粹》，104。

LM20-1455-34-01 《大般涅槃經》不分卷

北涼曇無讖譯，CBETA，T12，no.374，p.493，b4-23。高昌國時期。

LM20-1455-34-02 《佛説迴向輪經》

唐尸羅達摩譯，CBETA，T19，no.998，p.577，c7-10。唐時期。

LM20-1455-34-03 《摩訶般若波羅蜜經》卷一四

姚秦鳩摩羅什譯，CBETA，T08，no.223，p.321，b7-11。唐時期。

LM20-1455-34-04 《妙法蓮華經》卷一

姚秦鳩摩羅什譯，CBETA，T09，no.262，p.2，a13-17。唐時期。

LM20-1455-34-05 《金剛般若波羅蜜經》

姚秦鳩摩羅什譯，CBETA，T08，no.235，p.750，a22-25。高昌國時期。

LM20-1455-34-06　《摩訶般若波羅蜜經》卷一九

姚秦鳩摩羅什譯，CBETA, T08, no.223, p.357, a2–7。高昌國時期。

LM20-1455-34-07　《妙法蓮華經》卷七

姚秦鳩摩羅什譯，CBETA, T09, no.262, p.60, c1–5。高昌國時期。

LM20-1455-34-08　《妙法蓮華經》卷七

姚秦鳩摩羅什譯，CBETA, T09, no.262, p.62, a2–6。高昌國時期。

LM20-1455-34-09　《大般涅槃經》卷一四

北涼曇無讖譯，CBETA, T12, no.374, p.446, c3–7。高昌國時期。

LM20-1455-34-10　《大般涅槃經》卷二二

北涼曇無讖譯，CBETA, T12, no.374, p.493, b24–26。高昌國時期。

LM20-1455-34-11　《妙法蓮華經》卷一

姚秦鳩摩羅什譯，CBETA, T09, no.262, p.10, a20–23。唐時期。

LM20-1455-34-12　《大智度論》卷四二

姚秦鳩摩羅什譯，CBETA, T25, no.1509, p.366, a5–11。唐時期。

LM20-1455-34-13　《梵網經》卷下

姚秦鳩摩羅什譯，CBETA, T24, no.1484, p.1006, a17–23。唐時期。

LM20-1455-35-01　《大般涅槃經》卷二九

北涼曇無讖譯，CBETA, T12, no.374, p.536, a27–b3。唐時期。

LM20-1455-35-02　《大般涅槃經》卷六

北涼曇無讖譯，CBETA, T12, no.374, p.401, b11–14。高昌國時期。

LM20-1455-35-03　《佛説灌頂經》卷一二

東晉帛尸梨蜜多羅，CBETA, T21, no.1331, p.532, b14–19。唐時期。

LM20-1455-35-04　《大般若波羅蜜多經》卷五八八

唐玄奘譯，此段文字多處可見。唐時期。

LM20-1455-35-05　《大般涅槃經》卷三八

北涼曇無讖譯，CBETA, T12, no.374, p.587, b20–25。高昌國時期。

LM20-1455-35-06　《賢愚經》卷六

元魏慧覺等譯，CBETA, T04, no.202, p.393, c15–17。高昌國時期。

LM20-1455-35-07　《大般涅槃經》卷二三

北涼曇無讖譯，CBETA, T12, no.374, p.502, c4–7。高昌國時期。

LM20-1455-35-08　《大般涅槃經》卷一三

北涼曇無讖譯，CBETA, T12, no.374, p.442, c7–11。高昌國時期。

參：王宇、王梅 2006b, 53。

LM20-1455-35-09　《摩訶般若波羅蜜經》卷二五

姚秦鳩摩羅什譯，CBETA，T08，no.223，p.404，b10–14，"佛十八"作"十八"。高昌國時期。

LM20-1455-35-10 《阿毗達磨順正理論》卷三五

唐玄奘譯，CBETA，T29，no.1562，p.539，c8–15。唐時期。

LM20-1455-35-11 《大般涅槃經》卷七

北涼曇無讖譯，CBETA，T12，no.374，p.404，c4–6。唐時期。

LM20-1455-35-12 《大般涅槃經》卷一八

北涼曇無讖譯，CBETA，T12，no.374，p.473，b9–14。高昌國時期。

LM20-1455-36-01 《大般涅槃經》卷一五

北涼曇無讖譯，CBETA，T12，no.374，p.452，c13–18。高昌國時期。

LM20-1455-36-02 《十住經》卷三

姚秦鳩摩羅什譯，CBETA，T10，no.286，p.520，b4–12，第 3、4 行間脱漏一行文字。高昌國時期。

LM20-1455-36-03 《大方廣佛華嚴經》卷一七（五十卷本）

東晉佛陀跋陀羅譯，《中華大藏經》第 12 册，206a16–22；參 CBETA，T09，no.278，p.525，a10–16。高昌國時期。

LM20-1455-36-04 《妙法蓮華經》卷二

姚秦鳩摩羅什譯，CBETA，T09，no.262，p.13，b12–17。高昌郡時期。

參：《旅博選粹》，11。

LM20-1455-36-05 勝鬘經疏

高昌國時期。

LM20-1455-36-06 《諸佛要集經》卷下

西晉竺法護譯，CBETA，T17，no.810，p.769，c13–15。高昌郡時期。

參：《旅博選粹》，3；郭富純、王振芬 2006，24；三谷真澄 2006，68–69；《旅博研究》，84；三谷真澄 2019，18。

LM20-1455-36-07 《十誦律》（別本）

參姚秦弗若多羅譯《十誦律》卷二一，CBETA，T23，no.1435，p.157，a15–18。有雙行小字注。高昌國時期。

LM20-1455-36-08 《金光明經》卷三

北涼曇無讖譯，CBETA，T16，no.663，p.346，b16–20。高昌國時期。

LM20-1455-36-09 《摩訶般若波羅蜜經》卷二五

姚秦鳩摩羅什譯，CBETA，T08，no.223，p.402，c29–p.403，a2。唐時期。

LM20-1455-36-10a 《妙法蓮華經》卷一

姚秦鳩摩羅什譯，CBETA，T09，no.262，p.3，c15–17。唐時期。

LM20-1455-36-10b 《大般涅槃經》卷二九

北涼曇無讖譯, CBETA, T12, no.374, p.538, a7-9。高昌國時期。

LM20-1455-36-11　《十誦比丘尼波羅提木叉戒本》

劉宋法顯集, CBETA, T23, no.1437, p.485, b26-29。高昌國時期。

LM20-1455-36-12　《大般若波羅蜜多經》卷三八六

唐玄奘譯, CBETA, T06, no.220, p.998, b4-7。唐時期。

LM20-1455-36-13　佛典殘片

唐時期。

LM20-1455-36-14　《大般涅槃經》卷一八

北涼曇無讖譯, CBETA, T12, no.374, p.469, c27-p.470, a2。唐時期。

LM20-1455-36-15　《小品般若波羅蜜經》卷四

姚秦鳩摩羅什譯, CBETA, T08, no.227, p.555, b14-17。高昌國時期。

LM20-1455-36-16　《大寶積經》卷一二〇

唐菩提流志譯, CBETA, T11, no.310, p.685, a3-8。唐時期。

LM20-1455-36-17　《大般涅槃經》卷一六

北涼曇無讖譯, CBETA, T12, no.374, p.459, b25-28。高昌國時期。

LM20-1455-36-18　《大般涅槃經》卷七

北涼曇無讖譯, CBETA, T12, no.374, p.403, c1-5。唐時期。

LM20-1455-36-19　《請觀世音菩薩消伏毒害陀羅尼咒經》

東晉竺難提譯, CBETA, T20, no.1043, p.35, b12-15。高昌國時期。

LM20-1455-36-20　《妙法蓮華經》卷三

姚秦鳩摩羅什譯, CBETA, T09, no.262, p.20, c5-9。唐時期。

LM20-1455-36-21　《妙法蓮華經》卷七

姚秦鳩摩羅什譯, CBETA, T09, no.262, p.56, a9-15。唐時期。

LM20-1455-36-22　殘片

高昌國時期。

LM20-1455-37-01　《諸佛要集經》卷下

西晉竺法護譯, CBETA, T17, no.810, p.769, c5-7。高昌郡時期。

參：《旅博選粹》, 2;郭富純、王振芬 2006, 23;三谷真澄 2006, 68-69;《旅博研究》, 84;三谷真澄 2019, 17-18。

LM20-1455-37-02　《佛説灌頂經》卷一二

東晉帛尸梨蜜多羅譯, CBETA, T21, no.1331, p.535, c28-p.536, a2, "三五"作"二三"。唐時期。

LM20-1455-37-03　《大般涅槃經》卷七

北涼曇無讖譯, CBETA, T12, no.374, p.403, a28-b3。高昌國時期。

LM20-1455-37-04　《雜阿毗曇心論》卷一

劉宋僧伽跋摩等譯，CBETA，T28，no.1552，p.877，b1–3。唐時期。

LM20-1455-37-05　《維摩詰所説經》卷中

姚秦鳩摩羅什譯，CBETA，T14，no.475，p.547，a6–9。高昌國時期。

LM20-1455-37-06　《金剛般若波羅蜜經》

元魏菩提流支譯，CBETA，T08，no.236a，p.752，c13–18。唐時期。

LM20-1455-37-07　《佛本行集經》卷六〇

隋闍那崛多譯，CBETA，T03，no.190，p.930，b19–24。唐時期。

參：段真子 2019，157。

LM20-1455-37-08　《大般若波羅蜜多經》卷三八六

唐玄奘譯，CBETA，T06，no.220，p.998，a26–28。唐時期。

LM20-1455-37-09　《妙法蓮華經》卷三

姚秦鳩摩羅什譯，CBETA，T09，no.262，p.24，a26–b1。唐時期。

LM20-1455-37-10　《大般涅槃經》卷三九

北涼曇無讖譯，CBETA，T12，no.374，p.595，b4–7。唐時期。

LM20-1455-37-11　《大般涅槃經》卷三〇

北涼曇無讖譯，CBETA，T12，no.374，p.546，b2–3。高昌國時期。

LM20-1455-37-12　《放光般若經》卷六

西晉無羅叉譯，CBETA，T08，no.221，p.40，a21–26。唐時期。

LM20-1455-37-13　《阿毗曇八犍度論》卷二二

姚秦僧伽提婆、竺佛念譯，CBETA，T26，no.1543，p.879，b21–28。高昌郡時期。

參：《旅博選粹》，62。

LM20-1455-37-14　《金剛般若波羅蜜經》

姚秦鳩摩羅什譯，CBETA，T08，no.235，p.748，c20。唐時期。

LM20-1455-37-15　《妙法蓮華經》卷一

姚秦鳩摩羅什譯，CBETA，T09，no.262，p.2，c13–19。唐時期。

LM20-1455-37-16　《治禪病祕要法》卷上

劉宋沮渠京聲譯，CBETA，T15，no.620，p.336，b10–12。高昌國時期。

參：包曉悦 2017，113、116。

LM20-1455-37-17　《大般涅槃經》卷二四

北涼曇無讖譯，CBETA，T12，no.374，p.504，a10–12。高昌國時期。

LM20-1455-37-18　《大方等陀羅尼經》卷二

北涼法衆譯，CBETA，T21，no.1339，p.648，a4–6。高昌國時期。

LM20-1455-37-19　《妙法蓮華經》卷二

姚秦鳩摩羅什譯，CBETA, T09, no.262, p.11, b9–15。唐時期。

LM20-1455-37-20　《大般涅槃經》卷一二

北涼曇無讖譯，CBETA, T12, no.374, p.439, c19–23。唐時期。

LM20-1455-37-21　《大般若波羅蜜多經》卷五六七

唐玄奘譯，CBETA, T07, no.220, p.926, a15–19。唐時期。

LM20-1455-38-01　《妙法蓮華經》卷六

姚秦鳩摩羅什譯，CBETA, T09, no.262, p.50, a29–b8。高昌國時期。

LM20-1455-38-02　《佛説觀無量壽佛經》

劉宋畺良耶舍譯，CBETA, T12, no.365, p.341, c18–19。唐時期。

LM20-1455-38-03　《大方廣佛華嚴經》卷四五

唐實叉難陀譯，CBETA, T10, no.279, p.237, b12–13。唐時期。

LM20-1455-38-04　《大般涅槃經》卷三一

北涼曇無讖譯，CBETA, T12, no.374, p.551, c22–25。高昌國時期。

LM20-1455-38-05r　佛典殘片

高昌國時期。

LM20-1455-38-05v　佛典殘片

高昌國時期。無法揭取拍攝。

LM20-1455-38-06　《佛説灌頂經》卷一二

東晉帛尸梨蜜多羅譯，CBETA, T21, no.1331, p.533, a21–24。唐時期。

LM20-1455-38-07　《光讚經》卷五

西晉竺法護譯，CBETA, T08, no.222, p.182, a3–5。高昌國時期。

LM20-1455-38-08　《金剛般若波羅蜜經》

姚秦鳩摩羅什譯，CBETA, T08, no.235, p.750, b29–c1。唐時期。

LM20-1455-38-09　《大方等大集經》卷二七

劉宋智嚴、寶雲譯，CBETA, T13, no.397, p.189, a20–22。高昌國時期。

LM20-1455-38-10　佛典雜抄

第1行僅見於作者不詳《天公經》末行，CBETA, T85, no.2876, p.1361, a24–25。第2行見於多部佛經起首，當爲接抄其他佛經。唐時期。

LM20-1455-38-11　《妙法蓮華經》卷一

姚秦鳩摩羅什譯，CBETA, T09, no.262, p.8, c12–17。唐時期。

LM20-1455-38-12　佛名經

唐時期。

LM20-1455-38-13　《摩訶般若波羅蜜經》卷四

姚秦鳩摩羅什譯，CBETA, T08, no.223, p.243, c14–19。高昌國時期。

LM20-1455-38-14 《金光明經》卷四

北涼曇無讖譯，CBETA，T16，no.663，p.357，b8–12，"智慧"作"大悲"。高昌國時期。

LM20-1455-38-15 《大般涅槃經》卷三〇

北涼曇無讖譯，CBETA，T12，no.374，p.543，c23–25。高昌國時期。

LM20-1455-38-16 《大般若波羅蜜多經》卷四〇二

唐玄奘譯，CBETA，T07，no.220，p.8，b26–c1。唐時期。

LM20-1455-38-17 《救疾經》

作者不詳，CBETA，T85，no.2878，p.1361，c24–26。高昌國時期。

參：馬俊傑 2019，447。

LM20-1455-38-18 《金光明經》卷四

北涼曇無讖譯，CBETA，T16，no.663，p.357，a29–b3。高昌國時期。

LM20-1455-38-19 《妙法蓮華經》卷六

姚秦鳩摩羅什譯，CBETA，T09，no.262，p.46，c13–18。高昌國時期。

LM20-1455-38-20 《妙法蓮華經》卷七

姚秦鳩摩羅什譯，CBETA，T09，no.262，p.58，b1–5。唐時期。

LM20-1455-38-21 《放光般若經》卷六

西晉無羅叉譯，CBETA，T08，no.221，p.40，b20–24。高昌國時期。

LM20-1455-38-22 《妙法蓮華經》卷四

姚秦鳩摩羅什譯，CBETA，T09，no.262，p.29，a19–21。唐時期。

LM20-1455-38-23 《大般涅槃經》卷三三

北涼曇無讖譯，CBETA，T12，no.374，p.561，a2–4，"煞"作"殺"，"菟"作"兔"。高昌國時期。

LM20-1455-38-24a 《大般涅槃經》卷二六

北涼曇無讖譯，CBETA，T12，no.374，p.522，a4–7。高昌國時期。

LM20-1455-38-24b 《妙法蓮華經》卷二

姚秦鳩摩羅什譯，CBETA，T09，no.262，p.12，b7–10。唐時期。

LM20-1455-38-25 《合部金光明經》卷二

梁真諦譯，隋寶貴合，CBETA，T16，no.664，p.368，c19–22。唐時期。

LM20-1455-38-26 《大般若波羅蜜多經》卷一二〇

唐玄奘譯，CBETA，T05，no.220，p.661，a4–8。唐時期。

LM20-1455-39-01 《治禪病祕要法》卷上

劉宋沮渠京聲譯，CBETA，T15，no.620，p.336，b15–19，"疢"作"火"。高昌國時期。

參：包曉悦 2017，114、116。

LM20-1455-39-02　《四分律》卷五

　　姚秦佛陀耶舍、竺佛念等譯，CBETA, T22, no.1428, p.599, c14–17。唐時期。

LM20-1455-39-03　《妙法蓮華經》卷五

　　姚秦鳩摩羅什譯，CBETA, T09, no.262, p.42, c12–16。高昌國時期。

LM20-1455-39-04　《阿毗曇毗婆沙論》卷三七

　　北涼浮陀跋摩、道泰譯，CBETA, T28, no.1546, p.276, a2–6，“方便誰不□”作“方便”。高昌郡時期。

　　參：《旅博選粹》，62。

LM20-1455-39-05　《大般若波羅蜜多經》

　　唐玄奘譯，此段文字多處可見。唐時期。

LM20-1455-39-06　《大般若波羅蜜多經》卷一七〇

　　唐玄奘譯，CBETA, T05, no.220, p.914, c20–22。唐時期。

LM20-1455-39-07　《大般涅槃經》卷一五

　　北涼曇無讖譯，CBETA, T12, no.374, p.451, b17–22。高昌國時期。

LM20-1455-39-08　《大智度論》卷一一

　　姚秦鳩摩羅什譯，CBETA, T25, no.1509, p.141, a29–b5。高昌國時期。

LM20-1455-39-09　《妙法蓮華經》卷七

　　姚秦鳩摩羅什譯，CBETA, T09, no.262, p.60, a29–b3。唐時期。

LM20-1455-39-10　《大智度論》卷三七

　　姚秦鳩摩羅什譯，CBETA, T25, no.1509, p.334, b2–6。高昌國時期。

LM20-1455-39-11　《放光般若經》卷一九

　　西晉無羅叉譯，CBETA, T08, no.221, p.137, b14–18。高昌國時期。

LM20-1455-39-12　《妙法蓮華經》卷二

　　姚秦鳩摩羅什譯，CBETA, T09, no.262, p.10, c1–6。唐時期。

LM20-1455-39-13　《妙法蓮華經》卷六

　　姚秦鳩摩羅什譯，CBETA, T09, no.262, p.46, b22–26。唐時期。

LM20-1455-39-14　《妙法蓮華經》卷六

　　姚秦鳩摩羅什譯，CBETA, T09, no.262, p.51, c11–15。唐時期。

LM20-1455-39-15　《佛本行集經》卷五

　　隋闍那崛多譯，CBETA, T03, no.190, p.677, a18–21，“炎”作“焰”。唐時期。

　　參：段真子 2019, 165。

LM20-1455-39-16　《金剛般若波羅蜜經》

　　姚秦鳩摩羅什譯，CBETA, T08, no.235, p.750, b13–17。唐時期。

LM20-1455-39-17　《妙法蓮華經》卷四

姚秦鳩摩羅什譯, CBETA, T09, no.262, p.34, a19–25。唐時期。

LM20-1455-39-18 《妙法蓮華經》卷五

姚秦鳩摩羅什譯, CBETA, T09, no.262, p.42, b7–12。唐時期。

經冊七

LM20-1456-01-01　《大般涅槃經》卷二〇

北涼曇無讖譯, CBETA, T12, no.374, p.484, b22–26。高昌國時期。

LM20-1456-01-02　《妙法蓮華經》卷七

姚秦鳩摩羅什譯, CBETA, T09, no.262, p.57, c6–12。唐時期。

LM20-1456-01-03　《太玄真一本際經》卷二

隋劉進喜撰, 唐李仲卿續, 與敦煌本 P.2393 倒數第 7–9 行同, 相當於葉貴良《敦煌本〈太玄真一本際經〉輯校》(巴蜀書社, 2010 年) 76 頁錄文 13 行 –78 頁錄文 2 行。唐時期。

參: 趙洋 2017a, 172、190; 趙洋 2017b, 207、209。

LM20-1456-01-04　《金剛般若波羅蜜經》

元魏菩提流支譯, CBETA, T08, no.236a, p.753, c18–21。唐時期。

參: 史睿 2019, 79。

LM20-1456-01-05　《金剛般若波羅蜜經》

姚秦鳩摩羅什譯, CBETA, T08, no.235, p.749, b13–21。唐時期。

LM20-1456-01-06　《妙法蓮華經》卷七

姚秦鳩摩羅什譯, CBETA, T09, no.262, p.57, c21–29。唐時期。

LM20-1456-01-07　《合部金光明經》卷四

北涼曇無讖譯, 隋寶貴合, CBETA, T16, no.664, p.381, c15–20。唐時期。

LM20-1456-01-08　《十誦比丘波羅提木叉戒本》

姚秦鳩摩羅什譯, CBETA, T23, no.1436, p.476, a8–17, "掘是處"作"掘是"。高昌國時期。

LM20-1456-01-09　《妙法蓮華經》卷二

姚秦鳩摩羅什譯, CBETA, T09, no.262, p.13, c14–17。唐時期。

LM20-1456-01-10　《妙法蓮華經》卷六

姚秦鳩摩羅什譯, CBETA, T09, no.262, p.48, a23–29。唐時期。

LM20-1456-01-11　《金剛般若疏》

參元魏菩提流支譯《金剛仙論》卷一, CBETA, T25, no.1512, p.800, c30–p.801, a8。與 Дx.1661 爲同一寫本, 據此件尾題定名。唐時期。

參: 李昀 2017, 96。

LM20-1456-01-12　《妙法蓮華經》卷三

姚秦鳩摩羅什譯，CBETA, T09, no.262, p.19, c6–14，"於世"作"世間"。唐時期。

LM20-1456-01-13 《大般若波羅蜜多經》卷五七六

唐玄奘撰，CBETA, T07, no.220, p.979, b18–23。唐時期。

LM20-1456-01-14 《大般涅槃經》卷三六

北涼曇無讖譯，CBETA, T12, no.374, p.580, a3–6。高昌國時期。

LM20-1456-01-15 《金剛般若波羅蜜經》

元魏菩提流支譯，CBETA, T08, no.236a, p.754, c8–14。唐時期。

LM20-1456-02-01 《妙法蓮華經》卷四

姚秦鳩摩羅什譯，CBETA, T09, no.262, p.28, a6。唐時期。

LM20-1456-02-02 《大智度論》卷二九

姚秦鳩摩羅什譯，CBETA, T25, no.1509, p.274, c26–a1。高昌國時期。

LM20-1456-02-03 《大般涅槃經》卷一九

北涼曇無讖譯，CBETA, T12, no.374, p.479, c15–18。高昌郡時期。

LM20-1456-02-04 《妙法蓮華經》卷七

姚秦鳩摩羅什譯，CBETA, T09, no.262, p.57, b10–15，"僮"作"童"。唐時期。

LM20-1456-02-05 《妙法蓮華經》卷五

姚秦鳩摩羅什譯，CBETA, T09, no.262, p.40, a21–24。唐時期。

LM20-1456-02-06 《大方等陀羅尼經》卷三

北涼法衆譯，CBETA, T21, no.1339, p.653, b26–c2。高昌國時期。

LM20-1456-02-07 《金剛般若波羅蜜經》

元魏菩提流支譯，CBETA, T08, no.236a, p.753, a3–5。唐時期。

LM20-1456-02-08 《大智度論》卷二九

姚秦鳩摩羅什譯，CBETA, T25, no.1509, p.275, a1–5。高昌國時期。

LM20-1456-02-09 《大般涅槃經》卷四

北涼曇無讖譯，CBETA, T12, no.374, p.390, a7–10。高昌郡時期。

參：《旅博選粹》，48；王宇、王梅 2006b, 53。

LM20-1456-02-10 《大智度論》卷二九

姚秦鳩摩羅什譯，CBETA, T25, no.1509, p.274, c21–26。高昌國時期。

LM20-1456-02-11 《妙法蓮華經》卷五

姚秦鳩摩羅什譯，CBETA, T09, no.262, p.40, c24–29。唐時期。

LM20-1456-02-12 《大般涅槃經》卷一二

北涼曇無讖譯，CBETA, T12, no.374, p.436, b23–27。唐時期。

LM20-1456-02-13 《妙法蓮華經》卷一

姚秦鳩摩羅什譯，CBETA, T09, no.262, p.8, a26–b3，第 2、3 行間脫漏"亦無貪嫉意，

斷諸法中惡" 兩句。唐時期。

LM20-1456-02-14 《大智度論》卷二九

姚秦鳩摩羅什譯, CBETA, T25, no.1509, p.274, c10–12。高昌國時期。

LM20-1456-02-15 《大辯邪正經》

作者不詳, CBETA, T85, no.2893, p.1411, c2–7。唐時期。

LM20-1456-02-16 《妙法蓮華經》卷五

姚秦鳩摩羅什譯, CBETA, T09, no.262, p.42, a5–8。唐時期。

LM20-1456-02-17 佛典殘片

唐時期。

LM20-1456-02-18 《文殊師利所説摩訶般若波羅蜜經》卷上

梁曼陀羅仙譯, CBETA, T08, no.232, p.726, b24–26。高昌國時期。

LM20-1456-02-19 《金光明經》卷一

北涼曇無讖譯, CBETA, T16, no.663, p.335, a3–6。唐時期。

LM20-1456-02-20 《四分律刪繁補闕行事鈔》卷中

唐道宣撰述, CBETA, T40, no.1804, p.97, a17–22。唐時期。

LM20-1456-02-21 《妙法蓮華經》卷一

姚秦鳩摩羅什譯, CBETA, T09, no.262, p.4, b8–11。唐時期。

LM20-1456-02-22 《大般涅槃經》卷三五

北涼曇無讖譯, CBETA, T12, no.374, p.571, c10–14。高昌國時期。

LM20-1456-02-23 《佛説佛名經》卷一八

譯者不詳, CBETA, T14, no.441, p.258, a28–b3。唐時期。

LM20-1456-02-24 《摩訶般若波羅蜜經》卷五

姚秦鳩摩羅什譯, CBETA, T08, no.223, p.248, c26–p.249, a1。高昌國時期。

參:《旅博選粹》, 29。

LM20-1456-02-25 《妙法蓮華經》卷四

姚秦鳩摩羅什譯, CBETA, T09, no.262, p.29, c1–5。高昌國時期。

LM20-1456-03-01 《摩訶般若波羅蜜經》卷二〇

姚秦鳩摩羅什譯, CBETA, T08, no.223, p.366, b12–16。高昌國時期。

LM20-1456-03-02 《妙法蓮華經》卷四

姚秦鳩摩羅什譯, CBETA, T09, no.262, p.35, c8–12。唐時期。

LM20-1456-03-03 《大般若波羅蜜多經》卷一二〇

唐玄奘譯, CBETA, T05, no.220, p.660, c25–p.661, a4。唐時期。

LM20-1456-03-04 《妙法蓮華經》卷五

姚秦鳩摩羅什譯, CBETA, T09, no.262, p.45, c16–19。高昌國時期。

LM20-1456-03-05 《大般涅槃經》卷二五

北涼曇無讖譯, CBETA, T12, no.374, p.512, b26-c1。高昌國時期。

LM20-1456-03-06 《攝大乘論釋》卷七

陳真諦譯, CBETA, T31, no.1595, p.199, a16-18。高昌國時期。

LM20-1456-03-07 《大般涅槃經》注疏

參北涼曇無讖譯《大般涅槃經》卷二〇, CBETA, T12, no.374, p.482, a7-9。唐時期。

LM20-1456-03-08 《十誦比丘波羅提木叉戒本》

姚秦鳩摩羅什譯, CBETA, T23, no.1436, p.474, a28-b5。高昌國時期。

LM20-1456-03-09 《大般涅槃經》卷二二

北涼曇無讖譯, CBETA, T12, no.374, p.498, a15-19。唐時期。

LM20-1456-03-10 《大般涅槃經》卷八

北涼曇無讖譯, CBETA, T12, no.374, p.413, a5-8。高昌國時期。

LM20-1456-03-11 《勝天王般若波羅蜜經》卷一

陳月婆首那譯, CBETA, T08, no.231, p.690, c24-p.691, a10。唐時期。

LM20-1456-03-12 《金剛般若波羅蜜經》

元魏菩提流支譯, CBETA, T08, no.236a, p.756, a22-25。唐時期。

LM20-1456-03-13 《大智度論》卷二四

姚秦鳩摩羅什譯, CBETA, T25, no.1509, p.235, c23-p.236, a1。高昌郡時期。

參:《旅博選粹》, 21。

LM20-1456-03-14 《摩訶般若波羅蜜經》卷二四

姚秦鳩摩羅什譯, CBETA, T08, no.223, p.399, b7-10。高昌國時期。

LM20-1456-03-15 《金剛般若波羅蜜經》

姚秦鳩摩羅什譯, CBETA, T08, no.235, p.748, c16-24。唐時期。

LM20-1456-03-16 《佛說無量壽經》卷下

曹魏康僧鎧譯, CBETA, T12, no.360, p.274, c20-25。高昌國時期。

參:《旅博選粹》, 115;《净土集成》, 14-15; 小口雅史、片山章雄 2013, 43。

LM20-1456-03-17 《妙法蓮華經》卷六

姚秦鳩摩羅什譯, CBETA, T09, no.262, p.52, c21-25。唐時期。

LM20-1456-03-18 《妙法蓮華經》卷四

姚秦鳩摩羅什譯, CBETA, T09, no.262, p.28, a7。唐時期。

LM20-1456-03-19 佛典殘片

高昌國時期。

LM20-1456-04-01 《大般涅槃經》卷三七

北涼曇無讖譯, CBETA, T12, no.374, p.582, b20-22。高昌國時期。

LM20-1456-04-02　《大方等大集經》卷五六

高齊那連提耶舍譯，CBETA，T13，no.397，p.377，b6–15。唐時期。

LM20-1456-04-03　《大般涅槃經》卷二

北涼曇無讖譯，CBETA，T12，no.374，p.372，c12–18，"滅"作"離"。高昌國時期。

LM20-1456-04-04　《佛説觀藥王藥上二菩薩經》

劉宋畺良耶舍譯，CBETA，T20，no.1161，p.660，c17–19。唐時期。

LM20-1456-04-05　《金剛般若波羅蜜經》

姚秦鳩摩羅什譯，CBETA，T08，no.235，p.750，b1–3。唐時期。

LM20-1456-04-06　《大般涅槃經》卷二四

北涼曇無讖譯，CBETA，T12，no.374，p.505，b28–c5。高昌國時期。

LM20-1456-04-07　《維摩義記》

參敦煌本 P.2273（《法藏敦煌西域文獻》第 10 册，317 頁上）。高昌國時期。

參：《旅博選粹》，71；橘堂晃一 2006a，94；榮新江 2019a，28。

LM20-1456-04-08　《佛説灌頂經》卷一二

東晉帛尸梨蜜多羅譯，CBETA，T21，no.1331，p.533，c16–23。唐時期。

LM20-1456-04-09　佛典殘片

唐時期。

LM20-1456-04-10　《大智度論》卷二九

姚秦鳩摩羅什譯，CBETA，T25，no.1509，p.274，c13–18。高昌國時期。

LM20-1456-04-11　《大方等陀羅尼經》卷一

北涼法衆譯，CBETA，T21，no.1339，p.644，b2–5。高昌國時期。

LM20-1456-04-12　《妙法蓮華經》卷六

姚秦鳩摩羅什譯，CBETA，T09，no.262，p.54，b1–3。唐時期。

LM20-1456-04-13　《大方廣十輪經》卷八

譯者不詳，CBETA，T13，no.410，p.719，b28–29。高昌國時期。

LM20-1456-04-14　《大般涅槃經》卷一外題

北涼曇無讖譯。高昌國時期。

LM20-1456-04-15　《救疾經》

作者不詳，CBETA，T85，no.2878，p.1361，c16–19。高昌國時期。

參：馬俊傑 2019，446。

LM20-1456-05-01　《菩薩善戒經》卷三

劉宋求那跋摩譯，CBETA，T30，no.1582，p.976，a20–24。高昌郡時期。

參：《旅博選粹》，22；郭富純、王振芬 2006，14。

LM20-1456-05-02　《大智度論》卷二九

姚秦鳩摩羅什譯，CBETA, T25, no.1509, p.274, c17–21。高昌國時期。

LM20-1456-05-03　《金光明經》卷一

北涼曇無讖譯，CBETA, T16, no.663, p.335, b29–c3。唐時期。

LM20-1456-05-04　《妙法蓮華經》卷二

姚秦鳩摩羅什譯，CBETA, T09, no.262, p.19, a8–11。唐時期。

LM20-1456-05-05　《維摩詰所説經》卷中

姚秦鳩摩羅什譯，CBETA, T14, no.475, p.546, a23–26。高昌國時期。

LM20-1456-05-06　《大般涅槃經》卷三九

北涼曇無讖譯，CBETA, T12, no.374, p.593, c14–17。高昌國時期。

LM20-1456-05-07a　《妙法蓮華經》卷六

姚秦鳩摩羅什譯，CBETA, T09, no.262, p.46, c29–p.47, a5。唐時期。

LM20-1456-05-07b　《摩訶般若波羅蜜經》卷九

姚秦鳩摩羅什譯，CBETA, T08, no.226, p.286, c19–22。高昌國時期。

LM20-1456-05-08　《道行般若經》卷九

後漢支婁迦讖譯，CBETA, T08, no.224, p.472, c2–6。高昌郡時期。

參：《旅博選粹》，34。

LM20-1456-05-09　《金剛般若波羅蜜經》

姚秦鳩摩羅什譯，CBETA, T08, no.235, p.751, b14–18。唐時期。

LM20-1456-05-10a　《大智度論》卷五八

姚秦鳩摩羅什譯，CBETA, T25, no.1509, p.469, c15–17, 第2行爲別筆。高昌國時期。

LM20-1456-05-10b　《金光明經》卷四

北涼曇無讖譯，CBETA, T16, no.663, p.357, b15–19, “流離”作“琉璃”。高昌國時期。

LM20-1456-05-11　《佛説仁王般若波羅蜜經》卷下

姚秦鳩摩羅什譯，CBETA, T08, no.245, p.833, a17–20。唐時期。

LM20-1456-05-12　《大般涅槃經》卷一五

北涼曇無讖譯，CBETA, T12, no.374, p.456, c2–8。高昌國時期。

參：王宇、王梅2006b, 54。

LM20-1456-05-13　《金剛般若波羅蜜經》

元魏菩提流支譯，CBETA, T08, no.236a, p.755, b22–25。高昌國時期。

LM20-1456-05-14　《大智度論》卷一〇

姚秦鳩摩羅什譯，CBETA, T25, no.1509, p.128, a7–11。高昌國時期。

LM20-1456-05-15　《摩訶般若波羅蜜經》卷七

姚秦鳩摩羅什譯，CBETA, T08, no.223, p.273, c19–21。高昌國時期。

LM20-1456-05-16　《金光明經》卷二

北涼曇無讖譯，CBETA, T16, no.663, p.346, b4–7。唐時期。

LM20-1456-05-17　《妙法蓮華經》卷四

姚秦鳩摩羅什譯，CBETA, T09, no.262, p.35, a6–9。高昌國時期。

LM20-1456-05-18　《佛本行集經》卷二二

隋闍那崛多譯，CBETA, T03, no.190, p.754, a15–18。高昌國時期。

參：段真子 2019, 160。

LM20-1456-05-19　《四分律》卷二九

姚秦佛陀耶舍、竺佛念等譯，CBETA, T22, no.1428, p.770, a28–b3。唐時期。

LM20-1456-06-01　《妙法蓮華經》卷三

姚秦鳩摩羅什譯，CBETA, T09, no.262, p.26, a9–13。唐時期。

LM20-1456-06-02　《金光明經》卷四

北涼曇無讖譯，CBETA, T16, no.663, p.356, a26–28。西州回鶻時期。

LM20-1456-06-03　《四分律》卷五

姚秦佛陀耶舍、竺佛念等譯，CBETA, T22, no.1428, p.600, c8–11。高昌國時期。

LM20-1456-06-04　《妙法蓮華經》卷一

姚秦鳩摩羅什譯，CBETA, T09, no.262, p.3, c23–26。唐時期。

LM20-1456-06-05　《根本薩婆多部律攝》卷一三

唐義净譯，CBETA, T24, no.1458, p.600, b20–23。唐時期。

LM20-1456-06-06　空號

LM20-1456-06-07　《金光明經》卷四

北涼曇無讖譯，CBETA, T16, no.663, p.354, a7–12。唐時期。

LM20-1456-06-08　《請觀世音菩薩消伏毒害陀羅尼咒經》

東晉竺難提譯，CBETA, T20, no.1043, p.35, c5–7。唐時期。

LM20-1456-06-09　《大智度論》卷九四

姚秦鳩摩羅什譯，CBETA, T25, no.1509, p.715, b11–14。高昌國時期。

LM20-1456-06-10　《道行般若經》卷五

後漢支婁迦讖譯，CBETA, T08, no.224, p.448, c10–13。高昌國時期。

參：孫傳波 2006, 174。

LM20-1456-06-11　《金剛般若波羅蜜經》

姚秦鳩摩羅什譯，CBETA, T08, no.235, p.751, b18–20。唐時期。

LM20-1456-06-12　《大般涅槃經》卷一九

北涼曇無讖譯，CBETA, T12, no.374, p.476, a21–24。高昌國時期。

LM20-1456-06-13　十誦羯磨

參劉宋僧璩撰《十誦羯磨比丘要用》，CBETA, T23, no.1439, p.503, a10–20。高昌國時期。

LM20-1456-06-14 《金剛般若波羅蜜經》

姚秦鳩摩羅什譯，CBETA, T08, no.235, p.752, b29–c2。唐時期。

LM20-1456-06-15 《摩訶般若波羅蜜經》卷一五

姚秦鳩摩羅什譯，CBETA, T08, no.223, p.334, a26–b1。高昌國時期。

LM20-1456-06-16 《金光明經》卷一

北涼曇無讖譯，CBETA, T16, no.663, p.336, b21–23。唐時期。

LM20-1456-06-17 《大方廣佛華嚴經》卷一五（五十卷本）

東晉佛陀跋陀羅譯，《中華大藏經》第12册，182a1–17；參 CBETA, T09, no.278, p.511, b12–20。細字寫本。高昌國時期。

LM20-1456-06-18 《人本欲生經》

後漢安世高譯，CBETA, T01, no.14, p.245, a11–13。唐時期。

LM20-1456-06-19 《大般涅槃經》卷二七

北涼曇無讖譯，CBETA, T12, no.374, p.524, a24–27。高昌國時期。

LM20-1456-06-20 《大智度論》卷一一

姚秦鳩摩羅什譯，CBETA, T25, no.1509, p.136, b11–20。高昌郡時期。

參：《旅博選粹》，59。

LM20-1456-06-21 《妙法蓮華經》卷五

姚秦鳩摩羅什譯，CBETA, T09, no.262, p.43, c4–6。高昌國時期。

LM20-1456-06-22 《大般涅槃經》卷三〇

北涼曇無讖譯，CBETA, T12, no.374, p.542, a10–13。高昌國時期。

LM20-1456-06-23 《妙法蓮華經》卷七

姚秦鳩摩羅什譯，CBETA, T09, no.262, p.56, c21–24。唐時期。

LM20-1456-06-24 《大般涅槃經》卷一八

北涼曇無讖譯，CBETA, T12, no.374, p.474, a16–19。高昌國時期。

LM20-1456-06-25 《妙法蓮華經》卷五

姚秦鳩摩羅什譯，CBETA, T09, no.262, p.43, b23–27。唐時期。

LM20-1456-07-01 《妙法蓮華經》注疏

參姚秦鳩摩羅什譯《妙法蓮華經》卷二，CBETA, T09, no.262, p.12, c18–19。唐時期。

LM20-1456-07-02 《妙法蓮華經》卷三

姚秦鳩摩羅什譯，CBETA, T09, no.262, p.20, a20–22。高昌國時期。

LM20-1456-07-03 《妙法蓮華經》卷五

姚秦鳩摩羅什譯，CBETA, T09, no.262, p.38, c28–p.39, a3。唐時期。

LM20-1456-07-04 《正法華經》卷九

西晉竺法護譯，CBETA, T09, no.263, p.127, a11–13。唐時期。

LM20-1456-07-05　《大般涅槃經》卷一

北涼曇無讖譯，CBETA，T12，no.374，p.367，a26–27。高昌國時期。

LM20-1456-07-06　《四分律比丘戒本》

姚秦佛陀耶舍譯，CBETA，T22，no.1429，p.1016，a27–29，"往"作"指"。唐時期。

LM20-1456-07-07　《大般涅槃經》卷二四

北涼曇無讖譯，CBETA，T12，no.374，p.510，a22–25。高昌國時期。

LM20-1456-07-08　《彌沙塞五分戒本》

劉宋佛陀什等譯，CBETA，T22，no.1422a，p.199，c20–23，"犯"作"行"，"佛如來"作"如來"。有貼附殘片，無法揭取。高昌國時期。

LM20-1456-07-09　《大般涅槃經》卷三〇

北涼曇無讖譯，CBETA，T12，no.374，p.547，a12–14。高昌國時期。

LM20-1456-07-10　《合部金光明經》卷二

梁真諦譯，隋寶貴合，CBETA，T16，no.664，p.372，a18–21。唐時期。

LM20-1456-07-11　《成實論》卷一六

姚秦鳩摩羅什譯，CBETA，T32，no.1646，p.371，b7–10，"昧"作"時"，"阿羅漢"作"羅漢"。高昌郡時期。

LM20-1456-07-12　《大般若波羅蜜多經》卷五四四

唐玄奘譯，CBETA，T07，no.220，p.797，b1–5。唐時期。

LM20-1456-07-13　《大般涅槃經》卷二一

北涼曇無讖譯，CBETA，T12，no.374，p.493，a29–b4。唐時期。

LM20-1456-07-14　《妙法蓮華經》卷五

姚秦鳩摩羅什譯，CBETA，T09，no.262，p.40，b10–15。唐時期。

LM20-1456-07-15　佛典注疏

參北涼曇無讖譯《大般涅槃經》卷二一，CBETA，T12，no.374，p.490，b29。高昌國時期。

LM20-1456-07-16　《大智度論》卷三四

姚秦鳩摩羅什譯，CBETA，T25，no.1509，p.309，a17–19。高昌國時期。

LM20-1456-07-17　《摩訶般若波羅蜜經》卷八

姚秦鳩摩羅什譯，CBETA，T08，no.223，p.278，b15–18，"色"作"色如"。高昌國時期。

LM20-1456-07-18　《摩訶般若波羅蜜經》卷五

姚秦鳩摩羅什譯，CBETA，T08，no.223，p.256，b23–26，第2、3行間脫一行文字。高昌國時期。

LM20-1456-07-19　《佛本行集經》卷五

隋闍那崛多譯，CBETA，T03，no.190，p.674，a3–6。唐時期。

參：段真子 2019，163。

LM20-1456-07-20 《十方千五百佛名經》

譯者不詳，CBETA, T14, no.442, p.315, c6-9。高昌國時期。

LM20-1456-07-21 《妙法蓮華經》卷二

姚秦鳩摩羅什譯，CBETA, T09, no.262, p.17, b7-11。唐時期。

LM20-1456-08-01 《摩訶般若波羅蜜經》卷一三

姚秦鳩摩羅什譯，CBETA, T08, no.223, p.313, c20-21，唐時期。

LM20-1456-08-02 《妙法蓮華經》卷一

姚秦鳩摩羅什譯，CBETA, T09, no.262, p.6, a26-29。高昌國時期。

LM20-1456-08-03 《摩訶般若波羅蜜經》卷一三

姚秦鳩摩羅什譯，CBETA, T08, no.223, p.313, c18-21。唐時期。

LM20-1456-08-04 《妙法蓮華經》卷三

姚秦鳩摩羅什譯，CBETA, T09, no.262, p.19, a29-b2。唐時期。

LM20-1456-08-05 《放光般若經》卷一〇

西晉無羅叉譯，CBETA, T08, no.221, p.73, b3-6。唐時期。

LM20-1456-08-06 《正法念處經》卷一

元魏般若流支譯，CBETA, T17, no.721, p.2, b7-13。唐時期。

LM20-1456-08-07 《佛說菩薩行方便境界神通變化經》卷下

劉宋求那跋陀羅譯，CBETA, T09, no.271, p.316, b5-8。唐時期。

LM20-1456-08-08 《勝天王般若波羅蜜經》卷七

陳月婆首那譯，CBETA, T08, no.231, p.722, a2-4。高昌國時期。

LM20-1456-08-09 《妙法蓮華經》卷一

姚秦鳩摩羅什譯，CBETA, T09, no.262, p.5, c25-p.6, a5。唐時期。

LM20-1456-08-10 《合部金光明經》卷四

梁真諦譯，隋寶貴合，CBETA, T16, no.664, p.381, a19-21。高昌國時期。

LM20-1456-08-11 《大般涅槃經》卷二三

北涼曇無讖譯，CBETA, T12, no.374, p.503, b19-23。高昌國時期。

LM20-1456-08-12 《佛說首楞嚴三昧經》卷下

姚秦鳩摩羅什譯，CBETA, T15, no.642, p.641, b25-c2，"此"作"是"。高昌國時期。

LM20-1456-08-13 《大方廣佛華嚴經》卷一八

唐實叉難陀譯，CBETA, T10, no.279, p.96, a29-b2。唐時期。

LM20-1456-08-14 《勝天王般若波羅蜜經》卷五

陳月婆首那譯，CBETA, T08, no.231, p.712, b1-5。高昌國時期。

LM20-1456-08-15 《佛本行集經》卷五

隋闍那崛多譯，CBETA, T03, no.190, p.673, b6-8。唐時期。

參: 段真子 2019, 145。

LM20-1456-08-16 《佛垂般涅槃略説教誡經》注疏

參姚秦鳩摩羅什譯《佛垂般涅槃略説教誡經》，CBETA, T12, no.389, p.1111, b1-2。唐時期。

LM20-1456-08-17 《大般涅槃經》卷三一

北涼曇無讖譯，CBETA, T12, no.374, p.549, a5-7。高昌國時期。

LM20-1456-08-18 《大般涅槃經》卷八

北涼曇無讖譯，CBETA, T12, no.374, p.413, a3-7。高昌國時期。

LM20-1456-08-19 《四分律》卷四四

姚秦佛陀耶舍、竺佛念等譯，CBETA, T22, no.1428, p.891, b8-9。唐時期。

LM20-1456-08-20 《勸善文》

參敦煌本 S.2713（《英藏敦煌文獻》第 4 卷, 208 頁）。唐時期。

LM20-1456-08-21 《妙法蓮華經》卷一

姚秦鳩摩羅什譯，CBETA, T09, no.262, p.7, a14-17。唐時期。

LM20-1456-08-22 《大智度論》卷七二

姚秦鳩摩羅什譯，CBETA, T25, no.1509, p.569, c23-29。高昌國時期。

LM20-1456-09-01 《妙法蓮華經》卷五

姚秦鳩摩羅什譯，CBETA, T09, no.262, p.45, b13-17。唐時期。

LM20-1456-09-02 《大智度論》卷一六

姚秦鳩摩羅什譯，CBETA, T25, no.1509, p.175, a18-20。高昌國時期。

LM20-1456-09-03 《佛本行集經》卷五

隋闍那崛多譯，CBETA, T03, no.190, p.674, b28-c3，"遮"作"蔗"。唐時期。

參: 段真子 2019, 148。

LM20-1456-09-04 《十誦律》卷五三

姚秦弗若多羅譯，CBETA, T23, no.1435, p.387, a10-11。唐時期。

LM20-1456-09-05 《央掘魔羅經》卷四

劉宋求那跋陀羅譯，CBETA, T02, no.120, p.542, b12-19。唐時期。

LM20-1456-09-06 《大般若波羅蜜多經》卷五八八

唐玄奘譯，CBETA, T07, no.220, p.1042, b10-13。唐時期。

LM20-1456-09-07 《大般若波羅蜜多經》卷一八四

唐玄奘譯，CBETA, T05, no.220, p.992, c14-15。唐時期。

LM20-1456-09-08 《大方等陀羅尼經》卷二

北涼法衆譯，CBETA, T21, no.1339, p.648, a3-7。高昌國時期。

LM20-1456-09-09 《小品般若波羅蜜經》卷七

姚秦鳩摩羅什譯，CBETA，T08，no.227，p.566，b18-21。高昌國時期。

LM20-1456-09-10 佛典殘片

高昌國時期。

LM20-1456-09-11 《大般涅槃經》卷一四

北涼曇無讖譯，CBETA，T12，no.374，p.447，a7-10。高昌國時期。

LM20-1456-09-12a 《大般涅槃經》卷二

北涼曇無讖譯，CBETA，T12，no.374，p.372，a24-27。高昌國時期。

LM20-1456-09-12b 佛典殘片

唐時期。

LM20-1456-09-13 《妙法蓮華經》卷六

姚秦鳩摩羅什譯，CBETA，T09，no.262，p.51，a14-16。唐時期。

LM20-1456-09-14 《大般涅槃經》卷二五

北涼曇無讖譯，CBETA，T12，no.374，p.516，c26-29。唐時期。

LM20-1456-09-15 《摩訶般若波羅蜜經》卷三

姚秦鳩摩羅什譯，此段文字多處可見。唐時期。

LM20-1456-09-16 《禪祕要法經》卷上

姚秦鳩摩羅什譯，CBETA，T15，no.613，p.248，b6-8。唐時期。

LM20-1456-09-17 《妙法蓮華經》卷五

姚秦鳩摩羅什譯，CBETA，T09，no.262，p.44，b6-13。唐時期。

LM20-1456-09-18 《大智度論》卷九

姚秦鳩摩羅什譯，CBETA，T25，no.1509，p.124，c22-28。唐時期。

LM20-1456-09-19 《太子瑞應本起經》卷下

吳支謙譯，CBETA，T03，no.185，p.482，a9-14，"阿羅漢"作"大沙門"，"到"作"自到"，"意"作"佛意"。高昌郡時期。

LM20-1456-09-20 《十住斷結經》卷九

姚秦竺佛念譯，CBETA，T10，no.309，p.1036，a10-13。高昌國時期。

LM20-1456-09-21 《妙法蓮華經》卷七

姚秦鳩摩羅什譯，CBETA，T09，no.262，p.59，b3-9。唐時期。

LM20-1456-09-22 《大般若波羅蜜多經》卷一二五

唐玄奘譯，CBETA，T05，no.220，p.687，b2-8。唐時期。

LM20-1456-10-01 《佛本行集經》卷五

隋闍那崛多譯，CBETA，T03，no.190，p.675，a28-b2。唐時期。

參：段真子 2019，164。

LM20-1456-10-02 《一切智光明仙人慈心因緣不食肉經》

譯者不詳, CBETA, T03, no.183, p.458, c5–7。唐時期。

LM20-1456-10-03　《大般涅槃經》卷一七

北涼曇無讖譯, CBETA, T12, no.374, p.467, b14–16。高昌國時期。

LM20-1456-10-04　《大般涅槃經》卷二九

北涼曇無讖譯, CBETA, T12, no.374, p.540, c27–p.541, a1。唐時期。

LM20-1456-10-05　《放光般若經》卷四

西晉無羅叉譯, CBETA, T08, no.221, p.23, a25–28。高昌國時期。

LM20-1456-10-06　《佛説觀佛三昧海經》卷五

東晉佛陀跋陀羅譯, CBETA, T15, no.643, p.670, c9–14。高昌國時期。

LM20-1456-10-07　《大方等大集經》卷一二

北涼曇無讖譯, CBETA, T13, no.397, p.76, a22–26。高昌國時期。

LM20-1456-10-08　《大般涅槃經》卷一九

北涼曇無讖譯, CBETA, T12, no.374, p.475, c22–26。高昌國時期。

LM20-1456-10-09　《大般若波羅蜜多經》卷九〇

唐玄奘譯, CBETA, T05, no.220, p.501, a8–11。唐時期。

LM20-1456-10-10　《金剛般若波羅蜜經》

姚秦鳩摩羅什譯, CBETA, T08, no.235, p.751, b18–21。唐時期。

LM20-1456-10-11　《妙法蓮華經》卷二

姚秦鳩摩羅什譯, CBETA, T09, no.262, p.17, b14–19。唐時期。

LM20-1456-10-12　《妙法蓮華經》卷七

姚秦鳩摩羅什譯, CBETA, T09, no.262, p.61, b2–6。唐時期。

LM20-1456-10-13　《大般涅槃經》卷三三

北涼曇無讖譯, CBETA, T12, no.374, p.562, c27–p.563, a2。高昌國時期。

LM20-1456-10-14　《妙法蓮華經》卷一

姚秦鳩摩羅什譯, CBETA, T09, no.262, p.3, b26–c3。唐時期。

LM20-1456-10-15　《悲華經》卷一

北涼曇無讖譯, CBETA, T03, no.157, p.167, a22–25。高昌國時期。

LM20-1456-10-16　《妙法蓮華經》卷七

姚秦鳩摩羅什譯, CBETA, T09, no.262, p.60, b8–12。唐時期。

LM20-1456-10-17　《大般涅槃經》卷七

北涼曇無讖譯, CBETA, T12, no.374, p.408, b28–c1, "密"作"祕", "俎"作"沮"。高昌國時期。

LM20-1456-11-01　《妙法蓮華經》卷六

姚秦鳩摩羅什譯, CBETA, T09, no.262, p.54, c3–6。唐時期。

LM20-1456-11-02　《妙法蓮華經》卷七

　　姚秦鳩摩羅什譯，CBETA，T09，no.262，p.60，b20-23。唐時期。

LM20-1456-11-03　《合部金光明經》卷二

　　梁真諦譯，隋寶貴合，CBETA，T16，no.664，p.369，a15-16。高昌國時期。

LM20-1456-11-04　《佛頂尊勝陀羅尼經》

　　唐佛陀波利譯，CBETA，T19，no.967，p.349，b13-17。唐時期。

LM20-1456-11-05　《妙法蓮華經》卷三

　　姚秦鳩摩羅什譯，CBETA，T09，no.262，p.24，b13-20。唐時期。

LM20-1456-11-06　《妙法蓮華經》卷六

　　姚秦鳩摩羅什譯，CBETA，T09，no.262，p.48，a19-23。唐時期。

LM20-1456-11-07　《妙法蓮華經》卷四

　　姚秦鳩摩羅什譯，CBETA，T09，no.262，p.35，c17-20。唐時期。

LM20-1456-11-08　《佛説力士移山經》

　　西晉竺法護譯，CBETA，T02，no.135，p.858，c12-18。唐時期。

LM20-1456-11-09　《金剛般若經注序》

　　唐褚亮撰，CBETA，X24，no.456，p.448，b3-4。唐時期。

LM20-1456-11-10　《大般涅槃經》卷三七

　　北涼曇無讖譯，CBETA，T12，no.374，p.584，a24-27。高昌國時期。

　　參：王宇、王梅 2006b，58。

LM20-1456-11-11　《合部金光明經》卷二

　　梁真諦譯，隋寶貴合，CBETA，T16，no.664，p.372，a19-22，"有"作"有如"。唐時期。

LM20-1456-11-12　《妙法蓮華經》卷四

　　姚秦鳩摩羅什譯，CBETA，T09，no.262，p.27，b15-19。高昌國時期。

LM20-1456-11-13　《妙法蓮華經》卷五

　　姚秦鳩摩羅什譯，CBETA，T09，no.262，p.42，c3-5。高昌國時期。

LM20-1456-11-14　《過去現在因果經》卷四

　　劉宋求那跋陀羅譯，CBETA，T03，no.189，p.651，b15-19，"便便"作"便"，"牙"作"芽"。高昌國時期。

LM20-1456-11-15　《摩訶般若波羅蜜經》卷一一

　　姚秦鳩摩羅什譯，CBETA，T08，no.223，p.298，c22-23。高昌國時期。

LM20-1456-11-16　《大般涅槃經》卷四

　　北涼曇無讖譯，CBETA，T12，no.374，p.389，a23-27。高昌國時期。

LM20-1456-11-17　《大般涅槃經》卷六

　　北涼曇無讖譯，CBETA，T12，no.374，p.398，c25-29。唐時期。

LM20-1456-11-18　《悲華經》卷一

北涼曇無讖譯, CBETA, T03, no.157, p.167, a25–29。高昌國時期。

參: 陰會蓮 2006, 109。

LM20-1456-11-19　《百喻經》卷一

蕭齊求那毗地譯, CBETA, T04, no.209, p.543, b12–15。唐時期。

LM20-1456-11-20　佛典殘片

高昌國時期。

LM20-1456-11-21　《大般涅槃經》卷一四

北涼曇無讖譯, CBETA, T12, no.374, p.445, c18–19。高昌國時期。

LM20-1456-11-22　《佛說灌頂經》卷一二

東晉帛尸梨蜜多羅譯, CBETA, T21, no.1331, p.535, c4–7。唐時期。

LM20-1456-11-23　《妙法蓮華經》卷三

姚秦鳩摩羅什譯, CBETA, T09, no.262, p.23, b21–25, “炤燋”作“照曜”。高昌國時期。

LM20-1456-11-24　《大方廣佛華嚴經》卷三五（五十卷本）

東晉佛陀跋陀羅譯,《中華大藏經》第 12 册, 423b7–10; 參 CBETA, T10, no.278, p.660, c17–20。高昌國時期。

LM20-1456-12-01　《大般涅槃經》卷一九

北涼曇無讖譯, CBETA, T12, no.374, p.474, c16–18。高昌國時期。

LM20-1456-12-02　《妙法蓮華經》卷四

姚秦鳩摩羅什譯, CBETA, T09, no.262, p.33, b4–8, “瑠”作“琉”。唐時期。

LM20-1456-12-03　《大般涅槃經》卷一九

北涼曇無讖譯, CBETA, T12, no.374, p.475, c18–21。高昌國時期。

LM20-1456-12-04　《道行般若經》卷一

後漢支婁迦讖譯, CBETA, T08, no.224, p.428, b26–28。高昌國時期。

LM20-1456-12-05　《佛說灌頂經》卷一二

東晉帛尸梨蜜多羅譯, CBETA, T21, no.1331, p.533, c17–22。唐時期。

LM20-1456-12-06　《妙法蓮華經》卷六

姚秦鳩摩羅什譯, CBETA, T09, no.262, p.48, b21–23。唐時期。

LM20-1456-12-07　佛典注疏

唐時期。

LM20-1456-12-08　《妙法蓮華經》卷三

姚秦鳩摩羅什譯, CBETA, T09, no.262, p.20, b28–c1。高昌郡時期。

參:《旅博選粹》, 37。

LM20-1456-12-09　《大般涅槃經》卷一七

北涼曇無讖譯，CBETA, T12, no.374, p.467, b12–15。高昌國時期。

LM20-1456-12-10 《妙法蓮華經》卷四

姚秦鳩摩羅什譯，CBETA, T09, no.262, p.27, b23–27。唐時期。

LM20-1456-12-11 《摩訶般若波羅蜜經》卷二五

姚秦鳩摩羅什譯，CBETA, T08, no.223, p.401, a10–13。高昌國時期。

LM20-1456-12-12 《維摩詰所説經》卷下

姚秦鳩摩羅什譯，CBETA, T14, no.475, p.554, c21–24。唐時期。

參：王梅 2006, 156。

LM20-1456-12-13 《大般涅槃經》卷二四

北涼曇無讖譯，CBETA, T12, no.374, p.506, c13–15。唐時期。

LM20-1456-12-14 《維摩詰所説經》卷下

姚秦鳩摩羅什譯，CBETA, T14, no.475, p.556, c11–19。唐時期。

參：王梅 2006, 157。

LM20-1456-12-15 《摩訶般若波羅蜜經》卷二七

姚秦鳩摩羅什譯，CBETA, T08, no.223, p.424, a11–13。唐時期。

LM20-1456-12-16 《放光般若經》卷二〇

西晉無羅叉譯，CBETA, T08, no.221, p.146, c17–20。高昌國時期。

LM20-1456-12-17 《大方等大集經》卷二六

北涼曇無讖譯，CBETA, T13, no.397, p.179, a10。高昌國時期。

LM20-1456-12-18 《大般涅槃經》卷二五

北涼曇無讖譯，CBETA, T12, no.374, p.516, c6–12。唐時期。

LM20-1456-13-01 《合部金光明經》卷三

梁真諦譯，隋寶貴合，CBETA, T16, no.664, p.372, c16–22。唐時期。

LM20-1456-13-02 《大般涅槃經》卷四〇

北涼曇無讖譯，CBETA, T12, no.374, p.600, b11–12。唐時期。

LM20-1456-13-03 《大般涅槃經》卷四〇

北涼曇無讖譯，CBETA, T12, no.374, p.600, b13。唐時期。

LM20-1456-13-04 《金光明經》卷四

北涼曇無讖譯，CBETA, T16, no.663, p.356, a17–20。高昌國時期。

LM20-1456-13-05 《妙法蓮華經》卷一

姚秦鳩摩羅什譯，CBETA, T09, no.262, p.2, c9–14。唐時期。

LM20-1456-13-06 《大般涅槃經》卷三六

北涼曇無讖譯，CBETA, T12, no.374, p.580, a9–14。唐時期。

LM20-1456-13-07 《大般若波羅蜜多經》卷八七

唐玄奘譯，CBETA, T05, no.220, p.484, a6–10。唐時期。

LM20-1456-13-08　《佛説灌頂經》卷一二

東晉帛尸梨蜜多羅譯，CBETA, T21, no.1331, p.533, a26–29。唐時期。

LM20-1456-13-09　《佛説觀無量壽佛經》

劉宋畺良耶舍譯，CBETA, T12, no.365, p.341, a17–22，"白" 作 "白言"。唐時期。

參：《旅博選粹》，116；《净土集成》，28–29。

LM20-1456-13-10　《請觀世音菩薩消伏毒害陀羅尼咒經》

東晉竺難提譯，CBETA, T20, no.1043, p.34, c19–28。高昌國時期。

LM20-1456-13-11　《大般涅槃經》卷三一

北涼曇無讖譯，CBETA, T12, no.374, p.548, b18–20。高昌國時期。

LM20-1456-13-12　《妙法蓮華經》卷七

姚秦鳩摩羅什譯，CBETA, T09, no.262, p.62, a9–13。唐時期。

LM20-1456-13-13　《阿彌陀佛説咒》

唐時期。

參：《旅博選粹》，126；《净土集成》，95。

LM20-1456-13-14　《妙法蓮華經》卷一

姚秦鳩摩羅什譯，CBETA, T09, no.262, p.7, a8–11。唐時期。

LM20-1456-13-15　《妙法蓮華經》卷五

姚秦鳩摩羅什譯，CBETA, T09, no.262, p.40, c15–19。唐時期。

LM20-1456-13-16　《妙法蓮華經》卷四

姚秦鳩摩羅什譯，CBETA, T09, no.262, p.29, a3–5，"謂小智" 作 "以小智"。唐時期。

LM20-1456-13-17　《大般涅槃經》卷一

北涼曇無讖譯，CBETA, T12, no.374, p.370, a27–b2。唐時期。

LM20-1456-13-18　《合部金光明經》卷二

北涼曇無讖譯，隋寶貴合，CBETA, T16, no.664, p.366, a19–27，"依" 作 "衣"。唐時期。

LM20-1456-14-01　《大般若波羅蜜多經》卷四五六

唐玄奘譯，CBETA, T07, no.220, p.301, c20–27。唐時期。

LM20-1456-14-02　《金剛般若波羅蜜經》

姚秦鳩摩羅什譯，CBETA, T08, no.235, p.748, c28–p.749, a2。唐時期。

LM20-1456-14-03　《大般涅槃經》卷二二

北涼曇無讖譯，CBETA, T12, no.374, p.493, c25–29。高昌郡時期。

參：《旅博選粹》，50。

LM20-1456-14-04　《阿毗達磨大毗婆沙論》卷九七

唐玄奘譯，CBETA, T27, no.1545, p.502, b12–19，"非大攝小" 作 "非小攝大"。唐時期。

LM20-1456-14-05 《妙法蓮華經》卷四

姚秦鳩摩羅什譯，CBETA, T09, no.262, p.35, c22-25。有貼附殘片，無法揭取。唐時期。

LM20-1456-14-06 《金剛般若波羅蜜經》

姚秦鳩摩羅什譯，CBETA, T08, no.235, p.751, c21-25。唐時期。

LM20-1456-14-07 《妙法蓮華經》卷二

姚秦鳩摩羅什譯，CBETA, T09, no.262, p.10, c6-9。唐時期。

LM20-1456-14-08 《大莊嚴法門經》卷下

隋那連提耶舍譯，CBETA, T17, no.818, p.833, b5-7。唐時期。

LM20-1456-14-09 《維摩詰所説經》卷上

姚秦鳩摩羅什譯，CBETA, T14, no.475, p.540, b5-8。高昌國時期。

參：《旅博選粹》，53。

LM20-1456-14-10 《妙法蓮華經》卷二

姚秦鳩摩羅什譯，CBETA, T09, no.262, p.17, b22-24。唐時期。

LM20-1456-14-11 《十方千五百佛名經》

譯者不詳，CBETA, T14, no.442, p.313, a3-5，"跋"作"跋肬"。高昌國時期。

LM20-1456-14-12 《金光明經》卷三

北涼曇無讖譯，CBETA, T16, no.663, p.349, a20-25。唐時期。

LM20-1456-14-13 《佛説華手經》卷二

姚秦鳩摩羅什譯，CBETA, T16, no.657, p.137, c23-26。高昌郡時期。

參：《旅博選粹》，55。

LM20-1456-14-14 《天地八陽神咒經》

唐義凈譯，CBETA, T85, no.2897, p.1422, b25-c1。唐時期。

LM20-1456-14-15 《妙法蓮華經》卷七

姚秦鳩摩羅什譯，CBETA, T09, no.262, p.56, a11-16。唐時期。

LM20-1456-14-16 《佛頂尊勝陀羅尼經》

唐佛陀波利譯，CBETA, T19, no.967, p.349, b12-17。唐時期。

LM20-1456-14-17 涅槃經疏

參隋灌頂撰、唐湛然再治《涅槃經會疏》卷二五，CBETA, X36, no.659, p.680, b14-16。高昌國時期。

LM20-1456-14-18 《佛説華手經》卷二

姚秦鳩摩羅什譯，CBETA, T16, no.657, p.137, c19-25。高昌郡時期。

參：《旅博選粹》，55。

LM20-1456-15-01 《金光明經》卷三

北涼曇無讖譯，CBETA, T16, no.663, p.347, c27-p.348, a5。唐時期。

LM20-1456-15-02　《大般涅槃經》卷一八

北涼曇無讖譯, CBETA, T12, no.374, p.470, c12–15。高昌國時期。

LM20-1456-15-03　《四分律》卷五七

姚秦佛陀耶舍、竺佛念等譯, CBETA, T22, no.1428, p.987, b22–24。唐時期。

LM20-1456-15-04　《金光明經》卷一

北涼曇無讖譯, CBETA, T16, no.663, p.337, a27–b3。唐時期。

LM20-1456-15-05　《大方廣佛華嚴經》卷五一

唐實叉難陀譯, CBETA, T10, no.279, p.272, a16–18。唐時期。

LM20-1456-15-06　《大般若波羅蜜多經》卷三七八

唐玄奘譯, CBETA, T06, no.220, p.952, c7–11。唐時期。

LM20-1456-15-07　《一切經音義》卷五

唐玄應撰, CBETA, C56, no.1163, p.895, b10–12。唐時期。

參: 趙洋 2018, 34、37。

LM20-1456-15-08　《大般涅槃經》卷三七

北涼曇無讖譯, CBETA, T12, no.374, p.585, b8–14。高昌郡時期。

LM20-1456-15-09　《大智度論》卷八七

姚秦鳩摩羅什譯, CBETA, T25, no.1509, p.670, a23–26。高昌國時期。

LM20-1456-15-10a　《佛説仁王般若波羅蜜經》卷上

姚秦鳩摩羅什譯, CBETA, T08, no.245, p.828, c7–12。高昌國時期。

LM20-1456-15-10b　《大王觀世音經》

作者不詳, CBETA, F01, no.16, p.118, a17–18。唐時期。

LM20-1456-15-11　《大方廣佛華嚴經》卷三二（五十卷本）

東晉佛陀跋陀羅譯,《中華大藏經》第 12 冊, 376b16–17; 參 CBETA, T09, no.278, p.633, a1–3。高昌國時期。

LM20-1456-15-12　《妙法蓮華經》卷二

姚秦鳩摩羅什譯, CBETA, T09, no.262, p.14, b15–18。唐時期。

LM20-1456-15-13　《妙法蓮華經》卷一

姚秦鳩摩羅什譯, CBETA, T09, no.262, p.3, c18–22。唐時期。

LM20-1456-15-14　《金光明經》卷一

北涼曇無讖譯, CBETA, T16, no.663, p.339, b11–12。高昌國時期。

LM20-1456-15-15　《御注金剛般若波羅蜜經》

唐玄宗注, CBETA, T85, no.2739, p.133, c6–12。唐時期。

參:《旅博選粹》, 153; 李昀 2017, 88–89。

LM20-1456-15-16　《金光明經》卷一

北涼曇無讖譯，CBETA, T16, no.663, p.337, a6–11，"智"作"知"，"貪"作"慳"。高昌
國時期。

LM20-1456-15-17　《妙法蓮華經》卷一

姚秦鳩摩羅什譯，CBETA, T09, no.262, p.7, b28–c1。唐時期。

LM20-1456-15-18　《金光明經》卷二

北涼曇無讖譯，CBETA, T16, no.663, p.344, b17–22。唐時期。

LM20-1456-16-01　佛典殘片

高昌國時期。

LM20-1456-16-02　《佛本行集經》卷三二

隋闍那崛多譯，CBETA, T03, no.190, p.802, c3–7。高昌國時期。

參：段真子 2019, 161。

LM20-1456-16-03　《小品般若波羅蜜經》卷三

姚秦鳩摩羅什譯，CBETA, T08, no.227, p.546, b19–22。高昌國時期。

LM20-1456-16-04　《摩訶般若波羅蜜經》卷二五

姚秦鳩摩羅什譯，CBETA, T08, no.223, p.402, a4–8。唐時期。

LM20-1456-16-05　《佛説魔嬈亂經》

譯者不詳，CBETA, T01, no.66, p.864, c4–6。唐時期。

LM20-1456-16-06　《妙法蓮華經》卷三

姚秦鳩摩羅什譯，CBETA, T09, no.262, p.19, b8–11。唐時期。

參：片山章雄 2016, 49。

LM20-1456-16-07　《大般涅槃經》卷二四

北涼曇無讖譯，CBETA, T12, no.374, p.506, c1–3。唐時期。

LM20-1456-16-08　《大般若波羅蜜多經》卷五二七

唐玄奘譯，CBETA, T07, no.220, p.703, c17–22。唐時期。

LM20-1456-16-09　《大般若波羅蜜多經》卷五七五

唐玄奘譯，CBETA, T07, no.220, p.973, b5–7。唐時期。

LM20-1456-16-10　《大般涅槃經》卷三四

北涼曇無讖譯，CBETA, T12, no.374, p.565, b1–5。高昌國時期。

LM20-1456-16-11　《佛説四不可得經》

西晉竺法護譯，CBETA, T17, no.770, p.707, a25–27。唐時期。

LM20-1456-16-12　《勝天王般若波羅蜜經》卷五

陳月婆首那譯，CBETA, T08, no.231, p.715, a5–7。唐時期。

LM20-1456-16-13　《金光明經》卷一

北涼曇無讖譯，CBETA, T16, no.663, p.336, c10–15。高昌國時期。

LM20-1456-16-14　《成實論》卷一五

姚秦鳩摩羅什譯，CBETA, T32, no.1646, p.360, a12-18。高昌國時期。

LM20-1456-16-15　《諸佛要集經》卷下

西晉竺法護譯，CBETA, T17, no.810, p.769, c26-29。高昌郡時期。

參：《旅博選粹》，3；郭富純、王振芬 2006, 24；三谷真澄 2006, 68-69；《旅博研究》，

84；榮新江 2007, 410；三谷真澄 2019, 18。

LM20-1456-16-16　《大方等大集經》卷一〇

北涼曇無讖譯，此段文字多處可見。高昌郡時期。

LM20-1456-16-17　《合部金光明經》卷六

北涼曇無讖譯，隋寶貴合，CBETA, T16, no.664, p.386, c16-18。唐時期。

LM20-1456-16-18　《佛説希有挍量功德經》

隋闍那崛多譯，CBETA, T16, no.690, p.783, c23-26。唐時期。

LM20-1456-16-19　《大通方廣懺悔滅罪莊嚴成佛經》卷中

作者不詳，CBETA, T85, no.2871, p.1348, c22-25，"生"作"法"，"冥"作"空"。高昌

國時期。

LM20-1456-16-20　《妙法蓮華經》卷一

姚秦鳩摩羅什譯，CBETA, T09, no.262, p.4, c27-p.5, a3。唐時期。

參：片山章雄 2016, 45。

LM20-1456-16-21　佛典殘片

高昌國時期。

LM20-1456-16-22　《大般涅槃經》卷四

北涼曇無讖譯，CBETA, T12, no.374, p.387, c17-23。有貼附殘片，無法揭取。唐時期。

LM20-1456-16-23　《小品般若波羅蜜經》卷九

姚秦鳩摩羅什譯，CBETA, T08, no.227, p.579, c29-p.580, a1。高昌國時期。

LM20-1456-17-01　《妙法蓮華經》卷一

姚秦鳩摩羅什譯，CBETA, T09, no.262, p.2, b18-23。唐時期。

LM20-1456-17-02　《合部金光明經》卷四

梁真諦譯，隋寶貴合，CBETA, T16, no.664, p.381, c14-18，"切"作"一切"。高昌國時期。

LM20-1456-17-03　《小品般若波羅蜜經》卷一〇

姚秦鳩摩羅什譯，CBETA, T08, no.227, p.583, c20-22。高昌國時期。

LM20-1456-17-04　《金剛般若波羅蜜經》

元魏菩提流支譯，CBETA, T08, no.236a, p.756, b21-23。唐時期。

LM20-1456-17-05　《佛説灌頂經》卷一二

東晉帛尸梨蜜多羅譯，CBETA, T21, no.1331, p.534, a27-b1。唐時期。

LM20-1456-17-06 《大般涅槃經》卷二五

北涼曇無讖譯，CBETA, T12, no.374, p.512, b18–21。高昌國時期。

LM20-1456-17-07 《妙法蓮華經》卷五

姚秦鳩摩羅什譯，CBETA, T09, no.262, p.37, a29–b2。唐時期。

LM20-1456-17-08 《妙法蓮華經》卷四

姚秦鳩摩羅什譯，CBETA, T09, no.262, p.31, a10–16。高昌國時期。

LM20-1456-17-09 《大般涅槃經》卷三四

北涼曇無讖譯，CBETA, T12, no.374, p.568, b19–21。高昌郡時期。

LM20-1456-17-10 《金光明經》卷四

北涼曇無讖譯，CBETA, T16, no.663, p.356, a11–15。高昌國時期。

LM20-1456-17-11 《勸發諸王要偈》

劉宋僧伽跋摩譯，CBETA, T32, no.1673, p.748, b1–4。唐時期。

LM20-1456-17-12 佛典殘片

唐時期。

LM20-1456-17-13 《太上洞玄靈寶無量度人上品妙經》

作者不詳，約出於東晉，與敦煌本 P.2606 第 47–49 行同。唐時期。

參：趙洋 2017a, 187；趙洋 2017b, 192。

LM20-1456-17-14 《金光明經》卷二

北涼曇無讖譯，CBETA, T16, no.663, p.344, b18–23。唐時期。

LM20-1456-17-15 《道行般若經》卷二

後漢支羅迦讖譯，CBETA, T08, no.224, p.433, b28–c3。高昌國時期。

參：孫傳波 2006, 169。

LM20-1456-17-16 《道行般若經》卷一

後漢支婁迦讖譯，CBETA, T08, no.224, p.428, b20–23。高昌國時期。

LM20-1456-17-17 寶積經

參姚秦鳩摩羅什譯《大寶積經》卷七九，CBETA, T11, no.310, p.454, b23–25。高昌國時期。

LM20-1456-17-18 《大般涅槃經》卷二

北涼曇無讖譯，CBETA, T12, no.374, p.375, a16–18。唐時期。

LM20-1456-17-19 《佛説法句經》

作者不詳，CBETA, T85, no.2901, p.1432, c24–p.1433, a3。唐時期。

LM20-1456-18-01 《大般若波羅蜜多經》卷四〇九

唐玄奘譯，此段文字多處可見。唐時期。

LM20-1456-18-02 佛典殘片

高昌郡時期。

LM20-1456-18-03　《妙法蓮華經》卷四

姚秦鳩摩羅什譯, CBETA, T09, no.262, p.28, b23-25。唐時期。

LM20-1456-18-04　《大般涅槃經》卷二三

北涼曇無讖譯, CBETA, T12, no.374, p.500, c27-p.501, a1。高昌國時期。

LM20-1456-18-05　《十方千五百佛名經》

譯者不詳, CBETA, T14, no.442, p.315, b20-22。高昌國時期。

LM20-1456-18-06　《賢愚經》卷八

元魏慧覺等譯, CBETA, T04, no.202, p.403, a13-15。高昌國時期。

LM20-1456-18-07　《文殊師利問菩提經》注疏

參姚秦鳩摩羅什譯《文殊師利問菩提經》, CBETA, T14, no.646, p.481, b29。高昌國時期。

參:《旅博選粹》, 167; 橘堂晃一 2006a, 97; 橘堂晃一 2010, 93。

LM20-1456-18-08　《十方千五百佛名經》

譯者不詳, CBETA, T14, no.442, p.315, b20-21。高昌國時期。

LM20-1456-18-09　《樂瓔珞莊嚴方便品經》

姚秦曇摩耶舍譯, CBETA, T14, no.566, p.934, a8-9。唐時期。

LM20-1456-18-10　《大般涅槃經》注疏

參北涼曇無讖譯《大般涅槃經》卷二七, CBETA, T12, no.374。高昌國時期。

LM20-1456-18-11　《妙法蓮華經》卷三

姚秦鳩摩羅什譯, CBETA, T09, no.262, p.25, b4-6。高昌國時期。

LM20-1456-18-12　《十方千五百佛名經》

譯者不詳, CBETA, T14, no.442, p.313, a24-26。高昌國時期。

LM20-1456-18-13　《羯磨》

曹魏曇諦譯, CBETA, T22, no.1433, p.1052, a22-24。唐時期。

LM20-1456-18-14　《大般涅槃經》卷一九

北涼曇無讖譯, CBETA, T12, no.374, p.475, c22-27。高昌國時期。

LM20-1456-18-15　《佛説七千佛神符經》

作者不詳, CBETA, T85, no.2904, p.1446, b23-25。唐時期。

LM20-1456-18-16　《彌沙塞五分戒本》

劉宋佛陀什等譯, CBETA, T22, no.1422a, p.199, c24-29。高昌國時期。

LM20-1456-18-17　《大般涅槃經》卷二六

北涼曇無讖譯, CBETA, T12, no.374, p.518, b11-16。唐時期。

LM20-1456-18-18　《妙法蓮華經》卷四

姚秦鳩摩羅什譯, CBETA, T09, no.262, p.33, a22-27, "瑠"作"琉"。唐時期。

LM20-1456-18-19　《金剛般若波羅蜜經》

元魏菩提流支譯，CBETA, T08, no.236a, p.754, a5-7。唐時期。

LM20-1456-18-20 《大般涅槃經》卷三一

北涼曇無讖譯，CBETA, T12, no.374, p.551, a19-22。唐時期。

LM20-1456-18-21 《大般涅槃經》卷二九

北涼曇無讖譯，CBETA, T12, no.374, p.537, b26-28。高昌國時期。

LM20-1456-18-22 《梵網經》卷下

姚秦鳩摩羅什譯，CBETA, T24, no.1484, p.1008, a29-b2。唐時期。

LM20-1456-18-23a 《妙法蓮華經》卷三

姚秦鳩摩羅什譯，CBETA, T09, no.262, p.21, a24-26。唐時期。

LM20-1456-18-23b 殘片

唐時期。

LM20-1456-18-24 《大般涅槃經》卷二八

北涼曇無讖譯，CBETA, T12, no.374, p.529, b2-4。唐時期。

LM20-1456-19-01 《大明度經》注疏

參吳支謙譯《大明度經》，CBETA, T08, no.225, p.500, b2-3。高昌國時期。

LM20-1456-19-02 《大般涅槃經》卷二五

北涼曇無讖譯，CBETA, T12, no.374, p.512, c5-7。高昌國時期。

LM20-1456-19-03 《大寶積經》卷六三

高齊那連提耶舍譯，CBETA, T11, no.310, p.364, c16-19。唐時期。

LM20-1456-19-04a 《大般涅槃經》卷三九

北涼曇無讖譯，CBETA, T12, no.374, p.595, b2-7。高昌國時期。

LM20-1456-19-04b 佛典殘片

唐時期。

LM20-1456-19-05 《過去現在因果經》卷二

劉宋求那跋陀羅譯，CBETA, T03, no.189, p.631, c18-21。高昌國時期。

LM20-1456-19-06 《大般涅槃經》卷三三

北涼曇無讖譯，CBETA, T12, no.374, p.563, a7-11。高昌國時期。

LM20-1456-19-07 《大般涅槃經》卷三六

北涼曇無讖譯，CBETA, T12, no.374, p.574, b22-25。高昌國時期。

LM20-1456-19-08 《佛本行集經》卷五〇

隋闍那崛多譯，CBETA, T03, no.190, p.884, a13-16。高昌國時期。

參：段真子 2019, 160。

LM20-1456-19-09 《大般涅槃經》卷一三

北涼曇無讖譯，CBETA, T12, no.374, p.445, a27-29。唐時期。

LM20-1456-19-10　《大般涅槃經》卷三六

北涼曇無讖譯，CBETA，T12，no.374，p.519，c3-6。高昌國時期。

LM20-1456-19-11　《大智度論》卷七九

姚秦鳩摩羅什譯，CBETA，T25，no.1509，p.619，c16-19。高昌國時期。

LM20-1456-19-12　《金剛般若波羅蜜經》

姚秦鳩摩羅什譯，CBETA，T08，no.235，p.748，c29-p.749，a3。唐時期。

LM20-1456-19-13　《注維摩詰經》卷七

姚秦僧肇撰，CBETA，T38，no.1775，p.396，b9-15。高昌國時期。

參：鄭阿財 2019，177。

LM20-1456-19-14　《摩訶般若波羅蜜經》卷一

姚秦鳩摩羅什譯，CBETA，T08，no.223，p.218，b29-c3，"佛土"作"佛國土其國"。高昌國時期。

LM20-1456-19-15　《慧上菩薩問大善權經》卷下

西晉竺法護譯，CBETA，T12，no.345，p.162，c6-9。唐時期。

LM20-1456-19-16　《中阿含經》卷六

東晉僧伽提婆譯，CBETA，T01，no.26，p.455，a5-8。唐時期。

LM20-1456-19-17　《佛説仁王般若波羅蜜經》卷上

姚秦鳩摩羅什譯，CBETA，T08，no.245，p.827，b21-24。高昌國時期。

LM20-1456-19-18　《大乘入道次第》

唐智周撰，CBETA，T45，no.1864，p.459，a11-19，"正"作"至"。有朱筆勾劃。唐時期。

LM20-1456-19-19　《佛説灌頂章句拔除過罪生死得度經》

參東晉帛尸梨蜜多羅譯《佛説灌頂經》卷一二，CBETA，T21，no.1331，p.536，a12-18，神名順序有所不同。高昌國時期。

LM20-1456-19-20　《妙法蓮華經》卷七

姚秦鳩摩羅什譯，CBETA，T09，no.262，p.58，c14-p.59，a1。唐時期。

LM20-1456-19-21　《大方廣佛華嚴經》卷三七

東晉佛陀跋陀羅譯，CBETA，T09，no.278，p.638，b12-18。高昌國時期。

LM20-1456-20-01　《十方千五百佛名經》

譯者不詳，此段文字多處可見。高昌國時期。

LM20-1456-20-02　《妙法蓮華經》卷一

姚秦鳩摩羅什譯，CBETA，T09，no.262，p.4，c21-25。唐時期。

LM20-1456-20-03　《大般涅槃經》卷二三

北涼曇無讖譯，CBETA，T12，no.374，p.501，a27-29。高昌國時期。

LM20-1456-20-04　《小品般若波羅蜜經》卷六

姚秦鳩摩羅什譯，CBETA, T08, no.227, p.564, a9–12。高昌國時期。

參：孫傳波 2006, 189。

LM20-1456-20-05　《佛説寶雨經》卷六

唐達摩流支譯，CBETA, T16, no.660, p.306, c28–p.307, a5。唐時期。

參：榮新江 2019a, 29。

LM20-1456-20-06　《大般涅槃經》卷二八

北涼曇無讖譯，CBETA, T12, no.374, p.528, c29–p.529, a3。高昌郡時期。

參：《旅博選粹》, 18; 王宇、王梅 2006b, 56。

LM20-1456-20-07　《佛説佛名經》卷四

譯者不詳，CBETA, T14, no.441, p.205, a25–29。西州回鶻時期。

LM20-1456-20-08　《妙法蓮華經》卷五

姚秦鳩摩羅什譯，CBETA, T09, no.262, p.39, c25–26。唐時期。

LM20-1456-20-09　《妙法蓮華經》卷五

姚秦鳩摩羅什譯，CBETA, T09, no.262, p.39, c23–24。唐時期。

LM20-1456-20-10　《菩薩地持經》卷八

北涼曇無讖譯，CBETA, T30, no.1581, p.933, a27–b2。高昌國時期。

LM20-1456-20-11　《大般涅槃經》卷一

北涼曇無讖譯，CBETA, T12, no.374, p.368, b11–14。唐時期。

LM20-1456-20-12　《文殊師利問菩提經》注疏

參姚秦鳩摩羅什譯《文殊師利問菩提經》，CBETA, T14, no.464, p.481, c15–18, "礫"作"石"。高昌國時期。

參：《旅博選粹》, 167; 橘堂晃一 2006a, 97、103。

LM20-1456-20-13　《道行般若經》卷三

後漢支婁迦讖譯，CBETA, T08, no.224, p.438, b21–25, "智"作"知"。高昌國時期。

參：孫傳波 2006, 172。

LM20-1456-20-14　《摩訶般若波羅蜜經》卷二〇

姚秦鳩摩羅什譯，CBETA, T08, no.223, p.366, b21–22。唐時期。

LM20-1456-20-15　《妙法蓮華經》卷四

姚秦鳩摩羅什譯，CBETA, T09, no.262, p.27, c25–p.28, a1。唐時期。

LM20-1456-20-16　《梵網經》卷下

姚秦鳩摩羅什譯，CBETA, T24, no.1484, p.1006, b15–18。唐時期。

LM20-1456-20-17　《佛説廣博嚴净不退轉輪經》卷一

劉宋智嚴譯，CBETA, T09, no.268, p.255, b3–5。高昌國時期。

LM20-1456-20-18　《妙法蓮華經》卷五

姚秦鳩摩羅什譯, CBETA, T09, no.262, p.37, a14–16。唐時期。

LM20-1456-20-19　《佛本行集經》卷五

隋闍那崛多譯, CBETA, T03, no.190, p.673, b5–9。唐時期。

參: 段真子 2019, 145。

LM20-1456-20-20　《維摩詰所説經》卷上

姚秦鳩摩羅什譯, CBETA, T14, no.475, p.544, a14–18。唐時期。

參: 王梅 2006, 152。

LM20-1456-20-21　《大乘悲分陀利經》卷四

譯者不詳, CBETA, T03, no.158, p.262, a19–22。唐時期。

LM20-1456-20-22　《大般涅槃經》卷九

北涼曇無讖譯, CBETA, T12, no.374, p.418, a4–5。高昌國時期。

LM20-1456-20-23　《金剛般若波羅蜜經》

元魏菩提流支譯, CBETA, T08, no.236a, p.755, a3–5。唐時期。

LM20-1456-20-24　《大般涅槃經》卷一九

北涼曇無讖譯, CBETA, T12, no.374, p.480, a29–b4。高昌國時期。

參: 王宇、王梅 2006b, 54; 孫傳波 2006, 189。

LM20-1456-21-01　《金剛般若波羅蜜經》

姚秦鳩摩羅什譯, CBETA, T08, no.235, p.752, b13–15。唐時期。

LM20-1456-21-02　《大般涅槃經》卷三

北涼曇無讖譯, CBETA, T12, no.374, p.380, a2–5。唐時期。

LM20-1456-21-03　《大般若波羅蜜多經》卷二三三

唐玄奘譯, CBETA, T06, no.220, p.176, b7–11。唐時期。

LM20-1456-21-04　《大般涅槃經》卷二八

北涼曇無讖譯, CBETA, T12, no.374, p.533, c8–11。高昌國時期。

LM20-1456-21-05　《小品般若波羅蜜經》卷一〇

姚秦鳩摩羅什譯, CBETA, T08, no.227, p.583, c16–19。高昌國時期。

LM20-1456-21-06　《菩薩地持經》卷九

北涼曇無讖譯, CBETA, T30, no.1581, p.941, c16–19。高昌國時期。

LM20-1456-21-07　《十方千五百佛名經》

譯者不詳, CBETA, T14, no.442, p.315, b24–25。高昌國時期。

LM20-1456-21-08　《佛説浴像功德經》

唐寶思惟譯, CBETA, T16, no.697, p.798, c20–23。唐時期。

LM20-1456-21-09　《妙法蓮華經》卷三

姚秦鳩摩羅什譯, CBETA, T09, no.262, p.25, a26–b3。高昌國時期。

LM20-1456-21-10 《金光明經》卷四

北涼曇無讖譯, CBETA, T16, no.663, p.353, c22–24。唐時期。

LM20-1456-21-11 《十方千五百佛名經》

譯者不詳, CBETA, T14, no.442, p.316, c13–16。高昌國時期。

LM20-1456-21-12 《摩訶般若波羅蜜經》卷五

姚秦鳩摩羅什譯, CBETA, T08, no.223, p.255, b18–19。唐時期。

LM20-1456-21-13 《妙法蓮華經》卷二

姚秦鳩摩羅什譯, CBETA, T09, no.262, p.11, b1–8。唐時期。

LM20-1456-21-14 《金光明經》卷一

北涼曇無讖譯, CBETA, T16, no.663, p.339, a28–b2。第 3 行天頭欄外有墨點。高昌郡時期。

LM20-1456-21-15 《大方廣佛華嚴經》卷一二（五十卷本）

東晉佛陀跋陀羅譯,《中華大藏經》第 12 册, 146a18–b4; 參 CBETA, T09, no.278, p.490, a16–24。細字寫本。高昌國時期。

參:《旅博選粹》, 43。

LM20-1456-21-16 《大般涅槃經》卷五

北涼曇無讖譯, CBETA, T12, no.375, p.633, a8–12, "人" 作 "人衆"。高昌國時期。

LM20-1456-21-17 佛典殘片

參西晉無羅叉譯《放光般若經》卷八, CBETA, T08, no.221, p.55, c17–19。高昌國時期。

LM20-1456-21-18 《金光明經》卷四

北涼曇無讖譯, CBETA, T16, no.663, p.355, c24–27。高昌郡時期。

LM20-1456-21-19 《大般涅槃經》卷二二

北涼曇無讖譯, CBETA, T12, no.374, p.497, c10–12。高昌國時期。

LM20-1456-21-20 《大般涅槃經》卷三〇

北涼曇無讖譯, CBETA, T12, no.374, p.542, b6–9。高昌國時期。

LM20-1456-21-21 《金剛般若波羅蜜經》

姚秦鳩摩羅什譯, CBETA, T08, no.235, p.749, a29–b5。唐時期。

LM20-1456-21-22 《大般涅槃經》卷九

北涼曇無讖譯, CBETA, T12, no.374, p.419, a12–15。高昌國時期。

LM20-1456-21-23 《佛説觀藥王藥上二菩薩經》

劉宋畺良耶舍譯, CBETA, T20, no.1161, p.661, b10–13, "摩樓" 作 "摩訶樓"。唐時期。

LM20-1456-21-24 《大般涅槃經》卷一九

北涼曇無讖譯, CBETA, T12, no.374, p.474, a27–b1。高昌國時期。

LM20-1456-21-25 《天地八陽神咒經》

唐義淨譯, CBETA, T85, no.2897, p.1424, a26-b1。唐時期。

LM20-1456-22-01　《大般涅槃經》卷七

北涼曇無讖譯, CBETA, T12, no.374, p.404, c2-4。高昌國時期。

LM20-1456-22-02　《大般涅槃經》卷二五

北涼曇無讖譯, CBETA, T12, no.374, p.511, c24-28。高昌國時期。

LM20-1456-22-03　《金光明經》卷二

北涼曇無讖譯, CBETA, T16, no.663, p.341, b27-c3。唐時期。

LM20-1456-22-04　《妙法蓮華經》卷二

姚秦鳩摩羅什譯, CBETA, T09, no.262, p.12, a9-11。高昌郡時期。

參:《旅博選粹》, 37。

LM20-1456-22-05　《佛説仁王般若波羅蜜經》卷下

姚秦鳩摩羅什譯, CBETA, T08, no.245, p.833, b19-21。唐時期。

LM20-1456-22-06　《大般若波羅蜜多經》卷三八

唐玄奘譯, 此段文字多處可見。唐時期。

LM20-1456-22-07　《佛説迴向輪經》

唐尸羅達摩譯, CBETA, T19, no.998, p.577, c10-13, "佛"作"拂"。唐時期。

LM20-1456-22-08　《梵網經》卷下

姚秦鳩摩羅什譯, CBETA, T24, no.1484, p.1004, a6-13。唐時期。

LM20-1456-22-09　《金光明經》卷一

北涼曇無讖譯, CBETA, T16, no.663, p.340, a1-4。唐時期。

LM20-1456-22-10　佛典殘片

高昌國時期。

LM20-1456-22-11　《大般涅槃經》卷一一

北涼曇無讖譯, CBETA, T12, no.374, p.428, c24-26。唐時期。

LM20-1456-22-12　《妙法蓮華經》卷一

姚秦鳩摩羅什譯, CBETA, T09, no.262, p.7, b26-29。唐時期。

LM20-1456-22-13　《妙法蓮華經》外題

姚秦鳩摩羅什譯。有經名符號。唐時期。

LM20-1456-22-14　《四分律比丘戒本》

姚秦佛陀耶舍譯, CBETA, T22, no.1429, p.1021, c5-9。唐時期。

LM20-1456-22-15　《維摩詰所説經》卷上

姚秦鳩摩羅什譯, CBETA, T14, no.475, p.537, a8-10。唐時期。

LM20-1456-22-16　《大智度論》卷一六

姚秦鳩摩羅什譯, CBETA, T25, no.1509, p.176, b4-7, "薰"作"熏"。高昌國時期。

LM20-1456-22-17　《妙法蓮華經》卷二

姚秦鳩摩羅什譯，CBETA, T09, no.262, p.15, c11-13。唐時期。

LM20-1456-22-18　《妙法蓮華經》卷四

姚秦鳩摩羅什譯，CBETA, T09, no.262, p.35, a6-9。唐時期。

LM20-1456-22-19　佛典殘片

參姚秦鳩摩羅什譯《摩訶般若波羅蜜經》卷二七，CBETA, T08, no.223, p.422, b29-c1。高昌國時期。

LM20-1456-22-20　《救疾經》

作者不詳，CBETA, T85, no.2878, p.1361, c8-9，"召"作"調"。唐時期。

參：王宇、王梅 2006a, 109；馬俊傑 2019, 442。

LM20-1456-22-21　《十方千五百佛名經》

譯者不詳，CBETA, T14, no.442, p.315, c2。高昌國時期。

LM20-1456-22-22　《十方千五百佛名經》

譯者不詳，CBETA, T14, no.442, p.315, c5-6。高昌國時期。

LM20-1456-22-23　《十方千五百佛名經》

譯者不詳，CBETA, T14, no.442, p.316, c22-23。高昌國時期。

LM20-1456-22-24a　《大方廣佛華嚴經》卷五七

東晉佛陀跋陀羅譯，CBETA, T09, no.278, p.764, c20-26。唐時期。

LM20-1456-22-24b　佛典殘片

唐時期。

LM20-1456-22-25　《妙法蓮華經》卷五

姚秦鳩摩羅什譯，CBETA, T09, no.262, p.42, b25-c1。唐時期。

LM20-1456-23-01　《摩訶般若波羅蜜多經》卷一一

姚秦鳩摩羅什譯，CBETA, T08, no.223, p.303, b23-28。高昌國時期。

LM20-1456-23-02　《大般涅槃經》卷八

北涼曇無讖譯，CBETA, T12, no.374, p.414, c17-23。唐時期。

LM20-1456-23-03　《維摩詰所説經》卷中

姚秦鳩摩羅什譯，CBETA, T14, no.475, p.550, b8-14。高昌國時期。

LM20-1456-23-04　《摩訶般若波羅蜜經》卷二一

姚秦鳩摩羅什譯，CBETA, T08, no.223, p.369, a8-13。唐時期。

LM20-1456-23-05　《維摩詰所説經》卷中

姚秦鳩摩羅什譯，CBETA, T14, no.475, p.550, a29-b7。高昌國時期。

LM20-1456-23-06　《佛本行集經》卷一五

隋闍那崛多譯，CBETA, T03, no.190, p.725, a9-12。唐時期。

參：段真子 2019，160。

LM20-1456-23-07　《妙法蓮華經》卷一

姚秦鳩摩羅什譯，CBETA，T09，no.262，p.5，c19–p.6，a5。唐時期。

LM20-1456-23-08　《現在十方千五百佛名並雜佛同號》

作者不詳，CBETA，T85，no.2905，p.1447，b29–c7。唐時期。

LM20-1456-23-09　《維摩詰所説經》卷中

姚秦鳩摩羅什譯，CBETA，T14，no.475，p.546，c7–9。高昌國時期。

LM20-1456-23-10　《大般涅槃經》卷八

北涼曇無讖譯，CBETA，T12，no.375，p.656，a12–14。唐時期。

LM20-1456-23-11　《妙法蓮華經》卷六

姚秦鳩摩羅什譯，CBETA，T09，no.262，p.46，c29–p.47，a2。唐時期。

LM20-1456-23-12　《妙法蓮華經》卷二

姚秦鳩摩羅什譯，CBETA，T09，no.262，p.15，b15–20。高昌國時期。

LM20-1456-23-13　《佛説七俱胝佛母心大准提陀羅尼經》

唐地婆訶羅譯，CBETA，T20，no.1077，p.186，a4–7。唐時期。

LM20-1456-23-14　《摩訶般若波羅蜜經》卷二

姚秦鳩摩羅什譯，CBETA，T08，no.223，p.231，b10–13。高昌國時期。

LM20-1456-23-15　《大般若波羅蜜多經》卷一一二

唐玄奘譯，CBETA，T05，no.220，p.618，b20–21。唐時期。

LM20-1456-23-16　《大通方廣懺悔滅罪莊嚴成佛經》卷中

作者不詳，CBETA，T85，no.2871，p.1346，a24–28。高昌國時期。

LM20-1456-23-17　《四分律删補隨機羯磨序》

唐道宣撰，CBETA，T40，no.1808，p.492，a25–28。唐時期。

LM20-1456-23-18　《大般若波羅蜜多經》卷三三一

唐玄奘譯，CBETA，T06，no.220，p.694，c12–16。唐時期。

LM20-1456-23-19　殘片

唐時期。

LM20-1456-23-20　《往生禮讚偈》

唐善導集記，CBETA，T47，no.1980，p.438，c13–17。唐時期。

參：《旅博選粹》，151；《净土集成》，113。

LM20-1456-23-21　《金剛般若波羅蜜經》

姚秦鳩摩羅什譯，CBETA，T08，no.235，p.751，b11–12。唐時期。

LM20-1456-23-22　律吕書

高昌國時期。

參：段真子 2017, 215–216; 游自勇 2019b, 54。

LM20-1456-23-23 《佛説觀無量壽佛經》

劉宋畺良耶舍譯，CBETA, T12, no.365, p.345, a2–4。高昌國時期。

參：《旅博選粹》, 119;《净土集成》, 50–51。

LM20-1456-23-24 《大般涅槃經》卷三

北涼曇無讖譯，CBETA, T12, no.374, p.380, a6–12。唐時期。

LM20-1456-24-01 《維摩詰所説經》卷上

姚秦鳩摩羅什譯，CBETA, T14, no.475, p.538, a10–13, "善知諸"作"善於諸"。唐時期。

LM20-1456-24-02 《救疾經》

作者不詳，CBETA, T85, no.2878, p.1361, c4–6。唐時期。

參：王宇、王梅 2006a, 107; 馬俊傑 2019, 442。

LM20-1456-24-03 《佛説灌頂經》卷一二

東晉帛尸梨蜜多羅譯，CBETA, T21, no.1331, p.532, c2–7。唐時期。

LM20-1456-24-04 《佛本行集經》卷二二

隋闍那崛多譯，CBETA, T03, no.190, p.754, a8–10。高昌國時期。

參：段真子 2019, 160。

LM20-1456-24-05 《妙法蓮華經》卷一

姚秦鳩摩羅什譯，CBETA, T09, no.262, p.2, c9–13。唐時期。

LM20-1456-24-06 《道行般若經》卷八

後漢支婁迦讖譯，CBETA, T08, no.224, p.463, c13–16。唐時期。

參：《旅博選粹》94; 孫傳波 2006, 179。

LM20-1456-24-07 《大方等大集經》卷六

北涼曇無讖譯，CBETA, T13, no.397, p.35, a18–22。唐時期。

LM20-1456-24-08 《大方等大集經》卷一二

北涼曇無讖譯，CBETA, T13, no.397, p.80, c18–21。高昌國時期。

LM20-1456-24-09 《大智度論》卷四〇

姚秦鳩摩羅什譯，CBETA, T25, no.1509, p.354, b15–18。高昌國時期。

LM20-1456-24-10 《大般涅槃經》卷四〇

北涼曇無讖譯，CBETA, T12, no.374, p.599, a27–29。高昌國時期。

LM20-1456-24-11 《金剛般若波羅蜜經》

姚秦鳩摩羅什譯，CBETA, T08, no.235, p.748, c29–p.749, a3。唐時期。

LM20-1456-24-12 《佛説佛名經》卷五

元魏菩提流支譯，CBETA, T14, no.440, p.139, b11–14。有朱色捺印佛像。唐時期。

LM20-1456-24-13 《金剛般若波羅蜜經》

姚秦鳩摩羅什譯, CBETA, T08, no.235, p.750, c12–15。唐時期。

LM20-1456-24-14r 《思益梵天所問經》卷四

姚秦鳩摩羅什譯, CBETA, T15, no.586, p.59, c23–28。高昌國時期。

LM20-1456-24-14v 殘片

無法揭取拍攝。

LM20-1456-24-15 《佛説灌頂百結神王護身咒經》卷四

東晉帛尸梨蜜多羅譯, CBETA, T21, no.1331, p.507, a13–17。唐時期。

LM20-1456-24-16 《大般涅槃經》卷一三

北涼曇無讖譯, CBETA, T12, no.374, p.442, a3–6。高昌國時期。

LM20-1456-24-17 《摩訶般若波羅蜜經》卷一四

姚秦鳩摩羅什譯, CBETA, T08, no.223, p.326, a18–21。高昌國時期。

LM20-1456-24-18 《梵網經》卷下

姚秦鳩摩羅什譯, CBETA, T24, no.1484, p.1008, a29–b2。唐時期。

LM20-1456-24-19 《大般涅槃經》卷一六

劉宋慧嚴等譯, CBETA, T12, no.375, p.710, c5–11。高昌國時期。

LM20-1456-24-20 佛典殘片

唐時期。

LM20-1456-24-21 《大智度論》卷八二

姚秦鳩摩羅什譯, CBETA, T25, no.1509, p.632, b24–27。唐時期。

LM20-1456-24-22 《根本説一切有部毗奈耶》卷七

唐義净譯, CBETA, T23, no.1442, p.660, a29–b2。唐時期。

LM20-1456-24-23 《大般涅槃經》卷三一

北涼曇無讖譯, CBETA, T12, no.374, p.552, c21–25。高昌國時期。

LM20-1456-24-24 佛典殘片

唐時期。

LM20-1456-24-25 《佛説灌頂經》卷一二

東晉帛尸梨蜜多羅譯, CBETA, T21, no.1331, p.533, c8–11。唐時期。

LM20-1456-24-26 《小品般若波羅蜜經》卷九

姚秦鳩摩羅什譯, CBETA, T08, no.227, p.579, b5–9, "道中"作"道"。高昌國時期。

LM20-1456-24-27 《佛説觀佛三昧海經》卷五

東晉佛陀跋陀羅譯, CBETA, T15, no.643, p.670, c20–24。高昌國時期。

LM20-1456-25-01 《摩訶般若波羅蜜經》卷二七

姚秦鳩摩羅什譯, CBETA, T08, no.223, p.418, b19–22。唐時期。

LM20-1456-25-02 《妙法蓮華經》卷六

姚秦鳩摩羅什譯，CBETA，T09，no.262，p.53，b6-8。高昌國時期。

LM20-1456-25-03　《大般涅槃經》卷一四

北涼曇無讖譯，CBETA，T12，no.374，p.446，c6-8。高昌國時期。

LM20-1456-25-04　《大般涅槃經》卷三

北涼曇無讖譯，CBETA，T12，no.374，p.380，a11-15。高昌國時期。

LM20-1456-25-05　《大般涅槃經》卷三九

北涼曇無讖譯，CBETA，T12，no.374，p.594，b6-9。唐時期。

LM20-1456-25-06　《發覺净心經》卷上

隋闍那崛多譯，CBETA，T12，no.327，p.44，b29-c4。唐時期。

LM20-1456-25-07　《佛説灌頂經》卷一二

東晉帛尸梨蜜多羅譯，CBETA，T21，no.1331，p.534，c18-19。唐時期。

LM20-1456-25-08　《佛説灌頂經》卷一二

東晉帛尸梨蜜多羅譯，CBETA，T21，no.1331，p.535，c7-8。唐時期。

LM20-1456-25-09　《阿毗曇心論》卷四

東晉僧伽提婆譯，CBETA，T28，no.1550，p.827，c13-18。高昌郡時期。

LM20-1456-25-10　《大般涅槃經》卷八

北涼曇無讖譯，CBETA，T12，no.374，p.415，a19-23。唐時期。

LM20-1456-25-11　《佛説灌頂經》卷一二

東晉帛尸梨蜜多羅譯，CBETA，T21，no.1331，p.535，c22。唐時期。

LM20-1456-25-12a　殘片

唐時期。

LM20-1456-25-12b　殘片

LM20-1456-25-12c　殘片

LM20-1456-25-13　《妙法蓮華經》卷四

姚秦鳩摩羅什譯，CBETA，T09，no.262，p.29，b25-29。唐時期。

LM20-1456-25-14　《放光般若經》卷一五

西晉無羅叉譯，CBETA，T08，no.221，p.107，a5-7。高昌國時期。

LM20-1456-25-15　《佛説灌頂經》卷一二

東晉帛尸梨蜜多羅，CBETA，T21，no.1331，p.535，a29-b2。唐時期。

LM20-1456-25-16　《妙法蓮華經》卷七

姚秦鳩摩羅什譯，CBETA，T09，no.262，p.59，b6-10。唐時期。

LM20-1456-25-17　《春秋後語》（？）

參敦煌本 P.2589《春秋後語・魏語》（《法藏敦煌西域文獻》第16册，141頁）；《戰國策》卷二五《魏四》，西漢劉向集録，范祥雍箋證，范邦瑾協校《戰國策箋證》，上海古籍出版社，

2006 年, 1467–1468 頁。唐時期。

LM20-1456-25-18　佛典殘片

唐時期。

LM20-1456-25-19　《大般涅槃經》卷八

北涼曇無讖譯, CBETA, T12, no.374, p.415, a22–25。唐時期。

LM20-1456-25-20　《妙法蓮華經》卷六

姚秦鳩摩羅什譯, CBETA, T09, no.262, p.53, a26–b2。唐時期。

LM20-1456-25-21　《合部金光明經》卷三

梁真諦譯, 隋寶貴合, CBETA, T16, no.664, p.373, b5–10。唐時期。

LM20-1456-25-22　《妙法蓮華經》卷七

姚秦鳩摩羅什譯, CBETA, T09, no.262, p.56, c5–7。唐時期。

LM20-1456-25-23　《大般涅槃經》卷一五

北涼曇無讖譯, CBETA, T12, no.374, p.451, b14–18。高昌國時期。

LM20-1456-25-24　《合部金光明經》卷五

北涼曇無讖譯, 隋寶貴合, CBETA, T16, no.664, p.383, b29–c4。唐時期。

LM20-1456-25-25　《佛頂尊勝陀羅尼經》

唐佛陀波利譯, CBETA, T19, no.967, p.349, c5–7。唐時期。

LM20-1456-25-26　《妙法蓮華經》卷二

姚秦鳩摩羅什譯, CBETA, T09, no.262, p.17, b12–16。唐時期。

LM20-1456-25-27　《佛説灌頂經》卷一二

東晉帛尸梨蜜多羅譯,CBETA,T21,no.1331,p.535,b18–20。有貼附殘片,無法揭取。唐時期。

LM20-1456-26-01　《大般涅槃經》卷二一

北涼曇無讖譯, CBETA, T12, no.374, p.490, a23–28。高昌國時期。

LM20-1456-26-02　《佛本行集經》卷四六

隋闍那崛多譯, CBETA, T03, no.190, p.865, b12–13。唐時期。

參: 段真子 2019, 169。

LM20-1456-26-03　《大般涅槃經》卷四○

北涼曇無讖譯, CBETA, T12, no.374, p.599, a27–b3。高昌國時期。

LM20-1456-26-04a　《大般涅槃經》卷一○

北涼曇無讖譯, CBETA, T12, no.374, p.425, b26–c1。高昌國時期。

LM20-1456-26-04b　《大般涅槃經》卷二七

劉宋慧嚴等譯, CBETA, T12, no.375, p.783, c15–18。高昌國時期。

LM20-1456-26-05　《摩訶般若波羅蜜經》卷一

姚秦鳩摩羅什譯, CBETA, T08, no.227, p.538, c3–5。高昌國時期。

LM20-1456-26-06 《妙法蓮華經》卷四

姚秦鳩摩羅什譯，CBETA, T09, no.262, p.30, a6–10，"須"作"願"。唐時期。

LM20-1456-26-07 《妙法蓮華經》卷五

姚秦鳩摩羅什譯，CBETA, T09, no.262, p.37, b3–10。唐時期。

LM20-1456-26-08 《大般涅槃經》卷三五

北涼曇無讖譯，CBETA, T12, no.374, p.568, b22–26，今本作卷三四，"燋"作"焦"。高昌國時期。

參：《旅博選粹》，130。

LM20-1456-26-09 《大智度論》卷二六

姚秦鳩摩羅什譯，CBETA, T25, no.1509, p.252, c2–5。高昌國時期。

LM20-1456-26-10 《四分比丘尼鈔》卷中

唐道宣述，CBETA, X40, no.724, p.742, b7–12，"人男子二是人"作"男二"。有朱筆句讀。唐時期。

LM20-1456-26-11 《禪法要解》卷上

姚秦鳩摩羅什譯，CBETA, T15, no.616, p.289, a5–10。高昌郡時期。

參：《旅博選粹》，19。

LM20-1456-26-12 《金剛般若波羅蜜經》

元魏菩提流支譯，CBETA, T08, no.236a, p.753, a12–15。唐時期。

LM20-1456-26-13 《金剛般若波羅蜜經》

姚秦鳩摩羅什譯，CBETA, T08, no.235, p.750, c15–18。唐時期。

LM20-1456-26-14 《大般涅槃經》卷二四

北涼曇無讖譯，此段文字多處可見。高昌郡時期。

LM20-1456-26-15 《大智度論》卷二九

姚秦鳩摩羅什譯，CBETA, T25, no.1509, p.275, b29–c3。高昌國時期。

LM20-1456-26-16 《大智度論》卷五五

姚秦鳩摩羅什譯，CBETA, T25, no.1509, p.452, a29–b3。高昌郡時期。

LM20-1456-26-17 《大般涅槃經》卷三七

北涼曇無讖譯，CBETA, T12, no.374, p.582, c23–26。高昌國時期。

LM20-1456-26-18 《大般涅槃經》卷一四

北涼曇無讖譯，CBETA, T12, no.374, p.450, b23–27。唐時期。

LM20-1456-26-19 《大般涅槃經》卷三一

北涼曇無讖譯，CBETA, T12, no.374, p.553, a14–18。高昌國時期。

LM20-1456-26-20 《大通方廣懺悔滅罪莊嚴成佛經》卷中

作者不詳，CBETA, T85, no.2871, p.1345, a36。高昌國時期。

LM20-1456-27-01　《勸善文》

參敦煌本 S.2713（《英藏敦煌文獻》第 4 卷，208 頁）。唐時期。

參：《旅博選粹》，163。

LM20-1456-27-02　《妙法蓮華經》卷五

姚秦鳩摩羅什譯，CBETA, T09, no.262, p.40, b25-c2。唐時期。

LM20-1456-27-03　《妙法蓮華經》卷一

姚秦鳩摩羅什譯，CBETA, T09, no.262, p.6, b8-11。唐時期。

LM20-1456-27-04　《唐護法沙門法琳別傳》卷中

唐彥琮撰，CBETA, T50, no.2051, p.204, b25-c4。唐時期。

LM20-1456-27-05　《稱讚净土佛攝受經》

唐玄奘譯，CBETA, T12, no.367, p.350, a26-b1。唐時期。

參：《旅博選粹》，126；《净土集成》，95。

LM20-1456-27-06　《禪祕要法經》卷上

姚秦鳩摩羅什譯，CBETA, T15, no.613, p.248, b9-12。唐時期。

LM20-1456-27-07　《妙法蓮華經》卷七

姚秦鳩摩羅什譯，CBETA, T09, no.262, p.58, c8-10。唐時期。

LM20-1456-27-08　《添品妙法蓮華經》卷三

隋闍那崛多、達摩笈多譯，CBETA, T09, no.264, p.161, c15-19。唐時期。

LM20-1456-27-09　殘片

有朱筆點記。唐時期。

LM20-1456-27-10　涅槃經注疏

參隋灌頂撰、唐湛然再治《涅槃經會疏》卷三三，CBETA, X36, no.659, p.789, b22-c3。高昌國時期。

LM20-1456-27-11　《大般若波羅蜜多經》卷九九

唐玄奘譯，CBETA, T05, no.220, p.547, b26-28。唐時期。

LM20-1456-27-12　《妙法蓮華經》卷一

姚秦鳩摩羅什譯，CBETA, T09, no.262, p.4, a25-27。唐時期。

LM20-1456-27-13　《妙法蓮華經》卷四

姚秦鳩摩羅什譯，CBETA, T09, no.262, p.34, b18-19。唐時期。

LM20-1456-27-14　《金光明最勝王經》卷四

唐義净譯，CBETA, T16, no.665, p.419, a19-20。唐時期。

LM20-1456-27-15　《妙法蓮華經》卷七

姚秦鳩摩羅什譯，CBETA, T09, no.262, p.58, b27-29。唐時期。

LM20-1456-27-16　《金光明經》卷二

北涼曇無讖譯，CBETA, T16, no.663, p.340, c27–p.341, a2。高昌國時期。

LM20-1456-27-17 《妙法蓮華經》卷一

姚秦鳩摩羅什譯，CBETA, T09, no.262, p.3, a8–12。唐時期。

LM20-1456-27-18 《佛説法句經》

作者不詳，CBETA, T85, no.2901, p.1435, a2–5。唐時期。

LM20-1456-27-19 《妙法蓮華經》卷四

姚秦鳩摩羅什譯，CBETA, T09, no.262, p.28, a3–6。唐時期。

LM20-1456-27-20 《妙法蓮華經》卷一

姚秦鳩摩羅什譯，CBETA, T09, no.262, p.5, c23–27。唐時期。

LM20-1456-27-21 《妙法蓮華經》卷一

姚秦鳩摩羅什譯，CBETA, T09, no.262, p.8, a17–21。高昌國時期。

LM20-1456-27-22 《四分律》卷二五

姚秦佛陀耶舍、竺佛念譯，CBETA, T22, no.1428, p.736, a17–20。高昌國時期。

LM20-1456-27-23 《佛説灌頂經》卷一一

東晉帛尸梨蜜多羅譯，CBETA, T21, no.1331, p.529, a19–24，"男"作"善男"。唐時期。

LM20-1456-27-24 《佛説仁王般若波羅蜜經》卷下

姚秦鳩摩羅什譯，CBETA, T08, no.245, p.830, a28–b3，"師"作"師敷"。唐時期。

LM20-1456-27-25 《千眼千臂觀世音菩薩陀羅尼神咒經》卷下

唐智通譯，CBETA, T20, no.1057a, p.88, a17–19。唐時期。

LM20-1456-28-01 《大般涅槃經》卷三五

北涼曇無讖譯，CBETA, T12, no.374, p.573, a11–13。高昌國時期。

LM20-1456-28-02 《大般若波羅蜜多經》卷二五八

唐玄奘譯，CBETA, T06, no.220, p.305, a26–28。唐時期。

LM20-1456-28-03 《合部金光明經》卷三

梁真諦譯，隋寶貴合，CBETA, T16, no.664, p.374, a25–27。唐時期。

LM20-1456-28-04 《大般涅槃經》卷一二

北涼曇無讖譯，CBETA, T12, no.374, p.436, a1–4。唐時期。

LM20-1456-28-05 佛典注疏

參隋慧遠述《大般涅槃經義記》卷二，CBETA, T37, no.1764, p.657, c19–21。唐時期。

LM20-1456-28-06 《大般涅槃經》卷八

北涼曇無讖譯，CBETA, T12, no.374, p.415, a3–6。唐時期。

LM20-1456-28-07 《佛説仁王般若波羅蜜經》卷上

姚秦鳩摩羅什譯，CBETA, T08, no.245, p.828, c26–29。高昌國時期。

LM20-1456-28-08 佛典殘片

高昌國時期。

LM20-1456-28-09　《四分律删繁補闕行事鈔》卷中

唐道宣撰，CBETA, T40, no.1804, p.97, a22–25，"犯重"作"重犯"。唐時期。

LM20-1456-28-10　《大般涅槃經》卷三〇

北涼曇無讖譯，CBETA, T12, no.374, p.542, a10–12。高昌國時期。

LM20-1456-28-11　《大唐三藏聖教記》并某經卷首

後接抄玄奘所譯佛典。唐時期。

LM20-1456-28-12　《妙法蓮華經》卷一

姚秦鳩摩羅什譯，CBETA, T09, no.262, p.2, b7。高昌國時期。

LM20-1456-28-13　《摩訶般若波羅蜜經》卷八

姚秦鳩摩羅什譯，CBETA, T08, no.223, p.277, b27–c2。高昌國時期。

LM20-1456-28-14　《大智度論》卷一二

姚秦鳩摩羅什譯，CBETA, T25, no.1509, p.145, a28–b3，小字"成"作"凡造事成"，"名"作"言"。高昌郡時期。

參：《旅博選粹》，20。

LM20-1456-28-15　《大方廣佛華嚴經》卷一五（五十卷本）

東晉佛陀跋陀羅譯，《中華大藏經》第12冊，182c8–15；參 CBETA, T09, no.278, p.512, a6–14。細字寫本。高昌國時期。

LM20-1456-28-16　《妙法蓮華經》卷四

姚秦鳩摩羅什譯，CBETA, T09, no.262, p.35, c11–13。唐時期。

LM20-1456-28-17　《阿差末菩薩經》卷五

西晉竺法護譯，CBETA, T13, no.403, p.600, c28–p.601, a1。高昌郡時期。

參：《旅博選粹》，19。

LM20-1456-28-18　《大般涅槃經》卷二九

北涼曇無讖譯，CBETA, T12, no.374, p.540, c12–14。西州回鶻時期。

LM20-1456-28-19　《大般涅槃經》卷二〇

北涼曇無讖譯，CBETA, T12, no.374, p.485, a21–29。高昌國時期。

LM20-1456-28-20　《妙法蓮華經》卷三

姚秦鳩摩羅什譯，CBETA, T09, no.262, p.21, b18–21。唐時期。

LM20-1456-28-21a　《大般涅槃經》卷二九

北涼曇無讖譯，CBETA, T12, no.374, p.540, c5–7。唐時期。

LM20-1456-28-21b　《大般涅槃經》卷二九

北涼曇無讖譯，CBETA, T12, no.374, p.540, c8，"盡故"作"盡"。唐時期。

LM20-1456-28-22　《大般涅槃經》卷二七

北涼曇無讖譯，CBETA, T12, no.375, p.786, a6–8。唐時期。

LM20-1456-28-23　佛典殘片

唐時期。

LM20-1456-28-24　《佛説仁王般若波羅蜜經》卷下

姚秦鳩摩羅什譯，CBETA, T08, no.245, p.833, b6–8，"登"作"證"。高昌國時期。

LM20-1456-28-25　《金剛般若波羅蜜經》

姚秦鳩摩羅什譯，CBETA, T08, no.235, p.749, b22–25。唐時期。

LM20-1456-28-26　《大般涅槃經》卷二二

北涼曇無讖譯，CBETA, T12, no.374, p.495, c10–13。高昌國時期。

LM20-1456-28-27　《妙法蓮華經》卷六

姚秦鳩摩羅什譯，CBETA, T09, no.262, p.47, a3–4。唐時期。

LM20-1456-28-28　《大智度論》卷四六

姚秦鳩摩羅什譯，CBETA, T25, no.1509, p.396, b1–3。高昌國時期。

LM20-1456-28-29a　《大方廣佛華嚴經》卷五一

東晉佛陀跋陀羅譯，CBETA, T09, no.278, p.718, c14–16。唐時期。

LM20-1456-28-29b　殘片

高昌國時期。

LM20-1456-28-30　《佛頂尊勝陀羅尼經》

唐佛陀波利譯，CBETA, T19, no.967, p.351, c18–24。唐時期。

LM20-1456-28-31　《妙法蓮華經》卷七

姚秦鳩摩羅什譯，CBETA, T09, no.262, p.55, b4–6。高昌國時期。

LM20-1456-29-01　《妙法蓮華經》卷七

姚秦鳩摩羅什譯，CBETA, T09, no.262, p.56, c19–22。唐時期。

LM20-1456-29-02　《救疾經》

作者不詳，CBETA, T85, no.2878, p.1361, b26–28，"案"作"安"。唐時期。

參：王宇、王梅 2006a, 106；馬俊傑 2019, 447。

LM20-1456-29-03　《大般若波羅蜜多經》卷五一〇

唐玄奘譯，CBETA, T07, no.220, p.603, c28–29。唐時期。

LM20-1456-29-04　《大般若波羅蜜多經》卷二五一

唐玄奘譯，CBETA, T06, no.220, p.268, a27–b3。唐時期。

LM20-1456-29-05　《金剛般若波羅蜜經》

姚秦鳩摩羅什譯，CBETA, T08, no.235, p.750, b21–24。唐時期。

LM20-1456-29-06　《妙法蓮華經》卷四

姚秦鳩摩羅什譯，CBETA, T09, no.262, p.33, a24–26，"瑠"作"琉"。唐時期。

LM20-1456-29-07　《大般若波羅蜜多經》卷二五八

唐玄奘譯，CBETA, T06, no.220, p.305, b8–11。唐時期。

LM20-1456-29-08　《思益梵天所問經》卷一

姚秦鳩摩羅什譯，CBETA, T15, no.586, p.37, c29–p.38, a3，"已通"作"通"，"曰"作"言"。唐時期。

LM20-1456-29-09　《金光明經》卷一

北涼曇無讖譯，CBETA, T16, no.663, p.340, b21–25。高昌國時期。

LM20-1456-29-10　《大般涅槃經》卷二四

北涼曇無讖譯，CBETA, T12, no.374, p.509, a8–13。高昌郡時期。

參：王宇、王梅 2006b, 55。

LM20-1456-29-11　《妙法蓮華經》卷四

姚秦鳩摩羅什譯，CBETA, T09, no.262, p.27, c15–18。唐時期。

LM20-1456-29-12　《妙法蓮華經》卷六

姚秦鳩摩羅什譯，CBETA, T09, no.262, p.53, a28–b2。唐時期。

LM20-1456-29-13　《佛説灌頂經》卷一二

東晉帛尸梨蜜多羅譯，CBETA, T21, no.1331, p.533, c23–26，"除"作"滅"。唐時期。

LM20-1456-29-14　《妙法蓮華經》卷二

姚秦鳩摩羅什譯，CBETA, T09, no.262, p.10, c29–p.11, a2。唐時期。

LM20-1456-29-15　《太上洞玄靈寶業報因緣經》卷六

作者不詳，與敦煌本 P.2387 第38–41行同，《正統道藏》第6册，108b20–c1，無"以八鳳之"。唐時期。

參：趙洋 2017a, 188; 趙洋 2017b, 199–200。

LM20-1456-29-16　《佛説觀佛三昧海經》卷一

東晉佛陀跋陀羅譯，CBETA, ZW03, no.31a, p.412, a12–15。西州回鶻時期。

LM20-1456-29-17　《妙法蓮華經》卷五

姚秦鳩摩羅什譯，CBETA, T09, no.262, p.37, b6–7。唐時期。

LM20-1456-29-18　《請觀世音菩薩消伏毒害陀羅尼咒經》

東晉竺難提譯，CBETA, T20, no.1043, p.34, b28–c2。高昌國時期。

LM20-1456-29-19　《金光明經》卷四

北涼曇無讖譯，CBETA, T16, no.663, p.354, a8–11。唐時期。

LM20-1456-29-20　《妙法蓮華經》卷五

姚秦鳩摩羅什譯，CBETA, T09, no.262, p.43, a27–b4，"醜"作"醒"。唐時期。

LM20-1456-29-21　《妙法蓮華經》卷三

姚秦鳩摩羅什譯，CBETA, T09, no.262, p.26, a18–23。唐時期。

LM20-1456-29-22 《善見律毗婆沙》卷一〇

　　蕭齊僧伽跋陀羅，CBETA, T24, no.1462, p.743, b5–7。唐時期。

LM20-1456-29-23 《佛説四不可得經》

　　西晉竺法護譯，CBETA, T17, no.770, p.706, c20–21。唐時期。

LM20-1456-30-01 《放光般若經》卷五

　　西晉無羅又譯，CBETA, T08, no.221, p.106, c24–p.107, a1，"若"作"然"。高昌國時期。

LM20-1456-30-02 《金剛般若波羅蜜經》

　　元魏菩提流支譯，CBETA, T08, no.236a, p.752, c20–24。唐時期。

LM20-1456-30-03 《大般涅槃經》卷三八

　　北涼曇無讖譯，CBETA, T12, no.374, p.589, b23–26。高昌國時期。

LM20-1456-30-04 佛典殘片

　　高昌國時期。

LM20-1456-30-05 《妙法蓮華經》卷三

　　姚秦鳩摩羅什譯，CBETA, T09, no.262, p.26, c16–26。高昌郡時期。

　　參：《旅博選粹》, 38。

LM20-1456-30-06 佛典注疏

　　高昌國時期。

LM20-1456-30-07 《金剛般若波羅蜜經》

　　姚秦鳩摩羅什譯，CBETA, T08, no.235, p.750, c26–29。高昌國時期。

LM20-1456-30-08 《大般涅槃經義記》卷五

　　隋慧遠述，CBETA, T37, no.1764, p.730, b23–28。高昌國時期。

　　參：《旅博選粹》, 148; 橘堂晃一 2006a, 96。

LM20-1456-30-09a 《大般涅槃經》卷四

　　北涼曇無讖譯，CBETA, T12, no.374, p.385, c26–27。唐時期。

LM20-1456-30-09b 《大般涅槃經》卷四

　　北涼曇無讖譯，CBETA, T12, no.374, p.385, c23–26。唐時期。

LM20-1456-30-10 《金剛般若波羅蜜經》

　　姚秦鳩摩羅什譯，CBETA, T08, no.235, p.749, b9–12。唐時期。

LM20-1456-30-11 《大寶積經》卷一〇一

　　唐菩提流志譯，CBETA, T11, no.310, p.568, b20–22。唐時期。

LM20-1456-30-12 《大般涅槃經》卷一九

　　北涼曇無讖譯，CBETA, T12, no.374, p.474, b17–23。高昌國時期。

LM20-1456-30-13 《妙法蓮華經》卷七

　　姚秦鳩摩羅什譯，CBETA, T09, no.262, p.58, c7–12，"説是"作"説"，"叉"作"刹"。

高昌國時期。

LM20-1456-30-14　佛教戒律

唐時期。

LM20-1456-30-15　《十方千五百佛名經》

譯者不詳，CBETA, T14, no.442, p.316, a22-28。高昌國時期。

LM20-1456-30-16　《妙法蓮華經》卷五

姚秦鳩摩羅什譯，CBETA, T09, no.262, p.45, a4-10。唐時期。

LM20-1456-31-01　《大般涅槃經》卷八

北涼曇無讖譯，CBETA, T12, no.374, p.413, a8-12。唐時期。

LM20-1456-31-02　《百喻經》卷一外題

蕭齊求那毗地譯。唐時期。

LM20-1456-31-03　《妙法蓮華經》卷四

姚秦鳩摩羅什譯，CBETA, T09, no.262, p.34, a28-b5。唐時期。

LM20-1456-31-04　《大般涅槃經》卷三

北涼曇無讖譯，CBETA, T12, no.374, p.384, a13-14。唐時期。

LM20-1456-31-05　《大般若波羅蜜多經》卷四六二

唐玄奘譯，CBETA, T07, no.220, p.334, a26-29。唐時期。

LM20-1456-31-06a　《優婆塞戒經》卷一

北涼曇無讖譯，CBETA, T24, no.1488, p.1036, c16-18。高昌國時期。

LM20-1456-31-06b　《大般涅槃經》卷二六

北涼曇無讖譯，CBETA, T12, no.374, p.520, a26-27。唐時期。

LM20-1456-31-07　《大寶積經》卷四五

唐玄奘譯，CBETA, T11, no.310, p.262, a7-9。唐時期。

LM20-1456-31-08　《妙法蓮華經》卷六

姚秦鳩摩羅什譯，CBETA, T09, no.262, p.52, a18-22，"當"作"應"。唐時期。

LM20-1456-31-09　《大般涅槃經》卷三二

北涼曇無讖譯，CBETA, T12, no.374, p.556, c19-22。高昌國時期。

LM20-1456-31-10　《大方廣佛華嚴經》卷二一（五十卷本）

東晉佛陀跋陀羅譯，《中華大藏經》第 12 册，267b16-20；參 CBETA, T09, no.278, p.565, c1-4。高昌國時期。

LM20-1456-31-11　《妙法蓮華經》卷三

姚秦鳩摩羅什譯，CBETA, T09, no.262, p.24, c20-24。唐時期。

LM20-1456-31-12　《佛說觀無量壽佛經》

劉宋畺良耶舍譯，CBETA, T12, no.365, p.346, a8-12。唐時期。

參：《旅博選粹》，121；《净土集成》，60–61。

LM20-1456-31-13　《大般若波羅蜜多經》卷二七七

唐玄奘譯，CBETA，T06，no.220，p.403，a22–25。唐時期。

LM20-1456-31-14　《妙法蓮華經》卷二

姚秦鳩摩羅什譯，CBETA，T09，no.262，p.18，c10–13。唐時期。

LM20-1456-31-15　《佛頂尊勝陀羅尼經》

唐佛陀波利譯，CBETA，T19，no.967，p.352，a19–21。唐時期。

LM20-1456-31-16　　佛典注疏

唐時期。

LM20-1456-31-17　《大般涅槃經》卷二七

北涼曇無讖譯，CBETA，T12，no.374，p.522，b10–12。唐時期。

LM20-1456-32-01　《佛説轉女身經》

劉宋曇摩蜜多譯，CBETA，T14，no.564，p.916，a28–b3。高昌國時期。

LM20-1456-32-02　《大般涅槃經》卷三二

北涼曇無讖譯，CBETA，T12，no.374，p.558，b24–27。高昌國時期。

LM20-1456-32-03　《小品般若波羅蜜經》卷四

姚秦鳩摩羅什譯，CBETA，T08，no.227，p.553，c5–7。高昌國時期。

LM20-1456-32-04　《一切經音義》卷八

唐玄應撰，CBETA，C56，no.1163，p.942，c16–22。西州回鶻時期。

參：趙洋 2018，35、38。

LM20-1456-32-05　《大方等大集經》卷七

北涼曇無讖譯，CBETA，T13，no.397，p.40，c27–29，“無世”作“三世”。高昌國時期。

LM20-1456-32-06a　佛典殘片

高昌國時期。

LM20-1456-32-06b　《佛頂尊勝陀羅尼經》

唐佛陀波利譯，CBETA，T19，no.967，p.350，a26–29，“前”作“上”。唐時期。

LM20-1456-32-07　《妙法蓮華經》卷六

姚秦鳩摩羅什譯，CBETA，T09，no.262，p.46，c19–24。唐時期。

LM20-1456-32-08　《妙法蓮華經》卷四

姚秦鳩摩羅什譯，CBETA，T09，no.262，p.28，a27–b6。唐時期。

LM20-1456-32-09　《大般涅槃經》卷三〇

北涼曇無讖譯，CBETA，T12，no.374，p.544，b11–15。高昌國時期。

LM20-1456-32-10　《摩訶般若波羅蜜經》卷二五

姚秦鳩摩羅什譯，CBETA，T08，no.223，p.405，b12–16。唐時期。

LM20-1456-32-11　《金剛般若波羅蜜經》

姚秦鳩摩羅什譯，CBETA，T08，no.235，p.749，b26–28。唐時期。

LM20-1456-32-12　《金剛般若波羅蜜經》

元魏菩提流支譯，CBETA，T08，no.236a，p.756，c25–27。高昌國時期。

LM20-1456-32-13　《梵網經》卷下

姚秦鳩摩羅什譯，CBETA，T24，no.1484，p.1005，a1–5。唐時期。

LM20-1456-32-14a　《大智度論》卷四八

姚秦鳩摩羅什譯，CBETA，T25，no.1509，p.404，b5–9。高昌國時期。

LM20-1456-32-14b　《勸善文》

參敦煌本 S.2713（《英藏敦煌文獻》第 4 卷，208 頁）。唐時期。

LM20-1456-32-15　《勸善文》

參敦煌本 S.2713（《英藏敦煌文獻》第 4 卷，208 頁）。唐時期。

參：《旅博選粹》，163。

LM20-1456-32-16　《四分僧戒本》

姚秦佛陀耶舍譯，CBETA，T22，no.1430，p.1025，c1–4。唐時期。

LM20-1456-32-17　《妙法蓮華經》卷六

姚秦鳩摩羅什譯，CBETA，T09，no.262，p.54，a2–5。高昌郡時期。

參：《旅博選粹》，13。

LM20-1456-32-18　《妙法蓮華經》卷五

姚秦鳩摩羅什譯，CBETA，T09，no.262，p.42，a1–5。唐時期。

LM20-1456-32-19　《勸善文》

參敦煌本 S.2713（《英藏敦煌文獻》第 4 卷，208 頁）。唐時期。

參：《旅博選粹》，163。

LM20-1456-33-01　《摩訶僧祇律》卷九

東晉佛陀跋陀羅、法顯譯，CBETA，T22，no.1425，p.300，c19–24，“非”作“使非”。高昌國時期。

LM20-1456-33-02　《佛垂般涅槃略説教誡經》注疏

參姚秦鳩摩羅什譯《佛垂般涅槃略説教誡經》，CBETA，T12，no.389，p.1111，a25–26。唐時期。

LM20-1456-33-03　《大方廣佛華嚴經》卷六

唐佛陀跋陀羅譯，CBETA，T09，no.278，p.431，c18–24。唐時期。

LM20-1456-33-04　《大般涅槃經》卷三三

北涼曇無讖譯，CBETA，T12，no.374，p.581，c7–9。唐時期。

LM20-1456-33-05　《大般若波羅蜜多經》卷五九八

唐玄奘譯，CBETA, T07, no.220, p.1094, a4–7。唐時期。

LM20-1456-33-06 《妙法蓮華經》卷一

姚秦鳩摩羅什譯，CBETA, T09, no.262, p.9, b10–16。唐時期。

LM20-1456-33-07 《妙法蓮華經》卷四

姚秦鳩摩羅什譯，CBETA, T09, no.262, p.34, c4–9。唐時期。

LM20-1456-33-08 《大般涅槃經》卷一三

北涼曇無讖譯，CBETA, T12, no.374, p.440, a21–24。高昌國時期。

LM20-1456-33-09 《佛說浴像功德經》

唐寶思惟譯，CBETA, T16, no.697, p.798, c25–28。唐時期。

LM20-1456-33-10 《大般涅槃經》卷二九

北涼曇無讖譯，CBETA, T12, no.374, p.538, a12–16。高昌國時期。

LM20-1456-33-11 《妙法蓮華經》卷七

姚秦鳩摩羅什譯，CBETA, T09, no.262, p.55, b21–24。唐時期。

LM20-1456-33-12 《添品妙法蓮華經》卷三

隋闍那崛多、達摩笈多譯，CBETA, T09, no.264, p.154, a3–7。唐時期。

LM20-1456-33-13 《金光明經》卷三

北涼曇無讖譯，CBETA, T16, no.663, p.348, c26–28。高昌國時期。

LM20-1456-33-14 《菩薩地持經》卷九

北涼曇無讖譯，CBETA, T30, no.1581, p.947, a8–11。高昌國時期。

LM20-1456-33-15 《金剛般若波羅蜜經》

姚秦鳩摩羅什譯，CBETA, T08, no.235, p.751, a26–29。唐時期。

LM20-1456-33-16 《妙法蓮華經》卷七

姚秦鳩摩羅什譯，CBETA, T09, no.262, p.59, c12–15。唐時期。

LM20-1456-33-17 《金光明經》卷一

北涼曇無讖譯，CBETA, T16, no.663, p.336, b11–13。唐時期。

LM20-1456-33-18 《妙法蓮華經》卷六

姚秦鳩摩羅什譯，CBETA, T09, no.262, p.49, c21–24。唐時期。

LM20-1456-33-19 《大般涅槃經》卷一七

北涼曇無讖譯，CBETA, T12, no.374, p.464, a1–3。高昌國時期。

LM20-1456-33-20 《大方廣佛華嚴經》卷二八（五十卷本）

東晉佛陀跋陀羅譯，《中華大藏經》第 12 冊，339c5–7；參 CBETA, T09, no.278, p.608, a3–5。高昌國時期。

LM20-1456-33-21 《大般若波羅蜜多經》卷四一二

唐玄奘譯，CBETA, T07, no.220, p.62, c12–14。唐時期。

LM20-1456-34-01　《妙法蓮華經》卷四

姚秦鳩摩羅什譯, CBETA, T09, no.262, p.34, a27-b1。唐時期。

LM20-1456-34-02　《大般涅槃經》卷一二

北涼曇無讖譯, CBETA, T12, no.374, p.436, a23-28。高昌國時期。

LM20-1456-34-03　《金光明經》卷一

北涼曇無讖譯, CBETA, T16, no.663, p.336, b16-18。唐時期。

LM20-1456-34-04　《金光明經》卷二

北涼曇無讖譯, CBETA, T16, no.663, p.343, a28-b1。高昌國時期。

LM20-1456-34-05　《妙法蓮華經》卷二

姚秦鳩摩羅什譯, CBETA, T09, no.262, p.10, c15-20。唐時期。

LM20-1456-34-06　《大般涅槃經》卷二三

北涼曇無讖譯, CBETA, T12, no.374, p.499, a1-5。唐時期。

LM20-1456-34-07　《大般涅槃經》卷二一

北涼曇無讖譯, CBETA, T12, no.374, p.489, a4-7。高昌國時期。

LM20-1456-34-08　《大威德陀羅尼經》卷二〇

隋闍那崛多譯, CBETA, T21, no.1341, p.838, b3-8。唐時期。

LM20-1456-34-09　《大般若波羅蜜多經》卷一三〇

唐玄奘譯, CBETA, T05, no.220, p.711, a21-23。唐時期。

LM20-1456-34-10a　《光讚經》卷三

西晉竺法護譯, CBETA, T08, no.222, p.169, c27-p.170, a1。高昌國時期。

LM20-1456-34-10b　《七佛八菩薩所説大陀羅尼神咒經》卷三

譯者不詳, CBETA, T21, no.1332, p.554, a28-b2。高昌國時期。

LM20-1456-34-11　《大般涅槃經》卷二

北涼曇無讖譯, CBETA, T12, no.374, p.374, b9-13。唐時期。

LM20-1456-34-12　《摩訶般若波羅蜜經》卷五

姚秦鳩摩羅什譯, CBETA, T08, no.223, p.249, b25-27。高昌國時期。

LM20-1456-34-13　《摩訶般若波羅蜜經》卷五

姚秦鳩摩羅什譯, CBETA, T08, no.223, p.251, a20-26, "須"作"法"。唐時期。

LM20-1456-34-14　佛典注疏

西州回鶻時期。

LM20-1456-34-15　《道行般若經》不分卷

後漢支婁迦讖譯, CBETA, T08, no.224, p.463, b6、b12-14, "釋琚提桓因儃"作"釋提桓因", "因儃"作"因", "波"作"般若波"。高昌郡時期。

參:《旅博選粹》, 33; 孫傳波 2006, 178、195。

LM20-1456-34-16　《摩訶般若波羅蜜經》卷六

姚秦鳩摩羅什譯，CBETA, T08, no.223, p.265, a12–15, "中際是衍" 作 "中際不可得是衍"。高昌國時期。

LM20-1456-34-17　《金剛般若波羅蜜經》

姚秦鳩摩羅什譯，CBETA, T08, no.235, p.749, b4–9。唐時期。

LM20-1456-34-18　佛典殘片

高昌國時期。

LM20-1456-34-19　《大方廣佛華嚴經》卷四七（五十卷本）

東晉佛陀跋陀羅譯，《中華大藏經》第 12 册，583b12–15；参 CBETA, T09, no.278, p.762, b10–14。高昌郡時期。

参：《旅博選粹》，46。

LM20-1456-34-20　《大般若波羅蜜多經》卷一八二

唐玄奘譯，CBETA, T05, no.220, p.981, b24–27。唐時期。

LM20-1456-34-21　《合部金光明經》卷七

北涼曇無讖譯，隋寶貴合，CBETA, T16, no.664, p.396, b9–11。高昌國時期。

LM20-1456-34-22　《大智度論》卷二五

姚秦鳩摩羅什譯，CBETA, T25, no.1509, p.247, a7–8。高昌國時期。

LM20-1456-35-01　《出曜經》卷一二

姚秦竺法念譯，CBETA, T04, no.212, p.676, c11–17。唐時期。

LM20-1456-35-02　《大般若波羅蜜多經》卷三六七

唐玄奘譯，CBETA, T06, no.220, p.890, b5, CBETA, T06, no.220, p.891, b16–21。唐時期。

LM20-1456-35-03　《大般涅槃經》卷三七

北涼曇無讖譯，CBETA, T12, no.374, p.584, b3–5。高昌國時期。

LM20-1456-35-04　《妙法蓮華經》卷六

姚秦鳩摩羅什譯，CBETA, T09, no.262, p.47, c17–23。唐時期。

LM20-1456-35-05　《菩薩地持經》卷八

北涼曇無讖譯，CBETA, T30, no.1581, p.937, c12–13。高昌國時期。

LM20-1456-35-06　《妙法蓮華經》卷一

姚秦鳩摩羅什譯，CBETA, T09, no.262, p.2, b29–c6。高昌國時期。

LM20-1456-35-07　《菩薩地持經》卷五

北涼曇無讖譯，CBETA, T30, no.1581, p.917, b3–4。高昌國時期。

LM20-1456-35-08　《佛説法句經》

作者不詳，CBETA, T85, no.2901, p.1432, c25–p.1433, a4。唐時期。

LM20-1456-35-09　寶積經

參譯者不詳《大寶積經》卷一一二，CBETA，T11，no.310，p.635，b16–18。高昌國時期。

參：《旅博選粹》，47。

LM20-1456-35-10r　《法華義記》卷一

與《西域考古圖譜》下卷"佛典附録"（51）爲同一寫本，據尾題定名。高昌國時期。

LM20-1456-35-10v　羯磨文

與《西域考古圖譜》下卷"佛典附録"（52）–（53）爲同一寫本，據此定名。無法揭取拍攝。

LM20-1456-35-11　《金剛般若波羅蜜經》

姚秦鳩摩羅什譯，CBETA，T08，no.235，p.709，c4–6。唐時期。

LM20-1456-35-12　《大般涅槃經》卷二

北涼曇無讖譯，CBETA，T12，no.374，p.378，c19–25。唐時期。

LM20-1456-35-13　佛教戒律

高昌國時期。

LM20-1456-35-14　《大般涅槃經》卷二五

北涼曇無讖譯，CBETA，T12，no.374，p.517，a8–10。高昌國時期。

LM20-1456-35-15　《佛説佛名經》卷五

元魏菩提流支譯，CBETA，T14，no.440，p.141，c21–22。唐時期。

LM20-1456-35-16　《佛説灌頂經》卷一○

東晉帛尸梨蜜多羅譯，CBETA，T21，no.1331，p.527，b27–29。唐時期。

LM20-1456-35-17　《妙法蓮華經》卷二

姚秦鳩摩羅什譯，CBETA，T09，no.262，p.16，b18–21。唐時期。

LM20-1456-35-18　《大法鼓經》卷下

劉宋求那跋陀羅譯，CBETA，T09，no.270，p.296，a8–15。高昌國時期。

LM20-1456-35-19　《大般涅槃經》卷八

北涼曇無讖譯，CBETA，T12，no.374，p.412，c11–15。高昌國時期。

LM20-1456-35-20　《太上洞玄靈寶業報因緣經》卷六

作者不詳，與敦煌本 P.2387 第 2–28 行同，《正統道藏》第 6 册，108b7–10，"主圖"作"玉圖"，"慈濟"作"普濟"。唐時期。

參：趙洋 2017a，188；趙洋 2017b，199–200。

LM20-1456-36-01　《金剛般若波羅蜜經》

姚秦鳩摩羅什譯，CBETA，T08，no.235，p.749，b26–28。唐時期。

LM20-1456-36-02　《大般涅槃經》卷三○

北涼曇無讖譯，CBETA，T12，no.374，p.542，b17–21。唐時期。

LM20-1456-36-03a　《大方廣佛華嚴經》卷四○

唐實叉難陀譯，CBETA，T10，no.279，p.211，c14–17。唐時期。

LM20-1456-36-03b 《不空胃索神咒心經》

唐玄奘譯，CBETA, T20, no.1094, p.403, a15–17。唐時期。

LM20-1456-36-04 《妙法蓮華經》卷四

姚秦鳩摩羅什譯，CBETA, T09, no.262, p.30, c20–24。唐時期。

LM20-1456-36-05 《大般若波羅蜜多經》卷五三六

唐玄奘譯，CBETA, T07, no.220, p.751, a23–26。唐時期。

LM20-1456-36-06 《大般若波羅蜜多經》卷四五

唐玄奘譯，CBETA, T05, no.220, p.255, b19–22。唐時期。

LM20-1456-36-07 《大方等無想經》卷五

北涼曇無讖譯，CBETA, T12, no.387, p.1099, c23–26。高昌國時期。

LM20-1456-36-08 《妙法蓮華經》卷四

姚秦鳩摩羅什譯，CBETA, T09, no.262, p.28, a2–6。唐時期。

LM20-1456-36-09 《合部金光明經》卷四

北涼曇無讖譯，隋寶貴合，CBETA, T16, no.664, p.379, a28–b3。唐時期。

LM20-1456-36-10 《大般若波羅蜜多經》卷五四八

唐玄奘譯，CBETA, T07, no.220, p.819, a14–19。唐時期。

LM20-1456-36-11 《大悲經》卷二

高齊那連提耶舍譯，CBETA, T12, no.380, p.952, a10–12。唐時期。

LM20-1456-36-12 《妙法蓮華經》卷一

姚秦鳩摩羅什譯，CBETA, T09, no.262, p.7, c9–15。唐時期。

LM20-1456-36-13 《大般涅槃經》卷二二

北涼曇無讖譯，CBETA, T12, no.374, p.495, c19–22，"知"作"名"。唐時期。

LM20-1456-36-14 《大般涅槃經》卷六

北涼曇無讖譯，CBETA, T12, no.374, p.401, a28–b1。高昌國時期。

LM20-1456-36-15 《金剛般若波羅蜜經》

姚秦鳩摩羅什譯，CBETA, T08, no.235, p.751, c10–13。唐時期。

LM20-1456-36-16 《妙法蓮華經》卷七

姚秦鳩摩羅什譯，CBETA, T09, no.262, p.58, b4–7，"提心"下有別筆"心"。殘片末有淡墨大字"四卷"。唐時期。

參：《旅博選粹》，174。

LM20-1456-37-01 《佛説佛名經》卷二

譯者不詳，CBETA, T14, no.441, p.256, a5–6, 末行有小字"禮一拜"，殘片末有雜寫"智"等字。唐時期。

參：《旅博選粹》，180。

LM20-1456-37-02　《妙法蓮華經》卷二

姚秦鳩摩羅什譯，CBETA, T09, no.262, p.10, c9-14。唐時期。

LM20-1456-37-03　《金光明最勝王經》卷三

唐義净譯，CBETA, T16, no.665, p.416, c23-26。唐時期。

LM20-1456-37-04　《金剛般若波羅蜜經》

姚秦鳩摩羅什譯，CBETA, T08, no.235, p.752, b3-6。唐時期。

LM20-1456-37-05　《佛説觀藥王藥上二菩薩經》

劉宋畺良耶舍譯，CBETA, T20, no.1161, p.666, a5-10。唐時期。

LM20-1456-37-06　《一切經音義》卷二一

唐玄應撰，CBETA, C57, no.1163, p.65, b14-19。西州回鶻時期。

參：趙洋 2018, 36。

LM20-1456-37-07　《妙法蓮華經》卷四

姚秦鳩摩羅什譯，CBETA, T09, no.262, p.35, b18-21。唐時期。

LM20-1456-37-08　《佛説灌頂經》卷一二

東晉帛尸梨蜜多羅，CBETA, T21, no.1331, p.535, a7-11, "善男子善"作"男子"。唐時期。

LM20-1456-37-09　《妙法蓮華經》卷六

姚秦鳩摩羅什譯，CBETA, T09, no.262, p.47, b15-23。唐時期。

LM20-1456-37-10　《妙法蓮華經》卷五

姚秦鳩摩羅什譯，CBETA, T09, no.262, p.44, a21-22。唐時期。

LM20-1456-37-11　《妙法蓮華經》卷一

姚秦鳩摩羅什譯，CBETA, T09, no.262, p.8, a4-22。唐時期。

LM20-1456-37-12　《妙法蓮華經》卷三

姚秦鳩摩羅什譯，CBETA, T09, no.262, p.23, c8-14。唐時期。

LM20-1456-37-13　《大般涅槃經》卷二七

北涼曇無讖譯，CBETA, T12, no.374, p.526, c19-25。唐時期。

LM20-1456-37-14　《大般涅槃經》卷九

北涼曇無讖譯，CBETA, T12, no.374, p.417, b6-10。高昌國時期。

LM20-1456-37-15　《大般涅槃經》卷一一

北涼曇無讖譯，CBETA, T12, no.374, p.433, a11-15, "羅戲"作"羅塞戲"。唐時期。

LM20-1456-37-16　《妙法蓮華經》卷四

姚秦鳩摩羅什譯，CBETA, T09, no.262, p.30, a15-18。高昌郡時期。

參：《旅博選粹》, 38。

LM20-1456-38-01　《大般若波羅蜜多經》卷三二四

唐玄奘譯，CBETA, T06, no.220, p.658, b21-c1。唐時期。

LM20-1456-38-02 《妙法蓮華經》卷四

　　姚秦鳩摩羅什譯，CBETA, T09, no.262, p.27, b23–c1。唐時期。

LM20-1456-38-03 《阿毗達磨大毗婆沙論》卷一二〇

　　唐玄奘譯，CBETA, T27, no.1545, p.627, c19–22。唐時期。

LM20-1456-38-04 《妙法蓮華經》卷四

　　姚秦鳩摩羅什譯，CBETA, T09, no.262, p.33, c29–p.34, a4。唐時期。

LM20-1456-38-05 《放光般若經》卷六

　　西晉無羅叉譯，CBETA, T08, no.221, p.40, a21–23。唐時期。

LM20-1456-38-06 《佛説首楞嚴三昧經》卷上

　　姚秦鳩摩羅什譯，CBETA, T15, no.642, p.635, b14–18，"實"作"寶"。高昌國時期。

LM20-1456-38-07 《樂瓔珞莊嚴方便品經》

　　姚秦曇摩耶舍譯，CBETA, T14, no.566, p.938, b14–20。唐時期。

LM20-1456-38-08 《妙法蓮華經》卷五

　　姚秦鳩摩羅什譯，CBETA, T09, no.262, p.44, a7–11。高昌國時期。

LM20-1456-38-09 《光讚經》卷四

　　西晉竺法護譯，CBETA, T08, no.222, p.174, b17–20。高昌國時期。

LM20-1456-38-10 《妙法蓮華經》卷二

　　姚秦鳩摩羅什譯，CBETA, T09, no.262, p.11, b23–27。唐時期。

LM20-1456-38-11 《佛説灌頂經》卷一一

　　東晉帛尸梨蜜多羅譯，CBETA, T21, no.1331, p.529, b28–c5。唐時期。

LM20-1456-38-12 《楞伽阿跋多羅寶經》卷二

　　劉宋求那跋陀譯，CBETA, T16, no.670, p.495, b1–3。有朱筆句讀。唐時期。

LM20-1456-38-13 《金剛般若波羅蜜經》

　　姚秦鳩摩羅什譯，CBETA, T08, no.235, p.751, c5–11。唐時期。

LM20-1456-38-14 《大般涅槃經》卷一四

　　北涼曇無讖譯，CBETA, T12, no.374, p.447, b3–6。高昌國時期。

LM20-1456-38-15 《龍樹菩薩爲禪陀迦王説法要偈》

　　劉宋求那跋摩譯，CBETA, T32, no.1672, p.747, c6–9。唐時期。

LM20-1456-38-16a 《大般若波羅蜜多經》卷五四九

　　唐玄奘譯，CBETA, T07, no.220, p.826, a11–15。唐時期。

LM20-1456-38-16b 佛典殘片

　　唐時期。

LM20-1456-38-17 佛教戒律

　　唐時期。

經册八

LM20-1457-01-01　《大般涅槃經》卷三八

　　北涼曇無讖譯，CBETA, T12, no.374, p.588, b29-c4。高昌國時期。

LM20-1457-01-02　《金剛般若波羅蜜經》

　　姚秦鳩摩羅什譯，CBETA, T08, no.235, p.750, a12-17。唐時期。

LM20-1457-01-03　《十住經》卷二

　　姚秦鳩摩羅什譯，CBETA, T10, no.286, p.510, b7-12。高昌國時期。

LM20-1457-01-04　《妙法蓮華經》卷六

　　姚秦鳩摩羅什譯，CBETA, T09, no.262, p.52, c17-19。唐時期。

LM20-1457-01-05　《摩訶般若波羅蜜經》卷一〇

　　姚秦鳩摩羅什譯，CBETA, T08, no.223, p.295, c23-26。唐時期。

LM20-1457-01-06　《四分律比丘戒本》

　　姚秦佛陀耶舍譯，CBETA, T22, no.1429, p.1015, b8-14。唐時期。

LM20-1457-01-07　《大般涅槃經》卷三二

　　北涼曇無讖譯，CBETA, T12, no.374, p.560, a12-15。高昌國時期。

LM20-1457-01-08　《大般涅槃經》卷三二

　　北涼曇無讖譯，CBETA, T12, no.374, p.558, b1-5。唐時期。

LM20-1457-01-09　《大般若波羅蜜多經》卷一三

　　唐玄奘譯，CBETA, T05, no.220, p.68, a21-25。唐時期。

LM20-1457-01-10　《大般涅槃經》卷三二

　　北涼曇無讖譯，CBETA, T12, no.374, p.558, b27-29。唐時期。

LM20-1457-01-11　《金剛般若波羅蜜經》

　　姚秦鳩摩羅什譯，CBETA, T08, no.235, p.750, b23-25。唐時期。

LM20-1457-01-12　《阿毗曇八犍度論》卷二六

　　姚秦僧伽提婆、竺佛念譯，CBETA, T26, no.1543, p.891, c28-p.892, a2。高昌郡時期。
　　參：《旅博選粹》，61。

LM20-1457-01-13　《摩訶般若波羅蜜經》卷一

　　姚秦鳩摩羅什譯，CBETA, T08, no.223, p.223, b23-c1。高昌國時期。

LM20-1457-01-14　《金光明經》卷四

北涼曇無讖譯，CBETA, T16, no.663, p.354, a7–13。高昌國時期。

LM20-1457-01-15 《妙法蓮華經》卷六

姚秦鳩摩羅什譯，CBETA, T09, no.262, p.49, b24–27。唐時期。

LM20-1457-01-16 《妙法蓮華經》卷一

姚秦鳩摩羅什譯，CBETA, T09, no.262, p.3, a23–b1。唐時期。

LM20-1457-01-17 《金剛般若波羅蜜經》

姚秦鳩摩羅什譯，CBETA, T08, no.235, p.750, b13–16。唐時期。

LM20-1457-01-18 《佛説灌頂經》卷一二

東晉帛尸梨蜜多羅譯，CBETA, T21, no.1331, p.535, b24–29。唐時期。

LM20-1457-02-01 《大般涅槃經》卷三八

北涼曇無讖譯，CBETA, T12, no.374, p.589, b22–24。高昌國時期。

LM20-1457-02-02 《大般涅槃經》卷三五

北涼曇無讖譯，CBETA, T12, no.374, p.572, a25–27。高昌郡時期。

LM20-1457-02-03 《大般涅槃經》卷二八

北涼曇無讖譯，CBETA, T12, no.374, p.529, c25–p.530, a2。唐時期。

LM20-1457-02-04 《大智度論》卷八四

姚秦鳩摩羅什譯，CBETA, T25, no.1509, p.651, a24–26。高昌國時期。

LM20-1457-02-05 《大般涅槃經》卷三七

北涼曇無讖譯，CBETA, T12, no.374, p.583, a25–29，"於"作"此"。高昌國時期。

LM20-1457-02-06 《大般涅槃經》卷二一

北涼曇無讖譯，CBETA, T12, no.374, p.490, a22–24，"相"作"想"。高昌國時期。

LM20-1457-02-07 《佛説相好經》

作者不詳，CBETA, ZW03, no.31e, p.442, a13–14，"根"作"跟"。西州回鶻時期。

LM20-1457-02-08 《合部金光明經》卷二

梁真諦譯、隋寶貴合，CBETA, T16, no.664, p.369, a7–9。唐時期。

LM20-1457-02-09 《大般涅槃經》卷一五

北涼曇無讖譯，CBETA, T12, no.374, p.451, c26–p.452, a2。唐時期。

LM20-1457-02-10a 《摩訶般若波羅蜜經》卷二五

姚秦鳩摩羅什譯，CBETA, T08, no.223, p.406, c2–5。唐時期。

LM20-1457-02-10b 《妙法蓮華經》卷五

姚秦鳩摩羅什譯，CBETA, T09, no.262, p.42, b2–6。唐時期。

LM20-1457-02-11 《大般若波羅蜜多經》卷一六二

唐玄奘譯，CBETA, T05, no.220, p.871, a21–24。唐時期。

LM20-1457-02-12 《金剛般若波羅蜜經》

元魏菩提流支譯，CBETA，T08，no.236a，p.754，b9–16。唐時期。

LM20-1457-02-13　《大方廣佛華嚴經》卷二〇（五十卷本）

東晉佛陀跋陀羅譯，《中華大藏經》第12册，252a15–20；參 CBETA，T09，no.278，p.554，a23–28。高昌國時期。

LM20-1457-02-14　《阿毗達磨順正理論》卷六〇

唐玄奘譯，CBETA，T29，no.1562，p.677，a29–b3。唐時期。

LM20-1457-02-15　《十住經》卷二

姚秦鳩摩羅什譯，CBETA，T10，no.286，p.510，b3–6，“易可与”作“則易与”，“濡”作“軟”。高昌國時期。

LM20-1457-02-16　《大般若波羅蜜多經》卷三〇〇

唐玄奘譯，CBETA，T06，no.220，p.525，a11–14。唐時期。

LM20-1457-02-17　《大般若波羅蜜多經》

唐玄奘譯，此段文字多處可見。唐時期。

LM20-1457-03-01　《大般涅槃經》卷五

北涼曇無讖譯，CBETA，T12，no.374，p.392，c3–9，“唯”作“只”。高昌國時期。

LM20-1457-03-02　《妙法蓮華經》卷一

姚秦鳩摩羅什譯，CBETA，T09，no.262，p.3，b23–29，“絞”作“交”。高昌國時期。

LM20-1457-03-03　《妙法蓮華經》卷三

姚秦鳩摩羅什譯，CBETA，T09，no.262，p.19，c24–27。唐時期。

LM20-1457-03-04　《大般涅槃經》卷一六

北涼曇無讖譯，CBETA，T12，no.374，p.461，b12–15。唐時期。

LM20-1457-03-05　《勝天王般若波羅蜜經》卷五

陳月婆首那譯，CBETA，T08，no.231，p.714，c15–16。唐時期。

LM20-1457-03-06　《妙法蓮華經》卷二

姚秦鳩摩羅什譯，CBETA，T09，no.262，p.11，a19–25。唐時期。

LM20-1457-03-07　《大般涅槃經》注疏

參北涼曇無讖譯《大般涅槃經》卷二七，CBETA，T12，no.374，p.523，a26–b2。高昌國時期。

LM20-1457-03-08　《大般若波羅蜜多經》卷四五五

唐玄奘譯，CBETA，T07，no.220，p.295，c1–2。唐時期。

LM20-1457-03-09　《净土五會念佛誦經觀行儀》卷下

唐法照撰，CBETA，T85，no.2827，p.1265，c8–10。唐時期。

參：《旅博選粹》，154；《净土集成》，117。

LM20-1457-03-10　佛名經

參譯者不詳《十方千五百佛名經》，CBETA，T14，no.442，p.313，c19–26，"流離光"作"琉璃佛"；"龍勝"作"龍勝佛"。高昌國時期。

LM20-1457-03-11　《大般泥洹經》卷三

東晉法顯譯，CBETA，T12，no.376，p.870，b1–6。高昌郡時期。

LM20-1457-03-12　《佛本行集經》卷五

隋闍那崛多譯，CBETA，T03，no.190，p.675，c25–p.676，a2。有雙行小字注，"閱"字旁有朱筆點記。唐時期。

參：段真子 2019，152。

LM20-1457-03-13　《大方等無想經》卷二

北涼曇無讖譯，CBETA，T12，no.387，p.1087，c23–p.1088，a2，"久"作"大"。高昌國時期。

LM20-1457-03-14　《金光明經》卷二

北涼曇無讖譯，CBETA，T16，no.663，p.341，b21–24。唐時期。

LM20-1457-03-15　《大般涅槃經》卷九

北涼曇無讖譯，CBETA，T12，no.374，p.416，a20–23。唐時期。

LM20-1457-03-16　《妙法蓮華經》卷一

姚秦鳩摩羅什譯，CBETA，T09，no.262，p.1，c23–25。唐時期。

LM20-1457-04-01　《大寶積經》卷五一

唐玄奘譯，CBETA，T11，no.310，p.299，b2–5。唐時期。

LM20-1457-04-02　《妙法蓮華經》卷四

姚秦鳩摩羅什譯，CBETA，T09，no.262，p.31，c14–19。唐時期。

LM20-1457-04-03r　佛典殘片

唐時期。

LM20-1457-04-03v　殘片

唐時期。

LM20-1457-04-04　《佛説觀藥王藥上二菩薩經》

劉宋畺良耶舍譯，CBETA，T20，no.1161，p.662，c6–9。高昌國時期。

LM20-1457-04-05　《大般涅槃經》卷三七

北涼曇無讖譯，CBETA，T12，no.374，p.581，b8–11。高昌國時期。

LM20-1457-04-06　《大般涅槃經》卷二九

北涼曇無讖譯，CBETA，T12，no.375，p.795，b8–12。高昌國時期。

LM20-1457-04-07　《佛頂尊勝陀羅尼經》

唐佛陀波利譯，CBETA，T19，no.967，p.351，b9–12。唐時期。

LM20-1457-04-08　《放光般若經》卷一九

西晉無羅叉譯，CBETA，T08，no.221，p.133，c28–p.134，a4，"行"作"净"。高昌國時期。

LM20-1457-04-09　《正法念處經》卷五五

元魏般若流支譯，CBETA，T17，no.721，p.325，a13–16。唐時期。

LM20-1457-04-10　《大智度論》卷一一

姚秦鳩摩羅什譯，CBETA，T25，no.1509，p.143，b10–12。高昌國時期。

LM20-1457-04-11　《大般涅槃經》卷三一

北涼曇無讖譯，CBETA，T12，no.374，p.549，c6–9。高昌國時期。

LM20-1457-04-12　《妙法蓮華經》卷五

姚秦鳩摩羅什譯，CBETA，T09，no.262，p.44，c13–16。唐時期。

LM20-1457-04-13　《妙法蓮華經》卷四

姚秦鳩摩羅什譯，CBETA，T09，no.262，p.30，c12–15。有朱絲欄。唐時期。

LM20-1457-04-14　《阿毗達磨大毗婆沙論》卷九七

唐玄奘譯，CBETA，T27，no.1545，p.501，c28–p.502，a2。唐時期。

LM20-1457-04-15　《大方等無想經》卷二

北涼曇無讖譯，CBETA，T12，no.387，p.1083，b11–13。高昌國時期。

LM20-1457-04-16　《妙法蓮華經》卷一

姚秦鳩摩羅什譯，CBETA，T09，no.262，p.3，c22–26，"渡"作"度"。唐時期。

LM20-1457-05-01　《摩訶般若波羅蜜經》卷四

姚秦鳩摩羅什譯，CBETA，T08，no.223，p.244，a5–6。高昌國時期。

LM20-1457-05-02　《妙法蓮華經》卷四

姚秦鳩摩羅什譯，CBETA，T09，no.262，p.30，a18–22。唐時期。

LM20-1457-05-03　《四分律》卷三二

姚秦佛陀耶舍、竺佛念等譯，CBETA，T22，no.1428，p.787，b6–10。唐時期。

LM20-1457-05-04　《妙法蓮華經》卷六

姚秦鳩摩羅什譯，CBETA，T09，no.262，p.52，b14–21。唐時期。

LM20-1457-05-05　《佛説灌頂經》卷一二

東晉帛尸梨蜜多羅譯，CBETA，T21，no.1331，p.535，b20–27。唐時期。

LM20-1457-05-06　《大般涅槃經》卷六

北涼曇無讖譯，CBETA，T12，no.374，p.402，b1–7。高昌國時期。

LM20-1457-05-07　《妙法蓮華經》卷七

姚秦鳩摩羅什譯，CBETA，T09，no.262，p.58，c11–14。唐時期。

LM20-1457-05-08　《思益梵天所問經》卷一

姚秦鳩摩羅什譯，CBETA，T15，no.586，p.37，c21–28。唐時期。

LM20-1457-05-09　《唱行香説偈文》

作者不詳，CBETA，T85，no.2852，p.1301，a17–19。唐時期。

LM20-1457-05-10　《佛説旃陀越國王經》

　　劉宋沮渠京聲譯，CBETA，T14，no.518，p.791，c25–28，“狩”作“獸”。唐時期。

LM20-1457-05-11　《妙法蓮華經》卷二

　　姚秦鳩摩羅什譯，CBETA，T09，no.262，p.18，b8–13，“當”作“等”。唐時期。

LM20-1457-05-12　殘片

　　唐時期。

LM20-1457-05-13　《妙法蓮華經》卷四

　　姚秦鳩摩羅什譯，CBETA，T09，no.262，p.31，a7–10。唐時期。

LM20-1457-05-14　《金光明經》卷四

　　北涼曇無讖譯，CBETA，T16，no.663，p.357，a25–27。高昌國時期。

LM20-1457-05-15　《大方廣佛華嚴經》卷五六

　　東晉佛陀跋陀羅譯，CBETA，T09，no.278，p.757，b18–26。唐時期。

LM20-1457-05-16　《大智度論》卷一八

　　姚秦鳩摩羅什譯，CBETA，T25，no.1509，p.193，b7–14。第 2 行“与”字旁有墨點。高昌郡時期。

　　參：《旅博選粹》，68。

LM20-1457-05-17　《大智度論》卷九九

　　姚秦鳩摩羅什譯，CBETA，T25，no.1509，p.750，b4–9。高昌國時期。

LM20-1457-06-01　《大般若波羅蜜多經》卷四四〇

　　唐玄奘譯，CBETA，T07，no.220，p.214，c20–23。唐時期。

LM20-1457-06-02　《妙法蓮華經》卷七

　　姚秦鳩摩羅什譯，CBETA，T09，no.262，p.56，b4–7。唐時期。

LM20-1457-06-03　《妙法蓮華經》卷七

　　姚秦鳩摩羅什譯，CBETA，T09，no.262，p.61，b16–20。唐時期。

LM20-1457-06-04　《大通方廣懺悔滅罪莊嚴成佛經》卷上

　　作者不詳，CBETA，T85，no.2871，p.1341，b22–25。高昌國時期。

LM20-1457-06-05　《妙法蓮華經》卷五

　　姚秦鳩摩羅什譯，CBETA，T09，no.262，p.38，c17–20。唐時期。

LM20-1457-06-06　《佛説迴向輪經》

　　唐尸羅達摩譯，CBETA，T19，no.998，p.577，c7–10。唐時期。

LM20-1457-06-07　《妙法蓮華經》卷七

　　姚秦鳩摩羅什譯，CBETA，T09，no.262，p.57，a12–18。唐時期。

LM20-1457-06-08　《大般若波羅蜜多經》卷五二七

　　唐玄奘譯，CBETA，T07，no.220，p.703，a19–22。唐時期。

LM20-1457-06-09　《大寶積經》卷三三

唐菩提流志譯，CBETA，T11, no.310, p.181, c6–10，第 3、4 行間脱"如是耳鼻舌身心"，"色聲香味并觸法"二句。唐時期。

LM20-1457-06-10　《大般涅槃經》卷三五

北涼曇無讖譯，CBETA，T12, no.374, p.573, a6–8。高昌國時期。

LM20-1457-06-11　《佛説轉女身經》

劉宋曇摩蜜多譯，CBETA，T14, no.564, p.919, b1–4。高昌國時期。

LM20-1457-06-12　《大般涅槃經》卷二五

北涼曇無讖譯，CBETA，T12, no.374, p.516, b17–18。高昌國時期。

LM20-1457-06-13　《金光明經》卷二

北涼曇無讖譯，CBETA，T16, no.663, p.345, b15–18。"常"字旁有朱點。高昌郡時期。
參：《旅博選粹》, 57。

LM20-1457-06-14　佛典注疏

有雙行小字注。唐時期。

LM20-1457-06-15　《大般涅槃經》卷一六

北涼曇無讖譯，CBETA，T12, no.374, p.461, a16–20。唐時期。

LM20-1457-06-16　《佛説觀藥王藥上二菩薩經》

劉宋畺良耶舍譯，CBETA，T20, no.1161, p.661, a18–20。唐時期。

LM20-1457-06-17　《大般涅槃經》卷三九

北涼曇無讖譯，CBETA，T12, no.374, p.592, a27–b1，唐時期。

LM20-1457-06-18　《佛説觀藥王藥上二菩薩經》

劉宋畺良耶舍譯，CBETA，T20, no.1161, p.661, a4–9。唐時期。

LM20-1457-06-19　《佛頂尊勝陀羅尼經》

唐佛陀波利譯，CBETA，T19, no.967, p.350, a26–b5，"閻摩"作"閻羅"。唐時期。

LM20-1457-06-20　佛典殘片

唐時期。

LM20-1457-07-01　佛典注疏

西州回鶻時期。

LM20-1457-07-02　《大般涅槃經》卷三六

北涼曇無讖譯，CBETA，T12, no.374, p.574, c1–4。唐時期。

LM20-1457-07-03　《摩訶般若波羅蜜經》卷六

姚秦鳩摩羅什譯，CBETA，T08, no.223, p.261, c26–27。唐時期。

LM20-1457-07-04　《像法決疑經》

作者不詳，CBETA，T85, no.2870, p.1337, a14–18。唐時期。

參: 榮新江 2019a, 30。

LM20-1457-07-05 《大般涅槃經》卷三一

北涼曇無讖譯, CBETA, T12, no.374, p.549, c3-5。高昌國時期。

LM20-1457-07-06 《摩訶般若波羅蜜經》卷一

姚秦鳩摩羅什譯, CBETA, T08, no.223, p.225, a11-12。高昌國時期。

LM20-1457-07-07 《妙法蓮華經》卷一

姚秦鳩摩羅什譯, CBETA, T09, no.262, p.10, a26-b3。唐時期。

LM20-1457-07-08 《菩薩處胎經》卷六

姚秦竺佛念譯, CBETA, T12, no.384, p.1044, a18-22。唐時期。

LM20-1457-07-09 《大智度論》卷三〇

姚秦鳩摩羅什譯, CBETA, T25, no.1509, p.281, c14-16。高昌國時期。

LM20-1457-07-10 《大般涅槃經》卷一二

北涼曇無讖譯, CBETA, T12, no.374, p.434, b28-c3。高昌國時期。

LM20-1457-07-11 《顯揚聖教論》卷一

唐玄奘譯, CBETA, T31, no.1602, p.480, c11-14, "異熟識" 作 "異熟阿賴耶識"。唐時期。

LM20-1457-07-12 《妙法蓮華經》卷三

姚秦鳩摩羅什譯, CBETA, T09, no.262, p.25, a20-23。唐時期。

LM20-1457-07-13 《阿毗達磨大毗婆沙論》卷九七

唐玄奘譯, CBETA, T27, no.1545, p.502, a4-6。唐時期。

LM20-1457-07-14 《維摩詰所説經》卷上

姚秦鳩摩羅什譯, CBETA, T14, no.475, p.538, a7-9。唐時期。

參: 王梅 2006, 149。

LM20-1457-07-15 《妙法蓮華經》卷三

姚秦鳩摩羅什譯, CBETA, T09, no.262, p.24, a6-11。唐時期。

LM20-1457-07-16 《佛説灌頂經》卷一二

東晉帛尸梨蜜多羅譯, CBETA, T21, no.1331, p.533, c9-11。唐時期。

LM20-1457-07-17 《金剛般若波羅蜜經》

姚秦鳩摩羅什譯, CBETA, T08, no.235, p.750, a7-9。唐時期。

LM20-1457-07-18 《大般涅槃經》卷一

北涼曇無讖譯, CBETA, T12, no.374, p.370, c25-27。高昌國時期。

LM20-1457-07-19 《大般若波羅蜜多經》卷五二六

唐玄奘譯, CBETA, T07, no.220, p.699, c24-27。唐時期。

LM20-1457-07-20 《佛本行集經》卷二三

隋闍那崛多譯, CBETA, T03, no.190, p.761, b17-19。高昌國時期。

參：段真子 2019，161。

LM20-1457-08-01　《大寶積經》卷一六

西晉竺法護譯，CBETA，T11，no.310，p.88，c6–12。唐時期。

LM20-1457-08-02　《說無垢稱經》卷一

唐玄奘譯，CBETA，T14，no.476，p.559，a5–11。唐時期。

參：王梅 2006，158。

LM20-1457-08-03　《大方廣佛華嚴經》卷四四（五十卷本）

東晉佛陀跋陀羅譯，《中華大藏經》第 12 冊，533a6–11；參 CBETA，T09，no.278，p.728，c21–27。高昌國時期。

LM20-1457-08-04　佛教戒律

高昌國時期。

LM20-1457-08-05　《梁朝傅大士頌金剛經》

作者不詳，CBETA，T85，no.2732，p.1，c16–20。唐時期。

LM20-1457-08-06　《十誦律》卷六一

東晉卑摩羅叉譯，CBETA，T23，no.1435，p.460，b12–16，"洛"作"落"。高昌國時期。

LM20-1457-08-07　《佛說法王經》

作者不詳，CBETA，T85，no.2883，p.1390，a1–5，"怨賊"作"怨賊不起"，"一栽不種"作"一不種"。有朱筆句讀。唐時期。

LM20-1457-08-08　佛典殘片

參西晉無羅叉譯《放光般若經》卷三，CBETA，T08，no.221，p.18，b29–c4。高昌國時期。

LM20-1457-08-09　《大般涅槃經》卷八

北涼曇無讖譯，CBETA，T12，no.374，p.412，c26–28。高昌國時期。

LM20-1457-08-10　《妙法蓮華經》卷七

姚秦鳩摩羅什譯，CBETA，T09，no.262，p.55，c12–14。高昌國時期。

LM20-1457-08-11　《妙法蓮華經》卷四

姚秦鳩摩羅什譯，CBETA，T09，no.262，p.27，b23–c7。唐時期。

LM20-1457-09-01　《妙法蓮華經》卷七

姚秦鳩摩羅什譯，CBETA，T09，no.262，p.58，a12–25。唐時期。

LM20-1457-09-02　《妙法蓮華經》卷六

姚秦鳩摩羅什譯，CBETA，T09，no.262，p.54，a21–b4，"法經"作"法華經"。高昌郡時期。

參：《旅博選粹》，41。

LM20-1457-09-03　《道行般若經》卷三

後漢支婁迦讖譯，CBETA，T08，no.224，p.441，a18–24。唐時期。

參：孫傳波 2006，172。

LM20-1457-09-04　《金剛般若波羅蜜經》

元魏菩提流支譯，CBETA, T08, no.236a, p.754, a20–26。唐時期。

LM20-1457-09-05　《妙法蓮華經》卷三

姚秦鳩摩羅什譯，CBETA, T09, no.262, p.24, c14–23。唐時期。

LM20-1457-09-06　《四分僧戒本》

姚秦佛陀耶舍譯，CBETA, T22, no.1430, p.1024, b24–28。唐時期。

LM20-1457-09-07　《大般涅槃經》卷一

北涼曇無讖譯，CBETA, T12, no.374, p.367, c7–10。唐時期。

LM20-1457-09-08　《摩訶般若波羅蜜經》卷七

姚秦鳩摩羅什譯，CBETA, T08, no.223, p.275, a6–11。高昌國時期。

LM20-1457-09-09　《金光明經》卷四

北涼曇無讖譯，CBETA, T16, no.663, p.356, c12–23。高昌郡時期。

參：《旅博選粹》，56。

LM20-1457-10-01　《冥報記》卷中

唐唐臨撰，CBETA, T51, no.2082, p.793, a18–28，"上"作"今上"。唐時期。

參：《旅博選粹》，152。

LM20-1457-10-02　《妙法蓮華經》卷七

姚秦鳩摩羅什譯，CBETA, T09, no.262, p.61, a26–29。唐時期。

LM20-1457-10-03　《大般若波羅蜜多經》卷一一九

唐玄奘譯，CBETA, T05, no.220, p.654, b25–c3。唐時期。

LM20-1457-10-04　《大般若波羅蜜多經》

唐玄奘譯，此段文字多處可見。唐時期。

LM20-1457-10-05　《佛說佛名經》卷四（十六卷本）

作者不詳。參《七寺經》3, 185 頁, 249–251 行。唐時期。

LM20-1457-10-06　《大般涅槃經》卷三三

北涼曇無讖譯，CBETA, T12, no.374, p.563, b9–12。高昌國時期。

參：王宇、王梅 2006b, 56。

LM20-1457-10-07　佛典注疏

高昌國時期。

LM20-1457-10-08　《大般涅槃經》卷三六

北涼曇無讖譯，CBETA, T12, no.374, p.580, b15–18。高昌國時期。

LM20-1457-10-09　佛典殘片

唐時期。

LM20-1457-10-10　《金光明經》卷一

北涼曇無讖譯，CBETA, T16, no.663, p.339, a6–8。唐時期。

LM20-1457-10-11　《大般涅槃經》卷三五

北涼曇無讖譯，CBETA, T12, no.374, p.573, a8–10。唐時期。

LM20-1457-10-12　《妙法蓮華經》卷三

姚秦鳩摩羅什譯，CBETA, T09, no.262, p.25, a16–18。唐時期。

LM20-1457-10-13　佛典殘片

高昌國時期。

LM20-1457-10-14　《金光明經》卷四

北涼曇無讖譯，CBETA, T16, no.663, p.353, b9–12。高昌國時期。

LM20-1457-11-01　《妙法蓮華經》卷四

姚秦鳩摩羅什譯，CBETA, T09, no.262, p.34, a9–12。唐時期。

LM20-1457-11-02　佛典殘片

高昌國時期。

LM20-1457-11-03　《佛説無量壽經》卷下

曹魏康僧鎧譯，CBETA, T12, no.360, p.275, c17–21。高昌國時期。

參：《旅博選粹》，115；《净土集成》，16–17。

LM20-1457-11-04　佛典殘片

參元魏菩提流支譯《十地經論》卷一二，CBETA, T26, no.1522, p.197, b1–2。高昌國時期。

LM20-1457-11-05　《注維摩詰經》卷九

姚秦僧肇撰，CBETA, T38, no.1775, p.405, c17–26。有雙行小字注，有朱筆句讀。唐時期。

參：《旅博選粹》，148；鄭阿財 2019, 178。

LM20-1457-11-06　《文殊師利普超三昧經》卷中外題

西晉竺法護譯，CBETA, T15, no.627, p.413, b20。唐時期。

LM20-1457-11-07　《妙法蓮華經》卷一

姚秦鳩摩羅什譯，CBETA, T09, no.262, p.7, b14–16。唐時期。

LM20-1457-11-08　《大般涅槃經》卷一

北涼曇無讖譯，CBETA, T12, no.374, p.366, a2–4，"挑"作"掉"。高昌國時期。

LM20-1457-11-09　《大方廣佛華嚴經》卷三

唐實叉難陀譯，CBETA, T10, no.279, p.14, a9–12。唐時期。

LM20-1457-11-10　《妙法蓮華經》卷六

姚秦鳩摩羅什譯，CBETA, T09, no.262, p.48, b7–15。唐時期。

LM20-1457-11-11　《大般涅槃經》卷三七

北涼曇無讖譯，CBETA, T12, no.374, p.581, b2–6。高昌國時期。

LM20-1457-11-12　《維摩詰所説經》卷上

姚秦鳩摩羅什譯，CBETA，T14，no.475，p.538，b3-5。高昌國時期。

參：王梅 2006，150。

LM20-1457-11-13　《妙法蓮華經》卷五

姚秦鳩摩羅什譯，CBETA，T09，no.262，p.43，a29-b4。唐時期。

LM20-1457-11-14　《金光明經》卷二

北涼曇無讖譯，CBETA，T16，no.663，p.344，a29-b4。唐時期。

LM20-1457-11-15　《佛説寶雨經》卷三

唐達摩流支譯，CBETA，T16，no.660，p.297，a9-13。唐時期。

參：榮新江 2019a，29。

LM20-1457-12-01　《大般涅槃經》卷二五

北涼曇無讖譯，CBETA，T12，no.374，p.517，b1-5。高昌國時期。

LM20-1457-12-02　《妙法蓮華經》卷六

姚秦鳩摩羅什譯，CBETA，T09，no.262，p.47，a17-23。唐時期。

LM20-1457-12-03　《光讚經》卷一

西晉竺法護譯，CBETA，T08，no.222，p.148，a25-29。高昌國時期。

LM20-1457-12-04　《大般若波羅蜜多經》卷二四九

唐玄奘譯，CBETA，T06，no.220，p.256，a8-12。唐時期。

LM20-1457-12-05　《大般涅槃經》卷一

北涼曇無讖譯，CBETA，T12，no.374，p.366，a3-5。高昌國時期。

LM20-1457-12-06　《大般涅槃經》卷四〇

北涼曇無讖譯，CBETA，T12，no.374，p.598，c8-11。唐時期。

LM20-1457-12-07　《佛説佛名經》卷二三

譯者不詳，CBETA，T14，no.441，p.278，c17-19。唐時期。

LM20-1457-12-08　《金剛般若波羅蜜經》

姚秦鳩摩羅什譯，CBETA，T08，no.235，p.750，c20-22。唐時期。

LM20-1457-12-09　《放光般若經》卷一〇

西晉無羅叉譯，CBETA，T08，no.221，p.73，a12-13。唐時期。

LM20-1457-12-10　《妙法蓮華經》卷二

姚秦鳩摩羅什譯，CBETA，T09，no.262，p.18，c2-8，"以"作"已"。唐時期。

LM20-1457-12-11　《大方等大集經》卷三

北涼曇無讖譯，CBETA，T13，no.397，p.21，b17-22。高昌國時期。

LM20-1457-12-12　《妙法蓮華經》卷三

姚秦鳩摩羅什譯，CBETA，T09，no.262，p.19，b7-10。唐時期。

LM20-1457-12-13　《妙法蓮華經》卷三

姚秦鳩摩羅什譯，CBETA, T09, no.262, p.23, a19-24。唐時期。

LM20-1457-12-14　《佛説灌頂經》卷一二

東晉帛尸梨蜜多羅譯，CBETA, T21, no.1331, p.533, c12-19。唐時期。

LM20-1457-13-01　《阿毗達磨大毗婆沙論》卷三六

唐玄奘譯，CBETA, T27, no.1545, p.186, a1-3。唐時期。

LM20-1457-13-02　《摩訶般若波羅蜜經》卷九

姚秦鳩摩羅什譯，CBETA, T08, no.223, p.285, b19-20。高昌國時期。

LM20-1457-13-03　《妙法蓮華經》卷四

姚秦鳩摩羅什譯，CBETA, T09, no.262, p.32, c25-29。唐時期。

LM20-1457-13-04　《妙法蓮華經》卷六

姚秦鳩摩羅什譯，CBETA, T09, no.262, p.48, a28-b5。唐時期。

LM20-1457-13-05　《大般若波羅蜜多經》卷三九

唐玄奘譯，CBETA, T05, no.220, p.216, b27-c1。唐時期。

LM20-1457-13-06　《大般涅槃經》卷三一

北涼曇無讖譯，CBETA, T12, no.374, p.549, b29-c2。高昌國時期。

LM20-1457-13-07　《放光般若經》卷一〇

西晉無羅叉譯，CBETA, T08, no.221, p.73, a25-27。唐時期。

LM20-1457-13-08　《佛本行集經》卷六〇

隋闍那崛多譯，CBETA, T03, no.190, p.930, b18-19。高昌國時期。

參：段真子 2019, 157。

LM20-1457-13-09　《放光般若經》卷一〇

西晉無羅叉譯，CBETA, T08, no.221, p.73, a21。唐時期。

LM20-1457-13-10　《金剛般若波羅蜜經》

姚秦鳩摩羅什譯，CBETA, T08, no.235, p.752, b28-c1。唐時期。

LM20-1457-13-11　《大般涅槃經》卷三一

北涼曇無讖譯，CBETA, T12, no.374, p.549, c18-21。高昌國時期。

LM20-1457-13-12　《大寶積經》卷一〇四

隋達摩笈多譯，CBETA, T11, no.310, p.584, a28-b2。唐時期。

LM20-1457-13-13　《道行般若經》卷二

後漢支婁迦讖譯，CBETA, T08, no.224, p.433, b7-10。高昌國時期。

LM20-1457-13-14　《大智度論》卷一二

姚秦鳩摩羅什譯，CBETA, T25, no.1509, p.148, b23-26。高昌國時期。

LM20-1457-13-15　《佛説千佛因緣經》

姚秦鳩摩羅什譯，CBETA, T14, no.426, p.65, c23-p.66, a1。唐時期。

LM20-1457-13-16r 《阿毗曇八犍度論》卷一三

姚秦僧伽提婆、竺佛念譯，CBETA, T26, no.1543, p.832, c27-p.833, a19。有雙行小字注。
高昌郡時期。

參：《旅博選粹》，69。

LM20-1457-13-16v 《阿毗曇八犍度論》卷一三

姚秦僧伽提婆、竺佛念譯，CBETA, T26, no.1543, p.833, b13-c5。高昌郡時期。

參：《旅博選粹》，69。

LM20-1457-13-17 《道行般若經》卷六

後漢支婁迦讖譯，CBETA, T08, no.224, p.456, c18-19。高昌國時期。

LM20-1457-13-18 《佛頂尊勝陀羅尼經序》

唐志静述，CBETA, T19, no.967, p.349, b16-18。唐時期。

LM20-1457-13-19r 《阿毗曇八犍度論》卷一三

姚秦僧伽提婆、竺佛念譯，CBETA, T26, no.1543, p.833, b3-16。高昌郡時期。

LM20-1457-13-19v 《阿毗曇八犍度論》卷一三

姚秦僧伽提婆、竺佛念譯，CBETA, T26, no.1543, p.833, a16-29。高昌郡時期。

LM20-1457-13-20r 《大乘入楞伽經》卷一

唐實叉難陀譯，CBETA, T16, no.672, p.588, c3-13，"燄"作"炎"。正反面書寫，梵夾裝。
唐時期。

LM20-1457-13-20v 《大乘入楞伽經》卷一

唐實叉難陀譯，CBETA, T16, no.672, p.588, c14-22。正反面書寫，梵夾裝。唐時期。

LM20-1457-14-01a 《禪法要解》卷上

姚秦鳩摩羅什等譯，CBETA, T15, no.616, p.288, c26-p.289, a7。高昌郡時期。

參：《旅博選粹》，54。

LM20-1457-14-01b 《禪法要解》卷上

姚秦鳩摩羅什等譯，CBETA, T15, no.616, p.289, a3-11。高昌郡時期。

參：《旅博選粹》，54。

LM20-1457-14-02 佛典殘片

唐時期。

LM20-1457-14-03 《小品般若波羅蜜經》卷六

姚秦鳩摩羅什譯，CBETA, T08, no.227, p.565, b2-7，"諸"作"車"。高昌國時期。

LM20-1457-14-04a 《大般涅槃經》卷一

北涼曇無讖譯，CBETA, T12, no.374, p.367, c10-11。唐時期。

LM20-1457-14-04b 佛經外題

唐時期。

LM20-1457-14-05　《妙法蓮華經》卷六

姚秦鳩摩羅什譯, CBETA, T09, no.262, p.54, c28–p.55, a1。唐時期。

LM20-1457-14-06　《妙法蓮華經》卷六

姚秦鳩摩羅什譯, CBETA, T09, no.262, p.54, c24–p.55, a1。唐時期。

LM20-1457-14-07　《現在十方千五百佛名並雜佛同號》

作者不詳, CBETA, T85, no.2905, p.1447, c4–10。唐時期。

LM20-1457-14-08　《妙法蓮華經》卷六

姚秦鳩摩羅什譯, CBETA, T09, no.262, p.54, c25–29。唐時期。

LM20-1457-14-09　《妙法蓮華經》卷三

姚秦鳩摩羅什譯, CBETA, T09, no.262, p.21, a6–14, 唐時期。

LM20-1457-14-10　《金剛般若波羅蜜經》

姚秦鳩摩羅什譯, CBETA, T08, no.235, p.751, c20–p.752, a2。唐時期。

LM20-1457-14-11　《十誦律》卷六一

東晉卑摩羅叉譯, CBETA, T23, no.1435, p.460, b11–13。高昌國時期。

LM20-1457-15-01　《妙法蓮華經》寫經題記

唐時期。

參：《旅博選粹》, 201;《旅博研究》, 235。

LM20-1457-15-02　《大般涅槃經》卷二七

北涼曇無讖譯, CBETA, T12, no.374, p.526, b17–c5, 第 4 行 "欲有三種□" 作 "欲者有三一者"。唐時期。

LM20-1457-15-03　《金光明經》卷四

北涼曇無讖譯,CBETA,T16,no.663,p.354,c22–p.355,a1,"食噉"作"噉食"。高昌國時期。

LM20-1457-15-04　《善見律毗婆沙》卷一〇

蕭齊僧伽跋陀羅譯, CBETA, T24, no.1462, p.746, b1–11。唐時期。

LM20-1457-15-05　《大般涅槃經》卷二七

北涼曇無讖譯, CBETA, T12, no.374, p.526, c5–7。唐時期。

LM20-1457-15-06　佛典注疏

高昌國時期。

LM20-1457-15-07　《妙法蓮華經》卷三

姚秦鳩摩羅什譯, CBETA, T09, no.262, p.25, c5–11。唐時期。

LM20-1457-16-01　《妙法蓮華經》卷五

姚秦鳩摩羅什譯, CBETA, T09, no.262, p.41, c15–21。高昌郡時期。

參：《旅博選粹》, 13。

LM20-1457-16-02　《妙法蓮華經》卷五

姚秦鳩摩羅什譯，CBETA，T09，no.262，p.43，a29-b4。唐時期。

LM20-1457-16-03　《一切經音義》卷一

唐玄應撰，CBETA，C056，no.1163，p.816，b7-14。唐時期。

參：趙洋2018，33、37、39。

LM20-1457-16-04　《妙法蓮華經》卷五

姚秦鳩摩羅什譯，CBETA，T09，no.262，p.37，a10-16。高昌國時期。

參：《旅博選粹》，39。

LM20-1457-16-05　《大般涅槃經》卷二二

北涼曇無讖譯，CBETA，T12，no.374，p.497，b14-21。高昌郡時期。

參：《旅博選粹》，51。

LM20-1457-16-06　《金光明最勝王經》卷三

唐義凈譯，CBETA，T16，no.665，p.415，b26-29。唐時期。

LM20-1457-16-07　《大般涅槃經》卷一九

北涼曇無讖譯，CBETA，T12，no.374，p.477，c4-9。高昌國時期。

LM20-1457-16-08　《天地八陽神咒經》

唐義凈譯，CBETA，T85，no.2897，p.1423，c18-27，"愛樂鬼神亦"作"愛樂鬼神愛樂即"。唐時期。

LM20-1457-16-09　《大威德陀羅尼經》卷一三

隋闍那崛多譯，CBETA，T21，no.1341，p.809，b25-29。唐時期。

LM20-1457-17-01　《妙法蓮華經》卷七

姚秦鳩摩羅什譯，CBETA，T09，no.262，p.62，a10-17。唐時期。

LM20-1457-17-02　佛典殘片

參姚秦鳩摩羅什譯《持世經》卷一，CBETA，T14，no.482，p.646，c21-24。高昌國時期。

參：《旅博選粹》，132。

LM20-1457-17-03r　《阿毗曇八犍度論》卷一三

姚秦僧伽提婆、竺佛念譯，CBETA，T26，no.1543，p.833，b3-19。細字寫本。高昌郡時期。

參：《旅博選粹》，61。

LM20-1457-17-03v　《阿毗曇八犍度論》卷一三

姚秦僧伽提婆、竺佛念譯，CBETA，T26，no.1543，p.833，a13-b1，"空竟"作"空也"，"次第"作"越次"，"無想"作"無相"。有雙行小字注。高昌郡時期。無法揭取拍攝。

參：《旅博選粹》，61。

LM20-1457-17-04　《大般涅槃經》卷二一

北涼曇無讖譯，CBETA，T12，no.374，p.491，b13-16。高昌國時期。

LM20-1457-17-05　《佛說仁王般若波羅蜜經》卷下

姚秦鳩摩羅什譯, CBETA, T08, no.245, p.831, c11–17。高昌國時期。

LM20-1457-17-06　《大方等陀羅尼經》卷一

北涼法衆譯, CBETA, T21, no.1339, p.646, b18–20。唐時期。

LM20-1457-17-07　《大般涅槃經》卷三八

北涼曇無讖譯, CBETA, T12, no.374, p.587, c18–20。高昌國時期。

LM20-1457-17-08　《佛説華手經》卷四

姚秦鳩摩羅什譯, CBETA, T16, no.657, p.149, a20–22。高昌國時期。

LM20-1457-17-09　《思益梵天所問經》卷四

姚秦鳩摩羅什譯, CBETA, T15, no.586, p.60, c5–10。高昌國時期。

LM20-1457-17-10r　《妙法蓮華經》卷五

姚秦鳩摩羅什譯, CBETA, T09, no.262, p.38, a27–b6。唐時期。

LM20-1457-17-10v　《妙法蓮華經》卷五

姚秦鳩摩羅什譯, CBETA, T09, no.262, p.38, a7–17。唐時期。無法揭取拍攝。

LM20-1457-17-11　《佛説灌頂經》卷一一

東晉帛尸梨蜜多羅譯, CBETA, T21, no.1331, p.529, c18–27, "過命"作"命過"。唐時期。

LM20-1457-18-01　《十誦律》（別本）

參姚秦弗若多羅譯《十誦律》卷二二, CBETA, T23, no.1435, p.164, b26–p.165, a3; 卷二三, CBETA, T23, no.1435, p.165, a11。有朱筆塗抹。高昌國時期。

參：《旅博選粹》, 164。

LM20-1457-18-02　寫經題記

高昌國時期。

LM20-1457-18-03　法華經注疏

參作者不詳《本業瓔珞經疏》卷一, CBETA, T85, no.2798, p.745, c20。高昌國時期。

參：《旅博選粹》, 167; 橘堂晃一 2006a, 96。

LM20-1457-18-04　四分戒本疏

參唐定賓作《四分律疏飾宗義記》卷六, CBETA, X42, no.733, p.203, c3。有武周新字, 雙行小字注。唐時期。

LM20-1457-18-05　《妙法蓮華經》卷五

姚秦鳩摩羅什譯, CBETA, T09, no.262, p.40, a29–b11。唐時期。

LM20-1457-18-06　《般泥洹經》卷下

譯者不詳, CBETA, T01, no.6, p.186, b13–17。高昌郡時期。

參：《旅博選粹》, 26。

LM20-1457-19-01　佛典殘片

唐時期。

LM20-1457-19-02　《妙法蓮華經》卷六

姚秦鳩摩羅什譯，CBETA, T09, no.262, p.53, a18–24。唐時期。

LM20-1457-19-03　《大般涅槃經義記》卷二

隋慧遠撰，CBETA, T37, no.1764, p.671, a16–18。高昌國時期。

LM20-1457-19-04　《大般涅槃經》卷三二

北涼曇無讖譯，CBETA, T12, no.374, p.556, b15–19。高昌國時期。

LM20-1457-19-05　《摩訶僧祇律》卷二一

東晉佛陀跋陀羅、法顯譯，CBETA, T22, no.1425, p.395, a22–27。高昌國時期。

LM20-1457-19-06　《大般涅槃經》卷二九

北涼曇無讖譯，CBETA, T12, no.374, p.541, a29–b1。高昌國時期。

LM20-1457-19-07　《十地經論義記》卷四

隋慧遠撰，CBETA, X45, no.753, p.131, b17–20。高昌國時期。

LM20-1457-19-08　《大寶積經》卷六八

高齊那連提耶舍譯，CBETA, T11, no.310, p.387, b15–19。唐時期。

LM20-1457-19-09　《妙法蓮華經》卷三

姚秦鳩摩羅什譯，CBETA, T09, no.262, p.20, c7–14。唐時期。

LM20-1457-19-10　《決罪福經》卷下

作者不詳，CBETA, T85, no.2868, p.1332, c19–22。唐時期。

LM20-1457-19-11r　佛典注疏

參姚秦鳩摩羅什譯《大智度論》卷六，CBETA, T25, no.1509, p.107, b2–p.108, a18; 卷七，
CBETA, T25, no.1509, p.108, a28–b5。有雙行小字注。高昌郡時期。

參：《旅博選粹》，69。

LM20-1457-19-11v　《佛説成具光明定意經》

後漢支曜譯，CBETA, T15, no.630, p.455, b29–c9。高昌郡時期。無法揭取拍攝。

參：《旅博選粹》，69。

LM20-1457-19-12　《摩訶般若波羅蜜經》卷二七

姚秦鳩摩羅什譯，CBETA, T08, no.223, p.416, c15–20。高昌國時期。

LM20-1457-20-01r　《唐永徽律疏・賊盜律》

唐時期。

參：榮新江 2003, 1–8;《旅博選粹》，202;《旅博研究》，179; 榮新江 2007, 412; 榮
新江 2009, 3–7; 橘堂晃一 2010, 93; 辻正博 2012, 267; 岡野誠 2013, 93–108; 陳燁軒
2016, 181–201; 朱玉麒、孟彥弘 2019, 47。

LM20-1457-20-01v　佛典注疏

有武周新字。唐時期。無法揭取拍攝。

LM20-1457-20-02　《佛本行集經》卷五

隋闍那崛多譯，CBETA, T03, no.190, p.673, c29-p.674, a5。唐時期。

參：段真子 2019, 163。

LM20-1457-20-03　禮懺文

西州回鶻時期。

LM20-1457-20-04　《大般涅槃經》卷三一

北涼曇無讖譯，CBETA, T12, no.374, p.549, b20-26，"無净"作"不净"。高昌國時期。

LM20-1457-20-05　佛典殘片

參唐玄奘譯《辯中邊論》卷上，CBETA, T31, no.1600, p.468, a16-b11。西州回鶻時期。

參：《旅博選粹》，188。

LM20-1457-20-06　《大般涅槃經》卷三四

北涼曇無讖譯，CBETA, T12, no.374, p.565, a14-20。唐時期。

LM20-1457-21-01　《四分僧戒本》

姚秦佛陀耶舍譯，CBETA, T22, no.1430, p.1029, c16-p.1030, a3，第 3 行"得"作"應"。有雙行小字注。唐時期。

參：《旅博選粹》，188。

LM20-1457-21-02　《十方千五百佛名經》

譯者不詳，CBETA, T14, no.442, p.315, b18-21。高昌國時期。

LM20-1457-21-03　《觀世音三昧經》

作者不詳，CBETA, D11, no.8817, p.3, a5-6。高昌國時期。

LM20-1457-21-04　佛典殘片

唐時期。

LM20-1457-21-05　《金剛般若波羅蜜經》

姚秦鳩摩羅什譯，CBETA, T08, no.235, p.749, c27-28。唐時期。

LM20-1457-21-06　《大方等大集經》卷三

北涼曇無讖譯，CBETA, T13, no.397, p.19, c12-19。唐時期。

LM20-1457-22-01　《金光明經》卷四

北涼曇無讖譯，CBETA, T16, no.663, p.357, c10-14。分欄書寫。高昌郡時期。

參：《旅博選粹》，19。

LM20-1457-22-02　《維摩詰所説經》卷下

姚秦鳩摩羅什譯，CBETA, T14, no.475, p.556, c17-23。唐時期。

參：王梅 2006, 145；榮新江 2019a, 28。

LM20-1457-22-03　《維摩義記》

參敦煌本 P.2273（《法藏敦煌西域文獻》第 10 册，317 頁上）。高昌國時期。

參：《旅博選粹》，71；橘堂晃一 2006a，94（錯置爲 LM20-1457-22-02 號）。

LM20-1457-22-04 《大般涅槃經》卷一

北涼曇無讖譯，CBETA，T12，no.374，p.370，b8-9。高昌國時期。

LM20-1457-22-05 《妙法蓮華經》卷四

姚秦鳩摩羅什譯，CBETA，T09，no.262，p.33，c16-25，第 5 行"住"作"往"。唐時期。

LM20-1457-22-06 《佛頂尊勝陀羅尼經》

唐佛陀波利譯，CBETA，T19，no.967，p.352，a19-23。唐時期。

LM20-1457-22-07 《大般若波羅蜜多經》卷五三四

唐玄奘譯，CBETA，T07，no.220，p.742，a26-28。唐時期。

LM20-1457-22-08 《佛説灌頂經》卷一二

東晉帛尸梨蜜多羅譯，CBETA，T21，no.1331，p.534，b17-23，"離"作"璃"。唐時期。

LM20-1457-22-09 《大般涅槃經》卷九

北涼曇無讖譯，CBETA，T12，no.374，p.416，b3-9，"惠"作"慧"。高昌國時期。

LM20-1457-23-01 佛典注疏

唐時期。

LM20-1457-23-02 《合部金光明經》卷一

梁真諦譯，隋寶貴合，CBETA，T16，no.664，p.365，a28-b4，"利益"作"所利益"。唐時期。

LM20-1457-23-03 《十誦律》（別本）

參姚秦弗若多羅譯《十誦律》卷二五，CBETA，T23，no.1435，p.180，c6-23。唐時期。

LM20-1457-23-04 《大般涅槃經》卷一一

北涼曇無讖譯，CBETA，T12，no.374，p.432，b24-29。唐時期。

LM20-1457-23-05 《中阿含經》卷二六

東晉僧伽提婆譯，CBETA，T01，no.26，p.591，c15-19，"聞"作"門"。唐時期。

LM20-1457-23-06 《妙法蓮華經》卷三

姚秦鳩摩羅什譯，CBETA，T09，no.262，p.19，b15-24，"而聽法故"作"而聽法如"。唐時期。

LM20-1457-23-07 《大般若波羅蜜多經》卷二四〇

唐玄奘譯，CBETA，T06，no.220，p.214，b16-22。唐時期。

LM20-1457-23-08 《佛説灌頂經》卷一一

東晉帛尸梨蜜多羅譯，CBETA，T21，no.1331，p.531，b10-19。唐時期。

LM20-1457-24-01 《佛説救護身命經》

作者不詳，CBETA，T85，no.2866，p.1326，c14-21，"寶"作"尊"，第 4 行"心聽是法故今"作"今"，第 5 行"世罪"作"世"，第 6 行"佛法"作"佛尊"，第 8 行"所謂五戒"作"受持"。高昌國時期。

參：孟彦弘 2018，53。

LM20-1457-24-02　《妙法蓮華經》卷二

　　姚秦鳩摩羅什譯，CBETA, T09, no.262, p.14, c2–8。高昌國時期。

LM20-1457-24-03　《妙法蓮華經》卷一

　　姚秦鳩摩羅什譯，CBETA, T09, no.262, p.2, a28–b8。唐時期。

LM20-1457-24-04　《大般若波羅蜜多經》卷一三

　　唐玄奘譯，CBETA, T05, no.220, p.68, a15–18。唐時期。

LM20-1457-24-05　《佛説灌頂經》卷一一

　　東晉帛尸梨蜜多羅譯，CBETA, T21, no.1331, p.531, c11–25。唐時期。

LM20-1457-25-01　《大般若波羅蜜多經》卷四八八

　　唐玄奘譯，CBETA, T07, no.220, p.482, c20–22。唐時期。

LM20-1457-25-02　《妙法蓮華經》卷一

　　姚秦鳩摩羅什譯，CBETA, T09, no.262, p.7, b25–29。高昌國時期。

LM20-1457-25-03　《妙法蓮華經》卷一

　　姚秦鳩摩羅什譯，CBETA, T09, no.262, p.7, a21–26。唐時期。

LM20-1457-25-04　《妙法蓮華經》卷一

　　姚秦鳩摩羅什譯，CBETA, T09, no.262, p.6, c10–20，“願説”作“説願”。高昌國時期。

LM20-1457-25-05　《妙法蓮華經》卷一

　　姚秦鳩摩羅什譯，CBETA, T09, no.262, p.6, b10–22。唐時期。

LM20-1457-25-06　《妙法蓮華經》卷四

　　姚秦鳩摩羅什譯，CBETA, T09, no.262, p.32, c23–27。唐時期。

LM20-1457-25-07　佛典注疏

　　參北涼浮陀跋摩、道泰等譯《阿毗曇毗婆沙論》，CBETA, T28, no.1546, p.264, a2–4。
高昌國時期。

　　參：《旅博選粹》，165。

LM20-1457-25-08　《佛爲心王菩薩説頭陀經》

　　作者不詳，CBETA, ZW01, no.8, p.284, a6–p.285, a9。唐時期。

　　參：榮新江 2019a, 36。

LM20-1457-25-09　《妙法蓮華經》卷二

　　姚秦鳩摩羅什譯，CBETA, T09, no.262, p.16, b29–c4，“魄”作“珀”。唐時期。

LM20-1457-26-01　佛典殘片

　　參陳真諦譯《佛性論》，CBETA, T31, no.1610, p.810, a24–b1。唐時期。

LM20-1457-26-02　《四分僧戒本》

　　姚秦佛陀耶舍譯，CBETA, T22, no.1430, p.1029, c23–p.1030, a2。唐時期。

　　參：《旅博選粹》，180。

LM20-1457-26-03　《僧伽吒經》卷四

元魏月婆首那譯，CBETA，T13，no.423，p.973，c17–23。唐時期。

LM20-1457-26-04　《大般涅槃經》卷三

北涼曇無讖譯，CBETA，T01，no.7，p.203，a12–14。唐時期。

LM20-1457-26-05　佛典殘片

高昌國時期。

LM20-1457-26-06　《大般若波羅蜜多經》卷四一四

唐玄奘譯，CBETA，T07，no.220，p.74，b2–10。唐時期。

LM20-1457-26-07　《金剛般若波羅蜜經》

姚秦鳩摩羅什譯，CBETA，T08，no.235，p.749，a23–27。唐時期。

LM20-1457-26-08　《佛說觀藥王藥上二菩薩經》

劉宋畺良耶舍譯，CBETA，T20，no.1161，p.662，a8–15。唐時期。

LM20-1457-27-01　《妙法蓮華經》卷五

姚秦鳩摩羅什譯，CBETA，T09，no.262，p.45，b24–29。唐時期。

LM20-1457-27-02　《大般涅槃經》卷三一

北涼曇無讖譯，CBETA，T12，no.374，p.552，a16–20。高昌國時期。

LM20-1457-27-03　（1）羯磨文（2）□慈文

參曹魏曇諦譯《羯磨》，CBETA，T22，no.1433，p.1053，a28–b1、CBETA，T22，no.1433，p.1054，b9–12、CBETA，T22，no.1433，p.1055，c4–10。西州回鶻時期。

參：《旅博選粹》，190。

LM20-1457-27-04　《合部金光明經》卷二

梁真諦譯，隋寶貴合，CBETA，T16，no.664，p.370，a25–29。唐時期。

LM20-1457-27-05　《菩薩戒本》

北涼曇無讖譯，CBETA，T24，no.1500，p.1107，b12–17。高昌國時期。

LM20-1457-27-06　《金剛般若波羅蜜經》

姚秦鳩摩羅什譯，CBETA，T08，no.235，p.749，b3–6。唐時期。

LM20-1457-27-07　佛典殘片

唐時期。

LM20-1457-28-01　《大方廣佛華嚴經》卷一九（五十卷本）

東晉佛陀跋陀羅譯，《中華大藏經》第12册，235b8–22；參CBETA，T09，no.278，p.542，c10–22。高昌國時期。

LM20-1457-28-02　《小品般若波羅蜜經》卷六

姚秦鳩摩羅什譯，CBETA，T08，no.227，p.563，c29–p.564，a9，"此是如入"作"此是如相隨是如入"。高昌國時期。

LM20-1457-28-03　《妙法蓮華經》卷二

姚秦鳩摩羅什譯, CBETA, T09, no.262, p.14, c15-16。高昌國時期。

LM20-1457-28-04　《金光明最勝王經》卷四

唐義净譯, CBETA, T16, no.665, p.419, b26-c14。唐時期。

LM20-1457-29-01　《金剛般若波羅蜜經》

元魏菩提流支譯, CBETA, T08, no.236a, p.756, a24-27。唐時期。

LM20-1457-29-02　《大方等大集經》卷七

北涼曇無讖譯, CBETA, T13, no.397, p.42, a20-22。高昌國時期。

LM20-1457-29-03　《大方等大集經》卷七

北涼曇無讖譯, CBETA, T13, no.397, p.42, a14-20。高昌國時期。

LM20-1457-29-04　《佛説灌頂經》卷一一

東晉帛尸梨蜜多羅譯, CBETA, T21, no.1331, p.531, c12-15。唐時期。

LM20-1457-29-05　《妙法蓮華經》卷三

姚秦鳩摩羅什譯, CBETA, T09, no.262, p.25, b12-17。唐時期。

LM20-1457-29-06　《文殊師利所説摩訶般若波羅蜜經》卷上

梁曼陀羅仙譯, CBETA, T08, no.232, p.728, b16-18。高昌國時期。

LM20-1457-29-07　《佛頂尊勝陀羅尼經》

唐佛陀波利譯, CBETA, T19, no.967, p.350, a14-19。唐時期。

LM20-1457-29-08　《佛説阿彌陀經》卷一

姚秦鳩摩羅什譯, CBETA, T12, no.366, p.348, a8-10。唐時期。

LM20-1457-29-09　佛典殘片

唐時期。

LM20-1457-30-01　《思益梵天所問經》卷一

姚秦鳩摩羅什譯, CBETA, T15, no.586, p.39, a9-19, "念一切諸法是爲佛所□"作"念一切諸法"。唐時期。

LM20-1457-30-02r　羯磨文

與《西域考古圖譜》下卷"佛典附録"(52)-(53)爲同一寫本, 據此定名。存子目"結同一説戒别利養羯磨文"。唐時期。

參:《旅博選粹》, 165; 橘堂晃一 2010, 93。

LM20-1457-30-02v　《法華義記》卷一

與《西域考古圖譜》下卷"佛典附録"(51)爲同一寫本, 據尾題定名。高昌國時期。

參:《旅博選粹》, 165; 橘堂晃一 2010, 93。

LM20-1457-30-03　《大通方廣懺悔滅罪莊嚴成佛經》卷下

作者不詳, CBETA, T85, no.2871, p.1354, a9-16。高昌國時期。

LM20-1457-30-04　《佛本行集經》卷五

隋闍那崛多譯，CBETA, T03, no.190, p.674, b1–6。唐時期。

參：段真子 2019, 147。

LM20-1457-30-05　《妙法蓮華經》卷四

姚秦鳩摩羅什譯，CBETA, T09, no.262, p.29, b11–21。唐時期。

LM20-1457-30-06　《金光明經》卷一

北涼曇無讖譯，CBETA, T16, no.663, p.339, a14–23，"流"作"琉"，"濡"作"軟"。高昌國時期。

LM20-1457-31-01　《梵網經》卷下

姚秦鳩摩羅什譯，CBETA, T24, no.1484, p.1004, c8–24，"夷羅"作"夷罪"，"罪業"作"罪過業"。唐時期。

參：《旅博選粹》，168。

LM20-1457-31-02　《菩薩地持經》卷一

北涼曇無讖譯，CBETA, T30, no.1581, p.891, a29–b5，"无受"作"无罪"。高昌國時期。

LM20-1457-31-03　《佛説無言童子經》卷上

西晉竺法護譯，CBETA, T13, no.401, p.529, a13–19。高昌郡時期。

參：《旅博選粹》，53。

LM20-1457-31-04　《妙法蓮華經》卷二

姚秦鳩摩羅什譯，CBETA, T09, no.262, p.18, c9–28。西州回鶻時期。

LM20-1457-31-05　《大通方廣懺悔滅罪莊嚴成佛經》卷下

作者不詳，CBETA, T85, no.2871, p.1354, a13–16。高昌國時期。

LM20-1457-31-06　《妙法蓮華經》卷五

姚秦鳩摩羅什譯，CBETA, T09, no.262, p.42, b1–9。唐時期。

LM20-1457-32-01　《摩訶般若波羅蜜經》卷三

姚秦鳩摩羅什譯，CBETA, T08, no.223, p.237, b2–10，"非"作"悲"。高昌國時期。

LM20-1457-32-02　《妙法蓮華經》卷五

姚秦鳩摩羅什譯，CBETA, T09, no.262, p.44, a11–15。唐時期。

LM20-1457-32-03　《勝天王般若波羅蜜經》卷七

陳月婆首那譯，CBETA, T08, no.231, p.721, a25–28。高昌國時期。

參：《旅博選粹》，95。

LM20-1457-32-04　《洞玄靈寶長夜之府九幽玉匱明真科》

作者不詳，約出於東晉，《正統道藏》第 34 册，379c3–10。唐時期。

參：《旅博選粹》，157；趙洋 2017a, 174、186；趙洋 2017b, 196；游自勇 2019b, 53。

LM20-1457-32-05　《金光明最勝王經》卷六

唐義浄譯，CBETA, T16, no.665, p.427, c12–17。唐時期。

LM20-1457-32-06 《妙法蓮華經》卷四

姚秦鳩摩羅什譯，CBETA, T09, no.262, p.33, a1–3。唐時期。

LM20-1457-32-07 《妙法蓮華經》卷四

姚秦鳩摩羅什譯，CBETA, T09, no.262, p.28, a19–24。唐時期。

LM20-1457-33-01 《金剛般若波羅蜜經》

姚秦鳩摩羅什譯，CBETA, T08, no.235, p.752, a7–14。唐時期。

LM20-1457-33-02 《維摩詰所説經》卷上

姚秦鳩摩羅什譯，CBETA, T14, no.475, p.537, a28–b6，"自在菩薩"作"自在王菩薩"。唐時期。

參：王梅 2006, 140。

LM20-1457-33-03 《佛本行集經》卷五

隋闍那崛多譯，CBETA, T03, no.190, p.674, b7–15。唐時期。

參：《旅博選粹》, 152；段真子 2019, 147。

LM20-1457-33-04 佛典注疏

西州回鶻時期。

LM20-1457-33-05 《四分律比丘戒本》

姚秦佛陀耶舍譯，CBETA, T22, no.1429, p.1019, a28–b6。唐時期。

LM20-1457-33-06 《維摩詰所説經》卷中

姚秦鳩摩羅什譯，CBETA, T14, no.475, p.551, a17–21。唐時期。

參：王梅 2006, 155。

LM20-1457-34-01 《妙法蓮華經》卷五

姚秦鳩摩羅什譯，CBETA, T09, no.262, p.40, c22–29。唐時期。

LM20-1457-34-02 《救疾經》

作者不詳，CBETA, T85, no.2878, p.1362, a4–10，"犯"作"凡"。高昌國時期。

參：馬俊傑 2019, 447。

LM20-1457-34-03 《攝大乘論釋》卷八

陳真諦譯，CBETA, T31, no.1595, p.207, b19–21。高昌國時期。

LM20-1457-34-04 《大般若波羅蜜多經》卷四五

唐玄奘譯，CBETA, T05, no.220, p.255, b14–19。唐時期。

LM20-1457-34-05 《妙法蓮華經》卷四

姚秦鳩摩羅什譯，CBETA, T09, no.262, p.33, a2–3。唐時期。

LM20-1457-34-06 《大方廣佛華嚴經》卷三五（五十卷本）

東晉佛陀跋陀羅譯，《中華大藏經》第 12 册, 425c1–5；參 CBETA, T09, no.278, p.662, a29-b5。高昌郡時期。

參:《旅博選粹》, 68。

LM20-1457-34-07　四田施食文

西州回鶻時期。

參:《旅博選粹》, 201。

LM20-1457-34-08　《佛説灌頂經》卷一二

東晉帛尸梨蜜多羅譯, CBETA, T21, no.1331, p.533, c17-24。唐時期。

LM20-1457-35-01　《解深密經》卷二

唐玄奘譯, CBETA, T16, no.676, p.694, c2-12。唐時期。

LM20-1457-35-02　《大方廣佛華嚴經》卷三

唐實叉難陀譯, CBETA, T10, no.279, p.14, a5-9。唐時期。

LM20-1457-35-03　《諸法無行經》卷上

姚秦鳩摩羅什譯, CBETA, T15, no.650, p.751, c23-p.752, a6, "想"作"相"。唐時期。

LM20-1457-35-04　《佛頂尊勝陀羅尼經》

唐佛陀波利譯, CBETA, T19, no.967, p.350, a15-21。唐時期。

LM20-1457-35-05　《妙法蓮華經》卷一

姚秦鳩摩羅什譯, CBETA, T09, no.262, p.5, c21-29。唐時期。

LM20-1457-35-06　《大般涅槃經》卷一七

北涼曇無讖譯, CBETA, T12, no.374, p.465, b26-c5。高昌國時期。

LM20-1457-36-01　《維摩詰所説經》卷上

姚秦鳩摩羅什譯, CBETA, T14, no.475, p.539, a23-29。唐時期。

LM20-1457-36-02　《大智度論》卷四八

姚秦鳩摩羅什譯, CBETA, T25, no.1509, p.404, a14-20。有朱筆點記。唐時期。

LM20-1457-36-03　《妙法蓮華經》卷六

姚秦鳩摩羅什譯, CBETA, T09, no.262, p.50, c2-8。高昌國時期。

LM20-1457-36-04　《大般若波羅蜜多經》卷二六

唐玄奘譯, CBETA, T05, no.220, p.145, c23-29。唐時期。

LM20-1457-36-05　《合部金光明經序》

隋彦琮撰, CBETA, T16, no.664, p.359, b8-14。唐時期。

LM20-1457-37-01　《大方廣佛華嚴經》卷三一（五十卷本）

東晉佛陀跋陀羅譯,《中華大藏經》第12册, 382c17-383a4; 參 CBETA, T09, no.278, p.637, c2-8。高昌郡時期。

參:《旅博選粹》, 14。

LM20-1457-37-02　《佛頂尊勝陀羅尼經》

唐佛陀波利譯，CBETA，T19，no.967，p.352，b9–17，“十八”作“十七”，“廿一”作“二十”，“廿二”作“二十一”，“廿三”作“二十二”，“廿六”作“二十五”。唐時期。

LM20-1457-37-03　《摩訶般若波羅蜜經》卷一八

姚秦鳩摩羅什譯，CBETA，T08，no.223，p.351，c29–p.352，a5。高昌國時期。

LM20-1457-37-04　《現在十方千五百佛名並雜佛同號》

作者不詳，CBETA，T85，no.2905，p.1449，a2–9，“百萬”作“百一”，“六萬”作“六百”。高昌國時期。

LM20-1457-37-05　佛典殘片

唐時期。

LM20-1457-37-06　《妙法蓮華經》卷五

姚秦鳩摩羅什譯，CBETA，T09，no.262，p.41，a7–10。唐時期。

LM20-1457-37-07　《摩訶般若波羅蜜經》卷二三

姚秦鳩摩羅什譯，CBETA，T08，no.223，p.389，b12–c2。高昌國時期。

參：《旅博選粹》，31。

LM20-1457-38-01　《四分律》卷九

姚秦佛陀耶舍、竺佛念等譯，CBETA，T22，no.1428，p.625，a5–27，“坐”作“座”，“賈”作“價”，“先所”作“先”，第8行“也”作“耶”，第9行“也”作“非”。高昌國時期。

參：《旅博選粹》，138。

LM20-1457-38-02　《摩訶般若波羅蜜經》卷一七

姚秦鳩摩羅什譯，CBETA，T08，no.223，p.347，a7–9。高昌國時期。

LM20-1457-38-03　《妙法蓮華經》卷三

姚秦鳩摩羅什譯，CBETA，T09，no.262，p.23，a19–21。唐時期。

LM20-1457-38-04　《大般涅槃經》卷一七

北涼曇無讖譯，CBETA，T12，no.374，p.465，a6–8。唐時期。

LM20-1457-38-05　《道行般若經》卷三

後漢支婁迦讖譯，CBETA，T08，no.224，p.439，b17–22。有朱筆點記。高昌郡時期。

參：《旅博選粹》，32；孫傳波2006，172、195。

LM20-1457-38-06　《大般涅槃經》卷四〇

北涼曇無讖譯，CBETA，T12，no.374，p.601，b4–15。高昌國時期。

LM20-1457-38-07　《維摩義記》

參敦煌本P.2273（《法藏敦煌西域文獻》第10冊，317頁上），“故言其善”作“故言甚善”，“因果就中開”作“因就中開”。高昌國時期。

參：《旅博選粹》，71；橘堂晃一2006a，94；榮新江2019a，28。

經册九

LM20-1458-01-01　《要行捨身經》

作者不詳，CBETA，T85，no.2895，p.1415，a6–11，"真"作"其"。唐時期。

LM20-1458-01-02　《佛説彌勒下生成佛經》

姚秦鳩摩羅什譯，CBETA，T14，no.454，p.425，c3–11，第 6 行"憍"作"高"，第 7 行"衆生"下疑脱"救拔苦惱令得安隱"八字。高昌國時期。

LM20-1458-01-03　《佛説觀藥王藥上二菩薩經》

劉宋畺良耶舍譯，CBETA，T20，no.1161，p.661，a12–15。唐時期。

LM20-1458-01-04　《佛頂尊勝陀羅尼經》

唐佛陀波利譯，CBETA，T19，no.967，p.350，a25–28。唐時期。

LM20-1458-01-05　《金剛般若波羅蜜經》

姚秦鳩摩羅什譯，CBETA，T08，no.235，p.751，a8–11。唐時期。

LM20-1458-01-06　《妙法蓮華經》卷二

姚秦鳩摩羅什譯，CBETA，T09，no.262，p.15，b25–26。高昌國時期。

LM20-1458-01-07　《僧伽吒經》卷二

元魏月婆首那譯，CBETA，T13，no.423，p.964，c18–22。唐時期。

LM20-1458-01-08　《大般涅槃經》卷一三

北涼曇無讖譯，CBETA，T12，no.374，p.444，c19–23。高昌國時期。

LM20-1458-01-09　佛典注疏

高昌國時期。

LM20-1458-01-10　《金剛般若波羅蜜經》

姚秦鳩摩羅什譯，CBETA，T08，no.235，p.751，a5–7。唐時期。

LM20-1458-01-11　《梵網經》卷下

姚秦鳩摩羅什譯，CBETA，T24，no.1484，p.1003，c15–22。唐時期。

LM20-1458-01-12　《妙法蓮華經》卷三

姚秦鳩摩羅什譯，CBETA，T09，no.262，p.21，b26–29。唐時期。

LM20-1458-01-13　《妙法蓮華經》卷二

姚秦鳩摩羅什譯，CBETA，T09，no.262，p.15，b25–27。高昌國時期。

LM20-1458-01-14　《大般涅槃經》卷二五

北涼曇無讖譯，CBETA, T12, no.374, p.515, c3–6。高昌國時期。

LM20-1458-01-15　《大方廣佛華嚴經》卷二一（五十卷本）

東晉佛陀跋陀羅譯，《中華大藏經》第 12 册，263c7–10; 參 CBETA, T09, no.278, p.562, b4–6。高昌郡時期。

參:《旅博選粹》, 14。

LM20-1458-01-16　《佛本行集經》卷五

隋闍那崛多譯，CBETA, T03, no.190, p.674, c18–20。唐時期。

參: 段真子 2019, 150。

LM20-1458-01-17　《金剛般若波羅蜜經》

元魏菩提流支譯，CBETA, T08, no.236, p.757, a7–9。唐時期。

LM20-1458-01-18　佛典殘片

高昌國時期。

LM20-1458-01-19　《大般涅槃經》卷二〇

北涼曇無讖譯，CBETA, T12, no.374, p.484, c4–8。高昌國時期。

LM20-1458-02-01　《摩訶般若波羅蜜經》卷二

姚秦鳩摩羅什譯，CBETA, T08, no.223, p.229, b10–14。高昌國時期。

LM20-1458-02-02　《讚僧功德經》

作者不詳，CBETA, T85, no.2911, p.1456, c23–27。唐時期。

LM20-1458-02-03　《大般涅槃經》卷一七

北涼曇無讖譯，CBETA, T12, no.0374, p.465, b22–23。高昌國時期。

LM20-1458-02-04　《大威德陀羅尼經》卷一九

隋闍那崛多譯，CBETA, T21, no.1341, p.834, c4–7。唐時期。

LM20-1458-02-05　《金剛般若波羅蜜經》

姚秦鳩摩羅什譯，CBETA, T08, no.235, p.751, a19–23。唐時期。

LM20-1458-02-06　《金光明最勝王經》卷四

唐義净譯，CBETA, T16, no.665, p.418, c20–22。唐時期。

LM20-1458-02-07　《佛說法句經》

作者不詳，CBETA, T85, no.2901, p.1435, b10–13, "座" 作 "坐"。唐時期。

LM20-1458-02-08　《佛說相好經》

作者不詳，CBETA, ZW03, no.31, bp.418, a16–20。西州回鶻時期。

LM20-1458-02-09　《佛說灌頂章句拔除過罪生死得度經》

參東晉帛尸梨蜜多羅譯《佛說灌頂經》卷一二, CBETA, T21, no.1331, p.535, c6–10。高昌國時期。

LM20-1458-02-10　《放光般若經》卷一三

西晉無羅叉譯，CBETA，T08，no.221，p.89，b28-c1。高昌國時期。

LM20-1458-02-11　《大般涅槃經》卷一七

北涼曇無讖譯，CBETA，T12，no.374，p.465，b24-28。高昌國時期。

LM20-1458-02-12　《阿毗達磨順正理論》卷一六

唐玄奘譯，CBETA，T29，no.1562，p.424，b27-29。唐時期。

LM20-1458-02-13　《大般若波羅蜜多經》卷六

唐玄奘譯，CBETA，T05，no.220，p.33，a6-8。唐時期。

LM20-1458-02-14　《阿毗達磨大毗婆沙論》卷一八八

唐玄奘譯，CBETA，T27，no.1545，p.942，c23-26。唐時期。

LM20-1458-02-15　《大乘莊嚴經論》卷一三外題

唐時期。

LM20-1458-02-16　陀羅尼集

高昌國時期。

參：《旅博選粹》，176；磯邊友美 2006，206-208、216；橘堂晃一 2010，91。

LM20-1458-02-17　《妙法蓮華經》卷五

姚秦鳩摩羅什譯，CBETA，T09，no.262，p.38，b12-15。唐時期。

LM20-1458-02-18　《光讚經》卷四

西晉竺法護譯，CBETA，T08，no.222，p.176，a4-7。唐時期。

LM20-1458-02-19　《妙法蓮華經》卷七

姚秦鳩摩羅什譯，CBETA，T09，no.262，p.57，c2-5。唐時期。

LM20-1458-02-20　《維摩詰所説經》卷中

姚秦鳩摩羅什譯，CBETA，T14，no.475，p.546，a4-11。高昌國時期。

參：《旅博選粹》，73。

LM20-1458-02-21　《金光明經》卷二

北涼曇無讖譯，CBETA，T16，no.663，p.345，b13-18。高昌郡時期。

參：《旅博選粹》，57。

LM20-1458-03-01　《大般涅槃經》卷三七

北涼曇無讖譯，CBETA，T12，no.374，p.581，b3-6。高昌國時期。

LM20-1458-03-02　佛典殘片

高昌國時期。

LM20-1458-03-03　《大般涅槃經》卷一一

北涼曇無讖譯，CBETA，T12，no.374，p.428，c23-27。唐時期。

LM20-1458-03-04　《諸佛要集經》卷上

西晉竺法護譯，CBETA，T17，no.810，p.761，a8-10。唐時期。

LM20-1458-03-05　《大通方廣懺悔滅罪莊嚴成佛經》卷中

作者不詳，CBETA，T85，no.2871，p.1347，a8–10。高昌國時期。

LM20-1458-03-06r　佛典殘片

册子本。西州回鶻時期。

LM20-1458-03-06v　佛典殘片

無法揭取拍攝。

LM20-1458-03-07　《佛説佛名經》卷一二

元魏菩提流支譯，CBETA，T14，no.440，p.180，a8–9。唐時期。

LM20-1458-03-08　《大般涅槃經》卷二五

北涼曇無讖譯，CBETA，T12，no.374，p.515，b17–21。唐時期。

LM20-1458-03-09　《大智度論》卷三〇

姚秦鳩摩羅什譯，CBETA，T25，no.1509，p.280，a25–28。高昌國時期。

LM20-1458-03-10　《金光明經》卷一

北涼曇無讖譯，CBETA，T16，no.663，p.336，a23–26。唐時期。

LM20-1458-03-11　《大般若波羅蜜多經》卷一一二

唐玄奘譯，CBETA，T05，no.220，p.618，b15–18。唐時期。

LM20-1458-03-12　《道行般若經》卷六

後漢支婁迦讖譯，CBETA，T08，no.224，p.455，b14–16。高昌國時期。

LM20-1458-03-13　《大智度論》卷二一

姚秦鳩摩羅什譯，CBETA，T25，no.1509，p.217，a18–23。唐時期。

LM20-1458-03-14　《佛説佛名經》卷一六

譯者不詳，CBETA，T14，no.441，p.247，b13–15。唐時期。

LM20-1458-03-15　《佛説佛名經》卷一六

譯者不詳，CBETA，T14，no.441，p.247，b17–19。唐時期。

LM20-1458-03-16　《天地八陽神咒經》

唐義凈譯，CBETA，T85，no.2897，p.1422，c18–20。唐時期。

LM20-1458-03-17　《凈名經關中釋抄》卷上

唐道液撰集，CBETA，T85，no.2778，p.517，b21–24。唐時期。

LM20-1458-03-18　《四分律》卷二三

姚秦佛陀耶舍、竺佛念等譯，CBETA，T22，no.1428，p.723，b11–14。唐時期。

LM20-1458-03-19　《大方廣佛華嚴經隨疏演義鈔》卷七九

唐澄觀述，CBETA，T36，no.1736，p.623，a9–11。唐時期。

LM20-1458-03-20　《大般若波羅蜜多經》卷四三四

唐玄奘譯，CBETA，T07，no.220，p.182，c24–28。唐時期。

LM20-1458-03-21　《大般涅槃經》卷三八

北涼曇無讖譯，CBETA, T12, no.374, p.589, b27–29。高昌國時期。

LM20-1458-03-22　《佛説仁王般若波羅蜜經》卷下

姚秦鳩摩羅什譯，CBETA, T08, no.245, p.833, c13–16。高昌國時期。

LM20-1458-03-23　《大般涅槃經》卷三

北涼曇無讖譯，CBETA, T12, no.374, p.379, b23–25。高昌國時期。

LM20-1458-04-01　《妙法蓮華經》卷三

姚秦鳩摩羅什譯，CBETA, T09, no.262, p.25, b16–19。唐時期。

LM20-1458-04-02　《佛説灌頂經》卷一二

東晉帛尸梨蜜多羅譯，CBETA, T21, no.1331, p.532, b11–15。唐時期。

LM20-1458-04-03　《金剛般若波羅蜜經》注疏

參元魏菩提流支譯《金剛般若波羅蜜經》，CBETA, T08, no.236a, p.756, b22–23。唐時期。

參：李昀 2017, 98–99。

LM20-1458-04-04　《佛説浴像功德經》

唐寶思惟譯，CBETA, T16, no.697, p.799, b6–9。唐時期。

LM20-1458-04-05　《金剛般若波羅蜜經》

姚秦鳩摩羅什譯，CBETA, T08, no.235, p.752, b1–4。唐時期。

LM20-1458-04-06　《摩訶般若波羅蜜經》卷一四

姚秦鳩摩羅什譯，CBETA, T08, no.223, p.326, b24–26。高昌國時期。

LM20-1458-04-07　《大般涅槃經》卷三三

北涼曇無讖譯，CBETA, T12, no.374, p.561, c7–11，"都"作"絶"。唐時期。

LM20-1458-04-08　《金剛般若波羅蜜經》

姚秦鳩摩羅什譯，CBETA, T08, no.235, p.749, b2–6。唐時期。

LM20-1458-04-09　《妙法蓮華經》卷一

姚秦鳩摩羅什譯，CBETA, T09, no.262, p.3, a14–19。唐時期。

LM20-1458-04-10　《大乘百法明門論開宗義記》

唐曇曠撰，CBETA, T85, no.2810, p.1048, b20–22。西州回鶻時期。

參：王丁 2007, 158；榮新江 2019a, 39。

LM20-1458-04-11　佛典殘片

唐時期。

LM20-1458-04-12　《大般涅槃經》注疏

參北涼曇無讖譯《大般涅槃經》卷二七，CBETA, T12, no.374, p.523, a15–16。高昌國時期。

LM20-1458-04-13　《大般涅槃經》卷三七

北涼曇無讖譯, CBETA, T12, no.374, p.582, a3-4。唐時期。

LM20-1458-04-14　《金剛般若波羅蜜經》

元魏菩提流支譯, CBETA, T08, no.236, p.753, a29-b4。唐時期。

LM20-1458-04-15　《妙法蓮華經馬明菩薩品第三十》

作者不詳, CBETA, T85, no.2899, p.1428, a20-22。唐時期。

LM20-1458-04-16　《金光明經》卷三

北涼曇無讖譯, CBETA, T16, no.663, p.349, b5-8。唐時期。

LM20-1458-04-17　《大智度論》卷七二

姚秦鳩摩羅什譯, CBETA, T25, no.1509, p.569, c12-15。高昌國時期。

LM20-1458-04-18　《摩訶般若波羅蜜經》卷一七

姚秦鳩摩羅什譯, CBETA, T08, no.223, p.343, b21-22。唐時期。

LM20-1458-04-19　《大般涅槃經》卷三八

北涼曇無讖譯, CBETA, T12, no.374, p.589, c2-5。高昌國時期。

LM20-1458-04-20　《大般涅槃經》卷三三

北涼曇無讖譯, CBETA, T12, no.374, p.561, c6-10。唐時期。

LM20-1458-04-21　《大方廣佛華嚴經》卷二一（五十卷本）

東晉佛陀跋陀羅譯,《中華大藏經》第 12 册, 268b8-14; 參 CBETA, T09, no.278, p.566, a25。高昌國時期。

LM20-1458-05-01　佛典殘片

唐時期。

LM20-1458-05-02　《妙法蓮華經》卷五

姚秦鳩摩羅什譯, CBETA, T09, no.262, p.42, a13-19。唐時期。

LM20-1458-05-03　《妙法蓮華經》卷一

姚秦鳩摩羅什譯, CBETA, T09, no.262, p.7, b20-22。唐時期。

LM20-1458-05-04　《妙法蓮華經》卷五

姚秦鳩摩羅什譯, CBETA, T09, no.262, p.38, c6-8。唐時期。

LM20-1458-05-05　《悲華經》卷七

北涼曇無讖譯, CBETA, T03, no.157, p.209, b25-28, "果報世尊"作"果報"。高昌郡時期。
參:《旅博選粹》, 7; 陰會蓮 2006, 109、112、115。

LM20-1458-05-06　《妙法蓮華經》卷六

姚秦鳩摩羅什譯, CBETA, T09, no.262, p.49, a13-21。唐時期。

LM20-1458-05-07　《大般涅槃經》卷三一

北涼曇無讖譯, CBETA, T12, no.374, p.548, c4-8。高昌國時期。

LM20-1458-05-08 《放光般若經》卷一一

西晉無羅叉譯，CBETA，T08，no.221，p.78，a6-8。高昌國時期。

LM20-1458-05-09 《大方廣佛華嚴經》卷一五

東晉佛陀跋陀羅譯，CBETA，T09，no.278，p.496，b18-22。唐時期。

LM20-1458-05-10 《妙法蓮華經》卷三

姚秦鳩摩羅什譯，CBETA，T09，no.262，p.23，c21-26。高昌國時期。

LM20-1458-05-11 《菩薩地持經》卷九

北涼曇無讖譯，CBETA，T30，no.1581，p.944，a20-22。高昌國時期。

LM20-1458-05-12 《合部金光明經》卷六

北涼曇無讖譯，隋寶貴合，CBETA，T16，no.664，p.386，c1-5。唐時期。

LM20-1458-05-13 《大般涅槃經》卷一

北涼曇無讖譯，CBETA，T12，no.374，p.368，a1-3。唐時期。

LM20-1458-05-14 《大通方廣懺悔滅罪莊嚴成佛經》卷中

作者不詳，CBETA，T85，no.2871，p.1347，a29-b1。高昌國時期。

LM20-1458-05-15 《大通方廣懺悔滅罪莊嚴成佛經》卷中

作者不詳，CBETA，T85，no.2871，p.1347，b4-5。高昌國時期。

LM20-1458-05-16 佛典注疏

高昌國時期。

LM20-1458-05-17 《大方廣佛華嚴經》卷三五（五十卷本）

東晉佛陀跋陀羅譯，《中華大藏經》第12冊，418b18-20；參CBETA，T09，no.278，p.657，a10-12。高昌郡時期。

參：《旅博選粹》，46。

LM20-1458-05-18 《妙法蓮華經》卷五

姚秦鳩摩羅什譯，CBETA，T09，no.262，p.43，a22-25。唐時期。

LM20-1458-05-19 《修行本起經》卷下

後漢竺大力、康孟詳譯，CBETA，T03，no.184，p.466，b16-21。高昌郡時期。

參：《旅博選粹》，7。

LM20-1458-05-20 《妙法蓮華經》卷三

姚秦鳩摩羅什譯，CBETA，T09，no.262，p.21，b25-c1。唐時期。

LM20-1458-05-21 《妙法蓮華經》卷七

姚秦鳩摩羅什譯，CBETA，T09，no.262，p.56，b5-9。唐時期。

LM20-1458-05-22 《合部金光明經序》

隋彥琮撰，CBETA，T16，no.664，p.359，b7-11。唐時期。

LM20-1458-05-23 《金剛般若波羅蜜經》

元魏菩提流支譯，CBETA, T08, no.236, p.753, c22-26。唐時期。

LM20-1458-05-24　《妙法蓮華經》卷四

姚秦鳩摩羅什譯，CBETA, T09, no.262, p.29, b1-10。唐時期。

LM20-1458-06-01　《佛説灌頂經》卷一二

東晉帛尸梨蜜多羅譯，CBETA, T21, no.1331, p.535, b19-22。唐時期。

LM20-1458-06-02　《大般涅槃經》卷一九

北涼曇無讖譯，CBETA, T12, no.374, p.477, c2-5。唐時期。

LM20-1458-06-03　《大般涅槃經》卷一四

北涼曇無讖譯，CBETA, T12, no.374, p.446, b20-24，"以"作"無"。高昌國時期。

LM20-1458-06-04　《金光明經》卷三

北涼曇無讖譯，CBETA, T16, no.663, p.351, b7-8。高昌國時期。

LM20-1458-06-05　《大般涅槃經》卷一五

北涼曇無讖譯，CBETA, T12, no.374, p.452, a15-20。唐時期。

LM20-1458-06-06　《大方廣佛華嚴經》卷一九（五十卷本）

東晉佛陀跋陀羅譯，《中華大藏經》第12冊，236b22-c4; 參 CBETA, T09, no.278, p.543, c8-12。高昌國時期。

LM20-1458-06-07　《妙法蓮華經》卷二

姚秦鳩摩羅什譯，CBETA, T09, no.262, p.11, a5-13。唐時期。

LM20-1458-06-08　《佛本行集經》卷五

隋闍那崛多譯，CBETA, T03, no.190, p.676, a23-24。唐時期。

參：段真子 2019, 165。

LM20-1458-06-09　《聖善住意天子所問經》卷上

元魏毗目智仙、般若流支譯，CBETA, T12, no.341, p.119, c8-22。唐時期。

LM20-1458-06-10　《妙法蓮華經》卷七

姚秦鳩摩羅什譯，CBETA, T09, no.262, p.58, b13-14。唐時期。

LM20-1458-06-11　《大方廣佛華嚴經》卷一五

唐實叉難陀譯，CBETA, T10, no.279, p.78, a12-17。唐時期。

LM20-1458-06-12　《維摩詰所説經》卷下

姚秦鳩摩羅什譯，CBETA, T14, no.475, p.556, c20-27，"護持"作"守護"。唐時期。

參：王梅 2006, 157。

LM20-1458-06-13　《維摩詰所説經》卷下

姚秦鳩摩羅什譯，CBETA, T14, no.475, p.554, a8-12。有朱筆句讀。唐時期。

參：王梅 2006, 148。

LM20-1458-06-14　《大般涅槃經》卷三九

北涼曇無讖譯, CBETA, T12, no.374, p.593, a9–11。唐時期。

LM20-1458-06-15 《佛本行集經》卷一二

隋闍那崛多譯, CBETA, T03, no.190, p.709, a22–25。唐時期。

參: 段真子 2019, 167。

LM20-1458-06-16 《大般若波羅蜜多經》卷三〇四

唐玄奘譯, CBETA, T06, no.220, p.549, c2–6。唐時期。

LM20-1458-07-01 《摩訶般若波羅蜜經》卷二五

姚秦鳩摩羅什譯, CBETA, T08, no.223, p.406, c25–26。唐時期。

LM20-1458-07-02 《佛本行集經》卷五〇

隋闍那崛多譯, CBETA, T03, no.190, p.886, b18–21。高昌國時期。

參: 段真子 2019, 161。

LM20-1458-07-03 陀羅尼

參唐智通譯《千眼千臂觀世音菩薩陀羅尼神咒經》卷下, CBETA, T20, no.1057, ap88, a3–5。唐時期。

LM20-1458-07-04 《妙法蓮華經》卷一

姚秦鳩摩羅什譯, CBETA, T09, no.262, p.2, c9–11。唐時期。

LM20-1458-07-05 佛典殘片

唐時期。

LM20-1458-07-06 《佛說灌頂經》卷一二

東晉帛尸梨蜜多羅譯, CBETA, T21, no.1331, p.535, b20–25。唐時期。

LM20-1458-07-07 《佛說佛名經》卷一

元魏菩提流支譯, CBETA, T14, no.440, p.114, a14–17。唐時期。

LM20-1458-07-08 《阿毗達磨俱舍論》卷一三

唐玄奘譯, CBETA, T29, no.1558, p.67, c5–12。西州回鶻時期。

LM20-1458-07-09 《大方廣佛華嚴經》卷三八（五十卷本）

東晉佛陀跋陀羅譯,《中華大藏經》第 12 册, 466a13–17; 參 CBETA, T09, no.278, p.691, a27–b2。高昌國時期。

LM20-1458-07-10 《現在十方千五百佛名並雜佛同號》

作者不詳, CBETA, T85, no.2905, p.1449, b7–10。高昌國時期。

LM20-1458-07-11 《合部金光明經》卷一

梁真諦譯, 隋寶貴合, CBETA, T16, no.664, p.365, a26–b4。唐時期。

LM20-1458-07-12 《金剛般若波羅蜜經》

元魏菩提流支譯, CBETA, T08, no.236, p.753, b15–19。唐時期。

LM20-1458-07-13 《勝天王般若波羅蜜經》卷四

陳月婆首那譯, CBETA, T08, no.231, p.708, c22-29。唐時期。

LM20-1458-07-14　《佛説觀無量壽佛經》

劉宋畺良耶舍譯, CBETA, T12, no.365, p.345, a19-23。高昌國時期。

LM20-1458-07-15　《妙法蓮華經》卷七

姚秦鳩摩羅什譯, CBETA, T09, no.262, p.60, c2-4。唐時期。

LM20-1458-08-01　《妙法蓮華經》卷四

姚秦鳩摩羅什譯, CBETA, T09, no.262, p.30, a21-24。唐時期。

LM20-1458-08-02　《大般涅槃經》卷三五

北涼曇無讖譯, CBETA, T12, no.374, p.569, a27-b4。高昌國時期。

LM20-1458-08-03　《金剛般若波羅蜜經》

姚秦鳩摩羅什譯, CBETA, T08, no.235, p.750, c15-19。唐時期。

LM20-1458-08-04　《大般若波羅蜜多經》卷一九九

唐玄奘譯, CBETA, T05, no.220, p.1065, b21-26。唐時期。

LM20-1458-08-05　佛典殘片

參西晉法立、法炬譯《大樓炭經》卷六, CBETA, T01, no.0023, p.308, a12-19。高昌國時期。

LM20-1458-08-06　《摩訶般若波羅蜜經》卷五

姚秦鳩摩羅什譯, CBETA, T08, no.223, p.250, c1-7。唐時期。

LM20-1458-08-07　《大般涅槃經》卷八

北涼曇無讖譯, CBETA, T12, no.374, p.411, c14-20。高昌國時期。

LM20-1458-08-08　佛典殘片

參譯者不詳《維摩經義記》卷四, CBETA, T85, no.2769, p.350, a17-23。高昌國時期。

LM20-1458-08-09　《大般涅槃經》卷一〇

北涼曇無讖譯, CBETA, T12, no.374, p.423, b4-6。唐時期。

LM20-1458-08-10　《思益梵天所問經》卷一

姚秦鳩摩羅什譯, CBETA, T15, no.586, p.33, b28-c3。唐時期。

LM20-1458-08-11　《妙法蓮華經》卷三

姚秦鳩摩羅什譯, CBETA, T09, no.262, p.23, c23-25。高昌國時期。

LM20-1458-08-12　《大般涅槃經》卷一三

北涼曇無讖譯, CBETA, T12, no.374, p.441, c20-25。高昌國時期。

LM20-1458-08-13　《十誦律》卷二七

姚秦弗若多羅譯, CBETA, T23, no.1435, p.194, c10-16。高昌郡時期。

參:《旅博選粹》, 19。

LM20-1458-08-14　《大般涅槃經》卷二四

北涼曇無讖譯，CBETA, T12, no.374, p.508, b25–29。高昌國時期。

LM20-1458-08-15 《四分律》卷一一

姚秦佛陀耶舍、竺佛念等譯，CBETA, T22, no.1428, p.636, b27–c1。高昌國時期。

LM20-1458-08-16 《妙法蓮華經》卷六

姚秦鳩摩羅什譯，CBETA, T09, no.262, p.51, c19–25，第 1 行 "无邊" 作 "無數"，第 1、2 行間當脱一行文字。高昌國時期。

LM20-1458-09-01 《合部金光明經》卷三

梁真諦譯，隋寶貴合，CBETA, T16, no.664, p.375, b18–22。唐時期。

LM20-1458-09-02 《金剛般若波羅蜜經》

姚秦鳩摩羅什譯，CBETA, T08, no.235, p.750, b11–19。唐時期。

LM20-1458-09-03 《摩訶般若波羅蜜經》卷一〇

姚秦鳩摩羅什譯，CBETA, T08, no.223, p.295, a1–2。高昌國時期。

LM20-1458-09-04 《大般涅槃經》卷三七

北涼曇無讖譯，CBETA, T12, no.374, p.583, c12–14。高昌國時期。

LM20-1458-09-05 《妙法蓮華經》卷二

姚秦鳩摩羅什譯，CBETA, T09, no.262, p.18, a10–13。唐時期。

LM20-1458-09-06 《佛説灌頂經》卷一二

東晉帛尸梨蜜多羅譯，CBETA, T21, no.1331, p.535, b19–23。唐時期。

LM20-1458-09-07 《妙法蓮華經》卷一

姚秦鳩摩羅什譯，CBETA, T09, no.262, p.8, b24–27。高昌國時期。

LM20-1458-09-08 《大方廣佛華嚴經》卷三一（五十卷本）

東晉佛陀跋陀羅譯，《中華大藏經》第 12 册，382c13–17; 參 CBETA, T09, no.278, p.637, b26–c2。高昌郡時期。

參:《旅博選粹》, 14。

LM20-1458-09-09 《請觀世音菩薩消伏毒害陀羅尼咒經》

東晉竺難提譯，CBETA, T20, no.1043, p.36, a16–18。唐時期。

LM20-1458-09-10 《佛説灌頂經》卷六

東晉帛尸梨蜜多羅譯，CBETA, T21, no.1331, p.513, a7–8。唐時期。

LM20-1458-09-11r 《摩訶般若波羅蜜經》卷一五

姚秦鳩摩羅什譯，CBETA, T08, no.223, p.330, c1–7，"以物施" 作 "以是物施"。高昌國時期。

參:《旅博選粹》, 10。

LM20-1458-09-11v 《觀世音三昧經》

作者不詳，CBETA, D11, no.8817, p.1, a2–4，"旆" 作 "栴"。唐時期。無法揭取拍攝。

LM20-1458-09-12　《大般涅槃經》卷二三

北涼曇無讖譯，CBETA, T12, no.374, p.498, b10–15。唐時期。

LM20-1458-09-13　《妙法蓮華經》卷四

姚秦鳩摩羅什譯，CBETA, T09, no.262, p.29, a23–26。唐時期。

LM20-1458-09-14　《思益梵天所問經》卷一

姚秦鳩摩羅什譯，CBETA, T15, no.586, p.34, b26–28，“申”作“伸”。高昌國時期。

LM20-1458-09-15　《金光明經》卷一

北涼曇無讖譯，CBETA, T16, no.663, p.336, c22–25。高昌國時期。

LM20-1458-09-16　《佛説觀藥王藥上二菩薩經》

劉宋畺良耶舍譯，CBETA, T20, no.1161, p.665, c8–12。唐時期。

LM20-1458-09-17　《大般涅槃經》卷二七

北涼曇無讖譯，CBETA, T12, no.374, p.528, b23–25。高昌國時期。

LM20-1458-09-18　《大智度論》卷二五

姚秦鳩摩羅什譯，CBETA, T25, no.1509, p.245, a19–21。唐時期。

LM20-1458-09-19　《修行道地經》卷二

西晉竺法護譯，CBETA, T15, no.606, p.191, c28–a1。唐時期。

LM20-1458-10-01　《大般涅槃經》卷一五

北涼曇無讖譯，CBETA, T12, no.374, p.451, b27–c5。唐時期。

LM20-1458-10-02　《妙法蓮華經》卷七

姚秦鳩摩羅什譯，CBETA, T09, no.262, p.61, a3–8。唐時期。

LM20-1458-10-03　《大般涅槃經》卷三七

北涼曇無讖譯，CBETA, T12, no.374, p.583, b11–15。唐時期。

LM20-1458-10-04　《佛説婦人遇辜經》

西秦聖堅譯，CBETA, T14, no.571, p.944, a9–12。唐時期。

LM20-1458-10-05　《妙法蓮華經》卷四

姚秦鳩摩羅什譯，CBETA, T09, no.262, p.29, b9–18。唐時期。

LM20-1458-10-06　《妙法蓮華經》卷一

姚秦鳩摩羅什譯，CBETA, T09, no.262, p.8, b1–6。高昌國時期。

LM20-1458-10-07　《妙法蓮華經》卷七

姚秦鳩摩羅什譯，CBETA, T09, no.262, p.56, c3–5。唐時期。

LM20-1458-10-08　《大般涅槃經》卷一五

北涼曇無讖譯，CBETA, T12, no.374, p.451, c9–15。唐時期。

LM20-1458-10-09　《佛本行集經》卷五

隋闍那崛多譯，CBETA, T03, no.190, p.674, b23–26。唐時期。

參：段真子 2019, 148。

LM20-1458-10-10 《大般涅槃經》卷三

北涼曇無讖譯，CBETA, T12, no.374, p.380, b14–17。高昌國時期。

LM20-1458-10-11 佛典殘片

前兩行參梁僧伽婆羅譯《文殊師利所説般若波羅蜜經》，CBETA, T08, no.233, p.738, c5–6；其餘參東晉帛尸梨蜜多羅譯《佛説灌頂經》卷一二，CBETA, T21, no.1331, p.535, a3–7。唐時期。

LM20-1458-10-12 《佛本行集經》卷五

隋闍那崛多譯，CBETA, T03, no.190, p.675, a25–28。唐時期。

參：段真子 2019, 151。

LM20-1458-10-13 《大智度論》卷二四

姚秦鳩摩羅什譯，CBETA, T25, no.1509, p.236, a10–15。高昌郡時期。

參：《旅博選粹》, 21。

LM20-1458-10-14 《金剛般若波羅蜜經》

元魏菩提流支譯，CBETA, T08, no.236, ap.757, a1–4。唐時期。

LM20-1458-10-15 《大般涅槃經》卷一○

北涼曇無讖譯，CBETA, T12, no.374, p.425, b9–12。唐時期。

LM20-1458-11-01 《妙法蓮華經》卷七

姚秦鳩摩羅什譯，CBETA, T09, no.262, p.59, b19–21。唐時期。

LM20-1458-11-02 《佛本行集經》卷五

隋闍那崛多譯，CBETA, T03, no.190, p.677, a24–27。唐時期。

參：段真子 2019, 155。

LM20-1458-11-03 《妙法蓮華經》卷三

姚秦鳩摩羅什譯，CBETA, T09, no.262, p.25, b24–27。唐時期。

LM20-1458-11-04 《大般涅槃經》卷二五

北涼曇無讖譯，CBETA, T12, no.374, p.517, b19–23。唐時期。

LM20-1458-11-05 《修行道地經》卷二

西晉竺法護譯，CBETA, T15, no.606, p.192, a2–6。唐時期。

LM20-1458-11-06 《淨名經集解關中疏》卷上

唐道液集，CBETA, T85, no.2777, p.447, c6–9。西州回鶻時期。

LM20-1458-11-07 《大般若波羅蜜多經》卷五六六

唐玄奘譯，CBETA, T07, no.220, p.921, b1–5。唐時期。

LM20-1458-11-08 《大般涅槃經》卷三

北涼曇無讖譯，CBETA, T12, no.374, p.382, c11–13。高昌國時期。

LM20-1458-11-09 《佛本行集經》卷五

隋闍那崛多譯，CBETA, T03, no.190, p.674, b18–19。唐時期。

參: 段真子 2019, 147。

LM20-1458-11-10 《金光明經》卷四

北涼曇無讖譯，CBETA, T16, no.663, p.356, a12–15。唐時期。

LM20-1458-11-11 《妙法蓮華經》卷六

姚秦鳩摩羅什譯，CBETA, T09, no.262, p.52, a12–14。唐時期。

LM20-1458-11-12 《四分律》卷三〇

姚秦佛陀耶舍、竺佛念等譯，CBETA, T22, no.1428, p.778, b3–7。唐時期。

LM20-1458-11-13 《大智度論》卷一六

姚秦鳩摩羅什譯，CBETA, T25, no.1509, p.177, b8–9。唐時期。

LM20-1458-11-14 《大般涅槃經》卷三〇

北涼曇無讖譯，CBETA, T12, no.374, p.542, a22–24。唐時期。

LM20-1458-11-15 《妙法蓮華經》卷二

姚秦鳩摩羅什譯，CBETA, T09, no.262, p.17, b22–26。唐時期。

LM20-1458-11-16 《金光明經》卷三

北涼曇無讖譯，CBETA, T16, no.663, p.348, a24–26。唐時期。

LM20-1458-11-17 《妙法蓮華經》卷一

姚秦鳩摩羅什譯，CBETA, T09, no.262, p.5, b27–c1。唐時期。

LM20-1458-11-18 《大般涅槃經》卷三八

北涼曇無讖譯，CBETA, T12, no.374, p.588, b27–c1。唐時期。

LM20-1458-12-01 《摩訶般若波羅蜜經》卷二五

姚秦鳩摩羅什譯，CBETA, T08, no.223, p.404, a29–b5。唐時期。

LM20-1458-12-02 佛典殘片

參作者不詳《佛説救護身命經》，CBETA, T85, no.2866, p.1326, b16–26。高昌國時期。

LM20-1458-12-03 《道行般若經》卷八

後漢支婁迦讖譯，CBETA, T08, no.224, p.466, c7–14。高昌郡時期。

參:《旅博選粹》, 11。

LM20-1458-12-04 《小品般若波羅蜜經》卷五

姚秦鳩摩羅什譯，CBETA, T08, no.227, p.557, a9–14。高昌國時期。

參:《旅博選粹》, 34。

LM20-1458-12-05 陀羅尼集

參譯者不詳《陀羅尼雜集》卷二，CBETA, T21, no.1336, p.586, a3–6。西州回鶻時期。

參:《旅博選粹》, 176; 磯邊友美 2006, 206–208、216; 橘堂晃一 2010, 91。

LM20-1458-12-06 《金剛般若波羅蜜經》

元魏菩提流支譯，CBETA, T08, no.236, ap.756, a20-21。唐時期。

LM20-1458-12-07 《妙法蓮華經》卷二

姚秦鳩摩羅什譯，CBETA, T09, no.262, p.11, a20-24。唐時期。

LM20-1458-12-08 《大般涅槃經》卷一五

北涼曇無讖譯，CBETA, T12, no.374, p.451, c6-9。唐時期。

LM20-1458-12-09 《文殊師利所説摩訶般若波羅蜜經》卷上

梁曼陀羅仙譯，CBETA, T08, no.232, p.726, a29-b2。唐時期。

LM20-1458-12-10 《十方千五百佛名經》

譯者不詳，CBETA, T14, no.442, p.314, b26-28。唐時期。

LM20-1458-12-11 《大般若波羅蜜多經》卷三六七

唐玄奘譯，CBETA, T06, no.220, p.890, c12-14。唐時期。

LM20-1458-12-12 《金剛般若波羅蜜經》

姚秦鳩摩羅什譯，CBETA, T08, no.235, p.749, b18-20。唐時期。

LM20-1458-12-13 《大灌頂經》卷三

參梁僧旻、寶唱等集《經律異相》卷三七，CBETA, T53, no.2121, p.201, b12-18。唐時期。

LM20-1458-12-14r 《地藏菩薩十齋日》

譯者不詳，CBETA, ZW07, no.64h, p.361, a13-18，"輒相和"作"便相過"，"觀世音"作
"觀音"。有朱筆句讀。唐時期。

LM20-1458-12-14v 殘片

無法揭取拍攝。

LM20-1458-12-15 《放光般若經》卷六

西晉無羅叉譯，CBETA, T08, no.221, p.40, b16-19，"羅漢若"作"羅漢"。高昌國時期。

LM20-1458-12-16 《妙法蓮華經》卷七

姚秦鳩摩羅什譯，CBETA, T09, no.262, p.56, c24-26。唐時期。

LM20-1458-12-17 《放光般若經》卷四

西晉無羅叉譯，CBETA, T08, no.221, p.30, b9-13。高昌國時期。

LM20-1458-12-18 《大般涅槃經》卷三一

北涼曇無讖譯，CBETA, T12, no.374, p.552, a29-b3。唐時期。

LM20-1458-12-19 《大智度論》卷九六

姚秦鳩摩羅什譯，CBETA, T25, no.1509, p.729, b23-28，"譬反"作"譬喻反"，"作有本"
作"化有本"。高昌國時期。

LM20-1458-12-20 《楞嚴經》注疏

參北宋子璿集《首楞嚴義疏注經》卷七，CBETA, T39, no.1799, p.921, a22-23。西州回

鶻時期。

LM20-1458-13-01 《大般涅槃經》卷二四

北涼曇無讖譯，CBETA，T12，no.374，p.505，a11-18。高昌國時期。

LM20-1458-13-02 《入楞伽經》卷五

元魏菩提流支譯，CBETA，T16，no.671，p.543，c19-23。高昌國時期。

LM20-1458-13-03 《摩訶般若波羅蜜經》卷二

姚秦鳩摩羅什譯，CBETA，T08，no.223，p.229，b5-10，"諸法"作"於諸法"。高昌國時期。

LM20-1458-13-04 《大智度論》卷六四

姚秦鳩摩羅什譯，CBETA，T25，no.1509，p.514，b27-c1。高昌國時期。

LM20-1458-13-05 《古文尚書·湯誓》孔安國傳

參顧頡剛、顧廷龍輯《尚書文字合編》第1冊，上海古籍出版社，1989年，612頁。唐時期。

參：呂媛媛2019a，7；朱玉麒、孟彦弘2019，41。

LM20-1458-13-06 《大般涅槃經》卷一三

北涼曇無讖譯，CBETA，T12，no.374，p.442，c9-12。高昌國時期。

參：王宇、王梅2006b，53。

LM20-1458-13-07 《大般涅槃經》卷二七

北涼曇無讖譯，CBETA，T12，no.374，p.523，a6-11，"何法"作"何等法"。唐時期。

LM20-1458-13-08 《光讚經》卷五

西晉竺法護譯，CBETA，T08，no.222，p.184，a4-8，"爲檀"作"檀"。高昌國時期。

LM20-1458-13-09 《妙法蓮華經》卷一

姚秦鳩摩羅什譯，CBETA，T09，no.262，p.3，b7-10。唐時期。

LM20-1458-13-10 《大智度論》卷七九

姚秦鳩摩羅什譯，CBETA，T25，no.1509，p.615，c7-11。高昌國時期。

LM20-1458-13-11 《摩訶般若波羅蜜經》卷二五

姚秦鳩摩羅什譯，CBETA，T08，no.223，p.403，b21-24。高昌國時期。

LM20-1458-13-12 《妙法蓮華經》卷七

姚秦鳩摩羅什譯，CBETA，T09，no.262，p.60，a8-13。唐時期。

LM20-1458-13-13 《觀無量壽經義疏》

隋慧遠撰，CBETA，T37，no.1749，p.185，a8-14。高昌國時期。

參：《旅博選粹》，180；《净土集成》，107。

LM20-1458-13-14 《佛本行集經》卷五

隋闍那崛多譯，CBETA，T03，no.190，p.673，b1-5。唐時期。

參：段真子2019，162。

LM20-1458-13-15 佛典注疏

高昌國時期。

LM20-1458-14-01　《大般涅槃經》卷一六

北涼曇無讖譯，CBETA，T12，no.374，p.462，a15–18。高昌國時期。

LM20-1458-14-02　《金光明經》卷二

北涼曇無讖譯，CBETA，T16，no.663，p.341，c28–a2。唐時期。

LM20-1458-14-03　《妙法蓮華經》卷七

姚秦鳩摩羅什譯，CBETA，T09，no.262，p.56，b10–17。唐時期。

LM20-1458-14-04　《妙法蓮華經》卷一

姚秦鳩摩羅什譯，CBETA，T09，no.262，p.5，b26–29。唐時期。

LM20-1458-14-05　《大般涅槃經》卷一八

北涼曇無讖譯，CBETA，T12，no.374，p.469，c6–8。高昌國時期。

LM20-1458-14-06　《大般涅槃經》卷三九

北涼曇無讖譯，CBETA，T12，no.374，p.591，c4–8。高昌國時期。

LM20-1458-14-07　《金剛般若波羅蜜經》

姚秦鳩摩羅什譯，CBETA，T08，no.235，p.750，a8–10。唐時期。

LM20-1458-14-08　《大乘悲分陀利經》卷三

譯者不詳，CBETA，T03，no.158，p.251，b10–13。高昌國時期。

LM20-1458-14-09　《般舟三昧經》卷上

後漢支婁迦讖譯，CBETA，T13，no.418，p.906，a22–25。高昌郡時期。

LM20-1458-14-10　《合部金光明經》卷八

隋闍那崛多譯，隋寶貴合，CBETA，T16，no.664，p.401，b6–12。唐時期。

LM20-1458-14-11　《大般若波羅蜜多經》卷四三

唐玄奘譯，CBETA，T05，no.220，p.240，b25–27。唐時期。

LM20-1458-14-12　《摩訶般若波羅蜜經》卷五

姚秦鳩摩羅什譯，CBETA，T08，no.223，p.255，c10–15。唐時期。

LM20-1458-14-13　《大方等陀羅尼經》卷二

北涼法眾譯，CBETA，T21，no.1339，p.651，c1–5。高昌國時期。

LM20-1458-14-14　《妙法蓮華經》卷三

姚秦鳩摩羅什譯，CBETA，T09，no.262，p.25，b18–23。唐時期。

LM20-1458-14-15　道經殘片

唐時期。

參：趙洋2017a，191；趙洋2017b，210–211。

LM20-1458-14-16　《妙法蓮華經》卷四

姚秦鳩摩羅什譯，CBETA，T09，no.262，p.29，b18–20。唐時期。

LM20-1458-14-17　《千手千眼觀世音菩薩廣大圓滿無礙大悲心陀羅尼經》

唐伽梵達摩譯，CBETA, T20, no.1060, p.108, c4–6。唐時期。

LM20-1458-14-18　《妙法蓮華經》卷二

姚秦鳩摩羅什譯，CBETA, T09, no.262, p.13, a20–23。唐時期。

LM20-1458-14-19　《金剛般若波羅蜜經》

姚秦鳩摩羅什譯，CBETA, T08, no.235, p.752, b13–18。唐時期。

LM20-1458-15-01　《大般若波羅蜜多經》卷八六

唐玄奘譯，CBETA, T05, no.220, p.480, a5–8。唐時期。

LM20-1458-15-02　《大智度論》卷一一

姚秦鳩摩羅什譯，CBETA, T25, no.1509, p.142, c5–8，"上服"作"盛服"。唐時期。

LM20-1458-15-03　《妙法蓮華經》卷二

姚秦鳩摩羅什譯，CBETA, T09, no.262, p.11, a14–21。唐時期。

LM20-1458-15-04　《妙法蓮華經》卷五

姚秦鳩摩羅什譯，CBETA, T09, no.262, p.39, b23–28。唐時期。

LM20-1458-15-05　《大般涅槃經》卷一二

北涼曇無讖譯，CBETA, T12, no.374, p.438, b9–14。高昌國時期。

LM20-1458-15-06　《大般涅槃經》卷三一

北涼曇無讖譯，CBETA, T12, no.374, p.552, b1–6。唐時期。

LM20-1458-15-07　《妙法蓮華經》卷一

姚秦鳩摩羅什譯，CBETA, T09, no.262, p.4, b23–29。唐時期。

LM20-1458-15-08　《佛頂尊勝陀羅尼經序》

唐志靜述，CBETA, T19, no.967, p.349, c2–5。唐時期。

LM20-1458-15-09　《大智度論》卷一一

姚秦鳩摩羅什譯，CBETA, T25, no.1509, p.142, c14–21。高昌國時期。

LM20-1458-15-10　《大智度論》卷七二

姚秦鳩摩羅什譯，CBETA, T25, no.1509, p.567, c16–19。高昌國時期。

LM20-1458-15-11　　空號

LM20-1458-15-12　《妙法蓮華經》卷二

姚秦鳩摩羅什譯，CBETA, T09, no.262, p.14, c23–26。高昌國時期。

LM20-1458-15-13　《大般涅槃經》卷六

北涼曇無讖譯，CBETA, T12, no.374, p.398, a7–11。唐時期。

LM20-1458-15-14　《維摩詰所説經》卷中

姚秦鳩摩羅什譯，CBETA, T14, no.475, p.544, c19–21。唐時期。

LM20-1458-15-15　《佛説灌頂經》卷一二

東晉帛尸梨蜜多羅譯，CBETA, T21, no.1331, p.533, c13-16。唐時期。

LM20-1458-15-16 《大方廣佛華嚴經》卷五一

唐實叉難陀譯，CBETA, T10, no.279, p.272, b3-4。唐時期。

LM20-1458-15-17 《摩訶般若波羅蜜經》卷八

姚秦鳩摩羅什譯，CBETA, T08, no.223, p.277, c20-26。高昌郡時期。

參:《旅博選粹》, 9。

LM20-1458-16-01 《妙法蓮華經》卷六

姚秦鳩摩羅什譯，CBETA, T09, no.262, p.50, c15-17。唐時期。

LM20-1458-16-02 《大般涅槃經》卷三〇

北涼曇無讖譯，CBETA, T12, no.374, p.541, c7-9。唐時期。

LM20-1458-16-03 《大智度論》卷八六

姚秦鳩摩羅什譯，CBETA, T25, no.1509, p.665, a22-26。高昌國時期。

LM20-1458-16-04 《小品般若波羅蜜經》卷二

姚秦鳩摩羅什譯，CBETA, T08, no.227, p.544, b5-7。唐時期。

LM20-1458-16-05 《金剛般若波羅蜜經》

姚秦鳩摩羅什譯，CBETA, T08, no.235, p.750, a8-11。唐時期。

LM20-1458-16-06 《大般若波羅蜜多經》卷一八四

唐玄奘譯，CBETA, T05, no.220, p.989, c29-p.990, a2。唐時期。

LM20-1458-16-07 《大般涅槃經》卷一

北涼曇無讖譯，CBETA, T12, no.374, p.367, a27-b3。高昌國時期。

LM20-1458-16-08 佛典殘片

唐時期。

LM20-1458-16-09 佛典論疏

唐時期。

LM20-1458-16-10 《大般涅槃經》卷三〇

北涼曇無讖譯，CBETA, T12, no.374, p.541, c7-10。高昌國時期。

LM20-1458-16-11 《摩訶般若波羅蜜經》卷一四

姚秦鳩摩羅什譯，CBETA, T08, no.223, p.320, c1-3。高昌國時期。

LM20-1458-16-12 佛名經

高昌國時期。

LM20-1458-16-13 《妙法蓮華經》卷六

姚秦鳩摩羅什譯，CBETA, T09, no.262, p.47, a16-17。唐時期。

LM20-1458-16-14 《佛說灌頂經》卷一二

東晉帛尸梨蜜多羅譯，CBETA, T21, no.1331, p.532, c4-6。西州回鶻時期。

LM20-1458-16-15　《大般涅槃經》卷二七

北涼曇無讖譯, CBETA, T12, no.374, p.523, a12–13。唐時期。

LM20-1458-16-16　《妙法蓮華經》卷二

姚秦鳩摩羅什譯, CBETA, T09, no.262, p.11, c24–28。唐時期。

LM20-1458-16-17　《大般涅槃經》卷三〇

北涼曇無讖譯, CBETA, T12, no.374, p.541, c6–10。高昌國時期。

LM20-1458-16-18　《金光明經》卷三

北涼曇無讖譯, CBETA, T16, no.663, p.350, c9–12。唐時期。

LM20-1458-16-19a　佛典注疏

高昌國時期。

LM20-1458-16-19b　佛典注疏

高昌國時期。

LM20-1458-16-20　《妙法蓮華經》卷一

姚秦鳩摩羅什譯, CBETA, T09, no.262, p.4, a5–10。唐時期。

LM20-1458-16-21　《佛説安宅神咒經》

譯者不詳, CBETA, T21, no.1394, p.911, b14–17。唐時期。

LM20-1458-16-22　《妙法蓮華經》卷六

姚秦鳩摩羅什譯, CBETA, T09, no.262, p.54, c7–10。唐時期。

LM20-1458-17-01　《佛説希有挍量功德經》

隋闍那崛多譯, CBETA, T16, no.690, p.784, a25–b2。唐時期。

LM20-1458-17-02　《優婆塞戒經》卷一

北涼曇無讖譯, CBETA, T24, no.1488, p.1037, a24–26。唐時期。

LM20-1458-17-03　《妙法蓮華經》卷六

姚秦鳩摩羅什譯, CBETA, T09, no.262, p.54, b21–26。唐時期。

LM20-1458-17-04　《大般涅槃經》卷五

北涼曇無讖譯, CBETA, T12, no.374, p.394, a13–17。高昌國時期。

LM20-1458-17-05　佛典注疏

參隋慧遠述《大般涅槃經義記》卷四, CBETA, T37, no.1764, p.709, a20–21。唐時期。

LM20-1458-17-06　佛典殘片

唐時期。

LM20-1458-17-07　《妙法蓮華經》卷六

姚秦鳩摩羅什譯, CBETA, T09, no.262, p.54, c6–9。唐時期。

LM20-1458-17-08　《妙法蓮華經》卷六

姚秦鳩摩羅什譯, CBETA, T09, no.262, p.54, c3–6。唐時期。

LM20-1458-17-09　《金光明經》卷一

北涼曇無讖譯，CBETA，T16，no.663，p.336，a25-29。高昌國時期。

LM20-1458-17-10　《十方千五百佛名經》

譯者不詳，CBETA，T14，no.442，p.312，a23-24。唐時期。

LM20-1458-17-11　《道行般若經》卷八

後漢支婁迦讖譯，CBETA，T08，no.224，p.465，a13-21。唐時期。

參：孫傳波 2006，180-181、197。

LM20-1458-17-12r　佛典注疏

唐時期。

LM20-1458-17-12v　殘片

無法揭取拍攝。

LM20-1458-17-13　《佛説法王經》

作者不詳，CBETA，T85，no.2883，p.1388，c1-3，唐時期。

LM20-1458-18-01　《佛説灌頂經》卷一二

東晉帛尸梨蜜多羅譯，CBETA，T21，no.1331，p.535，c4-7。唐時期。

LM20-1458-18-02　《妙法蓮華經》卷一

姚秦鳩摩羅什譯，CBETA，T09，no.262，p.3，a17-25。唐時期。

LM20-1458-18-03　《妙法蓮華經》卷三

姚秦鳩摩羅什譯，CBETA，T09，no.262，p.24，b1-4。唐時期。

LM20-1458-18-04　《大般涅槃經》卷一七

北涼曇無讖譯，CBETA，T12，no.374，p.464，c3-6。唐時期。

LM20-1458-18-05　《佛本行集經》卷五

隋闍那崛多譯，CBETA，T03，no.190，p.676，b15-18。唐時期。

參：段真子 2019，153。

LM20-1458-18-06　《增壹阿含經》卷三八

東晉僧伽提婆譯，CBETA，T02，no.125，p.759，c2-6。唐時期。

LM20-1458-18-07　《金光明經》卷一

北涼曇無讖譯，CBETA，T16，no.663，p.336，c28-p.337，a3。高昌國時期。

LM20-1458-18-08　《大般涅槃經》卷一三

北涼曇無讖譯，CBETA，T12，no.374，p.441，c22-24。唐時期。

LM20-1458-18-09　陀羅尼集

參譯者不詳《陀羅尼雜集》卷二，CBETA，T21，no.1336，p.586，a9-11。高昌國時期。

參：《旅博選粹》，176；磯邊友美 2006，206-208、216；橘堂晃一 2010，91。

LM20-1458-18-10　《修行道地經》卷二

西晉竺法護譯，CBETA, T15, no.606, p.192, a26–28。唐時期。

LM20-1458-18-11　《大般涅槃經》卷六

北涼曇無讖譯，CBETA, T12, no.374, p.398, a28–b3。高昌國時期。

LM20-1458-18-12　《妙法蓮華經》卷四

姚秦鳩摩羅什譯，CBETA, T09, no.262, p.30, a26–28。唐時期。

LM20-1458-18-13　《合部金光明經》卷三

梁真諦譯，隋寶貴合，CBETA, T16, no.664, p.373, a9–11。唐時期。

LM20-1458-18-14　《彌勒菩薩所問本願經》

西晉竺法護譯，CBETA, T12, no.349, p.188, c13–19。唐時期。

LM20-1458-18-15　《大般若波羅蜜多經》卷六七

唐玄奘譯，CBETA, T05, no.220, p.378, a27–b1。唐時期。

LM20-1458-18-16　《大比丘三千威儀》卷下

後漢安世高譯，CBETA, T24, no.1470, p.922, a10–11。唐時期。

LM20-1458-18-17　《大般涅槃經》卷四

北涼曇無讖譯，CBETA, T12, no.374, p.388, b22–26。高昌國時期。

LM20-1458-18-18　《大方廣佛華嚴經》卷一七（五十卷本）

東晉佛陀跋陀羅譯，《中華大藏經》第 12 册，210b23–c2; 參 CBETA, T09, no.278, p.528, b6–9。高昌國時期。

LM20-1458-19-01　《金剛般若波羅蜜經》

姚秦鳩摩羅什譯，CBETA, T08, no.235, p.750, a2–7。唐時期。

LM20-1458-19-02　《佛本行集經》卷五

隋闍那崛多譯，CBETA, T03, no.190, p.676, a7–10。唐時期。

參：段真子 2019, 165。

LM20-1458-19-03　《佛說觀佛三昧海經》卷三

東晉佛陀跋陀羅譯，CBETA, T15, no.643, p.657, c2–7。高昌國時期。

LM20-1458-19-04　《妙法蓮華經》卷三

姚秦鳩摩羅什譯，CBETA, T09, no.262, p.19, c5–8。唐時期。

LM20-1458-19-05　《請觀世音菩薩消伏毒害陀羅尼咒經》

東晉竺難提譯，CBETA, T20, no.1043, p.35, a10–15。高昌國時期。

LM20-1458-19-06　《金剛般若波羅蜜經》

姚秦鳩摩羅什譯，CBETA, T08, no.235, p.749, b21–25。唐時期。

LM20-1458-19-07　《佛說灌頂經》卷一二

東晉帛尸梨蜜多羅譯，CBETA, T21, no.1331, p.533, a12–14，"瑠璃光"作"琉璃光佛"。唐時期。

LM20-1458-19-08 《大般涅槃經》卷四

北涼曇無讖譯, CBETA, T12, no.374, p.388, b12–16。高昌國時期。

LM20-1458-19-09 《梵網經》卷下

姚秦鳩摩羅什譯, CBETA, T24, no.1484, p.1008, a11–13。唐時期。

LM20-1458-19-10 《放光般若經》卷一九

西晉無羅叉譯, CBETA, T08, no.221, p.136, a19–22, "想"作"相"。高昌國時期。

LM20-1458-19-11 《摩訶般若波羅蜜經》卷一

姚秦鳩摩羅什譯, CBETA, T08, no.223, p.218, a3–6, "等"字下疑脱一行。高昌國時期。

LM20-1458-19-12 《金剛般若波羅蜜經》

姚秦鳩摩羅什譯, CBETA, T08, no.235, p.749, c24–27。唐時期。

LM20-1458-19-13 《妙法蓮華經》卷七

姚秦鳩摩羅什譯, CBETA, T09, no.262, p.61, c22–24。唐時期。

LM20-1458-19-14 《妙法蓮華經》卷二

姚秦鳩摩羅什譯, CBETA, T09, no.262, p.13, a22–25。唐時期。

LM20-1458-19-15 《妙法蓮華經》卷六

姚秦鳩摩羅什譯, CBETA, T09, no.262, p.54, a16–19。唐時期。

LM20-1458-19-16 《摩訶般若波羅蜜經》卷八

姚秦鳩摩羅什譯, CBETA, T08, no.223, p.276, b15–19, "受"作"信受"。高昌國時期。

LM20-1458-19-17 《大方等大雲請雨經》

北周闍那耶舍譯, CBETA, T19, no.992, p.504, b12–17, "弭"作"魯"。唐時期。

LM20-1458-20-01 《大般若波羅蜜多經》卷六九

唐玄奘譯, CBETA, T05, no.220, p.388, c6–8。唐時期。

LM20-1458-20-02 《佛本行集經》卷五

隋闍那崛多譯, CBETA, T03, no.190, p.675, a6–7。唐時期。

參: 段真子 2019, 151。

LM20-1458-20-03 佛名經

唐時期。

LM20-1458-20-04 《大般若波羅蜜多經》卷四四七

唐玄奘譯, CBETA, T07, no.220, p.253, a28–b1。唐時期。

LM20-1458-20-05 《妙法蓮華經》卷二

姚秦鳩摩羅什譯, CBETA, T09, no.262, p.11, a7–9。唐時期。

LM20-1458-20-06 《金光明經》卷三

北涼曇無讖譯, CBETA, T16, no.663, p.351, a25–b2。唐時期。

LM20-1458-20-07 《佛説觀藥王藥上二菩薩經》

　　劉宋畺良耶舍譯，CBETA, T20, no.1161, p.666, a18–22。高昌國時期。

LM20-1458-20-08　《天地八陽神咒經》

　　唐義浄譯，CBETA, T85, no.2897, p.1425, a28–30,“歡”作“歡喜”。西州回鶻時期。

LM20-1458-20-09　空號

LM20-1458-20-10　《大般涅槃經》卷三一

　　北涼曇無讖譯，CBETA, T12, no.374, p.550, c1–5。高昌國時期。

LM20-1458-20-11　《妙法蓮華經》卷四

　　姚秦鳩摩羅什譯，CBETA, T09, no.262, p.30, c29–p.31, a2。唐時期。

LM20-1458-20-12　《太上洞玄靈寶昇玄内教經》卷九

　　作者不詳，與敦煌本 P.2750 第 57–63 行同。唐時期。

　　參：趙洋 2017a, 188；趙洋 2017b, 206。

LM20-1458-20-13　《大般若波羅蜜多經》卷一一〇

　　唐玄奘譯，CBETA, T05, no.220, p.608, c7–8。唐時期。

LM20-1458-20-14　《大方廣佛華嚴經》卷一七（五十卷本）

　　東晉佛陀跋陀羅譯，《中華大藏經》第 12 册, 210c14–18；參 CBETA, T09, no.278, p.528, b19–22。高昌國時期。

LM20-1458-20-15　《佛説安宅神咒經》

　　譯者不詳，CBETA, T21, no.1394, p.911, b17–18。唐時期。

LM20-1458-20-16　《大方廣佛華嚴經》卷一七（五十卷本）

　　東晉佛陀跋陀羅譯，《中華大藏經》第 12 册, 210c13–17；參 CBETA, T09, no.278, p.528, b18–21。高昌國時期。

LM20-1458-20-17　《金光明經》卷四

　　北涼曇無讖譯，CBETA, T16, no.663, p.354, a6–8。高昌國時期。

LM20-1458-20-18　《大方廣佛華嚴經》卷四三（五十卷本）

　　東晉佛陀跋陀羅譯，《中華大藏經》第 12 册, 517a12–15；參 CBETA, T09, no.278, p.718, b27–29。高昌國時期。

LM20-1458-20-19　《金光明經》卷一

　　北涼曇無讖譯，CBETA, T16, no.663, p.335, c18–19。唐時期。

LM20-1458-20-20　《大般涅槃經》卷三四

　　北涼曇無讖譯，CBETA, T12, no.374, p.569, a12–13。有朱筆句讀。高昌國時期。

　　參：王宇、王梅 2006b, 57。

LM20-1458-20-21　《維摩詰所説經》卷上

　　姚秦鳩摩羅什譯，CBETA, T14, no.475, p.538, a20–25。有朱筆句讀。唐時期。

LM20-1458-20-22　佛典殘片

參姚秦鳩摩羅什譯《維摩詰所説經》卷下，CBETA，T14，no.475，p.546，c8-10；作者不詳《大乘無生方便門》，CBETA，T85，no.2834，p.1277，c17-27。唐時期。

LM20-1458-20-23　《大般涅槃經》卷二四

北涼曇無讖譯，CBETA，T12，no.374，p.509，c25-27。唐時期。

LM20-1458-20-24　《妙法蓮華經》卷五

姚秦鳩摩羅什譯，CBETA，T09，no.262，p.45，b15-17。唐時期。

LM20-1458-20-25　《大般涅槃經》卷一九

北涼曇無讖譯，CBETA，T12，no.374，p.480，a27-30。高昌國時期。

LM20-1458-20-26　《合部金光明經》卷三

梁真諦譯，隋寶貴合，CBETA，T16，no.664，p.377，a15-18。唐時期。

LM20-1458-20-27　佛典殘片

唐時期。

LM20-1458-20-28　《妙法蓮華經》卷一

姚秦鳩摩羅什譯，CBETA，T09，no.262，p.2，c5-8。唐時期。

LM20-1458-21-01　《佛説灌頂經》卷一二

東晉帛尸梨蜜多羅譯，CBETA，T21，no.1331，p.533，c16-18。唐時期。

LM20-1458-21-02　《大般若波羅蜜多經》卷一八五

唐玄奘譯，CBETA，T05，no.220，p.994，b24-27。唐時期。

LM20-1458-21-03　《大般涅槃經》卷二四

北涼曇無讖譯，CBETA，T12，no.374，p.509，c21-25。唐時期。

LM20-1458-21-04　《妙法蓮華經》卷七

姚秦鳩摩羅什譯，CBETA，T09，no.262，p.60，b7-9。唐時期。

LM20-1458-21-05　《妙法蓮華經》卷三

姚秦鳩摩羅什譯，CBETA，T09，no.262，p.22，a7-11。唐時期。

LM20-1458-21-06　《齋法清净經》

作者不詳，CBETA，T85，no.2900，p.1432，a13-16。唐時期。

LM20-1458-21-07　《十方千五百佛名經》

譯者不詳，CBETA，T14，no.442，p.317，c17-20。高昌國時期。

LM20-1458-21-08　《妙法蓮華經》卷四

姚秦鳩摩羅什譯，CBETA，T09，no.262，p.31，b10-14。唐時期。

LM20-1458-21-09a　《大方廣佛華嚴經》卷四七

唐實叉難陀譯，CBETA，T10，no.279，p.251，b9-12。唐時期。

LM20-1458-21-09b　《小品般若波羅蜜經》卷一○

姚秦鳩摩羅什譯，CBETA，T08，no.227，p.583，c14-16。高昌國時期。

LM20-1458-21-10　《妙法蓮華經》卷四

姚秦鳩摩羅什譯，CBETA，T09，no.262，p.32，c4-8。唐時期。

LM20-1458-21-11　《摩訶般若波羅蜜經》卷二

姚秦鳩摩羅什譯，CBETA，T08，no.223，p.232，a17-18。高昌郡時期。

參：《旅博選粹》，9。

LM20-1458-21-12　《大般涅槃經》卷三

北涼曇無讖譯，CBETA，T12，no.374，p.384，a16-21。高昌國時期。

LM20-1458-21-13　《勝天王般若波羅蜜經》卷六

陳月婆首那譯，CBETA，T08，no.231，p.716，c18-22。高昌國時期。

LM20-1458-21-14　《勝天王般若波羅蜜經》卷五

陳月婆首那譯，CBETA，T08，no.231，p.714，b23-27。唐時期。

LM20-1458-21-15　《妙法蓮華經》卷一

姚秦鳩摩羅什譯，CBETA，T09，no.262，p.5，b20-27。唐時期。

LM20-1458-21-16　《勝鬘義疏本義》

梁僧旻撰。高昌國時期。

參：《旅博選粹》，77；橘堂晃一 2006a，88；榮新江 2019a，27。

LM20-1458-21-17　《大般涅槃經》卷二七

北涼曇無讖譯，CBETA，T12，no.374，p.526，c8-12。高昌國時期。

LM20-1458-21-18　佛典殘片

參譯者不詳《千眼千臂觀世音菩薩陀羅尼神咒經》，CBETA，T20，no.1057a，p.84，a18-25。唐時期。

LM20-1458-22-01　《佛説五王經》

譯者不詳，CBETA，T14，no.523，p.796，c11-12。唐時期。

LM20-1458-22-02　《放光般若經》卷九

西晉無羅叉譯，CBETA，T08，no.221，p.62，b28-c3，“道”作“導”。高昌國時期。

LM20-1458-22-03　《金光明最勝王經》卷四

唐義淨譯，CBETA，T16，no.665，p.422，a5-10。唐時期。

LM20-1458-22-04　《放光般若經》卷六

西晉無羅叉譯，CBETA，T08，no.221，p.41，c8-11。高昌國時期。

LM20-1458-22-05　《大般涅槃經》卷一

北涼曇無讖譯，CBETA，T12，no.374，p.366，a15-18。唐時期。

LM20-1458-22-06　《小品般若波羅蜜經》卷八

姚秦鳩摩羅什譯，CBETA，T08，no.227，p.571，b27-c2。高昌國時期。

LM20-1458-22-07　《摩訶般若波羅蜜經》卷九

姚秦鳩摩羅什譯，CBETA, T08, no.223, p.286, b13-16。高昌國時期。

LM20-1458-22-08 《大般若波羅蜜多經》卷一七八

唐玄奘譯，CBETA, T05, no.220, p.957, a11-13。唐時期。

LM20-1458-22-09 《五分律》卷三〇

劉宋佛陀什、竺道生等譯，CBETA, T22, no.1421, p.193, b4-7, "摩"作"磨"。唐時期。

LM20-1458-22-10 《净名經集解關中疏》卷上

唐道液集，CBETA, T85, no.2777, p.447, c6-9。西州回鶻時期。

LM20-1458-22-11 《金剛般若波羅蜜經》

姚秦鳩摩羅什譯，CBETA, T08, no.235, p.749, c13-19, 第5行"昔在"作"在"。唐時期。

LM20-1458-22-12 《大方廣佛華嚴經》卷四一（五十卷本）

東晉佛陀跋陀羅譯，《中華大藏經》第12册，499b6-8; 參 CBETA, T09, no.278, p.709,
c10-13。高昌國時期。

LM20-1458-22-13 《妙法蓮華經》卷二

姚秦鳩摩羅什譯，CBETA, T09, no.262, p.12, a12-14。唐時期。

LM20-1458-22-14 佛典殘片

高昌郡時期。

LM20-1458-22-15 《大般涅槃經》卷一六

北涼曇無讖譯，CBETA, T12, no.374, p.459, b9-12。高昌國時期。

LM20-1458-22-16 《大般涅槃經》卷九

北涼曇無讖譯，CBETA, T12, no.374, p.421, c29-p.422, a2。高昌國時期。

LM20-1458-22-17 《金剛般若波羅蜜經》

姚秦鳩摩羅什譯，CBETA, T08, no.235, p.751, a1-2。唐時期。

LM20-1458-22-18 《金光明經》卷一

北涼曇無讖譯，CBETA, T16, no.663, p.335, c23-28。唐時期。

LM20-1458-22-19 《大般涅槃經》卷一六

北涼曇無讖譯，CBETA, T12, no.374, p.459, b9-11。高昌國時期。

LM20-1458-22-20 《金光明經》卷一

北涼曇無讖譯，CBETA, T16, no.663, p.335, c22-24。唐時期。

LM20-1458-22-21 《大智度論》卷二九

姚秦鳩摩羅什譯，CBETA, T25, no.1509, p.274, b17-19。高昌國時期。

LM20-1458-22-22 《佛頂尊勝陀羅尼經》

唐佛陀波利譯，CBETA, T19, no.967, p.349, b25-26。唐時期。

LM20-1458-23-01 《妙法蓮華經》卷七

姚秦鳩摩羅什譯，CBETA, T09, no.262, p.57, c14-18。唐時期。

LM20-1458-23-02　《發覺净心經》卷上

隋闍那崛多譯，CBETA, T12, no.327, p.44, c10–13。唐時期。

LM20-1458-23-03　《注維摩詰經》卷四

姚秦僧肇撰，CBETA, T38, no.1775, p.370, b21–c5。高昌國時期。

參：《旅博選粹》，168；橘堂晃一 2006a, 93；鄭阿財 2019, 179。

LM20-1458-23-04　《金光明經》卷三

北涼曇無讖譯，CBETA, T16, no.663, p.348, b15–17，“得”作“尋”。唐時期。

LM20-1458-23-05　《妙法蓮華經》卷五

姚秦鳩摩羅什譯，CBETA, T09, no.262, p.41, b25–29。唐時期。

LM20-1458-23-06　《大般涅槃經》卷三一

北涼曇無讖譯，CBETA, T12, no.374, p.553, a5–10。唐時期。

LM20-1458-23-07　《大方便佛報恩經》卷七

譯者不詳，CBETA, T03, no.156, p.162, b28–c2。唐時期。

LM20-1458-23-08　《老子道經上》

與今本差異較大，與敦煌本 P.2584 同。唐時期。

參：游自勇 2017, 141–144。

LM20-1458-23-09　《出曜經》卷八

姚秦竺佛念譯，CBETA, T04, no.212, p.652, a25–26。高昌國時期。

LM20-1458-23-10　《金光明經》卷一

北涼曇無讖譯，CBETA, T16, no.663, p.335, c15–20。唐時期。

LM20-1458-23-11　《金光明經》卷二

北涼曇無讖譯，CBETA, T16, no.663, p.348, c25–29，“叉手”作“合掌”。高昌國時期。

LM20-1458-23-12　《妙法蓮華經》卷一

姚秦鳩摩羅什譯，CBETA, T09, no.262, p.2, b2–6。唐時期。

LM20-1458-23-13　《悲華經》卷三

北涼曇無讖譯，CBETA, T03, no.157, p.186, a11–18。高昌國時期。

參：陰會蓮 2006, 110、114。

LM20-1458-23-14　佛典注疏

唐時期。

LM20-1458-23-15　《大般涅槃經》卷四

北涼曇無讖譯，CBETA, T12, no.374, p.390, a14–22。高昌郡時期。

參：《旅博選粹》，48；王宇、王梅 2006b, 53。

LM20-1458-23-16　《普曜經》卷六

西晉竺法護譯，CBETA, T03, no.186, p.521, a20–27。高昌郡時期。

參:《旅博選粹》, 28。

LM20-1458-23-17 《大般涅槃經》不分卷

北涼曇無讖譯, CBETA, T12, no.374, p.385, b5–6, b9–13。高昌國時期。

LM20-1458-23-18 《大般涅槃經》卷四

北涼曇無讖譯, CBETA, T12, no.374, p.388, c3–7。高昌國時期。

LM20-1458-24-01 《大般若波羅蜜多經》卷一八五

唐玄奘譯, CBETA, T05, no.220, p.994, a6–9。唐時期。

LM20-1458-24-02 《妙法蓮華經》卷三

姚秦鳩摩羅什譯, CBETA, T09, no.262, p.22, c25–28。高昌國時期。

LM20-1458-24-03 《維摩詰所説經》卷上

姚秦鳩摩羅什譯, CBETA, T14, no.475, p.537, b21–24。唐時期。

LM20-1458-24-04 道經殘片

唐時期。

參: 趙洋 2017a, 191; 趙洋 2017b, 211。

LM20-1458-24-05 《大智度論》卷四六

姚秦鳩摩羅什譯, CBETA, T25, no.1509, p.390, b22–24。高昌國時期。

LM20-1458-24-06 《佛華嚴入如來德智不思議境界經》卷下

隋闍那崛多譯, CBETA, T10, no.303, p.920, c19–22。唐時期。

LM20-1458-24-07 《妙法蓮華經》卷一

姚秦鳩摩羅什譯, CBETA, T09, no.262, p.4, a18–22。西州回鶻時期。

LM20-1458-24-08 《大般涅槃經》注疏

參北涼曇無讖譯《大般涅槃經》卷二七, CBETA, T12, no.374, p.522, c11。高昌國時期。

LM20-1458-24-09 《大般涅槃經》注疏

參北涼曇無讖譯《大般涅槃經》卷二七, CBETA, T12, no.374, p.522, c12–14。高昌國時期。

LM20-1458-24-10 《佛説觀藥王藥上二菩薩經》

劉宋畺良耶舍譯, CBETA, T20, no.1161, p.661, b2–5。高昌國時期。

LM20-1458-24-11 《妙法蓮華經》卷三

姚秦鳩摩羅什譯, CBETA, T09, no.262, p.25, a13–15。唐時期。

LM20-1458-24-12 《摩訶般若波羅蜜經》卷一五

姚秦鳩摩羅什譯, CBETA, T08, no.223, p.332, c18–24。高昌國時期。

LM20-1458-24-13 《大般涅槃經》卷四

北涼曇無讖譯, CBETA, T12, no.374, p.388, c13–15。高昌國時期。

LM20-1458-24-14 《妙法蓮華經》卷四

姚秦鳩摩羅什譯, CBETA, T09, no.262, p.30, a18-22。唐時期。

LM20-1458-24-15　《妙法蓮華經》卷二

姚秦鳩摩羅什譯, CBETA, T09, no.262, p.11, a2-10。唐時期。

LM20-1458-24-16　《大般若波羅蜜多經》卷一七六

唐玄奘譯, CBETA, T05, no.220, p.945, b25-27。唐時期。

LM20-1458-24-17　《大智度論》卷二九

姚秦鳩摩羅什譯, CBETA, T25, no.1509, p.274, b13-15。高昌國時期。

LM20-1458-24-18　《妙法蓮華經》卷一

姚秦鳩摩羅什譯, CBETA, T09, no.262, p.3, c22-25。唐時期。

LM20-1458-24-19　《佛説安宅神咒經》

譯者不詳, CBETA, T21, no.1394, p.911, c9-13。唐時期。

LM20-1458-24-20　《妙法蓮華經》卷二

姚秦鳩摩羅什譯, CBETA, T09, no.262, p.17, c8-10。唐時期。

LM20-1458-24-21　《大般涅槃經》卷二

劉宋慧嚴譯, CBETA, T12, no.375, p.613, a13-17, "已得遇過苦"作"出過一切苦"。高昌國時期。

LM20-1458-24-22　陀羅尼集

高昌國時期。

參: 磯邊友美 2006, 211、217。

LM20-1458-24-23　《大般涅槃經》卷八

北涼曇無讖譯, CBETA, T12, no.374, p.412, b29-c6。高昌國時期。

LM20-1458-24-24　《大般若波羅蜜多經》卷五四

唐玄奘譯, CBETA, T05, no.220, p.303, c23-25。唐時期。

LM20-1458-24-25　《大智度論》卷六七

姚秦鳩摩羅什譯, CBETA, T25, no.1509, p.531, c24-25, "創"作"瘡"。高昌國時期。

LM20-1458-24-26　《大般涅槃經》卷八

北涼曇無讖譯, CBETA, T12, no.374, p.410, c27-p.411, a1。高昌國時期。

LM20-1458-25-01　《妙法蓮華經》卷七

姚秦鳩摩羅什譯, CBETA, T09, no.262, p.56, b24-c1。高昌郡時期。

參:《旅博選粹》, 13。

LM20-1458-25-02　《妙法蓮華經》卷三

姚秦鳩摩羅什譯, CBETA, T09, no.262, p.19, c1-4。唐時期。

LM20-1458-25-03　《妙法蓮華經》卷四

姚秦鳩摩羅什譯, CBETA, T09, no.262, p.32, b18-21。唐時期。

LM20-1458-25-04 《妙法蓮華經》卷二

姚秦鳩摩羅什譯，CBETA，T09，no.262，p.11，a22-28。唐時期。

LM20-1458-25-05 《大智度論》卷三七

姚秦鳩摩羅什譯，CBETA，T25，no.1509，p.330，b23-26。唐時期。

LM20-1458-25-06 《合部金光明經》卷一

梁真諦譯，隋寶貴合，CBETA，T16，no.664，p.365，b4-7。唐時期。

LM20-1458-25-07 佛教戒律

唐時期。

LM20-1458-25-08 《四分律》卷五

姚秦佛陀耶舍、竺佛念等譯，CBETA，T22，no.1428，p.599，b23-25。唐時期。

LM20-1458-25-09 《妙法蓮華經》卷二

姚秦鳩摩羅什譯，CBETA，T09，no.262，p.11，a26-b3。唐時期。

LM20-1458-25-10 《妙法蓮華經》卷六

姚秦鳩摩羅什譯，CBETA，T09，no.262，p.47，b11-15。唐時期。

LM20-1458-25-11 《大般若波羅蜜多經》卷五六九

唐玄奘譯，CBETA，T07，no.220，p.938，c29-p.939，a3。唐時期。

LM20-1458-25-12 《摩訶般若波羅蜜經》卷二七

姚秦鳩摩羅什譯，CBETA，T08，no.223，p.418，a28-29。唐時期。

LM20-1458-25-13 《大般涅槃經》卷二三

北涼曇無讖譯，CBETA，T12，no.374，p.501，a23-25。高昌國時期。

LM20-1458-25-14 《妙法蓮華經》卷六

姚秦鳩摩羅什譯，CBETA，T09，no.262，p.48，c12-19。唐時期。

LM20-1458-25-15 《大唐內典錄》卷八

唐道宣撰，CBETA，T55，no.2149，p.307，a20-26。唐時期。

參：王振芬、孟彥弘 2017，193。

LM20-1458-25-16 《大般涅槃經》卷一五

北涼曇無讖譯，CBETA，T12，no.374，p.455，a24-25。高昌國時期。

LM20-1458-25-17 《大般涅槃經》卷一〇

北涼曇無讖譯，CBETA，T12，no.374，p.424，c16-17。高昌國時期。

LM20-1458-25-18 《阿毗達磨大毗婆沙論》卷九七

唐玄奘譯，CBETA，T27，no.1545，p.501，c18-20。唐時期。

LM20-1458-25-19 《道行般若經》卷三

後漢支婁迦讖譯，CBETA，T08，no.224，p.441，c13-15。高昌郡時期。

參：《旅博選粹》，10。

LM20-1458-25-20　《大般涅槃經》卷一〇

　　北涼曇無讖譯，CBETA, T12, no.374, p.424, c21-22。高昌國時期。

LM20-1458-25-21　《大般若波羅蜜多經》卷一七六

　　唐玄奘譯，CBETA, T05, no.220, p.945, b24-25。唐時期。

LM20-1458-25-22　《金剛般若波羅蜜經》

　　元魏菩提流支譯，CBETA, T08, no.236a, p.754, b6-7。高昌國時期。

LM20-1458-25-23　《金剛般若波羅蜜經》

　　姚秦鳩摩羅什譯，CBETA, T08, no.235, p.750, c29-p.751, a2。唐時期。

LM20-1458-25-24　《大般若波羅蜜多經》卷四六七

　　唐玄奘譯，CBETA, T07, no.220, p.412, c4-9。唐時期。

LM20-1458-25-25　《佛頂尊勝陀羅尼經》

　　唐佛陀波利譯，CBETA, T19, no.967, p.350, a22-25。唐時期。

LM20-1458-25-26　《十方千五百佛名經》

　　譯者不詳，CBETA, T14, no.442, p.316, c20-23。高昌國時期。

LM20-1458-26-01　《妙法蓮華經》卷二

　　姚秦鳩摩羅什譯，CBETA, T09, no.262, p.11, b16-20。

LM20-1458-26-02　《妙法蓮華經》卷五

　　姚秦鳩摩羅什譯，CBETA, T09, no.262, p.38, b18-20。高昌國時期。

LM20-1458-26-03　《維摩詰所説經》卷上

　　姚秦鳩摩羅什譯，CBETA, T14, no.475, p.543, b23-28，“饒”作“增”。唐時期。

LM20-1458-26-04　《勝鬘義記》卷中

　　與《西域考古圖譜》下卷“佛典附錄”(1)-(5)爲同一寫本，據尾題定名。高昌國時期。

　　參：《旅博選粹》,77；橘堂晃一2006a,92；橘堂晃一2007,279-280；橘堂晃一2010,92(編
　　號誤作LM20-1458-26-12)。

LM20-1458-26-05　《大般涅槃經》卷三一

　　北涼曇無讖譯，CBETA, T12, no.374, p.553, b17-20。高昌國時期。

LM20-1458-26-06　《金剛般若波羅蜜經》

　　姚秦鳩摩羅什譯，CBETA, T08, no.235, p.750, b20-24。西州回鶻時期。

LM20-1458-26-07　佛教戒律

　　參隋智顗述《修習止觀坐禪法要》，CBETA, T46, no.1915, p.462, c11-17。高昌國時期。

LM20-1458-26-08　《妙法蓮華經》卷五

　　姚秦鳩摩羅什譯，CBETA, T09, no.262, p.43, a10-14。唐時期。

LM20-1458-26-09　《救疾經》

　　作者不詳，CBETA, T85, no.2878, p.1361, c19-22。高昌國時期。

參: 馬俊傑 2019, 446。

LM20-1458-26-10　《大方廣佛華嚴經》卷四一（五十卷本）

東晉佛陀跋陀羅譯,《中華大藏經》第 12 册, 499b8-11; 參 CBETA, T09, no.278, p.709, c12-16。高昌國時期。

LM20-1458-26-11　《妙法蓮華經》卷一

姚秦鳩摩羅什譯, CBETA, T09, no.262, p.10, a24-b1。高昌國時期。

LM20-1458-26-12　《大通方廣懺悔滅罪莊嚴成佛經》卷下

作者不詳, CBETA, T85, no.2871, p.1354, c24-28,"信敬"作"敬信"。高昌國時期。

LM20-1458-26-13　《佛説觀藥王藥上二菩薩經》

劉宋畺良耶舍譯, CBETA, T20, no.1161, p.661, a19-22。唐時期。

LM20-1458-26-14　《妙法蓮華經》卷一

姚秦鳩摩羅什譯, CBETA, T09, no.262, p.2, b20-23。唐時期。

LM20-1458-26-15　《大方廣佛華嚴經》卷三四

東晉佛陀跋陀羅譯, CBETA, T09, no.278, p.614, b25-29。唐時期。

LM20-1458-26-16　《合部金光明經》卷四

梁真諦譯, 隋寶貴合, CBETA, T16, no.664, p.380, b16-20。高昌國時期。

LM20-1458-26-17　《示所犯者瑜伽法鏡經》

唐室利末多譯, CBETA, T85, no.2896, p.1418, b29-c2。唐時期。

LM20-1458-26-18　《佛説觀藥王藥上二菩薩經》

譯者不詳, CBETA, T20, no.1161, p.664, b10-12。唐時期。

LM20-1458-26-19　《大般涅槃經》卷七

北涼曇無讖譯, CBETA, T12, no.374, p.408, b11-13。唐時期。

LM20-1458-26-20　《大智度論》卷一〇〇

姚秦鳩摩羅什譯, CBETA, T25, no.1509, p.753, b21-25。高昌國時期。

LM20-1458-26-21　《大方廣佛華嚴經》卷一四

唐般若譯, CBETA, T10, no.293, p.723, a26-27。唐時期。

LM20-1458-27-01　佛典殘片

高昌國時期。

LM20-1458-27-02　《摩訶般若波羅蜜經》卷二

姚秦鳩摩羅什譯, CBETA, T08, no.223, p.227, a4-7。高昌國時期。

LM20-1458-27-03　占風法

參唐瞿曇悉達撰《開元占經》卷一一〇。有朱筆句讀。唐時期。

參: 游自勇 2019b, 55。

LM20-1458-27-04　《金光明最勝王經》卷八

唐義净譯，CBETA, T16, no.665, p.437, c29-p.438, a1。唐時期。

LM20-1458-27-05　《金光明經》卷二

北涼曇無讖譯，CBETA, T16, no.663, p.342, b29-c2。唐時期。

LM20-1458-27-06　《妙法蓮華經》卷一

姚秦鳩摩羅什譯，CBETA, T09, no.262, p.2, c9-14。唐時期。

LM20-1458-27-07　《妙法蓮華經》卷四

姚秦鳩摩羅什譯，CBETA, T09, no.262, p.31, c26-p.32, a3。唐時期。

LM20-1458-27-08　《菩薩善戒經》卷三

劉宋求那跋摩譯，CBETA, T30, no.1582, p.976,

a21-26。高昌郡時期。

參：《旅博選粹》, 22; 郭富純、王振芬 2006, 14。

LM20-1458-27-09　《金剛般若波羅蜜經》

姚秦鳩摩羅什譯，CBETA, T08, no.235, p.750, a6-7。唐時期。

LM20-1458-27-10　《大般涅槃經》卷一六

北涼曇無讖譯，CBETA, T12, no.374, p.458, a1-3。高昌國時期。

LM20-1458-27-11　《妙法蓮華經》卷三

姚秦鳩摩羅什譯，CBETA, T09, no.262, p.25, a1-4。唐時期。

LM20-1458-27-12　《羅云忍辱經》

西晉法炬譯，CBETA, T14, no.500, p.770, a7-9, "船"作"舟"。唐時期。

LM20-1458-27-13　《妙法蓮華經》卷七

姚秦鳩摩羅什譯，CBETA, T09, no.262, p.56, b27-c1。唐時期。

LM20-1458-27-14　《妙法蓮華經》卷五

姚秦鳩摩羅什譯，CBETA, T09, no.262, p.39, a11-15。唐時期。

LM20-1458-27-15　《請觀世音菩薩消伏毒害陀羅尼咒經》

東晉竺難提譯，CBETA, T20, no.1043, p.35, c9-12, "繞"作"嬈"。高昌國時期。

LM20-1458-27-16　《大般涅槃經》卷一一

北涼曇無讖譯，CBETA, T12, no.374, p.428, c24-27。高昌國時期。

LM20-1458-27-17　《大般涅槃經》卷七

北涼曇無讖譯，CBETA, T12, no.374, p.404, c11-22。高昌國時期。

參：《旅博選粹》, 15。

LM20-1458-28-01　《大般涅槃經》卷一〇

北涼曇無讖譯，CBETA, T12, no.374, p.425, b12-15, "説"作"言"。唐時期。

LM20-1458-28-02　《大般涅槃經》卷一四

北涼曇無讖譯，CBETA, T12, no.374, p.446, b26-c4。高昌國時期。

LM20-1458-28-03 《摩訶般若波羅蜜經》卷二七

姚秦鳩摩羅什譯, CBETA, T08, no.223, p.416, c14-15。高昌國時期。

LM20-1458-28-04 《放光般若經》卷一三

西晉無羅叉譯, CBETA, T08, no.221, p.89, b19-22。高昌國時期。

LM20-1458-28-05 《小品般若波羅蜜經》卷一〇

姚秦鳩摩羅什譯, CBETA, T08, no.227, p.581, c12-13。高昌國時期。

參: 孫傳波 2006, 193。

LM20-1458-28-06 《金剛般若波羅蜜經》

姚秦鳩摩羅什譯, CBETA, T08, no.235, p.749, c27-29。唐時期。

LM20-1458-28-07 《佛說阿彌陀經》

姚秦鳩摩羅什譯, CBETA, T12, no.366, p.347, c2-9。唐時期。

參:《旅博選粹》, 124;《净土集成》, 87。

LM20-1458-28-08 《大方廣十輪經》卷八

譯者不詳, CBETA, T13, no.410, p.719, b29-c2。唐時期。

LM20-1458-28-09 《大般若波羅蜜多經》卷四二六

唐玄奘譯, CBETA, T07, no.220, p.140, a8-14。唐時期。

LM20-1458-28-10 《佛說觀佛三昧海經》卷九

東晉佛陀跋陀羅譯, CBETA, T15, no.643, p.687, b26-28。高昌國時期。

LM20-1458-28-11 《妙法蓮華經》卷四

姚秦鳩摩羅什譯, CBETA, T09, no.262, p.33, c9-12。高昌國時期。

LM20-1458-28-12 《金剛般若波羅蜜經》

元魏菩提流支譯, CBETA, T08, no.236a, p.756, c2-7。唐時期。

LM20-1458-28-13 《大般涅槃經》卷一七

北涼曇無讖譯, CBETA, T12, no.374, p.465, c18-20。高昌國時期。

LM20-1458-28-14 《妙法蓮華經》卷六

姚秦鳩摩羅什譯, CBETA, T09, no.262, p.49, b5-12。唐時期。

LM20-1458-28-15 《大般涅槃經》卷一五

北涼曇無讖譯, CBETA, T12, no.374, p.451, c16-17。唐時期。

LM20-1458-28-16 《大般涅槃經》卷二四

北涼曇無讖譯, CBETA, T12, no.374, p.505, a23-24。唐時期。

LM20-1458-28-17 《妙法蓮華經》卷四

姚秦鳩摩羅什譯, CBETA, T09, no.262, p.29, b25-c1。唐時期。

LM20-1458-28-18 《金剛般若波羅蜜經》

元魏菩提流支譯, CBETA, T08, no.236a, p.755, a13-14。高昌國時期。

LM20-1458-28-19　《成實論》卷七

　　姚秦鳩摩羅什譯，CBETA, T32, no.1646, p.289, b2-6。高昌郡時期。

　　參：《旅博選粹》, 67。

LM20-1458-28-20　《大般涅槃經》卷一五

　　北涼曇無讖譯，CBETA, T12, no.374, p.455, a14-15。高昌郡時期。

LM20-1458-29-01　《金剛般若波羅蜜經》

　　姚秦鳩摩羅什譯，CBETA, T08, no.235, p.748, c25-p.749, a1。唐時期。

LM20-1458-29-02　《大般若波羅蜜多經》卷二

　　唐玄奘譯，CBETA, T05, no.220, p.6, b25-29。唐時期。

LM20-1458-29-03　《大方廣佛華嚴經》卷二三（五十卷本）

　　東晉佛陀跋陀羅譯，《中華大藏經》第 12 册，297c21-298a3；參 CBETA, T09,
　　no.278, p.585, b29-c8。高昌國時期。

LM20-1458-29-04　《妙法蓮華經》卷六

　　姚秦鳩摩羅什譯，CBETA, T09, no.262, p.53, b22-28。唐時期。

LM20-1458-29-05　《金光明經》卷二

　　北涼曇無讖譯，CBETA, T16, no.663, p.342, b24-27。唐時期。

LM20-1458-29-06　《阿毗曇毗婆沙論》卷二一

　　北涼浮陀跋摩、道泰譯，CBETA, T28, no.1546, p.155, b25-29。高昌國時期。

LM20-1458-29-07　《大般涅槃經》卷九

　　北涼曇無讖譯，CBETA, T12, no.374, p.421, c26-29。高昌國時期。

LM20-1458-29-08　《妙法蓮華經馬明菩薩品第三十》

　　作者不詳，CBETA, T85, no.2899, p.1428, b23-27。高昌國時期。

LM20-1458-29-09　陀羅尼集

　　高昌國時期。

LM20-1458-29-10　《大般涅槃經》卷八

　　北涼曇無讖譯，CBETA, T12, no.374, p.411, a26-b1。唐時期。

LM20-1458-29-11　《大般涅槃經》卷三一

　　北涼曇無讖譯，CBETA, T12, no.374, p.548, a15-17。高昌國時期。

LM20-1458-29-12　《妙法蓮華經》卷二

　　姚秦鳩摩羅什譯，CBETA, T09, no.262, p.16, c12-14。唐時期。

LM20-1458-29-13　《光讚經》卷二

　　西晉竺法護譯，CBETA, T08, no.222, p.162, a10-14，"空"作"虛空"，"於時衆"作"於
　　衆"。高昌國時期。

LM20-1458-29-14　《六度集經》卷二

吳康僧會譯，CBETA, T03, no.152, p.7, b11–16。高昌國時期。

參：《旅博選粹》，26。

LM20-1458-29-15　《金光明經》卷二

北涼曇無讖譯，CBETA, T16, no.663, p.341, c15–18。唐時期。

LM20-1458-29-16　陀羅尼集

參唐阿地瞿多譯《陀羅尼集經》卷八，CBETA, T18, no.901, p.855, c11。高昌國時期。

LM20-1458-29-17　《妙法蓮華經》卷五

姚秦鳩摩羅什譯，CBETA, T09, no.262, p.44, b18–25。唐時期。

LM20-1458-29-18　《妙法蓮華經》卷四

姚秦鳩摩羅什譯，CBETA, T09, no.262, p.34, c2–7。唐時期。

LM20-1458-29-19　陀羅尼集

高昌國時期。

參：磯邊友美 2006，212、217。

LM20-1458-29-20　《大般涅槃經》卷七

北涼曇無讖譯，CBETA, T12, no.374, p.405, c24–25。高昌國時期。

LM20-1458-29-21　《佛説灌頂經》卷一二

東晉帛尸梨蜜多羅譯，CBETA, T21, no.1331, p.533, a15–16，"流離"作"琉璃"。唐時期。

LM20-1458-30-01　《妙法蓮華經》卷七

姚秦鳩摩羅什譯，CBETA, T09, no.262, p.58, b4–7。唐時期。

LM20-1458-30-02　《大般若波羅蜜多經》卷三〇七

唐玄奘譯，CBETA, T06, no.220, p.948, a4–7。唐時期。

LM20-1458-30-03　俱舍論疏

參唐玄奘譯《阿毗達磨俱舍論》卷一，CBETA, T29, no.1558, p.1, a8。有朱筆句讀。唐時期。

LM20-1458-30-04　《大智度論》卷二

姚秦鳩摩羅什譯，CBETA, T25, no.1509, p.66, b29–c3。唐時期。

LM20-1458-30-05　《大般涅槃經》卷二五

北涼曇無讖譯，CBETA, T12, no.374, p.516, c11–12。高昌郡時期。

參：《旅博選粹》，16；王宇、王梅 2006b，56。

LM20-1458-30-06　《金光明經》卷二

北涼曇無讖譯，CBETA, T16, no.663, p.344, b3–8。唐時期。

LM20-1458-30-07　《舍利弗阿毗曇論》卷一三

姚秦曇摩耶舍、曇摩崛多等譯，CBETA, T28, no.1548, p.618, a22–26，"起向心"作"起向縛不净心"。高昌郡時期。

LM20-1458-30-08　《出曜經》卷二九

姚秦竺佛念譯，CBETA, T04, no.212, p.766, b9–11。唐時期。

LM20-1458-30-09　《妙法蓮華經》卷一

姚秦鳩摩羅什譯，CBETA, T09, no.262, p.5, c29–p.6, a4。唐時期。

LM20-1458-30-10　《大方等大集經》卷五六

高齊那連提耶舍譯，CBETA, T13, no.397, p.378, a16–19。唐時期。

LM20-1458-30-11　《妙法蓮華經》卷一

姚秦鳩摩羅什譯，CBETA, T09, no.262, p.9, a6–9。唐時期。

LM20-1458-30-12　空號

LM20-1458-30-13　《決罪福經》卷下

作者不詳，CBETA, T85, no.2868, p.1331, c12–16，"於是"作"是"。唐時期。

LM20-1458-30-14　《摩訶般若波羅蜜經》卷一八

姚秦鳩摩羅什譯，CBETA, T08, no.223, p.354, c26–29。唐時期。

LM20-1458-30-15　《大般涅槃經》卷一四

北涼曇無讖譯，CBETA, T12, no.374, p.448, c13–15。高昌國時期。

LM20-1458-30-16　《添品妙法蓮華經》卷二

隋闍那崛多、達摩笈多譯，CBETA, T09, no.264, p.143, b21–23。唐時期。

LM20-1458-30-17　《維摩詰所説經》卷下

姚秦鳩摩羅什譯，CBETA, T14, no.475, p.552, b10–15。唐時期。

LM20-1458-30-18　《大般涅槃經》卷三四

北涼曇無讖譯，CBETA, T12, no.374, p.567, b17–20。唐時期。

LM20-1458-30-19　《妙法蓮華經》卷一

姚秦鳩摩羅譯，CBETA, T09, no.262, p.2, a21–23。唐時期。

LM20-1458-30-20　《藥師琉璃光如來本願功德經》

唐玄奘譯，CBETA, T14, no.450, p.406, a18–20。唐時期。

LM20-1458-30-21　《大般涅槃經》卷一五

北涼曇無讖譯，CBETA, T12, no.374, p.451, c16–18。唐時期。

LM20-1458-30-22　《金剛般若波羅蜜經》

元魏菩提流支譯，CBETA, T08, no.236a, p.753, a19–21。唐時期。

LM20-1458-30-23　《大般涅槃經》卷二

北涼曇無讖譯，CBETA, T12, no.374, p.377, b3–5。高昌國時期。

LM20-1458-30-24　《摩訶般若波羅蜜經》卷一七

姚秦鳩摩羅什譯，CBETA, T08, no.223, p.343, b21–24。唐時期。

LM20-1458-30-25　《妙法蓮華經》卷一

姚秦鳩摩羅什譯, CBETA, T09, no.262, p.9, c26–p.10, a3。唐時期。

LM20-1458-30-26 《妙法蓮華經》卷五

姚秦鳩摩羅什譯, CBETA, T09, no.262, p.42, b22–24。唐時期。

LM20-1458-30-27 《維摩詰所説經》卷中

姚秦鳩摩羅什譯, CBETA, T14, no.475, p.550, b25–27。高昌國時期。

LM20-1458-30-28 《金剛般若波羅蜜經》

姚秦鳩摩羅什譯, CBETA, T08, no.235, p.749, c20–23。唐時期。

LM20-1458-31-01 《大方廣佛華嚴經》卷四八（五十卷本）

東晉佛陀跋陀羅譯,《中華大藏經》第12册, 594b3–6; 參 CBETA, T09, no.278, p.768, b26–29。高昌國時期。

LM20-1458-31-02 《妙法蓮華經》卷七

姚秦鳩摩羅什譯, CBETA, T09, no.262, p.60, a28–b3。唐時期。

LM20-1458-31-03 《妙法蓮華經》卷七

姚秦鳩摩羅什譯, CBETA, T09, no.262, p.59, c7–12。唐時期。

LM20-1458-31-04 佛典殘片

高昌國時期。

LM20-1458-31-05 《大般涅槃經》卷二三

北涼曇無讖譯, CBETA, T12, no.374, p.499, c21–24。高昌國時期。

LM20-1458-31-06 《大般涅槃經》卷二

北涼曇無讖譯, CBETA, T12, no.374, p.377, a28–29。高昌國時期。

LM20-1458-31-07 《金光明經》卷二

北涼曇無讖譯, CBETA, T16, no.663, p.344, b22–27。唐時期。

LM20-1458-31-08 《阿毗曇心論經》卷四

高齊那連提耶舍譯, CBETA, T28, no.1551, p.853, c21–22。唐時期。

LM20-1458-31-09 《妙法蓮華經》卷四

姚秦鳩摩羅什譯, CBETA, T09, no.262, p.27, c10–12。唐時期。

LM20-1458-31-10 《道行般若經》卷二

後漢支婁迦讖譯, CBETA, T08, no.224, p.433, b28–29。高昌國時期。

參: 孫傳波 2006, 169。

LM20-1458-31-11 《大般涅槃經》卷六

北涼曇無讖譯, CBETA, T12, no.374, p.401, a7–9, "莠"作"秀"。高昌國時期。

LM20-1458-31-12 《妙法蓮華經》卷七

姚秦鳩摩羅什譯, CBETA, T09, no.262, p.61, c14–17。唐時期。

LM20-1458-31-13 《妙法蓮華經》卷四

　　姚秦鳩摩羅什譯，CBETA, T09, no.262, p.36, b29–c5。唐時期。

LM20-1458-31-14　《妙法蓮華經》卷二

　　姚秦鳩摩羅什譯，CBETA, T09, no.262, p.18, c28–p.19, a4。唐時期。

LM20-1458-31-15　《大般涅槃經》卷二二

　　北涼曇無讖譯，CBETA, T12, no.374, p.494, a21–23。高昌國時期。

LM20-1458-31-16　《妙法蓮華經》卷五

　　姚秦鳩摩羅什譯，CBETA, T09, no.262, p.40, c21–25。唐時期。

LM20-1458-31-17　《合部金光明經》卷六

　　北涼曇無讖譯，隋寶貴合，CBETA, T16, no.664, p.387, c3–9。唐時期。

LM20-1458-31-18　《妙法蓮華經》卷三

　　姚秦鳩摩羅什譯，CBETA, T09, no.262, p.22, b27–29。唐時期。

LM20-1458-31-19　《大般涅槃經》卷一

　　北涼曇無讖譯，CBETA, T12, no.374, p.426, c17–19。高昌國時期。

LM20-1458-31-20　《金光明經》卷三

　　北涼曇無讖譯，CBETA, T16, no.663, p.348, b22–26。唐時期。

LM20-1458-31-21　《放光般若經》卷一三

　　西晉無羅叉譯，CBETA, T08, no.221, p.89, c2–4。品題後有“廿卷合九十品”六字。高昌
國時期。

LM20-1458-31-22　《妙法蓮華經》卷七

　　姚秦鳩摩羅什譯，CBETA, T09, no.262, p.59, b16–19。唐時期。

LM20-1458-31-23　《大方等大集經》卷八

　　北涼曇無讖譯，CBETA, T13, no.397, p.50, c18–23。高昌國時期。

LM20-1458-31-24　《添品妙法蓮華經》卷三

　　隋闍那崛多、達摩笈多譯，CBETA, T09, no.264, p.154, a3–5。唐時期。

LM20-1458-31-25　《大般涅槃經》卷三六

　　北涼曇無讖譯，CBETA, T12, no.374, p.576, a2–4。高昌郡時期。

LM20-1458-32-01　《妙法蓮華經》卷六

　　姚秦鳩摩羅什譯，CBETA, T09, no.262, p.54, b11–15。唐時期。

LM20-1458-32-02　《大智度論》卷一〇

　　姚秦鳩摩羅什譯，CBETA, T25, no.1509, p.128, a5–7。高昌國時期。

LM20-1458-32-03　《妙法蓮華經》卷三

　　姚秦鳩摩羅什譯，CBETA, T09, no.262, p.19, c3–6。唐時期。

LM20-1458-32-04　《道行般若經》卷五

　　後漢支婁迦讖譯，CBETA, T08, no.224, p.448, c13–16。高昌國時期。

參：孫傳波 2006，174、176、197。

LM20-1458-32-05　佛典殘片

高昌郡時期。

LM20-1458-32-06　《合部金光明經》卷三

梁真諦譯，隋寶貴合，CBETA，T16，no.664，p.375，b24-27，"橫"作"橫諸有惱害"。唐時期。

LM20-1458-32-07　《放光般若經》卷八

西晉無羅叉譯，CBETA，T08，no.221，p.54，b11-14。高昌國時期。

LM20-1458-32-08　《諸佛要集經》卷下

西晉竺法護譯，CBETA，T17，no.810，p.769，b25-28，"誼"作"議"。高昌郡時期。

參：《旅博選粹》，2；郭富純、王振芬 2006，22；三谷真澄 2006，68-69《旅博研究》，84；三谷真澄 2019，17-18。

LM20-1458-32-09　《大智度論》卷一

姚秦鳩摩羅什譯，CBETA，T25，no.1509，p.65，c12-15。高昌國時期。

LM20-1458-32-10　《摩訶般若波羅蜜經》卷一一

姚秦鳩摩羅什譯，CBETA，T08，no.223，p.302，c11-14。唐時期。

LM20-1458-32-11　《百論》卷下

姚秦鳩摩羅什譯，CBETA，T30，no.1569，p.179，c7-12。有朱筆。唐時期。

LM20-1458-32-12　《妙法蓮華經》卷二

姚秦鳩摩羅什譯，CBETA，T09，no.262，p.12，c21-24。唐時期。

LM20-1458-32-13　《佛說華手經》卷五

姚秦鳩摩羅什譯，CBETA，T16，no.657，p.163，a10-13，"善"作"蓋"。唐時期。

LM20-1458-32-14　《佛說仁王般若波羅蜜經》卷上

姚秦鳩摩羅什譯，CBETA，T08，no.245，p.827，b24-26。高昌國時期。

LM20-1458-32-15　《佛說仁王般若波羅蜜經》卷上

姚秦鳩摩羅什譯，CBETA，T08，no.245，p.827，b27-29。高昌國時期。

LM20-1458-32-16　《大般涅槃經》卷三七

北涼曇無讖譯，CBETA，T12，no.374，p.582，a26-27。高昌國時期。

LM20-1458-32-17　《放光般若經》卷一三

西晉無羅叉譯，CBETA，T08，no.221，p.89，b23-26。高昌國時期。

LM20-1458-32-18　涅槃經疏

參北涼曇無讖譯《大般涅槃經》卷二八，CBETA，T12，no.374，p.530，c16-17。唐時期。

LM20-1458-33-01r　佛典殘片

高昌郡時期。

LM20-1458-33-01v　佛典殘片

高昌國時期。無法揭取拍攝。

LM20-1458-33-02　《妙法蓮華經》卷一

姚秦鳩摩羅什譯，CBETA, T09, no.262, p.7, a4-8。唐時期。

LM20-1458-33-03　《妙法蓮華經》卷六

姚秦鳩摩羅什譯，CBETA, T09, no.262, p.50, b26-28。唐時期。

LM20-1458-33-04　《大般涅槃經》卷三〇

北涼曇無讖譯，CBETA, T12, no.374, p.545, c9-12。高昌國時期。

LM20-1458-33-05　《金光明經》卷三

北涼曇無讖譯，CBETA, T16, no.663, p.350, c4-10，"林木"作"樹木"。高昌國時期。

LM20-1458-33-06　《妙法蓮華經》卷四

姚秦鳩摩羅什譯，CBETA, T09, no.262, p.34, a1-6。唐時期。

LM20-1458-33-07　《合部金光明經》卷三

梁真諦譯，隋寶貴合，CBETA, T16, no.664, p.374, b1-6。高昌國時期。

LM20-1458-33-08　《放光般若經》卷一〇

西晉無羅叉譯，CBETA, T08, no.221, p.71, b22-26。唐時期。

LM20-1458-33-09　佛典殘片

唐時期。

LM20-1458-33-10　《合部金光明經》卷三

梁真諦譯，隋寶貴合，CBETA, T16, no.664, p.372, c15-17。唐時期。

LM20-1458-33-11　《大般若波羅蜜多經》卷五四九

唐玄奘譯，CBETA, T07, no.220, p.828, c26-28。唐時期。

LM20-1458-33-12　《放光般若經》卷二

西晉無羅叉譯，CBETA, T08, no.221, p.8, c7-10。高昌國時期。

LM20-1458-33-13　《妙法蓮華經》卷一

姚秦鳩摩羅什譯，CBETA, T09, no.262, p.3, a12-15。唐時期。

LM20-1458-33-14　《大方等陀羅尼經》卷二

北涼法衆譯，CBETA, T21, no.1339, p.651, b14-15。高昌國時期。

LM20-1458-33-15　涅槃經疏

參北涼曇無讖譯《大般涅槃經》卷二八。唐時期。

LM20-1458-33-16　《妙法蓮華經》卷五

姚秦鳩摩羅什譯，CBETA, T09, no.262, p.45, b2-6。高昌國時期。

LM20-1458-33-17　《摩訶般若波羅蜜經》卷一

姚秦鳩摩羅什譯，CBETA, T08, no.223, p.217, a13-16。高昌國時期。

LM20-1458-33-18 《金光明經》卷三

北涼曇無讖譯，CBETA，T16，no.663，p.351，b2-6，"車琛馬"作"硨磲碼"。高昌國時期。

LM20-1458-33-19 《光讚經》卷五

西晉竺法護譯，CBETA，T08，no.222，p.184，a2-5。高昌國時期。

LM20-1458-33-20 《大般涅槃經》卷二〇

北涼曇無讖譯，CBETA，T12，no.374，p.480，c18-23。高昌國時期。

LM20-1458-34-01 《小品般若波羅蜜經》卷二

姚秦鳩摩羅什譯，CBETA，T08，no.227，p.544，c28-p.545，a1。高昌郡時期。

參：《旅博選粹》，34。

LM20-1458-34-02 《大般若波羅蜜多經》卷二三八

唐玄奘譯，CBETA，T06，no.220，p.201，a27-b3。唐時期。

LM20-1458-34-03 《大般涅槃經》卷一二

北涼曇無讖譯，CBETA，T12，no.374，p.434，c21-26。唐時期。

LM20-1458-34-04a 《道行般若經》卷五

後漢支婁迦讖譯，CBETA，T08，no.224，p.448，c14-17。高昌國時期。

參：孫傳波2006，174。

LM20-1458-34-04b 《添品妙法蓮華經》卷三

隋闍那崛多、達摩笈多譯，CBETA，T09，no.264，p.153，c29-p.154，a3。唐時期。

LM20-1458-34-05 《佛本行集經》卷五

隋闍那崛多譯，CBETA，T03，no.190，p.673，c11-15。唐時期。

參：段真子2019，146。

LM20-1458-34-06 《大般若波羅蜜多經》卷一四八

唐玄奘譯，CBETA，T05，no.220，p.799，a11-17。唐時期。

LM20-1458-34-07 《妙法蓮華經》卷五

姚秦鳩摩羅什譯，CBETA，T09，no.262，p.41，c8-11。唐時期。

LM20-1458-34-08 《佛説佛名經》卷二

元魏菩提流支譯，CBETA，T14，no.440，p.122，a27-b2。唐時期。

LM20-1458-34-09 《樂瓔珞莊嚴方便品經》

姚秦曇摩耶舍譯，CBETA，T14，no.566，p.938，a27-b2。唐時期。

LM20-1458-34-10 《佛説未曾有因緣經》卷上

蕭齊曇景譯，CBETA，T17，no.754，p.575，b22-26。高昌國時期。

LM20-1458-34-11 《大般涅槃經》注疏

參北涼曇無讖譯《大般涅槃經》卷二七。高昌國時期。

LM20-1458-34-12 《妙法蓮華經》卷六

姚秦鳩摩羅什譯，CBETA, T09, no.262, p.47, a26–b5。唐時期。

LM20-1458-34-13　《大方廣佛華嚴經》卷五二

東晉佛陀跋陀羅譯，CBETA, T09, no.278, p.726, a26–29。唐時期。

LM20-1458-34-14　《維摩詰所説經》卷中

姚秦鳩摩羅什譯，CBETA, T14, no.475, p.545, c10–11。高昌國時期。

LM20-1458-34-15　《大智度論》卷二四

姚秦鳩摩羅什譯，CBETA, T25, no.1509, p.238, a23–26。高昌國時期。

LM20-1458-34-16　《大寶積經》卷五四

唐玄奘譯，CBETA, T11, no.310, p.321, a9–12。唐時期。

LM20-1458-34-17　《大般涅槃經》卷三二

北涼曇無讖譯，CBETA, T12, no.374, p.557, c26–p.558, a2。高昌國時期。

LM20-1458-34-18　《大智度論》卷八一

姚秦鳩摩羅什譯，CBETA, T25, no.1509, p.626, c27–29。唐時期。

LM20-1458-35-01　《佛垂般涅槃略説教誡經》

姚秦鳩摩羅什譯，CBETA, T12, no.389, p.1111, b26–c2，"當"作"應"。唐時期。

LM20-1458-35-02　《大般涅槃經》卷一〇

北涼曇無讖譯，CBETA, T12, no.374, p.427, c21–25。高昌郡時期。

參：《旅博選粹》, 16。

LM20-1458-35-03　《摩訶般若波羅蜜經》卷一八

姚秦鳩摩羅什譯，CBETA, T08, no.223, p.352, b4–7。高昌國時期。

LM20-1458-35-04　《攝大乘論釋》卷一一

陳真諦譯，CBETA, T31, no.1595, p.235, b22–27。高昌國時期。

LM20-1458-35-05　《妙法蓮華經》卷七

姚秦鳩摩羅什譯，CBETA, T09, no.262, p.55, b27–c1。唐時期。

LM20-1458-35-06　《妙法蓮華經》卷五

姚秦鳩摩羅什譯，CBETA, T09, no.262, p.38, b12–16，"是名"作"是"。高昌國時期。

LM20-1458-35-07　佛典殘片

高昌國時期。

LM20-1458-35-08　寶積經

參姚秦鳩摩羅什譯《大寶積經》卷七九，CBETA, T11, no.310, p.455, a24–b2。高昌國時期。

LM20-1458-35-09　《妙法蓮華經》卷二

姚秦鳩摩羅什譯，CBETA, T09, no.262, p.12, a10–12。唐時期。

LM20-1458-35-10　《妙法蓮華經》卷四

姚秦鳩摩羅什譯，CBETA, T09, no.262, p.35, c19–21。唐時期。

LM20-1458-35-11　佛典殘片

"十"字上有倒乙符號。唐時期。

LM20-1458-35-12　《佛説仁王般若波羅蜜經》卷上

姚秦鳩摩羅什譯，CBETA，T08，no.245，p.828，b17–20。高昌國時期。

LM20-1458-35-13　《救疾經》

作者不詳，CBETA，T85，no.2878，p.1361，b26–28，"創"作"瘡"。唐時期。

參：王宇、王梅 2006a，106；馬俊傑 2019，444。

LM20-1458-35-14　《佛説灌頂經》卷七

東晉帛尸梨蜜多羅譯，CBETA，T21，no.1331，p.516，b10–14，"阿毗攘"作"阿毗那攘"。
唐時期。

LM20-1458-35-15　佛典殘片

高昌國時期。

LM20-1458-35-16　《十地義記》卷三

東晉慧遠撰，CEBTA，X45，no.753，p.88，c8–11。高昌國時期。

LM20-1458-35-17　《文殊師利所説摩訶般若波羅蜜經》卷下

梁曼陀羅仙譯，CBETA，T08，no.232，p.731，a25–b2。唐時期。

LM20-1458-35-18　《妙法蓮華經》卷五

姚秦鳩摩羅什譯，CBETA，T09，no.262，p.41，c6–10。唐時期。

LM20-1458-35-19　《妙法蓮華經》卷三

姚秦鳩摩羅什譯，CBETA，T09，no.262，p.25，a23–26。唐時期。

LM20-1458-36-01r　佛典殘片

高昌郡時期。

LM20-1458-36-01v　《迦丁比丘説當來變經》

譯者不詳，CBETA，T49，no.2028，p.7，c28–a4。高昌國時期。

LM20-1458-36-02　《妙法蓮華經》卷二

姚秦鳩摩羅什譯，CBETA，T09，no.262，p.11，b11–15。唐時期。

LM20-1458-36-03　《佛説仁王般若波羅蜜經》卷上

姚秦鳩摩羅什譯，CBETA，T08，no.245，p.826，c28–p.827，a6。高昌國時期。

LM20-1458-36-04　《妙法蓮華經》卷六

姚秦鳩摩羅什譯，CBETA，T09，no.262，p.49，b24–27。唐時期。

LM20-1458-36-05　《佛説首楞嚴三昧經》卷上

姚秦鳩摩羅什譯，CBETA，T15，no.642，p.635，c14–20。高昌國時期。

LM20-1458-36-06　《大智度論》卷九〇

姚秦鳩摩羅什譯，CBETA，T25，no.1509，p.695，c26–28。高昌國時期。

LM20-1458-36-07　《金剛般若波羅蜜經》

姚秦鳩摩羅什譯，CBETA, T08, no.235, p.751, b10–12。唐時期。

LM20-1458-36-08　《大般涅槃經》卷三九

北涼曇無讖譯，CBETA, T12, no.374, p.590, c11–13。高昌國時期。

LM20-1458-36-09　《勝天王般若波羅蜜經》卷七

陳月婆首那譯，CBETA, T08, no.231, p.723, c15–19。唐時期。

LM20-1458-36-10　《妙法蓮華經》卷四

姚秦鳩摩羅什譯，CBETA, T09, no.262, p.27, c14–19。唐時期。

LM20-1458-36-11　《妙法蓮華經》卷四

姚秦鳩摩羅什譯，CBETA, T09, no.262, p.27, c1–4。唐時期。

LM20-1458-36-12　《妙法蓮華經》卷三

姚秦鳩摩羅什譯，CBETA, T09, no.262, p.26, a20–22。唐時期。

LM20-1458-36-13　《大般涅槃經》卷三五

北涼曇無讖譯，CBETA, T12, no.374, p.573, c14–16。唐時期。

LM20-1458-36-14　《妙法蓮華經》卷一

姚秦鳩摩羅什譯，CBETA, T09, no.262, p.3, c7–11。唐時期。

LM20-1458-36-15　《大般涅槃經》卷四〇

北涼曇無讖譯，CBETA, T12, no.374, p.602, c2–6。唐時期。

LM20-1458-36-16　《光讚經》卷五

西晉竺法護譯，CBETA, T08, no.222, p.183, a13–16，“藐”作“耶”。高昌國時期。

LM20-1458-36-17　《金光明經》卷二

北涼曇無讖譯，CBETA, T16, no.663, p.342, b18–26。唐時期。

LM20-1458-37-01　《百論》卷下

姚秦鳩摩羅什譯，CBETA, T30, no.1569, p.181, a3–5。唐時期。

LM20-1458-37-02　《增壹阿含經》卷三八

東晉僧伽提婆譯，CBETA, T02, no.125, p.759, c6–9。唐時期。

LM20-1458-37-03　《大般涅槃經》卷二五

北涼曇無讖譯，CBETA, T12, no.374, p.515, c14–17。高昌國時期。

LM20-1458-37-04　《妙法蓮華經》卷四

姚秦鳩摩羅什譯，CBETA, T09, no.262, p.27, b24–27。唐時期。

LM20-1458-37-05　《佛説廣博嚴净不退轉輪經》卷一

劉宋智嚴譯，CBETA, T09, no.268, p.255, a19–21。高昌國時期。

參：《旅博選粹》, 42。

LM20-1458-37-06　《金光明經》卷三

北涼曇無讖譯，CBETA, T16, no.663, p.346, b18–21。唐時期。

LM20-1458-37-07　《摩訶般若波羅蜜經》卷二五

姚秦鳩摩羅什譯，CBETA, T08, no.223, p.404, c16–21。高昌國時期。

LM20-1458-37-08　《妙法蓮華經》卷二

姚秦鳩摩羅什譯，CBETA, T09, no.262, p.16, b13–14。唐時期。

LM20-1458-37-09　《大般涅槃經》卷二四

北涼曇無讖譯，CBETA, T12, no.374, p.504, a7–9。唐時期。

LM20-1458-37-10　《金光明經》卷三

北涼曇無讖譯，CBETA, T16, no.663, p.347, c14–15。唐時期。

LM20-1458-37-11　《大般涅槃經》卷三

北涼曇無讖譯，CBETA, T12, no.374, p.381, c23–26，"摩訶如佛"作"如佛"。唐時期。

LM20-1458-37-12　《大寶積經》卷六九

高齊那連提耶舍譯，CBETA, T11, no.310, p.390, a13–17。唐時期。

LM20-1458-37-13　《十住毗婆沙論》卷八

姚秦鳩摩羅什譯，CBETA, T26, no.1521, p.60, a6–11。高昌郡時期。

參:《旅博選粹》，61;《净土集成》，101。

LM20-1458-37-14　《佛説灌頂經》卷一二

東晉帛尸梨蜜多羅譯，CBETA, T21, no.1331, p.532, b13–18。唐時期。

LM20-1458-37-15　《佛説佛名經》卷五

元魏菩提流支譯，CBETA, T14, no.440, p.140, a12–13。唐時期。

LM20-1458-37-16　《天地八陽神咒經》

唐義净譯，CBETA, T85, no.2897, p.1423, c8–10，"善善美"作"善美"。唐時期。

LM20-1458-37-17　《大通方廣懺悔滅罪莊嚴成佛經》卷上

作者不詳，CBETA, T85, no.2871, p.1339, b14–18。唐時期。

LM20-1458-37-18　《大般涅槃經》卷二五

北涼曇無讖譯，CBETA, T12, no.374, p.515, c17–18。高昌國時期。

LM20-1458-37-19　《佛説仁王般若波羅蜜經》卷上

姚秦鳩摩羅什譯，CBETA, T08, no.245, p.825, c9–11。高昌國時期。

LM20-1458-37-20　《佛説廣博嚴净不退轉輪經》卷一

劉宋智嚴譯，CBETA, T09, no.268, p.255, a19–21。高昌國時期。

LM20-1458-38-01　《妙法蓮華經》卷五

姚秦鳩摩羅什譯，CBETA, T09, no.262, p.44, a10–16。唐時期。

LM20-1458-38-02　佛典注疏

高昌國時期。

LM20-1458-38-03　《大般若波羅蜜多經》卷三五二

唐玄奘譯，CBETA, T06, no.220, p.808, c28–p.809, a3, "境"作"際"。唐時期。

LM20-1458-38-04　佛典殘片

唐時期。

LM20-1458-38-05　《大般若波羅蜜多經》卷一二八

唐玄奘譯，CBETA, T05, no.220, p.701, b14–16。唐時期。

LM20-1458-38-06　《大乘起信論》

陳真諦譯，CBETA, T32, no.1666, p.576, b15–20, "始凡夫人"作"如凡夫人"。唐時期。

LM20-1458-38-07　《金光明經》卷一

北涼曇無讖譯，CBETA, T16, no.663, p.336, b19–22。唐時期。

LM20-1458-38-08　《大般涅槃經》卷二九

北涼曇無讖譯，CBETA, T12, no.374, p.540, c21–26。唐時期。

LM20-1458-38-09　《妙法蓮華經》卷二

姚秦鳩摩羅什譯，CBETA, T09, no.262, p.11, a13–22。唐時期。

LM20-1458-38-10　《大般涅槃經》卷二四

北涼曇無讖譯，CBETA, T12, no.374, p.507, a21–25。高昌國時期。

LM20-1458-38-11　《大智度論》卷五一

姚秦鳩摩羅什譯，CBETA, T25, no.1509, p.429, a13–14, "難"作"爲難"。高昌國時期。

LM20-1458-38-12　佛典殘片

唐時期。

LM20-1458-38-13　《大般涅槃經》卷二三

北涼曇無讖譯，CBETA, T12, no.374, p.503, b25–28。高昌國時期。

LM20-1458-38-14　《妙法蓮華經》卷三

姚秦鳩摩羅什譯，CBETA, T09, no.262, p.23, b3–8。唐時期。

LM20-1458-38-15　《勝天王般若波羅蜜經》卷七

陳月婆首那譯，CBETA, T08, no.231, p.723, a10–13。唐時期。

LM20-1458-38-16　《金光明經》卷三

北涼曇無讖譯，CBETA, T16, no.663, p.347, a21–26。高昌國時期。

LM20-1458-38-17　《妙法蓮華經》卷五

姚秦鳩摩羅什譯，CBETA, T09, no.262, p.38, c29–p.39, a4。唐時期。

LM20-1458-38-18　《佛說灌頂經》卷一二

東晉帛尸梨蜜多羅譯，CBETA, T21, no.1331, p.533, b2–7。唐時期。

LM20-1458-38-19　《佛說自誓三昧經》

後漢安世高譯，CBETA, T15, no.622, p.345, c7–12。唐時期。

LM20-1458-38-20　《大般涅槃經》卷四〇

北涼曇無讖譯，CBETA, T12, no.374, p.600, a16–19。高昌國時期。

LM20-1458-38-21　《佛説自誓三昧經》

後漢安世高譯，CBETA, T15, no.622, p.345, c5–6。唐時期。

LM20-1458-38-22　佛典注疏

高昌國時期。

LM20-1458-38-23　《大般涅槃經》卷一〇

北涼曇無讖譯，CBETA, T12, no.374, p.427, b23–25。唐時期。

LM20-1458-38-24　《大般涅槃經》卷一七

北涼曇無讖譯，CBETA, T12, no.374, p.463, b24–27。唐時期。

LM20-1458-38-25　《金光明經》卷一

北涼曇無讖譯，CBETA, T16, no.663, p.336, b16–18。唐時期。

LM20-1458-38-26　佛典殘片

唐時期。

LM20-1458-38-27　佛典殘片

高昌國時期。

經册十

LM20-1459-01-01a 《大般涅槃經》卷二

北涼曇無讖譯，CBETA, T12, no.374, p.372, b5–6。唐時期。

LM20-1459-01-01b 《大般涅槃經》卷二

北涼曇無讖譯，CBETA, T12, no.374, p.372, a29–b3。唐時期。

LM20-1459-01-02 《大般涅槃經》卷二

北涼曇無讖譯，CBETA, T12, no.374, p.372, a29–b3。唐時期。

LM20-1459-01-03 《大般涅槃經》卷二

北涼曇無讖譯，CBETA, T12, no.374, p.372, b4–21。唐時期。

LM20-1459-01-04 《大般若波羅蜜多經》卷五〇四

唐玄奘譯，CBETA, T07, no.220, p.566, c12–13。唐時期。

LM20-1459-01-05 《大般涅槃經》卷二四

北涼曇無讖譯，CBETA, T12, no.374, p.508, a19–22。高昌國時期。

LM20-1459-01-06 《佛本行集經》卷五二

隋闍那崛多譯，CBETA, T03, no.190, p.896, a29–b9。唐時期。

參：段真子 2019, 170。

LM20-1459-02-01 《像法決疑經》

作者不詳，CBETA, T85, no.2870, p.1336, b2–8。唐時期。

參：榮新江 2019a, 30。

LM20-1459-02-02 《大般涅槃經》卷二

北涼曇無讖譯，CBETA, T12, no.374, p.372, a15–16。唐時期。

LM20-1459-02-03 《大般涅槃經》卷二

北涼曇無讖譯，CBETA, T12, no.374, p.372, b19–20。唐時期。

LM20-1459-03-01 《妙法蓮華經》卷五

姚秦鳩摩羅什譯，CBETA, T09, no.262, p.38, b6–12。唐時期。

LM20-1459-03-02 《阿毗達磨俱舍釋論》卷二一

陳真諦譯，CBETA, T29, no.1559, p.297, b15–22。唐時期。

LM20-1459-03-03 《像法決疑經》

作者不詳，CBETA, T85, no.2870, p.1336, a7–17，"分"作"多"。唐時期。

參: 榮新江 2019a, 30。

LM20-1459-04-01 《佛説無常經》

唐義净譯, CBETA, T17, no.801, p.746, a3–21。唐時期。

LM20-1459-04-02 《大般涅槃經》卷二四

北涼曇無讖譯, CBETA, T12, no.374, p.508, a14–20, "薩能"作"薩以能"。高昌國時期。

LM20-1459-04-03a 無字殘片

LM20-1459-04-03b 《大般涅槃經》卷二四

北涼曇無讖譯, CBETA, T12, no.374, p.508, a13–14。高昌國時期。

LM20-1459-04-03c 殘片

高昌國時期。

LM20-1459-04-03d 佛典殘片

唐時期。

LM20-1459-04-03e（a） 殘片

高昌國時期。

LM20-1459-04-03e（b） 殘片

高昌國時期。

LM20-1459-04-03f 《大般涅槃經》卷二四

北涼曇無讖譯, CBETA, T12, no.374, p.508, a23–24。高昌國時期。

LM20-1459-04-03g 殘片

唐時期。

LM20-1459-04-03h 殘片

唐時期。

LM20-1459-04-03i 《大般涅槃經》卷二四

北涼曇無讖譯。高昌國時期。

LM20-1459-04-03j 《阿毗達磨俱舍釋論》卷二一

唐時期。

LM20-1459-04-03k 殘片

唐時期。

LM20-1459-04-03l 《大般涅槃經》卷二四

北涼曇無讖譯。高昌國時期。

LM20-1459-04-03m 殘片

LM20-1459-04-03nr 《阿毗達磨俱舍釋論》卷二一

陳真諦譯, CBETA, T29, no.1559, p.297, b21–23。唐時期。

LM20-1459-04-03nv 殘片

無法揭取拍攝。

LM20-1459-04-03o　佛典殘片

唐時期。

LM20-1459-05-01　《瑜伽師地論》卷七五

唐玄奘譯，CBETA, T30, no.1579, p.714, c17–25，第 7 行"口矛"作"口出矛"，"攢刺"作"攢已刺已"，"惱壞既已"作"惱已壞已"。唐時期。

LM20-1459-05-02　《大般若波羅蜜多經》卷一八四

唐玄奘譯，CBETA, T05, no.220, p.989, b29–c6。唐時期。

LM20-1459-05-03　《大般涅槃經》卷三

北涼曇無讖譯，CBETA, T12, no.374, p.379, a13–19。唐時期。

LM20-1459-05-04　《大般涅槃經》卷三

北涼曇無讖譯，CBETA, T12, no.374, p.379, a18–20。唐時期。

LM20-1459-05-05　《大般涅槃經》卷三

北涼曇無讖譯，CBETA, T12, no.374, p.379, a19–23。高昌國時期。

LM20-1459-06-01　《維摩詰所説經》卷上

姚秦鳩摩羅什譯，CBETA, T14, no.475, p.537, a6–16。品題下有"王恭"二字。唐時期。

參：《旅博選粹》, 131；王梅 2006, 149。

LM20-1459-06-02　《維摩詰所説經》卷上

姚秦鳩摩羅什譯，CBETA, T14, no.475, p.537, a15–25。唐時期。

參：《旅博選粹》, 131；王梅 2006, 149。

LM20-1459-07-01　《因明入正理論》

唐玄奘譯，CBETA, T32, no.1630, p.12, a9–17，"相性"作"性相"。唐時期。

LM20-1459-07-02　《阿毗達磨俱舍釋論》卷二一

陳真諦譯，CBETA, T29, no.1559, p.297, b22–26。唐時期。

LM20-1459-07-03　殘片

高昌國時期。

LM20-1459-07-04　《注維摩詰經序》

姚秦僧肇撰，CBETA, T38, no.1775, p.327, b7–10。唐時期。

參：鄭阿財 2019, 180。

LM20-1459-07-05　《佛本行集經》卷三六

隋闍那崛多譯，CBETA, T03, no.190, p.822, b9–12。唐時期。

參：段真子 2019, 166。

LM20-1459-08-01　《妙法蓮華經》卷四

姚秦鳩摩羅什譯，CBETA, T09, no.262, p.33, c12–15。唐時期。

LM20-1459-08-02　佛典殘片

高昌國時期。

LM20-1459-08-03　《妙法蓮華經》卷四

姚秦鳩摩羅什譯，CBETA，T09，no.262，p.30，a7-18。唐時期。

LM20-1459-08-04　《示所犯者瑜伽法鏡經》

唐室利末多譯，CBETA，T85，no.2896，p.1421，b24-c1，"是所護施"作"是布施"。
唐時期。

LM20-1459-08-05　《妙法蓮華經》卷七

姚秦鳩摩羅什譯，CBETA，T09，no.262，p.57，b13-17。唐時期。

LM20-1459-08-06　《大般涅槃經》卷二四

北涼曇無讖譯，CBETA，T12，no.374，p.508，a19-22。有貼附殘片，無法揭取。高昌國
時期。

LM20-1459-09-01　《大般涅槃經》卷三五

北涼曇無讖譯，CBETA，T12，no.374，p.569，b11-15。高昌郡時期。

參：王宇、王梅2006b，57。

LM20-1459-09-02　《摩訶般若波羅蜜經》卷二五

姚秦鳩摩羅什譯，CBETA，T08，no.223，p.403，a5-10。高昌國時期。

LM20-1459-09-03　殘片

唐時期。

LM20-1459-09-04　《大般涅槃經》卷三

北涼曇無讖譯，CBETA，T12，no.374，p.384，a4-9。唐時期。

LM20-1459-09-05　《優婆塞戒經》卷五

北涼曇無讖譯，CBETA，T24，no.1488，p.1059，a12-18，"而"作"人"，"已"作"以"。高
昌國時期。

LM20-1459-10-01　《賢愚經》卷六

元魏慧覺等譯，CBETA，T04，no.202，p.393，c7-16，"諸醫貪養"作"醫貪利養"，"貴"
作"遣"，"差"作"瘥"，"相過"作"相誤"，"更病"作"病更"。高昌國時期。

LM20-1459-10-02　《大方廣佛華嚴經》卷四五

唐實叉難陀譯，CBETA，T10，no.279，p.237，b21-22。唐時期。

LM20-1459-10-03　《大方廣佛華嚴經》卷四五

唐實叉難陀譯，CBETA，T10，no.279，p.237，b23-24。唐時期。

LM20-1459-10-04　《思益梵天所問經》卷一

姚秦鳩摩羅什譯，CBETA，T15，no.586，p.38，b10-21。唐時期。

LM20-1459-10-05　《大般涅槃經》卷二五

北涼曇無讖譯, CBETA, T12, no.374, p.511, a4-8。唐時期。

LM20-1459-10-06　《大般涅槃經》卷二五

北涼曇無讖譯, CBETA, T12, no.374, p.511, a8-11。唐時期。

LM20-1459-10-07　《大般涅槃經》卷二五

北涼曇無讖譯, CBETA, T12, no.374, p.511, a13-15。高昌國時期。

LM20-1459-10-08　《大般涅槃經》卷二五

北涼曇無讖譯, CBETA, T12, no.374, p.511, a16-20, 第 3、4 行間脱一行。唐時期。

LM20-1459-11-01　《小品般若波羅蜜經》卷八

姚秦鳩摩羅什譯, CBETA, T08, no.227, p.573, a18-21。高昌國時期。

LM20-1459-11-02　《大般若波羅蜜多經》卷二五一

唐玄奘譯, CBETA, T06, no.220, p.272, b8-14。唐時期。

LM20-1459-11-03　《大般若波羅蜜多經》卷三〇六

唐玄奘譯, CBETA, T06, no.220, p.560, b13-18。唐時期。

LM20-1459-11-04　佛典殘片

唐時期。

LM20-1459-11-05　《放光般若經》卷一三

西晉無羅叉譯, CBETA, T08, no.221, p.90, a10-11。高昌國時期。

LM20-1459-11-06　佛典殘片

有朱筆句讀。高昌郡時期。

LM20-1459-11-07　《大般涅槃經》卷一五

北涼曇無讖譯, CBETA, T12, no.374, p.453, b11-14。高昌國時期。

LM20-1459-12-01　《大方等大集經》卷一八

北涼曇無讖譯, CBETA, T13, no.397, p.126, c21-23。高昌郡時期。

LM20-1459-12-02　《佛母大孔雀明王經》卷中

唐不空譯, CBETA, T19, no.982, p.426, c7。唐時期。

LM20-1459-12-03　《大般若波羅蜜多經》卷四四四

唐玄奘譯, 此段文字多處可見。唐時期。

LM20-1459-12-04　《大般涅槃經》卷二二

北涼曇無讖譯, CBETA, T12, no.374, p.496, b2-6。有貼附殘片, 無法揭取。高昌國時期。

LM20-1459-12-05　佛典殘片

唐時期。

LM20-1459-12-06　《菩薩善戒經》卷九

劉宋求那跋摩譯, CBETA, T30, no.1582, p.1011, b14-16。唐時期。

LM20-1459-12-07　《觀世音三昧經》

作者不詳, CBETA, D11, no.8817, p.3, a4-6。高昌國時期。

LM20-1459-12-08 《金剛般若波羅蜜經》

元魏菩提流支譯, CBETA, T08, no.236a, p.756, c27-28。唐時期。

LM20-1459-12-09 殘片

高昌國時期。

LM20-1459-13-01 《過去現在因果經》卷三

劉宋求那跋陀羅譯, CBETA, T03, no.189, p.637, b27-c4。高昌國時期。

參:《旅博選粹》, 72。

LM20-1459-13-02 《大般若波羅蜜多經》卷五六九

唐玄奘譯, CBETA, T07, no.220, p.942, a17-23。唐時期。

LM20-1459-13-03 《金光明經》卷二

北涼曇無讖譯, CBETA, T16, no.663, p.341, c27-p.342, a3, "聽是"作"聽受是"。高昌國時期。

LM20-1459-14-01 《維摩詰所説經》卷中

姚秦鳩摩羅什譯, CBETA, T14, no.475, p.545, a17-23, "斷本"作"斷病本", "則有"作"則爲", 高昌國時期。

參: 王梅 2006, 145-146、153。

LM20-1459-14-02 《大方等大集經》卷七

北涼曇無讖譯, CBETA, T13, no.397, p.44, c24-26。高昌國時期。

LM20-1459-14-03 《妙法蓮華經》卷一

姚秦鳩摩羅什譯, CBETA, T09, no.262, p.6, a5-13。唐時期。

LM20-1459-14-04 《妙法蓮華經》卷一

姚秦鳩摩羅什譯, CBETA, T09, no.262, p.6, c8-11。高昌國時期。

LM20-1459-14-05 《妙法蓮華經》卷一

姚秦鳩摩羅什譯, CBETA, T09, no.262, p.6, c17-21。高昌國時期。

LM20-1459-15-01 佛名經

參譯者不詳《十方千五百佛名經》, CBETA, T14, no.442, p.317, c4-11。高昌國時期。

LM20-1459-15-02 《妙法蓮華經》卷四

姚秦鳩摩羅什譯, CBETA, T09, no.262, p.29, b8-19。高昌國時期。

LM20-1459-15-03 《法句經》卷下

吳維祇難等譯, CBETA, T04, no.210, p.571, a26-b5。分欄書寫。高昌郡時期。

參:《旅博選粹》, 8; 孫傳波 2008, 67、73。

LM20-1459-15-04 《妙法蓮華經》卷七

姚秦鳩摩羅什譯, CBETA, T09, no.262, p.58, a6-12。唐時期。

LM20-1459-15-05　《妙法蓮華經》卷七

　　姚秦鳩摩羅什譯，CBETA，T09，no.262，p.58，a7–23。唐時期。

LM20-1459-16-01　《妙法蓮華經》卷三

　　姚秦鳩摩羅什譯，CBETA，T09，no.262，p.23，a1–10。高昌國時期。

LM20-1459-16-02　《文殊師利所説摩訶般若波羅蜜經》卷下

　　梁曼陀羅仙譯，CBETA，T08，no.232，p.730，a16–24。唐時期。

LM20-1459-16-03　《妙法蓮華經》卷一

　　姚秦鳩摩羅什譯，CBETA，T09，no.262，p.2，c23–p.3，a11，“瑪”作“馬”。唐時期。

LM20-1459-16-04　《妙法蓮華經》卷四

　　姚秦鳩摩羅什譯，CBETA，T09，no.262，p.34，b19–22，“純”作“淳”。唐時期。

LM20-1459-17-01　《寶誌和尚大乘讚》

　　參宋延壽集《宗鏡録》卷一，CBETA，T48，no.2016，p.421，b9，“第十八”三字書於天頭欄
　　外。唐時期。

　　參：《旅博選粹》，161；榮新江 2019a，38。

LM20-1459-17-02　《梵網經》卷下

　　姚秦鳩摩羅什譯，CBETA，T24，no.1484，p.1004，c14–19，“口自”作“自”。有貼附殘片，
　　無法揭取。唐時期。

LM20-1459-17-03　《妙法蓮華經》卷四

　　姚秦鳩摩羅什譯，CBETA，T09，no.262，p.28，b8–16。唐時期。

LM20-1459-17-04　《金剛般若波羅蜜經》

　　姚秦鳩摩羅什譯，CBETA，T08，no.235，p.750，a29–b1。唐時期。

LM20-1459-17-05　《讚僧功德經》

　　作者不詳，CBETA，T85，no.2911，p.1456，c18–24，“諸願誓重不退”作“僧寶僧共興佛法”。
　　西州回鶻時期。

LM20-1459-17-06　《妙法蓮華經》卷五

　　姚秦鳩摩羅什譯，CBETA，T09，no.262，p.37，b24–c1。唐時期。

LM20-1459-18-01　《大般涅槃經後分》卷上

　　唐若那跋陀羅譯，CBETA，T12，no.377，p.900，c11–17，“大般涅槃經遺教品”作“大般
　　涅槃經遺教品第一”。唐時期。

LM20-1459-18-02　《大方廣佛華嚴經》注疏

　　參東晉佛陀跋陀羅譯《大方廣佛華嚴經》卷九，CBETA，T09，no.278，p.453，a9–10。唐時期。

　　參：《净土集成》，75。

LM20-1459-18-03　《金光明最勝王經》卷一

　　唐義净譯，CBETA，T16，no.665，p.403，a16–22。唐時期。

LM20-1459-18-04　《大般若波羅蜜多經》卷五九一

唐玄奘譯，CBETA, T07, no.220, p.1058, a12–20。唐時期。

LM20-1459-18-05　《維摩詰所説經》卷上

姚秦鳩摩羅什譯，CBETA, T14, no.475, p.541, c28–p.542, a4。唐時期。

LM20-1459-19-01　《佛説阿彌陀經》

姚秦鳩摩羅什譯，CBETA, T12, no.366, p.347, b1–4。唐時期。

參：《旅博選粹》，124；《净土集成》，74–75。

LM20-1459-19-02　《維摩詰所説經》卷中

姚秦鳩摩羅什譯，CBETA, T14, no.475, p.547, b17–23。唐時期。

LM20-1459-19-03　《維摩詰所説經》卷下

姚秦鳩摩羅什譯，CBETA, T14, no.475, p.554, a4–10，"土生清净"作"生清净"。唐時期。

參：王梅 2006, 157。

LM20-1459-19-04　《梁朝傅大士頌金剛經》

作者不詳，CBETA, T85, no.2732, p.6, a3–10。唐時期。

LM20-1459-19-05　《大方廣佛華嚴經》卷五二

唐實叉難陀譯，CBETA, T10, no.279, p.276, c4–7。唐時期。

LM20-1459-19-06　《妙法蓮華經》卷四

姚秦鳩摩羅什譯，CBETA, T09, no.262, p.34, b10–14。唐時期。

LM20-1459-20-01　《佛本行集經》卷三六

隋闍那崛多譯，CBETA, T03, no.190, p.822, b7–13，"散"作"傘"。唐時期。

參：段真子 2019, 166。

LM20-1459-20-02　《大般涅槃經》卷三五

北涼曇無讖譯，CBETA, T12, no.374, p.570, c25–28。唐時期。

LM20-1459-20-03　《妙法蓮華經》卷二

姚秦鳩摩羅什譯，CBETA, T09, no.262, p.15, c23–28。唐時期。

LM20-1459-20-04　《妙法蓮華經》卷四

姚秦鳩摩羅什譯，CBETA, T09, no.262, p.32, c3–6。唐時期。

LM20-1459-20-05　《大方廣佛華嚴經》卷六八

唐實叉難陀譯，CBETA, T10, no.279, p.366, b4–11。唐時期。

LM20-1459-20-06　《大般若波羅蜜多經》卷三三二

唐玄奘譯，CBETA, T06, no.220, p.700, a20–23。唐時期。

LM20-1459-21-01　《賢愚經》卷一一

元魏慧覺譯，CBETA, T04, no.202, p.428, b7–11，"々"作"踐"，"以訖"作"已竟""付囑"作"囑付"。高昌國時期。

LM20-1459-21-02　《妙法蓮華經》卷一

姚秦鳩摩羅什譯, CBETA, T09, no.262, p.1, c26-p.2, a2。第 5 行欄外有墨點。唐時期。

LM20-1459-21-03　《雜阿毗曇心論》卷二

劉宋僧伽跋摩等譯, CBETA, T28, no.1552, p.881, b2-7。高昌國時期。

LM20-1459-21-04　《梵網經》卷下

姚秦鳩摩羅什譯, CBETA, T24, no.1484, p.1008, a3-8。唐時期。

LM20-1459-21-05　佛典殘片

高昌國時期。

LM20-1459-21-06　《維摩詰所説經》卷上

姚秦鳩摩羅什譯, CBETA, T14, no.475, p.540, c12-18。唐時期。

LM20-1459-22-01　《金剛般若波羅蜜經》

元魏菩提流支譯, CBETA, T08, no.236a, p.754, a23-27。唐時期。

LM20-1459-22-02　《妙法蓮華經》卷三

姚秦鳩摩羅什譯, CBETA, T09, no.262, p.23, b21-25。高昌國時期。

LM20-1459-22-03　《大般涅槃經》卷二四

北涼曇無讖譯, CBETA, T12, no.374, p.505, a8-14。唐時期。

LM20-1459-22-04　《妙法蓮華經》卷四

姚秦鳩摩羅什譯, CBETA, T09, no.262, p.32, a8-16。唐時期。

LM20-1459-22-05　《妙法蓮華經》卷六

姚秦鳩摩羅什譯, CBETA, T09, no.262, p.48, a26-b3。高昌國時期。

LM20-1459-22-06　《大般涅槃經》卷三九

北涼曇無讖譯, CBETA, T12, no.374, p.590, c8-9。唐時期。

LM20-1459-22-07　《妙法蓮華經》卷七

姚秦鳩摩羅什譯, CBETA, T09, no.262, p.57, a12-14。高昌國時期。

LM20-1459-22-08　《大般涅槃經》卷四〇

北涼曇無讖譯, CBETA, T12, no.374, p.601, b19-22。唐時期。

LM20-1459-22-09　《大方廣佛華嚴經》卷七二

唐實叉難陀譯, CBETA, T10, no.279, p.394, b8-10。西州回鶻時期。

LM20-1459-23-01　《維摩詰所説經》卷上

姚秦鳩摩羅什譯, CBETA, T14, no.475, p.541, b14-15。唐時期。

LM20-1459-23-02　《大般涅槃經》卷三

北涼曇無讖譯, CBETA, T12, no.374, p.379, b27-c3。唐時期。

LM20-1459-23-03　《大方廣佛華嚴經》卷二七

東晉佛陀跋陀羅譯, CBETA, T09, no.278, p.574, b29-c2。唐時期。

LM20-1459-23-04　《天地八陽神咒經》

　　唐義净譯，CBETA, T85, no.2897, p.1423, b26–c2。西州回鶻時期。

LM20-1459-23-05　《大般涅槃經》卷三七

　　北涼曇無讖譯，CBETA, T12, no.374, p.585, a26–28。高昌國時期。

LM20-1459-23-06　《大般涅槃經》卷三三

　　北涼曇無讖譯，CBETA, T12, no.374, p.563, a17–21。高昌國時期。

LM20-1459-23-07　《小品般若波羅蜜經》卷五

　　姚秦鳩摩羅什譯，CBETA, T08, no.227, p.557, b29–c3。高昌國時期。

LM20-1459-23-08　《大般涅槃經》卷一〇

　　北涼曇無讖譯，CBETA, T12, no.374, p.425, b4–7。高昌國時期。

LM20-1459-23-09　《大方等陀羅尼經》卷四

　　北涼法衆譯，CBETA, T21, no.1339, p.656, c28–p.657, a6, 第 5、6 行間有脱文。高昌
　　國時期。

LM20-1459-23-10　《妙法蓮華經》卷五

　　姚秦鳩摩羅什譯，CBETA, T09, no.262, p.40, b29–c6。高昌國時期。

LM20-1459-24-01　《四分僧戒本》

　　姚秦佛陀耶舍譯，CBETA, T22, no.1430, p.1026, c21–24。唐時期。

LM20-1459-24-02　《放光般若經》卷一五

　　西晉無羅叉譯，CBETA, T08, no.221, p.108, a29–b3。高昌國時期。

LM20-1459-24-03　《佛説觀藥王藥上二菩薩經》

　　劉宋畺良耶舍譯，CBETA, T20, no.1161, p.666, a12–13。高昌國時期。

LM20-1459-24-04　佛典殘片

　　高昌國時期。

LM20-1459-24-05　《妙法蓮華經》卷三

　　姚秦鳩摩羅什譯，CBETA, T09, no.262, p.23, b1–4。唐時期。

LM20-1459-24-06　《大般若波羅蜜多經》卷五九二

　　唐玄奘譯，CBETA, T07, no.220, p.1060, c1–3。唐時期。

LM20-1459-24-07　《雜寶藏經》卷五

　　元魏吉迦夜、曇曜譯，CBETA, T04, no.203, p.475, a26–28。高昌國時期。

LM20-1459-24-08　《讚僧功德經》

　　作者不詳，CBETA, T85, no.2911, p.1457, a11–17。西州回鶻時期。

LM20-1459-24-09　《妙法蓮華經》卷四

　　姚秦鳩摩羅什譯，CBETA, T09, no.262, p.32, b25–29。西州回鶻時期。

LM20-1459-24-10　《佛説太子慕魄經》

後漢安世高譯，CBETA, T03, no.167, p.409, b17-20。唐時期。

LM20-1459-24-11 《金剛般若波羅蜜經》

姚秦鳩摩羅什譯，CBETA, T08, no.235, p.749, a2-5。唐時期。

LM20-1459-25-01 《妙法蓮華經》卷七

姚秦鳩摩羅什譯，CBETA, T09, no.262, p.58, b4-7。唐時期。

LM20-1459-25-02 《天地八陽神咒經》

唐義净譯，CBETA, T85, no.2897, p.1423, a8-10。唐時期。

LM20-1459-25-03 《六度集經》卷七

吳康僧會譯，CBETA, T03, no.152, p.39, b26-28。唐時期。

LM20-1459-25-04 《妙法蓮華經》卷七

姚秦鳩摩羅什譯，CBETA, T09, no.262, p.61, a12-13。唐時期。

LM20-1459-25-05 《妙法蓮華經》卷二

姚秦鳩摩羅什譯，CBETA, T09, no.262, p.11, b5-9。唐時期。

LM20-1459-25-06 《佛説温室洗浴衆僧經》

後漢安世高譯，CBETA, T16, no.701, p.803, b21-23。高昌國時期。

參：《旅博選粹》，57。

LM20-1459-25-07 《金剛般若波羅蜜經》

姚秦鳩摩羅什譯，CBETA, T08, no.235, p.749, c26-28。唐時期。

LM20-1459-25-08 《妙法蓮華經》卷四

姚秦鳩摩羅什譯，CBETA, T09, no.262, p.29, c5-9。唐時期。

LM20-1459-25-09 《妙法蓮華經》卷四

姚秦鳩摩羅什譯，CBETA, T09, no.262, p.30, a6-9。唐時期。

LM20-1459-25-10 《阿毗達磨順正理論》

唐玄奘譯，CBETA, T29, no.1562, p.335, a14-16。唐時期。

LM20-1459-26-01 《大方等大集經》卷八

北涼曇無讖譯，CBETA, T13, no.397, p.47, b22-24。高昌國時期。

LM20-1459-26-02a 《勝天王般若波羅蜜經》卷一

陳月婆首那譯，CBETA, T08, no.231, p.693, c7。高昌國時期。

LM20-1459-26-02b 佛典殘片

高昌國時期。

LM20-1459-26-02c 《大般涅槃經》卷一六

北涼曇無讖譯，CBETA, T12, no.374, p.457, a20-23。高昌國時期。

LM20-1459-26-03 《妙法蓮華經》卷四

姚秦鳩摩羅什譯，CBETA, T09, no.262, p.28, c2-4。唐時期。

LM20-1459-26-04 《入楞伽經》卷五

　　元魏菩提流支譯，CBETA, T16, no.671, p.542, b29-c3。高昌國時期。

LM20-1459-26-05 《妙法蓮華經》卷二

　　姚秦鳩摩羅什譯，CBETA, T09, no.262, p.11, c12-14。唐時期。

LM20-1459-26-06 《摩訶般若波羅蜜經》卷一五

　　姚秦鳩摩羅什譯，CBETA, T08, no.223, p.330, b24-28。高昌國時期。

LM20-1459-26-07 《佛説灌頂經》卷一二

　　東晉帛尸梨蜜多羅譯，CBETA, F03, no.88, p.2, b4-5。唐時期。

LM20-1459-26-08 《大方廣佛華嚴經》卷三四

　　東晉佛陀跋陀羅譯，CBETA, T09, no.278, p.614, b26-c1。唐時期。

LM20-1459-27-01 《大般若波羅蜜多經》卷三六

　　唐玄奘譯，CBETA, T05, no.220, p.200, c7-12。唐時期。

LM20-1459-27-02 《大般涅槃經》卷二七

　　北涼曇無讖譯，CBETA, T12, no.374, p.527, c20-21。高昌國時期。

LM20-1459-27-03 《大般涅槃經》卷二七

　　北涼曇無讖譯，CBETA, T12, no.374, p.527, c19-21。高昌國時期。

LM20-1459-27-04 《大雲輪請雨經》卷下

　　隋那連提耶舍譯，CBETA, T19, no.991, p.500, a14-16。唐時期。

LM20-1459-27-05 《妙法蓮華經》卷二

　　姚秦鳩摩羅什譯，CBETA, T09, no.262, p.16, c1-2。高昌國時期。

LM20-1459-27-06 《妙法蓮華經》卷四

　　姚秦鳩摩羅什譯，CBETA, T09, no.262, p.33, a27-28，"圍須"作"圍山須"。高昌國時期。

LM20-1459-27-07 《大般涅槃經》卷二八

　　北涼曇無讖譯，CBETA, T12, no.374, p.534, b12-13。高昌國時期。

LM20-1459-27-08 《妙法蓮華經》卷六

　　姚秦鳩摩羅什譯，CBETA, T09, no.262, p.49, a20-29。唐時期。

LM20-1459-27-09 《金剛般若波羅蜜經》

　　元魏菩提流支，CBETA, T08, no.236a, p.756, b21-24。高昌國時期。

LM20-1459-27-10 《光讚經》卷七

　　西晉竺法護譯，CBETA, T08, no.222, p.195, b9-12。高昌國時期。

LM20-1459-27-11 《妙法蓮華經》卷七

　　姚秦鳩摩羅什譯，CBETA, T09, no.262, p.58, b6-7。唐時期。

LM20-1459-28-01 《佛所行讚》卷三

北涼曇無讖譯，CBETA, T04, no.192, p.23, c15-21。高昌國時期。

LM20-1459-28-02　《大方廣佛華嚴經》卷一九

東晉佛陀跋陀羅譯，CBETA, T09, no.278, p.523, b23-25。唐時期。

LM20-1459-28-03　佛典注疏

高昌國時期。

LM20-1459-28-04　《維摩詰所説經》卷中

姚秦鳩摩羅什譯，CBETA, T14, no.475, p.545, c14-17。唐時期。

LM20-1459-28-05　《仁王般若經疏》卷下

隋吉藏撰，CBETA, T33, no.1707, p.354, c26-27。唐時期。

LM20-1459-28-06　佛典殘片

高昌國時期。

LM20-1459-28-07　《請觀世音菩薩消伏毒害陀羅尼咒經》

東晉竺難提譯，CBETA, T20, no.1043, p.38, a12-14。高昌國時期。

LM20-1459-28-08　《入楞伽經》卷五

元魏菩提流支譯，CBETA, T16, no.671, p.542, c25-28。高昌國時期。

LM20-1459-28-09　《金光明經》卷二

北涼曇無讖譯，CBETA, T16, no.663, p.343, a22-23。唐時期。

LM20-1459-28-10　《妙法蓮華經》卷四

姚秦鳩摩羅什譯，CBETA, T09, no.262, p.27, b17, 第 2 行有小字 "四"。唐時期。

LM20-1459-28-11　《大般若波羅蜜多經》卷一七四

唐玄奘譯，CBETA, T05, no.220, p.935, b14-16。唐時期。

LM20-1459-29-01　《佛説觀彌勒菩薩上生兜率天經》

劉宋沮渠京聲譯，CBETA, T14, no.452, p.419, b15-19。唐時期。

LM20-1459-29-02　《大智度論》卷四一

姚秦鳩摩羅什譯，CBETA, T25, no.1509, p.360, c15-18, "亦如是也"作"行如是", 第 2、3 行間脱一行。高昌國時期。

LM20-1459-29-03　《妙法蓮華經》卷六

姚秦鳩摩羅什譯，CBETA, T09, no.262, p.54, c13-14。唐時期。

LM20-1459-29-04　《大智度論》卷六二

姚秦鳩摩羅什譯，CBETA, T25, no.1509, p.498, b19-25。高昌國時期。

LM20-1459-29-05　《佛説觀佛三昧海經》卷一〇

東晉佛陀跋陀羅譯，CBETA, T15, no.643, p.693, c24-p.694, a1, "其"作"其人"。高昌國時期。

LM20-1459-29-06　《摩訶般若波羅蜜經》卷二一

姚秦鳩摩羅什譯，CBETA，T08，no.223，p.375，c6–7。高昌國時期。

LM20-1459-30-01 《寶誌和尚大乘讚》

可與 LM20-1459-17-01《寶誌和尚大乘讚》綴合，據此定名。唐時期。

參：《旅博選粹》，161；榮新江 2019a，38。

LM20-1459-30-02 《大般涅槃經》卷二五

北涼曇無讖譯，CBETA，T12，no.374，p.515，b21–c4，"搆於乳者則"作"搆乳之者"。唐時期。

參：《旅博選粹》，128。

LM20-1459-30-03 《摩訶般若波羅蜜經》卷一一

姚秦鳩摩羅什譯，CBETA，T08，no.223，p.300，b10–15。高昌國時期。

LM20-1459-30-04 《放光般若經》卷一八

西晉無羅叉譯，CBETA，T08，no.221，p.128，b20–24。高昌國時期。

LM20-1459-31-01 《佛藏經》卷下

姚秦鳩摩羅什譯，CBETA，T15，no.653，p.804，a13–p.805，b10，第 10 行 "老"作"者"。第 15、16 行間有漏抄。唐時期。

LM20-1459-31-02 《佛說轉女身經》

劉宋曇摩蜜多譯，CBETA，T14，no.564，p.920，a23–p.921，c2，"汝"作"如"。高昌國時期。

LM20-1459-32 空號

LM20-1459-33-01 《妙法蓮華經》卷二

姚秦鳩摩羅什譯，CBETA，T09，no.262，p.13，a6–9。唐時期。

LM20-1459-33-02 《大般涅槃經後分》卷上

唐若那跋陀羅譯，CBETA，T12，no.377，p.904，a7–11。唐時期。

LM20-1459-33-03 《妙法蓮華經》卷四

姚秦鳩摩羅什譯，CBETA，T09，no.262，p.35，b2–5。唐時期。

LM20-1459-33-04 《陀羅尼雜集》卷四

譯者不詳，CBETA，T21，no.1336，p.603，a9–12。唐時期。

LM20-1459-33-05 《大智度論》卷八二

姚秦鳩摩羅什譯，CBETA，T25，no.1509，p.635，c29–p.636，a4。唐時期。

LM20-1459-34-01 佛名經

有捺印佛像。唐時期。

LM20-1459-34-02 《十方千五百佛名經》

譯者不詳，CBETA，T14，no.442，p.317，a20–29，"十五"作"五十"，"廿分別星宿稱王佛"作"二十分別星寶王佛"，"諸王佛"作"珠王佛"，"音"作"香"，"藏"作"海"，"華光明王佛明王佛"作"華王佛度蓋行佛"。高昌國時期。

LM20-1459-34-03　佛名經

有捺印佛像。唐時期。

LM20-1459-34-04　《集諸經禮懺儀》卷上

唐智昇撰，CBETA, T47, no.1982, p.456, c1–17，"釋迦牟尼佛"作"釋迦牟尼如來三十五佛等一切諸"，"瑠"作"琉"，"竟"作"鏡"。西州回鶻時期。

LM20-1459-35-01　《佛說佛名經》卷二

元魏菩提流支譯，CBETA, T14, no.440, p.121, a20–26。唐時期。

LM20-1459-35-02　《十方千五百佛名經》

譯者不詳。參《十方千五百佛名經》全文，188–189 頁。唐時期。

LM20-1459-35-03　《佛說佛名經》卷一一

元魏菩提流支譯，CBETA, T14, no.440, p.175, b14–15。唐時期。

LM20-1459-35-04　《佛說佛名經》卷四

元魏菩提流支譯，CBETA, T14, no.440, p.136, a7–13。唐時期。

LM20-1459-36-01　佛名經

有朱色捺印佛像。唐時期。

LM20-1459-36-02　《大通方廣懺悔滅罪莊嚴成佛經》卷上

作者不詳，CBETA, T85, no.2871, p.1342, a5–10，"閡"作"礙"。唐時期。

LM20-1459-36-03　《佛說佛名經》卷四

元魏菩提流支譯，CBETA, T14, no.440, p.132, c11–13。唐時期。

LM20-1459-36-04　佛名經

唐時期。

LM20-1459-36-05　《佛說佛名經》卷一二

元魏菩提流支譯，CBETA, T14, no.440, p.180, b21–22。唐時期。

LM20-1459-36-06　佛名經

唐時期。

LM20-1459-36-07　佛典殘片

唐時期。

LM20-1459-36-08　《過去莊嚴劫千佛名經》

譯者不詳，CBETA, T14, no.446b, p.373, c2–3。唐時期。

LM20-1459-36-09　《佛說佛名經》卷一〇

元魏菩提流支譯，CBETA, T14, no.440, p.169, a21–28。第 1、7、8、9、10 行間有朱色捺印佛像。唐時期。

LM20-1459-37-01　《金光明最勝王經》卷六

唐義淨譯，CBETA, T16, no.665, p.429, c11–22。有上下雙邊欄。西州回鶻時期。

參：《旅博選粹》，198；房學惠、孫慧珍 2006，38；陳耕 2019，342–353。

LM20-1459-37-02 《大般若波羅蜜多經》卷二九五

唐玄奘譯，CBETA，T06，no.220，p.502，b28–c16。第 11 行至第 12 行之間有小字"呂"。西州回鶻時期。

參：《旅博選粹》，194；陳耕 2019，342–357；史睿 2019，83。

LM20-1459-38-01 《梁朝傅大士頌金剛經》

作者不詳，CBETA，T85，no.2732，p.3，a13–25，"法非非法"作"法非非法彌勒頌曰"，"有差別"作"有差別彌勒頌曰"。第 5 行、第 8 行天頭欄外有朱筆圓圈，四周雙邊印欄。西州回鶻時期。

參：《旅博選粹》，198；竺沙雅章 2006，128、134；陳耕 2019，342–349；史睿 2019，83。

LM20-1459-38-02 《大般若波羅蜜多經》卷二九五

唐玄奘譯，CBETA，T06，no.220，p.502，c16–19，"遍"作"變"。西州回鶻時期。

參：史睿 2019，83。

LM20-1459-38-03 《大方廣佛華嚴經》卷四二

唐實叉難陀譯，CBETA，T10，no.279，p.221，a6–7。西州回鶻時期。

LM20-1459-38-04 《金光明最勝王經》卷六

唐義淨譯，CBETA，T16，no.665，p.429，c12–19。地腳有雙邊欄。西州回鶻時期。

參：《旅博選粹》，198；竺沙雅章 2006，126。

LM20-1459-38-05 《大方廣佛華嚴經》卷四二

唐實叉難陀譯，CBETA，T10，no.279，p.219，b26。西州回鶻時期。

LM20-1459-39-01 《大般若波羅蜜多經》卷二五〇

唐玄奘譯，CBETA，T06，no.220，p.262，a18–21。第 1、2 行間有"般若二百五十"小注。西州回鶻時期。

LM20-1459-39-02 《梁朝傅大士頌金剛經》

作者不詳，CBETA，T85，no.2731，p.2，c29–p.3，a.13，"濟河"作"彌勒頌曰渡河"。第 1、5 行天頭欄外有朱筆圓圈，第 3 行天頭欄外有墨筆圓圈，有四周雙邊欄。西州回鶻時期。

參：《旅博選粹》，198；竺沙雅章 2006，128、134；史睿 2019，83。

LM20-1459-39-03 《大般若波羅蜜多經》卷九三

唐玄奘譯，CBETA，T05，no.220，p.519，b8–9。第 2 行左側有小注。西州回鶻時期。

LM20-1459-39-04 《妙法蓮華經》卷七

姚秦鳩摩羅什譯，CBETA，T09，no.262，p.58，b19–28。天頭有雙邊欄。西州回鶻時期。

參：《旅博選粹》，197；竺沙雅章 2006，126、133；史睿 2019，83。

LM20-1459-40-01 《妙法蓮華經》卷七

姚秦鳩摩羅什譯, CBETA, T09, no.262, p.58, b12–19。西州回鶻時期。

參:《旅博選粹》, 197; 竺沙雅章 2006, 126、133; 史睿 2019, 83。

LM20-1459-40-02　《妙法蓮華經》卷七

姚秦鳩摩羅什譯, CBETA, T09, no.262, p.58, b13–19。西州回鶻時期。

參:《旅博選粹》, 197; 竺沙雅章 2006, 126、133; 史睿 2019, 83。

LM20-1459-40-03　《妙法蓮華經》卷七

姚秦鳩摩羅什譯, CBETA, T09, no.262, p.58, b19–24。地腳有雙邊欄。西州回鶻時期。

參:《旅博選粹》, 197; 竺沙雅章 2006, 126、133; 史睿 2019, 83。

LM20-1459-40-04　《妙法蓮華經》卷七

姚秦鳩摩羅什譯, CBETA, T09, no.262, p.58, b13–17。地腳有雙邊欄。西州回鶻時期。

參:《旅博選粹》, 197; 竺沙雅章 2006, 126、133; 史睿 2019, 83。

經册十一

LM20-1460-01-01 《妙法蓮華經》卷五

　　姚秦鳩摩羅什譯，CBETA，T09，no.262，p.37，c1–4，"田"作"畋"。唐時期。

LM20-1460-01-02 《大般若波羅蜜多經》卷四四〇

　　唐玄奘譯，CBETA，T07，no.220，p.219，c10–12。唐時期。

LM20-1460-01-03 《大般涅槃經》卷三一

　　北涼曇無讖譯，CBETA，T12，no.374，p.553，a15–19。高昌國時期。

LM20-1460-01-04 《摩訶般若波羅蜜經》卷七

　　姚秦鳩摩羅什譯，CBETA，T08，no.223，p.273，a11–13。唐時期。

LM20-1460-01-05 《大般涅槃經》卷三

　　北涼曇無讖譯，CBETA，T12，no.374，p.382，a8–11。唐時期。

LM20-1460-01-06 《摩訶般若波羅蜜經》卷二五

　　姚秦鳩摩羅什譯，CBETA，T08，no.223，p.405，a14–19。高昌國時期。

LM20-1460-01-07 《大薩遮尼乾子所説經》卷三

　　元魏菩提留支譯，CBETA，T09，no.272，p.330，c7–8。唐時期。

LM20-1460-01-08 《佛説仁王般若波羅蜜經》卷上

　　姚秦鳩摩羅什譯，CBETA，T08，no.245，p.828，c11–14。高昌國時期。

LM20-1460-01-09 《大般涅槃經》卷一八

　　北涼曇無讖譯，CBETA，T12，no.374，p.473，c22–25。高昌國時期。

LM20-1460-01-10 《大般涅槃經》卷三一

　　北涼曇無讖譯，CBETA，T12，no.374，p.550，c27–p.551，a1，"於"作"念"。高昌國時期。

LM20-1460-01-11 《妙法蓮華經》卷五

　　姚秦鳩摩羅什譯，CBETA，T09，no.262，p.43，b2–7。唐時期。

LM20-1460-01-12 《妙法蓮華經》卷六

　　姚秦鳩摩羅什譯，CBETA，T09，no.262，p.51，a26–27。唐時期。

LM20-1460-01-13 《大般涅槃經》卷三

　　北涼曇無讖譯，CBETA，T12，no.374，p.380，b23–27。唐時期。

LM20-1460-01-14 《妙法蓮華經》卷七

　　姚秦鳩摩羅什譯，CBETA，T09，no.262，p.60，b17–20。高昌國時期。

LM20-1460-01-15　《維摩詰所説經》卷中

　　姚秦鳩摩羅什譯，CBETA，T14，no.475，p.546，a19–22。唐時期。

　　參：王梅 2006，154。

LM20-1460-01-16　《分別業報略經》

　　劉宋僧伽跋摩譯，CBETA，T17，no.723，p.448，c20–22。唐時期。

LM20-1460-01-17　《妙法蓮華經》卷三

　　姚秦鳩摩羅什譯，CBETA，T09，no.262，p.22，b23–26。唐時期。

LM20-1460-01-18　《金光明經》卷一

　　北涼曇無讖譯，CBETA，T16，no.663，p.339，b25–29。高昌國時期。

LM20-1460-01-19　《佛所行讚》卷三

　　北涼曇無讖譯，CBETA，T04，no.192，p.25，c11–15。唐時期。

　　參：《旅博選粹》，28。

LM20-1460-01-20　《妙法蓮華經》卷六

　　姚秦鳩摩羅什譯，CBETA，T09，no.262，p.51，a22–28。唐時期。

LM20-1460-01-21　《大智度論》卷九

　　姚秦鳩摩羅什譯，CBETA，T25，no.1509，p.122，a9–12。唐時期。

LM20-1460-01-22　《大般涅槃經》卷一四

　　北涼曇無讖譯，CBETA，T12，no.374，p.449，b10–12。高昌國時期。

LM20-1460-02-01　《妙法蓮華經》卷二

　　姚秦鳩摩羅什譯，CBETA，T09，no.262，p.11，a19–25。唐時期。

LM20-1460-02-02　《佛説仁王般若波羅蜜經》卷下

　　姚秦鳩摩羅什譯，CBETA，T08，no.245，p.830，c24–26。高昌國時期。

LM20-1460-02-03　《妙法蓮華經》卷四

　　姚秦鳩摩羅什譯，CBETA，T09，no.262，p.28，c19–27。唐時期。

LM20-1460-02-04　《金光明經》卷二

　　北涼曇無讖譯，CBETA，T16，no.663，p.343，c16–19。高昌國時期。

LM20-1460-02-05　《妙法蓮華經》卷七

　　姚秦鳩摩羅什譯，CBETA，T09，no.262，p.57，b5–7。唐時期。

LM20-1460-02-06　《妙法蓮華經》卷三

　　姚秦鳩摩羅什譯，CBETA，T09，no.262，p.24，a6–7。唐時期。

LM20-1460-02-07　《大智度論》卷四六

　　姚秦鳩摩羅什譯，CBETA，T25，no.1509，p.394，a25–29。唐時期。

LM20-1460-02-08　《大方等大集經》卷四

　　北涼曇無讖譯，CBETA，T13，no.397，p.24，c18–22。高昌國時期。

LM20-1460-02-09 《放光般若經》卷一八

西晉無羅叉譯，CBETA, T08, no.221, p.128, c16–19。高昌國時期。

LM20-1460-02-10 《摩訶般若波羅蜜經》卷一八

姚秦鳩摩羅什譯，CBETA, T08, no.223, p.352, b14–18。高昌國時期。

LM20-1460-02-11 《梵網經》卷下

姚秦鳩摩羅什譯，CBETA, T24, no.1484, p.1005, c12–17。唐時期。

LM20-1460-02-12 《大般涅槃經》經題

唐時期。

LM20-1460-02-13 《大般若波羅蜜多經》卷一一

唐玄奘譯，CBETA, T05, no.220, p.56, b13–14。唐時期。

LM20-1460-02-14 《妙法蓮華經》卷七

姚秦鳩摩羅什譯，CBETA, T09, no.262, p.60, b1–2。唐時期。

LM20-1460-02-15 《妙法蓮華經》卷七

姚秦鳩摩羅什譯，CBETA, T09, no.262, p.61, c18–22。唐時期。

LM20-1460-02-16 《大般涅槃經》卷二四

北涼曇無讖譯，CBETA, T12, no.374, p.508, b4–6。高昌國時期。

LM20-1460-02-17 《大般若波羅蜜多經》卷一二

唐玄奘譯，CBETA, T05, no.220, p.63, a10–15。唐時期。

LM20-1460-02-18 《金光明經》卷四

北涼曇無讖譯，CBETA, T16, no.663, p.356, b23–27。唐時期。

LM20-1460-02-19 佛典注疏

西州回鶻時期。

LM20-1460-02-20 《妙法蓮華經》卷四

姚秦鳩摩羅什譯，CBETA, T09, no.262, p.33, a14–16。唐時期。

LM20-1460-03-01 《大般涅槃經》卷三八

北涼曇無讖譯，CBETA, T12, no.374, p.589, a10–14。唐時期。

LM20-1460-03-02 《妙法蓮華經》卷六

姚秦鳩摩羅什譯，CBETA, T09, no.262, p.52, c13–16。唐時期。

LM20-1460-03-03 《妙法蓮華經》卷五

姚秦鳩摩羅什譯，CBETA, T09, no.262, p.44, b10–24。唐時期。

LM20-1460-03-04 《金剛般若波羅蜜經》

姚秦鳩摩羅什譯，CBETA, T08, no.235, p.749, b25–c1。唐時期。

LM20-1460-03-05 《佛説觀佛三昧海經》卷三

東晉佛陀跋陀羅譯，CBETA, T15, no.643, p.661, a1–4。高昌國時期。

LM20-1460-03-06　《佛說觀藥王藥上二菩薩經》

劉宋畺良耶舍譯，CBETA，T20，no.1161，p.661，a7–12。唐時期。

LM20-1460-03-07　《大方廣佛華嚴經》卷五三

東晉佛陀跋陀羅譯，CBETA，T09，no.278，p.738，b23–26。唐時期。

LM20-1460-03-08　《妙法蓮華經》卷六

姚秦鳩摩羅什譯，CBETA，T09，no.262，p.51，c16–23。唐時期。

LM20-1460-03-09　《大般涅槃經》卷一三

北涼曇無讖譯，CBETA，T12，no.374，p.450，b22–24。唐時期。

LM20-1460-03-10　《大寶積經》卷二〇

唐菩提流志譯，CBETA，T11，no.310，p.108，a18–20。唐時期。

LM20-1460-03-11　《妙法蓮華經》卷五

姚秦鳩摩羅什譯，CBETA，T09，no.262，p.42，b19–22。唐時期。

LM20-1460-03-12　《大般涅槃經》卷三

北涼曇無讖譯，CBETA，T12，no.374，p.384，c29–p.385，a2。高昌國時期。

LM20-1460-03-13　《妙法蓮華經》卷三

姚秦鳩摩羅什譯，CBETA，T09，no.262，p.23，c17–23。唐時期。

LM20-1460-03-14　《金剛般若波羅蜜經》

姚秦鳩摩羅什譯，CBETA，T08，no.235，p.751，b6–10。唐時期。

LM20-1460-03-15　《大般涅槃經》卷二九

北涼曇無讖譯，CBETA，T12，no.374，p.535，c14–18。高昌國時期。

LM20-1460-03-16　《妙法蓮華經》卷五

姚秦鳩摩羅什譯，CBETA，T09，no.262，p.42，c2–4。唐時期。

LM20-1460-03-17　《太子須大拏經》（異本）

西秦聖堅譯，CBETA，T03，no.171，p.424，a3–8，"受乘象"作"受速乘象"，"即乘白"作"即乘象還白"。高昌國時期。

參：《旅博選粹》，69。

LM20-1460-03-18　《妙法蓮華經》卷二

姚秦鳩摩羅什譯，CBETA，T09，no.262，p.12，b24–26。唐時期。

LM20-1460-03-19　《妙法蓮華經》卷三

姚秦鳩摩羅什譯，CBETA，T09，no.262，p.22，c3–6。高昌國時期。

LM20-1460-03-20　《大般涅槃經》卷三二

北涼曇無讖譯，CBETA，T12，no.374，p.558，b23–26。高昌國時期。

LM20-1460-03-21　《注維摩詰經》卷一

姚秦僧肇撰，CBETA，T38，no.1775，p.336，b21–c7，"濡"作"軟"。有雙行小字注。高

昌國時期。

參:《旅博選粹》, 168; 橘堂晃一 2006a, 93; 鄭阿財 2019, 181。

LM20-1460-03-22 《金剛般若波羅蜜經》

姚秦鳩摩羅什譯, CBETA, T08, no.235, p.750, b6–10。唐時期。

LM20-1460-04-01 《佛説七千佛神符經》

作者不詳, CBETA, T85, no.2904, p.1446, b28–c1。唐時期。

LM20-1460-04-02 《大般涅槃經》卷二九

北涼曇無讖譯, CBETA, T12, no.374, p.535, c22–24。高昌國時期。

LM20-1460-04-03 《佛本行集經》卷一

隋闍那崛多譯, CBETA, T03, no.190, p.656, b6–10。唐時期。

參: 段真子 2019, 162。

LM20-1460-04-04 《浄名經關中釋抄》卷上

唐道液撰集, CBETA, T85, no.2778, p.502, a26–b4。唐時期。

LM20-1460-04-05 《大方廣佛華嚴經》卷一五（五十卷本）

東晉佛陀跋陀羅譯,《中華大藏經》第 12 册, 180c7–9; 參 CBETA, T09, no.278, p.510, b26–27, "如" 作 "妙"。高昌國時期。

LM20-1460-04-06 《佛説法句經》

作者不詳, CBETA, T85, no.2901, p.1435, a15–19。唐時期。

LM20-1460-04-07 《摩訶般若波羅蜜經》卷三

姚秦鳩摩羅什譯, CBETA, T08, no.223, p.233, b21–24。高昌國時期。

LM20-1460-04-08 《大般涅槃經》不分卷

北涼曇無讖譯, CBETA, T12, no.374, p.416, a8–10、a18。唐時期。

LM20-1460-04-09 《金剛般若波羅蜜經》

姚秦鳩摩羅什譯, CBETA, T08, no.235, p.751, c20–25。唐時期。

LM20-1460-04-10 《大般若波羅蜜多經》卷五二〇

唐玄奘譯, CBETA, T07, no.220, p.556, b25–28。西州回鶻時期。

LM20-1460-04-11 《大般若波羅蜜多經》卷五八五

唐玄奘譯, CBETA, T07, no.220, p.1026, b26–29。唐時期。

LM20-1460-04-12 《大般若波羅蜜多經》卷五八五

唐玄奘譯, CBETA, T07, no.220, p.1026, b12–15。唐時期。

LM20-1460-04-13 《大般若波羅蜜多經》卷五八五

唐玄奘譯, CBETA, T07, no.220, p.1026, b22–24。唐時期。

LM20-1460-04-14 《大般若波羅蜜多經》卷五八五

唐玄奘譯, CBETA, T07, no.220, p.1026, b17–20。唐時期。

LM20-1460-04-15　《大般若波羅蜜多經》卷四一二

唐玄奘譯，此段文字多處可見。唐時期。

LM20-1460-04-16　《十住經》卷二

姚秦鳩摩羅什譯，CBETA, T10, no.286, p.510, b12-15。高昌國時期。

LM20-1460-04-17　《大般涅槃經》卷三八

北涼曇無讖譯，CBETA, T12, no.374, p.587, a1-4。唐時期。

LM20-1460-04-18　《妙法蓮華經》卷七

姚秦鳩摩羅什譯，CBETA, T09, no.262, p.57, a21-24。唐時期。

LM20-1460-04-19　佛典殘片

唐時期。

LM20-1460-04-20　《大般涅槃經》卷六

北涼曇無讖譯，CBETA, T12, no.374, p.398, c19-23。高昌國時期。

LM20-1460-05-01　《大般涅槃經》卷一一

北涼曇無讖譯，CBETA, T12, no.374, p.431, c5-8。高昌國時期。

參：《旅博選粹》，52。

LM20-1460-05-02　《金剛般若波羅蜜經》

元魏菩提流支譯，CBETA, T08, no.236a, p.753, b22-27。唐時期。

LM20-1460-05-03　《妙法蓮華經》卷六

姚秦鳩摩羅什譯，CBETA, T09, no.262, p.49, a24-28。西州回鶻時期。

LM20-1460-05-04　《金光明經》卷三

北涼曇無讖譯，CBETA, T16, no.663, p.347, c22-26。唐時期。

LM20-1460-05-05　《大般若波羅蜜多經》卷五四

唐玄奘譯，CBETA, T05, no.220, p.303, c27-p.304, a1。唐時期。

LM20-1460-05-06　《妙法蓮華經》卷四

姚秦鳩摩羅什譯，CBETA, T09, no.262, p.36, b16-20。唐時期。

LM20-1460-05-07　《妙法蓮華經》卷六

姚秦鳩摩羅什譯，CBETA, T09, no.262, p.47, a23-24。唐時期。

LM20-1460-05-08　《大般涅槃經》卷五

北涼曇無讖譯，CBETA, T12, no.374, p.394, a14-17。唐時期。

LM20-1460-05-09r　佛典殘片

參北涼浮陀跋摩、道泰等譯《阿毗曇毗婆沙論》卷四七，CBETA, T28, no.1546, p.356, b27-28。高昌國時期。

LM20-1460-05-09v　殘片

無法揭取拍攝。

LM20-1460-05-10　《成實論》卷七

　　姚秦鳩摩羅什譯，CBETA，T32，no.1646，p.289，a22–26，"生"作"人"。高昌郡時期。

　　參：《旅博選粹》，67。

LM20-1460-05-11　《大般涅槃經》卷一一

　　北涼曇無讖譯，CBETA，T12，no.374，p.431，c8–9。高昌國時期。

　　參：《旅博選粹》，52。

LM20-1460-05-12　《請觀世音菩薩消伏毒害陀羅尼咒經》

　　東晉竺難提譯，CBETA，T20，no.1043，p.37，a9–12。高昌國時期。

LM20-1460-05-13　《金光明經》卷一

　　北涼曇無讖譯，CBETA，T16，no.663，p.337，b19–22。唐時期。

LM20-1460-05-14　《大方等大集經》卷七

　　北涼曇無讖譯，CBETA，T13，no.397，p.44，c26–28。高昌國時期。

LM20-1460-05-15　《大般涅槃經》卷三

　　北涼曇無讖譯，CBETA，T12，no.374，p.380，c26–28。高昌國時期。

LM20-1460-05-16　《金剛般若波羅蜜經》

　　姚秦鳩摩羅什譯，CBETA，T08，no.235，p.751，b23–27。唐時期。

LM20-1460-05-17　《雜阿含經》卷四五

　　劉宋求那跋陀羅譯，CBETA，T02，no.99，p.327，b27–29。唐時期。

LM20-1460-05-18　佛名經

　　參元魏菩提流支譯《佛説佛名經》卷六，CBETA，T14，no.440，p.147，b13–16。唐時期。

LM20-1460-05-19　《大般涅槃經》卷三二

　　北涼曇無讖譯，CBETA，T12，no.374，p.557，c21–24。高昌國時期。

LM20-1460-05-20　《妙法蓮華經》卷二

　　姚秦鳩摩羅什譯，CBETA，T09，no.262，p.16，b18–23。高昌國時期。

LM20-1460-05-21　《大般涅槃經》卷七

　　北涼曇無讖譯，CBETA，T12，no.374，p.403，c20–23。高昌國時期。

LM20-1460-05-22　《妙法蓮華經》卷三

　　姚秦鳩摩羅什譯，CBETA，T09，no.262，p.25，b26–c1。唐時期。

LM20-1460-05-23　《攝大乘論釋》卷四

　　陳真諦譯，CBETA，T31，no.1595，p.176，b6–12。高昌國時期。

LM20-1460-06-01　《大般涅槃經》卷三一

　　北涼曇無讖譯，CBETA，T12，no.374，p.550，b2–4。高昌國時期。

LM20-1460-06-02　《大般涅槃經》卷二七

　　北涼曇無讖譯，CBETA，T12，no.374，p.524，b21–25。高昌郡時期。

LM20-1460-06-03　《妙法蓮華經》卷五

姚秦鳩摩羅什譯，CBETA, T09, no.262, p.46, a5–11。唐時期。

LM20-1460-06-04　《大方廣佛華嚴經隨疏演義鈔》卷三九

唐澄觀述，CBETA, T36, no.1736, p.301, b16–20。唐時期。

LM20-1460-06-05　《大般涅槃經》卷一六

北涼曇無讖譯，CBETA, T12, no.374, p.459, b19–24。唐時期。

LM20-1460-06-06　《大方廣佛華嚴經》卷六〇

東晉佛陀跋陀羅譯，CBETA, T09, no.278, p.784, a22–25。唐時期。

LM20-1460-06-07　《大般涅槃經》卷一四

北涼曇無讖譯，CBETA, T12, no.374, p.450, c7–11。高昌國時期。

LM20-1460-06-08　佛典注疏

唐時期。

LM20-1460-06-09　《論語集解》卷五《子罕》

相當於李方《敦煌〈論語集解〉校證》（江蘇古籍出版社，1998 年）334–335 頁，"禮節"作"禮"。高昌國時期。

參：朱玉麒、孟彥弘 2019, 44；何亦凡 2019, 135。

LM20-1460-06-10　《四分律》卷二三

姚秦佛陀耶舍、竺佛念等譯，CBETA, T22, no.1428, p.723, a26–b2。唐時期。

LM20-1460-06-11　《十一面神咒心經》

唐玄奘譯，CBETA, T20, no.1071, p.153, b29–c2。唐時期。

LM20-1460-06-12　《七佛八菩薩所説大陀羅尼神咒經》卷一

譯者不詳，CBETA, T21, no.1332, p.540, c12–17，"轉精進"作"轉倍精進"。高昌國時期。

LM20-1460-06-13　《大方廣佛華嚴經》卷一五（五十卷本）

東晉佛陀跋陀羅譯，《中華大藏經》第 12 册, 184c5–7；參 CBETA, T09, no.278, p.513, b9–11。細字寫本。高昌國時期。

LM20-1460-06-14　《大方廣佛華嚴經》卷一四（五十卷本）

東晉佛陀跋陀羅譯，《中華大藏經》第 12 册, 176a4–8；參 CBETA, T09, no.278, p.508, c14–21。細字寫本。高昌國時期。

LM20-1460-06-15a　《大方廣佛華嚴經》卷一五（五十卷本）

東晉佛陀跋陀羅譯，《中華大藏經》第 12 册, 180c11–19；參 CBETA, T09, no.278, p.510, b28–c5。細字寫本。高昌國時期。

LM20-1460-06-15b　《大方廣佛華嚴經》卷一五（五十卷本）

東晉佛陀跋陀羅譯，《中華大藏經》第 12 册, 179c6–13；參 CBETA, T09, no.278, p.509, c22–29。細字寫本。高昌國時期。

LM20-1460-06-16a 《大方廣佛華嚴經》卷一四（五十卷本）

東晉佛陀跋陀羅譯，《中華大藏經》第 12 冊，171c18–172a4；參 CBETA，T09，no.278，p.505，c16–22。細字寫本。高昌國時期。

LM20-1460-06-16b 《大方廣佛華嚴經》卷一五（五十卷本）

東晉佛陀跋陀羅譯，《中華大藏經》第 12 冊，184b1–6；參 CBETA，T09，no.278，p.513，a15–19。細字寫本。高昌國時期。

LM20-1460-06-17a 《大方廣佛華嚴經》卷一四（五十卷本）

東晉佛陀跋陀羅譯，《中華大藏經》第 12 冊，174b14–20；參 CBETA，T09，no.278，p.507，c6–13。細字寫本。高昌國時期。

LM20-1460-06-17b 《大方廣佛華嚴經》卷一五（五十卷本）

東晉佛陀跋陀羅譯，《中華大藏經》第 12 冊，185a8–11；參 CBETA，T09，no.278，p.513，c3–6。細字寫本。高昌國時期。

LM20-1460-06-18a 《大方廣佛華嚴經》卷一四（五十卷本）

東晉佛陀跋陀羅譯，《中華大藏經》第 12 冊，175b6–10；參 CBETA，T09，no.278，p.508，b3–10。細字寫本。高昌國時期。

LM20-1460-06-18b 《大方廣佛華嚴經》卷一五（五十卷本）

東晉佛陀跋陀羅譯，《中華大藏經》第 12 冊，179a6–11；參 CBETA，T09，no.278，p.509，b11–15。細字寫本。高昌國時期。

LM20-1460-06-19 《大方廣佛華嚴經》卷一五（五十卷本）

東晉佛陀跋陀羅譯，《中華大藏經》第 12 冊，180b11–16；參 CBETA，T09，no.278，p.510，b9–13。細字寫本。高昌國時期。

LM20-1460-06-20 《大方廣佛華嚴經》卷一五（五十卷本）

東晉佛陀跋陀羅譯，《中華大藏經》第 12 冊，180a15–b1；參 CBETA，T09，no.278，p.510，a21–b1。細字寫本。高昌國時期。

LM20-1460-06-21 《大方廣佛華嚴經》卷一五（五十卷本）

東晉佛陀跋陀羅譯，《中華大藏經》第 12 冊，179a13–18；參 CBETA，T09，no.278，p.509，b17–22。細字寫本。高昌國時期。

LM20-1460-06-22a 《大方廣佛華嚴經》卷一四（五十卷本）

東晉佛陀跋陀羅譯，《中華大藏經》第 12 冊，175a12–14；參 CBETA，T09，no.278，p.508，a18–20。細字寫本。高昌國時期。

LM20-1460-06-22b 《大方廣佛華嚴經》卷一五（五十卷本）

東晉佛陀跋陀羅譯，《中華大藏經》第 12 冊，179c15–23；參 CBETA，T09，no.278，p.510，a2–8。細字寫本。高昌國時期。

LM20-1460-06-22c 《大方廣佛華嚴經》卷一五（五十卷本）

東晉佛陀跋陀羅譯,《中華大藏經》第 12 册, 180a8-15; 參 CBETA, T09, no.278, p.510, a15-21。細字寫本。高昌國時期。

LM20-1460-06-23a　《大方廣佛華嚴經》卷一四（五十卷本）

東晉佛陀跋陀羅譯,《中華大藏經》第 12 册, 171c3-9; 參 CBETA, T09, no.278, p.505, b23-27、c2-8。細字寫本。高昌國時期。

LM20-1460-06-23b　《大方廣佛華嚴經》卷一五（五十卷本）

東晉佛陀跋陀羅譯,《中華大藏經》第 12 册, 179b12-19; 參 CBETA, T09, no.278, p.509, c6-14。細字寫本。高昌國時期。

LM20-1460-06-24a　《大方廣佛華嚴經》卷一五（五十卷本）

東晉佛陀跋陀羅譯,《中華大藏經》第 12 册, 178b12-17; 參 CBETA, T09, no.278, p.509, a5-11。細字寫本。高昌國時期。

LM20-1460-06-24b　《大方廣佛華嚴經》卷一五（五十卷本）

東晉佛陀跋陀羅譯,《中華大藏經》第 12 册, 178b14-19; 參 CBETA, T09, no.278, p.509, a25-b3。細字寫本。高昌國時期。

LM20-1460-06-24c　《大方廣佛華嚴經》卷一五（五十卷本）

東晉佛陀跋陀羅譯,《中華大藏經》第 12 册, 183c20-184a5; 參 CBETA, T09, no.278, p.512, c21-27。細字寫本。高昌國時期。

LM20-1460-07-01　《大方廣佛華嚴經》卷一五（五十卷本）

東晉佛陀跋陀羅譯,《中華大藏經》第 12 册, 180b18-c2; 參 CBETA, T09, no.278, p.510, b15-21。細字寫本。高昌國時期。

LM20-1460-07-02　《妙法蓮華經》卷二

姚秦鳩摩羅什譯, CBETA, T09, no.262, p.12, a14-18。唐時期。

LM20-1460-07-03　《妙法蓮華經》卷六

姚秦鳩摩羅什譯, CBETA, T09, no.262, p.46, c7-13。唐時期。

LM20-1460-07-04　《大般涅槃經》卷二八

北涼曇無讖譯, CBETA, T12, no.374, p.533, c11-13。高昌國時期。

LM20-1460-07-05　《金光明經》卷一

北涼曇無讖譯, CBETA, T16, no.663, p.338, a9-15。唐時期。

LM20-1460-07-06　殘片

唐時期。

LM20-1460-07-07　《大方廣佛華嚴經》卷一五（五十卷本）

東晉佛陀跋陀羅譯,《中華大藏經》第 12 册, 183b15-22; 參 CBETA, T09, no.278, p.512, b25-c3。細字寫本。高昌國時期。

LM20-1460-07-08　《大方廣佛華嚴經》卷一五（五十卷本）

東晉佛陀跋陀羅譯,《中華大藏經》第 12 册, 182b4-12; 參 CBETA, T09, no.278, p.511,
c6-13。細字寫本。高昌國時期。

LM20-1460-07-09 《佛説佛名經》卷一

譯者不詳, CBETA, T14, no.441, p.188, c17-20。西州回鶻時期。

LM20-1460-07-10 佛典殘片

唐時期。

LM20-1460-07-11 《妙法蓮華經》卷一

姚秦鳩摩羅什譯, CBETA, T09, no.262, p.5, a4-8。唐時期。

LM20-1460-07-12 《大佛頂如來密因修證了義諸菩薩萬行首楞嚴經》卷八

唐般刺蜜帝譯, CBETA, T19, no.945, p.142, c9-20。有朱筆勾劃及朱點句讀。唐時期。

參:《旅博選粹》, 180。

LM20-1460-07-13 《妙法蓮華經》卷三

姚秦鳩摩羅什譯, CBETA, T09, no.262, p.20, c29-p.21, a7。唐時期。

LM20-1460-07-14 《大般涅槃經》卷七

北涼曇無讖譯, CBETA, T12, no.374, p.407, a26-b1。唐時期。

M20-1460-07-15 《大般若波羅蜜多經》卷六一

唐玄奘譯, CBETA, T05, no.220, p.347, a2-5。唐時期。

LM20-1460-07-16 《佛説灌頂經》卷一二

東晉帛尸梨蜜多羅譯, CBETA, T21, no.1331, p.533, c25-p.534, a4。唐時期。

LM20-1460-07-17 《小品般若波羅蜜經》卷二

姚秦鳩摩羅什譯, CBETA, T08, no.227, p.544, c23-29。高昌國時期。

參:《旅博選粹》, 34; 孫傳波 2006, 185。

LM20-1460-07-18 《諸佛要集經》卷下

西晉竺法護譯, CBETA, T17, no.810, p.769, c16-19。高昌郡時期。

參:《旅博選粹》, 3; 三谷真澄 2006, 68-69; 郭富純、王振芬 2006, 24;《旅博研究》,
84; 三谷真澄 2019, 18。

LM20-1460-07-19 《菩薩善戒經》卷九

劉宋求那跋摩譯, CBETA, T30, no.1582, p.1009, c16-22。高昌國時期。

參:《旅博選粹》, 65。

LM20-1460-07-20 《佛説佛名經》卷五

元魏菩提流支譯, CBETA, T14, no.440, p.139, a15-17, "燃" 作 "然"。唐時期。

LM20-1460-08-01 《大般涅槃經》卷二

北涼曇無讖譯, CBETA, T12, no.374, p.372, a1-5。唐時期。

LM20-1460-08-02 《佛説出家功德經》

譯者不詳, CBETA, T16, no.707, p.814, c1-4。唐時期。

LM20-1460-08-03　《妙法蓮華經》卷四

姚秦鳩摩羅什譯, CBETA, T09, no.262, p.28, a1-3。唐時期。

LM20-1460-08-04　《大般涅槃經》卷二三

北涼曇無讖譯, CBETA, T12, no.374, p.499, c12-18。唐時期。

LM20-1460-08-05　《金剛般若波羅蜜經》

元魏菩提流支譯, CBETA, T08, no.236a, p.753, b7-10。唐時期。

LM20-1460-08-06　《妙法蓮華經》卷三

姚秦鳩摩羅什譯, CBETA, T09, no.262, p.19, b7-10。唐時期。

LM20-1460-08-07　《大般涅槃經》卷六

北涼曇無讖譯, CBETA, T12, no.374, p.402, a15-18。高昌國時期。

LM20-1460-08-08　《妙法蓮華經》卷二

姚秦鳩摩羅什譯, CBETA, T09, no.262, p.13, a10-14。唐時期。

LM20-1460-08-09　佛教戒律

參姚秦佛陀耶舍、竺佛念譯《長阿含經》卷一三, CBETA, T01, no.1, p.84, a4-6; CBETA, T01, no.1, p.85, a12-13。唐時期。

LM20-1460-08-10　佛典殘片

高昌國時期。

LM20-1460-08-11　《合部金光明經》卷二

梁真諦譯, 隋寶貴合, CBETA, T16, no.664, p.369, a20-23。唐時期。

LM20-1460-08-12　《阿毗曇毗婆沙論》卷二七

北涼浮陀跋摩、道泰譯, CBETA, T28, no.1546, p.198, c18-22, "以"作"故"。高昌郡時期。參:《旅博選粹》, 62。

LM20-1460-08-13　《大方廣佛華嚴經》卷一五（五十卷本）

東晉佛陀跋陀羅譯,《中華大藏經》第 12 册, 178c11-21; 參 CBETA, T09, no.278, p.509, a25-b4, "濡"作"軟"。細字寫本。高昌國時期。

LM20-1460-08-14a　《大方廣佛華嚴經》卷一五（五十卷本）

東晉佛陀跋陀羅譯,《中華大藏經》第 12 册, 180c19-181a3; 參 CBETA, T09, no.278, p.510, c6-12。細字寫本。高昌國時期。

LM20-1460-08-14b　《大方廣佛華嚴經》卷一五（五十卷本）

東晉佛陀跋陀羅譯,《中華大藏經》第 12 册, 180a16-23; 參 CBETA, T09, no.278, p.510, a23-29。細字寫本。高昌國時期。

LM20-1460-08-15a　《大方廣佛華嚴經》卷一五（五十卷本）

東晉佛陀跋陀羅譯,《中華大藏經》第 12 册, 179c15-22; 參 CBETA, T09, no.278, p.510, a1–8。細字寫本。高昌國時期。

LM20-1460-08-15b 《大方廣佛華嚴經》卷一五（五十卷本）

東晉佛陀跋陀羅譯，《中華大藏經》第 12 册，181a20–b4；參 CBETA, T09, no.278, p.510, c27–p.511, a4。細字寫本。高昌國時期。

LM20-1460-08-16a 《大方廣佛華嚴經》卷一五（五十卷本）

東晉佛陀跋陀羅譯，《中華大藏經》第 12 册，180b17–c2；參 CBETA, T09, no.278, p.510, b14–21。細字寫本。高昌國時期。

LM20-1460-08-16b 《大方廣佛華嚴經》卷一五（五十卷本）

東晉佛陀跋陀羅譯，《中華大藏經》第 12 册，179a14–19；參 CBETA, T09, no.278, p.509, b19–23。細字寫本。高昌國時期。

LM20-1460-08-17 《金剛般若波羅蜜經》

姚秦鳩摩羅什譯，CBETA, T08, no.235, p.748, c29–p.749, a4。西州回鶻時期。

LM20-1460-08-18 《大方廣佛華嚴經》卷六〇

東晉佛陀跋陀羅譯，CBETA, T09, no.278, p.781, b6–9。唐時期。

LM20-1460-08-19 《大般涅槃經》卷一五

北涼曇無讖譯，CBETA, T12, no.374, p.451, c8–15。唐時期。

LM20-1460-08-20 《僧伽吒經》卷二

元魏月婆首那譯，CBETA, T13, no.423, p.964, c16–19，"不盡"作"不善"。唐時期。

LM20-1460-09-01 《金光明經》卷二

北涼曇無讖譯，CBETA, T16, no.663, p.344, b12–19，"悲"作"愍"。高昌國時期。

LM20-1460-09-02 《金剛般若波羅蜜經》

元魏菩提流支譯，CBETA, T08, no.236a, p.756, b16–18。唐時期。

LM20-1460-09-03 《十地經論》卷一二

元魏菩提流支譯，CBETA, T26, no.1522, p.195, b29–c2。唐時期。

LM20-1460-09-04 《大寶積經》卷八八

元魏月婆首那譯，CBETA, T11, no.310, p.502, c26–29。唐時期。

LM20-1460-09-05 《大般涅槃經》卷四〇

北涼曇無讖譯，CBETA, T12, no.374, p.599, c21–25。唐時期。

LM20-1460-09-06 《十地經論》卷一二

元魏菩提流支譯，CBETA, T26, no.1522, p.195, b28–c1。唐時期。

LM20-1460-09-07 《梵網經》卷下

姚秦鳩摩羅什譯，CBETA, T24, no.1484, p.1004, a26–27，"千百萬億"作"百萬億"。唐時期。

LM20-1460-09-08 《金光明經》卷二

北涼曇無讖譯，CBETA, T16, no.663, p.341, c28-p.342, a2。唐時期。

LM20-1460-09-09　《十地經論》卷一二

元魏菩提流支譯，CBETA, T26, no.1522, p.195, c4-6。唐時期。

LM20-1460-09-10a　《律戒本疏》

作者不詳，CBETA, T85, no.2788, p.641, c19-22。唐時期。

LM20-1460-09-10b　《律戒本疏》

作者不詳，CBETA, T85, no.2788, p.641, c8-15，"敕約"作"約敕"。唐時期。

LM20-1460-09-11　《妙法蓮華經》卷五

姚秦鳩摩羅什譯，CBETA, T09, no.262, p.41, b15-22。唐時期。

LM20-1460-09-12　《大方廣佛華嚴經》卷五

東晉佛陀跋陀羅譯，CBETA, T09, no.278, p.424, c11-17。唐時期。

LM20-1460-09-13　《放光般若經》卷一四

西晉無羅叉譯，CBETA, T08, no.221, p.99, c26-28。唐時期。

LM20-1460-09-14　《金剛般若波羅蜜經》

姚秦鳩摩羅什譯，CBETA, T08, no.235, p.749, a19-22。唐時期。

LM20-1460-09-15　《妙法蓮華經》卷六

姚秦鳩摩羅什譯，CBETA, T09, no.262, p.53, c4-8。唐時期。

參：房學惠、孫慧珍 2006, 39。

LM20-1460-09-16　佛典殘片

參劉宋智嚴譯《佛說廣博嚴淨不退轉輪經》卷四，CBETA, T09, no.268, p.272, b13-14。唐時期。

LM20-1460-09-17　《十地經論》卷一二

元魏菩提流支譯，CBETA, T26, no.1522, p.195, c7-10。唐時期。

LM20-1460-10-01　《摩訶般若波羅蜜經》卷二五

姚秦鳩摩羅什譯，CBETA, T08, no.223, p.404, b22-26。高昌國時期。

LM20-1460-10-02　《金剛般若波羅蜜經》

元魏菩提流支譯，CBETA, T08, no.236a, p.756, c7-10。高昌國時期。

LM20-1460-10-03　《賢愚經》卷八

元魏慧覺等譯，CBETA, T04, no.202, p.403, a4-8。高昌國時期。

LM20-1460-10-04　《佛說法句經》

作者不詳，CBETA, T85, no.2901, p.1435, b7-8。唐時期。

LM20-1460-10-05　《妙法蓮華經》卷四

姚秦鳩摩羅什譯，CBETA, T09, no.262, p.29, c11-15。唐時期。

LM20-1460-10-06　《妙法蓮華經》卷四

姚秦鳩摩羅什譯，CBETA, T09, no.262, p.32, c10–13。唐時期。

LM20-1460-10-07　《金剛般若波羅蜜經》

姚秦鳩摩羅什譯，CBETA, T08, no.235, p.749, a14–19。西州回鶻時期。

LM20-1460-10-08　《金剛般若波羅蜜經》

姚秦鳩摩羅什譯，CBETA, T08, no.235, p.749, a12–14。唐時期。

LM20-1460-10-09　《妙法蓮華經》卷五

姚秦鳩摩羅什譯，CBETA, T09, no.262, p.44, c19–22。高昌國時期。

LM20-1460-10-10　《妙法蓮華經》卷六

姚秦鳩摩羅什譯，CBETA, T09, no.262, p.52, a8–10。唐時期。

LM20-1460-10-11　佛典注疏

高昌國時期。

LM20-1460-10-12　《大般涅槃經》卷五

北涼曇無讖譯，CBETA, T12, no.374, p.392, b27–c1，"轉輪"作"轉法輪"。唐時期。

LM20-1460-10-13　殘片

唐時期。

LM20-1460-10-14　《大般若波羅蜜多經》卷三七八

唐玄奘譯，CBETA, T06, no.220, p.953, b25–28。唐時期。

LM20-1460-10-15　《阿毗曇八犍度論》卷二〇

北涼曇無讖譯，CBETA, T26, no.1543, p.862, b27–c5。高昌郡時期。

參：《旅博選粹》，22。

LM20-1460-10-16　《佛説四不可得經》

西晉竺法護譯，CBETA, T17, no.770, p.707, b21–24。唐時期。

LM20-1460-10-17　《佛説四不可得經》

西晉竺法護譯，CBETA, T17, no.770, p.707, b24–28。唐時期。

LM20-1460-10-18　《勝鬘義疏本義》

高昌國時期。

參：《旅博選粹》，168；橘堂晃一2006a, 88、101；榮新江2019a, 27。

LM20-1460-10-19　《大般涅槃經》卷三

北涼曇無讖譯，CBETA, T12, no.374, p.380, b14–17。高昌國時期。

LM20-1460-10-20　《大般涅槃經》卷三〇

北涼曇無讖譯，CBETA, T12, no.374, p.543, c18–21，"同"作"周"。唐時期。

LM20-1460-10-21　《大智度論》卷七三

姚秦鳩摩羅什譯，CBETA, T25, no.1509, p.573, b6–12。高昌國時期。

LM20-1460-11-01　《摩訶般若波羅蜜經》卷二一

　　姚秦鳩摩羅什譯，CBETA，T08，no.223，p.370，c2-4。高昌國時期。

LM20-1460-11-02　《大般涅槃經》卷一八

　　北涼曇無讖譯，CBETA，T12，no.374，p.469，a25-28。高昌國時期。

LM20-1460-11-03　《摩訶般若波羅蜜經》卷二一

　　姚秦鳩摩羅什譯，CBETA，T08，no.223，p.370，c5-9。高昌國時期。

LM20-1460-11-04　《大方等大集經》卷一六

　　北涼曇無讖譯，CBETA，T13，no.397，p.111，a20-23。高昌國時期。

LM20-1460-11-05　《大般涅槃經》卷一六

　　北涼曇無讖譯，CBETA，T12，no.374，p.462，a4-7。唐時期。

LM20-1460-11-06　《大般涅槃經》卷二〇

　　北涼曇無讖譯，CBETA，T12，no.374，p.482，c19-22。高昌郡時期。

　　參：《旅博選粹》，16；王宇、王梅 2006b，54。

LM20-1460-11-07　《妙法蓮華經》卷四

　　姚秦鳩摩羅什譯，CBETA，T09，no.262，p.31，a5-6。唐時期。

LM20-1460-11-08　《摩訶般若波羅蜜經》卷二一

　　姚秦鳩摩羅什譯，CBETA，T08，no.223，p.370，c6-7。高昌國時期。

LM20-1460-11-09　《大般涅槃經》卷三二

　　北涼曇無讖譯，CBETA，T12，no.374，p.555，c7-9。高昌國時期。

LM20-1460-11-10　《金剛般若波羅蜜經》

　　姚秦鳩摩羅什譯，CBETA，T08，no.235，p.749，c21-23。唐時期。

LM20-1460-11-11　《大般涅槃經》卷三二

　　北涼曇無讖譯，CBETA，T12，no.374，p.555，c5-6。高昌國時期。

LM20-1460-11-12　《大般涅槃經》卷二三

　　北涼曇無讖譯，CBETA，T12，no.374，p.502，b5-7。高昌國時期。

LM20-1460-11-13　《菩薩善戒經》卷七

　　劉宋求那跋摩譯，CBETA，T30，no.1582，p.998，b17-19。高昌國時期。

　　參：《旅博選粹》，66。

LM20-1460-11-14　《菩薩善戒經》卷七

　　劉宋求那跋摩譯，CBETA，T30，no.1582，p.998，c8-9。高昌國時期。

　　參：《旅博選粹》，66。

LM20-1460-11-15　《菩薩善戒經》卷七

　　劉宋求那跋摩譯，CBETA，T30，no.1582，p.998，b21-23。高昌國時期。

　　參：《旅博選粹》，66。

LM20-1460-11-16　《菩薩善戒經》卷七

劉宋求那跋摩譯，CBETA, T30, no.1582, p.998, b25-27，"聞法得"作"聞法速得"。高昌國時期。

參:《旅博選粹》, 66。

LM20-1460-11-17 《摩訶般若波羅蜜經》卷一二

姚秦鳩摩羅什譯，CBETA, T08, no.223, p.312, b11-14。高昌國時期。

LM20-1460-11-18 《大般涅槃經》卷三五

北涼曇無讖譯，CBETA, T12, no.374, p.573, a12-13。唐時期。

LM20-1460-11-19 《大般涅槃經》卷二

北涼曇無讖譯，CBETA, T12, no.374, p.373, b13-17。高昌國時期。

LM20-1460-11-20 《大般涅槃經》卷三二

北涼曇無讖譯，CBETA, T12, no.374, p.555, c9-11。唐時期。

LM20-1460-11-21 《菩薩善戒經》卷七

劉宋求那跋摩譯，CBETA, T30, no.1582, p.998, b29-c2。高昌國時期。

參:《旅博選粹》, 66。

LM20-1460-11-22 《菩薩善戒經》卷七

劉宋求那跋摩譯，CBETA, T30, no.1582, p.998, c15-17。高昌國時期。

參:《旅博選粹》, 66。

LM20-1460-11-23 《菩薩善戒經》卷七

劉宋求那跋摩譯，CBETA, T30, no.1582, p.998, c3-5。高昌國時期。

參:《旅博選粹》, 66。

LM20-1460-11-24 《菩薩善戒經》卷七

劉宋求那跋摩譯，CBETA, T30, no.1582, p.998, b9-11。高昌國時期。

參:《旅博選粹》, 66。

LM20-1460-12-01 《妙法蓮華經》卷七

姚秦鳩摩羅什譯，CBETA, T09, no.262, p.57, c19。西州回鶻時期。

LM20-1460-12-02 《佛説灌頂經》卷一二

東晉帛尸梨蜜多羅譯，CBETA, T21, no.1331, p.535, c10-15。唐時期。

LM20-1460-12-03 《妙法蓮華經》卷一

姚秦鳩摩羅什譯，CBETA, T09, no.262, p.2, c21-p.3, a2。唐時期。

LM20-1460-12-04 《摩訶般若波羅蜜經》卷七

姚秦鳩摩羅什譯，CBETA, T08, no.223, p.275, c19-26。高昌郡時期。

參:《旅博選粹》, 9。

LM20-1460-12-05 《大般涅槃經》卷一五

北涼曇無讖譯，CBETA, T12, no.374, p.452, c29-p.453, a5。高昌國時期。

LM20-1460-12-06　《妙法蓮華經》卷七

　　姚秦鳩摩羅什譯，CBETA, T09, no.262, p.59, a13–16。唐時期。

LM20-1460-12-07　《妙法蓮華經》卷四

　　姚秦鳩摩羅什譯，CBETA, T09, no.262, p.29, c3–5。唐時期。

LM20-1460-12-08　《妙法蓮華經》卷二

　　姚秦鳩摩羅什譯，CBETA, T09, no.262, p.18, b6–10。唐時期。

LM20-1460-12-09　《天地八陽神咒經》

　　唐義淨譯，CBETA, T85, no.2897, p.1423, c16–17。唐時期。

LM20-1460-12-10　《佛説灌頂經》卷一一

　　東晉帛尸梨蜜多羅譯，CBETA, T21, no.1331, p.529, a4–6。唐時期。

LM20-1460-12-11　《寶雲經》卷一

　　梁曼陀羅仙譯，CBETA, T16, no.658, p.210, a7–10。唐時期。

LM20-1460-12-12　《大般涅槃經》卷三一

　　北涼曇無讖譯，CBETA, T12, no.374, p.549, b14–18。高昌國時期。

LM20-1460-12-13　《大莊嚴法門經》卷下

　　隋那連提耶舍譯，CBETA, T17, no.818, p.830, a11–12。唐時期。

LM20-1460-12-14　《大般涅槃經》卷一四

　　北涼曇無讖譯，CBETA, T12, no.374, p.448, b11–14，“三昧能壞廿”作“三昧壞二十”。
　　唐時期。

LM20-1460-12-15　《大般涅槃經》卷二四

　　北涼曇無讖譯，CBETA, T12, no.374, p.509, a11–13。高昌郡時期。
　　參：王宇、王梅 2006b, 55。

LM20-1460-12-16　《大寶積經》卷七七

　　姚秦鳩摩羅什譯，CBETA, T11, no.310, p.436, a13–16。唐時期。

LM20-1460-12-17r　《薩婆多毗尼毗婆沙》卷四

　　譯者不詳，CBETA, T23, no.1440, p.528, a23–b9。高昌郡時期。

LM20-1460-12-17v　佛教戒律

　　高昌郡時期。

LM20-1460-12-18　《大般涅槃經》卷三五

　　北涼曇無讖譯，CBETA, T12, no.374, p.573, a17–18，“醎”作“鹽”。高昌國時期。

LM20-1460-12-19　《合部金光明經》卷一

　　北涼曇無讖譯，隋寶貴合，CBETA, T16, no.664, p.361, b21–25。高昌國時期。

LM20-1460-12-20　《妙法蓮華經》卷三

　　姚秦鳩摩羅什譯，CBETA, T09, no.262, p.23, b7–8。唐時期。

LM20-1460-12-21　《妙法蓮華經》卷四

姚秦鳩摩羅什譯，CBETA, T09, no.262, p.29, a16–19。唐時期。

LM20-1460-13-01a　《大般涅槃經》卷三五

北涼曇無讖譯，CBETA, T12, no.374, p.572, a29–b3。高昌國時期。

LM20-1460-13-01b　《大般涅槃經》卷三五

北涼曇無讖譯，CBETA, T12, no.374, p.572, b17–19。高昌國時期。

LM20-1460-13-02a　《大般涅槃經》卷三五

北涼曇無讖譯，CBETA, T12, no.374, p.572, c3–5。高昌國時期。

LM20-1460-13-02b　《大般涅槃經》卷三五

北涼曇無讖譯，CBETA, T12, no.374, p.572, b6–9。高昌國時期。

LM20-1460-13-03　《大般涅槃經》卷三五

北涼曇無讖譯，CBETA, T12, no.374, p.572, b10–13。高昌國時期。

LM20-1460-13-04　《妙法蓮華經》卷三

姚秦鳩摩羅什譯，CBETA, T09, no.262, p.21, b28–c3。唐時期。

LM20-1460-13-05a　《大般涅槃經》卷三五

北涼曇無讖譯，CBETA, T12, no.374, p.572, b14–16。高昌國時期。

LM20-1460-13-05b　《大般涅槃經》卷三五

北涼曇無讖譯，CBETA, T12, no.374, p.572, a26–28。高昌國時期。

LM20-1460-13-06a　《大般涅槃經》卷三五

北涼曇無讖譯，CBETA, T12, no.374, p.572, b26–28。高昌國時期。

LM20-1460-13-06b　《大般涅槃經》卷三五

北涼曇無讖譯，CBETA, T12, no.374, p.572, c6–7。高昌國時期。

LM20-1460-13-07　《佛說仁王般若波羅蜜經》卷下

姚秦鳩摩羅什譯，CBETA, T08, no.245, p.830, c23–26。高昌國時期。

LM20-1460-13-08　《大般涅槃經》卷三五

北涼曇無讖譯，CBETA, T12, no.374, p.572, b29–c2。高昌國時期。

LM20-1460-13-09a　《大般涅槃經》卷三五

北涼曇無讖譯，CBETA, T12, no.374, p.572, b20–21。高昌國時期。

LM20-1460-13-09b　《大般涅槃經》卷三五

北涼曇無讖譯，CBETA, T12, no.374, p.572, a23–26。高昌國時期。

LM20-1460-13-10　《大般涅槃經》卷五

北涼曇無讖譯，CBETA, T12, no.390, p.630, c16–21。唐時期。

參：房學惠、孫慧珍 2006, 39。

LM20-1460-13-11a　《大般涅槃經》卷三五

北涼曇無讖譯，CBETA, T12, no.374, p.572, b3–6。高昌國時期。

LM20-1460-13-11b　《大般涅槃經》卷三五

北涼曇無讖譯，CBETA, T12, no.374, p.572, c9–10。高昌國時期。

LM20-1460-13-12r　《維摩義記》卷二

隋慧遠撰，CBETA, T38, no.1776, p.458, c4–13。高昌國時期。

LM20-1460-13-12v　殘片

無法揭取拍攝。

LM20-1460-13-13　《放光般若經》卷五

西晉無羅叉譯，CBETA, T08, no.221, p.32, b23–26。高昌國時期。

LM20-1460-13-14　《金光明經》卷二

北涼曇無讖譯，CBETA, T16, no.663, p.343, a2–5。唐時期。

LM20-1460-13-15　《大般涅槃經》卷五

北涼曇無讖譯，CBETA, T12, no.374, p.392, b29–c3。唐時期。

LM20-1460-13-16　《摩訶般若波羅蜜經》卷一

姚秦鳩摩羅什譯，CBETA, T08, no.223, p.220, c21–26。高昌國時期。
參：《旅博選粹》，29。

LM20-1460-13-17　《大般涅槃經》卷一二

北涼曇無讖譯，CBETA, T12, no.374, p.440, a4–6。高昌國時期。

LM20-1460-13-18　《妙法蓮華經》卷七

姚秦鳩摩羅什譯，CBETA, T09, no.262, p.60, b9–11。唐時期。

LM20-1460-13-19　《阿毗達磨發智論》卷一一

唐玄奘譯，CBETA, T26, no.1544, p.976, a18–21。唐時期。

LM20-1460-13-20　《妙法蓮華經》卷七

姚秦鳩摩羅什譯，CBETA, T09, no.262, p.57, b5–8。唐時期。

LM20-1460-13-21　《金光明經》卷一

北涼曇無讖譯，CBETA, T16, no.663, p.339, b24–28。唐時期。

LM20-1460-13-22　《文殊師利問菩提經》

姚秦鳩摩羅什譯，CBETA, T14, no.464, p.482, a26–28。唐時期。

LM20-1460-13-23　《大方廣佛華嚴經》卷三九（五十卷本）

東晉佛陀跋陀羅譯，《中華大藏經》第 12 册，477c17–19；參 CBETA, T09, no.278, p.697, b11–15，"閡"作"礙"。高昌國時期。

LM20-1460-14-01　《妙法蓮華經》卷六

姚秦鳩摩羅什譯，CBETA, T09, no.262, p.53, a11–16。唐時期。

LM20-1460-14-02　《妙法蓮華經》卷五

姚秦鳩摩羅什譯，CBETA, T09, no.262, p.40, a18–22。唐時期。

LM20-1460-14-03　陀羅尼

參北周耶舍崛多譯《佛説十一面觀世音神咒經》，CBETA, T20, no.1070, p.150, a16–23。唐時期。

LM20-1460-14-04　《大方廣佛華嚴經》卷一四（五十卷本）

東晉佛陀跋陀羅譯，《中華大藏經》第 12 册，171b9–13；參 CBETA, T09, no.278, p.505, b9–13。細字寫本。高昌國時期。

LM20-1460-14-05　《大寶積經》卷九

西晉竺法護譯，CBETA, T11, no.310, p.52, a13–17。唐時期。

LM20-1460-14-06　《念佛三昧寶王論》卷上

唐飛錫撰，CBETA, T47, no.1967, p.134, b16–23，"異歟若"作"異若"。有朱筆句讀。西州回鶻時期。

LM20-1460-14-07　《大智度論》卷五五

姚秦鳩摩羅什譯，CBETA, T25, no.1509, p.451, a2–13。高昌郡時期。

LM20-1460-14-08　維摩經疏

參隋吉藏撰《維摩經義疏》卷四，CBETA, T38, no.1781, p.951, c7–14。有雙行小字注。高昌郡時期。

參：橘堂晃一 2006a, 93。

LM20-1460-14-09　《大般涅槃經》卷二五

北涼曇無讖譯，CBETA, T12, no.374, p.517, b5–9。唐時期。

LM20-1460-14-10　《佛説灌頂經》卷一二

東晉帛尸梨蜜多羅譯，CBETA, T21, no.1331, p.535, c5–9。唐時期。

LM20-1460-14-11　《妙法蓮華經》卷四

姚秦鳩摩羅什譯，CBETA, T09, no.262, p.30, a1–6。唐時期。

LM20-1460-14-12　《妙法蓮華經》卷五

姚秦鳩摩羅什譯，CBETA, T09, no.262, p.45, c24–29。高昌國時期。

LM20-1460-14-13　勝鬘經疏

參唐明空述《勝鬘經疏義私鈔》卷六，CBETA, X19, no.353, p.972, c17–p.973, a5。有雙行小字注。高昌國時期。

參：《旅博選粹》，167；橘堂晃一2006a, 93。

LM20-1460-14-14　《合部金光明經》卷一

梁真諦譯，隋寶貴合，CBETA, T16, no.664, p.364, c22–26。唐時期。

LM20-1460-15-01　《妙法蓮華經》卷五（八卷本）

姚秦鳩摩羅什譯，《定本法華經》，137b12–14；參 CBETA, T09, no.262, p.36, c28–

p.37, a1、p.37, a10。唐時期。

LM20-1460-15-02　《大般涅槃經》卷一〇

北涼曇無讖譯, CBETA, T12, no.374, p.425, b17-20。唐時期。

LM20-1460-15-03　《妙法蓮華經》卷七

姚秦鳩摩羅什譯, CBETA, T09, no.262, p.56, c24-26。唐時期。

LM20-1460-15-04　《大般涅槃經》注疏

參北涼曇無讖譯《大般涅槃經》卷二七, CBETA, T12, no.374, p.523, a21-22。高昌國時期。

LM20-1460-15-05　《大方廣佛華嚴經》卷一八（五十卷本）

東晉佛陀跋陀羅譯,《中華大藏經》第 12 册, 226a6-13; 參 CBETA, T09, no.278, p.537, a29-b7。高昌國時期。

LM20-1460-15-06　《大般涅槃經》注疏

參北涼曇無讖譯《大般涅槃經》卷二七, CBETA, T12, no.374, p.523, a18-20。高昌國時期。

LM20-1460-15-07　《涅槃義記》卷一

作者不詳, CBETA, T37, no.1764, p.625, a2-16。高昌國時期。

參: 橘堂晃一 2006a, 96。

LM20-1460-15-08　《妙法蓮華經》卷四

姚秦鳩摩羅什譯, CBETA, T09, no.262, p.30, a8-14。唐時期。

LM20-1460-15-09　《妙法蓮華經》卷七

姚秦鳩摩羅什譯, CBETA, T09, no.262, p.57, c1-4。唐時期。

LM20-1460-15-10　《佛説觀藥王藥上二菩薩經》

劉宋畺良耶舍譯, CBETA, T20, no.1161, p.665, b3-6, "瑠"作"琉"。高昌國時期。

LM20-1460-15-11　《金光明經》卷三

北涼曇無讖譯, CBETA, T16, no.663, p.348, a10-13。唐時期。

LM20-1460-15-12　陀羅尼

高昌國時期。

LM20-1460-15-13　《光讚經》卷五

西晉竺法護譯, CBETA, T08, no.222, p.179, b25-29, "諸漏爲"作"諸漏有爲"。高昌國時期。

LM20-1460-15-14　《妙法蓮華經》卷一

姚秦鳩摩羅什譯, CBETA, T09, no.262, p.2, a1-3。唐時期。

LM20-1460-15-15　《大般涅槃經》卷四〇

北涼曇無讖譯, CBETA, T12, no.374, p.598, b19-22。唐時期。

LM20-1460-15-16 《合部金光明經》卷三

　　梁真諦譯, 隋寶貴合, CBETA, T16, no.664, p.372, c29-p.373, a3。唐時期。

LM20-1460-15-17 《摩訶般若波羅蜜經》卷一〇

　　姚秦鳩摩羅什譯, CBETA, T08, no.223, p.290, c26-p.291, a3。高昌郡時期。

　　參:《旅博選粹》, 29。

LM20-1460-16-01 《妙法蓮華經》卷五

　　姚秦鳩摩羅什譯, CBETA, T09, no.262, p.38, b28-c3。唐時期。

LM20-1460-16-02 《舍利弗阿毗曇論》卷二三

　　姚秦曇摩耶舍、曇摩崛多等譯, CBETA, T28, no.1548, p.672, c14-26。唐時期。

LM20-1460-16-03 《摩訶僧祇比丘尼戒本》

　　東晉法顯、覺賢譯, CBETA, T22, no.1427, p.558, c15-19。高昌國時期。

LM20-1460-16-04 佛教戒律

　　參劉宋求那跋摩譯《菩薩善戒經》, CBETA, T30, no.1583, p.1014, c18-19。高昌國時期。

LM20-1460-16-05 《摩訶般若波羅蜜經》卷五

　　姚秦鳩摩羅什譯, CBETA, T08, no.223, p.248, c9-16。高昌國時期。

LM20-1460-16-06 《佛説四不可得經》

　　西晉竺法護譯, CBETA, T17, no.770, p.707, b21-26。唐時期。

LM20-1460-16-07 《妙法蓮華經》卷五

　　姚秦鳩摩羅什譯, CBETA, T09, no.262, p.45, b27-c2。高昌國時期。

LM20-1460-16-08 《金光明經》卷三

　　北涼曇無讖譯, CBETA, T16, no.663, p.349, a11-13。唐時期。

LM20-1460-16-09 《大般涅槃經》注疏

　　參北涼曇無讖譯《大般涅槃經》卷二七, CBETA, T12, no.374, p.523, a17-18。高昌國時期。

LM20-1460-16-10 《摩訶僧祇律大比丘戒本》

　　東晉佛陀跋陀羅譯, CBETA, T22, no.1426, p.552, a27-b3。高昌國時期。

LM20-1460-16-11 《大般若波羅蜜多經》卷五七六

　　唐玄奘譯, CBETA, T07, no.220, p.978, c18-21。唐時期。

LM20-1460-16-12 佛典殘片

　　高昌國時期。

LM20-1460-16-13 《妙法蓮華經》卷三

　　姚秦鳩摩羅什譯, CBETA, T09, no.262, p.22, c7-9。唐時期。

LM20-1460-16-14 《佛説佛名經》卷一

　　元魏菩提流支譯, CBETA, T14, no.440, p.118, b25-27。唐時期。

LM20-1460-16-15　《妙法蓮華經》卷四

　　姚秦鳩摩羅什譯，CBETA, T09, no.262, p.30, a10–14。唐時期。

LM20-1460-16-16　《四分律》卷四九

　　姚秦佛陀耶舍、竺佛念等譯，CBETA, T22, no.1428, p.933, b1–5。唐時期。

LM20-1460-16-17　《大般涅槃經》卷三一

　　北涼曇無讖譯，CBETA, T12, no.374, p.549, b20–22。高昌國時期。

LM20-1460-16-18　《佛説觀藥王藥上二菩薩經》

　　劉宋畺良耶舍譯，CBETA, T20, no.1161, p.666, a25–b1。高昌國時期。

LM20-1460-16-19　《大般涅槃經》卷三七

　　北涼曇無讖譯，CBETA, T12, no.374, p.584, a24–28。高昌國時期。

LM20-1460-17-01　禮懺文（？）

　　唐時期。

LM20-1460-17-02　《注維摩詰經》卷三

　　姚秦僧肇撰，CBETA, T38, no.1775, p.358, a21–b16，“不雜”作“不雜也”。高昌郡時期。

　　參：《旅博選粹》，69；橘堂晃一2006a，94；鄭阿財2019，182。

LM20-1460-17-03　《佛説七俱胝佛母心大准提陀羅尼經》

　　唐地婆訶羅譯，CBETA, T20, no.1077, p.186, a7–12。唐時期。

LM20-1460-17-04　《合部金光明經》卷八

　　隋闍那崛多譯，隋寶貴合，CBETA, T16, no.664, p.401, b3–6。唐時期。

LM20-1460-17-05　《合部金光明經》卷八

　　隋闍那崛多譯，隋寶貴合，CBETA, T16, no.664, p.401, b7–10。唐時期。

LM20-1460-17-06a　《妙法蓮華經》卷五

　　姚秦鳩摩羅什譯，CBETA, T09, no.262, p.38, b11–12。唐時期。

LM20-1460-17-06b　《妙法蓮華經》卷五

　　姚秦鳩摩羅什譯，CBETA, T09, no.262, p.38, b29–c3。唐時期。

LM20-1460-17-07　《佛説轉女身經》

　　劉宋曇摩蜜多譯，CBETA, T14, no.564, p.920, a1–3。高昌國時期。

LM20-1460-17-08　佛典注疏

　　西州回鶻時期。

LM20-1460-17-09　佛名經

　　唐時期。

LM20-1460-17-10　《佛説轉女身經》

　　劉宋曇摩蜜多譯，CBETA, T14, no.564, p.919, c14–16。高昌國時期。

LM20-1460-17-11　《佛説轉女身經》

劉宋曇摩蜜多譯，CBETA，T14，no.564，p.919，c11–12。高昌國時期。

LM20-1460-17-12a 《佛説轉女身經》

劉宋曇摩蜜多譯，CBETA，T14，no.564，p.919，c17–19。高昌國時期。

LM20-1460-17-12b 《佛説轉女身經》

劉宋曇摩蜜多譯，CBETA，T14，no.564，p.919，c24–27。高昌國時期。

LM20-1460-17-13 《佛説轉女身經》

劉宋曇摩蜜多譯，CBETA，T14，no.564，p.919，a12–14。高昌國時期。

LM20-1460-17-14 《合部金光明經》卷八

隋闍那崛多譯，隋寶貴合，CBETA，T16，no.664，p.401，a28–b2。唐時期。

LM20-1460-17-15 《大般涅槃經》卷三五

北涼曇無讖譯，CBETA，T12，no.374，p.573，a13–15。高昌國時期。

LM20-1460-17-16 《金光明經》卷二

北涼曇無讖譯，CBETA，T16，no.663，p.343，b2–4，"諸佛"作"佛"。唐時期。

LM20-1460-17-17a 《佛説轉女身經》

劉宋曇摩蜜多譯，CBETA，T14，no.564，p.919，c21–22。高昌國時期。

LM20-1460-17-17b 《根本説一切有部毗奈耶雜事》卷四〇

唐義净譯，CBETA，T24，no.1451，p.412，b28–c1。唐時期。

LM20-1460-17-18a 《根本説一切有部毗奈耶雜事》卷四〇

唐義净譯，CBETA，T24，no.1451，p.412，b18–19。唐時期。

LM20-1460-17-18b 《根本説一切有部毗奈耶雜事》卷四〇

唐義净譯，CBETA，T24，no.1451，p.412，c19–20。唐時期。

LM20-1460-17-19 《金光明經》卷二

北涼曇無讖譯，CBETA，T16，no.663，p.341，c22–25。唐時期。

LM20-1460-17-20 《佛本行集經》卷二三

隋闍那崛多譯，CBETA，T03，no.190，p.758，c9–13。唐時期。

參：段真子 2019, 167。

LM20-1460-17-21 《根本説一切有部毗奈耶雜事》卷四〇

唐義净譯，CBETA，T24，no.1451，p.412，a25–26。唐時期。

LM20-1460-17-22 《攝大乘論釋》卷八

陳真諦譯，CBETA，T31，no.1595，p.207，b21–24。唐時期。

LM20-1460-17-23 《根本説一切有部毗奈耶雜事》卷四〇

唐義净譯，CBETA，T24，no.1451，p.412，c26–28。唐時期。

LM20-1460-17-24 《妙法蓮華經》卷二

姚秦鳩摩羅什譯，CBETA，T09，no.262，p.15，c5–8，"誹"作"謗"。高昌國時期。

LM20-1460-17-25　《僧伽吒經》卷四

元魏月婆首那譯，CBETA，T13，no.423，p.975，c3-5。唐時期。

LM20-1460-18-01　《大般若波羅蜜多經》卷二〇

唐玄奘譯，CBETA，T05，no.220，p.109，c26-29。唐時期。

LM20-1460-18-02　《大般涅槃經》卷二五

北涼曇無讖譯，CBETA，T12，no.374，p.515，c18-26，"火"作"木"。高昌國時期。

LM20-1460-18-03　《妙法蓮華經》卷五

姚秦鳩摩羅什譯，CBETA，T09，no.262，p.38，a3-8。唐時期。

LM20-1460-18-04　《天請問經》

唐玄奘譯，CBETA，T15，no.592，p.124，c23-25。西州回鶻時期。

LM20-1460-18-05　《金剛般若波羅蜜經》

姚秦鳩摩羅什譯，CBETA，T08，no.235，p.749，a14-18。唐時期。

LM20-1460-18-06　《金剛般若波羅蜜經》

元魏菩提流支譯，CBETA，T08，no.236a，p.755，a22-24。唐時期。

LM20-1460-18-07　《金光明經》卷一

北涼曇無讖譯，CBETA，T16，no.663，p.339，b3-4，"曜"作"耀"。高昌郡時期。

參：《旅博選粹》，57。

LM20-1460-18-08　《金剛般若波羅蜜經》

元魏菩提流支譯，CBETA，T08，no.236a，p.754，a10-14。唐時期。

LM20-1460-18-09　《大般涅槃經》卷三

北涼曇無讖譯，CBETA，T12，no.374，p.379，a23-27。唐時期。

LM20-1460-18-10　《妙法蓮華經》卷五

姚秦鳩摩羅什譯，CBETA，T09，no.262，p.38，b5-7。唐時期。

LM20-1460-18-11　《金光明經》卷三

北涼曇無讖譯，CBETA，T16，no.663，p.350，b12-14，"阿黎"作"訶利"。右上角有貼附殘片，無法揭取。唐時期。

LM20-1460-18-12　佛典殘片

唐時期。

LM20-1460-18-13　《大般涅槃經》卷一六

北涼曇無讖譯，CBETA，T12，no.374，p.461，c29-p.462，a3。高昌國時期。

LM20-1460-18-14　《御注金剛般若波羅蜜經》

唐玄宗注，CBETA，T85，no.2739，p.135，a5。有雙行小字注。唐時期。

參：李昀2017，89。

LM20-1460-18-15　《大方等大集經》卷二一

北涼曇無讖譯，CBETA, T13, no.397, p.144, a8–9。高昌國時期。

LM20-1460-18-16　《賢愚經》卷一

元魏慧覺等譯，CBETA, T04, no.202, p.352, b17–22，"悲喜"作"歡喜"。高昌國時期。

LM20-1460-19-01　《妙法蓮華經》卷二

姚秦鳩摩羅什譯，CBETA, T09, no.262, p.11, b27–c3。唐時期。

LM20-1460-19-02　《佛説轉女身經》

劉宋曇摩蜜多譯，CBETA, T14, no, 564, p.919, b27–28。高昌國時期。

LM20-1460-19-03　《大般涅槃經》卷九

北涼曇無讖譯，CBETA, T12, no.374, p.417, a27–28。高昌國時期。

LM20-1460-19-04　《維摩詰所説經》卷下

姚秦鳩摩羅什譯，CBETA, T14, no.475, p.553, b28–c1。第2行"難"字下有朱點。唐時期。

參：王梅2006, 148。

LM20-1460-19-05　《妙法蓮華經》卷一

姚秦鳩摩羅什譯，CBETA, T09, no.262, p.7, b16–19。唐時期。

LM20-1460-19-06　《金剛般若波羅蜜經》

元魏菩提流支譯，CBETA, T08, no.236a, p.754, b9–11。唐時期。

LM20-1460-19-07　《妙法蓮華經》卷五

姚秦鳩摩羅什譯，CBETA, T09, no.262, p.42, c17–25。唐時期。

LM20-1460-19-08　《金光明最勝王經》卷一

唐義净譯，CBETA, T16, no.665, p.404, c3–8。唐時期。

LM20-1460-19-09　《大般若波羅蜜多經》卷五八五

唐玄奘譯，CBETA, T07, no.220, p.1026, c7–9。唐時期。

LM20-1460-19-10　《觀虚空藏菩薩經》

劉宋曇摩蜜多譯，CBETA, T13, no.409, p.678, c18–25。唐時期。

LM20-1460-19-11　《金剛般若波羅蜜經》

姚秦鳩摩羅什譯，CBETA, T08, no.235, p.750, c10–13。唐時期。

LM20-1460-19-12　《金光明經》卷一

北涼曇無讖譯，CBETA, T16, no.663, p.338, b25–29。高昌國時期。

LM20-1460-19-13　《佛説轉女身經》

劉宋曇摩蜜多譯，CBETA, T14, no.564, p.919, c27–29。高昌國時期。

LM20-1460-19-14　《妙法蓮華經》卷六

姚秦鳩摩羅什譯，CBETA, T09, no.262, p.49, b25–26。唐時期。

LM20-1460-19-15　《摩訶般若波羅蜜經》卷一三

姚秦鳩摩羅什譯，CBETA, T08, no.223, p.315, b24–28。高昌國時期。

LM20-1460-19-16 《大般涅槃經》卷二八

北涼曇無讖譯，CBETA, T12, no.374, p.530, b17–20。高昌國時期。

LM20-1460-19-17 《大般涅槃經》卷一九

北涼曇無讖譯，CBETA, T12, no.374, p.479, a12–14。高昌國時期。

LM20-1460-19-18 佛典注疏

高昌國時期。

LM20-1460-20-01 《大般若波羅蜜多經》卷二四四

唐玄奘譯，CBETA, T06, no.220, p.444, b14–17。唐時期。

LM20-1460-20-02 《大般若波羅蜜多經》卷三三

唐玄奘譯，CBETA, T05, no.220, p.182, b1–5。唐時期。

LM20-1460-20-03 《大般涅槃經》卷一二

北涼曇無讖譯，CBETA, T12, no.374, p.434, b28–c2。唐時期。

LM20-1460-20-04 佛典注疏

唐時期。

LM20-1460-20-05 《大般若波羅蜜多經》卷六

唐玄奘譯，CBETA, T05, no.220, p.30, c13–19。唐時期。

參：房學惠、孫慧珍 2006, 39。

LM20-1460-20-06 《光讚經》卷六

西晉竺法護譯，CBETA, T08, no.222, p.189, b9–18。高昌郡時期。

參：《旅博選粹》, 9。

LM20-1460-20-07 《大般涅槃經》卷二四

北涼曇無讖譯，CBETA, T12, no.374, p.506, c16–20。高昌國時期。

LM20-1460-20-08 《大般涅槃經》卷二八

北涼曇無讖譯，CBETA, T12, no.374, p.534, a26–b2。高昌國時期。

LM20-1460-20-09 《放光般若經》卷八

西晉無羅叉譯，CBETA, T08, no.221, p.55, c15–19。高昌國時期。

LM20-1460-20-10 《增壹阿含經》卷二五

東晉僧伽提婆譯，CBETA, T02, no.125, p.689, a21–24。高昌國時期。

LM20-1460-20-11 《佛說觀佛三昧海經》卷一

東晉佛陀跋陀羅譯，CBETA, T15, no.643, p.647, a14–17。高昌國時期。

LM20-1460-20-12 《金剛般若波羅蜜經》

姚秦鳩摩羅什譯，CBETA, T08, no.235, p.749, a8–12。唐時期。

LM20-1460-20-13 《注維摩詰經》卷六

姚秦僧肇撰，CBETA, T38, no.1775, p.388, c4–22，"者於"作"者則於"，"礙"作"閡"。

有雙行小字注。高昌國時期。

參：《旅博選粹》，168；橘堂晃一 2006a，94；鄭阿財 2019，183。

LM20-1460-20-14 《摩訶般若波羅蜜經》卷六

姚秦鳩摩羅什譯，CBETA，T08，no.223，p.258，c10-14。高昌國時期。

LM20-1460-20-15 《大般涅槃經》卷五

北涼曇無讖譯，CBETA，T12，no.374，p.391，a12-16。唐時期。

LM20-1460-21-01 《救疾經》

作者不詳，CBETA，T85，no.2878，p.1362，a18-21。高昌國時期。

參：馬俊傑 2019，447。

LM20-1460-21-02 《妙法蓮華經》卷四

姚秦鳩摩羅什譯，CBETA，T09，no.262，p.34，c13-17。唐時期。

LM20-1460-21-03 羯磨文

高昌國時期。

LM20-1460-21-04 《大般涅槃經》卷二一

北涼曇無讖譯，CBETA，T12，no.374，p.488，b21-23。高昌郡時期。

參：《旅博選粹》，16。

LM20-1460-21-05 《金光明經》卷三

北涼曇無讖譯，CBETA，T16，no.663，p.348，b27-c5。唐時期。

LM20-1460-21-06 金剛經注疏

參隋達磨笈多譯《金剛般若論》卷上，CBETA，T25，no.1510a，p.761，b6-7。唐時期。

參：李昀 2017，98-99。

LM20-1460-21-07 《金剛般若波羅蜜經》

元魏菩提流支譯，CBETA，T08，no.236a，p.754，b11-13。唐時期。

LM20-1460-21-08 《大般涅槃經》卷九

北涼曇無讖譯，CBETA，T12，no.374，p.416，b18-23，"畜生"作"衆生"。高昌國時期。

LM20-1460-21-09 《妙法蓮華經》卷六

姚秦鳩摩羅什譯，CBETA，T09，no.262，p.46，c27-p.47，a2。唐時期。

LM20-1460-21-10 《妙法蓮華經》卷二

姚秦鳩摩羅什譯，CBETA，T09，no.262，p.12，a11-14。唐時期。

LM20-1460-21-11 佛教戒律（？）

唐時期。

LM20-1460-21-12 《妙法蓮華經》卷三

姚秦鳩摩羅什譯，CBETA，T09，no.262，p.22，a22-26。唐時期。

LM20-1460-21-13 《妙法蓮華經》卷五

姚秦鳩摩羅什譯，CBETA, T09, no.262, p.40, a6–10。唐時期。

LM20-1460-21-14　《維摩詰所説經》卷上

姚秦鳩摩羅什譯，CBETA, T14, no.475, p.542, c24–26。唐時期。

LM20-1460-21-15　《增壹阿含經》卷三

東晉僧伽提婆譯，CBETA, T02, no.125, p.560, b1–4。高昌國時期。

LM20-1460-21-16　《大般涅槃經》卷二八

北涼曇無讖譯，CBETA, T12, no.374, p.528, c20–22。高昌國時期。

LM20-1460-21-17　《大般若波羅蜜多經》卷四六九

唐玄奘譯，CBETA, T07, no.220, p.373, a20–22。唐時期。

LM20-1460-21-18　《妙法蓮華經》卷一

姚秦鳩摩羅什譯，CBETA, T09, no.262, p.2, a3–7。唐時期。

LM20-1460-21-19　《十方千五百佛名經》

譯者不詳，CBETA, T14, no.442, p.312, b13–16。高昌國時期。

LM20-1460-22-01　《肇論》

姚秦僧肇作，CBETA, T45, no.1858, p.152, a3–12, "則"作"即"，"像"作"象"。唐時期。
參：《旅博選粹》，150。

LM20-1460-22-02　佛典殘片

唐時期。

LM20-1460-22-03　《妙法蓮華經》卷二

姚秦鳩摩羅什譯，CBETA, T09, no.262, p.11, a25–b2。唐時期。

LM20-1460-22-04　佛典注疏

高昌國時期。

LM20-1460-22-05　《妙法蓮華經》卷七

姚秦鳩摩羅什譯，CBETA, T09, no.262, p.56, b20–23。高昌郡時期。
參：《旅博選粹》，13。

LM20-1460-22-06　《大般涅槃經》卷三二

北涼曇無讖譯，CBETA, T12, no.374, p.559, b26–29。高昌國時期。

LM20-1460-22-07　《妙法蓮華經》卷三

姚秦鳩摩羅什譯，CBETA, T09, no.262, p.23, b26–c1。高昌國時期。

LM20-1460-22-08　《大般涅槃經》卷二一

北涼曇無讖譯，CBETA, T12, no.374, p.489, a6–10。高昌國時期。

LM20-1460-22-09　《放光般若經》卷一二

西晉無羅叉譯，CBETA, T08, no.221, p.83, a26–29。高昌國時期。

LM20-1460-22-10　《妙法蓮華經》卷一

姚秦鳩摩羅什譯，CBETA, T09, no.262, p.6, b26–28, "或"作"惑"。唐時期。

LM20-1460-22-11 《大般若波羅蜜多經》卷三六

唐玄奘譯，CBETA, T06, no.220, p.891, c2–5。唐時期。

LM20-1460-22-12 《大方等大集經》卷一一

北涼曇無讖譯，CBETA, T13, no.397, p.68, b6–8。高昌郡時期。

參：《旅博選粹》, 19。

LM20-1460-22-13 《妙法蓮華經》卷一

姚秦鳩摩羅什譯，CBETA, T09, no.262, p.6, c4–6。唐時期。

LM20-1460-22-14 《妙法蓮華經》卷二

姚秦鳩摩羅什譯，CBETA, T09, no.262, p.16, b7–11。唐時期。

LM20-1460-22-15 《大般涅槃經》卷三八

北涼曇無讖譯，CBETA, T12, no.374, p.590, a29–b3。唐時期。

LM20-1460-22-16 《妙法蓮華經》卷二

姚秦鳩摩羅什譯，CBETA, T09, no.262, p.17, b8–9。唐時期。

LM20-1460-22-17 涅槃經疏

參北涼曇無讖譯《大般涅槃經》卷二一，CBETA, T12, no.374, p.492, a15–28。高昌國時期。

參：《旅博選粹》, 168; 橘堂晃一 2006a, 97。

LM20-1460-22-18 佛典注疏

高昌國時期。

LM20-1460-22-19 《大智度論》卷五二

姚秦鳩摩羅什譯，CBETA, T25, no.1509, p.434, a16–19。高昌國時期。

LM20-1460-22-20 《大般涅槃經》卷二四

北涼曇無讖譯，CBETA, T12, no.374, p.506, a2–5。高昌國時期。

LM20-1460-22-21 《佛説相好經》

作者不詳，CBETA, ZW03, no.31d, p.432, a26–p.433, a7。西州回鶻時期。

LM20-1460-23-01 《妙法蓮華經》卷六

姚秦鳩摩羅什譯，CBETA, T09, no.262, p.53, c14–16。高昌國時期。

LM20-1460-23-02 《大般涅槃經》卷二二

北涼曇無讖譯，CBETA, T12, no.374, p.498, a2–5。唐時期。

LM20-1460-23-03 《佛説佛地經》

唐玄奘譯，CBETA, T16, no.680, p.722, c17–20。唐時期。

LM20-1460-23-04 《藥師琉璃光七佛本願功德經》卷上

唐義净譯，CBETA, T14, no.451, p.411, c4–6。唐時期。

LM20-1460-23-05　《阿毗曇心論經》卷四

高齊那連提耶舍譯，CBETA, T28, no.1551, p.853, c18–21。唐時期。

LM20-1460-23-06　《大般涅槃經》卷三七

北涼曇無讖譯，CBETA, T12, no.374, p.581, b12–13。高昌國時期。

LM20-1460-23-07　《摩訶般若波羅蜜經》卷一一

姚秦鳩摩羅什譯，CBETA, T08, no.223, p.298, c17–19。高昌國時期。

LM20-1460-23-08　《金光明經》卷一

北涼曇無讖譯，CBETA, T16, no.663, p.336, c25–28。高昌國時期。

LM20-1460-23-09　《佛説灌頂拔除過罪生死得度經》

參東晉帛尸梨蜜多羅譯《佛説灌頂經》卷一二，CBETA, T21, no.1331, p.535, a11–15，
“更”作“經”。高昌國時期。

LM20-1460-23-10　《大般涅槃經》卷二一

北涼曇無讖譯，CBETA, T12, no.374, p.493, a9–13。唐時期。

LM20-1460-23-11　《妙法蓮華經》卷五

姚秦鳩摩羅什譯，CBETA, T09, no.262, p.38, c7–8。唐時期。

LM20-1460-23-12　《妙法蓮華經》卷五

姚秦鳩摩羅什譯，CBETA, T09, no.262, p.38, c16–18。唐時期。

LM20-1460-23-13　《佛説解節經》

陳真諦譯，CBETA, T16, no.677, p.712, c12–15。唐時期。

LM20-1460-23-14　《菩薩善戒經》卷九

劉宋求那跋摩譯，CBETA, T30, no.1582, p.1009, c17–22。高昌郡時期。
參：《旅博選粹》，65。

LM20-1460-23-15　《妙法蓮華經》卷五

姚秦鳩摩羅什譯，CBETA, T09, no.262, p.42, c9–14。唐時期。

LM20-1460-23-16　《金光明經》卷二

北涼曇無讖譯，CBETA, T16, no.663, p.341, a29–b3，“正法正法”作“正法以法”。高昌
國時期。

LM20-1460-23-17　《大般若波羅蜜多經》卷四八四

唐玄奘譯，CBETA, T07, no.220, p.459, b1–4。唐時期。

LM20-1460-23-18　《佛説灌頂拔除過罪生死得度經》

參東晉帛尸梨蜜多羅譯《佛説灌頂經》卷一二，CBETA, T21, no.1331, p.533, c14–19，“陽”
作“譽”，“大”作“本”。高昌國時期。

LM20-1460-23-19　《妙法蓮華經》卷一

姚秦鳩摩羅什譯，CBETA, T09, no.262, p.2, c3–11。唐時期。

LM20-1460-23-20　《大般涅槃經》卷三七

　　北涼曇無讖譯，CBETA，T12，no.374，p.585，a10-12。高昌國時期。

LM20-1460-23-21　《大般涅槃經》卷一八

　　北涼曇無讖譯，CBETA，T12，no.374，p.470，a7-9。唐時期。

LM20-1460-23-22　《最勝問菩薩十住除垢斷結經》卷七

　　姚秦竺佛念譯，CBETA，T10，no.309，p.1021，a12-14。唐時期。

LM20-1460-23-23　《佛説仁王般若波羅蜜經》卷下

　　姚秦鳩摩羅什譯，CBETA，T08，no.245，p.830，b9-17。唐時期。

LM20-1460-24-01　《大般涅槃經》卷二一

　　北涼曇無讖譯，CBETA，T12，no.374，p.493，a24-26。高昌國時期。

LM20-1460-24-02　《妙法蓮華經》卷七

　　姚秦鳩摩羅什譯，CBETA，T09，no.262，p.60，a28-b2。唐時期。

LM20-1460-24-03　《大般涅槃經》卷二

　　北涼曇無讖譯，CBETA，T12，no.374，p.371，c16-19。高昌國時期。

LM20-1460-24-04　《佛説四不可得經》

　　西晉竺法護譯，CBETA，T17，no.770，p.707，b8-9。唐時期。

LM20-1460-24-05　佛典注疏

　　參唐普光述《俱舍論記》，CBETA，T41，no.1821，p.30，a25-28。唐時期。

LM20-1460-24-06　《天地八陽神咒經》

　　唐義净譯，CBETA，T85，no.2897，p.1423，b11-12。西州回鶻時期。

LM20-1460-24-07　《妙法蓮華經》卷三

　　姚秦鳩摩羅什譯，CBETA，T09，no.262，p.25，c3-5。唐時期。

LM20-1460-24-08　《金剛般若波羅蜜經》

　　姚秦鳩摩羅什譯，CBETA，T08，no.235，p.751，c23-26。唐時期。

LM20-1460-24-09　《阿毗達磨大毗婆沙論》卷九七

　　唐玄奘譯，CBETA，T27，no.1545，p.501，c23-25。唐時期。

LM20-1460-24-10　《妙法蓮華經》卷四

　　姚秦鳩摩羅什譯，CBETA，T09，no.262，p.30，a3-7。唐時期。

LM20-1460-24-11　《妙法蓮華經》卷一

　　姚秦鳩摩羅什譯，CBETA，T09，no.262，p.6，c5-7。高昌國時期。

LM20-1460-24-12　《妙法蓮華經》卷五

　　姚秦鳩摩羅什譯，CBETA，T09，no.262，p.38，c11-12。唐時期。

LM20-1460-24-13　《妙法蓮華經》卷七

　　姚秦鳩摩羅什譯，CBETA，T09，no.262，p.61，b8-15。高昌國時期。

LM20-1460-24-14　《妙法蓮華經》卷二

姚秦鳩摩羅什譯，CBETA, T09, no.262, p.11, a18-22。唐時期。

LM20-1460-24-15　《阿毗曇毗婆沙論》卷二一

北涼浮陀跋摩、道泰譯，CBETA, T28, no.1546, p.155, c15-19。高昌郡時期。

參：《旅博選粹》, 62。

LM20-1460-24-16　《妙法蓮華經》卷六

姚秦鳩摩羅什譯，CBETA, T09, no.262, p.53, c1-5，"抓"作"爪"。唐時期。

LM20-1460-24-17　《放光般若經》卷一九

西晉無羅叉譯，CBETA, T08, no.221, p.136, a1-5，"十力"作"十種力"。高昌郡時期。

參：《旅博選粹》, 8。

LM20-1460-24-18　《佛説灌頂經》卷一一

東晉帛尸梨蜜多羅譯，CBETA, T21, no.1331, p.530, a29-b4。唐時期。

LM20-1460-24-19　《妙法蓮華經》卷七

姚秦鳩摩羅什譯，CBETA, T09, no.262, p.56, a6-11。唐時期。

LM20-1460-24-20　《妙法蓮華經》卷二

姚秦鳩摩羅什譯，CBETA, T09, no.262, p.16, c2-4。唐時期。

LM20-1460-24-21　《大般涅槃經》卷二八

北涼曇無讖譯，CBETA, T12, no.374, p.529, a2-6。高昌郡時期。

參：《旅博選粹》, 18; 王宇、王梅 2006b, 56

LM20-1460-24-22　《十方千五百佛名經》

譯者不詳。參《十方千五百佛名經》全文, 206 頁。唐時期。

LM20-1460-24-23　《大般涅槃經》卷二三

北涼曇無讖譯，CBETA, T12, no.374, p.503, a19-21。高昌國時期。

LM20-1460-25-01　《太上洞玄靈寶昇玄内教經》卷一

作者不詳，敦煌本 P.2466《大道通玄要》第 50-51 行摘引。唐時期。

參：趙洋 2017a, 188; 趙洋 2017b, 206-207。

LM20-1460-25-02　《大通方廣懺悔滅罪莊嚴成佛經》卷下

作者不詳，CBETA, T85, no.2871, p.1350, b25-27。高昌國時期。

LM20-1460-25-03　《佛本行集經》卷一三

隋闍那崛多譯，CBETA, T03, no.190, p.710, b23-25。唐時期。

參：段真子 2019, 168。

LM20-1460-25-04　《大方廣佛華嚴經》卷二八（五十卷本）

東晉佛陀跋陀羅譯，《中華大藏經》第 12 册, 341b18-20; 參 CBETA, T09, no.278, p.609, c7-11。高昌國時期。

LM20-1460-25-05 《般泥洹經》卷下

譯者不詳，CBETA，T01，no.6，p.186，b5–15，高昌郡時期。

參：《旅博選粹》，26。

LM20-1460-25-06 《大方廣佛華嚴經》卷三

東晉佛陀跋陀羅譯，CBETA，T09，no.278，p.412，b10–15。唐時期。

LM20-1460-25-07 《妙法蓮華經》卷六

姚秦鳩摩羅什譯，CBETA，T09，no.262，p.54，b16–20。唐時期。

LM20-1460-25-08 《合部金光明經》卷二

梁真諦譯，隋寶貴合，CBETA，T16，no.664，p.368，c29–p.369，a3。唐時期。

LM20-1460-25-09 《佛説仁王般若波羅蜜經》卷下

姚秦鳩摩羅什譯，CBETA，T08，no.245，p.833，c1–6。唐時期。

LM20-1460-25-10 《妙法蓮華經》卷一

姚秦鳩摩羅什譯，CBETA，T09，no.262，p.2，b16–19。唐時期。

LM20-1460-25-11 《百論》卷上

姚秦鳩摩羅什譯，CBETA，T30，no.1569，p.169，c5–11，“上外”作“上智外”，“是名爲”作“是名”，“是名不净”作“是不净”。有墨筆句讀。高昌國時期。

LM20-1460-25-12 《大般涅槃經》卷三一

北涼曇無讖譯，CBETA，T12，no.374，p.551，c17–20。高昌國時期。

LM20-1460-25-13 《雜寶藏經》卷九

元魏吉迦夜、曇曜譯，CBETA，T04，no.203，p.493，a3–5。唐時期。

LM20-1460-25-14 《大般涅槃經》卷二六

北涼曇無讖譯，CBETA，T12，no.374，p.518，b11–12。高昌國時期。

LM20-1460-25-15 《金光明經》卷三

北涼曇無讖譯，CBETA，T16，no.663，p.349，a20–28。唐時期。

LM20-1460-25-16 《百論》卷上

姚秦鳩摩羅什譯，CBETA，T30，no.1569，p.169，c12–14，“眾生”作“眾生以”。有墨筆句讀。高昌國時期。

LM20-1460-25-17 《勝天王般若波羅蜜經》卷七

陳月婆首那譯，CBETA，T08，no.231，p.724，a19–21。高昌國時期。

LM20-1460-25-18 《妙法蓮華經》卷二

姚秦鳩摩羅什譯，CBETA，T09，no.262，p.17，c1–4。高昌國時期。

LM20-1460-25-19 《妙法蓮華經》卷三

姚秦鳩摩羅什譯，CBETA，T09，no.262，p.23，a1–5。唐時期。

LM20-1460-26-01 《妙法蓮華經》注疏

參姚秦鳩摩羅什譯《妙法蓮華經》卷二，CBETA, T09, no.262, p.11, b14–15。有雙行小字注。唐時期。

LM20-1460-26-02　《金光明最勝王經》卷四

唐義凈譯，CBETA, T16, no.665, p.418, c27–29。唐時期。

LM20-1460-26-03　《佛説灌頂經》卷一一

東晉帛尸梨蜜多羅譯，CBETA, T21, no.1331, p.530, c13–16。唐時期。

LM20-1460-26-04　《大般若波羅蜜多經》卷四二一

唐玄奘譯，CBETA, T07, no.220, p.113, a24–28。唐時期。

LM20-1460-26-05　《大般涅槃經》卷三

北涼曇無讖譯，CBETA, T12, no.374, p.382, a3–7。唐時期。

LM20-1460-26-06　《請觀世音菩薩消伏毒害陀羅尼咒經》

東晉竺難提譯，CBETA, T20, no.1043, p.38, a4–6。唐時期。

LM20-1460-26-07　《金光明經》卷二

北涼曇無讖譯，CBETA, T16, no.663, p.341, b8–9。唐時期。

LM20-1460-26-08　《妙法蓮華經》卷五

姚秦鳩摩羅什譯，CBETA, T09, no.262, p.37, c23–26。唐時期。

LM20-1460-26-09　《大般涅槃經》卷四

北涼曇無讖譯，CBETA, T12, no.374, p.385, b13–15。高昌國時期。

LM20-1460-26-10　《光讚經》卷五

西晉竺法護譯，CBETA, T08, no.222, p.183, a6–8。高昌國時期。

LM20-1460-26-11　《佛説觀藥王藥上二菩薩經》

劉宋畺良耶舍譯，CBETA, T20, no.1161, p.661, b23–26。唐時期。

LM20-1460-26-12　《妙法蓮華經》卷四

姚秦鳩摩羅什譯，CBETA, T09, no.262, p.30, a20–23。唐時期。

LM20-1460-26-13　《十住經》卷二

姚秦鳩摩羅什譯，CBETA, T10, no.286, p.510, a19–22。高昌國時期。

LM20-1460-26-14　《維摩詰所説經》卷中

姚秦鳩摩羅什譯，CBETA, T14, no.475, p.546, a25–b1。唐時期。

參：王梅 2006, 154。

LM20-1460-26-15　《大方等大集經》卷五一

北涼曇無讖譯，CBETA, T13, no.397, p.341, b2–6。唐時期。

LM20-1460-26-16　《大方等大集經》卷五一

北涼曇無讖譯，CBETA, T13, no.397, p.341, b1–3。唐時期。

LM20-1460-26-17　《合部金光明經》卷七

北涼曇無讖譯, 隋寶貴合, CBETA, T16, no.664, p.392, c16-19。高昌國時期。

LM20-1460-26-18 《妙法蓮華經》卷二

姚秦鳩摩羅什譯, CBETA, T09, no.262, p.15, b22-27, "聆"作"聽", "於"作"如", "於"旁有小字"汝"。高昌國時期。

LM20-1460-26-19 《大方廣佛華嚴經》卷一四（五十卷本）

東晉佛陀跋陀羅譯,《中華大藏經》第12册, 170c10-12; 參CBETA, T09, no.278, p.504, c24-28。細字寫本。高昌國時期。

LM20-1460-26-20 《妙法蓮華經》卷五

姚秦鳩摩羅什譯, CBETA, T09, no.262, p.42, c10-12。唐時期。

LM20-1460-26-21 《菩薩善戒經》卷七

劉宋求那跋摩譯, CBETA, T30, no.1582, p.996, c8-14。高昌郡時期。

參:《旅博選粹》, 22。

LM20-1460-26-22 《佛本行集經》卷一五

隋闍那崛多譯, CBETA, T03, no.190, p.725, a13-18。唐時期。

參: 段真子2019, 160。

LM20-1460-26-23 《大般涅槃經》卷二二

北涼曇無讖譯, CBETA, T12, no.374, p.498, a12-14。高昌國時期。

LM20-1460-26-24 《菩薩善戒經》卷七

劉宋求那跋摩譯, CBETA, T30, no.1582, p.998, c21-25, "化"作"教化", "法二者"作"法故二者"。高昌國時期。

參:《旅博選粹》, 66。

LM20-1460-27-01 《佛説四不可得經》

西晉竺法護譯, CBETA, T17, no.770, p.707, b12-14。唐時期。

LM20-1460-27-02 《菩薩善戒經》卷七

劉宋求那跋摩譯, CBETA, T30, no.1582, p.998, c18-21。高昌國時期。

參:《旅博選粹》, 66。

LM20-1460-27-03 《道行般若經》卷五

後漢支婁迦讖譯, CBETA, T08, no.224, p.451, c28-p.452, a1。唐時期。

參: 孫傳波2006, 176。

LM20-1460-27-04 《金光明經》卷二

北涼曇無讖譯, CBETA, T16, no.663, p.346, a1-5。高昌國時期。

LM20-1460-27-05 《大智度論》卷七二

姚秦鳩摩羅什譯, CBETA, T25, no.1509, p.569, c7-10。高昌國時期。

LM20-1460-27-06　《十方千五百佛名經》

譯者不詳。參《十方千五百佛名經》全文, 206 頁。高昌國時期。

LM20-1460-27-07　《妙法蓮華經》卷五

姚秦鳩摩羅什譯, CBETA, T09, no.262, p.38, c20–23。唐時期。

LM20-1460-27-08　《大般涅槃經》卷一七

北涼曇無讖譯, CBETA, T12, no.374, p.464, c1–5。唐時期。

LM20-1460-27-09　《妙法蓮華經》卷六

姚秦鳩摩羅什譯, CBETA, T09, no.262, p.53, c1–3。唐時期。

LM20-1460-27-10　《大般涅槃經》卷一三

北涼曇無讖譯, CBETA, T12, no.374, p.440, b14–16。唐時期。

LM20-1460-27-11　《菩薩善戒經》卷一

劉宋求那跋摩譯, CBETA, T30, no.1582, p.966, b3–6。唐時期。

LM20-1460-27-12　《合部金光明經》卷一

北涼曇無讖譯, 隋寶貴合, CBETA, T16, no.664, p.362, a26–28。唐時期。

LM20-1460-27-13　《雜阿毗曇心論》卷一

劉宋僧伽跋摩等譯, CBETA, T28, no.1552, p.873, a28–b4。高昌國時期。

LM20-1460-27-14　佛典殘片

高昌國時期。

LM20-1460-27-15a　《大方廣佛華嚴經》卷一四（五十卷本）

東晉佛陀跋陀羅譯,《中華大藏經》第 12 册, 171a18–b2; 參 CBETA, T09, no.278, p.505, a26–b1。細字寫本。高昌國時期。

LM20-1460-27-15b　《大般涅槃經》卷二七

北涼曇無讖譯, CBETA, T12, no.374, p.523, a6–9。高昌國時期。

LM20-1460-27-16　《四分律比丘戒本》

姚秦佛陀耶舍譯, CBETA, T22, no.1429, p.1016, b8–9。唐時期。

LM20-1460-27-17　《大般涅槃經》卷三三

北涼曇無讖譯, CBETA, T12, no.374, p.563, b12–17, "或有"作"或説有"。高昌郡時期。
參: 王宇、王梅 2006b, 56。

LM20-1460-27-18　《佛説灌頂經》卷一二

東晉帛尸梨蜜多羅譯, CBETA, T21, no.1331, p.533, b3–8。唐時期。

LM20-1460-27-19　《妙法蓮華經》卷五

姚秦鳩摩羅什譯, CBETA, T09, no.262, p.39, a7–12。高昌國時期。

LM20-1460-27-20　佛典殘片

唐時期。

LM20-1460-27-21 《大般若波羅蜜多經》卷五四一

唐玄奘譯，CBETA，T07，no.220，p.779，b19–25。唐時期。

LM20-1460-27-22 《道行般若經》卷八

後漢支婁迦讖譯，CBETA，T08，no.224，p.465，a17–19。唐時期。

參：孫傳波 2006，181。

LM20-1460-28-01 《大般涅槃經》卷九

北涼曇無讖譯，CBETA，T12，no.374，p.419，b10–14。高昌國時期。

LM20-1460-28-02 典籍殘片

西州回鶻時期。

LM20-1460-28-03 《大般涅槃經》卷一四

北涼曇無讖譯，CBETA，T12，no.374，p.450，b14–20。高昌國時期。

LM20-1460-28-04a 《大通方廣懺悔滅罪莊嚴成佛經》卷下

作者不詳，CBETA，T85，no.2871，p.1352，c2–4。唐時期。

LM20-1460-28-04b 《大般涅槃經》卷二〇

北涼曇無讖譯，CBETA，T12，no.374，p.485，b22–27。高昌國時期。

LM20-1460-28-05 《大般涅槃經》卷二一

北涼曇無讖譯，CBETA，T12，no.374，p.488，c20–24。高昌國時期。

LM20-1460-28-06 《悲華經》卷一

北涼曇無讖譯，CBETA，T03，no.157，p.173，a8–15。高昌國時期。

參：陰會蓮 2006，109、113。

LM20-1460-28-07 《大般涅槃經》卷八

北涼曇無讖譯，CBETA，T12，no.374，p.412，c9–12。高昌國時期。

LM20-1460-28-08 《摩訶僧祇律》卷二七

東晉佛陀跋陀羅、法顯譯，CBETA，T22，no.1425，p.449，b27–c1，"戒"作"誡""舍人"作"人"。高昌郡時期。

LM20-1460-28-09 《摩訶般若波羅蜜經》卷一三

姚秦鳩摩羅什譯，CBETA，T08，no.223，p.318，a19–21。唐時期。

LM20-1460-28-10 《妙法蓮華經》卷五

姚秦鳩摩羅什譯，CBETA，T09，no.262，p.38，b17–18。唐時期。

LM20-1460-28-11 《妙法蓮華經》卷七

姚秦鳩摩羅什譯，CBETA，T09，no.262，p.61，a8–13。唐時期。

LM20-1460-28-12 《大般若波羅蜜多經》卷四〇九

唐玄奘譯，CBETA，T07，no.220，p.47，b20–21。唐時期。

LM20-1460-28-13 《佛說稱揚諸佛功德經》卷下

元魏吉迦夜譯，CBETA，T14，no.434，p.99，a13–15，"真諦以"作"真諦"。高昌國時期。

LM20-1460-28-14　《十方千五百佛名經》

譯者不詳。參《十方千五百佛名經》全文，188–189 頁。高昌國時期。

LM20-1460-28-15　《大通方廣懺悔滅罪莊嚴成佛經》卷上

作者不詳，CBETA，T85，no.2871，p.1339，c20–25。高昌國時期。

LM20-1460-28-16　《大般若波羅蜜多經》卷一八一

唐玄奘譯，CBETA，T05，no.220，p.978，a7–9。唐時期。

LM20-1460-28-17　《大般涅槃經》卷三四

北涼曇無讖譯，CBETA，T12，no.374，p.568，c5–8。高昌國時期。

LM20-1460-28-18　《大般涅槃經》卷三一

北涼曇無讖譯，CBETA，T12，no.374，p.549，b28–c2。唐時期。

LM20-1460-29-01　《大般若波羅蜜多經》卷二八四

唐玄奘譯，CBETA，T06，no.220，p.444，b16–19。唐時期。

LM20-1460-29-02　《大般涅槃經》卷二九

北涼曇無讖譯，CBETA，T12，no.374，p.538，b27–c2。唐時期。

LM20-1460-29-03　《過去現在因果經》卷二

劉宋求那跋陀羅譯，CBETA，T03，no.189，p.631，c6–8。高昌國時期。

LM20-1460-29-04a　《妙法蓮華經》卷三

姚秦鳩摩羅什譯，CBETA，T09，no.262，p.19，b17–19。唐時期。

LM20-1460-29-04b　《阿毗達磨大毗婆沙論》卷一八二

唐玄奘譯，CBETA，T27，no.1545，p.912，b20–24。唐時期。

LM20-1460-29-05　《菩薩地持經》卷一〇

北涼曇無讖譯，CBETA，T30，no.1581，p.953，c8–11。高昌國時期。

LM20-1460-29-06　《大般涅槃經》卷一二

北涼曇無讖譯，CBETA，T12，no.374，p.435，b14–17。唐時期。

LM20-1460-29-07　《佛説浴像功德經》

唐寶思惟譯，CBETA，T16，no.697，p.799，a2–4。唐時期。

LM20-1460-29-08　佛典注疏

唐時期。

LM20-1460-29-09　《佛説仁王般若波羅蜜經》卷下

姚秦鳩摩羅什譯，CBETA，T08，no.245，p.830，a22–25。高昌國時期。

LM20-1460-29-10　《正法念處經》卷六三

元魏般若流支譯，CBETA，T17，no.721，p.378，b11–17。唐時期。

LM20-1460-29-11a　《大般涅槃經》

北涼曇無讖譯，此段文字多處可見。唐時期。

LM20-1460-29-11b 《大般涅槃經》卷一九

北涼曇無讖譯，CBETA, T12, no.374, p.474, c25-28。唐時期。

LM20-1460-29-12 《妙法蓮華經》卷七

姚秦鳩摩羅什譯，CBETA, T09, no.262, p.57, c2-4。高昌國時期。

LM20-1460-29-13 《瑜伽師地論》卷四五

唐玄奘譯，CBETA, T30, no.1579, p.540, b8-9。唐時期。

LM20-1460-29-14 《金剛般若波羅蜜經》

元魏菩提流支譯，CBETA, T08, no.236a, p.754, a2-6, 有朱筆句讀。唐時期。

LM20-1460-29-15 《摩訶般若波羅蜜經》卷三

姚秦鳩摩羅什譯，CBETA, T08, no.223, p.251, b5-7。唐時期。

LM20-1460-29-16 《四分律删繁補闕行事鈔序》

唐道宣撰，CBETA, T40, no.1804, p.2, c28-p.3, a4。唐時期。

LM20-1460-29-17 《大般涅槃經》卷二九

北涼曇無讖譯，CBETA, T12, no.374, p.537, c3-7, "我"作"故"。高昌國時期。

LM20-1460-29-18 《妙法蓮華經》卷六

姚秦鳩摩羅什譯，CBETA, T09, no.262, p.53, a18-21。唐時期。

LM20-1460-29-19 《金光明經》卷三

北涼曇無讖譯，CBETA, T16, no.663, p.350, b17-23, "殖"作"植"。高昌國時期。

LM20-1460-29-20 《合部金光明經》卷一

梁真諦譯，隋寶貴合，CBETA, T16, no.664, p.365, a28-b1。高昌國時期。

LM20-1460-30-01 《成唯識論》卷九

唐玄奘譯，CBETA, T31, no.1585, p.48, b22-23。西州回鶻時期。

LM20-1460-30-02 《大般涅槃經》卷二八

北涼曇無讖譯，CBETA, T12, no.374, p.531, a23-27。高昌國時期。

LM20-1460-30-03 《大般涅槃經》卷一三

北涼曇無讖譯，CBETA, T12, no.374, p.440, b6-8。高昌國時期。

LM20-1460-30-04 《大智度論》卷七二

姚秦鳩摩羅什譯，CBETA, T25, no.1509, p.569, c6-9。高昌國時期。

LM20-1460-30-05 《放光般若經》卷一四

西晉無羅叉譯，此段文字多處可見。高昌國時期。

LM20-1460-30-06 《中阿含經》卷二四

東晉僧伽提婆譯，CBETA, T01, no.26, p.578, c11-15。高昌國時期。

LM20-1460-30-07 《佛說仁王般若波羅蜜經》卷上

姚秦鳩摩羅什譯，CBETA, T08, no.245, p.829, c6–11。高昌國時期。

LM20-1460-30-08　《大般涅槃經》卷二一

北涼曇無讖譯，CBETA, T12, no.374, p.499, c17–19，"令人"作"令別人"。高昌國時期。

LM20-1460-30-09　《維摩詰所説經》卷中

姚秦鳩摩羅什譯，CBETA, T14, no.475, p.546, a10–15，"滅證"作"證滅"。高昌國時期。

LM20-1460-30-10　《藥師琉璃光如來本願功德經》

唐玄奘譯，CBETA, T14, no.450, p.405, a6–11。唐時期。

LM20-1460-30-11　佛教戒律

參東晉佛陀跋陀羅譯《摩訶僧祇律大比丘戒本》，CBETA, T22, no.1426, p.554, c9–10。高昌國時期。

LM20-1460-30-12　《佛説佛名經》卷一二

元魏菩提流支譯，CBETA, T14, no.440, p.179, b17–20。西州回鶻時期。

LM20-1460-30-13　《妙法蓮華經》卷一

姚秦鳩摩羅什譯，CBETA, T09, no.262, p.4, a15–21。高昌國時期。

LM20-1460-30-14　《大般涅槃經》經題

唐時期。

LM20-1460-30-15　《大方等大集經》卷二八

北涼智嚴、寶雲譯，CBETA, T13, no.397, p.198, a16–17。高昌國時期。

LM20-1460-30-16a　《大般涅槃經》卷二七

北涼曇無讖譯，CBETA, T12, no.374, p.523, a18–21。唐時期。

LM20-1460-30-16b　《金光明經》卷一

北涼曇無讖譯，CBETA, T16, no.663, p.338, b29–c3。高昌國時期。

LM20-1460-30-17　《合部金光明經》卷三

梁真諦譯，隋寶貴合，CBETA, T16, no.664, p.375, c4–6。唐時期。

LM20-1460-30-18　《大般涅槃經》卷二

北涼曇無讖譯，CBETA, T12, no.374, p.375, a18–24。高昌國時期。

LM20-1460-30-19　《佛藏經》卷上

姚秦鳩摩羅什譯，CBETA, T15, no.653, p.788, b15–21。唐時期。

LM20-1460-30-20　《大般涅槃經》卷三三

北涼曇無讖譯，CBETA, T12, no.374, p.562, c6–10。高昌國時期。

LM20-1460-30-21　《金光明經》卷二

北涼曇無讖譯，CBETA, T16, no.663, p.343, a14–20。高昌國時期。

LM20-1460-30-22　《大寶積經》卷五二

唐玄奘譯，CBETA, T11, no.310, p.304, c6–11。唐時期。

LM20-1460-31-01　《佛説灌頂拔除過罪生死得度經》

參東晉帛尸梨蜜多羅譯《佛説灌頂經》卷一二，CBETA, T21, no.1331, p.535, a6–10。高昌國時期。

LM20-1460-31-02　佛典殘片

唐時期。

LM20-1460-31-03　《道行般若經》卷九

後漢支婁迦讖譯，CBETA, T08, no.224, p.471, a11–15。高昌郡時期。

參：《旅博選粹》，11；孫傳波 2006, 182、201；孫傳波 2008, 66。

LM20-1460-31-04　《妙法蓮華經》卷六

姚秦鳩摩羅什譯，CBETA, T09, no.262, p.53, b18–19。唐時期。

LM20-1460-31-05　《摩訶般若波羅蜜經》卷二四

姚秦鳩摩羅什譯，CBETA, T08, no.223, p.392, c16–19。唐時期。

LM20-1460-31-06　《妙法蓮華經》卷四

姚秦鳩摩羅什譯，CBETA, T09, no.262, p.34, c28–p.35, a3。唐時期。

LM20-1460-31-07　《摩訶般若波羅蜜經》卷四

姚秦鳩摩羅什譯，CBETA, T08, no.223, p.245, a26–28。高昌國時期。

LM20-1460-31-08　《妙法蓮華經》卷三

姚秦鳩摩羅什譯，CBETA, T09, no.262, p.25, a14–18。高昌國時期。

LM20-1460-31-09　《妙法蓮華經》卷五

姚秦鳩摩羅什譯，CBETA, T09, no.262, p.39, c29–p.40, a2。唐時期。

LM20-1460-31-10　《大智度論》卷二

姚秦鳩摩羅什譯，CBETA, T25, no.1509, p.75, a12–15。高昌國時期。

LM20-1460-31-11　《維摩詰所説經》卷中

姚秦鳩摩羅什譯，CBETA, T14, no.475, p.545, a20–21。高昌國時期。

LM20-1460-31-12　《俱舍論頌疏論本》卷四

唐圓暉述，CBETA, T41, no.1823, p.845, b27–29。西州回鶻時期。

參：史睿 2017, 76；史睿 2019, 82。

LM20-1460-31-13　《維摩經義疏》卷五

隋吉藏撰，CBETA, T38, no.1781, p.968, a10–13。唐時期。

LM20-1460-31-14　《大般若波羅蜜多經》卷四二〇

唐玄奘譯，CBETA, T07, no.220, p.110, a15–18。唐時期。

LM20-1460-31-15　《大智度論》卷四二

姚秦鳩摩羅什譯，CBETA, T25, no.1509, p.364, b20–23。唐時期。

LM20-1460-31-16　《妙法蓮華經》卷二

姚秦鳩摩羅什譯，CBETA, T09, no.262, p.17, b13-18。唐時期。

LM20-1460-31-17　《大般若波羅蜜多經》卷四七八

唐玄奘譯，CBETA, T07, no.220, p.421, a27-b1。唐時期。

LM20-1460-31-18　《妙法蓮華經》卷六

姚秦鳩摩羅什譯，CBETA, T09, no.262, p.48, c2-4。唐時期。

LM20-1460-31-19　《佛所行讚》卷三

北涼曇無讖譯，CBETA, T04, no.192, p.25, c18-23。唐時期。

LM20-1460-31-20　僧羯磨

參唐懷素集《僧羯磨》卷中，CBETA, T40, no.1809, p.521, a6-9; 唐懷素集《尼羯磨》卷中，CBETA, T40, no.1810, p.548, a25-28; 姚秦佛陀耶舍、竺佛念等譯《四分律》卷四三，CBETA, T22, no.1428, p.878, a3-22。有雙行小字注。高昌國時期。

LM20-1460-31-21a　《般若波羅蜜多心經》注疏

參唐玄奘譯《般若波羅蜜多心經》，CBETA, T08, no.251, p.848, c7-11。有雙行小字注。唐時期。

LM20-1460-31-21b　《般若波羅蜜多心經》注疏

參唐玄奘譯《般若波羅蜜多心經》，CBETA, T08, no.251, p.848, c18-19。有雙行小字注。唐時期。

LM20-1460-31-22　佛典殘片

唐時期。

LM20-1460-31-23　《佛説五王經》

譯者不詳，CBETA, T14, no.523, p.796, c12-14。唐時期。

LM20-1460-32-01a　《妙法蓮華經》卷三

姚秦鳩摩羅什譯，CBETA, T09, no.262, p.23, c23-26。唐時期。

LM20-1460-32-01b　《妙法蓮華經》卷三

姚秦鳩摩羅什譯，CBETA, T09, no.262, p.23, c27-29。唐時期。

LM20-1460-32-01c　《妙法蓮華經》卷三

姚秦鳩摩羅什譯，CBETA, T09, no.262, p.23, c21-23。唐時期。

LM20-1460-32-02　《大般若波羅蜜多經》卷四九

唐玄奘譯，CBETA, T05, no.220, p.274, c12-17。唐時期。

LM20-1460-32-03　《妙法蓮華經》卷六

姚秦鳩摩羅什譯，CBETA, T09, no.262, p.51, c17-19。唐時期。

LM20-1460-32-04　《大般涅槃經》卷二六

北涼曇無讖譯，CBETA, T12, no.374, p.518, c10-12。高昌國時期。

LM20-1460-32-05　《妙法蓮華經》卷七

姚秦鳩摩羅什譯，CBETA，T09，no.262，p.56，c12–15。唐時期。

LM20-1460-32-06 《金剛般若波羅蜜經》

元魏菩提流支譯，CBETA，T08，no.236a，p.752，c30–p.753，a3。唐時期。

LM20-1460-32-07 《佛説仁王般若波羅蜜經》卷上

姚秦鳩摩羅什譯，CBETA，T08，no.245，p.826，b27–28。高昌國時期。

LM20-1460-32-08 《妙法蓮華經》卷二

姚秦鳩摩羅什譯，CBETA，T09，no.262，p.16，b22–25。唐時期。

LM20-1460-32-09 《小品般若波羅蜜經》卷五

姚秦鳩摩羅什譯，CBETA，T08，no.227，p.556，a4–7，"若城若"作"若城邑聚落以是因緣不樂聞説般若"。高昌國時期。

LM20-1460-32-10 《妙法蓮華經》卷四

姚秦鳩摩羅什譯，CBETA，T09，no.262，p.29，c23–27。唐時期。

LM20-1460-32-11 《道行般若經》卷八

後漢支婁迦讖譯，CBETA，T08，no.224，p.464，a17–21。高昌國時期。

LM20-1460-32-12 《合部金光明經》卷六

北涼曇無讖譯，隋寶貴合，CBETA，T16，no.664，p.386，c9–12。唐時期。

LM20-1460-32-13 《大般涅槃經》卷三五

北涼曇無讖譯，CBETA，T12，no.374，p.569，c11–14。高昌國時期。

參：王宇、王梅 2006b，57。

LM20-1460-32-14 《金剛般若波羅蜜經》

姚秦鳩摩羅什譯，CBETA，T08，no.235，p.750，c2–7。唐時期。

LM20-1460-32-15 《梵網經》卷下

姚秦鳩摩羅什譯，CBETA，T24，no.1484，p.1004，a8–12。唐時期。

LM20-1460-32-16 《大般涅槃經》卷二五

北涼曇無讖譯，CBETA，T12，no.374，p.510，b27–c4，第 2 行"譬"作"喻"。高昌國時期。

LM20-1460-32-17 《金光明經》卷三

北涼曇無讖譯，CBETA，T16，no.663，p.350，c10–16。高昌國時期。

LM20-1460-32-18 《大般涅槃經》卷三五

北涼曇無讖譯，CBETA，T12，no.374，p.573，a2–4。唐時期。

LM20-1460-32-19 《妙法蓮華經》卷五

姚秦鳩摩羅什譯，CBETA，T09，no.262，p.42，c26–28。唐時期。

LM20-1460-32-20 《妙法蓮華經》卷四

姚秦鳩摩羅什譯，CBETA，T09，no.262，p.27，c5–8。唐時期。

LM20-1460-32-21 《大般涅槃經》卷九

北涼曇無讖譯, CBETA, T12, no.374, p.422, b6-7。唐時期。

LM20-1460-32-22　《佛説觀佛三昧海經》卷六

東晉佛陀跋陀羅譯, CBETA, T15, no.643, p.676, a13-16。高昌國時期。

參:《旅博選粹》, 55。

LM20-1460-32-23　《妙法蓮華經》卷五

姚秦鳩摩羅什譯, CBETA, T09, no.262, p.39, a4-7。唐時期。

LM20-1460-32-24　《摩訶般若波羅蜜經》卷一七

姚秦鳩摩羅什譯, CBETA, T08, no.223, p.347, a8-11。高昌國時期。

LM20-1460-33-01　《金剛般若波羅蜜經》

姚秦鳩摩羅什譯, CBETA, T08, no.235, p.750, c21-26。唐時期。

LM20-1460-33-02　《大般涅槃經》卷二七

北涼曇無讖譯, CBETA, T12, no.374, p.522, c9-12。高昌國時期。

LM20-1460-33-03a　《妙法蓮華經》卷三

姚秦鳩摩羅什譯, CBETA, T09, no.262, p.23, b19-22。唐時期。

LM20-1460-33-03b　《大般涅槃經》注疏

參北涼曇無讖譯《大般涅槃經》卷二七。高昌國時期。

LM20-1460-33-03c　《妙法蓮華經》卷三

姚秦鳩摩羅什譯, CBETA, T09, no.262, p.23, b17-18, 唐時期。

LM20-1460-33-04　《金光明經》卷三

北涼曇無讖譯, CBETA, T16, no.663, p.348, b25-26。唐時期。

LM20-1460-33-05　《佛説四不可得經》

西晉竺法護譯, CBETA, T17, no.770, p.707, b4-5。唐時期。

LM20-1460-33-06　《佛説四不可得經》

西晉竺法護譯, CBETA, T17, no.770, p.707, b26-27。唐時期。

LM20-1460-33-07　《新删定四分僧戒本》

唐道宣撰, CBETA, X39, no.707, p.268, c22-p.269。有貼附殘片, 無法揭取。唐時期。

LM20-1460-33-08　《大般涅槃經》卷三五

北涼曇無讖譯, CBETA, T12, no.374, p.570, a1-3。高昌國時期。

LM20-1460-33-09　《維摩詰所説經》卷上

姚秦鳩摩羅什譯, CBETA, T14, no.475, p.540, c12-18。高昌國時期。

LM20-1460-33-10　《摩訶般若波羅蜜經》卷二四

姚秦鳩摩羅什撰, CBETA, T08, no.223, p.398, b21-24。高昌國時期。

LM20-1460-33-11　《大般涅槃經》卷二五

北涼曇無讖譯, CBETA, T12, no.374, p.516, c8-11。唐時期。

LM20-1460-33-12　《大般若波羅蜜多經》

唐玄奘譯，此段文字多處可見。唐時期。

LM20-1460-33-13　《大般涅槃經》卷一三

北涼曇無讖譯，CBETA, T12, no.374, p.440, c21–25，高昌國時期。

LM20-1460-33-14　《雜阿毗曇心論》卷一一

劉宋僧伽跋摩等譯，CBETA, T28, no.1552, p.962, a7–10。有朱筆句讀。唐時期。

LM20-1460-33-15　佛典殘片

參姚秦鳩摩羅什譯《摩訶般若波羅蜜經》卷二七，CBETA, T08, no.223, p.419, a3–8。高昌國時期。

LM20-1460-33-16　《金剛般若波羅蜜經》

姚秦鳩摩羅什譯，CBETA, T08, no.235, p.750, c17–18。唐時期。

LM20-1460-33-17　《佛説灌頂經》卷一二

東晉帛尸梨蜜多羅譯，CBETA, T21, no.1331, p.533, a18–21。唐時期。

LM20-1460-33-18　《妙法蓮華經》卷五

姚秦鳩摩羅什譯，CBETA, T09, no.262, p.37, c7–14。唐時期。

LM20-1460-33-19　《無量壽經優波提舍願生偈》

元魏菩提流支譯，CBETA, T26, no.1524, p.232, c3–7，“奭”作“軟”。唐時期。

參：《旅博選粹》，145；《净土集成》，105。

LM20-1460-33-20　《妙法蓮華經》卷一

姚秦鳩摩羅什譯，CBETA, T09, no.262, p.4, a24–27。唐時期。

LM20-1460-33-21　《大般涅槃經》卷六

北涼曇無讖譯，CBETA, T12, no.374, p.400, a8–11。高昌國時期。

LM20-1460-33-22　《摩訶般若波羅蜜經》卷一

姚秦鳩摩羅什譯，CBETA, T08, no.223, p.220, a25–28，第 2 行“能”作“具”。高昌國時期。

LM20-1460-33-23　《維摩詰所説經》卷中

姚秦鳩摩羅什譯，CBETA, T14, no.475, p.549, b10–13。唐時期。

LM20-1460-33-24　《大般涅槃經》卷一九

北涼曇無讖譯，CBETA, T12, no.374, p.478, a20–23。高昌國時期。

LM20-1460-34-01　《大般涅槃經》卷一八

北涼曇無讖譯，CBETA, T12, no.374, p.468, c18–23。高昌國時期。

LM20-1460-34-02　《大般涅槃經》卷三六

北涼曇無讖譯，CBETA, T12, no.374, p.578, b12–14。唐時期。

LM20-1460-34-03　《大智度論》卷一二

姚秦鳩摩羅什譯，CBETA, T25, no.1509, p.147, c18–23。高昌國時期。

LM20-1460-34-04　《佛説仁王般若波羅蜜經》卷上

姚秦鳩摩羅什譯，CBETA，T08，no.245，p.828，b14-18。高昌國時期。

LM20-1460-34-05　《妙法蓮華經》卷五

姚秦鳩摩羅什譯，CBETA，T09，no.262，p.41，a8-14。高昌國時期。

LM20-1460-34-06　（1）《佛説阿彌陀經》（2）《阿彌陀佛説咒》

姚秦鳩摩羅什譯，CBETA，T12，no.366，p.348，a26-28；譯者不詳，CBETA，T12，no.369，p.352，a25-29。唐時期。

參：《旅博選粹》，164；《净土集成》，93。

LM20-1460-34-07　《大般涅槃經》不分卷

北涼曇無讖譯，CBETA，T12，no.374，p.597，b15-18、b26。唐時期。

LM20-1460-34-08　《大般若波羅蜜多經》卷五四

唐玄奘譯，CBETA，T05，no.220，p.304，a3-5。唐時期。

LM20-1460-34-09　《大般涅槃經》卷二〇

北涼曇無讖譯，CBETA，T12，no.374，p.485，c20-23。高昌國時期。

LM20-1460-34-10　《雜阿毗曇心論》卷六

劉宋僧伽跋摩等譯，CBETA，T28，no.1552，p.918，c28-p.919，a2。唐時期。

LM20-1460-34-11　《救疾經》

作者不詳，CBETA，T85，no.2878，p.1362，a17-20。唐時期。

參：馬俊傑 2019，447。

LM20-1460-34-12　《大般若波羅蜜多經》卷三〇六

唐玄奘譯，CBETA，T06，no.220，p.560，a28-b2。唐時期。

LM20-1460-34-13　《大般涅槃經》卷三一

北涼曇無讖譯，CBETA，T12，no.374，p.549，b24-26。高昌國時期。

LM20-1460-34-14　《大般涅槃經》卷一五

北涼曇無讖譯，CBETA，T12，no.374，p.451，c8-9。唐時期。

LM20-1460-34-15　《等集衆德三昧經》卷下

西晉竺法護譯，CBETA，T12，no.381，p.987，a14-18。唐時期。

LM20-1460-34-16　《佛本行集經》卷五

隋闍那崛多譯，CBETA，T03，no.190，p.674，c3-7。唐時期。

參：段真子 2019，148。

LM20-1460-34-17　《大般涅槃經》卷一〇

北涼曇無讖譯，CBETA，T12，no.374，p.428，b3-6。高昌國時期。

LM20-1460-34-18　《大智度論》卷七八

姚秦鳩摩羅什譯，CBETA，T25，no.1509，p.611，b27-c4，"其成其"作"能成其"。高昌

國時期。

LM20-1460-34-19　《合部金光明經》卷一

北涼曇無讖譯, 隋寶貴合, CBETA, T16, no.664, p.360, a5–11。唐時期。

LM20-1460-34-20　《妙法蓮華經》卷二

姚秦鳩摩羅什譯, CBETA, T09, no.262, p.11, c12–13。唐時期。

LM20-1460-34-21　《妙法蓮華經》卷二

姚秦鳩摩羅什譯, CBETA, T09, no.262, p.12, b10–12。唐時期。

LM20-1460-34-22a　《妙法蓮華經》卷二

姚秦鳩摩羅什譯, CBETA, T09, no.262, p.11, c21–25。唐時期。

LM20-1460-34-22b　《妙法蓮華經》卷二

姚秦鳩摩羅什譯, CBETA, T09, no.262, p.11, c7–8。唐時期。

LM20-1460-34-23　《大般涅槃經》注疏

參北涼曇無讖譯《大般涅槃經》卷二七, CBETA, T12, no.374。高昌國時期。

LM20-1460-35-01　《大智度論》卷三四

姚秦鳩摩羅什譯, CBETA, T25, no.1509, p.310, c19–21。唐時期。

LM20-1460-35-02　《金光明經》卷三

北涼曇無讖譯, CBETA, T16, no.663, p.349, a23–27。唐時期。

LM20-1460-35-03　佛教戒律

參東晉佛陀跋陀羅、法顯譯《摩訶僧祇律》卷一〇, CBETA, T22, no.1425, p.316, c22–28。高昌國時期。

LM20-1460-35-04　《妙法蓮華經》卷三

姚秦鳩摩羅什譯, CBETA, T09, no.262, p.23, c13–15。唐時期。

LM20-1460-35-05　《妙法蓮華經》卷三

姚秦鳩摩羅什譯, CBETA, T09, no.262, p.23, c17–19。唐時期。

LM20-1460-35-06　《大般涅槃經》卷二〇

北涼曇無讖譯, CBETA, T12, no.374, p.482, b11–16。高昌郡時期。

參:《旅博選粹》, 16; 王宇、王梅 2006b, 54。

LM20-1460-35-07　《金光明最勝王經》卷一

唐義凈譯, CBETA, T16, no.665, p.404, b29–c3。唐時期。

LM20-1460-35-08　《大般涅槃經》卷一三

北涼曇無讖譯, CBETA, T12, no.374, p.443, c17–20, 高昌國時期。

LM20-1460-35-09　《妙法蓮華經》卷三

姚秦鳩摩羅什譯, CBETA, T09, no.262, p.23, b27–c5。唐時期。

LM20-1460-35-10　《妙法蓮華經》卷六

姚秦鳩摩羅什譯，CBETA, T09, no.262, p.48, b24–26。唐時期。

LM20-1460-35-11　《佛本行集經》卷五

隋闍那崛多譯，CBETA, T03, no.190, p.675, b9–11。唐時期。

參：段真子 2019, 152。

LM20-1460-35-12　《大般涅槃經》卷五

北涼曇無讖譯，CBETA, T12, no.374, p.393, a1–2。高昌國時期。

LM20-1460-35-13　《大般涅槃經》卷三〇

北涼曇無讖譯，CBETA, T12, no.374, p.546, a26–29。高昌國時期。

LM20-1460-35-14　《大般若波羅蜜多經》卷四六六

唐玄奘譯，CBETA, T07, no.220, p.358, c7–11。唐時期。

LM20-1460-35-15　《放光般若經》卷二〇

西晉無羅叉譯，CBETA, T08, no.221, p.142, a29–b3。高昌國時期。

LM20-1460-35-16　《大般涅槃經》卷六

北涼曇無讖譯，CBETA, T12, no.374, p.400, a6–11。高昌國時期。

LM20-1460-35-17　《大智度論》卷一九

姚秦鳩摩羅什譯，CBETA, T25, no.1509, p.202, c14–17。唐時期。

LM20-1460-35-18　《佛說無上依經》卷上

梁真諦譯，CBETA, T16, no.669, p.469, a24–27。唐時期。

LM20-1460-35-19　《大方廣佛華嚴經》卷六〇

東晉佛陀跋陀羅譯，CBETA, T10, no.279, p.319, b10–13。唐時期。

LM20-1460-35-20　《大周新譯大方廣佛華嚴經總目》

唐弘景撰，CBETA, ZW06, no.56, p.385, a5–7。唐時期。

LM20-1460-35-21　《大方廣佛華嚴經》卷六〇

東晉佛陀跋陀羅譯，CBETA, T09, no.278, p.781, c6–13。唐時期。

LM20-1460-35-22　《根本說一切有部苾芻尼毗奈耶》卷一五

唐義淨譯，CBETA, T23, no.1443, p.987, a25–b1。唐時期。

LM20-1460-35-23　《大般若波羅蜜多經》卷五二八

唐玄奘譯，CBETA, T07, no.220, p.358, c13–15。唐時期。

LM20-1460-35-24　《思益梵天所問經》卷一

姚秦鳩摩羅什譯，CBETA, T15, no.586, p.33, c14–21。西州回鶻時期。

LM20-1460-36-01　《妙法蓮華經》卷二

姚秦鳩摩羅什譯，CBETA, T09, no.262, p.11, b8–10。唐時期。

LM20-1460-36-02　《佛說千佛因緣經》

姚秦鳩摩羅什譯，CBETA, T14, no.426, p.65, c29–p.66, a5。唐時期。

LM20-1460-36-03 《妙法蓮華經》卷五

　　姚秦鳩摩羅什譯，CBETA, T09, no.262, p.38, a4–6。唐時期。

LM20-1460-36-04 《摩訶般若波羅蜜經》卷八

　　姚秦鳩摩羅什譯，CBETA, T08, no.223, p.277, a26–b1。高昌國時期。

LM20-1460-36-05 《大般涅槃經》卷一四

　　北涼曇無讖譯，CBETA, T12, no.374, p.445, c22–24。高昌國時期。

LM20-1460-36-06 《大般涅槃經》卷六

　　北涼曇無讖譯，CBETA, T12, no.374, p.402, a12–14。高昌國時期。

LM20-1460-36-07 《道行般若經》卷八

　　後漢支婁迦讖譯，CBETA, T08, no.224, p.465, a23–27。唐時期。

　　參：孫傳波 2006, 181。

LM20-1460-36-08 《佛説觀佛三昧海經》卷五

　　東晉佛陀跋陀羅譯，CBETA, T15, no.643, p.669, c16–21。唐時期。

LM20-1460-36-09 《合部金光明經》卷三

　　梁真諦譯，隋寶貴合，CBETA, T16, no.664, p.372, c27–29。唐時期。

LM20-1460-36-10 《大般涅槃經》卷三一

　　北涼曇無讖譯，CBETA, T12, no.374, p.549, c2–4。高昌國時期。

LM20-1460-36-11 《佛説仁王般若波羅蜜經》卷下

　　姚秦鳩摩羅什譯，CBETA, T08, no.245, p.833, b21–24。唐時期。

LM20-1460-36-12 《妙法蓮華經》卷七

　　姚秦鳩摩羅什譯，CBETA, T09, no.262, p.55, c2–4。唐時期。

LM20-1460-36-13 《大寶積經》卷二一

　　唐菩提流志譯，CBETA, T11, no.310, p.118, c25–27。唐時期。

LM20-1460-36-14 《放光般若經》卷四

　　西晉無羅叉譯，CBETA, T08, no.221, p.29, a25–26。高昌國時期。

LM20-1460-36-15 《妙法蓮華經》卷二

　　姚秦鳩摩羅什譯，CBETA, T09, no.262, p.14, b23–25。唐時期。

LM20-1460-36-16 《道行般若經》卷一

　　後漢支婁迦讖譯，CBETA, T08, no.224, p.428, c25–c29，“化來”作“化來時”。高昌國時期。

LM20-1460-36-17 《大通方廣懺悔滅罪莊嚴成佛經》卷上

　　作者不詳，CBETA, T85, no.2871, p.1345, a18–19。高昌國時期。

LM20-1460-36-18 《賢愚經》卷一

　　元魏慧覺等譯，CBETA, T04, no.202, p.352, b11–15。高昌國時期。

LM20-1460-36-19　佛典殘片

高昌國時期。

LM20-1460-36-20　佛典殘片

高昌國時期。

LM20-1460-36-21　《妙法蓮華經》卷七

姚秦鳩摩羅什譯，CBETA，T09，no.262，p.60，a22–28。高昌國時期。

LM20-1460-36-22　《妙法蓮華經》卷五

姚秦鳩摩羅什譯，CBETA，T09，no.262，p.41，a4–8。唐時期。

LM20-1460-36-23　《佛説佛名經》卷二三

譯者不詳，CBETA，T14，no.441，p.278，c16–19。高昌國時期。

LM20-1460-36-24　《大方廣佛華嚴經》卷一四（五十卷本）

東晉佛陀跋陀羅譯，《中華大藏經》第 12 册，171a9–14；參 CBETA，T09，no.278，p.505，a16–22。細字寫本。高昌國時期。

LM20-1460-36-25　《大方廣佛華嚴經》卷八（五十卷本）

東晉佛陀跋陀羅譯，《中華大藏經》第 12 册，99b8–c1；參 CBETA，T09，no.278，p.460，b8–22。細字寫本。高昌國時期。

參：《旅博選粹》，43。

LM20-1460-37-01　《大般涅槃經》卷六

北涼曇無讖譯，CBETA，T12，no.374，p.401，c18–20。唐時期。

LM20-1460-37-02　《摩訶般若波羅蜜經》卷六

姚秦鳩摩羅什譯，CBETA，T08，no.223，p.261，c26–p.262，a1。唐時期。

LM20-1460-37-03　《大方廣佛華嚴經》卷一四（五十卷本）

東晉佛陀跋陀羅譯，《中華大藏經》第 12 册，176a12–14；參 CBETA，T09，no.278，p.508，c23–25。細字寫本。高昌國時期。

LM20-1460-37-04　《大方廣佛華嚴經》卷一五

東晉佛陀跋陀羅譯，CBETA，T09，no.278，p.497，b11–14。唐時期。

LM20-1460-37-05　《大般涅槃經》卷一五

北涼曇無讖譯，CBETA，T12，no.374，p.453，a22–26。高昌郡時期。

LM20-1460-37-06　陀羅尼

西州回鶻時期。

LM20-1460-37-07　《大般涅槃經》卷一四

北涼曇無讖譯，CBETA，T12，no.374，p.445，c29–p.446，a2。高昌國時期。

LM20-1460-37-08a　《大方廣佛華嚴經》卷一四（五十卷本）

東晉佛陀跋陀羅譯，《中華大藏經》第 12 册，180c5–10；參 CBETA，T09，no.278，p.505，

c19–23。細字寫本。高昌國時期。

LM20-1460-37-08b 《大方廣佛華嚴經》卷一五（五十卷本）

東晉佛陀跋陀羅譯，《中華大藏經》第 12 册，180c5–10；參 CBETA, T09, no.278, p.510, b23–28。細字寫本。高昌國時期。

LM20-1460-37-09 《大般涅槃經》卷七

北涼曇無讖譯，CBETA, T12, no.374, p.408, b5–8。唐時期。

LM20-1460-37-10 《大般涅槃經》卷三三

北涼曇無讖譯，CBETA, T12, no.374, p.563, b7–11。高昌國時期。

LM20-1460-37-11 《法華義疏》卷五

隋吉藏撰，CBETA, T34, no.1721, p.518, a8–9。唐時期。

LM20-1460-37-12 《妙法蓮華經》卷一

姚秦鳩摩羅什譯，CBETA, T09, no.262, p.9, c21–28。唐時期。

LM20-1460-37-13 《放光般若經》卷二〇

西晉無羅叉譯，CBETA, T08, no.221, p.143, a10–12，"崘"作"倫"。高昌國時期。

LM20-1460-37-14 《太玄真一本際經》卷四（五卷本）

隋劉進喜撰，唐李仲卿續，參敦煌本 P.2795 第 1–2 行，相當於葉貴良《敦煌本〈太玄真一本際經〉輯校》（巴蜀書社，2010 年）82 頁録文 1–2 行，首題"聖行品第四"作"聖行品第三"。唐時期。

參：趙洋 2017a, 173–174、190；趙洋 2017b, 207–209；游自勇 2019b, 53。

LM20-1460-37-15 《大方廣佛華嚴經》卷一五（五十卷本）

東晉佛陀跋陀羅譯，《中華大藏經》第 12 册，179c23–180a7；參 CBETA, T09, no.278, p.510, a9–15。細字寫本。高昌國時期。

LM20-1460-37-16 《大般涅槃經》卷四〇

北涼曇無讖譯，CBETA, T12, no.374, p.602, c1–4。唐時期。

LM20-1460-37-17 《放光般若經》卷二〇

西晉無羅叉譯，CBETA, T08, no.221, p.145, c9–11。高昌國時期。

LM20-1460-37-18 《大般若波羅蜜多經》卷六五

唐玄奘譯，CBETA, T05, no.220, p.365, a7–11。唐時期。

參：《旅博選粹》，87。

LM20-1460-37-19 《大方廣佛華嚴經》卷一三

東晉佛陀跋陀羅譯，CBETA, T09, no.278, p.483, b5–10。唐時期。

LM20-1460-37-20 《大般涅槃經》卷三二

北涼曇無讖譯，CBETA, T12, no.374, p.557, c1–5。高昌國時期。

LM20-1460-37-21 《大方廣佛華嚴經》卷一五（五十卷本）

東晉佛陀跋陀羅譯，《中華大藏經》第 12 册，180b4–9；參 CBETA, T09, no.278, p.510,
b3–7。細字寫本。高昌國時期。

LM20-1460-37-22 　《大般涅槃經》卷三七

北涼曇無讖譯，CBETA, T12, no.374, p.581, b7–12。高昌郡時期。

參：《旅博選粹》，18。

LM20-1460-37-23 　《妙法蓮華經》卷一

姚秦鳩摩羅什譯，CBETA, T09, no.262, p.2, b10–14。唐時期。

LM20-1460-37-24a 　《大方廣佛華嚴經》卷一四（五十卷本）

東晉佛陀跋陀羅譯，《中華大藏經》第 12 册，172c6–10；參 CBETA, T09, no.278, p.506,
b9–15。細字寫本。高昌國時期。

LM20-1460-37-24b 　《大方廣佛華嚴經》卷一四（五十卷本）

東晉佛陀跋陀羅譯，《中華大藏經》第 12 册，172b10–14；參 CBETA, T09, no.278, p.506,
a20–25。細字寫本。高昌國時期。

LM20-1460-37-24c 　《大方廣佛華嚴經》卷一四（五十卷本）

東晉佛陀跋陀羅譯，《中華大藏經》第 12 册，173a12–14；參 CBETA, T09, no.278, p.506,
c5–9。細字寫本。高昌國時期。

LM20-1460-37-25a 　《大方廣佛華嚴經》卷一四（五十卷本）

東晉佛陀跋陀羅譯，《中華大藏經》第 12 册，172c5–12；參 CBETA, T09, no.278, p.506,
b8–15。細字寫本。高昌國時期。

LM20-1460-37-25b 　《大方廣佛華嚴經》卷一四（五十卷本）

東晉佛陀跋陀羅譯，《中華大藏經》第 12 册，171c6–8；參 CBETA, T09, no.278, p.505,
c5–6。細字寫本。高昌國時期。

LM20-1460-37-26 　《大般涅槃經》卷一二

北涼曇無讖譯，CBETA, T12, no.374, p.436, b1–6。唐時期。

LM20-1460-38-01a 　《大方廣佛華嚴經》卷一五（五十卷本）

東晉佛陀跋陀羅譯，《中華大藏經》第 12 册，171b12–14；參 CBETA, T09, no.278, p.505,
b11–14。細字寫本。高昌國時期。

LM20-1460-38-01b 　《大方廣佛華嚴經》卷一五（五十卷本）

東晉佛陀跋陀羅譯，《中華大藏經》第 12 册，179c1–4；參 CBETA, T09, no.278, p.509,
c18–22。細字寫本。高昌國時期。

LM20-1460-38-01c 　《大方廣佛華嚴經》卷一五（五十卷本）

東晉佛陀跋陀羅譯，《中華大藏經》第 12 册，179a22–b5；參 CBETA, T09, no.278, p.509,
b25–c02。細字寫本。高昌國時期。

LM20-1460-38-02 　《大般涅槃經》卷二七

北涼曇無讖譯，CBETA, T12, no.374, p.524, c20–23。唐時期。

LM20-1460-38-03　《仁王經疏》卷下

唐圓測撰，CBETA, T33, no.1708, p.422, a5–6。唐時期。

LM20-1460-38-04　《大方廣佛華嚴經》卷一四（五十卷本）

東晉佛陀跋陀羅譯，《中華大藏經》第12册, 173a18–b4; 參 CBETA, T09, no.278, p.506, c11–21。細字寫本。高昌國時期。

LM20-1460-38-05　《金光明經》卷二

北涼曇無讖譯，CBETA, T16, no.663, p.341, b29–c4，"壞也"作"壞"。高昌郡時期。

LM20-1460-38-06　《六門陀羅尼經》

唐玄奘譯，CBETA, T21, no.1360, p.878, a19–21，"蘇"作"酥"。唐時期。

LM20-1460-38-07a　《大方廣佛華嚴經》卷一五（五十卷本）

東晉佛陀跋陀羅譯，《中華大藏經》第12册, 179a1–3; 參 CBETA, T09, no.278, p.509, b7–9。細字寫本。高昌國時期。

LM20-1460-38-07b　《佛說灌頂經》卷一一

東晉帛尸梨蜜多羅譯，CBETA, T21, no.1331, p.531, c15–19。唐時期。

LM20-1460-38-08　《大方廣佛華嚴經》卷一四（五十卷本）

東晉佛陀跋陀羅譯，《中華大藏經》第12册, 171c12–16; 參 CBETA, T09, no.278, p.505, c10–15。細字寫本。高昌國時期。

LM20-1460-38-09　《十地經論》卷一二

元魏菩提流支譯，CBETA, T26, no.1522, p.195, c3–5。高昌國時期。

LM20-1460-38-10　《大智度論》卷六七

姚秦鳩摩羅什譯，CBETA, T25, no.1509, p.328, a20–22。高昌國時期。

LM20-1460-38-11　佛典殘片

參北宋法護等譯《大乘寶要義論》卷二，CBETA, T32, no.1635, p.52, c27–29。西州回鶻時期。

LM20-1460-38-12　《大般涅槃經》卷三一

北涼曇無讖譯，CBETA, T12, no.374, p.548, b29–c3，"善"作"樂善"。高昌國時期。

LM20-1460-38-13　《妙法蓮華經》卷一

姚秦鳩摩羅什譯，CBETA, T09, no.262, p.7, a1–5。唐時期。

LM20-1460-38-14　《合部金光明經》卷四

梁真諦譯，隋寶貴合，CBETA, T16, no.664, p.381, c15–18。高昌國時期。

LM20-1460-38-15　《大般涅槃經》卷二一

北涼曇無讖譯，CBETA, T12, no.374, p.492, a4–10。高昌國時期。

LM20-1460-38-16　《佛說無垢賢女經》

西晉竺法護譯，CBETA, T14, no.562, p.913, c21–23。唐時期。

LM20-1460-38-17　《大方廣佛華嚴經》卷三

東晉佛陀跋陀羅譯，CBETA, T09, no.278, p.412, b13–17。唐時期。

LM20-1460-38-18　《摩訶般若波羅蜜經》卷二五

姚秦鳩摩羅什譯，CBETA, T08, no.223, p.405, a3–9。高昌國時期。

LM20-1460-38-19　《大般若波羅蜜多經》卷一三〇

唐玄奘譯，CBETA, T05, no.220, p.709, b8–9。唐時期。

LM20-1460-38-20　《佛説灌頂經》卷一二

東晉帛尸梨蜜多羅譯，CBETA, T21, no.1331, p.535, a7–10。唐時期。

LM20-1460-38-21　《妙法蓮華經》卷七

姚秦鳩摩羅什譯，CBETA, T09, no.262, p.61, b21–25。唐時期。

LM20-1460-38-22　《佛説寶雨經》卷六

唐達摩流支譯，CBETA, T16, no.660, p.306, c23–27。唐時期。

參：榮新江 2019a, 29。

LM20-1460-38-23　《大般涅槃經》卷一二

北涼曇無讖譯，CBETA, T12, no.374, p.434, c27–29。高昌國時期。

LM20-1460-38-24　《大智度論》卷六五

姚秦鳩摩羅什譯，CBETA, T25, no.1509, p.515, c23–26。高昌國時期。

LM20-1460-38-25　《妙法蓮華經》卷一

姚秦鳩摩羅什譯，CBETA, T09, no.262, p.2, c15–19。唐時期。

LM20-1460-38-26　《佛説觀佛三昧海經》卷一

東晉佛陀跋陀羅譯，CBETA, T15, no.643, p.649, a2–6。高昌國時期。

經册十二

LM20-1461-01-01 　《維摩詰所說經》卷上

姚秦鳩摩羅什譯，CBETA，T14，no.475，p.540，c15–21。高昌國時期。

LM20-1461-01-02 　《大般涅槃經》卷一五

北涼曇無讖譯，CBETA，T12，no.374，p.452，b3–6。高昌國時期。

LM20-1461-01-03 　《大般涅槃經》卷六

北涼曇無讖譯，CBETA，T12，no.374，p.398，b11–14。高昌國時期。

LM20-1461-01-04 　佛教戒律

參姚秦佛陀耶舍、竺佛念等譯《四分律》卷三五，CBETA，T22，no.1428，p.819，c11–13；
曹魏曇諦譯《羯磨》卷一，CBETA，T22，no.1433，p.1052，a2–4。唐時期。

LM20-1461-01-05 　《妙法蓮華經》卷五

姚秦鳩摩羅什譯，CBETA，T09，no.262，p.37，c12–16。唐時期。

LM20-1461-01-06 　《大智度論》卷一一

姚秦鳩摩羅什譯，CBETA，T25，no.1509，p.137，a4–10。高昌郡時期。

LM20-1461-01-07 　《佛說仁王般若波羅蜜經》卷下

姚秦鳩摩羅什譯，CBETA，T08，no.245，p.831，c15–20。高昌國時期。

LM20-1461-01-08 　《妙法蓮華經》卷一

姚秦鳩摩羅什譯，CBETA，T09，no.262，p.10，a21–27。唐時期。

LM20-1461-01-09 　《摩訶般若波羅蜜經》卷二二

姚秦鳩摩羅什譯，CBETA，T08，no.223，p.379，c8–11。高昌國時期。

LM20-1461-01-10 　《維摩義記》

參敦煌本 P.2273（《法藏敦煌西域文獻》第 10 册，317 頁上）。高昌國時期。

參：《旅博選粹》，71；橘堂晃一 2006a，94；榮新江 2019a，28。

LM20-1461-01-11 　《妙法蓮華經》卷四

姚秦鳩摩羅什譯，CBETA，T09，no.262，p.31，b19–21，"別"作"布"。唐時期。

LM20-1461-01-12 　《金剛般若波羅蜜經》

元魏菩提流支譯，CBETA，T08，no.236a，p.755，a13–18。唐時期。

LM20-1461-01-13 　《道行般若經》卷二

後漢支婁迦讖譯，CBETA，T08，no.224，p.434，c14–17。高昌國時期。

LM20-1461-01-14a　《妙法蓮華經》卷一

姚秦鳩摩羅什譯，CBETA，T09，no.262，p.1，c21–25。唐時期。

LM20-1461-01-14b　《大般涅槃經》卷二一

北涼曇無讖譯，CBETA，T12，no.374，p.488，b9–12。高昌國時期。

LM20-1461-01-15　《佛説灌頂經》卷一二

東晉帛尸梨蜜多羅譯，CBETA，T21，no.1331，p.533，a19–21。唐時期。

LM20-1461-01-16　《大般涅槃經》卷二五

北涼曇無讖譯，CBETA，T12，no.374，p.517，b13–15。高昌國時期。

LM20-1461-01-17　《大般涅槃經》卷三七

北涼曇無讖譯，CBETA，T12，no.374，p.581，a17–22。高昌國時期。

LM20-1461-01-18　《中阿含經》卷一

東晉僧伽提婆譯，CBETA，T01，no.26，p.421，b7–13。唐時期。

LM20-1461-01-19　《示所犯者瑜伽法鏡經》

唐室利末多譯，CBETA，T85，no.2896，p.1418，b27–29。唐時期。

LM20-1461-01-20　《摩訶般若波羅蜜經》卷一三

姚秦鳩摩羅什譯，CBETA，T08，no.223，p.316，c14–17。高昌國時期。

LM20-1461-01-21　《金剛般若論會釋》卷上

唐窺基撰，CBETA，T40，no.1816，p.728，b22–c3。第 2、3 行間疑脱一行。西州回鶻時期。

參：李昀 2017，96。

LM20-1461-01-22　佛典殘片

唐時期。

LM20-1461-01-23　佛名經

唐時期。

LM20-1461-01-24　《妙法蓮華經》卷六

姚秦鳩摩羅什譯，CBETA，T09，no.262，p.53，c11–14。高昌國時期。

LM20-1461-01-25　佛典殘片

唐時期。

LM20-1461-02-01　《大方等無想經》卷三

北涼曇無讖譯，CBETA，T12，no.387，p.1089，b17–23。高昌國時期。

LM20-1461-02-02　《大通方廣懺悔滅罪莊嚴成佛經》卷中

作者不詳，CBETA，T85，no.2871，p.1347，a28–b2。高昌國時期。

LM20-1461-02-03　《大方等無想經》卷五

北涼曇無讖譯，CBETA，T12，no.387，p.1100，a27–b3。高昌國時期。

LM20-1461-02-04　《小品般若波羅蜜經》卷三

姚秦鳩摩羅什譯, CBETA, T08, no.227, p.549, b15-18。高昌國時期。

LM20-1461-02-05 《妙法蓮華經》卷一

姚秦鳩摩羅什譯, CBETA, T09, no.262, p.9, c5-11。唐時期。

LM20-1461-02-06 《大般涅槃經》卷一一

北涼曇無讖譯, CBETA, T12, no.374, p.429, b25-27。高昌國時期。

LM20-1461-02-07 《放光般若經》卷一六

西晉無羅叉譯, CBETA, T08, no.221, p.113, b28-c4。高昌國時期。

LM20-1461-02-08 《撰集百緣經》卷七

吳支謙譯, CBETA, T04, no.200, p.236, a8-10。唐時期。

LM20-1461-02-09 《小品般若波羅蜜經》卷三

姚秦鳩摩羅什譯, CBETA, T08, no.227, p.548, b1-3。高昌國時期。

LM20-1461-02-10 《佛垂般涅槃略説教誡經》

姚秦鳩摩羅什譯, CBETA, T12, no.389, p.1110, c23-27。唐時期。

LM20-1461-02-11 《賢愚經》卷一

元魏慧覺等譯, CBETA, T04, no.202, p.350, c13-18。唐時期。

LM20-1461-02-12 《放光般若經》卷一四

西晉無羅叉譯, CBETA, T08, no.221, p.99, c24-26。唐時期。

LM20-1461-02-13 佛典殘片

唐時期。

LM20-1461-02-14 《佛説藥師如來本願經》

隋達摩笈多譯, CBETA, T14, no.449, p.401, c20-26。唐時期。

LM20-1461-02-15 《妙法蓮華經》卷一

姚秦鳩摩羅什譯, CBETA, T09, no.262, p.2, b27-c1。唐時期。

LM20-1461-02-16 《救疾經》

作者不詳, CBETA, T85, no.2878, p.1361, c3-4。唐時期。

參: 王宇、王梅 2006a, 107; 馬俊傑 2019, 442。

LM20-1461-02-17 涅槃經疏

唐時期。

LM20-1461-02-18 《大智度論》卷七六

姚秦鳩摩羅什譯, CBETA, T25, no.1509, p.594, c17-21。唐時期。

LM20-1461-02-19 《金光明經》卷三

北涼曇無讖譯, CBETA, T16, no.663, p.351, a28-b2。唐時期。

LM20-1461-02-20 佛典殘片

參姚秦曇摩耶舍、曇摩崛多等譯《舍利弗阿毗曇論》卷一三, CBETA, T28, no.1548,

p.618, a7-13。高昌郡時期。

LM20-1461-02-21　《妙法蓮華經》卷一

姚秦鳩摩羅什譯, CBETA, T09, no.262, p.2, c4-7。唐時期。

LM20-1461-02-22　《注維摩詰經》卷三

姚秦僧肇撰, CBETA, T38, no.1775, p.352, a23-29。唐時期。

參:《旅博選粹》, 149; 鄭阿財 2019, 184。

LM20-1461-02-23　《妙法蓮華經》卷五

姚秦鳩摩羅什譯, CBETA, T09, no.262, p.42, a17-26。唐時期。

LM20-1461-02-24　殘片

唐時期。

LM20-1461-03-01　《妙法蓮華經馬明菩薩品第三十》

作者不詳, CBETA, T85, no.2899, p.1427, c19-23。高昌國時期。

LM20-1461-03-02　《妙法蓮華經》卷七

姚秦鳩摩羅什譯, CBETA, T09, no.262, p.59, c5-7。唐時期。

LM20-1461-03-03　《佛説浄業障經》

譯者不詳, CBETA, T24, no.1494, p.1095, c29-p.1096, a4。高昌國時期。

LM20-1461-03-04　《大般涅槃經》卷二七

北涼曇無讖譯, CBETA, T12, no.374, p.527, a8-10。唐時期。

LM20-1461-03-05　《妙法蓮華經》卷三

姚秦鳩摩羅什譯, CBETA, T09, no.262, p.25, b5-7。高昌國時期。

LM20-1461-03-06　《大通方廣懺悔滅罪莊嚴成佛經》卷下

作者不詳, CBETA, T85, no.2871, p.1351, a18-21。高昌國時期。

LM20-1461-03-07　《大般若波羅蜜多經》卷五八三

唐玄奘譯, CBETA, T07, no.220, p.1014, b10-13。唐時期。

LM20-1461-03-08　《佛本行集經》卷五

隋闍那崛多譯, CBETA, T03, no.190, p.673, b11-14。唐時期。

參: 段真子 2019, 162。

LM20-1461-03-09　《金光明經》卷一

北涼曇無讖譯, CBETA, T16, no.663, p.336, c18-21。唐時期。

LM20-1461-03-10　《妙法蓮華經》卷四

姚秦鳩摩羅什譯, CBETA, T09, no.262, p.33, b1-4。唐時期。

LM20-1461-03-11　《妙法蓮華經》卷六

姚秦鳩摩羅什譯, CBETA, T09, no.262, p.48, b4-8。唐時期。

LM20-1461-03-12　《妙法蓮華經》卷二

姚秦鳩摩羅什譯，CBETA，T09，no.262，p.15，a21-26。唐時期。

LM20-1461-03-13　《大般涅槃經》卷一六

北涼曇無讖譯，CBETA，T12，no.374，p.459，c28-p.460，a5。高昌國時期。

LM20-1461-03-14　《大般涅槃經》卷二○

北涼曇無讖譯，CBETA，T12，no.374，p.485，c10-13。高昌國時期。

LM20-1461-03-15　《大般涅槃經》卷一四

北涼曇無讖譯，CBETA，T12，no.374，p.448，b14-16。唐時期。

LM20-1461-03-16　《妙法蓮華經》卷三

姚秦鳩摩羅什譯，CBETA，T09，no.262，p.19，b3-6。唐時期。

LM20-1461-03-17　《大方廣佛華嚴經》卷二九

東晉佛陀跋陀羅譯，CBETA，T09，no.278，p.587，c22-23。唐時期。

LM20-1461-03-18　《金光明經》卷二

北涼曇無讖譯，CBETA，T16，no.663，p.342，c4-9。唐時期。

LM20-1461-03-19　　佛典殘片

高昌國時期。

LM20-1461-03-20　　佛典殘片

唐時期。

LM20-1461-04-01　　佛典殘片

唐時期。

LM20-1461-04-02　《妙法蓮華經》卷三

姚秦鳩摩羅什譯，CBETA，T09，no.262，p.21，b21-28。唐時期。

LM20-1461-04-03　《大般涅槃經》卷一八

北涼曇無讖譯，CBETA，T12，no.374，p.473，c23-26。高昌國時期。

LM20-1461-04-04　《妙法蓮華經》卷一

姚秦鳩摩羅什譯，CBETA，T09，no.262，p.5，a21-25。唐時期。

LM20-1461-04-05　《妙法蓮華經》卷六

姚秦鳩摩羅什譯，CBETA，T09，no.262，p.52，c10-15。唐時期。

LM20-1461-04-06　　佛典殘片

唐時期。

LM20-1461-04-07　　佛典殘片

唐時期。

LM20-1461-04-08　《金光明經》卷二

北涼曇無讖譯，CBETA，T16，no.663，p.342，b21-25。高昌國時期。

LM20-1461-04-09　《雜寶藏經》卷一

元魏吉迦夜、曇曜譯，CBETA, T04, no.203, p.447, c22–26。唐時期。

LM20-1461-04-10　《大般涅槃經》卷二七

北涼曇無讖譯，CBETA, T12, no.374, p.522, b7–9。唐時期。

LM20-1461-04-11　《金剛般若波羅蜜經》

姚秦鳩摩羅什譯，CBETA, T08, no.235, p.752, a9–13。唐時期。

LM20-1461-04-12　《大般涅槃經》卷三〇

北涼曇無讖譯，CBETA, T12, no.374, p.542, a26–b2。高昌國時期。

LM20-1461-05-01　佛典殘片

參譯者不詳《十方千五百佛名經》，CBETA, T14, no.442, p.313, b22–25。唐時期。

LM20-1461-05-02　《羯磨》

曹魏曇諦譯，CBETA, T22, no.1433, p.1064, a11–16。有雙行小字注。唐時期。

參：《旅博選粹》，139。

LM20-1461-05-03　《大般涅槃經》卷六

北涼曇無讖譯，CBETA, T12, no.374, p.398, b8–13。高昌國時期。

LM20-1461-05-04　《妙法蓮華經》卷四

姚秦鳩摩羅什譯，CBETA, T09, no.262, p.33, a12–17。高昌郡時期。

參：《旅博選粹》，38。

LM20-1461-05-05　《金剛般若波羅蜜經》

元魏菩提流支譯，CBETA, T08, no.236a, p.755, c22–24。高昌國時期。

LM20-1461-05-06　《大般涅槃經》卷九

北涼曇無讖譯，CBETA, T12, no.374, p.418, c12–16。高昌國時期。

LM20-1461-05-07　《大般涅槃經》卷四〇

北涼曇無讖譯，CBETA, T12, no.374, p.598, a17–21。高昌國時期。

LM20-1461-05-08a　《佛説未曾有因緣經》卷上

蕭齊曇景譯，CBETA, T17, no.754, p.580, c22–24。高昌國時期。

LM20-1461-05-08b　《佛説觀佛三昧海經》卷三

東晉佛陀跋陀羅譯，CBETA, T15, no.643, p.662, c13–16。高昌國時期。

LM20-1461-05-09　《大智度論》卷五三

姚秦鳩摩羅什譯，CBETA, T25, no.1509, p.436, b27–c2。欄外天頭有“經”字。唐時期。

LM20-1461-05-10　《佛垂般涅槃略説教誡經》

姚秦鳩摩羅什譯，CBETA, T12, no.389, p.1112, b14–18。唐時期。

LM20-1461-05-11　《佛本行集經》卷二七

隋闍那崛多譯，CBETA, T03, no.190, p.777, b15–18。唐時期。

參：段真子 2019, 156。

LM20-1461-05-12 《大般涅槃經》卷三九

北涼曇無讖譯，CBETA, T12, no.374, p.593, c11–14。高昌郡時期。

LM20-1461-05-13 《放光般若經》卷一

西晉無羅叉譯，CBETA, T08, no.221, p.2, a2–5。高昌國時期。

LM20-1461-06-01 《大般涅槃經》卷四

北涼曇無讖譯，CBETA, T12, no.374, p.389, a18–22。高昌國時期。

LM20-1461-06-02 《論語·子路》鄭氏注

參《十三經注疏·論語注疏》卷一三《子路第十三》，中華書局，2009 年，5448 頁。高昌國時期。

參：朱玉麒、孟彥弘 2019, 43；何亦凡 2019, 113、119。

LM20-1461-06-03 《妙法蓮華經》卷六

姚秦鳩摩羅什譯，CBETA, T09, no.262, p.51, c9–13。唐時期。

LM20-1461-06-04 《金剛般若波羅蜜經》

姚秦鳩摩羅什譯，CBETA, T08, no.235, p.749, b20–22。唐時期。

LM20-1461-06-05 《道行般若經》卷四

後漢支婁迦讖譯，CBETA, T08, no.224, p.444, b24–c3。高昌郡時期。

參：《旅博選粹》, 33；孫傳波 2006, 173。

LM20-1461-06-06 《金剛般若波羅蜜經》

姚秦鳩摩羅什譯，CBETA, T08, no.235, p.751, c1–4。唐時期。

LM20-1461-06-07 《金光明經》卷四

北涼曇無讖譯，CBETA, T16, no.663, p.357, b6–10。唐時期。

LM20-1461-06-08 《妙法蓮華經》卷五

姚秦鳩摩羅什譯，CBETA, T09, no.262, p.40, c21–28。唐時期。

LM20-1461-06-09 《金剛般若波羅蜜經》

元魏菩提流支譯，CBETA, T08, no.236a, p.752, c10。唐時期。

LM20-1461-06-10 《阿毗曇毗婆沙論》卷三三

北涼浮陀跋摩、道泰譯，CBETA, T28, no.1546, p.241, b27–c3。高昌國時期。

LM20-1461-06-11 《大般涅槃經》卷一二

北涼曇無讖譯，CBETA, T12, no.374, p.435, c5–8。高昌國時期。

LM20-1461-06-12 《大般涅槃經》卷六

北涼曇無讖譯，CBETA, T12, no.374, p.402, b10–13。唐時期。

LM20-1461-06-13 《金剛般若波羅蜜經》

姚秦鳩摩羅什譯，CBETA, T08, no.235, p.752, a8–11。唐時期。

LM20-1461-06-14 《妙法蓮華經》卷四

姚秦鳩摩羅什譯，CBETA, T09, no.262, p.30, c19-22。高昌國時期。

LM20-1461-06-15　《妙法蓮華經》卷二

姚秦鳩摩羅什譯，CBETA, T09, no.262, p.12, c26-p.13, a1。唐時期。

LM20-1461-06-16　《妙法蓮華經》卷四

姚秦鳩摩羅什譯，CBETA, T09, no.262, p.27, c16-20。唐時期。

LM20-1461-06-17　《佛説仁王般若波羅蜜經》卷下

姚秦鳩摩羅什譯，CBETA, T08, no.245, p.831, c27-p.832, a1，"炎"作"焰"。高昌國時期。

LM20-1461-06-18　《法句經》卷上

吴維祇難等譯，CBETA, T04, no.210, p.561, a7-11。高昌國時期。

參：《旅博選粹》，28。

LM20-1461-06-19　《金剛般若波羅蜜經》

姚秦鳩摩羅什譯，CBETA, T08, no.235, p.749, b22-25。唐時期。

LM20-1461-07-01　《金光明經》卷一

北涼曇無讖譯，CBETA, T16, no.663, p.338, b27-c1。高昌國時期。

LM20-1461-07-02　佛教戒律

第2、3行間有小字"丙"。高昌郡時期。

參：《旅博選粹》，69。

LM20-1461-07-03　《金光明經》卷一

北涼曇無讖譯，CBETA, T16, no.663, p.337, a11-13。高昌國時期。

LM20-1461-07-04　《摩訶般若波羅蜜經》卷一

姚秦鳩摩羅什譯，CBETA, T08, no.223, p.217, a29-b3。高昌國時期。

LM20-1461-07-05　《大般涅槃經》卷三二

北涼曇無讖譯，CBETA, T12, no.374, p.555, b15-16，"得"作"能"。高昌國時期。

LM20-1461-07-06　《大般若波羅蜜多經》

唐玄奘譯，此段文字多處可見。唐時期。

LM20-1461-07-07　《道行般若經》卷一

後漢支婁迦讖譯，CBETA, T08, no.224, p.429, c25-30。唐時期。

LM20-1461-07-08　《妙法蓮華經》卷六

姚秦鳩摩羅什譯，CBETA, T09, no.262, p.52, a15-18。唐時期。

LM20-1461-07-09　《大方等大集經》卷六

北涼曇無讖譯，CBETA, T13, no.397, p.35, c24-27。高昌郡時期。

參：《旅博選粹》，47。

LM20-1461-07-10　《佛説灌頂經》卷一二

東晉帛尸梨蜜多羅譯，CBETA, T21, no.1331, p.535, c2-6。唐時期。

LM20-1461-07-11　《佛本行集經》卷五

隋闍那崛多譯，CBETA, T03, no.190, p.676, c22-24。唐時期。

參：段真子 2019, 153。

LM20-1461-07-12　《妙法蓮華經》卷三

姚秦鳩摩羅什譯，CBETA, T09, no.262, p.26, b15-22。唐時期。

LM20-1461-07-13　《佛説法句經》

作者不詳，CBETA, T85, no.2901, p.1433, a2-5。唐時期。

LM20-1461-07-14　《大方廣佛華嚴經》卷三九

東晉佛陀跋陀羅譯，CBETA, T09, no.278, p.648, c14-16。唐時期。

LM20-1461-07-15　佛典殘片

唐時期。

LM20-1461-07-16　佛典殘片

唐時期。

LM20-1461-07-17　《妙法蓮華經》卷三

姚秦鳩摩羅什譯，CBETA, T09, no.262, p.20, a23-29。高昌國時期。

LM20-1461-07-18　《妙法蓮華經》卷五

姚秦鳩摩羅什譯，CBETA, T09, no.262, p.40, a2-5。唐時期。

LM20-1461-07-19　《佛説華手經》卷一〇

姚秦鳩摩羅什譯，CBETA, T16, no.657, p.203, a11-15。高昌國時期。

LM20-1461-07-20　《大般涅槃經》卷八

北涼曇無讖譯，CBETA, T12, no.374, p.414, c26-p.415, a3。唐時期。

LM20-1461-07-21　佛典殘片

唐時期。

LM20-1461-07-22　佛典殘片

唐時期。

LM20-1461-08-01　《妙法蓮華經》卷四

姚秦鳩摩羅什譯，CBETA, T09, no.262, p.34, b18-22。唐時期。

LM20-1461-08-02　《摩訶般若波羅蜜經》卷一

姚秦鳩摩羅什譯，CBETA, T08, no.223, p.219, b23-28。高昌國時期。

LM20-1461-08-03　《大般涅槃經》卷二八

北涼曇無讖譯，CBETA, T12, no.374, p.530, a3-6。高昌國時期。

LM20-1461-08-04　《大通方廣懺悔滅罪莊嚴成佛經》卷中

作者不詳，CBETA, T85, no.2871, p.1347, a25-26。高昌國時期。

LM20-1461-08-05　《佛説觀彌勒菩薩上生兜率天經》

劉宋沮渠京聲譯，CBETA, T14, no.452, p.420, a12-14。唐時期。

LM20-1461-08-06　《持世經》卷一

姚秦鳩摩羅什譯，CBETA, T14, no.482, p.646, c9-14, 高昌國時期。

LM20-1461-08-07　《十住毗婆沙論》卷五

姚秦鳩摩羅什譯，CBETA, T26, no.1521, p.42, c24-28, "梵音佛"作"梵音説佛"。唐時期。

參：《旅博選粹》, 145;《净土集成》, 99。

LM20-1461-08-08　《大般涅槃經》卷三七

北涼曇無讖譯，CBETA, T12, no.374, p.584, a28-b2。高昌郡時期。

參：王宇、王梅 2006b, 58。

LM20-1461-08-09　《證契大乘經》卷下

唐地婆訶羅譯，CBETA, T16, no.674, p.661, b1-4。唐時期。

LM20-1461-08-10　《妙法蓮華經》卷一

姚秦鳩摩羅什譯，CBETA, T09, no.262, p.2, a13-19。唐時期。

LM20-1461-08-11　《金剛般若波羅蜜經》

姚秦鳩摩羅什譯，CBETA, T08, no.235, p.750, b5-7。唐時期。

LM20-1461-08-12　《佛説安宅神咒經》

譯者不詳，CBETA, T21, no.1394, p.911, c16-20。唐時期。

LM20-1461-08-13　《大般涅槃經》卷七

北涼曇無讖譯，CBETA, T12, no.374, p.406, b26-27。高昌國時期。

LM20-1461-08-14　《大般涅槃經》卷一

北涼曇無讖譯，CBETA, T12, no.374, p.370, a9-12。唐時期。

LM20-1461-08-15　《金剛般若波羅蜜經》挾注

參元魏菩提流支譯《金剛般若波羅蜜經》，CBETA, T08, no.236a, p.754, c17-21。有雙行小字注。唐時期。

參：李昀 2017, 97-98。

LM20-1461-08-16　《妙法蓮華經》卷七

姚秦鳩摩羅什譯，CBETA, T09, no.262, p.56, b21-22。唐時期。

LM20-1461-08-17　《摩訶般若波羅蜜經》卷一

姚秦鳩摩羅什譯，CBETA, T08, no.223, p.223, a17-19。唐時期。

LM20-1461-08-18　《大般涅槃經》卷三七

北涼曇無讖譯，CBETA, T12, no.374, p.583, b25-27。高昌國時期。

LM20-1461-08-19　《佛説觀彌勒菩薩上生兜率天經》

劉宋沮渠京聲譯，CBETA, T14, no.452, p.420, a9-12, "率陀因"作"率陀天因"。高昌國時期。

LM20-1461-08-20　《大般涅槃經》卷二七

北涼曇無讖譯，CBETA，T12，no.374，p.522，b5-7。高昌國時期。

LM20-1461-08-21　《妙法蓮華經》卷六

姚秦鳩摩羅什譯，CBETA，T09，no.262，p.47，a23-27。偈語分欄書寫。唐時期。

LM20-1461-09-01　《大般涅槃經》卷一一

北涼曇無讖譯，CBETA，T12，no.374，p.433，b17-19。高昌國時期。

LM20-1461-09-02　《大般涅槃經》卷七

北涼曇無讖譯，CBETA，T12，no.374，p.408，c7-10。高昌國時期。

LM20-1461-09-03　《出曜經》卷一二

姚秦竺佛念譯，CBETA，T04，no.212，p.676，c19-21。唐時期。

LM20-1461-09-04　《十誦律》卷五四

姚秦弗若多羅譯，CBETA，T23，no.1435，p.402，b18-24。高昌國時期。

LM20-1461-09-05　《佛説仁王般若波羅蜜經》卷上

姚秦鳩摩羅什譯，CBETA，T08，no.245，p.827，b14-16。高昌國時期。

LM20-1461-09-06　《妙法蓮華經》卷六

姚秦鳩摩羅什譯，CBETA，T09，no.262，p.54，b19-21。唐時期。

LM20-1461-09-07　《大般若波羅蜜多經》卷五三五

唐玄奘譯，CBETA，T07，no.220，p.750，a22-25。唐時期。

LM20-1461-09-08　佛典注疏

唐時期。

LM20-1461-09-09　《諸法最上王經》

隋闍那崛多譯，CBETA，T17，no.824，p.864，a22-24。唐時期。

LM20-1461-09-10　《大通方廣懺悔滅罪莊嚴成佛經》卷中

作者不詳，CBETA，T85，no.2871，p.1347，a17。高昌國時期。

LM20-1461-09-11　《大智度論》卷三四

姚秦鳩摩羅什譯，CBETA，T25，no.1509，p.309，a23-26。唐時期。

LM20-1461-09-12　《金剛般若波羅蜜經》

姚秦鳩摩羅什譯，CBETA，T08，no.235，p.749，b1-3。唐時期。

LM20-1461-09-13　《金光明經》卷四

北涼曇無讖譯，CBETA，T16，no.663，p.355，a26-b2。唐時期。

LM20-1461-09-14　《大乘大集地藏十輪經》卷四

唐玄奘譯，CBETA，T13，no.411，p.744，c18-21。唐時期。

LM20-1461-09-15　《大般若波羅蜜多經》

唐玄奘譯，此段文字多處可見。唐時期。

LM20-1461-09-16　《太上洞玄靈寶無量度人上品妙經》

作者不詳，約出於東晉，與敦煌本 P.2606 第 248–252 行同。唐時期。

參：趙洋 2017a, 187; 趙洋 2017b, 194。

LM20-1461-09-17r　佛典注疏

唐時期。

LM20-1461-09-17v　殘片

可見"月團"、"心間"等字，無法揭取拍攝。

LM20-1461-09-18　《佛垂般涅槃略説教誡經》

姚秦鳩摩羅什譯，CBETA, T12, no.389, p.1111, b19–24。高昌國時期。

LM20-1461-09-19　《春秋經傳集解·昭公二十年》

參西晉杜預撰《春秋經傳集解》，上海古籍出版社，1988 年，1464 頁。唐時期。

LM20-1461-09-20　《大通方廣懺悔滅罪莊嚴成佛經》卷中

作者不詳，CBETA, T85, no.2871, p.1347, a20–22。高昌國時期。

LM20-1461-09-21　《佛説觀佛三昧海經》卷五

東晉佛陀跋陀羅譯，CBETA, T15, no.643, p.670, c19–21。高昌國時期。

LM20-1461-09-22　《維摩詰所説經》卷中

姚秦鳩摩羅什譯，CBETA, T14, no.475, p.545, c26–28。高昌國時期。

LM20-1461-09-23　《金光明經》卷四

北涼曇無讖譯，CBETA, T16, no.663, p.355, c25–p.356, a5。高昌國時期。

LM20-1461-09-24　佛典殘片

唐時期。

LM20-1461-09-25　《妙法蓮華經》卷五

姚秦鳩摩羅什譯，CBETA, T09, no.262, p.41, c19–20，"集"作"習"。唐時期。

LM20-1461-09-26　《金光明經》卷三

北涼曇無讖譯，CBETA, T16, no.663, p.346, b16–19。唐時期。

LM20-1461-09-27　《大般涅槃經》卷二八

北涼曇無讖譯，CBETA, T12, no.374, p.529, b20–22。唐時期。

LM20-1461-09-28　《小品般若波羅蜜經》卷三

姚秦鳩摩羅什譯，CBETA, T08, no.227, p.547, c22–24。高昌國時期。

LM20-1461-10-01　《大智度論》卷九〇

姚秦鳩摩羅什譯，CBETA, T25, no.1509, p.698, a20–26。高昌國時期。

LM20-1461-10-02　《大般涅槃經》卷一四

北涼曇無讖譯，CBETA, T12, no.374, p.449, c8–13。高昌國時期。

LM20-1461-10-03　《十誦律》卷五四

姚秦弗若多羅譯，CBETA，T23，no.1435，p.402，b27–c1。高昌國時期。

LM20-1461-10-04 《妙法蓮華經》卷五

姚秦鳩摩羅什譯，CBETA，T09，no.262，p.40，a6–9。唐時期。

LM20-1461-10-05r 《摩訶般若波羅蜜經》卷二

姚秦鳩摩羅什譯，CBETA，T08，no.223，p.230，a15–17。高昌郡時期。

參：《旅博選粹》，29。

LM20-1461-10-05v 佛典注疏

參姚秦鳩摩羅什譯《大智度論》卷一六，CBETA，T25，no.1509，p.178，a11–14。高昌國時期。無法揭取拍攝。

LM20-1461-10-06 《佛説觀佛三昧海經》卷九

東晉佛陀跋陀羅譯，CBETA，T15，no.643，p.689，c24–25。唐時期。

LM20-1461-10-07 《大般若波羅蜜多經》卷五四九

唐玄奘譯，CBETA，T07，no.220，p.829，a2–4。唐時期。

LM20-1461-10-08 《佛説仁王般若波羅蜜經》卷下

姚秦鳩摩羅什譯，CBETA，T08，no.245，p.831，b9–15。高昌國時期。

LM20-1461-10-09 典籍殘片

此係某典籍篇末字數。唐時期。

LM20-1461-10-10 《大智度論》卷三四

姚秦鳩摩羅什譯，CBETA，T25，no.1509，p.309，a28–b2。唐時期。

LM20-1461-10-11 《雜阿含經》卷一〇

劉宋求那跋陀羅譯，CBETA，T02，no.99，p.66，a29–b4。唐時期。

LM20-1461-10-12 《金剛般若波羅蜜經》挾注

參元魏菩提流支譯《金剛般若波羅蜜經》，CBETA，T08，no.236a，p.754，c18–21。有雙行小字注。唐時期。

LM20-1461-10-13 《大般涅槃經》卷四〇

北涼曇無讖譯，CBETA，T12，no.374，p.600，a24–27。高昌國時期。

LM20-1461-10-14a 《大般涅槃經》卷四

北涼曇無讖譯，CBETA，T12，no.374，p.389，a9–11。高昌國時期。

LM20-1461-10-14b 佛典殘片

高昌國時期。

LM20-1461-10-15 《佛説仁王般若波羅蜜經》卷上

姚秦鳩摩羅什譯，CBETA，T08，no.245，p.827，b18–20。高昌國時期。

LM20-1461-10-16 《小品般若波羅蜜經》卷一〇

姚秦鳩摩羅什譯，CBETA，T08，no.227，p.581，c9–12。高昌國時期。

LM20-1461-10-17　《摩訶般若波羅蜜經》卷二六

姚秦鳩摩羅什譯，CBETA，T08，no.223，p.409，b5–11。高昌國時期。

LM20-1461-10-18　《妙法蓮華經》卷五

姚秦鳩摩羅什譯，CBETA，T09，no.262，p.41，b18–21。唐時期。

LM20-1461-10-19　《金剛般若波羅蜜經》

姚秦鳩摩羅什譯，CBETA，T08，no.235，p.752，a23–27，“提”作“提心”。唐時期。

LM20-1461-10-20　《妙法蓮華經》卷二

姚秦鳩摩羅什譯，CBETA，T09，no.262，p.19，a6–10。唐時期。

LM20-1461-10-21　《大智度論》卷三四

姚秦鳩摩羅什譯，CBETA，T25，no.1509，p.309，b5–7。高昌國時期。

LM20-1461-10-22　《大智度論》卷九五

姚秦鳩摩羅什譯，CBETA，T25，no.1509，p.725，a25–27。高昌國時期。

LM20-1461-11-01　陀羅尼

西州回鶻時期。

參：《旅博選粹》，158。

LM20-1461-11-02　《維摩詰所説經》卷上

姚秦鳩摩羅什譯，CBETA，T14，no.475，p.537，b25–29。高昌國時期。

LM20-1461-11-03　《妙法蓮華經》卷二

姚秦鳩摩羅什譯，CBETA，T09，no.262，p.12，c26–29。唐時期。

LM20-1461-11-04　《妙法蓮華經》卷七

姚秦鳩摩羅什譯，CBETA，T09，no.262，p.60，a22–24。唐時期。

LM20-1461-11-05　《金剛般若波羅蜜經》

姚秦鳩摩羅什譯，CBETA，T08，no.235，p.748，c25–29。高昌國時期。

LM20-1461-11-06　《大般涅槃經》卷五

北涼曇無讖譯，CBETA，T12，no.374，p.396，a19–23。高昌國時期。

LM20-1461-11-07　《太上洞玄靈寶無量度人上品妙經》

作者不詳，約出於東晉，與敦煌本 P.2606 第 14–17 行同。唐時期。

參：趙洋 2017a，187；趙洋 2017b，192。

LM20-1461-11-08　《妙法蓮華經》卷七

姚秦鳩摩羅什譯，CBETA，T09，no.262，p.56，b3–4。唐時期。

LM20-1461-11-09　《佛説無常經》

唐義净譯，CBETA，T17，no.801，p.745，c15–17。唐時期。

LM20-1461-11-10　《妙法蓮華經》卷二

姚秦鳩摩羅什譯，CBETA，T09，no.262，p.11，a6–20。唐時期。

LM20-1461-11-11　《佛説七千佛神符經》

　　作者不詳, CBETA, T85, no.2904, p.1446, a14–18, 第 3 行 "千" 作 "十"。唐時期。

LM20-1461-11-12　《維摩詰所説經》卷下

　　姚秦鳩摩羅什譯, CBETA, T14, no.475, p.553, a18–21。唐時期。

LM20-1461-11-13　《大般涅槃經》卷三六

　　北涼曇無讖譯, CBETA, T12, no.374, p.578, c20–24。高昌國時期。

LM20-1461-11-14　《太上洞玄靈寶智慧上品大戒》

　　作者不詳, 約出於東晉, 與敦煌本 P.2461 第 9–11 行同,《正統道藏》第 3 册, 391a10–12,
　　"人間" 作 "人中"。參《無上秘要》卷三五、四八和五〇。唐時期。

　　參: 趙洋 2017a, 186; 趙洋 2017b, 195。

LM20-1461-11-15　《大般涅槃經》卷二五

　　北涼曇無讖譯, CBETA, T12, no.374, p.515, c1–2。唐時期。

LM20-1461-11-16　《大般涅槃經》卷一四

　　北涼曇無讖譯, CBETA, T12, no.374, p.451, a25–28。高昌國時期。

LM20-1461-11-17　《大般涅槃經》卷一六

　　北涼曇無讖譯, CBETA, T12, no.374, p.460, c17–21。高昌國時期。

LM20-1461-11-18　《妙法蓮華經》卷二

　　姚秦鳩摩羅什譯, CBETA, T09, no.262, p.15, b22–25。唐時期。

LM20-1461-11-19　《金剛般若波羅蜜經》

　　元魏菩提流支譯, CBETA, T08, no.236a, p.752, c16–19。唐時期。

LM20-1461-11-20　《妙法蓮華經》卷一

　　姚秦鳩摩羅什譯, CBETA, T09, no.262, p.3, c10–13。唐時期。

LM20-1461-11-21　《大般涅槃經》卷一五

　　北涼曇無讖譯, CBETA, T12, no.374, p.456, c29–p.457, a3。高昌國時期。

LM20-1461-12-01　《妙法蓮華經》卷三

　　姚秦鳩摩羅什譯, CBETA, T09, no.262, p.23, b29–c4。唐時期。

LM20-1461-12-02　《般若波羅蜜多心經》

　　唐玄奘譯, CBETA, CBETA, T08, no.251, p.848, c8–10。唐時期。

LM20-1461-12-03　《大般若波羅蜜多經》卷三八一

　　唐玄奘譯, CBETA, T06, no.220, p.970, c15–18。唐時期。

LM20-1461-12-04　《妙法蓮華經》卷一

　　姚秦鳩摩羅什譯, CBETA, T09, no.262, p.1, c25–p.2, a1。唐時期。

LM20-1461-12-05　佛典殘片

　　唐時期。

LM20-1461-12-06　《合部金光明經》卷二

梁真諦譯, 隋寶貴合, CBETA, T16, no.664, p.368, c16-22, "菩提" 作 "三菩提", 且疑脱漏多行。有貼附殘片, 無法揭取。唐時期。

LM20-1461-12-07　《妙法蓮華經》卷七

姚秦鳩摩羅什譯, CBETA, T09, no.262, p.57, b27-29。唐時期。

LM20-1461-12-08　《大般涅槃經》卷一五

北涼曇無讖譯, CBETA, T12, no.374, p.453, a16-18。高昌郡時期。

LM20-1461-12-09　《妙法蓮華經》卷一

姚秦鳩摩羅什譯, CBETA, T09, no.262, p.6, b26-28。唐時期。

LM20-1461-12-10　《妙法蓮華經》卷四

姚秦鳩摩羅什譯, CBETA, T09, no.262, p.29, a11-13。唐時期。

LM20-1461-12-11　《妙法蓮華經》卷七

姚秦鳩摩羅什譯, CBETA, T09, no.262, p.59, b9-11。高昌國時期。

LM20-1461-12-12　佛典注疏

唐時期。

LM20-1461-12-13　《佛説灌頂經》卷一二

東晉帛尸梨蜜多羅譯, CBETA, T21, no.1331, p.535, a3-4。唐時期。

LM20-1461-12-14　《妙法蓮華經》卷七

姚秦鳩摩羅什譯, CBETA, T09, no.262, p.61, c9-10。唐時期。

LM20-1461-12-15　《維摩詰所説經》卷下

姚秦鳩摩羅什譯, CBETA, T14, no.475, p.553, c8-11。唐時期。

LM20-1461-12-16　《因明入正理論》

唐玄奘譯, CBETA, T32, no.1630, p.11, c24-26。唐時期。

LM20-1461-12-17　《梵網經》卷下

姚秦鳩摩羅什譯, CBETA, T24, no.1484, p.1006, b24-26。高昌國時期。

LM20-1461-12-18　《論語·子路》鄭氏注

參《十三經注疏·論語注疏》卷一三《子路第十三》, 中華書局, 2009 年, 5449 頁。高昌國時期。

參: 朱玉麒、孟彦弘 2019, 43; 何亦凡 2019, 114、119。

LM20-1461-12-19　《妙法蓮華經》卷五

姚秦鳩摩羅什譯, CBETA, T09, no.262, p.45, c19-21。高昌國時期。

LM20-1461-12-20　《妙法蓮華經》卷一

姚秦鳩摩羅什譯, CBETA, T09, no.262, p.7, a1-5。唐時期。

LM20-1461-12-21　《菩薩地持經》卷三

北涼曇無讖譯, CBETA, T30, no.1581, p.904, c4-9。高昌國時期。

LM20-1461-12-22 《妙法蓮華經》卷四

姚秦鳩摩羅什譯，CBETA，T09，no.262，p.29，b8–10。唐時期。

LM20-1461-12-23 《大般涅槃經》卷二四

北涼曇無讖譯，CBETA，T12，no.374，p.506，b14–16。唐時期。

LM20-1461-12-24 《大般涅槃經》卷三二

北涼曇無讖譯，CBETA，T12，no.374，p.557，b25–26。唐時期。

LM20-1461-12-25 《樂瓔珞莊嚴方便品經》

姚秦曇摩耶舍譯，CBETA，T14，no.566，p.938，b10–15，"自莊嚴"作"自嚴"。唐時期。

LM20-1461-12-26 《梵網經》注

參北宋慧因注《梵網經菩薩戒注》，CBETA，X38，no.691，p.552，a7–11。有朱筆句讀。唐時期。

LM20-1461-12-27r 《法華義記》卷一

與《西域考古圖譜》下卷"佛典附錄"（51）爲同一寫本，據尾題定名。高昌國時期。

LM20-1461-12-27v 羯磨文

與《西域考古圖譜》下卷"佛典附錄"（52）-（53）爲同一寫本，據此定名。可見"如來"等字，無法揭取拍攝。

LM20-1461-12-28 《放光般若經》卷一四

西晉無羅叉譯，CBETA，T08，no.221，p.101，a2–4。高昌國時期。

LM20-1461-12-29 《大般涅槃經》卷一六

北涼曇無讖譯，CBETA，T12，no.374，p.457，b8–10。高昌國時期。

LM20-1461-12-30 《大般涅槃經》卷二八

北涼曇無讖譯，CBETA，T12，no.374，p.533，c19–22。高昌國時期。

LM20-1461-12-31 《大方廣佛華嚴經》卷五二

東晉佛陀跋陀羅譯，CBETA，T10，no.279，p.278，a26–29。唐時期。

LM20-1461-12-32 《大方廣佛華嚴經》卷一八（五十卷本）

東晉佛陀跋陀羅譯，《中華大藏經》第12册，226a19–23；參 CBETA，T09，no.278，p.537，b12–15。高昌國時期。

LM20-1461-12-33 《讚僧功德經》

作者不詳，CBETA，T85，no.2911，p.1457，c22–23。唐時期。

LM20-1461-12-34 《妙法蓮華經》卷五

姚秦鳩摩羅什譯，CBETA，T09，no.262，p.38，b12–15。唐時期。

LM20-1461-13-01 《大般涅槃經》卷三一

北涼曇無讖譯，CBETA，T12，no.374，p.552，c17–20。高昌國時期。

LM20-1461-13-02 《大般涅槃經》卷三〇

北涼曇無讖譯，CBETA, T12, no.374, p.542, a4-8。高昌國時期。

LM20-1461-13-03　《大般涅槃經》卷二五

北涼曇無讖譯，CBETA, T12, no.374, p.516, b15-17。唐時期。

LM20-1461-13-04　《大般涅槃經》卷一五

北涼曇無讖譯，CBETA, T12, no.374, p.451, c11-15。唐時期。

LM20-1461-13-05　《道行般若經》卷一

後漢支婁迦讖譯，CBETA, T08, no.224, p.426, a29-b3。高昌郡時期。

參：《旅博選粹》, 10; 孫傳波 2006, 167。

LM20-1461-13-06　《妙法蓮華經》卷六

姚秦鳩摩羅什譯，CBETA, T09, no.262, p.50, a12。唐時期。

LM20-1461-13-07　《維摩詰所説經》卷上

姚秦鳩摩羅什譯，CBETA, T14, no.475, p.542, b11-14。高昌國時期。

LM20-1461-13-08　《妙法蓮華經》卷五

姚秦鳩摩羅什譯，CBETA, T09, no.262, p.39, c23-26。唐時期。

LM20-1461-13-09　《佛説佛名經》卷六

元魏菩提流支譯，CBETA, T14, no.440, p.147, b12-14。唐時期。

LM20-1461-13-10　《佛所行讚》卷三

北涼曇無讖譯，CBETA, T04, no.192, p.26, a1-8。高昌國時期。

LM20-1461-13-11　《妙法蓮華經》卷四

姚秦鳩摩羅什譯，CBETA, T09, no.262, p.29, a20-24。唐時期。

LM20-1461-13-12　《妙法蓮華經》卷二

姚秦鳩摩羅什譯，CBETA, T09, no.262, p.12, c14-16。唐時期。

LM20-1461-13-13　佛典殘片

唐時期。

LM20-1461-13-14　《妙法蓮華經》卷一

姚秦鳩摩羅什譯，CBETA, T09, no.262, p.5, b26-c2。高昌國時期。

LM20-1461-13-15　《維摩詰所説經》卷上

姚秦鳩摩羅什譯，CBETA, T14, no.475, p.538, a25-28。高昌國時期。

LM20-1461-13-16　《佛説力士移山經》

西晉竺法護譯，CBETA, T02, no.135, p.858, b28-c1。唐時期。

LM20-1461-13-17　《大智度論》卷二四

姚秦鳩摩羅什譯，CBETA, T25, no.1509, p.236, a12-18。高昌郡時期。

參：《旅博選粹》, 21。

LM20-1461-13-18　佛典殘片

唐時期。

LM20-1461-13-19 《妙法蓮華經》卷四

姚秦鳩摩羅什譯，CBETA，T09，no.262，p.29，a2-4。唐時期。

LM20-1461-13-20 《大明度經》卷三

吳支謙譯，CBETA，T08，no.225，p.488，b7-9。唐時期。

LM20-1461-13-21 《妙法蓮華經》卷四

姚秦鳩摩羅什譯，CBETA，T09，no.262，p.32，b25-c2。唐時期。

LM20-1461-13-22 《四分律》卷四九

姚秦佛陀耶舍、竺佛念等譯，CBETA，T22，no.1428，p.928，c1-3。唐時期。

LM20-1461-13-23 《放光般若經》卷一一

西晉無羅叉譯，CBETA，T08，no.221，p.78，b2-3。高昌國時期。

LM20-1461-13-24 《賢劫經》卷五

西晉竺法護譯，CBETA，T14，no.425，p.36，b9-12。唐時期。

LM20-1461-13-25 《大般涅槃經》卷五

北涼曇無讖譯，CBETA，T12，no.374，p.392，a16-18。唐時期。

LM20-1461-13-26 佛典注疏

高昌國時期。

LM20-1461-14-01 《放光般若經》卷一二

西晉無羅叉譯，CBETA，T08，no.221，p.81，c9-12，"想"作"相"。高昌國時期。

LM20-1461-14-02 《大般涅槃經》卷三○

北涼曇無讖譯，CBETA，T12，no.374，p.547，b2-10。高昌國時期。

LM20-1461-14-03 《大般涅槃經》卷二一

北涼曇無讖譯，CBETA，T12，no.374，p.492，c9-11。唐時期。

LM20-1461-14-04 佛教戒律

高昌國時期。

LM20-1461-14-05 《大般涅槃經》卷一八

北涼曇無懺譯，CBETA，T12，no.374，p.471，c13-15。唐時期。

LM20-1461-14-06 《妙法蓮華經》卷五

姚秦鳩摩羅什譯，CBETA，T09，no.262，p.43，b21-23。高昌國時期。

LM20-1461-14-07 《大方廣佛華嚴經》卷五二

東晉佛陀跋陀羅譯，CBETA，T10，no.279，p.277，c17-18。唐時期。

LM20-1461-14-08 《摩訶般若波羅蜜經》卷一

姚秦鳩摩羅什譯，CBETA，T08，no.223，p.218，a3-6。高昌國時期。

LM20-1461-14-09 《大般涅槃經》卷二三

北涼曇無讖譯, CBETA, T12, no.374, p.503, b18–20。高昌國時期。

LM20-1461-14-10　《妙法蓮華經》卷二

姚秦鳩摩羅什譯, CBETA, T09, no.262, p.11, b20–23。唐時期。

LM20-1461-14-11　《大智度論》卷七三

姚秦鳩摩羅什譯, CBETA, T25, no.1509, p.570, b12–15。唐時期。

LM20-1461-14-12　佛典殘片

高昌國時期。

LM20-1461-14-13　佛典殘片

高昌國時期。

LM20-1461-14-14　佛典注疏

唐時期。

LM20-1461-14-15　《法華經玄贊決擇記》卷下

唐崇俊撰, 法清集疏, CBETA, X34, no.637, p.160, a23–b1。"議"字右下有朱筆點記。
唐時期。

LM20-1461-14-16　《摩訶般若波羅蜜經》卷二四

姚秦鳩摩羅什譯, CBETA, T08, no.223, p.395, a10–12。高昌國時期。

LM20-1461-14-17　《妙法蓮華經》卷五

姚秦鳩摩羅什譯, CBETA, T09, no.262, p.39, b18–25。唐時期。

LM20-1461-14-18　《妙法蓮華經》卷二

姚秦鳩摩羅什譯, CBETA, T09, no.262, p.15, a26–28。唐時期。

LM20-1461-14-19　《佛本行集經》卷五七

隋闍那崛多譯, CBETA, T03, no.190, p.916, b25–27。唐時期。
參: 段真子 2019, 168。

LM20-1461-14-20　《月燈三昧經》卷五

高齊那連提耶舍譯, CBETA, T15, no.639, p.577, c5–7。唐時期。

LM20-1461-14-21　《大寶積經》卷九三

姚秦鳩摩羅什譯, CBETA, T11, no.310, p.531, b1–4。唐時期。

LM20-1461-14-22　《佛説首楞嚴三昧經》卷下

姚秦鳩摩羅什譯, CBETA, T15, no.642, p.640, a17–19。高昌國時期。

LM20-1461-14-23　《妙法蓮華經》卷七

姚秦鳩摩羅什譯, CBETA, T09, no.262, p.59, c5–9。唐時期。

LM20-1461-14-24　《大方廣佛華嚴經》卷三八（五十卷本）

東晉佛陀跋陀羅譯,《中華大藏經》第 12 册, 456b13–15; 參 CBETA, T09, no.278, p.684,
a10–11。高昌郡時期。

LM20-1461-14-25　《大智度論》卷五五

姚秦鳩摩羅什譯，CBETA, T25, no.1509, p.449, b26–c4。高昌郡時期。

LM20-1461-15-01　《金剛般若波羅蜜經》

姚秦鳩摩羅什譯，CBETA, T08, no.235, p.749, b18–20。唐時期。

LM20-1461-15-02　《大般涅槃經》卷二三

北涼曇無讖譯，CBETA, T12, no.374, p.501, a1–6。高昌國時期。

LM20-1461-15-03　《注維摩詰經》卷八

姚秦僧肇撰，CBETA, T38, no.1775, p.400, c29–p.401, a3。唐時期。

參：《旅博選粹》, 149；鄭阿財 2019, 185。

LM20-1461-15-04　《金剛般若波羅蜜經》

元魏菩提流支譯，CBETA, T08, no.236a, p.756, c5–8。高昌國時期。

LM20-1461-15-05　《十誦比丘波羅提木叉戒本》

姚秦鳩摩羅什譯，CBETA, T23, no.1436, p.473, a16–23。高昌國時期。

LM20-1461-15-06　《妙法蓮華經》卷一

姚秦鳩摩羅什譯，CBETA, T09, no.262, p.2, c21–p.3, a3。唐時期。

LM20-1461-15-07　《大般涅槃經義記》卷一

隋慧遠述，CBETA, T37, no.1764, p.619, 629–c06。高昌國時期。

LM20-1461-15-08　《佛説仁王般若波羅蜜經》卷下

姚秦鳩摩羅什譯，CBETA, T08, no.245, p.832, b8–11。高昌國時期。

LM20-1461-15-09　《妙法蓮華經》卷三

姚秦鳩摩羅什譯，CBETA, T09, no.262, p.21, b8–11。分欄書寫。高昌郡時期。

參：《旅博選粹》, 12。

LM20-1461-15-10　《阿毗達磨大毗婆沙論》卷一二〇

唐玄奘譯，CBETA, T27, no.1545, p.626, c15–20。唐時期。

LM20-1461-15-11　《大方廣佛華嚴經》卷七（五十卷本）

東晉佛陀跋陀羅譯，《中華大藏經》第 12 册，88b17–c4；參 CBETA, T09, no.278, p.452, a7–15。細字寫本。高昌國時期。

參：《旅博選粹》, 43。

LM20-1461-15-12　《大般涅槃經》卷一一

北涼曇無讖譯，CBETA, T12, no.374, p.429, a22–24。唐時期。

LM20-1461-15-13　《衆事分阿毗曇論》卷三

劉宋求那跋陀羅、菩提耶舍譯，CBETA, T26, no.1541, p.639, c29–p.640, a3。唐時期。

LM20-1461-15-14　《摩訶般若波羅蜜經》卷二五

姚秦鳩摩羅什譯，CBETA, T08, no.223, p.405, c25–p.406, a1。高昌國時期。

LM20-1461-15-15 《妙法蓮華經》卷一

姚秦鳩摩羅什譯，CBETA，T09，no.262，p.2，a22-25。唐時期。

LM20-1461-15-16 《阿毗曇毗婆沙論》卷三〇

北涼浮陀跋摩、道泰譯，CBETA，T28，no.1546，p.218，b14-20。高昌郡時期。

參：《旅博選粹》，62。

LM20-1461-15-17 《四分戒本疏》卷二

作者不詳，CBETA，T85，no.2787，p.578，b28-c2。唐時期。

LM20-1461-15-18 《大般涅槃經》卷二〇

北涼曇無讖譯，CBETA，T12，no.374，p.484，a6-8。高昌郡時期。

參：《旅博選粹》，16。

LM20-1461-15-19 《大方廣佛華嚴經隨疏演義鈔》卷二一

唐澄觀述，CBETA，T36，no.1736，p.159，b7-11。高昌國時期。

LM20-1461-16-01 佛典殘片

高昌國時期。

LM20-1461-16-02 《梵網經》卷下

姚秦鳩摩羅什譯，CBETA，T24，no.1484，p.1008，a27-b1。唐時期。

LM20-1461-16-03 《雜阿毗曇心論》卷一

劉宋僧伽跋摩等譯，CBETA，T28，no.1552，p.871，c21-27。高昌國時期。

LM20-1461-16-04 《金光明最勝王經》卷七

唐義淨譯，CBETA，T16，no.665，p.436，c15-17。唐時期。

LM20-1461-16-05 《大般涅槃經》卷一九

北涼曇無讖譯，CBETA，T12，no.374，p.475，c2-5。高昌國時期。

LM20-1461-16-06 《金剛般若波羅蜜經》

姚秦鳩摩羅什譯，CBETA，T08，no.235，p.752，a2-7，"受持"作"受持讀誦"。唐時期。

LM20-1461-16-07 《四分律》卷二一

姚秦佛陀耶舍、竺佛念等譯，CBETA，T22，no.1428，p.713，c23-27。唐時期。

LM20-1461-16-08 《佛說灌頂經》卷一二

東晉帛尸梨蜜多羅譯，CBETA，T21，no.1331，p.533，a23-25。唐時期。

LM20-1461-16-09 《正法念處經》卷一

元魏般若流支譯，CBETA，T17，no.721，p.5，b22-25。唐時期。

LM20-1461-16-10 《妙法蓮華經》卷一

姚秦鳩摩羅什譯，CBETA，T09，no.262，p.10，a10-14。唐時期。

LM20-1461-16-11 《道行般若經》卷二

後漢支婁迦讖譯，CBETA，T08，no.224，p.433，a6-10。高昌國時期。

參：孫傳波 2006，169。

LM20-1461-16-12 《妙法蓮華經》卷七

姚秦鳩摩羅什譯，CBETA，T09，no.262，p.61，c11–12。唐時期。

LM20-1461-16-13 《大般涅槃經》卷二二

北涼曇無讖譯，CBETA，T12，no.374，p.494，b9–15。高昌國時期。

LM20-1461-16-14 《妙法蓮華經》卷一

姚秦鳩摩羅什譯，CBETA，T09，no.262，p.4，c9–16。唐時期。

LM20-1461-16-15 《妙法蓮華經》卷三

姚秦鳩摩羅什譯，CBETA，T09，no.262，p.23，b5–7。唐時期。

LM20-1461-16-16 《放光般若經》卷一七

西晉無羅叉譯，CBETA，T08，no.221，p.123，a18–21。唐時期。

LM20-1461-16-17 《大般涅槃經》卷三六

北涼曇無讖譯，CBETA，T12，no.374，p.575，b12–16。高昌國時期。

LM20-1461-16-18 《大方廣佛華嚴經》卷四九

東晉佛陀跋陀羅譯，CBETA，T09，no.278，p.709，c11–16。唐時期。

LM20-1461-16-19 《妙法蓮華經》卷七

姚秦鳩摩羅什譯，CBETA，T09，no.262，p.56，c27–28。唐時期。

LM20-1461-16-20 《佛説仁王般若波羅蜜經》卷上

姚秦鳩摩羅什譯，CBETA，T08，no.245，p.829，b26–c1。高昌國時期。

LM20-1461-17-01 《放光般若經》卷一七

西晉無羅叉譯，CBETA，T08，no.221，p.122，c29–p.123，a4。高昌國時期。

LM20-1461-17-02 《金光明經》卷一

北涼曇無讖譯，CBETA，T16，no.663，p.339，b3–6。唐時期。

LM20-1461-17-03 《維摩詰所説經》卷下

姚秦鳩摩羅什譯，CBETA，T14，no.475，p.553，a6–9。高昌國時期。

LM20-1461-17-04 《四分律》卷一八

姚秦佛陀耶舍、竺佛念等譯，CBETA，T22，no.1428，p.689，c1–9。高昌國時期。

LM20-1461-17-05 《小品般若波羅蜜經》卷一〇

姚秦鳩摩羅什譯，CBETA，T08，no.227，p.582，c21–25。高昌國時期。

LM20-1461-17-06 《大般若波羅蜜多經》卷四四九

唐玄奘譯，CBETA，T07，no.220，p.266，b18–20。唐時期。

LM20-1461-17-07 《佛説仁王般若波羅蜜經》卷上

姚秦鳩摩羅什譯，CBETA，T08，no.245，p.825，b4–7。高昌國時期。

LM20-1461-17-08 佛典殘片

高昌國時期。

LM20-1461-17-09　《大智度論》卷二

姚秦鳩摩羅什譯，CBETA, T25, no.1509, p.67, a13-15。唐時期。

LM20-1461-17-10　《佛說彌勒大成佛經》

姚秦鳩摩羅什譯，CBETA, T14, no.456, p.432, b6-9。唐時期。

LM20-1461-17-11　佛典殘片

高昌國時期。

LM20-1461-17-12　《佛說無量壽經》卷下

曹魏康僧鎧譯，CBETA, T12, no.360, p.274, c1-5。高昌國時期。

參：《旅博選粹》，114；《净土集成》，14-15。

LM20-1461-17-13　佛典殘片

第2行有朱筆校改。唐時期。

LM20-1461-17-14　《大智度論》卷八五

姚秦鳩摩羅什譯，CBETA, T25, no.1509, p.653, a1-4。高昌郡時期。

LM20-1461-17-15　《妙法蓮華經》卷二

姚秦鳩摩羅什譯，CBETA, T09, no.262, p.18, a6-7。唐時期。

LM20-1461-17-16　《佛說阿彌陀經》

姚秦鳩摩羅什譯，CBETA, T12, no.366, p.346, c8-12。唐時期。

參：《旅博選粹》，125；《净土集成》，62-63。

LM20-1461-17-17　《佛說灌頂經》卷一一

東晉帛尸梨蜜多羅譯，CBETA, T21, no.1331, p.530, a12-14。唐時期。

LM20-1461-17-18　《大般涅槃經》卷三四

北涼曇無讖譯，CBETA, T12, no.374, p.569, a3-6。高昌國時期。

LM20-1461-17-19　《妙法蓮華經》卷六

姚秦鳩摩羅什譯，CBETA, T09, no.262, p.49, b6-10。唐時期。

LM20-1461-17-20　《金剛般若波羅蜜經》

姚秦鳩摩羅什譯，CBETA, T08, no.235, p.748, c25-29。唐時期。

LM20-1461-17-21　《大般涅槃經》卷二〇

北涼曇無讖譯，CBETA, T12, no.374, p.484, c18-22。唐時期。

LM20-1461-18-01　《大般涅槃經》卷二六

北涼曇無讖譯，CBETA, T12, no.374, p.517, c16-22。高昌國時期。

LM20-1461-18-02　《摩訶僧祇律大比丘戒本》

東晉佛陀跋陀羅譯，CBETA, T22, no.1426, p.550, a3-6。高昌國時期。

LM20-1461-18-03　《增壹阿含經》卷二五

東晉僧迦提婆譯, CBETA, T02, no.125, p.689, b8-13。第 5 行地腳有小字"言脩"。高昌國時期。

LM20-1461-18-04 《妙法蓮華經》卷三

姚秦鳩摩羅什譯, CBETA, T09, no.262, p.21, b13-15。唐時期。

LM20-1461-18-05 《大方便佛報恩經》卷二

譯者不詳, CBETA, T03, no.156, p.132, c6-10。唐時期。

LM20-1461-18-06 《雜阿毗曇心論》卷一

劉宋僧伽跋摩等譯, CBETA, T28, no.1552, p.877, b1-3。唐時期。

LM20-1461-18-07 佛典殘片

唐時期。

LM20-1461-18-08 《佛説觀佛三昧海經》卷二

東晉佛陀跋陀羅譯, CBETA, T15, no.643, p.654, c1-5。高昌國時期。

LM20-1461-18-09 《妙法蓮華經》卷一

姚秦鳩摩羅什譯, CBETA, T09, no.262, p.9, c17-22。唐時期。

LM20-1461-18-10 《金光明最勝王經》卷四

唐義净譯, CBETA, T16, no.665, p.418, b4-9。唐時期。

LM20-1461-18-11 《小品般若波羅蜜經》卷九

姚秦鳩摩羅什譯, CBETA, T08, no.227, p.577, a19-25。高昌國時期。

LM20-1461-18-12 《大方等大集經》卷二三

北涼曇無讖譯, CBETA, T13, no.397, p.168, c8-12。唐時期。

LM20-1461-18-13 《餓鬼報應經》

譯者不詳, CBETA, T17, no.746, p.561, b8-11。唐時期。

LM20-1461-18-14 《妙法蓮華經》卷三

姚秦鳩摩羅什譯, CBETA, T09, no.262, p.23, a16-18。唐時期。

LM20-1461-18-15 《佛本行集經》卷五

隋闍那崛多譯, CBETA, T03, no.190, p.675, a25-27。唐時期。

參: 段真子 2019, 151。

LM20-1461-18-16 《佛本行集經》卷五

隋闍那崛多譯, CBETA, T03, no.190, p.675, b9-11。唐時期。

參: 段真子 2019, 152。

LM20-1461-18-17 《百論》卷下

姚秦鳩摩羅什譯, CBETA, T30, no.1569, p.179, a3-8。有朱筆點記。唐時期。

LM20-1461-19-01 《大般涅槃經》卷二六

北涼曇無讖譯, CBETA, T12, no.374, p.518, b23-27。高昌國時期。

LM20-1461-19-02 《十二門論》

姚秦鳩摩羅什譯，CBETA, T30, no.1568, p.159, c11–13。唐時期。

LM20-1461-19-03 《佛説灌頂經》卷一一

東晉帛尸梨蜜多羅譯，CBETA, T21, no.1331, p.529, b24–28。唐時期。

LM20-1461-19-04 《十方千五百佛名經》

譯者不詳，CBETA, T14, no.442, p.315, a26–b1，"首"作"手"。唐時期。

LM20-1461-19-05 《大智度論》卷三四

姚秦鳩摩羅什譯，CBETA, T25, no.1509, p.310, c14–16。唐時期。

LM20-1461-19-06 《大般涅槃經》卷三二

北涼曇無讖譯，CBETA, T12, no.374, p.556, b24–28。高昌國時期。

LM20-1461-19-07 《大般涅槃經》卷二一

北涼曇無讖譯，CBETA, T12, no.374, p.492, c14–16。高昌國時期。

LM20-1461-19-08 占卜文書

高昌國時期。

LM20-1461-19-09 《金剛般若波羅蜜經》

元魏菩提流支譯，CBETA, T08, no.236a, p.754, a23–26。高昌國時期。

LM20-1461-19-10 《不思議光菩薩所説經》

姚秦鳩摩羅什譯，CBETA, T14, no.484, p.669, b20–25。高昌國時期。

LM20-1461-19-11 《大般涅槃經》卷三七

北涼曇無讖譯，CBETA, T12, no.374, p.582, a22–26。高昌國時期。

LM20-1461-19-12 《大般涅槃經》卷三〇

北涼曇無讖譯，CBETA, T12, no.374, p.542, c14–17。唐時期。

LM20-1461-19-13 《大般涅槃經》卷一〇

北涼曇無讖譯，CBETA, T12, no.374, p.425, b26–28。唐時期。

LM20-1461-19-14 《金剛般若波羅蜜經》

元魏菩提流支譯，CBETA, T08, no.236a, p.753, a21–23。唐時期。

LM20-1461-19-15 《大般涅槃經》卷一〇

北涼曇無讖譯，CBETA, T12, no.374, p.425, b25–26。唐時期。

LM20-1461-19-16 《小品般若波羅蜜經》卷七

姚秦鳩摩羅什譯，CBETA, T08, no.227, p.567, a7–10。高昌國時期。

LM20-1461-19-17 《摩訶般若波羅蜜經》卷二〇

姚秦鳩摩羅什譯，CBETA, T08, no.223, p.363, a28–29。高昌國時期。

LM20-1461-19-18 《大般若波羅蜜多經》卷八六

唐玄奘譯，CBETA, T05, no.220, p.483, a16–21。唐時期。

LM20-1461-19-19　《大般若波羅蜜多經》卷四六一

唐玄奘譯, CBETA, T07, no.220, p.329, b24–27。唐時期。

LM20-1461-19-20　佛典殘片

高昌國時期。

LM20-1461-19-21　《妙法蓮華經》卷二

姚秦鳩摩羅什譯, CBETA, T09, no.262, p.15, c21–23。唐時期。

LM20-1461-19-22　《大般涅槃經》卷二八

北涼曇無讖譯, CBETA, T12, no.374, p.531, b10–12。高昌國時期。

LM20-1461-19-23　《大般涅槃經》卷二七

北涼曇無讖譯, CBETA, T12, no.374, p.528, a28–29。高昌國時期。

LM20-1461-19-24　《大般涅槃經》卷七

北涼曇無讖譯, CBETA, T12, no.374, p.408, a23–25。高昌國時期。

LM20-1461-19-25　《佛説觀藥王藥上二菩薩經》

劉宋畺良耶舍譯, CBETA, T20, no.1161, p.662, c5–7。唐時期。

LM20-1461-20-01　《大方廣華嚴十惡品經》

作者不詳, CBETA, T85, no.2875, p.1359, c16–17, "見我汝" 作 "見汝"。唐時期。

LM20-1461-20-02　《金光明最勝王經》卷三

唐義净譯, CBETA, T16, no.665, p.417, b24–26。唐時期。

LM20-1461-20-03　《佛説救護身命經》

作者不詳, CBETA, T85, no.2866, p.1326, b3–8。唐時期。

參: 孟彦弘 2018, 54。

LM20-1461-20-04　《金剛般若波羅蜜經》

姚秦鳩摩羅什譯, CBETA, T08, no.235, p.751, a8–12。唐時期。

LM20-1461-20-05　《大般涅槃經》卷三一

北涼曇無讖譯, CBETA, T12, no.374, p.553, a7–10。唐時期。

LM20-1461-20-06　《佛説華手經》卷六

姚秦鳩摩羅什譯, CBETA, T16, no.657, p.172, a7–12。高昌郡時期。

參:《旅博選粹》, 55。

LM20-1461-20-07　《大般涅槃經》卷八

北涼曇無讖譯, CBETA, T12, no.374, p.410, b29, a1–4。高昌國時期。

LM20-1461-20-08　《大般涅槃經》卷二七

北涼曇無讖譯, CBETA, T12, no.374, p.524, b4–7。唐時期。

LM20-1461-20-09　《大方廣佛華嚴經》卷四四（五十卷本）

東晉佛陀跋陀羅譯,《中華大藏經》第 12 册, 532c10–16; 參 CBETA, T09, no.278, p.728, c5–11。高昌國時期。

LM20-1461-20-10　《大般涅槃經》卷二〇

北涼曇無讖譯，CBETA，T12，no.374，p.480，c29–p.481，a2。高昌國時期。

LM20-1461-20-11　《金光明最勝王經》卷四

唐義浄譯，CBETA，T16，no.665，p.419，c6–9。唐時期。

LM20-1461-20-12　《十二門論》

姚秦鳩摩羅什譯，CBETA，T30，no.1568，p.163，a14–17。唐時期。

LM20-1461-20-13　《救疾經》

作者不詳，CBETA，T85，no.2878，p.1361，c6–9。高昌國時期。

參：王宇、王梅 2006a，108；馬俊傑 2019，446。

LM20-1461-20-14　《大般涅槃經》卷九

北涼曇無讖譯，CBETA，T12，no.374，p.417，b2–4。唐時期。

LM20-1461-20-15　佛典殘片

高昌國時期。

LM20-1461-20-16　《圓覺經道場修證儀》卷一〇

唐宗密述，CBETA，X74，no.1475，p.447，c15–16。唐時期。

LM20-1461-20-17　《佛説力士移山經》

西晉竺法護譯，CBETA，T02，no.135，p.858，c7–9。唐時期。

LM20-1461-20-18　《大般若波羅蜜多經》

唐玄奘譯，此段文字多處可見。唐時期。

LM20-1461-20-19　佛經尾題

高昌郡時期。

LM20-1461-20-20　佛名經

參遼德雲集《一切佛菩薩名集》卷五，CBETA，F28，no.1072，p.306，b9–14。高昌國時期。

LM20-1461-20-21　《大般涅槃經》卷二五

北涼曇無讖譯，CBETA，T12，no.374，p.510，c9–11。高昌國時期。

LM20-1461-20-22　《妙法蓮華經》卷五

姚秦鳩摩羅什譯，CBETA，T09，no.262，p.42，c22–25。唐時期。

LM20-1461-20-23　《菩薩地持經》卷三

北涼曇無讖譯，CBETA，T30，no.1581，p.904，b19–25。高昌國時期。

LM20-1461-20-24　《大般若波羅蜜多經》

唐玄奘譯，此段文字多處可見。唐時期。

LM20-1461-21-01　《金剛般若波羅蜜經》

姚秦鳩摩羅什譯，CBETA，T08，no.235，p.749，b12–16。唐時期。

LM20-1461-21-02 《梵網經》卷下

姚秦鳩摩羅什譯，CBETA，T24，no.1484，p.1004，b21-25。唐時期。

LM20-1461-21-03 《大智度論》卷三七

姚秦鳩摩羅什譯，CBETA，T25，no.1509，p.331，b24-27。高昌國時期。

LM20-1461-21-04 《佛説灌頂經》卷一二

東晉帛尸梨蜜多羅譯，CBETA，T21，no.1331，p.533，b8-15。唐時期。

LM20-1461-21-05 《大般涅槃經》卷一三

北涼曇無讖譯，CBETA，T12，no.374，p.441，c23-28，"集"作"習"，"熱渴"右側有别筆所書"諸大衆"。高昌國時期。

LM20-1461-21-06 《妙法蓮華經》卷四

姚秦鳩摩羅什譯，CBETA，T09，no.262，p.32，a16-27。唐時期。

LM20-1461-21-07 《大般涅槃經》卷一〇

北涼曇無讖譯，CBETA，T12，no.374，p.423，b2-6。高昌國時期。

LM20-1461-21-08 《十誦律》卷八

姚秦弗若多羅、鳩摩羅什譯，CBETA，T23，no.1435，p.60，c26-29，"安居"作"安居時"。高昌國時期。

LM20-1461-21-09 《大般涅槃經》卷一八

北涼曇無讖譯，CBETA，T12，no.374，p.474，a12-15。唐時期。

LM20-1461-21-10 道經殘片

唐時期。

參:《旅博選粹》，203；趙洋2017a，191；趙洋2017b，211。

LM20-1461-21-11 《妙法蓮華經》卷一

姚秦鳩摩羅什譯，CBETA，T09，no.262，p.7，b23-28。唐時期。

LM20-1461-21-12 《賢劫經》卷一

西晉竺法護譯，CBETA，T14，no.425，p.7，c3-10。唐時期。

LM20-1461-21-13 《妙法蓮華經》卷一

姚秦鳩摩羅什譯，CBETA，T09，no.262，p.4，b14-17。唐時期。

LM20-1461-21-14 《大方等陀羅尼經》卷二

北涼法衆譯，CBETA，T21，no.1339，p.646，c15-18。唐時期。

LM20-1461-21-15 《妙法蓮華經》卷二

姚秦鳩摩羅什譯，CBETA，T09，no.262，p.17，a23-28。唐時期。

LM20-1461-21-16r 殘片

唐時期。

LM20-1461-21-16v 殘片

可見 "是" 字, 無法揭取拍攝。

LM20-1461-21-17　《妙法蓮華經》卷五

姚秦鳩摩羅什譯, CBETA, T09, no.262, p.37, a28–29。唐時期。

LM20-1461-21-18　《大般涅槃經》卷二四

北涼曇無讖譯, CBETA, T12, no.374, p.504, c17–22。唐時期。

LM20-1461-22-01　《摩訶般若波羅蜜經》卷七

姚秦鳩摩羅什譯, CBETA, T08, no.223, p.275, a11–18。高昌國時期。

LM20-1461-22-02　《妙法蓮華經》卷六

姚秦鳩摩羅什譯, CBETA, T09, no.262, p.50, a18–20。高昌國時期。

LM20-1461-22-03　《妙法蓮華經》卷三

姚秦鳩摩羅什譯, CBETA, T09, no.262, p.25, c29–p.26, a6。唐時期。

LM20-1461-22-04　《維摩詰所説經》卷上

姚秦鳩摩羅什譯, CBETA, T14, no.475, p.538, b2–4。唐時期。

LM20-1461-22-05　《雜阿毗曇心論》卷五

劉宋僧伽跋摩等譯, CBETA, T28, no.1552, p.909, a21–27。高昌郡時期。

參:《旅博選粹》, 64。

LM20-1461-22-06　《佛説仁王般若波羅蜜經》卷上

姚秦鳩摩羅什譯, CBETA, T08, no.245, p.828, a23–26。高昌國時期。

LM20-1461-22-07　《妙法蓮華經》卷二

姚秦鳩摩羅什譯, CBETA, T09, no.262, p.13, b13–16。唐時期。

LM20-1461-22-08　《大般涅槃經》卷三七

北涼曇無讖譯, CBETA, T12, no.374, p.581, c7–11。高昌郡時期。

LM20-1461-22-09　《妙法蓮華經》卷一

姚秦鳩摩羅什譯, CBETA, T09, no.262, p.5, b7–15。唐時期。

LM20-1461-22-10　《大智度論》卷一一

姚秦鳩摩羅什譯, CBETA, T25, no.1509, p.141, a29–b4。高昌國時期。

LM20-1461-22-11　《大般涅槃經》卷二一

北涼曇無讖譯, CBETA, T12, no.374, p.487, c3–10。高昌國時期。

LM20-1461-22-12　《佛説未曾有因緣經》卷上

蕭齊曇景譯, CBETA, T17, no.754, p.581, a3–5。高昌國時期。

LM20-1461-22-13　《摩訶僧祇律》卷九

東晉佛陀跋陀羅、法顯譯, CBETA, T22, no.1425, p.305, c29–p.306, a2。高昌國時期。

LM20-1461-22-14　《妙法蓮華經》卷二

姚秦鳩摩羅什譯, CBETA, T09, no.262, p.15, a2–10。唐時期。

LM20-1461-22-15　《大般涅槃經》卷三七

北涼曇無讖譯，CBETA, T12, no.374, p.584, c13–16。高昌國時期。

LM20-1461-22-16　《救疾經》

作者不詳，CBETA, T85, no.2878, p.1361, c10–14。唐時期。

參：王宇、王梅 2006a, 106；馬俊傑 2019, 442。

LM20-1461-23-01　《佛説灌頂經》卷一二

東晉帛尸梨蜜多羅譯，CBETA, T21, no.1331, p.535, c29–p.536, a7，"諸命"作"諸生命"。唐時期。

LM20-1461-23-02　《小品般若波羅蜜經》卷一〇

姚秦鳩摩羅什譯，CBETA, T08, no.227, p.580, c13–20。高昌郡時期。

參：《旅博選粹》, 23。

LM20-1461-23-03　《大般涅槃經》卷一

北涼曇無讖譯，CBETA, T12, no.374, p.366, a1–9。高昌國時期。

LM20-1461-23-04　《大方廣佛華嚴經》卷二一（五十卷本）

東晉佛陀跋陀羅譯，《中華大藏經》第 12 册，264c18–20；參 CBETA, T09, no.278, p.563, b2–8。高昌國時期。

LM20-1461-23-05　《妙法蓮華經》卷六

姚秦鳩摩羅什譯，CBETA, T09, no.262, p.46, b28–c3。唐時期。

LM20-1461-23-06　《佛頂尊勝陀羅尼經》

唐佛陀波利譯，CBETA, T19, no.967, p.350, a15–19。唐時期。

LM20-1461-23-07　《佛説觀佛三昧海經》卷二

東晉佛陀跋陀羅譯，CBETA, T15, no.643, p.653, c8–12。高昌國時期。

LM20-1461-23-08　《添品妙法蓮華經》卷三

隋闍那崛多、達摩笈多譯，CBETA, T09, no.264, p.154, b2–5。唐時期。

LM20-1461-23-09　《大般涅槃經》卷一一

北涼曇無讖譯，CBETA, T12, no.374, p.432, b28–c2。高昌國時期。

LM20-1461-23-10　《妙法蓮華經》卷二

姚秦鳩摩羅什譯，CBETA, T09, no.262, p.11, a18–28。唐時期。

LM20-1461-23-11　《合部金光明經》卷三

梁真諦譯，隋寶貴合，CBETA, T16, no.664, p.373, a27–b2。唐時期。

LM20-1461-23-12　佛典殘片

有朱筆句讀。唐時期。

LM20-1461-23-13　《優婆塞戒經》卷三

北涼曇無讖譯，CBETA, T24, no.1488, p.1047, a1–5，"應"作"擁"。高昌國時期。

LM20-1461-23-14　《妙法蓮華經》卷二

姚秦鳩摩羅什譯，CBETA，T09，no.262，p.14，c29-p.15，a5。高昌郡時期。

參：《旅博選粹》，11。

LM20-1461-23-15　《大智度論》卷二八

姚秦鳩摩羅什譯，CBETA，T25，no.1509，p.268，a23-25。唐時期。

LM20-1461-24-01　《大方等無想經》卷五

北涼曇無讖譯，CBETA，T12，no.387，p.1103，a4-13。高昌國時期。

LM20-1461-24-02　《佛本行集經》卷二七

隋闍那崛多譯，CBETA，T03，no.190，p.777，b16-19。高昌國時期。

參：段真子 2019，156。

LM20-1461-24-03　《金剛經疏》

作者不詳，CBETA，T85，no.2737，p.122，a24-28，“即是”作“是”。唐時期。

參：李昀 2017，95-96。

LM20-1461-24-04　《大般涅槃經》卷三九

北涼曇無讖譯，CBETA，T12，no.374，p.591，b18-25。高昌國時期。

LM20-1461-24-05　《妙法蓮華經》卷一

姚秦鳩摩羅什譯，CBETA，T09，no.262，p.6，b9-13。唐時期。

LM20-1461-24-06　《光讚經》卷七

西晉竺法護譯，CBETA，T08，no.222，p.196，c12-15。高昌國時期。

LM20-1461-24-07　《合部金光明經》卷一

北涼曇無讖譯，隋寶貴合，CBETA，T16，no.664，p.361，c16-20。唐時期。

LM20-1461-24-08　《大方等大集經》卷二六

北涼曇無讖譯，CBETA，T13，no.397，p.181，b9-12。高昌國時期。

LM20-1461-24-09　《大智度論》卷五八

姚秦鳩摩羅什譯，CBETA，T25，no.1509，p.468，a12-17。高昌郡時期。

LM20-1461-24-10　麴氏高昌國義和某年寫經題記

與 LM20-1461-24-16 可以綴合，據此定名。高昌國時期。

LM20-1461-24-11　《摩訶僧祇律大比丘戒本》

東晉佛陀跋陀羅譯，CBETA，T22，no.1426，p.556，a2-4，“暫”作“慚”。高昌國時期。

LM20-1461-24-12　佛典殘片

唐時期。

LM20-1461-24-13　《金剛般若波羅蜜經》

姚秦鳩摩羅什譯，CBETA，T08，no.235，p.751，b5-10。唐時期。

LM20-1461-24-14　《妙法蓮華經》卷五

姚秦鳩摩羅什譯，CBETA, T09, no.262, p.45, c20–25。唐時期。

LM20-1461-24-15　佛典注疏

高昌國時期。

LM20-1461-24-16　麴氏高昌國義和某年寫經題記

高昌國時期。

LM20-1461-24-17　《大智度論》卷一五

姚秦鳩摩羅什譯，CBETA, T25, no.1509, p.172, a21–29。高昌國時期。

LM20-1461-25-01　《大方等無想經》卷五

北涼曇無讖譯，CBETA, T12, no.387, p.1103, a13–23。高昌國時期。

LM20-1461-25-02　《救疾經》

作者不詳，CBETA, T85, no.2878, p.1361, b26–c1，"案"作"安"，"創"作"瘡"。唐時期。

參：王宇、王梅 2006a, 106；馬俊傑 2019, 447。

LM20-1461-25-03　《十方千五百佛名經》

譯者不詳。參《十方千五百佛名經》全文，187 頁。唐時期。

LM20-1461-25-04　《大方等大集經》卷一八

北涼曇無讖譯，CBETA, T13, no.397, p.127, a10–15。高昌郡時期。

LM20-1461-25-05　《金剛般若波羅蜜經》

姚秦鳩摩羅什譯，CBETA, T08, no.235, p.751, b5–8。唐時期。

LM20-1461-25-06　《佛説十一面觀世音神咒經》

北周耶舍崛多譯，CBETA, T20, no.1070, p.151, a3–9。高昌國時期。

LM20-1461-25-07　《金剛般若波羅蜜經》

元魏菩提流支譯，CBETA, T08, no.236a, p.755, a29–b4。高昌國時期。

LM20-1461-25-08　《金剛般若波羅蜜經》

姚秦鳩摩羅什譯，CBETA, T08, no.235, p.748, c20–24。唐時期。

LM20-1461-25-09　《摩訶僧祇律大比丘戒本》經題

東晉佛陀跋陀羅譯。高昌國時期。

LM20-1461-25-10　《正法念處經》卷五五

元魏般若流支譯，CBETA, T17, no.721, p.325, a9–12。高昌國時期。

LM20-1461-25-11　《大般涅槃經》卷二四

北涼曇無讖譯，CBETA, T12, no.374, p.507, a16–20。高昌郡時期。

LM20-1461-25-12　《尊婆須蜜菩薩所集論》卷三

符秦僧伽跋澄譯，CBETA, T28, no.1547, p.434, b4–5。高昌國時期。

參：《旅博選粹》，63。

LM20-1461-25-13　《佛説轉女身經》

劉宋曇摩蜜多譯，CBETA, T14, no.564, p.919, c1-2。高昌國時期。

LM20-1461-25-14　《摩訶僧祇律大比丘戒本》

東晉佛陀跋陀羅譯，CBETA, T22, no.1426, p.555, c26-29。高昌國時期。

LM20-1461-25-15　《龍樹菩薩爲禪陀迦王説法要偈》

劉宋求那跋摩譯，CBETA, T32, no.1672, p.747, c7-10。唐時期。

LM20-1461-25-16　《佛説仁王般若波羅蜜經》卷上

姚秦鳩摩羅什譯，CBETA, T08, no.245, p.829, c1-5。高昌國時期。

LM20-1461-25-17　《四分律》卷二

姚秦佛陀耶舍、竺佛念等譯，CBETA, T22, no.1428, p.578, b10-12。高昌國時期。

LM20-1461-26-01　陀羅尼

參唐不空譯《佛説一髻尊陀羅尼經》，CBETA, T20, no.1110, p.487, c4-11。唐時期。

參：《旅博選粹》，168。

LM20-1461-26-02　《大般涅槃經》卷二八

北涼曇無讖譯，CBETA, T12, no.374, p.534, b1-4。唐時期。

LM20-1461-26-03　《佛説護净經》

譯者不詳，CBETA, T17, no.748, p.565, a27-29。高昌國時期。

LM20-1461-26-04　佛典殘片

高昌國時期。

LM20-1461-26-05　《摩訶般若波羅蜜經》卷一〇

姚秦鳩摩羅什譯，CBETA, T08, no.223, p.297, b6-10。高昌國時期。

參：《旅博選粹》，29。

LM20-1461-26-06　《七佛八菩薩所説大陀羅尼神咒經》卷一

譯者不詳，CBETA, T21, no.1332, p.539, c13-16。高昌國時期。

LM20-1461-26-07　《摩訶般若波羅蜜經》卷二四

姚秦鳩摩羅什譯，CBETA, T08, no.223, p.396, b3-7。高昌國時期。

LM20-1461-26-08　《大智度論》卷四一

姚秦鳩摩羅什譯，CBETA, T25, no.1509, p.360, c22-25。高昌國時期。

LM20-1461-26-09　《妙法蓮華經》卷一

姚秦鳩摩羅什譯，CBETA, T09, no.262, p.2, a4-7。唐時期。

LM20-1461-26-10　《佛説十一面觀世音神咒經》

北周耶舍崛多譯，CBETA, T20, no.1070, p.150, c27-p.151, a1。高昌國時期。

LM20-1461-26-11　《太上洞玄靈寶無量度人上品妙經》

作者不詳，約出於東晉，與敦煌本 P.2606 第 147-150 行同。唐時期。

參：趙洋 2017a, 187；趙洋 2017b, 193。

LM20-1461-26-12 《出曜經》卷二九

　　姚秦竺佛念譯，CBETA, T04, no.212, p.766, a8–12。唐時期。

LM20-1461-26-13 《十地經論義記》卷一

　　隋慧遠撰，CBETA, X45, no.753, p.52, a21–b4。唐時期。

LM20-1461-26-14 《大般涅槃經》卷一三

　　北涼曇無讖譯，CBETA, T12, no.374, p.442, c2–4。高昌國時期。

LM20-1461-26-15 《大般涅槃經》注疏

　　高昌國時期。

LM20-1461-26-16 《悲華經》卷五

　　北涼曇無讖譯，CBETA, T03, no.157, p.197, c5–7。高昌國時期。

LM20-1461-26-17 《大般涅槃經》卷三七

　　北涼曇無讖譯，CBETA, T12, no.374, p.582, a28–b4。唐時期。

LM20-1461-27-01 《佛説灌頂經》卷一一

　　東晉帛尸梨蜜多羅譯，CBETA, T21, no.1331, p.530, b29–c2。唐時期。

LM20-1461-27-02 《大智度論》卷一〇

　　姚秦鳩摩羅什譯，CBETA, T25, no.1509, p.134, c9–17，“新意”作“新發意”，“所”作“必”。
　　高昌郡時期。

　　參：《旅博選粹》，20。

LM20-1461-27-03 《大般涅槃經》卷三一

　　北涼曇無讖譯，CBETA, T12, no.374, p.551, c1–3。高昌國時期。

LM20-1461-27-04 《佛説藥師如來本願經》

　　隋達摩笈多譯，CBETA, T14, no.449, p.402, a8–11。唐時期。

LM20-1461-27-05 佛典殘片

　　唐時期。

LM20-1461-27-06 佛典殘片

　　高昌國時期。

LM20-1461-27-07 《妙法蓮華經》卷一

　　姚秦鳩摩羅什譯，CBETA, T09, no.262, p.3, b9–13。唐時期。

LM20-1461-27-08 《大般涅槃經》卷四

　　北涼曇無讖譯，CBETA, T12, no.374, p.386, b12–14。高昌國時期。

LM20-1461-27-09 《金光明經》卷一

　　北涼曇無讖譯，CBETA, T16, no.663, p.339, a10–14，“炎”作“焰”。唐時期。

LM20-1461-27-10 《金剛般若波羅蜜經》

　　姚秦鳩摩羅什譯，CBETA, T08, no.235, p.750, c20–24。唐時期。

LM20-1461-27-11　《增壹阿含經》卷三

東晉僧伽提婆譯，CBETA，T02，no.125，p.560，a21–24。高昌國時期。

LM20-1461-27-12　《大智度論》卷八五

姚秦鳩摩羅什譯，CBETA，T25，no.1509，p.654，c4–6。高昌郡時期。

LM20-1461-27-13　《大佛頂如來密因修證了義諸菩薩萬行首楞嚴經》卷一〇

唐般剌蜜帝譯，CBETA，T19，no.945，p.152，a15–19。唐時期。

LM20-1461-27-14　《四分律比丘戒本》

姚秦佛陀耶舍譯，CBETA，T22，no.1429，p.1015，b1–5。唐時期。

LM20-1461-27-15　《古文尚書·畢命》孔安國傳

參顧頡剛、顧廷龍《尚書文字合編·畢命》岩崎本，上海古籍出版社，1996年，2811頁。唐時期。

參：吕媛媛2019a，4–5；朱玉麒、孟彦弘2019，41。

LM20-1461-27-16　《大般涅槃經》卷六

北涼曇無讖譯，CBETA，T12，no.374，p.399，a3–7。高昌國時期。

LM20-1461-27-17　《大乘起信論》

梁真諦譯，CBETA，T32，no.1666，p.577，a26–b2。唐時期。

LM20-1461-27-18　《勝天王般若波羅蜜經》卷六

陳月婆首那譯，CBETA，T08，no.231，p.719，c28–p.720，a3。高昌國時期。

LM20-1461-27-19　佛典殘片

唐時期。

LM20-1461-28-01　《妙法蓮華經》卷一

姚秦鳩摩羅什譯，CBETA，T09，no.262，p.2，a16–19。唐時期。

LM20-1461-28-02　《佛説灌頂經》卷一二

東晉帛尸梨蜜多羅譯，CBETA，T21，no.1331，p.533，c23–26，"者"作"能"。唐時期。

LM20-1461-28-03　《大般涅槃經》卷二一

北涼曇無讖譯，CBETA，T12，no.374，p.489，c26–29。高昌國時期。

LM20-1461-28-04　《妙法蓮華經》卷六

姚秦鳩摩羅什譯，CBETA，T09，no.262，p.52，a9–10。高昌國時期。

LM20-1461-28-05　《大般涅槃經》卷二七

北涼曇無讖譯，CBETA，T12，no.374，p.525，b8–11。高昌郡時期。

LM20-1461-28-06　《妙法蓮華經》卷一

姚秦鳩摩羅什譯，CBETA，T09，no.262，p.2，a15–17。唐時期。

LM20-1461-28-07　《佛説灌頂經》卷一二

東晉帛尸梨蜜多羅譯，CBETA，T21，no.1331，p.532，c23–27。唐時期。

LM20-1461-28-08 《妙法蓮華經》卷二

　　姚秦鳩摩羅什譯，CBETA, T09, no.262, p.13, b9-11。唐時期。

LM20-1461-28-09 《大方廣佛華嚴經》卷一五（五十卷本）

　　東晉佛陀跋陀羅譯，《中華大藏經》第 12 冊，181a21-b1；參 CBETA, T09, no.278, p.510, c28-p.511, a1。細字寫本。高昌國時期。

LM20-1461-28-10 《放光般若經》卷一九

　　西晉無羅叉譯，CBETA, T08, no.221, p.134, a17-19。高昌國時期。

LM20-1461-28-11 《大般涅槃經》卷三七

　　北涼曇無讖譯，CBETA, T12, no.374, p.584, b2-4。高昌郡時期。

　　參：《旅博選粹》，52；王宇、王梅 2006b, 58。

LM20-1461-28-12 《大般涅槃經》卷二七

　　北涼曇無讖譯，CBETA, T12, no.374, p.526, a24-29。唐時期。

LM20-1461-28-13 《大般涅槃經》卷一二

　　北涼曇無讖譯，CBETA, T12, no.374, p.436, c28-29。高昌國時期。

LM20-1461-28-14 《大般涅槃經》卷二四

　　北涼曇無讖譯，CBETA, T12, no.374, p.509, b4-8。高昌國時期。

LM20-1461-28-15 《大方廣佛華嚴經》卷一五（五十卷本）

　　東晉佛陀跋陀羅譯，《中華大藏經》第 12 冊，180c20-181a2；參 CBETA, T09, no.278, p.510, c7-10。細字寫本。高昌國時期。

LM20-1461-28-16 《摩訶般若波羅蜜經》卷一五

　　姚秦鳩摩羅什譯，CBETA, T08, no.223, p.332, c18-21。高昌國時期。

LM20-1461-28-17 《金剛般若波羅蜜經》

　　姚秦鳩摩羅什譯，CBETA, T08, no.235, p.751, a21-24。唐時期。

LM20-1461-28-18 《大般若波羅蜜多經》卷三九四

　　唐玄奘譯，CBETA, T06, no.220, p.1037, b1-4。唐時期。

LM20-1461-28-19 《佛說灌頂經》卷一二

　　東晉帛尸梨蜜多羅譯，CBETA, T21, no.1331, p.535, b6-8。唐時期。

LM20-1461-28-20 《大方等大集經》卷五五

　　北涼曇無讖譯，CBETA, T13, no.397, p.363, b9-12。唐時期。

LM20-1461-28-21 《注維摩詰經》卷四

　　姚秦僧肇撰，CBETA, T38, no.1775, p.368, b3-5。唐時期。

　　參：鄭阿財 2019, 186。

LM20-1461-28-22 《大般涅槃經》卷二九

　　北涼曇無讖譯，CBETA, T12, no.374, p.536, c4-6。高昌國時期。

LM20-1461-29-01　《佛説灌頂經》卷一二

　　東晉帛尸梨蜜多羅譯，CBETA, T21, no.1331, p.535, b23–27。唐時期。

LM20-1461-29-02　《妙法蓮華經》卷七

　　姚秦鳩摩羅什譯，CBETA, T09, no.262, p.57, a10–14。唐時期。

LM20-1461-29-03　《維摩詰所説經》卷上

　　姚秦鳩摩羅什譯，CBETA, T14, no.475, p.537, b5–8。唐時期。

LM20-1461-29-04　《摩訶般若波羅蜜經》卷五

　　姚秦鳩摩羅什譯，此段文字多處可見。有朱筆句讀。唐時期。

LM20-1461-29-05　《金剛般若波羅蜜經》

　　姚秦鳩摩羅什譯，CBETA, T08, no.235, p.751, a24–27。唐時期。

LM20-1461-29-06　《大智度論》卷三三

　　姚秦鳩摩羅什譯，CBETA, T25, no.1509, p.304, a17–20。高昌國時期。

LM20-1461-29-07　《大般涅槃經》卷三五

　　北涼曇無讖譯，CBETA, T12, no.374, p.572, a23–25。高昌國時期。

LM20-1461-29-08　《大般泥洹經》卷四

　　東晉法顯譯，CBETA, T12, no.376, p.880, a16–18。高昌國時期。

LM20-1461-29-09　《摩訶僧祇律大比丘戒本》

　　東晉佛陀跋陀羅譯，CBETA, T22, no.1426, p.555, c14–18。高昌國時期。

LM20-1461-29-10　《妙法蓮華經》卷二

　　姚秦鳩摩羅什譯，CBETA, T09, no.262, p.15, b5–12。唐時期。

LM20-1461-29-11　《寂調音所問經》

　　劉宋法海譯，CBETA, T24, no.1490, p.1082, b18–20。高昌國時期。

LM20-1461-29-12　《大般涅槃經》卷三〇

　　北涼曇無讖譯，CBETA, T12, no.374, p.544, b11–13。高昌郡時期。

LM20-1461-29-13　《妙法蓮華經》卷五

　　姚秦鳩摩羅什譯，CBETA, T09, no.262, p.38, c15–19。唐時期。

LM20-1461-29-14　《佛説睒子經》

　　西晉聖堅譯，CBETA, T03, no.175a, p.438, b27–29。唐時期。

LM20-1461-29-15　《妙法蓮華經》卷二

　　姚秦鳩摩羅什譯，CBETA, T09, no.262, p.12, b24–27。唐時期。

LM20-1461-29-16　《妙法蓮華經》卷七

　　姚秦鳩摩羅什譯，CBETA, T09, no.262, p.61, b13–18。唐時期。

LM20-1461-29-17　《佛説罪業應報教化地獄經》

　　後漢安世高譯，CBETA, T17, no.724, p.451, a2–4。唐時期。

LM20-1461-29-18 《摩訶般若波羅蜜經》卷一八

姚秦鳩摩羅什譯，CBETA, T08, no.223, p.352, a27-b2。高昌國時期。

LM20-1461-29-19 《合部金光明經》卷六

北涼曇無讖譯，隋寶貴合，CBETA, T16, no.664, p.387, a27-30。唐時期。

LM20-1461-30-01 《妙法蓮華經》卷一

姚秦鳩摩羅什譯，CBETA, T09, no.262, p.7, b23-27。高昌國時期。

LM20-1461-30-02 《大般涅槃經》卷七

北涼曇無讖譯，CBETA, T12, no.374, p.408, c10-15。高昌國時期。

LM20-1461-30-03 《佛説灌頂經》卷一二

東晉帛尸梨蜜多羅譯，CBETA, T21, no.1331, p.533, b9-12。唐時期。

LM20-1461-30-04 《維摩詰所説經》卷中

姚秦鳩摩羅什譯，CBETA, T14, no.475, p.546, a6-10。高昌國時期。

LM20-1461-30-05 《維摩詰所説經》卷中

姚秦鳩摩羅什譯，CBETA, T14, no.475, p.549, b9-13。唐時期。

LM20-1461-30-06 《大方等大集經》卷一〇

北涼曇無讖譯，CBETA, T13, no.397, p.64, c24-28。高昌郡時期。

LM20-1461-30-07r 《妙法蓮華經》卷五

姚秦鳩摩羅什譯，CBETA, T09, no.262, p.37, b27-c3。高昌國時期。

LM20-1461-30-07v 《妙法蓮華經》卷五

姚秦鳩摩羅什譯，CBETA, T09, no.262, p.38, b15-18。高昌國時期。無法揭取拍攝。

LM20-1461-30-08 《大般涅槃經》卷一二

北涼曇無讖譯，CBETA, T12, no.374, p.436, a21-25。高昌國時期。

LM20-1461-30-09 《入楞伽經》卷五

元魏菩提流支譯，CBETA, T16, no.671, p.540, c5-9。唐時期。

LM20-1461-30-10 《摩訶僧祇律大比丘戒本》

東晉佛陀跋陀羅譯，CBETA, T22, no.1426, p.555, c20-22。高昌國時期。

LM20-1461-30-11 《大般涅槃經》卷二五

北涼曇無讖譯，CBETA, T12, no.374, p.516, b17-19。唐時期。

LM20-1461-30-12 《妙法蓮華經》卷四

姚秦鳩摩羅什譯，CBETA, T09, no.262, p.27, c24-26。唐時期。

LM20-1461-30-13 《妙法蓮華經》卷四

姚秦鳩摩羅什譯，CBETA, T09, no.262, p.30, c24-27。高昌郡時期。

參：《旅博選粹》，38。

LM20-1461-30-14 《十地經論》卷七

元魏菩提流支等譯, CBETA, T26, no.1522, p.164, c19-22。高昌國時期。

LM20-1461-30-15　《妙法蓮華經》卷一

姚秦鳩摩羅什譯, CBETA, T09, no.262, p.2, c13-16。唐時期。

LM20-1461-30-16　《優婆塞戒經》卷三

北涼曇無讖譯, CBETA, T24, no.1488, p.1047, a4-8。高昌國時期。

LM20-1461-30-17　《大般若波羅蜜多經》卷三二四

唐玄奘譯, CBETA, T06, no.220, p.658, c12-16。唐時期。

LM20-1461-30-18　《摩訶般若波羅蜜經》卷一三

姚秦鳩摩羅什譯, CBETA, T08, no.223, p.316, c23-26。高昌國時期。

LM20-1461-30-19　《大般涅槃經》卷一二

北涼曇無讖譯, CBETA, T12, no.374, p.436, a19-24。高昌國時期。

LM20-1461-30-20　《大般涅槃經》卷二一

北涼曇無讖譯, CBETA, T12, no.374, p.488, c21-26。高昌國時期。

LM20-1461-30-21　《請觀世音菩薩消伏毒害陀羅尼咒經》

東晉竺難提譯, CBETA, T20, no.1043, p.37, a25-27。高昌國時期。

LM20-1461-30-22　《大般涅槃經》卷三七

北涼曇無讖譯, CBETA, T12, no.374, p.582, a28-b3。高昌國時期。

LM20-1461-30-23r　《大般若波羅蜜多經》卷四二六

唐玄奘譯, CBETA, T07, no.220, p.141, b12-14。唐時期。

LM20-1461-30-23v　佛典殘片

高昌國時期。無法揭取拍攝。

LM20-1461-31-01　《妙法蓮華經》卷一

姚秦鳩摩羅什譯, CBETA, T09, no.262, p.7, b14-18。唐時期。

LM20-1461-31-02r　《佛說轉女身經》

劉宋曇摩蜜多譯, CBETA, T14, no.564, p.919, c3-6。高昌國時期。

LM20-1461-31-02v　殘片

無法揭取拍攝。

LM20-1461-31-03　《四分律》卷一五

姚秦佛陀耶舍、竺佛念等譯, CBETA, T22, no.1428, p.665, c2-6。唐時期。

LM20-1461-31-04　《大般若波羅蜜多經》卷五

唐玄奘譯, CBETA, T05, no.220, p.23, b19-22。唐時期。

LM20-1461-31-05　《妙法蓮華經》卷五

姚秦鳩摩羅什譯, CBETA, T09, no.262, p.40, b21-28。唐時期。

LM20-1461-31-06　《大智度論》卷三

姚秦鳩摩羅什譯，CBETA, T25, no.1509, p.81, c13–17。高昌國時期。

LM20-1461-31-07 《大般涅槃經》卷二七

北涼曇無讖譯，CBETA, T12, no.374, p.526, a27–29。唐時期。

LM20-1461-31-08 《大般涅槃經》卷三〇

北涼曇無讖譯，CBETA, T12, no.374, p.542, a15–17。高昌國時期。

LM20-1461-31-09 《大智度論》卷一〇

姚秦鳩摩羅什譯，CBETA, T25, no.1509, p.134, c12–16，"令發"作"令新發"。高昌郡時期。

參：《旅博選粹》，20。

LM20-1461-31-10r 佛典注疏

高昌國時期。

參：《旅博選粹》，189。

LM20-1461-31-10v 殘片

可見"花園"等字，無法揭取拍攝。

LM20-1461-31-11 《金剛般若波羅蜜經》

姚秦鳩摩羅什譯，CBETA, T08, no.235, p.751, b9–12。唐時期。

LM20-1461-31-12 佛典殘片

唐時期。

LM20-1461-31-13 《妙法蓮華經》卷二

姚秦鳩摩羅什譯，CBETA, T09, no.262, p.11, c9–10，唐時期。

LM20-1461-31-14 《摩訶僧祇律》卷三一

東晉佛陀跋陀羅、法顯譯，CBETA, T22, no.1425, p.483, a4–6。唐時期。

LM20-1461-31-15 《千手千眼觀世音菩薩廣大圓滿無礙大悲心陀羅尼經》

唐伽梵達摩譯，CBETA, T20, no.1060, p.109, c27–29。唐時期。

LM20-1461-31-16 《大般涅槃經》卷二四

北涼曇無讖譯，CBETA, T12, no.374, p.508, b6–9，"行"作"修"。唐時期。

LM20-1461-31-17 《大般涅槃經》卷二四

北涼曇無讖譯，CBETA, T12, no.374, p.508, a25–28。唐時期。

LM20-1461-31-18 《大般涅槃經》卷三九

北涼曇無讖譯，CBETA, T12, no.374, p.593, a16–18。唐時期。

LM20-1461-31-19 《大般涅槃經》卷三七

北涼曇無讖譯，CBETA, T12, no.374, p.582, b6–12。唐時期。

LM20-1461-31-20 《合部金光明經》卷二

梁真諦譯，隋寶貴合，CBETA, T16, no.664, p.371, a15–18。唐時期。

LM20-1461-31-21　《大般涅槃經》卷一

北涼曇無讖譯，CBETA, T12, no.374, p.368, b26–29，"猗"作"倚"。唐時期。

LM20-1461-31-22　《大般涅槃經》卷二四

北涼曇無讖譯，CBETA, T12, no.374, p.508, a28–29。唐時期。

LM20-1461-31-23　《大般涅槃經》卷三七

北涼曇無讖譯，CBETA, T12, no.374, p.582, a21–24。高昌郡時期。

LM20-1461-31-24　《妙法蓮華經》卷四

姚秦鳩摩羅什譯，CBETA, T09, no.262, p.32, c29–p.33, a1。唐時期。

LM20-1461-31-25　《大寶積經》卷七九

姚秦鳩摩羅什譯，CBETA, T11, no.310, p.454, b23–28。唐時期。

LM20-1461-31-26　《金剛般若波羅蜜經》

姚秦鳩摩羅什譯，CBETA, T08, no.235, p.750, c14–17。唐時期。

LM20-1461-32-01　禮懺文

唐時期。

LM20-1461-32-02　《金光明最勝王經》卷四

唐義净譯，CBETA, T16, no.665, p.418, c29–p.419, a4。唐時期。

LM20-1461-32-03　《菩薩地持經》卷八

北涼曇無讖譯，CBETA, T30, no.1581, p.932, c22–26，高昌國時期。

LM20-1461-32-04　《大般若波羅蜜多經》卷五七五

唐玄奘譯，CBETA, T07, no.220, p.973, c18–21。唐時期。

LM20-1461-32-05　佛典殘片

高昌國時期。

LM20-1461-32-06　《大方廣佛華嚴經》卷二八

東晉佛陀跋陀羅譯，CBETA, T09, no.278, p.583, c27–p.584, a2。唐時期。

LM20-1461-32-07　《妙法蓮華經》卷七

姚秦鳩摩羅什譯，CBETA, T09, no.262, p.56, b25–c1。高昌郡時期。

參：《旅博選粹》，13；孫傳波 2008，65。

LM20-1461-32-08　《大般涅槃經》卷三五

北涼曇無讖譯，CBETA, T12, no.374, p.573, a14–16，第 2 行 "鹽"作"鹻"。高昌國時期。

LM20-1461-32-09　《薩婆多毗尼毗婆沙》卷六

譯者不詳，CBETA, T23, no.1440, p.540, c14–19。高昌國時期。

LM20-1461-32-10　《金剛般若波羅蜜經》

元魏菩提流支譯，CBETA, T08, no.236a, p.754, a26–b2。唐時期。

LM20-1461-32-11　《大般涅槃經》卷三

北涼曇無讖譯, CBETA, T12, no.374, p.385, a21–22。唐時期。

LM20-1461-32-12 《維摩詰所説經》卷中

姚秦鳩摩羅什譯, CBETA, T14, no.475, p.545, c14–15, "竟離" 作 "竟永離"。唐時期。

LM20-1461-32-13 《金剛般若波羅蜜經》

姚秦鳩摩羅什譯, CBETA, T08, no.235, p.751, b26–c1。唐時期。

LM20-1461-32-14 《摩訶般若波羅蜜經》卷一〇

姚秦鳩摩羅什譯, CBETA, T08, no.223, p.290, c16–19, "坐我" 作 "坐若我"。唐時期。

LM20-1461-32-15 陀羅尼集

參譯者不詳《陀羅尼雜集》卷二, CBETA, T21, no.1336, p.586, a8–16。高昌國時期。

參:《旅博選粹》, 176; 磯邊友美 2006, 206–208、216; 橘堂晃一 2010, 91。

LM20-1461-32-16 《妙法蓮華經》卷四

姚秦鳩摩羅什譯, CBETA, T09, no.262, p.31, a11–17。唐時期。

LM20-1461-32-17 《妙法蓮華經》卷七

姚秦鳩摩羅什譯, CBETA, T09, no.262, p.61, c21–p.62, a1。唐時期。

LM20-1461-32-18 《治禪病祕要法》卷上

劉宋沮渠京聲譯, CBETA, T15, no.620, p.335, c6–7。高昌國時期。

參: 包曉悦 2017, 114、116。

LM20-1461-32-19 四分律戒本

參唐道宣《四分律删繁補闕行事鈔》卷下, CBETA, T40, no.1804, p.153, b12–19, 唐時期。

參:《旅博選粹》, 189。

LM20-1461-32-20 陀羅尼集

參譯者不詳《陀羅尼雜集》卷二, CBETA, T21, no.1336, p.586, a13。唐時期。

LM20-1461-33-01 《大方廣佛華嚴經》卷四九

東晉佛陀跋陀羅譯, CBETA, T09, no.278, p.708, b4–6。唐時期。

LM20-1461-33-02 《妙法蓮華經》卷四

姚秦鳩摩羅什譯, CBETA, T09, no.262, p.27, c1–4。唐時期。

LM20-1461-33-03 《大般涅槃經》卷一九

北涼曇無讖譯, CBETA, T12, no.374, p.477, b6–10。高昌國時期。

LM20-1461-33-04 《四分比丘尼戒本》

姚秦佛陀耶舍譯, CBETA, T22, no.1431, p.1034, c6–13。高昌國時期。

LM20-1461-33-05 《大般涅槃經》卷二四

北涼曇無讖譯, CBETA, T12, no.374, p.510, a15–20。高昌國時期。

LM20-1461-33-06 《妙法蓮華經》卷五

姚秦鳩摩羅什譯, CBETA, T09, no.262, p.38, c16–20。唐時期。

LM20-1461-33-07　《大般涅槃經》卷三

北涼曇無讖譯，CBETA, T12, no.374, p.383, b22–25。高昌國時期。

LM20-1461-33-08　《大般涅槃經》卷二七

北涼曇無讖譯，CBETA, T12, no.374, p.523, a16–21，"者所謂"作"者謂"。唐時期。

LM20-1461-33-09　《妙法蓮華經》卷一

姚秦鳩摩羅什譯，CBETA, T09, no.262, p.6, b17–23。唐時期。

LM20-1461-33-10　《佛本行集經》卷一二

隋闍那崛多譯，CBETA, T03, no.190, p.708, c24–26。唐時期。

參：段真子 2019, 167。

LM20-1461-33-11　《大般若波羅蜜多經》卷四

唐玄奘譯，CBETA, T05, no.220, p.22, b9–12。唐時期。

LM20-1461-33-12　《金剛般若波羅蜜經》

元魏菩提流支譯，CBETA, T08, no.236a, p.756, b5–7。唐時期。

LM20-1461-33-13　《大般涅槃經》卷一三

北涼曇無讖譯，CBETA, T12, no.374, p.442, a7–10。唐時期。

LM20-1461-33-14　殘片

唐時期。

LM20-1461-33-15　《金剛般若波羅蜜經》

姚秦鳩摩羅什譯，CBETA, T08, no.235, p.749, c27–p.750, a5。西州回鶻時期。

LM20-1461-33-16　《佛説灌頂經》卷一二

東晉帛尸梨蜜多羅譯，CBETA, T21, no.1331, p.535, a18–24。唐時期。

LM20-1461-33-17　《佛本行集經》卷五

隋闍那崛多譯，CBETA, T03, no.190, p.675, c27–p.676, a1。唐時期。

參：段真子 2019, 152。

LM20-1461-33-18　《妙法蓮華經》卷六

姚秦鳩摩羅什譯，CBETA, T09, no.262, p.54, b13–17。唐時期。

LM20-1461-33-19　《佛説無量壽經》卷下

曹魏康僧鎧譯，CBETA, T12, no.360, p.272, c1–6。高昌國時期。

參：《旅博選粹》, 114；《净土集成》, 12–13。

LM20-1461-33-20　佛典殘片

唐時期。

LM20-1461-33-21　《大般涅槃經》卷一六

北涼曇無讖譯，CBETA, T12, no.374, p.460, b25–29。唐時期。

LM20-1461-33-22　《維摩詰所説經》卷中

姚秦鳩摩羅什譯，CBETA，T14，no.475，p.545，c19–20。高昌國時期。

LM20-1461-34-01　《佛頂尊勝陀羅尼經》

唐佛陀波利譯，CBETA，T19，no.967，p.350，b11–14。唐時期。

LM20-1461-34-02　《光讚經》卷一

西晉竺法護譯，CBETA，T08，no.222，p.152，c1–4。唐時期。

LM20-1461-34-03　《妙法蓮華經》卷四

姚秦鳩摩羅什譯，CBETA，T09，no.262，p.28，a7–12。唐時期。

LM20-1461-34-04　《金剛般若波羅蜜經》

姚秦鳩摩羅什譯，CBETA，T08，no.235，p.751，b16–20。唐時期。

LM20-1461-34-05　《大般若波羅蜜多經》卷一三七

唐玄奘譯，CBETA，T05，no.220，p.744，a21–24。唐時期。

LM20-1461-34-06　《十地經論義記》卷二

隋慧遠撰，CBETA，X45，no.753，p.61，b9–14。高昌國時期。

參：《旅博選粹》，189。

LM20-1461-34-07　《大般涅槃經》卷一〇

北涼曇無讖譯，CBETA，T12，no.374，p.426，a23–25。高昌國時期。

LM20-1461-34-08　《入楞伽經》卷四

元魏菩提流支譯，CBETA，T16，no.671，p.537，c25–28。唐時期。

LM20-1461-34-09　《佛説灌頂經》卷一二

東晉帛尸梨蜜多羅譯，CBETA，T21，no.1331，p.534，a9–13。唐時期。

LM20-1461-34-10　《人本欲生經》

後漢安世高譯，CBETA，T01，no.14，p.244，a2–3。唐時期。

LM20-1461-34-11　《大般涅槃經》卷一八

北涼曇無讖譯，CBETA，T12，no.374，p.468，a21–26。高昌國時期。

LM20-1461-34-12　《妙法蓮華經》卷二

姚秦鳩摩羅什譯，CBETA，T09，no.262，p.11，a13–15。唐時期。

LM20-1461-34-13　《合部金光明經》卷三

梁真諦譯，隋寶貴合，CBETA，T16，no.664，p.372，c12–15。唐時期。

LM20-1461-34-14　《維摩詰所説經》卷下

姚秦鳩摩羅什譯，CBETA，T14，no.475，p.557，a21–23。唐時期。

LM20-1461-34-15　《大寶積經》卷四八

唐玄奘譯，CBETA，T11，no.310，p.280，c20–22。唐時期。

LM20-1461-34-16　《妙法蓮華經》卷七

姚秦鳩摩羅什譯，CBETA，T09，no.262，p.61，b10–13。唐時期。

LM20-1461-34-17　《大方廣佛華嚴經》卷一六（五十卷本）

東晉佛陀跋陀羅譯,《中華大藏經》第 12 册, 200c10-11; 參 CBETA, T09, no.278, p.522, c29-p.523, a1。高昌國時期。

LM20-1461-34-18　《大方等無想經》卷六

北涼曇無讖譯, CBETA, T12, no.387, p.1107, a15-18。高昌郡時期。

參:《旅博選粹》, 52。

LM20-1461-34-19　《大般若波羅蜜多經》卷三五

唐玄奘譯, CBETA, T05, no.220, p.195, b12-15。唐時期。

LM20-1461-34-20　《妙法蓮華經》卷一

姚秦鳩摩羅什譯, CBETA, T09, no.262, p.7, c24-p.8, a1。高昌國時期。

LM20-1461-34-21　《妙法蓮華經》卷七

姚秦鳩摩羅什譯, CBETA, T09, no.262, p.56, c8-10。唐時期。

LM20-1461-34-22　《大方廣佛華嚴經隨疏演義鈔》卷六四

唐澄觀述, CBETA, T36, no.1736, p.517, b11-14。唐時期。

LM20-1461-34-23　《優婆塞戒經》卷五

北涼曇無讖譯, CBETA, T24, no.1488, p.1058, c14-20。高昌郡時期。

參:《旅博選粹》, 58。

LM20-1461-34-24　《金光明經》卷一

北涼曇無讖譯, CBETA, T16, no.663, p.337, a13-19。高昌國時期。

LM20-1461-35-01　《金剛般若波羅蜜經》

姚秦鳩摩羅什譯, CBETA, T08, no.235, p.749, c10-13。唐時期。

LM20-1461-35-02　《大般涅槃經》卷三六

北涼曇無讖譯, CBETA, T12, no.374, p.579, b13-15。高昌國時期。

LM20-1461-35-03　《妙法蓮華經》卷七

姚秦鳩摩羅什譯, CBETA, T09, no.262, p.61, c17-20。唐時期。

LM20-1461-35-04　《妙法蓮華經》卷一

姚秦鳩摩羅什譯, CBETA, T09, no.262, p.6, c8-10。高昌國時期。

LM20-1461-35-05　《僧伽吒經》卷四

元魏月婆首那譯, CBETA, T13, no.423, p.975, a6-9。唐時期。

LM20-1461-35-06　《金光明經》卷三

北涼曇無讖譯, CBETA, T16, no.663, p.350, c18-22。高昌國時期。

LM20-1461-35-07　《陀羅尼雜集》卷六

譯者不詳, CBETA, T21, no.1336, p.615, c21-26。高昌國時期。

LM20-1461-35-08　《摩訶般若波羅蜜經》卷二五

姚秦鳩摩羅什譯, CBETA, T08, no.223, p.401, c29–p.402, a3。唐時期。

LM20-1461-35-09 《大般涅槃經》卷三〇

劉宋慧嚴等譯, CBETA, T12, no.375, p.800, a28–b1。高昌國時期。

LM20-1461-35-10 《光讚經》卷二

西晉竺法護譯, CBETA, T08, no.222, p.161, c17–19。高昌國時期。

LM20-1461-35-11 《妙法蓮華經》卷三

姚秦鳩摩羅什譯, CBETA, T09, no.262, p.23, b5–7。唐時期。

LM20-1461-35-12 《大方廣佛華嚴經》卷五七

東晉佛陀跋陀羅譯, CBETA, T09, no.278, p.764, c19–22。唐時期。

LM20-1461-35-13 《金剛般若波羅蜜經》

姚秦鳩摩羅什譯, CBETA, T08, no.235, p.749, b16–18。唐時期。

LM20-1461-35-14 《大般涅槃經》卷三八

北涼曇無讖譯, CBETA, T12, no.374, p.588, a23–26。唐時期。

LM20-1461-35-15 佛典殘片

唐時期。

LM20-1461-35-16 《注維摩詰經》卷七

姚秦僧肇撰, CBETA, T38, no.1775, p.392, b13–16。高昌國時期。

參:《旅博選粹》, 149; 鄭阿財 2019, 187。

LM20-1461-35-17 《金剛般若波羅蜜經》

元魏菩提流支譯, CBETA, T08, no.236a, p.753, a3–5。唐時期。

LM20-1461-35-18 《大智度論》卷二一

姚秦鳩摩羅什譯, CBETA, T25, no.1509, p.219, a2–5。唐時期。

LM20-1461-35-19a 佛典殘片

唐時期。

LM20-1461-35-19b 《毗尼心》

作者不詳, CBETA, T85, no.2792, p.662, a5–7。天頭處有朱點。唐時期。

LM20-1461-35-20 《四分律》卷二〇

姚秦佛陀耶舍、竺佛念等譯, CBETA, T22, no.1428, p.703, a1–3。唐時期。

LM20-1461-36-01 《金光明經》卷一

北涼曇無讖譯, CBETA, T16, no.663, p.337, a1–4。唐時期。

LM20-1461-36-02 《妙法蓮華經》卷一

姚秦鳩摩羅什譯, CBETA, T09, no.262, p.7, c12–20。唐時期。

LM20-1461-36-03 《大般涅槃經》卷五

北涼曇無讖譯, CBETA, T12, no.374, p.396, b26–27。高昌國時期。

LM20-1461-36-04　《大般涅槃經》卷一〇

北涼曇無讖譯，CBETA, T12, no.374, p.426, c4-7。高昌國時期。

LM20-1461-36-05　《大般涅槃經》卷九

北涼曇無讖譯，CBETA, T12, no.374, p.421, c29-p.422, a2。唐時期。

LM20-1461-36-06　《大般涅槃經》卷三九

北涼曇無讖譯，CBETA, T12, no.374, p.591, a23-25。高昌國時期。

LM20-1461-36-07　《大般若波羅蜜多經》卷五七一

唐玄奘譯，CBETA, T07, no.220, p.947, c5-10。唐時期。

LM20-1461-36-08　《勝天王般若波羅蜜經》卷六

陳月婆首那譯，CBETA, T08, no.231, p.719, b3-4。高昌國時期。

LM20-1461-36-09　《大般涅槃經》卷五

北涼曇無讖譯，CBETA, T12, no.374, p.394, c7-9。唐時期。

LM20-1461-36-10　《妙法蓮華經》卷二

姚秦鳩摩羅什譯，CBETA, T09, no.262, p.17, b20-24，"爲以"作"以爲"。高昌郡時期。
參：《旅博選粹》, 12。

LM20-1461-36-11　《大般涅槃經》卷三六

北涼曇無讖譯，CBETA, T12, no.374, p.574, b19-22。高昌國時期。

LM20-1461-36-12　佛典殘片

高昌國時期。

LM20-1461-36-13　《大般涅槃經》卷二七

北涼曇無讖譯，CBETA, T12, no.374, p.524, a3-7。高昌國時期。

LM20-1461-36-14　《妙法蓮華經》卷二

姚秦鳩摩羅什譯，CBETA, T09, no.262, p.18, a7-9。唐時期。

LM20-1461-36-15　《大方等陀羅尼經》卷四

北涼法衆譯，CBETA, T21, no.1339, p.660, c15-17。唐時期。

LM20-1461-36-16　《添品妙法蓮華經序》

作者不詳，CBETA, T09, no.264, p.134, c7-11。高昌國時期。

LM20-1461-36-17　《優婆塞戒經》卷二

北涼曇無讖譯，CBETA, T24, no.1488, p.1043, a19-20。唐時期。

LM20-1461-36-18　《大般涅槃經》卷九

北涼曇無讖譯，CBETA, T12, no.374, p.421, c27-p.422, a1。高昌國時期。

LM20-1461-36-19　《妙法蓮華經》卷一

姚秦鳩摩羅什譯，CBETA, T09, no.262, p.7, b1-4。唐時期。

LM20-1461-36-20　《佛說灌頂經》卷一二

東晉帛尸梨蜜多羅譯，CBETA，T21，no.1331，p.532，c27–p.533，a1。唐時期。

LM20-1461-36-21 《妙法蓮華經》卷三

姚秦鳩摩羅什譯，此段文字多處可見。唐時期。

LM20-1461-36-22 《大般涅槃經》卷一四

北涼曇無讖譯，CBETA，T12，no.374，p.448，c7–9。高昌國時期。

LM20-1461-36-23 《大通方廣懺悔滅罪莊嚴成佛經》卷中

作者不詳，CBETA，T85，no.2871，p.1347，a17–18。高昌國時期。

LM20-1461-36-24 《大般涅槃經》卷一三

北涼曇無讖譯，CBETA，T12，no.374，p.442，c14–17。高昌國時期。

LM20-1461-37-01 《佛說無量壽經》卷上

曹魏康僧鎧譯，CBETA，T12，no.360，p.272，a4–9。高昌國時期。

參：《旅博選粹》，114；《净土集成》，12–13。

LM20-1461-37-02 《大般涅槃經》卷二四

北涼曇無讖譯，CBETA，T12，no.374，p.508，a29–b3。唐時期。

LM20-1461-37-03 《佛說華手經》卷一〇

姚秦鳩摩羅什譯，CBETA，T16，no.657，p.203，a16–19。唐時期。

LM20-1461-37-04 佛典殘片

高昌國時期。

LM20-1461-37-05 《妙法蓮華經》卷六

姚秦鳩摩羅什譯，CBETA，T09，no.262，p.53，a1–2。高昌國時期。

LM20-1461-37-06 《大智度論》卷六

姚秦鳩摩羅什譯，CBETA，T25，no.1509，p.105，b14–18。高昌郡時期。

參：《旅博選粹》，20。

LM20-1461-37-07 《大通方廣懺悔滅罪莊嚴成佛經》卷中

作者不詳，CBETA，T85，no.2871，p.1347，c11–16。高昌國時期。

LM20-1461-37-08 《大般若波羅蜜多經》卷二

唐玄奘譯，CBETA，T05，no.220，p.5，c9–10。唐時期。

LM20-1461-37-09 《佛說轉女身經》

劉宋曇摩蜜多譯，CBETA，T14，no.564，p.916，b1–3，"以一切"作"一切"。高昌國時期。

LM20-1461-37-10 《維摩詰所說經》卷中

姚秦鳩摩羅什譯，CBETA，T14，no.475，p.545，c17–20。高昌國時期。

LM20-1461-37-11 《十地經論》卷一〇

元魏菩提流支等譯，CBETA，T26，no.1522，p.200，c18–22。唐時期。

LM20-1461-37-12 《佛說法王經》

作者不詳, CBETA, T85, no.2883, p.1385, c14–18。唐時期。

LM20-1461-37-13　《大般涅槃經》卷一五

北涼曇無讖譯, CBETA, T12, no.374, p.455, b1–4。高昌郡時期。

LM20-1461-37-14　《妙法蓮華經》卷五

姚秦鳩摩羅什譯, CBETA, T09, no.262, p.38, c20–25。唐時期。

LM20-1461-37-15　《金光明經》卷四

北涼曇無讖譯, CBETA, T16, no.663, p.354, b3–5。高昌國時期。

LM20-1461-37-16　《大般涅槃經》卷一三

北涼曇無讖譯, CBETA, T12, no.374, p.440, b13–15。唐時期。

LM20-1461-37-17　《大般涅槃經》卷一八

北涼曇無讖譯, CBETA, T12, no.374, p.470, a8–12。唐時期。

LM20-1461-37-18　《金剛般若波羅蜜經》

姚秦鳩摩羅什譯, CBETA, T08, no.235, p.750, c28–p.751, a5。唐時期。

LM20-1461-37-19　《妙法蓮華經》卷五

姚秦鳩摩羅什譯, CBETA, T09, no.262, p.41, a2–5。唐時期。

LM20-1461-37-20　《大般涅槃經》卷三二

北涼曇無讖譯, CBETA, T12, no.374, p.560, a1–4。高昌國時期。

LM20-1461-37-21　《千手千眼觀世音菩薩廣大圓滿無礙大悲心陀羅尼經》

唐伽梵達摩譯, CBETA, T20, no.1060, p.109, b10–12。唐時期。

LM20-1461-38-01　《金剛般若波羅蜜經》

姚秦鳩摩羅什譯, CBETA, T08, no.235, p.752, a24–26。唐時期。

LM20-1461-38-02　《大般涅槃經》卷一〇

北涼曇無讖譯, CBETA, T12, no.374, p.426, b3–5, "安樂"作"樂者"。高昌國時期。

LM20-1461-38-03　《妙法蓮華經》卷一

姚秦鳩摩羅什譯, CBETA, T09, no.262, p.9, a29–b2。唐時期。

參:《旅博選粹》, 37。

LM20-1461-38-04　《妙法蓮華經》卷三

姚秦鳩摩羅什譯, CBETA, T09, no.262, p.26, a18–21。唐時期。

LM20-1461-38-05　《佛說觀藥王藥上二菩薩經》

劉宋畺良耶舍譯, CBETA, T20, no.1161, p.664, c21–24。高昌國時期。

LM20-1461-38-06　《金光明經》卷四

北涼曇無讖譯, CBETA, T16, no.663, p.354, b9–13。高昌國時期。

LM20-1461-38-07　《妙法蓮華經》卷七

姚秦鳩摩羅什譯, CBETA, T09, no.262, p.58, a18–22。唐時期。

LM20-1461-38-08　《妙法蓮華經》卷四

姚秦鳩摩羅什譯，CBETA, T09, no.262, p.30, a1–4。唐時期。

LM20-1461-38-09　《大智度論》卷三〇

姚秦鳩摩羅什譯，CBETA, T25, no.1509, p.281, c13–16。高昌國時期。

LM20-1461-38-10　《妙法蓮華經》卷三

姚秦鳩摩羅什譯，CBETA, T09, no.262, p.23, a16–18。唐時期。

LM20-1461-38-11　《央掘魔羅經》卷一

劉宋求那拔陀羅譯，CBETA, T02, no.120, p.514, a4–12。唐時期。

參：《旅博選粹》，169。

LM20-1461-38-12　《釋禪波羅蜜次第法門》卷二

隋智顗説，CBETA, T46, no.1916, p.489, c27–p.490, a3，"切"作"竊"。唐時期。

參：《旅博選粹》，181。

LM20-1461-38-13　《妙法蓮華經》卷二

姚秦鳩摩羅什譯，CBETA, T09, no.262, p.12, a17–25。分欄書寫。高昌郡時期。

參：《旅博選粹》，37。

LM20-1461-38-14　《妙法蓮華經》卷六

姚秦鳩摩羅什譯，CBETA, T09, no.262, p.47, a9–13。唐時期。

LM20-1461-38-15　《大般涅槃經》卷一九

北涼曇無讖譯，CBETA, T12, no.374, p.474, a28–b2。高昌國時期。

LM20-1461-38-16　《悲華經》卷一〇

北涼曇無讖譯，CBETA, T03, no.157, p.229, a17–20。高昌郡時期。

參：《旅博選粹》，27；陰會蓮 2006，109、113。

LM20-1461-38-17　《金剛般若波羅蜜經》

姚秦鳩摩羅什譯，CBETA, T08, no.235, p.748, c26–p.749, a2。唐時期。

LM20-1461-38-18　《妙法蓮華經》卷四

姚秦鳩摩羅什譯，CBETA, T09, no.262, p.36, a22–26。唐時期。

LM20-1461-38-19　《大寶積經》卷八二

曹魏康僧鎧譯，CBETA, T11, no.310, p.474, a25–27。唐時期。

LM20-1461-38-20　《大寶積經》卷八七

唐菩提流志譯，CBETA, T11, no.310, p.498, c3–7。唐時期。

LM20-1461-38-21　佛名經

唐時期。

經册十三

LM20-1462-01-01 《大般涅槃經》卷三三

北涼曇無讖譯，CBETA, T12, no.374, p.562, b14–18。高昌國時期。

LM20-1462-01-02 《大智度論》卷二

姚秦鳩摩羅什譯，CBETA, T25, no.1509, p.66, c10–16, 第2行"應"作"若"。下有貼附殘片，無法揭取。唐時期。

LM20-1462-01-03 《善見律毘婆沙》卷一〇

蕭齊僧伽跋陀羅譯，CBETA, T24, no.1462, p.745, b16–23。唐時期。

LM20-1462-01-04 《大般涅槃經》卷二〇

北涼曇無讖譯，CBETA, T12, no.374, p.481, c8–14。唐時期。

LM20-1462-01-05 《阿毗達磨順正理論》卷五一

唐玄奘譯，CBETA, T29, no.1562, p.630, c20–25, "貧"作"實"。唐時期。

LM20-1462-01-06 《摩訶般若波羅蜜經》卷二五

姚秦鳩摩羅什譯，CBETA, T08, no.223, p.404, a22–b3, "何況"作"何況得"，"助道法空無"作"助道法空"。高昌國時期。

LM20-1462-02-01 《百論》卷下

姚秦鳩摩羅什譯，CBETA, T30, no.1569, p.177, c26–29, 第2行"至"作"生"。唐時期。

LM20-1462-02-02 《妙法蓮華經》卷七

姚秦鳩摩羅什譯，CBETA, T09, no.262, p.57, c4–7, "纓"作"瓔"。唐時期。

LM20-1462-02-03 《大辯邪正經》

作者不詳，CBETA, T85, no.2893, p.1412, a3–7。唐時期。

LM20-1462-02-04 《大智度論》卷一一

姚秦鳩摩羅什譯，CBETA, T25, no.1509, p.142, c8–10。唐時期。

LM20-1462-02-05 《摩訶般若波羅蜜經》卷二六

姚秦鳩摩羅什譯，CBETA, T08, no.223, p.411, a2–4。高昌國時期。

LM20-1462-02-06 《大般涅槃經》卷三〇

北涼曇無讖譯，CBETA, T12, no.374, p.542, a19–21, "申"作"伸"。高昌國時期。

LM20-1462-02-07 《佛說仁王般若波羅蜜經》卷下

姚秦鳩摩羅什譯，CBETA, T08, no.245, p.833, c4–7, 第3行"各"作"多"。唐時期。

LM20-1462-02-08 《妙法蓮華經》卷五

姚秦鳩摩羅什譯，CBETA, T09, no.262, p.44, b15-19。高昌國時期。

LM20-1462-02-09 《大般涅槃經》注疏

參北涼曇無讖譯《大般涅槃經》卷二七，CBETA,T12,no.374,p.523,a28-29。高昌國時期。

參：《旅博選粹》，169。

LM20-1462-02-10 《佛説仁王般若波羅蜜經》卷下

姚秦鳩摩羅什譯，CBETA, T08, no.245, p.834, a4-8，經文後有題記"王麴乾固"。高昌國時期。

參：《旅博選粹》，201；《旅博研究》，228；彭傑 2015, 67-73（編號誤作 1462-17-9）。

LM20-1462-02-11 《大般涅槃經》卷三七

北涼曇無讖譯，CBETA, T12, no.374, p.581, a29-b2。唐時期。

LM20-1462-02-12 《摩訶般若波羅蜜經》卷四

姚秦鳩摩羅什譯，CBETA, T08, no.223, p.243, a4-7。高昌國時期。

LM20-1462-02-13 《合部金光明經》卷一

梁真諦譯，隋寶貴合，CBETA, T16, no.664, p.364, c23-27。高昌國時期。

LM20-1462-02-14 《妙法蓮華經》卷一

姚秦鳩摩羅什譯，CBETA, T09, no.262, p.5, b27-29。唐時期。

LM20-1462-02-15 《維摩詰所説經》卷下

姚秦鳩摩羅什譯，CBETA, T14, no.475, p.552, a3-7。唐時期。

LM20-1462-02-16 《大般若波羅蜜多經》卷一七二

唐玄奘譯，CBETA, T05, no.220, p.923, b23-28。唐時期。

LM20-1462-02-17 《妙法蓮華經》卷二

姚秦鳩摩羅什譯，CBETA, T09, no.262, p.17, b29-c8，第 8 行"我"作"我等"。唐時期。

LM20-1462-02-18 《金剛般若波羅蜜經》

姚秦鳩摩羅什譯，CBETA, T08, no.235, p.750, b6-8。唐時期。

LM20-1462-03-01 《摩訶般若波羅蜜經》卷一〇

姚秦鳩摩羅什譯，CBETA, T08, no.223, p.294, c28-p.295, a2。高昌國時期。

LM20-1462-03-02 《妙法蓮華經》卷一

姚秦鳩摩羅什譯，CBETA, T09, no.262, p.4, a23-27。唐時期。

LM20-1462-03-03 《金剛般若波羅蜜經》

姚秦鳩摩羅什譯，CBETA, T08, no.235, p.752, c1-2。唐時期。

LM20-1462-03-04 《大般涅槃經》卷三八

北涼曇無讖譯，CBETA,T12,no.374,p.587,c9-13，"愛念親心"作"愛念心"。高昌國時期。

LM20-1462-03-05 《阿毗曇毗婆沙論》卷八

北涼浮陀跋摩、道泰譯，CBETA, T28, no.1546, p.51, b11–20。高昌國時期。

參：《旅博選粹》，145。

LM20-1462-03-06　《金剛般若波羅蜜經》

元魏菩提流支譯，CBETA, T08, no.236a, p.753, b14–18。唐時期。

LM20-1462-03-07　《大般涅槃經》卷一八

北涼曇無讖譯，CBETA, T12, no.374, p.470, c18–21。高昌國時期。

LM20-1462-03-08　《大智度論》卷一五

姚秦鳩摩羅什譯，CBETA, T25, no.1509, p.170, c12–19。唐時期。

LM20-1462-03-09　《大般若波羅蜜多經》卷六六

唐玄奘譯，此段文字多處可見。唐時期。

LM20-1462-03-10　《道行般若經》卷四

後漢支婁迦讖譯，CBETA, T08, no.224, p.446, c25–26。高昌國時期。

LM20-1462-03-11　《大般涅槃經》卷八

北涼曇無讖譯，CBETA, T12, no.374, p.410, c4–8。高昌國時期。

LM20-1462-03-12　《摩訶僧祇律》卷二七

東晉佛陀跋陀羅、法顯譯，CBETA, T22, no.1425, p.447, a12–14。高昌國時期。

參：《旅博選粹》，180。

LM20-1462-03-13　《摩訶般若波羅蜜經》卷九

姚秦鳩摩羅什譯，CBETA, T08, no.223, p.284, b9–15。高昌郡時期。

參：《旅博選粹》，9；孫傳波 2008, 65、71；史睿 2019, 74–75。

LM20-1462-03-14　《大般涅槃經》卷二五

北涼曇無讖譯，CBETA, T12, no.374, p.516, c4–12。唐時期。

LM20-1462-04-01　《佛説廣博嚴凈不退轉輪經》卷一

劉宋智嚴譯，CBETA, T09, no.268, p.255, a21–25。高昌國時期。

LM20-1462-04-02　《善見律毗婆沙》卷一〇

蕭齊僧伽跋陀羅譯，CBETA, T24, no.1462, p.745, b8–15。唐時期。

LM20-1462-04-03　《佛本行集經》卷一二

隋闍那崛多譯，CBETA, T03, no.190, p.709, b14–19，“角”作“捔”。唐時期。

參：段真子 2019, 167。

LM20-1462-04-04　《金剛般若波羅蜜經》

元魏菩提流支譯，CBETA, T08, no.236a, p.753, a14–21。唐時期。

LM20-1462-04-05　《妙法蓮華經》卷六

姚秦鳩摩羅什譯，CBETA, T09, no.262, p.47, b21–c2。唐時期。

LM20-1462-04-06　《佛説觀藥王藥上二菩薩經》

劉宋畺良耶舍譯，CBETA, T20, no.1161, p.665, c1-9。唐時期。

LM20-1462-04-07 《妙法蓮華經》卷三

姚秦鳩摩羅什譯，CBETA, T09, no.262, p.23, a17-20。唐時期。

LM20-1462-04-08 《摩訶僧祇律》卷三

東晉佛陀跋陀羅、法顯譯，CBETA, T22, no.1425, p.251, b20-29, 第 1 行 "已" 作 "夷"。高昌國時期。

LM20-1462-04-09 《大方廣佛華嚴經》卷一五

東晉佛陀跋陀羅譯，CBETA, T09, no.278, p.497, a3-5。唐時期。

LM20-1462-04-10 《大方等大集經》卷五

北涼曇無讖譯，CBETA, T13, no.397, p.30, c11-13。高昌國時期。

LM20-1462-04-11 《雜阿含經》注疏

參劉宋求那跋陀羅譯《雜阿含經》卷三三，CBETA, T02, no.99, p.234, b1-2。有雙行小字注。唐時期。

參：《旅博選粹》, 169。

LM20-1462-05-01 《妙法蓮華經》卷六

姚秦鳩摩羅什譯，CBETA, T09, no.262, p.49, b2-25。唐時期。

LM20-1462-05-02 《摩訶般若波羅蜜經》卷五

姚秦鳩摩羅什譯，CBETA, T08, no.223, p.253, c14-19。高昌國時期。

LM20-1462-05-03 《思益梵天所問經》卷一

姚秦鳩摩羅什譯，CBETA, T15, no.586, p.38, c13-14。唐時期。

LM20-1462-05-04 《大智度論》卷二

姚秦鳩摩羅什譯，CBETA, T25, no.1509, p.67, a15-17。唐時期。

LM20-1462-05-05 《大方等無想經》卷二

北涼曇無讖譯，CBETA, T12, no.387, p.1085, b27-c5。高昌郡時期。

參：《旅博選粹》, 52。

LM20-1462-05-06 《金剛般若波羅蜜經》

姚秦鳩摩羅什譯，CBETA, T08, no.235, p.752, b27-30。唐時期。

LM20-1462-05-07 《摩訶般若波羅蜜經》卷一〇

姚秦鳩摩羅什譯，CBETA, T08, no.223, p.294, c24-27。高昌國時期。

LM20-1462-05-08 《妙法蓮華經》卷六

姚秦鳩摩羅什譯，CBETA, T09, no.262, p.49, c22-26。唐時期。

LM20-1462-05-09 《四分律比丘尼鈔》卷中

唐道宣述，CBETA, X40, no.724, p.742, b10-16。有朱筆勾劃。西州回鶻時期。

LM20-1462-05-10 《妙法蓮華經》卷六

姚秦鳩摩羅什譯，CBETA，T09，no.262，p.51，c20–24。唐時期。

LM20-1462-05-11　《道行般若經》卷二

後漢支婁迦讖譯，CBETA，T08，no.224，p.431，b17–23。高昌郡時期。

參：《旅博選粹》，10；孫傳波 2006，195。

LM20-1462-06-01　《大般涅槃經》卷一八

北涼曇無讖譯，CBETA，T12，no.374，p.470，c16–18。高昌國時期。

LM20-1462-06-02　《佛説法句經》

作者不詳，CBETA，T85，no.2901，p.1435，a28–b3，第 3 行 "不能壞" 作 "無能壞"。唐時期。

LM20-1462-06-03　《大般涅槃經》卷七

北涼曇無讖譯，CBETA，T12，no.374，p.406，b10–16。高昌國時期。

LM20-1462-06-04　佛典殘片

高昌國時期。

LM20-1462-06-05　《毗尼心》

作者不詳，CBETA，T85，no.2792，p.667，a9–14。有雙行小字注。唐時期。

LM20-1462-06-06　《維摩詰所説經》卷下

姚秦鳩摩羅什譯，CBETA，T14，no.475，p.554，c18–21。唐時期。

參：王梅 2006，156。

LM20-1462-06-07　《大般涅槃經》卷七

北涼曇無讖譯，CBETA，T12，no.374，p.403，a28–29。高昌國時期。

LM20-1462-06-08　《金剛般若波羅蜜經》

姚秦鳩摩羅什譯，CBETA，T08，no.235，p.749，c23–25。有朱筆句讀。唐時期。

LM20-1462-06-09　《寶雲經》卷一

梁曼陀羅仙譯，CBETA，T16，no.658，p.210，b2–7。唐時期。

LM20-1462-06-10　《大般涅槃經》注疏

參北涼曇無讖譯《大般涅槃經》卷二七。高昌國時期。

參：《旅博選粹》，169。

LM20-1462-06-11r　《大法鼓經》卷下

劉宋求那跋陀羅譯，CBETA，T09，no.270，p.299，a7–12。高昌國時期。

LM20-1462-06-11v　《大法鼓經》卷下

劉宋求那跋陀羅譯，CBETA，T09，no.270，p.298，b17–22。高昌國時期。

LM20-1462-06-12　《優婆塞戒經》卷六

北涼曇無讖譯，CBETA，T24，no.1488，p.1066，a5–10。高昌國時期。

參：《旅博選粹》，58。

LM20-1462-06-13 《摩訶般若波羅蜜經》卷一四

姚秦鳩摩羅什譯，CBETA, T08, no.223, p.321, a5-8。高昌國時期。

LM20-1462-06-14 《妙法蓮華經》卷四

姚秦鳩摩羅什譯，CBETA, T09, no.262, p.32, c4-7。唐時期。

LM20-1462-06-15 《大通方廣懺悔滅罪莊嚴成佛經》卷上

作者不詳，CBETA, T85, no.2871, p.1341, b18-20。高昌國時期。

LM20-1462-06-16 《大般涅槃經》卷三六

北涼曇無讖譯，CBETA, T12, no.374, p.574, b29-c1。唐時期。

LM20-1462-06-17 《金剛般若波羅蜜經》挾注

參元魏菩提流支譯《金剛般若波羅蜜經》，CBETA, T08, no.236a, p.754, c22-23。有雙行小字注。唐時期。

參：《旅博選粹》，169；李昀 2017, 97-98。

LM20-1462-06-18 《大般若波羅蜜多經》卷三

唐玄奘譯，此段文字多處可見。唐時期。

LM20-1462-06-19 《妙法蓮華經》卷四

姚秦鳩摩羅什譯，CBETA, T09, no.262, p.35, c8-11。唐時期。

LM20-1462-06-20 佛典殘片

唐時期。

LM20-1462-07-01 《道行般若經》注疏

參後漢支婁迦讖譯《道行般若經》卷三，CBETA, T08, no.224, p.438, c25。有雙行小字注。高昌郡時期。

參：《旅博選粹》，6。

LM20-1462-07-02 《大通方廣懺悔滅罪莊嚴成佛經》卷上

作者不詳，CBETA, T85, no.2871, p.1339, a26-b1。高昌國時期。

LM20-1462-07-03 《大智度論》卷六七

姚秦鳩摩羅什譯，CBETA, T25, no.1509, p.528, b27-29。高昌國時期。

LM20-1462-07-04 《大般涅槃經》卷二八

北涼曇無讖譯，CBETA, T12, no.374, p.534, b29-c1。唐時期。

LM20-1462-07-05 《妙法蓮華經》卷五

姚秦鳩摩羅什譯，CBETA, T09, no.262, p.38, b8-10。唐時期。

LM20-1462-07-06 《十地經論》卷一二

元魏菩提流支譯，CBETA, T26, no.1522, p.195, b26-28。唐時期。

LM20-1462-07-07 《妙法蓮華經》卷一

姚秦鳩摩羅什譯，CBETA, T09, no.262, p.5, c8-11。唐時期。

LM20-1462-07-08　《菩薩地持經》卷四

北涼曇無讖譯，CBETA, T30, no.1581, p.911, a8–11，第 2 行 "儀" 下有小字 "戒"。高昌國時期。

LM20-1462-07-09　《大般涅槃經》卷一

北涼曇無讖譯，CBETA, T12, no.374, p.367, b17–19。高昌國時期。

LM20-1462-07-10　《金光明最勝王經》卷一

唐義净譯，CBETA, T16, no.665, p.404, c4–7。唐時期。

LM20-1462-07-11　《妙法蓮華經》卷六

姚秦鳩摩羅什譯，CBETA, T09, no.262, p.52, a20–23。高昌郡時期。

參:《旅博選粹》, 40。

LM20-1462-07-12　《放光般若經》卷一三

西晉無羅叉譯，CBETA, T08, no.221, p.88, a26–28。第 3 行 "處" 朱筆校改爲 "入"。高昌國時期。

LM20-1462-07-13　《妙法蓮華經》卷六

姚秦鳩摩羅什譯，CBETA, T09, no.262, p.46, c26–p.47, a1。唐時期。

LM20-1462-07-14　《佛本行集經》卷一二

隋闍那崛多譯，CBETA, T03, no.190, p.709, a9–11。唐時期。

參: 段真子 2019, 167。

LM20-1462-07-15　《金剛般若波羅蜜經》

姚秦鳩摩羅什譯，CBETA, T08, no.235, p.751, a7–9。唐時期。

LM20-1462-07-16　《大般涅槃經》卷一

北涼曇無讖譯，CBETA, T12, no.374, p.367, c10–12。高昌國時期。

LM20-1462-07-17　《摩訶般若波羅蜜經》卷二

姚秦鳩摩羅什譯，CBETA, T08, no.223, p.225, c27–29。唐時期。

LM20-1462-07-18　《妙法蓮華經》卷七

姚秦鳩摩羅什譯，CBETA, T09, no.262, p.57, b26–c1，"纓" 作 "瓔"。唐時期。

LM20-1462-07-19　佛名經

參譯者不詳《十方千五百佛名經》，CBETA, T14, no.442, p.317, c24–28。西州回鶻時期。

LM20-1462-07-20　《佛説灌頂經》卷五

東晉帛尸梨蜜多羅譯，CBETA, T21, no.1331, p.509, a22–23。唐時期。

LM20-1462-07-21　《大般涅槃經》卷三七

北涼曇無讖譯，CBETA, T12, no.374, p.583, b1–3。高昌國時期。

LM20-1462-07-22　《大般涅槃經》卷二七

北涼曇無讖譯，CBETA, T12, no.374, p.526, c13–14。高昌國時期。

LM20-1462-07-23　《大般涅槃經》注疏

參北涼曇無讖譯《大般涅槃經》卷二七。高昌國時期。

參:《旅博選粹》,169。

LM20-1462-08-01　《佛説法句經》

作者不詳,CBETA,T85,no.2901,p.1435,b8-c3,第18行"此經中信心"作"此經中生信心",第19行"世尊説此語"作"世尊説此經"。唐時期。

參:《旅博選粹》,157。

LM20-1462-08-02　《妙法蓮華經》卷六

姚秦鳩摩羅什譯,CBETA,T09,no.262,p.47,a1-8,第4行"好"作"妙"。唐時期。

LM20-1462-08-03　《小品般若波羅蜜經》卷九

姚秦鳩摩羅什譯,CBETA,T08,no.227,p.576,a26-b5。高昌國時期。

參:孫傳波2006,190。

LM20-1462-08-04　《大智度論》卷二

姚秦鳩摩羅什譯,CBETA,T25,no.1509,p.67,a6-11。唐時期。

LM20-1462-08-05　《妙法蓮華經》卷二

姚秦鳩摩羅什譯,CBETA,T09,no.262,p.15,b23-c4。高昌國時期。

LM20-1462-08-06　《佛説灌頂經》卷五

東晉帛尸梨蜜多羅譯,CBETA,T21,no.1331,p.509,a18-21。唐時期。

LM20-1462-08-07　《妙法蓮華經》卷四

姚秦鳩摩羅什譯,CBETA,T09,no.262,p.27,c29-p.28,a3。唐時期。

LM20-1462-08-08　《大方廣佛華嚴經》卷五七

東晉佛陀跋陀羅譯,CBETA,T09,no.278,p.764,b26-c1。唐時期。

LM20-1462-08-09　《大般涅槃經》卷三八

北涼曇無讖譯,CBETA,T12,no.374,p.588,b27-28。高昌國時期。

LM20-1462-08-10　《佛説觀藥王藥上二菩薩經》

劉宋畺良耶舍譯,CBETA,T20,no.1161,p.661,c4-6。高昌國時期。

LM20-1462-08-11　《妙法蓮華經》卷七

姚秦鳩摩羅什譯,CBETA,T09,no.262,p.60,a7-10。唐時期。

LM20-1462-09-01　《大方等大集經》卷三〇

劉宋智嚴、寶雲譯,CBETA,T13,no.397,p.209,a25-b2。高昌國時期。

LM20-1462-09-02　《大般涅槃經》卷二九

北涼曇無讖譯,CBETA,T12,no.374,p.535,c22-28。高昌國時期。

LM20-1462-09-03　《大般涅槃經》卷一二

北涼曇無讖譯,CBETA,T12,no.374,p.436,a11-16。唐時期。

LM20-1462-09-04　《尊婆須蜜菩薩所集論》卷九

姚秦僧伽跋澄等譯，CBETA, T28, no.1549, p.792, b10–13。唐時期。

LM20-1462-09-05　《大般涅槃經》卷三二

北涼曇無讖譯，CBETA, T12, no.374, p.557, c27–p.558, a4。高昌國時期。

LM20-1462-09-06　《大般涅槃經》卷一〇

北涼曇無讖譯，CBETA, T12, no.374, p.426, a29–b6，"流離"作"琉璃"。高昌國時期。

LM20-1462-10-01　《大寶積經》卷一六

西晉竺法護譯，CBETA, T11, no.310, p.88, c23–p.89, a6。唐時期。

LM20-1462-10-02　《大般若波羅蜜多經》卷五九

唐玄奘譯，CBETA, T05, no.220, p.334, b6–10。唐時期。

LM20-1462-10-03　《大般涅槃經》卷一七

北涼曇無讖譯，CBETA, T12, no.374, p.463, b28–c2。唐時期。

LM20-1462-10-04　《四分律》卷三二

姚秦佛陀耶舍、竺佛念等譯，CBETA, T22, no.1428, p.787, b6–10。唐時期。

LM20-1462-10-05　《金剛般若波羅蜜經》

元魏菩提流支譯，CBETA, T08, no.236a, p.755, b16–18。唐時期。

LM20-1462-10-06　《金光明經》卷一

北涼曇無讖譯，CBETA, T16, no.663, p.335, b17–23。唐時期。

LM20-1462-10-07　《妙法蓮華經》卷二

姚秦鳩摩羅什譯，CBETA, T09, no.262, p.12, b20–24。唐時期。

LM20-1462-10-08　佛典殘片

參唐澄觀撰《大方廣佛華嚴經隨疏演義鈔》卷三九，CBETA, T36, no.1736, p.301, b14–17。唐時期。

LM20-1462-10-09　《大般涅槃經》卷三二

北涼曇無讖譯，CBETA, T12, no.374, p.555, c12–18。唐時期。

LM20-1462-10-10　佛典殘片

高昌國時期。

LM20-1462-11-01　《大通方廣懺悔滅罪莊嚴成佛經》卷下

作者不詳，CBETA, T85, no.2871, p.1353, a10–13。唐時期。

參：《旅博選粹》，155。

LM20-1462-11-02　《信力入印法門經》卷五

元魏曇摩流支譯，CBETA, T10, no.305, p.953, c26–29。高昌國時期。

LM20-1462-11-03　《勝天王般若波羅蜜經》卷一

陳月婆首那譯，CBETA, T08, no.231, p.688, b27–c2。高昌國時期。

LM20-1462-11-04 《大般涅槃經》卷二八

北涼曇無讖譯，CBETA，T12，no.374，p.530，b15–20。高昌國時期。

LM20-1462-11-05 《悲華經》卷八

北涼曇無讖譯，CBETA，T03，no.157，p.219，c25–p.220，a2。高昌郡時期。

參：《旅博選粹》，7；陰會蓮 2006，106–107、109、116，圖二。

LM20-1462-11-06 《妙法蓮華經》卷一

姚秦鳩摩羅什譯，CBETA，T09，no.262，p.2，b6–12。唐時期。

LM20-1462-11-07 《大般涅槃經》卷二一

北涼曇無讖譯，CBETA，T12，no.374，p.489，c13–19，“流”作“琉”。高昌國時期。

LM20-1462-11-08 《大般涅槃經》卷二五

北涼曇無讖譯，CBETA，T12，no.374，p.517，b6–15。唐時期。

LM20-1462-12-01 佛典殘片

唐時期。

LM20-1462-12-02 《梵網經》卷下

姚秦鳩摩羅什譯，CBETA，T24，no.1484，p.1004，c1–14。唐時期。

LM20-1462-12-03 《大智度論》卷四〇

姚秦鳩摩羅什譯，CBETA，T25，no.1509，p.349，c21–27。高昌國時期。

LM20-1462-12-04 《佛頂尊勝陀羅尼經》

唐佛陀波利譯，CBETA，T19，no.967，p.350，b1–6，第 4 行“頂能”作“頂尊勝能”。唐時期。

LM20-1462-12-05 佛典殘片

唐時期。

LM20-1462-12-06 《天地八陽神咒經》

唐義淨譯，CBETA，T85，no.2897，p.1422，b27–c8，第 3 行“勉”作“免”。唐時期。

參：《旅博選粹》，156。

LM20-1462-12-07 《妙法蓮華經》卷六

姚秦鳩摩羅什譯，CBETA，T09，no.262，p.47，b20–c1，“觀”作“歡”。唐時期。

LM20-1462-12-08 《金光明經》卷一

北涼曇無讖譯，CBETA，T16，no.663，p.339，b23–c7，第 2 行“一切德”作“一功德”，第 10 行“盡”作“晝”。唐時期。

LM20-1462-12-09 《妙法蓮華經》卷二

姚秦鳩摩羅什譯，CBETA，T09，no.262，p.11，b27–c3。唐時期。

LM20-1462-13-01 《請觀世音菩薩消伏毒害陀羅尼咒經》

東晉竺難提譯，CBETA，T20，no.1043，p.35，c6–11。高昌國時期。

LM20-1462-13-02 《金光明經》卷一

北涼曇無讖譯，CBETA, T16, no.663, p.336, c21-p.337, a2。唐時期。

LM20-1462-13-03　《妙法蓮華經》卷五（八卷本）

姚秦鳩摩羅什譯，《定本法華經》，137b9-139a1；參 CBETA, T09, no.262, p.36, c23-p.37, a1-15。高昌國時期。

LM20-1462-13-04　《佛説觀佛三昧海經》卷三

東晉跋陀羅譯，CBETA, T15, no.643, p.662, b20-24。高昌國時期。

參：《旅博選粹》，55。

LM20-1462-13-05　《摩訶般若波羅蜜經》卷二二

姚秦鳩摩羅什譯，CBETA, T08, no.223, p.381, b18-22。高昌國時期。

LM20-1462-13-06　《阿毗曇毗婆沙論》卷二七

北涼浮陀跋摩、道泰譯，CBETA, T28, no.1546, p.201, b14-22，第 2 行 "是" 作 "結是"，第 5 行 "結曾" 作 "結故曾"。高昌國時期。

參：《旅博選粹》，180。

LM20-1462-13-07　《大般涅槃經》卷一一

劉宋慧嚴等譯，CBETA, T12, no.375, p.677, c1-7，"逸" 作 "免"。"逸" 字下有墨色 "△"。高昌國時期。

參：《旅博選粹》，130。

LM20-1462-13-08　《大通方廣懺悔滅罪莊嚴成佛經》卷中

作者不詳，CBETA, T85, no.2871, p.1346, a27-b1。高昌國時期。

LM20-1462-13-09　《金光明經》卷一

北涼曇無讖譯，CBETA, T16, no.663, p.336, a26-b7。高昌國時期。

LM20-1462-14-01　《定光佛預言》

參敦煌本 S.2713（《英藏敦煌文獻》第 4 册，208 頁）。唐時期。

參：《旅博選粹》，163。

LM20-1462-14-02　《大通方廣懺悔滅罪莊嚴成佛經》卷下

作者不詳，CBETA, T85, no.2871, p.1355, a6-13，第 3 行 "妙佛" 作 "妙光佛"。高昌國時期。

LM20-1462-14-03　《妙法蓮華經》卷四

姚秦鳩摩羅什譯，CBETA, T09, no.262, p.27, c20-25。唐時期。

參：史睿 2019, 81。

LM20-1462-14-04　《大般若波羅蜜多經》卷八

唐玄奘譯，CBETA, T05, no.220, p.41, c16-24。唐時期。

LM20-1462-14-05　《太上洞玄靈寶無量度人上品妙經》

作者不詳，約出於東晉，與敦煌本 P.2606 第 50-52 行同。唐時期。

參：趙洋 2017a, 187；趙洋 2017b, 192。

LM20-1462-14-06 《增壹阿含經》卷三八

　　東晉僧伽提婆譯, CBETA, T02, no.125, p.759, c23–30。唐時期。

LM20-1462-14-07 《大般涅槃經》卷三一

　　北涼曇無讖譯, CBETA, T12, no.374, p.549, a14–15。高昌國時期。

LM20-1462-14-08 《摩訶般若波羅蜜經》卷一一

　　姚秦鳩摩羅什譯, CBETA, T08, no.223, p.297, c10–14。唐時期。

LM20-1462-14-09 《佛説灌頂經》卷一一

　　東晉帛尸梨蜜多羅譯, CBETA, T21, no.1331, p.531, a10–20。唐時期。

LM20-1462-15-01 《大般涅槃經》卷三

　　北涼曇無讖譯, CBETA, T12, no.374, p.382, a6–14。唐時期。

LM20-1462-15-02 《金剛般若波羅蜜經》

　　姚秦鳩摩羅什譯, CBETA, T08, no.235, p.749, c27–p.750, a6。唐時期。

LM20-1462-15-03 《妙法蓮華經》卷二

　　姚秦鳩摩羅什譯, CBETA, T09, no.262, p.16, c10–17。

LM20-1462-15-04 《佛説法句經》

　　作者不詳, CBETA, T85, no.2901, p.1433, b12–16。唐時期。

LM20-1462-15-05 《道行般若經》卷五

　　後漢支婁迦讖譯, CBETA, T08, no.224, p.449, c6–9。唐時期。

　　參: 孫傳波 2006, 175。

LM20-1462-15-06 《佛垂般涅槃略説教誡經》

　　姚秦鳩摩羅什譯, CBETA, T12, no.389, p.1112, b8–12。唐時期。

LM20-1462-15-07 《妙法蓮華經》卷六

　　姚秦鳩摩羅什譯, CBETA, T09, no.262, p.47, a28–b14。唐時期。

LM20-1462-15-08 《妙法蓮華經》卷三

　　姚秦鳩摩羅什譯, CBETA, T09, no.262, p.22, c18–27。

LM20-1462-15-09 《大般涅槃經義記》卷三

　　隋慧遠述, CBETA, T37, no.1764, p.674, c26–p.675, a10。高昌國時期。

　　參:《旅博選粹》, 148; 橘堂晃一 2006a, 96。

LM20-1462-16-01 《維摩義記》

　　參敦煌本 P.2273(《法藏敦煌西域文獻》第 10 册, 317 頁上)。高昌國時期。

　　參:《旅博選粹》, 71; 橘堂晃一 2006a, 94; 榮新江 2019a, 28。

LM20-1462-16-02 《維摩義記》

　　參敦煌本 P.2273(《法藏敦煌西域文獻》第 10 册, 317 頁上)。第 3 行"所"字旁校改作"此"。

　　高昌國時期。

參：《旅博選粹》, 71; 橘堂晃一 2006a, 94; 榮新江 2019a, 28。

LM20-1462-16-03　《大般涅槃經》卷一五

北涼曇無讖譯, CBETA, T12, no.374, p.452, b27-c2。高昌國時期。

LM20-1462-16-04　《思益梵天所問經》卷一

姚秦鳩摩羅什譯, CBETA, T15, no.586, p.36, a20-25, 第 2 行 "佛道是" 作 "佛道"。高昌國時期。

參：《旅博選粹》, 54。

LM20-1462-16-05　《妙法蓮華經》卷二

姚秦鳩摩羅什譯, CBETA, T09, no.262, p.16, a12-19。唐時期。

LM20-1462-16-06　《大般涅槃經》卷一五

北涼曇無讖譯, CBETA, T12, no.374, p.452, b25-27。高昌國時期。

LM20-1462-16-07　《妙法蓮華經》卷五

姚秦鳩摩羅什譯, CBETA, T09, no.262, p.39, a28-b2。唐時期。

LM20-1462-16-08　《大般涅槃經》卷二五

北涼曇無讖譯, CBETA, T12, no.374, p.511, c24-p.512, a4, "好醜端□" 作 "端正好醜"。高昌郡時期。

參：《旅博選粹》, 52。

LM20-1462-16-09　《金剛般若波羅蜜經》

姚秦鳩摩羅什譯, CBETA, T08, no.235, p.748, c20-24, "祇給" 作 "祇樹給", "入城" 作 "入舍衛大城"。唐時期。

LM20-1462-17-01　《思益梵天所問經》卷一

姚秦鳩摩羅什譯, CBETA, T15, no.586, p.36, a1-13。高昌郡時期。

參：《旅博選粹》, 54。

LM20-1462-17-02　《梵網經》卷下

姚秦鳩摩羅什譯, CBETA, T24, no.1484, p.1006, a25-29, "若故作者" 作 "者"。唐時期。

LM20-1462-17-03　《金光明經》卷四

北涼曇無讖譯, CBETA, T16, no.663, p.357, a28-b6。高昌國時期。

參：三谷真澄 2008, 176。

LM20-1462-17-04　《菩薩地持經》卷四

北涼曇無讖譯, CBETA, T30, no.1581, p.911, a19-23。高昌國時期。

LM20-1462-17-05　《妙法蓮華經馬明菩薩品第三十》

作者不詳, CBETA, T85, no.2899, p.1429, c14-19。唐時期。

LM20-1462-17-06　《大方廣佛華嚴經》卷三（五十卷本）

東晉佛陀跋陀羅譯,《中華大藏經》第 12 冊, 29a12-16; 參 CBETA, T09, no.278, p.411, c29–p.412, a4，"聞"作"門"。高昌國時期。

LM20-1462-17-07 《佛説觀藥王藥上二菩薩經》

劉宋畺良耶舍譯，CBETA, T20, no.1161, p.664, a9–16。唐時期。

參：史睿 2019, 82。

LM20-1462-17-08 《金光明經》卷二

北涼曇無讖譯，CBETA, T16, no.663, p.345, c23–28。高昌國時期。

LM20-1462-17-09 《小品般若波羅蜜經》卷一〇

姚秦鳩摩羅什譯，CBETA, T08, no.227, p.580, c18–22。高昌郡時期。

參：《旅博選粹》，36；孫傳波 2006, 192；彭傑 2015, 68；片山章雄 2016, 48；史睿 2019, 76。

LM20-1462-18-01 羯磨文

高昌郡時期。

參：《旅博選粹》，69。

LM20-1462-18-02 《佛説觀佛三昧海經》卷六

東晉佛陀跋陀羅譯，CBETA, T15, no.643, p.677, c6–19。

LM20-1462-18-03 《大般涅槃經》卷一八

北涼曇無讖譯，CBETA, T12, no.374, p.469, b20–25。高昌郡時期。

LM20-1462-18-04 《決罪福經》卷下

作者不詳，CBETA, T85, no.2868, p.1333, b20–28，"爵禄卻"作"爵位用卻"，"猶如世間人錢"作"如世間人有錢"，"法中亦爾是人福"作"法中亦復如是世人福"，"施立大福々德皆有用"作"施立大福大福皆用"，"後世億"作"後世受時有億"，"我□説万倍者少説"作"我常但説萬倍報者略少説"。高昌國時期。

LM20-1462-18-05 《大方廣佛華嚴經》卷四九

東晉佛陀跋陀羅譯，CBETA, T09, no.278, p.712, a16–21。唐時期。

LM20-1462-18-06 《妙法蓮華經》卷二

姚秦鳩摩羅什譯，CBETA, T09, no.262, p.14, c23–28。唐時期。

LM20-1462-18-07 《妙法蓮華經》卷二

姚秦鳩摩羅什譯，CBETA, T09, no.262, p.14, c29–p.15, a10。唐時期。

LM20-1462-18-08 《大般涅槃經》卷三八

北涼曇無讖譯，CBETA, T12, no.374, p.588, a9–15，第 3 行"離解脱想"作"離想"。高昌國時期。

LM20-1462-19-01r 《佛説成具光明定意經》

後漢支曜譯，CBETA, T15, no.630, p.456, b3–10，"俗人"作"俗之人"。高昌郡時期。

參：《旅博選粹》，20。

LM20-1462-19-01v　佛典注疏

參姚秦鳩摩羅什譯《大智度論》卷七，CBETA，T25，no.1509，p.113，a21-c11。高昌郡時期。

LM20-1462-19-02　《妙法蓮華經》卷二

姚秦鳩摩羅什譯，CBETA，T09，no.262，p.15，a15-25。唐時期。

LM20-1462-19-03　《大般涅槃經》卷三

北涼曇無讖譯，CBETA，T12，no.374，p.384，a7-13。唐時期。

LM20-1462-19-04　《菩薩地持經》卷四

北涼曇無讖譯，CBETA，T30，no.1581，p.911，a14-19。高昌國時期。

LM20-1462-19-05　《佛垂般涅槃略説教誡經》

姚秦鳩摩羅什譯，CBETA，T12，no.389，p.1112，a20-26，第4行“佛言月可”作“佛言世尊月可”。唐時期。

LM20-1462-19-06　《佛説大輪金剛總持陀羅尼經》

譯者不詳，CBETA，T21，no.1230，p.161，b18-29，第5行“欲總持”作“欲受持總持法門者”。西州回鶻時期。

LM20-1462-19-07　《妙法蓮華經》卷六

姚秦鳩摩羅什譯，CBETA，T09，no.262，p.49，c28-p.50，a4。唐時期。

LM20-1462-19-08　《佛説灌頂經》卷一二

東晉帛尸梨蜜多羅譯，CBETA，T21，no.1331，p.535，c22-23。唐時期。

LM20-1462-19-09　《大般涅槃經》卷一二

北涼曇無讖譯，CBETA，T12，no.374，p.436，a9-12。高昌國時期。

LM20-1462-20-01　《妙法蓮華經馬明菩薩品第三十》

作者不詳，CBETA，T85，no.2899，p.1426，b23-c10，第9行“滅盡復”作“滅盡後”，第13行“便命”作“福命”。唐時期。

LM20-1462-20-02　《金光明經》卷三

北涼曇無讖譯，CBETA，T16，no.663，p.346，b28-c15，第9行“以是”作“以是意”。高昌郡時期。

參：《旅博選粹》，56。

LM20-1462-20-03　《佛説灌頂經》卷一二

東晉帛尸梨蜜多羅譯，CBETA，T21，no.1331，p.534，a4-10。唐時期。

LM20-1462-20-04　《大般涅槃經》卷一〇

北涼曇無讖譯，CBETA，T12，no.374，p.425，b12-18。高昌國時期。

LM20-1462-20-05　《四分比丘尼戒本》

姚秦佛陀耶舍譯，CBETA，T22，no.1431，p.1040，a19-28。高昌國時期。

LM20-1462-20-06 《佛本行集經》卷五

隋闍那崛多譯，CBETA，T03，no.190，p.674，a26–b1。唐時期。

參：段真子 2019，147。

LM20-1462-21-01 《摩訶般若波羅蜜經》卷二四

姚秦鳩摩羅什譯，CBETA，T08，no.223，p.394，c29–p.395，a10。高昌國時期。

LM20-1462-21-02 《佛説廣博嚴净不退轉輪經》卷一

劉宋智嚴譯，CBETA，T09，no.268，p.254，c23–26。高昌國時期。

LM20-1462-21-03 《大般若波羅蜜多經》卷二六

唐玄奘譯，CBETA，T05，no.220，p.145，c24–p.146，a5。唐時期。

LM20-1462-21-04 《小品般若波羅蜜經》卷一〇

姚秦鳩摩羅什譯，CBETA，T08，no.227，p.582，a16–19。唐時期。

LM20-1462-21-05 《佛説佛名經》卷七

元魏菩提流支譯，CBETA，T14，no.440，p.153，b19–26，"檀"作"檀佛"，"義"作"義佛"，"莊嚴"作"莊嚴佛"。唐時期。

LM20-1462-21-06 《妙法蓮華經》卷四

姚秦鳩摩羅什譯，CBETA，T09，no.262，p.30，a4–8。唐時期。

LM20-1462-21-07 《佛説灌頂經》卷一二

東晉帛尸梨蜜多羅譯，CBETA，T21，no.1331，p.535，b8–12，第 2 行"勸呼請"作"勸請"。唐時期。

LM20-1462-21-08 《妙法蓮華經》卷三

姚秦鳩摩羅什譯，CBETA，T09，no.262，p.23，a15–19。唐時期。

LM20-1462-21-09 《大般涅槃經》卷二九

北涼曇無讖譯，CBETA，T12，no.374，p.539，b16–21。唐時期。

LM20-1462-22-01 《大般涅槃經》卷二六

北涼曇無讖譯，CBETA，T12，no.374，p.517，c14–22。高昌國時期。

參：王宇、王梅 2006b，56。

LM20-1462-22-02 《妙法蓮華經》卷七

姚秦鳩摩羅什譯，CBETA，T09，no.262，p.55，a20–25。唐時期。

LM20-1462-22-03 《妙法蓮華經》卷五

姚秦鳩摩羅什譯，CBETA，T09，no.262，p.42，b14–18。唐時期。

LM20-1462-22-04 《妙法蓮華經》卷一

姚秦鳩摩羅什譯，CBETA，T09，no.262，p.9，a7–17，第 2 行"度量"作"度脱"。唐時期。

LM20-1462-22-05 《妙法蓮華經》卷二

姚秦鳩摩羅什譯，CBETA，T09，no.262，p.12，a27–b6。唐時期。

LM20-1462-22-06　《妙法蓮華經》卷六

姚秦鳩摩羅什譯, CBETA, T09, no.262, p.47, a26-b14。唐時期。

LM20-1462-22-07　《佛説華手經》不分卷

姚秦鳩摩羅什譯, CBETA, T16, no.657, p.202, c22-27、CBETA, T16, no.657, p.203, a2-6。高昌國時期。

LM20-1462-22-08　《大般涅槃經》卷三〇

北涼曇無讖譯, CBETA, T12, no.374, p.542, a29-b3。高昌國時期。

LM20-1462-22-09　《佛説首楞嚴三昧經》卷上

姚秦鳩摩羅什譯, CBETA, T15, no.642, p.633, b15-18, 第 2 行 "以皆" 作 "皆以"。高昌國時期。

LM20-1462-23-01　《大方等大集經》卷三

北涼曇無讖譯, CBETA, T13, no.397, p.19, c12-21。唐時期。

LM20-1462-23-02　《四分比丘尼戒本》

姚秦佛陀耶舍譯, CBETA, T22, no.1431, p.1031, c1-8, 第 3 行 "或" 作 "若", 第 4 行 "扶" 作 "下", "安" 作 "捺", 第 5 行 "住" 作 "住是身相觸也", 第 7 行 "共作期" 作 "共期"。唐時期。

LM20-1462-23-03　《妙法蓮華經》卷三

姚秦鳩摩羅什譯, CBETA, T09, no.262, p.25, b24-28。唐時期。

LM20-1462-23-04　《妙法蓮華經》卷五

姚秦鳩摩羅什譯, CBETA, T09, no.262, p.38, b1-12。唐時期。

LM20-1462-23-05　維摩詰經疏

參姚秦僧肇《注維摩詰經》卷九, CBETA, T38, no.1775, p.403, a8-16。高昌國時期。

LM20-1462-23-06　《大般涅槃經》卷四〇

北涼曇無讖譯, CBETA, T12, no.374, p.599, c11-22。唐時期。

LM20-1462-23-07　佛典注疏

唐時期。

LM20-1462-23-08　《佛説灌頂經》卷一二

東晉帛尸梨蜜多羅譯, CBETA, T21, no.1331, p.536, a17-23。唐時期。

LM20-1462-24-01　《大方等大集經》卷七

北涼曇無讖譯, CBETA, T13, no.397, p.42, a8-15, 第 5 行 "意" 作 "喜"。高昌國時期。

LM20-1462-24-02　《妙法蓮華經》卷一

姚秦鳩摩羅什譯, CBETA, T09, no.262, p.7, b8-13。唐時期。

LM20-1462-24-03　《妙法蓮華經》卷五

姚秦鳩摩羅什譯, CBETA, T09, no.262, p.42, c16-19。唐時期。

LM20-1462-24-04 《摩訶般若波羅蜜經》卷一

姚秦鳩摩羅什譯,CBETA,T08,no.223,p.217,c14–20,第 3 行"世界"作"國土"。
唐時期。

LM20-1462-24-05 《大般涅槃經》卷三〇

北涼曇無讖譯,CBETA,T12,no.374,p.547,b17–22,第 3 行"定"作"定處"。高昌國時期。

LM20-1462-24-06 《金光明經》卷四

北涼曇無讖譯,CBETA,T16,no.664,p.397,b24–c2,"勉"作"免"。唐時期。

LM20-1462-24-07 《佛本行集經》卷五

隋闍那崛多譯,CBETA,T03,no.190,p.676,b12–17。唐時期。
參:段真子 2019,153。

LM20-1462-24-08 《妙法蓮華經》卷二

姚秦鳩摩羅什譯,CBETA,T09,no.262,p.13,a18–25。唐時期。

LM20-1462-24-09 《道行般若經》卷七

後漢支婁迦讖譯,CBETA,T08,no.224,p.460,b11–18。高昌國時期。

LM20-1462-24-10 《妙法蓮華經馬明菩薩品第三十》

作者不詳,CBETA,T85,no.2899,p.1426,b22–23。唐時期。

LM20-1462-25-01 《大般涅槃經》卷三七

北涼曇無讖譯,CBETA,T12,no.374,p.584,a21–29。高昌國時期。

LM20-1462-25-02 《佛說灌頂經》卷一二

東晉帛尸梨蜜多羅譯,CBETA,T21,no.1331,p.535,a24–b6,"坐"作"座","過去"作"過"。
唐時期。

LM20-1462-25-03 《妙法蓮華經》卷六

姚秦鳩摩羅什譯,CBETA,T09,no.262,p.52,a22–26。唐時期。
參:《旅博選粹》,179。

LM20-1462-25-04 《小品般若波羅蜜經》卷九

姚秦鳩摩羅什譯,CBETA,T08,no.227,p.576,a9–15,第 3 行"如是无"作"如是不"。
高昌國時期。

LM20-1462-25-05 《佛本行集經》卷五

隋闍那崛多譯,CBETA,T03,no.190,p.676,c25–p.677,a2。唐時期。
參:段真子 2019,153。

LM20-1462-25-06 《妙法蓮華經》卷六

姚秦鳩摩羅什譯,CBETA,T09,no.262,p.46,c14–18。唐時期。

LM20-1462-25-07 《妙法蓮華經》卷三

姚秦鳩摩羅什譯,CBETA,T09,no.262,p.22,a5–16。唐時期。

LM20-1462-25-08　《大般涅槃經》卷三八

北涼曇無讖譯，CBETA, T12, no.374, p.589, b12-20。高昌國時期。

LM20-1462-25-09　《大般若波羅蜜多經》卷二三九

唐玄奘譯，CBETA, T06, no.220, p.204, c13-17。唐時期。

LM20-1462-26-01　《佛説廣博嚴净不退轉輪經》卷一

劉宋智嚴譯，CBETA, T09, no.268, p.254, c19-26，"清流離"作"青琉璃"，"住"作"往"，"跏"作"加"。高昌國時期。

LM20-1462-26-02　《妙法蓮華經》卷一

姚秦鳩摩羅什譯，CBETA, T09, no.262, p.10, a16-26。唐時期。

LM20-1462-26-03　《大般若波羅蜜多經》卷二五

唐玄奘譯，CBETA, T05, no.220, p.141, a27-b8。唐時期。

LM20-1462-26-04　佛典殘片

西州回鶻時期。

LM20-1462-26-05　《金剛般若波羅蜜經》

姚秦鳩摩羅什譯，此段文字多處可見。唐時期。

LM20-1462-26-06　《妙法蓮華經》卷三

姚秦鳩摩羅什譯，CBETA, T09, no.262, p.22, a8-9。唐時期。

LM20-1462-26-07　《佛説灌頂經》卷一二

東晉帛尸梨蜜多羅譯，CBETA, T21, no.1331, p.534, a23-28。唐時期。

LM20-1462-26-08　《大般涅槃經》卷一四

北涼曇無讖譯，CBETA, T12, no.374, p.449, c11-19，第8行"誓"作"逝"。高昌國時期。

LM20-1462-26-09　《妙法蓮華經》卷五

姚秦鳩摩羅什譯，CBETA, T09, no.262, p.45, b15-18。唐時期。

LM20-1462-27-01　《大般涅槃經》卷七

北涼曇無讖譯，CBETA, T12, no.374, p.408, b23-26，"者藥"作"者"。高昌國時期。

LM20-1462-27-02　《大般涅槃經》卷一二

北涼曇無讖譯，CBETA, T12, no.374, p.436, a9-13。高昌國時期。

LM20-1462-27-03　《四分僧戒本》疏

姚秦佛陀耶舍譯，CBETA, T22, no.1430, p.1023, b6-13，第1行"人"作"全"，第5行"已出"作"出"。有雙行小字注。唐時期。

LM20-1462-27-04　《大般涅槃經》卷九

北涼曇無讖譯，CBETA, T12, no.374, p.418, a26-b3。高昌國時期。

LM20-1462-27-05　《妙法蓮華經》卷六

姚秦鳩摩羅什譯，CBETA, T09, no.262, p.49, b15-18。唐時期。

LM20-1462-27-06 《妙法蓮華經》卷四

姚秦鳩摩羅什譯,CBETA,T09,no.264,p.164,a23–b4。唐時期。

LM20-1462-27-07 《佛頂尊勝陀羅尼經》

唐佛陀波利譯,CBETA,T19,no.967,p.351,c25–28。唐時期。

LM20-1462-27-08 《大般涅槃經》卷一四

北涼曇無讖譯,CBETA,T12,no.374,p.446,b16–23,第1行小字"十四"。唐時期。

LM20-1462-27-09 《太子瑞應本起經》卷上

吳支謙譯,CBETA,T03,no.185,p.474,a13–20。高昌郡時期。

參:《旅博選粹》,7。

LM20-1462-28-01 《金光明經》卷三

北涼曇無讖譯,CBETA,T16,no.663,p.349,b26–29。唐時期。

LM20-1462-28-02 《大般涅槃經》卷三二

北涼曇無讖譯,CBETA,T12,no.374,p.555,c12–20。高昌國時期。

參:《旅博選粹》,129。

LM20-1462-28-03 《請觀世音菩薩消伏毒害陀羅尼咒經》

東晉竺難提譯,CBETA,T20,no.1043,p.35,b28–c11,第3行"音"作"闇",第8行"夜"作"與"。唐時期。

LM20-1462-28-04 《大智度論》卷四五

姚秦鳩摩羅什譯,CBETA,T25,no.1509,p.387,a13–15。唐時期。

LM20-1462-28-05 《金剛般若波羅蜜經》

姚秦鳩摩羅什譯,此段文字多處可見。唐時期。

LM20-1462-28-06 《大般若波羅蜜多經》卷二八

唐玄奘譯,CBETA,T05,no.220,p.154,a27–b3。唐時期。

LM20-1462-28-07 《大般若波羅蜜多經》卷四六九

唐玄奘譯,CBETA,T07,no.220,p.371,b22–c1。唐時期。

LM20-1462-29-01 《佛説無量清净平等覺經》卷三

後漢支婁迦讖譯,CBETA,T12,no.361,p.293,b20–24,第2行"好習文"作"好文習",第3行"中轉"作"中迴意終不復轉",第4行"獨"作"獨駃","空"作"空中"。高昌郡時期。

參:《旅博選粹》,5;三谷真澄2008a,36;《净土集成》,24–25、126–129;三谷真澄2015,236;三谷真澄2019,19;榮新江2019a,26。

LM20-1462-29-02 《摩訶般若波羅蜜經》卷四

姚秦鳩摩羅什譯,CBETA,T08,no.223,p.242,c13–18。高昌國時期。

LM20-1462-29-03 《大般涅槃經》卷一二

北涼曇無讖譯,CBETA,T12,no.374,p.439,c19–22。唐時期。

LM20-1462-29-04　《大乘百法明門論疏》卷上

唐義忠述，CBETA，U205，no.1368，p.254，b10–p.255，a7，第 2 行"他"作"彼"，第 3 行"如此示"作"如次不"，第 5 行"立釋"作"六釋"，第 6 行"巳等"作"五等"。唐時期。

參：《旅博選粹》，169。

LM20-1462-29-05　《妙法蓮華經》卷六

姚秦鳩摩羅什譯，CBETA，T09，no.262，p.50，a22–24。唐時期。

LM20-1462-29-06　《佛説觀佛三昧海經》卷六

東晉佛陀跋陀羅譯，CBETA，T15，no.643，p.677，c10–20，第 6 行"詳吉"作"吉詳"。高昌國時期。

LM20-1462-29-07　《大般涅槃經》卷一四

北涼曇無讖譯，CBETA，T12，no.374，p.450，a6–9。高昌國時期。

LM20-1462-29-08　《菩薩善戒經》卷七

劉宋求那跋摩譯，CBETA，T30，no.1582，p.998，b13–15。高昌國時期。

LM20-1462-29-09　《大方廣佛華嚴經》卷三

東晉佛陀跋陀羅譯，CBETA，T09，no.278，p.412，b17–c4。唐時期。

LM20-1462-29-10　《金剛般若波羅蜜經》

元魏菩提流支譯，CBETA，T08，no.236a，p.755，a20–28。高昌國時期。

LM20-1462-30-01　《大般若波羅蜜多經》卷五二六

唐玄奘譯，CBETA，T07，no.220，p.701，c11–16。唐時期。

LM20-1462-30-02　《大般涅槃經》卷二一

北涼曇無讖譯，CBETA，T12，no.374，p.492，c28–p.493，a9。唐時期。

LM20-1462-30-03　《妙法蓮華經》卷二

姚秦鳩摩羅什譯，CBETA，T09，no.262，p.15，b2–10。唐時期。

LM20-1462-30-04　《摩訶般若波羅蜜經》卷二〇

姚秦鳩摩羅什譯，CBETA，T08，no.223，p.366，c18–23。高昌國時期。

LM20-1462-30-05　《妙法蓮華經》卷二

姚秦鳩摩羅什譯，CBETA，T09，no.262，p.11，a28–b1。唐時期。

LM20-1462-30-06　《優婆塞戒經》卷六

北涼曇無讖譯，CBETA，T24，no.1488，p.1065，a12–20。高昌國時期。

LM20-1462-30-07　《佛垂般涅槃略説教誡經》

姚秦鳩摩羅什譯，CBETA，T12，no.389，p.1111，b23–27。有朱筆句讀。高昌國時期。

LM20-1462-31-01　《妙法蓮華經》卷三

姚秦鳩摩羅什譯，CBETA，T09，no.262，p.26，a27–b12。唐時期。

LM20-1462-31-02　《放光般若經》卷九

西晉無羅叉譯，CBETA，T08，no.221，p.63，c27–p.64，a3，第 1 行"故薩云若"作"故"，第 2 行"不縛何"作"不縛"。高昌國時期。

LM20-1462-31-03 《大般若波羅蜜多經》卷五六六

唐玄奘譯，CBETA，T07，no.220，p.921，b10–17。唐時期。

LM20-1462-31-04 《净土五會念佛誦經觀行儀》卷下

唐法照撰，CBETA，T85，no.2827，p.1265，c12–15。唐時期。

參：《旅博選粹》，154；《净土集成》，117。

LM20-1462-31-05 《摩訶般若波羅蜜經》卷二〇

姚秦鳩摩羅什譯，CBETA，T08，no.223，p.366，b14–20。高昌國時期。

LM20-1462-31-06 《大般涅槃經》卷三九

北涼曇無讖譯，CBETA，T12，no.374，p.591，b24–c3。高昌國時期。

LM20-1462-31-07 《天請問經》

唐玄奘譯，CBETA，T15，no.592，p.124，c13–17。西州回鶻時期。

LM20-1462-31-08 《合部金光明經》卷一

北涼曇無讖譯，隋寶貴合，CBETA，T16，no.664，p.361，c22–26。唐時期。

LM20-1462-31-09 《洞玄靈寶長夜之府九幽玉匱明真科》

作者不詳，約出於東晉，與敦煌本 P.2730 第 15–20 行同，《正統道藏》第 34 册 380b11–16。唐時期。

參：趙洋 2017a，186；趙洋 2017b，197。

LM20-1462-32-01 《佛本行集經》卷六〇

隋闍那崛多譯，CBETA，T03，no.190，p.928，a13–22。唐時期。

參：段真子 2019，170。

LM20-1462-32-02 《佛説廣博嚴净不退轉輪經》卷一

劉宋智嚴譯，CBETA，T09，no.268，p.254，c17–20，"負"作"真"。高昌國時期。

LM20-1462-32-03 《佛説佛名經》卷一

元魏菩提流支譯，CBETA，T14，no.440，p.118，a21–24。唐時期。

LM20-1462-32-04 《大般涅槃經》卷一五

北涼曇無讖譯，CBETA，T12，no.374，p.452，c26–29。高昌國時期。

LM20-1462-32-05 《大寶積經》卷一六

西晉竺法護譯，CBETA，T11，no.310，p.88，c17–18。唐時期。

LM20-1462-32-06 《大方廣佛華嚴經》卷三一（五十卷本）

東晉佛陀跋陀羅譯，《中華大藏經》第 12 册，377c16–378a3；參 CBETA，T09，no.278，p.634，a5–12。高昌國時期。

LM20-1462-32-07 《大般涅槃經》卷一三

　　北涼曇無讖譯, CBETA, T12, no.374, p.442, a1–7。唐時期。

LM20-1462-32-08　《佛説灌頂經》卷一二

　　東晉帛尸梨蜜多羅譯, CBETA, T21, no.1331, p.535, b4–9, "過去"作"過"。唐時期。

LM20-1462-32-09　《攝大乘論》卷上

　　元魏佛陀扇多譯, CBETA, T31, no.1592, p.97, a17–29。唐時期。

LM20-1462-32-10　《梵網經》卷下

　　姚秦鳩摩羅什譯, CBETA, T24, no.1484, p.1006, a16–18。唐時期。

LM20-1462-32-11　《妙法蓮華經》卷二

　　姚秦鳩摩羅什譯, CBETA, T09, no.262, p.12, a6–12。唐時期。

LM20-1462-33-01　《大寶積經》卷一六

　　西晉竺法護譯, CBETA, T11, no.310, p.88, c13–18。唐時期。

LM20-1462-33-02　《大通方廣懺悔滅罪莊嚴成佛經》卷上

　　作者不詳, CBETA, T85, no.2871, p.1345, a45–48。唐時期。

LM20-1462-33-03　《妙法蓮華經》卷一

　　姚秦鳩摩羅什譯, CBETA, T09, no.262, p.7, c24–p.8, a9。唐時期。

LM20-1462-33-04　《般泥洹經》卷下

　　譯者不詳, CBETA, T01, no.6, p.186, b5–15, "座"作"坐", "少"作"小王", 第3行"天王"作"天"。高昌郡時期。

　　參:《旅博選粹》, 26。

LM20-1462-33-05　《合部金光明經》卷一

　　梁真諦譯, 隋寶貴合, CBETA, T16, no.664, p.364, b11–16, 第1行折疊處"无逼"作"不逼"。高昌國時期。

LM20-1462-33-06　《大智度論》卷三三

　　姚秦鳩摩羅什譯, CBETA, T25, no.1509, p.304, a1–8。高昌國時期。

LM20-1462-33-07　《佛本行集經》卷四三

　　隋闍那崛多譯, CBETA, T03, no.190, p.854, a4–9。唐時期。

　　參: 段真子 2019, 157。

LM20-1462-33-08　《妙法蓮華經》卷一

　　姚秦鳩摩羅什譯, CBETA, T09, no.262, p.9, c11–25。唐時期。

LM20-1462-34-01　《大般涅槃經》卷一七

　　北涼曇無讖譯, CBETA, T12, no.374, p.465, b21–28。高昌國時期。

LM20-1462-34-02　《十方千五百佛名經》

　　譯者不詳, CBETA, T14, no.442, p.314, b25–c5, "光明相"作"光明", "嶮"作"嗆"。高昌郡時期。

LM20-1462-34-03　《大般涅槃經》卷二四

北涼曇無讖譯，CBETA，T12，no.374，p.507，c8–11，"脩集"作"修習"。高昌郡時期。

LM20-1462-34-04a　《妙法蓮華經》卷一

姚秦鳩摩羅什譯，CBETA，T09，no.262，p.3，c3–6。唐時期。

LM20-1462-34-04b　《妙法蓮華經》卷五

姚秦鳩摩羅什譯，CBETA，T09，no.262，p.41，c10–11。唐時期。

LM20-1462-34-04c　《大般涅槃經》卷三二

北涼曇無讖譯，CBETA，T12，no.374，p.556，b23–25。高昌國時期。

LM20-1462-34-05　《大般涅槃經》卷一二

北涼曇無讖譯，CBETA，T12，no.374，p.436，a8–9。高昌國時期。

LM20-1462-34-06　《大方廣佛華嚴經》卷五七

東晉佛陀跋陀羅譯，CBETA，T09，no.278，p.764，b24–27。唐時期。

LM20-1462-34-07　《佛說灌頂經》卷一二

東晉帛尸梨蜜多羅譯，CBETA，T21，no.1331，p.534，a18–21，"爲彼虎狼"作"爲虎狼"。唐時期。

LM20-1462-34-08　《成實論》卷一五

姚秦鳩摩羅什譯，CBETA，T32，no.1646，p.360，b29–c4。高昌國時期。

LM20-1462-34-09　《決罪福經》卷下

作者不詳，CBETA，T85，no.2868，p.1331，b4–12，"汝説"作"汝分別説"，"願"作"順"，"同上"作"同上者"。高昌國時期。

LM20-1462-34-10a　《大方等大集經》卷五

北涼曇無讖譯，CBETA，T13，no.397，p.31，b12–13，"作及口意"作"作及心口"。高昌國時期。

LM20-1462-34-10b　佛典殘片

唐時期。

LM20-1462-34-11　《大方等陀羅尼經》卷二

北涼法衆譯，CBETA，T21，no.1339，p.649，b21–28，"趣我今"作"趣今"。高昌國時期。

LM20-1462-34-12　《大智度論》卷六

姚秦鳩摩羅什譯，CBETA，T25，no.1509，p.106，a10–20。高昌國時期。

LM20-1462-34-13　《維摩詰所説經》卷中

姚秦鳩摩羅什譯，CBETA，T14，no.475，p.546，a4。唐時期。

LM20-1462-35-01　《佛説無量清净平等覺經》卷三

後漢支婁迦讖譯，CBETA，T12，no.361，p.293，c2–7，第3行"稱褒羅表裏解脱過度敢升入"作"稱苞羅表裏過度解脱敢昇入"，第4行"善意"作"快意之"。高昌郡時期。

參:《旅博選粹》, 5; 三谷真澄 2008a, 36–37;《净土集成》, 26–27、126–129; 三谷真澄 2015, 236; 三谷真澄 2019, 19; 榮新江 2019a, 26。

LM20-1462-35-02　《妙法蓮華經馬明菩薩品第三十》

作者不詳, CBETA, T85, no.2899, p.1427, b25–c8, "夾" 作 "狹"。唐時期。

LM20-1462-35-03　《大方等大集經》卷二一

北涼曇無讖譯, CBETA, T13, no.397, p.150, a21–26。唐時期。

LM20-1462-35-04　《大寶積經》卷一五

西晉竺法護譯, CBETA, T11, no.310, p.80, c17–23。唐時期。

LM20-1462-35-05r　《佛説五無返復經》

劉宋沮渠京聲譯, CBETA, T17, no.751b, p.574, a20–28, "答曰" 作 "白佛言", "何等" 作 "何謂"。第 4–5 行間疑有串行, 有朱色印跡。西州回鶻時期。

參:《旅博選粹》, 187。

LM20-1462-35-05v　唐西州蒲昌縣渠黎鄉籍

背面紙縫存 "蒲昌縣"、"渠黎" 等字, 有朱印兩方, 爲 "蒲昌縣印"。唐時期。無法揭取拍攝。

LM20-1462-35-06　佛典注疏

西州回鶻時期。

LM20-1462-35-07　《大般若波羅蜜多經》卷五〇二

唐玄奘譯, CBETA, T07, no.220, p.557, a15–19。唐時期。

LM20-1462-36-01　《佛説十地經》卷八

唐尸羅達摩譯, CBETA, T10, no.287, p.568, a29–b5。唐時期。

LM20-1462-36-02　《觀世音三昧經》

作者不詳, CBETA, D11, no.8817, p.2, a10–p.3, a1, 第 1 行 "惻" 作 "側"。唐時期。

LM20-1462-36-03r　《妙法蓮華經》卷三

姚秦鳩摩羅什譯, CBETA, T09, no.262, p.26, b27–c19。分欄書寫。高昌國時期。

參:《旅博選粹》, 12。

LM20-1462-36-03v　《妙法蓮華經》卷三

姚秦鳩摩羅什譯, CBETA, T09, no.262, p.26, c19–p.27, a9。分欄書寫。高昌國時期。

LM20-1462-36-04　《太上洞玄靈寶業報因緣經》卷六

作者不詳, 與敦煌本 P.2387 第 23–29 同,《正統道藏》第 6 册, 108b6–11, "此經" 作 "真經", "六十" 作 "十七"。唐時期。

參: 趙洋 2017a, 188; 趙洋 2017b, 199–200。

LM20-1462-36-05　《大般涅槃經》卷一四

北涼曇無讖譯, CBETA, T12, no.374, p.447, a4–7。高昌國時期。

LM20-1462-36-06　《維摩詰所説經》卷上

姚秦鳩摩羅什譯，CBETA，T14，no.475，p.542，a7–12。唐時期。

參：王梅 2006，151。

LM20-1462-37-01　《悲華經》卷二

北涼曇無讖譯，CBETA，T03，no.157，p.174，c22–27。高昌國時期。

參：陰會蓮 2006，109。

LM20-1462-37-02　《妙法蓮華經》卷六

姚秦鳩摩羅什譯，CBETA，T09，no.262，p.47，a9–18，"梨黑"作"黧黑"。唐時期。

LM20-1462-37-03　《摩訶般若波羅蜜經》卷二五

姚秦鳩摩羅什譯，CBETA，T08，no.223，p.404，a28–b5。高昌國時期。

LM20-1462-37-04　《大般涅槃經》卷一

北涼曇無讖譯，CBETA，T12，no.374，p.370，a3–4。唐時期。

LM20-1462-37-05　《佛說灌頂經》卷一二

東晉帛尸梨蜜多羅譯，CBETA，T21，no.1331，p.535，b5–8，"過去"作"過"。唐時期。

LM20-1462-37-06　《大般若波羅蜜多經》卷二二〇

唐玄奘譯，CBETA，T06，no.220，p.103，c1–12。唐時期。

LM20-1462-37-07　《佛本行集經》卷四六

隋闍那崛多譯，CBETA，T03，no.190，p.869，b16–19。高昌國時期。

參：段真子 2019，161。

LM20-1462-37-08　《攝大乘論釋》卷一一

陳真諦譯，CBETA，T31，no.1595，p.235，c5–14。高昌國時期。

LM20-1462-37-09　《佛說灌頂經》卷一二

東晉帛尸梨蜜多羅譯，CBETA，F03，no.88，p.2，a11，"是藥師"作"藥師"。唐時期。

LM20-1462-37-10　《佛說未曾有因緣經》卷上

蕭齊曇景譯，CBETA，T17，no.754，p.580，c25–p.581，a1。高昌國時期。

LM20-1462-37-11　《大智度論》卷七二

姚秦鳩摩羅什譯，CBETA，T25，no.1509，p.569，c23–p.570，a1。高昌國時期。

LM20-1462-38-01　《金剛般若波羅蜜經》

姚秦鳩摩羅什譯，CBETA，T08，no.235，p.749，a18–24。唐時期。

LM20-1462-38-02r　禮懺文（？）

第 3 行以下參譯者不詳《大方廣十輪經》卷七，CBETA，T13，no.410，p.712，a24–26；
譯者不詳《現在賢劫千佛名經》，CBETA，T14，no.447a，p.383，b1–7。唐時期。

LM20-1462-38-02v　殘片

無法揭取拍攝。

LM20-1462-38-03　《賢愚經》卷八

元魏慧覺等譯, CBETA, T04, no.202, p.403, c7–17, "伺" 作 "司", "到" 作 "至"。高昌國時期。

參:《旅博選粹》, 87。

LM20-1462-38-04　佛名經

册子本。西州回鶻時期。

參:《旅博選粹》, 178。

LM20-1462-38-05　《大般涅槃經》卷二五

北涼曇無讖譯, CBETA, T12, no.374, p.516, a7–15。唐時期。

經冊十四

LM20-1463-01-01　《佛本行集經》卷五一

隋闍那崛多譯，CBETA，T03，no.190，p.891，a21–b5，"甚"作"善"。唐時期。

參：《旅博選粹》，81；段真子2019，170。

LM20-1463-01-02　《大般涅槃經》卷一〇

北涼曇無讖譯，CBETA，T12，no.374，p.424，b17–c1。唐時期。

LM20-1463-01-03　《增壹阿含經》卷二

東晉僧伽提婆譯，CBETA，T02，no.125，p.555，c21–27，第5、6行間有衍文。唐時期。

LM20-1463-02-01　《摩訶般若波羅蜜經》卷六

姚秦鳩摩羅什譯，CBETA，T08，no.223，p.259，c3–7，"土"作"國"。高昌國時期。

參：《旅博選粹》，92。

LM20-1463-02-02　《摩訶般若波羅蜜經》卷六

姚秦鳩摩羅什譯，CBETA，T08，no.223，p.259，b26–c4，"三乘故"作"三乘"。高昌國時期。

LM20-1463-02-03　《摩訶般若波羅蜜經》卷六

姚秦鳩摩羅什譯，CBETA，T08，no.223，p.265，c28–p.266，a5。高昌國時期。

LM20-1463-02-04　《摩訶般若波羅蜜經》卷五

姚秦鳩摩羅什譯，CBETA，T08，no.223，p.255，a11–15。高昌國時期。

LM20-1463-02-05　《摩訶般若波羅蜜經》卷五

姚秦鳩摩羅什譯，CBETA，T08，no.223，p.255，a3–8。高昌國時期。

LM20-1463-03-01　《佛説觀藥王藥上二菩薩經》

劉宋畺良耶舍譯，CBETA，T20，no.1161，p.662，c2–9，"白"作"百"，"雨七"作"雨諸七"。唐時期。

LM20-1463-03-02　《優婆塞戒經》卷二

北涼曇無讖譯，CBETA，T24，no.1488，p.1040，c17–23。高昌國時期。

LM20-1463-03-03　佛經扉畫

印本。西州回鶻時期。

LM20-1463-03-04　《優婆塞戒經》卷二

北涼曇無讖譯，CBETA，T24，no.1488，p.1040，c20–22。高昌國時期。

LM20-1463-03-05　《發菩提心經論》卷下

姚秦鳩摩羅什譯, CBETA, T32, no.1659, p.513, b29-c7。高昌國時期。

參: 史睿 2019, 78。

LM20-1463-03-06　《摩訶般若波羅蜜經》卷五

姚秦鳩摩羅什譯, CBETA, T08, no.223, p.254, c24-28。高昌國時期。

LM20-1463-03-07　《大方廣佛華嚴經》卷二三

東晉佛陀跋陀羅譯, CBETA, T09, no.278, p.547, b19-26。唐時期。

LM20-1463-04-01　《妙法蓮華經》卷四

姚秦鳩摩羅什譯, CBETA, T09, no.262, p.35, a22-25。唐時期。

LM20-1463-04-02　《妙法蓮華經》卷四

姚秦鳩摩羅什譯, CBETA, T09, no.262, p.35, a19-21, "啓"作"白"。唐時期。

LM20-1463-04-03a　《妙法蓮華經》卷四

姚秦鳩摩羅什譯, CBETA, T09, no.262, p.35, a26。"蓮華"爲貼附殘片, 無法揭取。唐時期。

LM20-1463-04-03b　佛典殘片

唐時期。

LM20-1463-04-03c　無字殘片

LM20-1463-04-03d　佛典殘片

唐時期。

LM20-1463-04-04　《妙法蓮華經》卷四

姚秦鳩摩羅什譯, CBETA, T09, no.262, p.35, a20-22。唐時期。

LM20-1463-04-05a　《妙法蓮華經》卷四

姚秦鳩摩羅什譯, CBETA, T09, no.262, p.1, a23。左下角有貼附殘片, 無法揭取。唐時期。

LM20-1463-04-05b　殘片

LM20-1463-04-05c　殘片

LM20-1463-04-05d　無字殘片

LM20-1463-04-06　《大般涅槃經》卷二四

北涼曇無讖譯, CBETA, T12, no.374, p.507, c28-p.508, a4, "二"作"六"。唐時期。

LM20-1463-04-07　《大般涅槃經》卷二四

北涼曇無讖譯, CBETA, T12, no.374, p.507, c21-28。唐時期。

LM20-1463-04-08　《大般涅槃經》卷二四

北涼曇無讖譯, CBETA, T12, no.374, p.508, a2-9。唐時期。

LM20-1463-05-01a　殘片

LM20-1463-05-01b　《根本説一切有部苾芻尼毗奈耶》卷一四

唐義浄譯, CBETA, T23, no.1443, p.985, b13-14。唐時期。

LM20-1463-05-02 《根本説一切有部苾芻尼毗奈耶》卷一四

唐義净譯，CBETA, T23, no.1443, p.985, a12–13。唐時期。

LM20-1463-05-03 《根本説一切有部苾芻尼毗奈耶》卷一四

唐義净譯，CBETA, T23, no.1443, p.985, a22–23。唐時期。

LM20-1463-05-04 《根本説一切有部苾芻尼毗奈耶》卷一四

唐義净譯，CBETA, T23, no.1443, p.985, a14–16。唐時期。

LM20-1463-05-05 《根本説一切有部苾芻尼毗奈耶》卷一四

唐義净譯，CBETA, T23, no.1443, p.985, a17–18。唐時期。

LM20-1463-05-06 《摩訶僧祇律》卷二七

東晉佛陀跋陀羅、法顯譯，此段文字多處可見。高昌國時期。

LM20-1463-05-07 《根本説一切有部苾芻尼毗奈耶》卷一四

唐義净譯，CBETA, T23, no.1443, p.985, a9–11。唐時期。

LM20-1463-05-08a 《根本説一切有部苾芻尼毗奈耶》卷一四

唐義净譯，CBETA, T23, no.1443, p.985, b11–12。唐時期。

LM20-1463-05-08b 《根本説一切有部苾芻尼毗奈耶》卷一四

唐義净譯，CBETA, T23, no.1443, p.985, b15。唐時期。

LM20-1463-05-08c 《根本説一切有部苾芻尼毗奈耶》卷一四

唐義净譯，CBETA, T23, no.1443, p.985, b11–12。唐時期。

LM20-1463-05-09a 《根本説一切有部苾芻尼毗奈耶》卷一四

唐義净譯，CBETA, T23, no.1443, p.985, b6。唐時期。

LM20-1463-05-09b 《根本説一切有部苾芻尼毗奈耶》卷一四

唐義净譯，CBETA, T23, no.1443, p.985, b1。有貼附殘片，無法揭取。唐時期。

LM20-1463-05-10 《根本説一切有部苾芻尼毗奈耶》卷一四

唐義净譯，CBETA, T23, no.1443, p.985, a7–8。有貼附殘片，無法揭取。唐時期。

LM20-1463-05-11 《根本説一切有部苾芻尼毗奈耶》卷一四

唐義净譯，CBETA, T23, no.1443, p.985, a4–5。唐時期。

LM20-1463-05-12a 《根本説一切有部苾芻尼毗奈耶》卷一四

唐義净譯，CBETA, T23, no.1443, p.985, a19–20。唐時期。

LM20-1463-05-12b 《根本説一切有部苾芻尼毗奈耶》卷一四

唐義净譯，CBETA, T23, no.1443, p.985, a27。唐時期。

LM20-1463-05-13 《合部金光明經》卷二

北涼曇無讖譯，隋寶貴合，CBETA, T16, no.664, p.367, c18–23，"瑠"作"琉"。唐時期。

LM20-1463-05-14 《合部金光明經》卷二

北涼曇無讖譯，隋寶貴合，CBETA, T16, no.664, p.368, a7–12。唐時期。

LM20-1463-05-15　《合部金光明經》卷二

北涼曇無讖譯, 隋寶貴合, CBETA, T16, no.664, p.367, c8–11。唐時期。

LM20-1463-06-01　《合部金光明經》卷二

北涼曇無讖譯, 隋寶貴合, CBETA, T16, no.664, p.368, a1–6。唐時期。

LM20-1463-06-02　《合部金光明經》卷二

梁真諦譯, 隋寶貴合, CBETA, T16, no.664, p.368, b28–c2。唐時期。

LM20-1463-06-03　《合部金光明經》卷二

梁真諦譯, 隋寶貴合, CBETA, T16, no.664, p.368, c12–15。唐時期。

LM20-1463-06-04　《合部金光明經》卷二

北涼曇無讖譯, 隋寶貴合, CBETA, T16, no.664, p.368, a11–15。唐時期。

LM20-1463-06-05　《合部金光明經》卷二

梁真諦譯, 隋寶貴合, CBETA, T16, no.664, p.368, b21–25。有貼附殘片, 無法揭取。唐時期。

LM20-1463-06-06　《合部金光明經》卷二

北涼曇無讖譯, 隋寶貴合, CBETA, T16, no.664, p.367, c2–6。唐時期。

LM20-1463-06-07　《合部金光明經》卷二

北涼曇無讖譯, 隋寶貴合, CBETA, T16, no.664, p.367, b22–25。唐時期。

LM20-1463-06-08　《合部金光明經》卷二

北涼曇無讖譯, 隋寶貴合, CBETA, T16, no.664, p.367, b12–15。唐時期。

LM20-1463-06-09　《佛説仁王般若波羅蜜經》卷上

姚秦鳩摩羅什譯, CBETA, T08, no.245, p.826, b23–27。有貼附殘片, 無法揭取。高昌國時期。

LM20-1463-06-10a　《大般涅槃經》卷二四

北涼曇無讖譯, CBETA, T12, no.374, p.507, c23。

LM20-1463-06-10b　佛典殘片

LM20-1463-06-11　《善惡因果經》

作者不詳, CBETA, T85, no.2881, p.1382, a28–b1。"獮"字右上角貼附一"者"字殘片, 無法揭取。唐時期。

LM20-1463-07-01　《合部金光明經》卷二

梁真諦譯, 隋寶貴合, CBETA, T16, no.664, p.368, c19–21。唐時期。

LM20-1463-07-02a　佛典殘片

唐時期。

LM20-1463-07-02b　殘片

LM20-1463-07-02c　《合部金光明經》卷二

梁真諦譯, 隋寶貴合, CBETA, T16, no.664, p.368, b28-c3。唐時期。

LM20-1463-07-03 《合部金光明經》卷二

梁真諦譯, 隋寶貴合, CBETA, T16, no.664, p.368, b21-25。唐時期。

LM20-1463-07-04a 佛典殘片

唐時期。

LM20-1463-07-04b 《合部金光明經》卷二

梁真諦譯, 隋寶貴合, CBETA, T16, no.664, p.368, c5-9。唐時期。

LM20-1463-07-05 《合部金光明經》卷二

梁真諦譯, 隋寶貴合, CBETA, T16, no.664, p.368, b27-c2。唐時期。

LM20-1463-07-06 《合部金光明經》卷二

梁真諦譯, 隋寶貴合, CBETA, T16, no.664, p.368, c5-10, "鄣業"作"業障"。唐時期。

LM20-1463-07-07 《大般涅槃經》卷二四

北涼曇無讖譯, CBETA, T12, no.374, p.507, b11-16。唐時期。

LM20-1463-07-08 《妙法蓮華經》卷七

姚秦鳩摩羅什譯, CBETA, T09, no.262, p.58, a28-b7。唐時期。

LM20-1463-08-01 《合部金光明經》卷二

梁真諦譯, 隋寶貴合, CBETA, T16, no.664, p.368, a20-24。唐時期。

LM20-1463-08-02 《合部金光明經》卷二

梁真諦譯, 隋寶貴合, CBETA, T16, no.664, p.368, a27-b3。唐時期。

LM20-1463-08-03 《合部金光明經》卷二

梁真諦譯, 隋寶貴合, CBETA, T16, no.664, p.368, b7-11。唐時期。

LM20-1463-08-04a 《妙法蓮華經》卷四

姚秦鳩摩羅什譯, CBETA, T09, no.262, p.30, c28。高昌國時期。

LM20-1463-08-04b 《妙法蓮華經》卷四

姚秦鳩摩羅什譯, CBETA, T09, no.262, p.31, a2。高昌國時期。

LM20-1463-08-04c 《妙法蓮華經》卷四

姚秦鳩摩羅什譯, CBETA, T09, no.262, p.32, c29。高昌國時期。

LM20-1463-08-04d 《合部金光明經》卷二

梁真諦譯, 隋寶貴合, CBETA, T16, no.664, p.368, c3-10。有貼附殘片, 無法揭取。唐時期。

LM20-1463-08-05 《妙法蓮華經》卷四

姚秦鳩摩羅什譯, CBETA, T09, no.262, p.31, a17-20。高昌國時期。

LM20-1463-08-06 《合部金光明經》卷二

梁真諦譯, 隋寶貴合, CBETA, T16, no.664, p.368, c9-16。唐時期。

LM20-1463-09-01a 《妙法蓮華經》卷四

姚秦鳩摩羅什譯，CBETA, T09, no.262, p.31, a11-14。有貼附殘片，無法揭取。高昌國時期。

LM20-1463-09-01b　佛典殘片

唐時期。

LM20-1463-09-01c　佛典殘片

唐時期。

LM20-1463-09-02a　佛典殘片

唐時期。

LM20-1463-09-02b　佛典殘片

唐時期。

LM20-1463-09-03　《合部金光明經》卷二

北涼曇無讖譯，隋寶貴合，CBETA, T16, no.664, p.367, c21-26。唐時期。

LM20-1463-09-04　《合部金光明經》卷二

北涼曇無讖譯，隋寶貴合，CBETA, T16, no.664, p.367, c4-8。唐時期。

LM20-1463-09-05　《合部金光明經》卷二

梁真諦譯，隋寶貴合，CBETA, T16, no.664, p.368, b17-19。唐時期。

LM20-1463-09-06a　佛典殘片

高昌國時期。

LM20-1463-09-06b　無字殘片

LM20-1463-09-06c　佛典殘片

唐時期。

LM20-1463-09-06d　殘片

唐時期。

LM20-1463-09-06e　殘片

唐時期。

LM20-1463-09-06f　殘片

LM20-1463-09-07　《合部金光明經》卷二

北涼曇無讖譯，隋寶貴合，CBETA, T16, no.664, p.367, c14-17。唐時期。

LM20-1463-09-08　《合部金光明經》卷二

北涼曇無讖譯，隋寶貴合，CBETA, T16, no.664, p.367, c12-15。唐時期。

LM20-1463-09-09a　《大般涅槃經》卷二四

北涼曇無讖譯。唐時期。

LM20-1463-09-09b　《大般涅槃經》卷二四

北涼曇無讖譯。唐時期。

LM20-1463-09-09c　《大般涅槃經》卷二四

北涼曇無讖譯。唐時期。

LM20-1463-09-09d　《大般涅槃經》卷二四

北涼曇無讖譯。唐時期。

LM20-1463-09-09e　《大般涅槃經》卷二四

北涼曇無讖譯。唐時期。

LM20-1463-09-10　《大般涅槃經》卷二四

北涼曇無讖譯，CBETA, T12, no.374, p.508, a8–12。唐時期。

LM20-1463-09-11　《大般涅槃經》卷二四

北涼曇無讖譯，CBETA, T12, no.374, p.508, a12–17。唐時期。

LM20-1463-09-12a　殘片

LM20-1463-09-12b　佛典殘片

唐時期。

LM20-1463-09-12c　殘片

唐時期。

LM20-1463-09-13　《大般涅槃經》卷二四

北涼曇無讖譯，CBETA, T12, no.374, p.508, a17–22。唐時期。

LM20-1463-10-01　《合部金光明經》卷二

梁真諦譯，隋寶貴合，CBETA, T16, no.664, p.368, b16–18。唐時期。

LM20-1463-10-02　《合部金光明經》卷二

梁真諦譯，隋寶貴合，CBETA, T16, no.664, p.368, b19–25，"不了"作"未識"。唐時期。

LM20-1463-10-03　《合部金光明經》卷二

梁真諦譯，隋寶貴合，CBETA, T16, no.664, p.368, b5–8，"間若"作"間"。唐時期。

LM20-1463-10-04　《合部金光明經》卷二

梁真諦譯，隋寶貴合，CBETA, T16, no.664, p.368, b12–15。唐時期。

LM20-1463-10-05　《合部金光明經》卷二

梁真諦譯，隋寶貴合，CBETA, T16, no.664, p.368, b25–c3。唐時期。

LM20-1463-10-06　《大般涅槃經》卷二四

北涼曇無讖譯，CBETA, T12, no.374, p.508, a23–25。唐時期。

LM20-1463-10-07　《大般涅槃經》卷二四

北涼曇無讖譯，CBETA, T12, no.374, p.508, b2–4。唐時期。

LM20-1463-10-08　《大般涅槃經》卷二四

北涼曇無讖譯，CBETA, T12, no.374, p.508, a27–b1。唐時期。

LM20-1463-10-09a　佛典殘片

唐時期。

LM20-1463-10-09b　《合部金光明經》卷二

梁真諦譯, 隋寶貴合, CBETA, T16, no.664, p.368, a24–29。唐時期。

LM20-1463-10-09c　佛典殘片

唐時期。

LM20-1463-11-01　《妙法蓮華經》卷四

姚秦鳩摩羅什譯, CBETA, T09, no.262, p.35, a9–11。唐時期。

LM20-1463-11-02　《妙法蓮華經》卷四

姚秦鳩摩羅什譯, CBETA, T09, no.262, p.35, a13–15。唐時期。

LM20-1463-11-03　《妙法蓮華經》卷四

姚秦鳩摩羅什譯, CBETA, T09, no.262, p.35, a5–6。唐時期。

LM20-1463-11-04a　佛典殘片

唐時期。

LM20-1463-11-04b　佛典殘片

唐時期。

LM20-1463-11-04c　佛典殘片

唐時期。

LM20-1463-11-05　《妙法蓮華經》卷四

姚秦鳩摩羅什譯, CBETA, T09, no.262, p.35, a11–13。唐時期。

LM20-1463-11-06　佛典殘片

LM20-1463-11-07a　佛典殘片

LM20-1463-11-07b　道經殘片（？）

唐時期。

LM20-1463-11-07c　佛典殘片

唐時期。

LM20-1463-11-07d　無字殘片

LM20-1463-11-07e　佛典殘片

唐時期。

LM20-1463-11-07f　佛典殘片

唐時期。

LM20-1463-11-07g　佛典殘片

高昌國時期。

LM20-1463-11-07h　佛典殘片

LM20-1463-11-08　《根本説一切有部苾芻尼毗奈耶》卷一四

唐義净譯，CBETA，T23，no.1443，p.984，c19-22。唐時期。

LM20-1463-11-09　《根本説一切有部苾芻尼毗奈耶》卷一四

唐義净譯，CBETA，T23，no.1443，p.984，c25-27。唐時期。

LM20-1463-11-10　《根本説一切有部苾芻尼毗奈耶》卷一四

唐義净譯，CBETA，T23，no.1443，p.985，a1-4。唐時期。

LM20-1463-11-11　《合部金光明經》卷二

梁真諦譯，隋寶貴合，CBETA，T16，no.664，p.372，b12-13。唐時期。

LM20-1463-11-12　《合部金光明經》卷二

北涼曇無讖譯，隋寶貴合，CBETA，T16，no.664，p.367，c27-p.368，a3。唐時期。

LM20-1463-11-13a　佛典殘片

唐時期。

LM20-1463-11-13b　《根本説一切有部苾芻尼毗奈耶》卷一四

唐義净譯，CBETA，T23，no.1443，p.984，c22-24。唐時期。

LM20-1463-12-01　《大般涅槃經》卷二四

北涼曇無讖譯，CBETA，T12，no.374，p.508，a11-13。唐時期。

LM20-1463-12-02　《大般涅槃經》卷二四

北涼曇無讖譯，CBETA，T12，no.374，p.508，a14-18。唐時期。

LM20-1463-12-03a　佛典殘片

唐時期。

LM20-1463-12-03b　《妙法蓮華經》卷四

姚秦鳩摩羅什譯，CBETA，T09，no.262，p.29，c2。唐時期。

LM20-1463-12-04　殘片

LM20-1463-12-05　《妙法蓮華經》卷四

姚秦鳩摩羅什譯，CBETA，T09，no.262，p.31，a23-26。高昌國時期。

LM20-1463-12-06　《合部金光明經》卷二

梁真諦譯，隋寶貴合，CBETA，T16，no.664，p.368，a17-20。唐時期。

LM20-1463-12-07　《合部金光明經》卷二

梁真諦譯，隋寶貴合，CBETA，T16，no.664，p.371，b3-5。有貼附殘片，無法揭取。唐時期。

LM20-1463-12-08　《大般涅槃經》卷二四

北涼曇無讖譯，CBETA，T12，no.374，p.508，a6-9。唐時期。

LM20-1463-12-09　《根本説一切有部苾芻尼毗奈耶》卷一四

唐義净譯，CBETA，T23，no.1443，p.984，c20-21。唐時期。

LM20-1463-12-10　《根本説一切有部苾芻尼毗奈耶》卷一四

唐義净譯，CBETA，T23，no.1443，p.984，c17-18。唐時期。

LM20-1463-12-11　《根本説一切有部苾芻尼毗奈耶》卷一四

　　唐義净譯，CBETA, T23, no.1443, p.984, c11–13。唐時期。

LM20-1463-12-12　《根本説一切有部苾芻尼毗奈耶》卷一四

　　唐義净譯，CBETA, T23, no.1443, p.984, c14–16。唐時期。

LM20-1463-12-13　《金剛仙論》卷八

　　元魏菩提流支譯，CBETA, T25, no.1512, p.859, a16–19。唐時期。

　　參：李昀 2017, 92–93。

LM20-1463-13-01　《妙法蓮華經》卷七

　　姚秦鳩摩羅什譯，CBETA, T09, no.262, p.61, a21–b9。唐時期。

　　參：《旅博選粹》，84。

LM20-1463-13-02　《注維摩詰經》卷五

　　有姚秦僧肇撰，CBETA, T38, no.1775, p.372, b11–19。有雙行小字注。唐時期。

　　參：《旅博選粹》，149；鄭阿財 2019, 188。

LM20-1463-14-01　《菩薩善戒經》卷七

　　劉宋求那跋摩譯，CBETA, T30, no.1582, p.998, a8–11。右上角貼附一“静”字殘片。高昌國時期。

LM20-1463-14-02　《菩薩善戒經》卷七

　　劉宋求那跋摩譯，CBETA, T30, no.1582, p.998, a23–25。高昌國時期。

LM20-1463-14-03　《菩薩善戒經》卷七

　　劉宋求那跋摩譯，CBETA, T30, no.1582, p.998, c2–4。高昌國時期。

LM20-1463-14-04　《菩薩善戒經》卷七

　　劉宋求那跋摩譯，CBETA, T30, no.1582, p.998, c6–8。高昌國時期。

LM20-1463-14-05　《菩薩善戒經》卷七

　　劉宋求那跋摩譯，CBETA, T30, no.1582, p.998, c10–12。高昌國時期。

LM20-1463-14-06　《菩薩善戒經》卷七

　　劉宋求那跋摩譯，CBETA, T30, no.1582, p.998, c13–15。高昌國時期。

LM20-1463-14-07　《菩薩善戒經》卷七

　　劉宋求那跋摩譯，CBETA, T30, no.1582, p.998, c17–19。高昌國時期。

LM20-1463-14-08　《菩薩善戒經》卷七

　　劉宋求那跋摩譯，CBETA, T30, no.1582, p.998, a15–17。高昌國時期。

LM20-1463-14-09　《菩薩善戒經》卷七

　　劉宋求那跋摩譯，CBETA, T30, no.1582, p.998, a27–29。高昌國時期。

LM20-1463-14-10　《菩薩善戒經》卷七

　　劉宋求那跋摩譯，CBETA, T30, no.1582, p.998, a19–21。高昌國時期。

LM20-1463-14-11　《菩薩善戒經》卷七

　　劉宋求那跋摩譯，CBETA, T30, no.1582, p.998, b2-5。高昌國時期。

LM20-1463-14-12　《菩薩善戒經》卷七

　　劉宋求那跋摩譯，CBETA, T30, no.1582, p.998, b19-20。高昌國時期。

LM20-1463-14-13　《菩薩善戒經》卷七

　　劉宋求那跋摩譯，CBETA, T30, no.1582, p.998, b23-24。高昌國時期。

LM20-1463-14-14　《菩薩善戒經》卷七

　　劉宋求那跋摩譯，CBETA, T30, no.1582, p.998, b27-28。高昌國時期。

LM20-1463-15-01　《菩薩善戒經》卷七

　　劉宋求那跋摩譯，CBETA, T30, no.1582, p.998, b7-8。高昌國時期。

LM20-1463-15-02　《菩薩善戒經》卷七

　　劉宋求那跋摩譯，CBETA, T30, no.1582, p.998, b11-13。高昌國時期。

LM20-1463-15-03　《菩薩善戒經》卷七

　　劉宋求那跋摩譯，CBETA, T30, no.1582, p.998, b15-17。高昌國時期。

LM20-1463-15-04　《佛説灌頂拔除過罪生死得度經》

　　參東晉帛尸梨蜜多羅譯《佛説灌頂經》卷一二，CBETA, T21, no.1331, p.533, a5-13。高昌國時期。

LM20-1463-15-05　《摩訶般若波羅蜜經》卷二一

　　姚秦鳩摩羅什譯，CBETA, T08, no.223, p.371, a2-6。高昌國時期。

LM20-1463-15-06　《金剛般若波羅蜜經》

　　姚秦鳩摩羅什譯，CBETA, T08, no.235, p.752, b24-27。唐時期。

LM20-1463-15-07　佛教戒律

　　參北宋元照重定《四分删定比丘尼戒本》，CBETA, X40, no.722, p.675, c23-p.676, a5。唐時期。

LM20-1463-16-01a　無字殘片

LM20-1463-16-01b　《摩訶般若波羅蜜經》卷一

　　姚秦鳩摩羅什譯，此段文字多處可見。高昌國時期。

LM20-1463-16-01c　無字殘片

LM20-1463-16-01d　無字殘片

LM20-1463-16-01e　無字殘片

LM20-1463-16-01f　無字殘片

LM20-1463-16-01g　無字殘片

LM20-1463-16-01h　《摩訶般若波羅蜜經》卷一

　　姚秦鳩摩羅什譯，此段文字多處可見。高昌國時期。

LM20-1463-16-02　《摩訶般若波羅蜜經》卷一

姚秦鳩摩羅什譯，CBETA，T08，no.223，p.223，c4-10。高昌國時期。

LM20-1463-16-03a　無字殘片

LM20-1463-16-03b　殘片

LM20-1463-16-03c　《摩訶般若波羅蜜經》卷一

姚秦鳩摩羅什譯，CBETA，T08，no.223，p.224，a9-10。唐時期。

LM20-1463-16-04　《摩訶般若波羅蜜經》卷一

姚秦鳩摩羅什譯，CBETA，T08，no.223，p.223，c15-20。高昌國時期。

LM20-1463-16-05　《摩訶般若波羅蜜經》卷一

姚秦鳩摩羅什譯，CBETA，T08，no.223，p.223，c24-28。有貼附殘片，無法揭取。高昌國時期。

LM20-1463-16-06　《金剛般若波羅蜜經》

姚秦鳩摩羅什譯，CBETA，T08，no.235，p.749，b27-c2。西州回鶻時期。

LM20-1463-17-01　《大方便佛報恩經》卷四

譯者不詳，CBETA，T03，no.156，p.144，b2-5，"寶邪"作"珍寶"。唐時期。

LM20-1463-17-02　《大般涅槃經》卷一四

北涼曇無讖譯，CBETA，T12，no.374，p.447，b13-21。高昌國時期。

LM20-1463-17-03　《唐護法沙門法琳別傳》卷上

唐彥琮撰，CBETA，T50，no.2051，p.201，c27-p.202，a6。唐時期。

參：《旅博選粹》，181。

LM20-1463-17-04　佛典殘片

唐時期。

LM20-1463-17-05　《維摩詰所説經》卷中

姚秦鳩摩羅什譯，CBETA，T14，no.475，p.544，b25-29。唐時期。

LM20-1463-17-06　《阿毗曇毗婆沙論》卷五三

北涼浮陀跋摩、道泰譯，CBETA，T28，no.1546，p.385，b4-6。唐時期。

LM20-1463-17-07　《大方廣佛華嚴經》卷七五

唐實叉難陀譯，CBETA，T10，no.279，p.406，c8-13。唐時期。

LM20-1463-17-08　《大般涅槃經》卷九

北涼曇無讖譯，CBETA，T12，no.374，p.421，c28-p.422，a2。唐時期。

LM20-1463-17-09　寫經題記

唐時期。

參：《旅博選粹》，201。

LM20-1463-17-10　《金剛般若波羅蜜經》

姚秦鳩摩羅什譯，CBETA，T08，no.235，p.749，b1-4。唐時期。

LM20-1463-18-01 《大般涅槃經》卷一四

北涼曇無讖譯，CBETA，T12，no.374，p.446，b25-c18，"定有"作"定是"，"産人"作"矬人"，"想貌"作"相貌"。高昌國時期。

參：《旅博選粹》，127。

LM20-1463-18-02 《光讚經》卷三

西晉竺法護譯，CBETA，T08，no.222，p.168，a25-29。唐時期。

LM20-1463-18-03 《成唯識論》卷四

唐玄奘譯，CBETA，T31，no.1585，p.19，c27-p.20，a3。唐時期。

LM20-1463-19-01 《妙法蓮華經》卷四

姚秦鳩摩羅什譯，CBETA，T09，no.262，p.35，b20-27，第 4 行 "非不" 做 "非是"，第 5 行 "菩薩" 作 "菩提"。高昌國時期。

LM20-1463-20-01 《摩訶般若波羅蜜經》卷三

姚秦鳩摩羅什譯，CBETA，T08，no.223，p.235，c26-p.236，a9。高昌國時期。

LM20-1463-20-02 《放光般若經》卷一九

西晉無羅叉譯，CBETA，T08，no.221，p.137，a29-b8。高昌國時代。

LM20-1463-21-01 《大方廣佛華嚴經》卷三五（五十卷本）

東晉佛陀跋陀羅譯，《中華大藏經》第 12 冊，418a9-16；參 CBETA，T09，no.278，p.656，c29-p.657，a9。高昌國時期。

LM20-1463-21-02 《摩訶般若波羅蜜經》卷三

姚秦鳩摩羅什譯，CBETA，T08，no.223，p.235，c28-p.236，a3。高昌國時期。

LM20-1463-21-03a 《大般涅槃經》卷三二

北涼曇無讖譯，CBETA，T12，no.374，p.555，a22-b1。高昌國時期。

LM20-1463-21-03b 《大般涅槃經》卷三二

北涼曇無讖譯，CBETA，T12，no.374，p.555，a26-27。高昌國時期。

LM20-1463-22-01 《大般涅槃經》卷一六

北涼曇無讖譯，CBETA，T12，no.374，p.457，a21-27。高昌國時期。

LM20-1463-22-02 《大智度論》卷二二

姚秦鳩摩羅什譯，CBETA，T25，no.1509，p.223，b13-19。高昌國時期。

參：《旅博選粹》，59。

LM20-1463-22-03 《大智度論》卷二七

姚秦鳩摩羅什譯，CBETA，T25，no.1509，p.445，b8-15。高昌國時期。

LM20-1463-22-04 《十地經論義記》卷二

隋慧遠撰，CBETA，X45，no.753，p.62，b23-c5。唐時期。

LM20-1463-22-05　《大般涅槃經》卷二九

　　北涼曇無讖譯，CBETA, T12, no.374, p.541, a20–25。唐時期。

LM20-1463-23-01　《成實論》卷一六

　　姚秦鳩摩羅什譯，CBETA, T32, no.1646, p.371, b8–12。高昌郡時期。

LM20-1463-23-02　《佛説觀佛三昧海經》不分卷

　　東晉佛陀跋陀羅譯，CBETA, T15, no.643, p.687, a24–b8。高昌國時期。

LM20-1463-23-03　《大般涅槃經》卷一八

　　北涼曇無讖譯，CBETA, T12, no.374, p.468, c19–23。唐時期。

LM20-1463-23-04　《光讚經》卷二

　　西晉竺法護譯，CBETA, T08, no.222, p.161, c4–10，"覩見光明各各於"作"覩光明各各在"。高昌國時期。

LM20-1463-24-01　《大般涅槃經》卷三八

　　北涼曇無讖譯，CBETA, T12, no.374, p.587, c21–28。高昌郡時期。

　　參：《旅博選粹》，25。

LM20-1463-24-02　《阿毗達磨大毗婆沙論》卷六八

　　唐玄奘譯，CBETA, T27, no.1545, p.354, b5–12。唐時期。

LM20-1463-24-03　《大智度論》卷二二

　　姚秦鳩摩羅什譯，CBETA, T25, no.1509, p.223, b13–16。高昌郡時期。

LM20-1463-24-04　《阿毗達磨大毗婆沙論》卷六八

　　唐玄奘譯，CBETA, T27, no.1545, p.354, b6–14。唐時期。

LM20-1463-24-05　《法句譬喻經》卷二

　　西晉法炬、法立譯，CBETA, T04, no.211, p.586, b6–11，"陂"作"婆"。高昌郡時期。

　　參：《旅博選粹》，28。

LM20-1463-25-01　《大般涅槃經》卷二七

　　北涼曇無讖譯，CBETA, T12, no.374, p.526, b10–16。高昌郡時期。

　　參：《旅博選粹》，16。

LM20-1463-25-02　《妙法蓮華經》卷四

　　姚秦鳩摩羅什譯，CBETA, T09, no.262, p.33, c15–21。唐時期。

LM20-1463-25-03　《太上洞玄靈寶昇玄内教經》卷九

　　作者不詳，與敦煌本 P.2750 第 68–72 行同。唐時期。

　　參：趙洋 2017a, 188；趙洋 2017b, 204–205。

LM20-1463-25-04　《金剛般若波羅蜜經》

　　姚秦鳩摩羅什譯，CBETA, T08, no.235, p.750, c23–27。唐時期。

LM20-1463-25-05　《大般涅槃經》卷二

北涼曇無讖譯，CBETA，T12，no.374，p.374，a14–22。高昌國時期。

LM20-1463-25-06 《光讚經》卷六

西晉竺法護譯，CBETA，T08，no.222，p.188，a13–18。唐時期。

LM20-1463-26-01 《佛説佛名經》卷二八

譯者不詳，CBETA，T14，no.441，p.293，c19–23。唐時期。

LM20-1463-26-02 《佛説觀藥王藥上二菩薩經》

劉宋畺良耶舍譯，CBETA，T20，no.1161，p.662，a14–20。唐時期。

LM20-1463-26-03 《大般涅槃經》卷三一

北涼曇無讖譯，CBETA，T12，no.374，p.553，c5–9。唐時期。

LM20-1463-26-04 佛教戒律

高昌國時期。

LM20-1463-26-05 《法句經》卷上

吳維祇難等譯，CBETA，T04，no.210，p.566，b1–5。分欄書寫。高昌郡時期。

參：《旅博選粹》，8。

LM20-1463-26-06a 《摩訶般若波羅蜜經》卷一三

高昌國時期。

LM20-1463-26-06b 《摩訶般若波羅蜜經》卷一三

姚秦鳩摩羅什譯，CBETA，T08，no.223，p.317，c28–p.318，a6。高昌國時期。

LM20-1463-26-07 《摩訶般若波羅蜜經》卷一三

姚秦鳩摩羅什譯，CBETA，T08，no.223，p.318，a8–14，第5行"亦"作"我亦"。高昌國時期。

LM20-1463-27-01 《維摩詰所説經》卷上

姚秦鳩摩羅什譯，CBETA，T14，no.475，p.541，b5–13。唐時期。

LM20-1463-27-02 《佛説灌頂經》卷一二

東晉帛尸梨蜜多羅譯，CBETA，T21，no.1331，p.533，a25–b2，"福世"作"之福世"。唐時期。

LM20-1463-27-03 《摩訶般若波羅蜜經》卷四

姚秦鳩摩羅什譯，CBETA，T08，no.223，p.247，b3–9。高昌國時期。

LM20-1463-27-04 《妙法蓮華經》卷六

姚秦鳩摩羅什譯，CBETA，T09，no.262，p.52，c10–14。高昌國時期。

參：《旅博選粹》，13。

LM20-1463-27-05 《佛説灌頂拔除過罪生死得度經》

參東晉帛尸梨蜜多羅譯《佛説灌頂經》卷一二，CBETA，T21，no.1331，p.534，b10–21，"功德"作"光佛"。高昌國時期。

LM20-1463-28-01 《阿毗達磨俱舍論》卷二四

唐玄奘譯，CBETA，T29，no.1558，p.125，c5–9。唐時期。

LM20-1463-28-02　《阿毗達磨大毗婆沙論》卷一二八

唐玄奘譯，CBETA，T27，no.1545，p.669，c4–5。唐時期。

LM20-1463-28-03　《法句經》卷上

吳維祇難等譯，CBETA，T04，no.210，p.559，a24–25。高昌國時期。

LM20-1463-28-04　《金剛般若波羅蜜經》

姚秦鳩摩羅什譯，CBETA，T08，no.235，p.750，c13–17。唐時期。

LM20-1463-28-05　《大般涅槃經》卷三〇

北涼曇無讖譯，CBETA，T12，no.374，p.544，b16–18。有貼附殘片，無法揭取。唐時期。

LM20-1463-28-06　《摩訶僧祇律》卷三

東晉佛陀跋陀羅、法顯譯，CBETA，T22，no.1425，p.251，b16–21。高昌國時期。

LM20-1463-28-07　《妙法蓮華經》卷七

姚秦鳩摩羅什譯，CBETA，T09，no.262，p.61，a17–23，"心若善"作"心善"。高昌國時期。
參：《旅博選粹》，42。

LM20-1463-28-08　《妙法蓮華經》卷七

姚秦鳩摩羅什譯，CBETA，T09，no.262，p.56，c14–16。唐時期。

LM20-1463-28-09　《大般涅槃經》卷一四

北涼曇無讖譯，CBETA，T12，no.374，p.446，c27–29，"我如"作"我净如"。高昌國時期。

LM20-1463-29-01　《妙法蓮華經》卷二

姚秦鳩摩羅什譯，CBETA，T09，no.262，p.14，b23–26。高昌郡時期。
參：《旅博選粹》，37。

LM20-1463-29-02　《救疾經》

作者不詳，CBETA，T85，no.2878，p.1362，a16–19。唐時期。
參：馬俊傑 2019，441。

LM20-1463-29-03　《大般涅槃經》卷三一

北涼曇無讖譯，CBETA，T12，no.374，p.550，c16–19。高昌郡時期。

LM20-1463-29-04　《注維摩詰經》卷一

姚秦僧肇撰，CBETA，T38，no.1775，p.327，a18–20。唐時期。

LM20-1463-29-05a　《佛説大安般守意經》卷下

後漢安世高譯，CBETA，T15，no.602，p.168，b26。唐時期。

LM20-1463-29-05b　《佛説大安般守意經》卷下

後漢安世高譯，CBETA，T15，no.602，p.168，b27。唐時期。

LM20-1463-29-05c　佛典殘片

高昌國時期。

LM20-1463-29-06　《大般涅槃經》卷一五

北涼曇無讖譯，CBETA, T12, no.374, p.455, b10–13。高昌國時期。

LM20-1463-29-07　《天地八陽神咒經》

唐義净譯，CBETA, T85, no.2897, p.1424, b19–24，"揆以成"作"交以成"，"六識"作"色識"。唐時期。

LM20-1463-29-08　《大般涅槃經》卷二七

北涼曇無讖譯，CBETA, T12, no.374, p.523, c14–17。高昌國時期。

LM20-1463-29-09　《金剛般若波羅蜜經》

姚秦鳩摩羅什譯，CBETA, T08, no.235, p.752, b14–15。唐時期。

LM20-1463-29-10　《金光明最勝王經》卷三

唐義净譯，CBETA, T16, no.665, p.415, b14–17。唐時期。

LM20-1463-29-11　《大般涅槃經》卷一一

北涼曇無讖譯，CBETA, T12, no.374, p.430, c7–11。高昌國時期。

LM20-1463-30-01　《放光般若經》卷九

西晉無羅叉譯，CBETA, T08, no.221, p.67, c23–26。高昌郡時期。

參：《旅博選粹》，8。

LM20-1463-30-02　《大通方廣懺悔滅罪莊嚴成佛經》卷下

作者不詳，CBETA, T85, no.2871, p.1352, b7–10。唐時期。

LM20-1463-30-03　《大般若波羅蜜多經》卷三八六

唐玄奘譯，CBETA, T06, no.220, p.998, b1–4。唐時期。

LM20-1463-30-04　《妙法蓮華經》卷七

姚秦鳩摩羅什譯，CBETA, T09, no.262, p.57, a24–25。高昌郡時期。

LM20-1463-30-05　《大般涅槃經》卷三二

北涼曇無讖譯，CBETA, T12, no.374, p.554, c9–11。高昌國時期。

LM20-1463-30-06　《大智度論》卷一

姚秦鳩摩羅什譯，CBETA, T25, no.1509, p.61, b7–12。唐時期。

LM20-1463-30-07　佛典殘片

高昌國時期。

LM20-1463-30-08　佛典殘片

唐時期。

LM20-1463-30-09　《妙法蓮華經》卷五

姚秦鳩摩羅什譯，CBETA, T09, no.262, p.45, c2–4。高昌國時期。

參：《旅博選粹》，13。

LM20-1463-30-10　《摩訶般若波羅蜜經》卷六

姚秦鳩摩羅什譯，CBETA, T08, no.223, p.263, b15–18。高昌國時期。

LM20-1463-30-11　《放光般若經》卷一五

西晉無羅叉譯, CBETA, T08, no.221, p.104, a8–11。高昌國時期。

LM20-1463-30-12　《尊婆須蜜菩薩所集論》卷七

姚秦僧伽跋澄等譯, CBETA, T28, no.1549, p.771, b8–12。唐時期。

LM20-1463-31-01　佛典殘片

高昌國時期。

LM20-1463-31-02　《佛本行集經》卷五

隋闍那崛多譯, 此段文字多處可見。高昌國時期。

LM20-1463-31-03　《道行般若經》卷五

後漢支婁迦讖譯, CBETA, T08, no.224, p.454, a7–9。高昌國時期。

參:《旅博選粹》, 33。

LM20-1463-31-04　佛典殘片

高昌國時期。

LM20-1463-31-05　《放光般若經》卷一一

西晉無羅叉譯, CBETA, T08, no.221, p.76, c10–11。高昌郡時期。

參:《旅博選粹》, 29。

LM20-1463-31-06　《妙法蓮華經》卷三

姚秦鳩摩羅什譯, CBETA, T09, no.262, p.20, b20–21。高昌國時期。

參: 鄭阿財 2019, 189。

LM20-1463-31-07　佛典殘片

高昌國時期。

LM20-1463-31-08　維摩詰經疏

參姚秦鳩摩羅什譯《維摩詰所説經》卷中, CBETA, T14, no.475, p.547, b10–13。有雙行小字注。高昌國時期。

LM20-1463-31-09　《妙法蓮華經》卷一

姚秦鳩摩羅什譯, CBETA, T09, no.262, p.3, b4–6。高昌國時期。

LM20-1463-31-10　佛典殘片

唐時期。

LM20-1463-31-11　佛典殘片

唐時期。

LM20-1463-31-12　《妙法蓮華經》卷二

姚秦鳩摩羅什譯, CBETA, T09, no.262, p.13, a17–19。高昌國時期。

LM20-1463-31-13　佛典殘片

高昌國時期。

LM20-1463-31-14　《大智度論》卷二四

姚秦鳩摩羅什譯，CBETA，T25，no.1509，p.235，b21-23。高昌國時期。

LM20-1463-31-15　《禪祕要法經》卷下

姚秦鳩摩羅什等譯，CBETA，T15，no.613，p.265，a1-2。高昌國時期。

LM20-1463-32-01　《大般涅槃經》卷二四

北涼曇無讖譯，CBETA，T12，no.374，p.506，c27-p.507，a4。高昌郡時期。

參：王宇、王梅 2006b，50、55。

LM20-1463-32-02　《大般涅槃經》卷二四

北涼曇無讖譯，CBETA，T12，no.374，p.507，a4-9。高昌郡時期。

參：王宇、王梅 2006b，50、55。

LM20-1463-32-03　《大般涅槃經》卷二四

北涼曇無讖譯，CBETA，T12，no.374，p.507，a18-22。高昌郡時期。

參：王宇、王梅 2006b，50、55。

LM20-1463-32-04　《大般涅槃經》卷二四

北涼曇無讖譯，CBETA，T12，no.374，p.506，c22-27。高昌郡時期。

參：王宇、王梅 2006b，50、54。

LM20-1463-33-01　《大般涅槃經》卷二四

北涼曇無讖譯，CBETA，T12，no.374，p.507，a9-14。高昌郡時期。

參：王宇、王梅 2006b，50、55。

LM20-1463-33-02　《大般涅槃經》卷一四

北涼曇無讖譯，CBETA，T12，no.374，p.445，c12-16，"僧即"間補入"者"。高昌國時期。

參：王宇、王梅 2006b，49。

LM20-1463-33-03　《大般涅槃經》卷二四

北涼曇無讖譯，CBETA，T12，no.374，p.506，c15-20。高昌郡時期。

參：王宇、王梅 2006b，50、54。

LM20-1463-33-04　《大般涅槃經》卷二四

北涼曇無讖譯，CBETA，T12，no.374，p.507，a24-27。高昌郡時期。

參：王宇、王梅 2006b，50、55。

LM20-1463-34-01　《大般涅槃經》卷二四

北涼曇無讖譯，CBETA，T12，no.374，p.507，b9-13。高昌郡時期。

LM20-1463-34-02　《大般涅槃經》卷二四

北涼曇無讖譯，CBETA，T12，no.374，p.507，b4-7。第 4 行左下角貼附"衆"字殘片。高昌郡時期。

LM20-1463-35-01　《佛說仁王般若波羅蜜經》卷上

姚秦鳩摩羅什譯, CBETA, T08, no.245, p.827, b28-c13, "炎" 作 "焰"。高昌國時期。

參:《旅博選粹》, 97。

LM20-1463-35-02　《佛説仁王般若波羅蜜經》卷上

姚秦鳩摩羅什譯, CBETA, T08, no.245, p.828, a10。高昌國時期。

LM20-1463-36-01　《大般涅槃經》卷一九

北涼曇無讖譯, CBETA, T12, no.374, p.475, c2-7。高昌國時期。

LM20-1463-36-02　《大般涅槃經》卷一九

北涼曇無讖譯, CBETA, T12, no.374, p.475, c3-9。有貼附殘片, 無法揭取。高昌國時期。

LM20-1463-36-03　　佛教戒律

參劉宋佛陀什等譯《五分戒本》, CBETA, T22, no.1422b, p.205, c14-17。高昌國時期。

LM20-1463-36-04　《妙法蓮華經》卷七

姚秦鳩摩羅什譯, CBETA, T09, no.262, p.57, b20-28。唐時期。

LM20-1463-37-01　《大般涅槃經》卷九

北涼曇無讖譯, CBETA, T12, no.374, p.421, c20-29。高昌國時期。

參:《旅博選粹》, 127。

LM20-1463-38-01　《小品般若波羅蜜經》卷六

姚秦鳩摩羅什譯, CBETA, T08, no.227, p.565, b7-19, "樂生" 作 "常樂欲生", "知" 作 "當知", "毗跃" 作 "惟越"。高昌國時期。

參: 孫傳波 2006, 189。

經册十五

LM20-1464-01-01 《摩訶般若波羅蜜經》卷五

　　姚秦鳩摩羅什譯，CBETA，T08，no.223，p.249，c7-13。高昌國時期。

LM20-1464-01-02 《大般涅槃經》卷二三

　　北涼曇無讖譯，CBETA，T12，no.374，p.500，b26-28。高昌國時期。

LM20-1464-01-03 《金剛般若波羅蜜經》

　　元魏菩提流支譯，CBETA，T08，no.236a，p.752，c25-28。唐時期。

LM20-1464-01-04 《大智度論》卷七九

　　姚秦鳩摩羅什譯，CBETA，T25，no.1509，p.615，c7-10。高昌國時期。

LM20-1464-01-05 《放光般若經》卷一八

　　西晉無羅叉譯，CBETA，T08，no.221，p.131，a14-18。高昌國時期。

LM20-1464-01-06 《維摩詰所説經》卷上

　　姚秦鳩摩羅什譯，CBETA，T14，no.475，p.538，a1-7。高昌國時期。

LM20-1464-01-07 《顯揚聖教論》卷一

　　唐玄奘譯，CBETA，T31，no.1602，p.482，a15-18，“乃”作“如前乃”。唐時期。

LM20-1464-01-08 《大般涅槃經》卷二二

　　北涼曇無讖譯，CBETA，T12，no.374，p.496，a7-11。高昌國時期。

LM20-1464-02-01 《大通方廣懺悔滅罪莊嚴成佛經》卷中

　　作者不詳，CBETA，T85，no.2871，p.1345，a44-46。高昌國時期。

LM20-1464-02-02 《摩訶般若波羅蜜經》卷二五

　　姚秦鳩摩羅什譯，CBETA，T08，no.223，p.405，a14-18。高昌國時期。

LM20-1464-02-03 《信力入印法門經》卷三

　　元魏曇摩流支譯，CBETA，T10，no.305，p.945，c16-20。唐時期。

LM20-1464-02-04 《佛説藥師如來本願經》

　　隋達摩笈多譯，CBETA，T14，no.449，p.402，a8-10。唐時期。

LM20-1464-02-05 佛典殘片

　　唐時期。

LM20-1464-02-06 《金剛般若波羅蜜經》

　　元魏菩提流支譯，CBETA，T08，no.236a，p.755，b14-17。唐時期。

LM20-1464-02-07 《大般涅槃經》卷二九

北涼曇無讖譯，CBETA, T12, no.374, p.541, a7-10。高昌國時期。

LM20-1464-02-08 《維摩詰所説經》卷下

姚秦鳩摩羅什譯，CBETA, T14, no.475, p.552, b10-15。唐時期。

LM20-1464-02-09 《妙法蓮華經》卷四

姚秦鳩摩羅什譯，CBETA, T09, no.262, p.29, a3-8。唐時期。

LM20-1464-02-10 《妙法蓮華經》卷一

姚秦鳩摩羅什譯，CBETA, T09, no.262, p.3, b27-c2。唐時期。

LM20-1464-02-11 《佛説灌頂經》卷一一

東晉帛尸梨蜜多羅譯，CBETA, T21, no.1331, p.530, b16-19。唐時期。

LM20-1464-02-12 《金光明經》卷四

北涼曇無讖譯，CBETA, T16, no.663, p.354, a23-26。唐時期。

LM20-1464-02-13 《妙法蓮華經》卷二

姚秦鳩摩羅什譯，CBETA, T09, no.262, p.12, b9-10。唐時期。

LM20-1464-02-14 《妙法蓮華經》卷四

姚秦鳩摩羅什譯，CBETA, T09, no.262, p.30, b7-9。唐時期。

LM20-1464-02-15 《大智度論》卷九〇

姚秦鳩摩羅什譯，CBETA, T25, no.1509, p.695, c13-15。高昌國時期。

LM20-1464-02-16 《妙法蓮華經》卷三

姚秦鳩摩羅什譯，CBETA, T09, no.262, p.25, c1-4。高昌國時期。

LM20-1464-03-01 《大般涅槃經》卷一五

北涼曇無讖譯，CBETA, T12, no.374, p.451, c5-7。唐時期。

LM20-1464-03-02 《成實論》卷一六

姚秦鳩摩羅什譯，CBETA, T32, no.1646, p.372, b26-29。高昌郡時期。

LM20-1464-03-03 《光讚經》卷一

西晉竺法護譯，CBETA, T08, no.222, p.147, b20-24。高昌國時期。

LM20-1464-03-04 《合部金光明經》卷三

梁真諦譯，隋寶貴合，CBETA, T16, no.664, p.376, b10-13，"扼"作"褥"。唐時期。

LM20-1464-03-05 《妙法蓮華經》卷二

姚秦鳩摩羅什譯，CBETA, T09, no.262, p.11, c2-6。唐時期。

LM20-1464-03-06 佛典殘片

高昌國時期。

LM20-1464-03-07 《佛説觀無量壽佛經》

劉宋畺良耶舍譯，CBETA, T12, no.365, p.341, c6-9。唐時期。

參:《旅博選粹》, 116;《净土集成》, 30–31。

LM20-1464-03-08　佛典殘片

高昌國時期。

LM20-1464-03-09　《佛説仁王般若波羅蜜經》卷下

姚秦鳩摩羅什譯, CBETA, T08, no.245, p.833, b24–26。唐時期。

LM20-1464-03-10　《妙法蓮華經》卷二

姚秦鳩摩羅什譯, CBETA, T09, no.262, p.10, c1–4。高昌國時期。

LM20-1464-03-11　《大般涅槃經》卷五

北涼曇無讖譯, CBETA, T12, no.374, p.393, a7–9。唐時期。

LM20-1464-03-12　《父母恩重經》

作者不詳, CBETA, T85, no.2887, p.1404, a11–13。唐時期。

參: 榮新江 2019a, 33。

LM20-1464-03-13　《大智度論》卷八七

姚秦鳩摩羅什譯, CBETA, T25, no.1509, p.671, c15–18。高昌國時期。

LM20-1464-03-14　《佛説灌頂經》卷二

東晉帛尸梨蜜多羅譯, CBETA, T21, no.1331, p.501, a18–22。唐時期。

LM20-1464-03-15　《大寶積經》卷一一一

元魏菩提留支譯, CBETA, T11, no.310, p.627, c28–p.628, a4。唐時期。

LM20-1464-04-01　佛典殘片

唐時期。

LM20-1464-04-02　《佛説藥師如來本願經》

隋達摩笈多譯, CBETA, T14, no.449, p.402, a4–6。唐時期。

LM20-1464-04-03　《大智度論》卷四

姚秦鳩摩羅什譯, CBETA, T25, no.1509, p.91, b8–13。高昌國時期。

LM20-1464-04-04　《大般若波羅蜜多經》卷三二四

唐玄奘譯, CBETA, T06, no.220, p.658, c3–10。唐時期。

LM20-1464-04-05　《大通方廣懺悔滅罪莊嚴成佛經》卷下

作者不詳, CBETA, T85, no.2871, p.1350, b12–17。高昌國時期。

LM20-1464-04-06　《大般若波羅蜜多經》卷一三

唐玄奘譯, CBETA, T05, no.220, p.68, a21–24。唐時期。

LM20-1464-04-07　《佛説方等般泥洹經》卷下

西晉竺法護譯, CBETA, T12, no.378, p.926, c19–21。唐時期。

LM20-1464-04-08　《金光明經》卷一

北涼曇無讖譯, CBETA, T16, no.663, p.335, b29–c4。唐時期。

LM20-1464-04-09 《妙法蓮華經》卷七

姚秦鳩摩羅什譯，CBETA, T09, no.262, p.57, a15–19。唐時期。

LM20-1464-04-10 《大般涅槃經》卷一一

北涼曇無讖譯，CBETA, T12, no.374, p.431, c20–26。高昌國時期。

LM20-1464-05-01 《大般若波羅蜜多經》卷五五〇

唐玄奘譯，CBETA, T07, no.220, p.834, c28–p.835, a2。唐時期。

LM20-1464-05-02 《思益梵天所問經》卷一

姚秦鳩摩羅什譯，CBETA, T15, no.586, p.34, b26–28。高昌國時期。

LM20-1464-05-03 《大般若波羅蜜多經》卷八九

唐玄奘譯，CBETA, T05, no.220, p.498, b26–28。唐時期。

LM20-1464-05-04 《放光般若經》卷一七

西晉無羅叉譯，CBETA, T08, no.221, p.122, b21–25。高昌郡時期。

參：《旅博選粹》, 29。

LM20-1464-05-05 《僧伽吒經》卷四

元魏月婆首那譯，CBETA, T13, no.423, p.973, c14–22。唐時期。

LM20-1464-05-06 《瑜伽師地論》卷七

唐玄奘譯，CBETA, T30, no.1579, p.312, c19–22。唐時期。

LM20-1464-05-07 《雜阿毗曇心論》卷六

劉宋僧伽跋摩等譯，CBETA, T28, no.1552, p.920, b11–17。高昌國時期。

LM20-1464-05-08 《大般涅槃經》卷二二

北涼曇無讖譯，CBETA, T12, no.374, p.493, b14–18。唐時期。

LM20-1464-05-09 《發覺净心經》卷上

隋闍那崛多譯，CBETA, T12, no.327, p.44, b29–c4。唐時期。

LM20-1464-05-10 《妙法蓮華經》卷四

姚秦鳩摩羅什譯，CBETA, T09, no.262, p.28, c6–13。唐時期。

LM20-1464-05-11 《妙法蓮華經》卷六

姚秦鳩摩羅什譯，CBETA, T09, no.262, p.50, c22–27。唐時期。

LM20-1464-05-12 《妙法蓮華經》卷五

姚秦鳩摩羅什譯，CBETA, T09, no.262, p.39, c26–29。唐時期。

LM20-1464-06-01 唐天寶二年（七四三）交河郡市估案

唐時期。

參：《旅博研究》, 175。

LM20-1464-06-02 《妙法蓮華經》卷五

姚秦鳩摩羅什譯，CBETA, T09, no.262, p.37, c19–21。唐時期。

LM20-1464-06-03　《妙法蓮華經》卷七

姚秦鳩摩羅什譯，CBETA, T09, no.262, p.59, a13–16。唐時期。

LM20-1464-06-04　《大般涅槃經》卷二〇

北涼曇無讖譯，CBETA, T12, no.374, p.481, b27–c1。唐時期。

LM20-1464-06-05　《大般涅槃經》卷二

北涼曇無讖譯，CBETA, T12, no.374, p.377, b17–19。唐時期。

LM20-1464-06-06　《阿毗曇八犍度論》卷三

姚秦僧伽提婆、竺佛念譯，CBETA, T26, no.1543, p.780, b18–19。唐時期。

LM20-1464-06-07　《妙法蓮華經》卷七

姚秦鳩摩羅什譯，CBETA, T09, no.262, p.55, c28–p.56, a2。唐時期。

LM20-1464-06-08　《大方廣佛華嚴經》卷四六（五十卷本）

東晉佛陀跋陀羅譯，《中華大藏經》第 12 冊, 564c7–9; 參 CBETA, T09, no.278, p.749, c27–29。高昌國時期。

LM20-1464-06-09　《大般涅槃經》卷二七

北涼曇無讖譯，CBETA, T12, no.374, p.522, b6–7。唐時期。

LM20-1464-06-10　佛典殘片

高昌國時期。

LM20-1464-06-11　《妙法蓮華經》卷四（十卷本）

姚秦鳩摩羅什譯，據兜木正亨 1983, 376 定名。唐時期。

LM20-1464-06-12　佛典殘片

唐時期。

LM20-1464-06-13　《大般涅槃經》卷二

北涼曇無讖譯，CBETA, T12, no.374, p.378, c18–20。高昌國時期。

LM20-1464-06-14　佛典殘片

高昌國時期。

LM20-1464-06-15　《妙法蓮華經》卷一

姚秦鳩摩羅什譯，CBETA, T09, no.262, p.7, b22–24。唐時期。

LM20-1464-06-16　《金光明經》卷二

北涼曇無讖譯，CBETA, T16, no.663, p.341, b9–13。唐時期。

LM20-1464-06-17　《維摩經文疏》卷一五

隋智顗撰，CBETA, X18, no.338, p.576, c4–6。高昌國時期。

LM20-1464-07-01　《大般若波羅蜜多經》卷三四二

唐玄奘譯，CBETA, T06, no.220, p.758, a28–b1。唐時期。

LM20-1464-07-02　佛典殘片

唐時期。

LM20-1464-07-03　《大般涅槃經》卷三

北涼曇無讖譯，CBETA, T12, no.374, p.382, a5–11。唐時期。

LM20-1464-07-04　《金光明經》卷四

北涼曇無讖譯，CBETA, T16, no.663, p.353, a10–13。唐時期。

LM20-1464-07-05　《妙法蓮華經》卷三

姚秦鳩摩羅什譯，CBETA, T09, no.262, p.19, a20–23。唐時期。

LM20-1464-07-06　《金光明經》卷四

北涼曇無讖譯，CBETA, T16, no.663, p.356, a5–9。唐時期。

LM20-1464-07-07　《大般涅槃經》卷一七

北涼曇無讖譯，CBETA, T12, no.374, p.463, c18–21。高昌國時期。

LM20-1464-07-08　《金光明最勝王經》卷八

唐義浄譯，CBETA, T16, no.665, p.439, a5–9。西州回鶻時期。

LM20-1464-07-09　《妙法蓮華經》卷五

姚秦鳩摩羅什譯，CBETA, T09, no.262, p.38, a29–b2。唐時期。

LM20-1464-07-10　《妙法蓮華經》卷六

姚秦鳩摩羅什譯，CBETA, T09, no.262, p.51, c21–22，"歲後"作"歲然後"。唐時期。

LM20-1464-07-11　《十地經論》卷一二

元魏菩提流支譯，CBETA, T26, no.1522, p.197, a24–26。高昌國時期。

LM20-1464-07-12　醫書（？）

參《難經·六十九難》，秦越人撰《難經集注》，人民衛生出版社，1956年，90頁。高昌國時期。

LM20-1464-07-13　《大乘悲分陀利經》卷一

譯者不詳，CBETA, T03, no.158, p.234, b4–6，"拾"作"汝"。高昌國時期。

LM20-1464-07-14　《大般涅槃經後分》卷下

唐若那跋陀羅譯，CBETA, T12, no.377, p.909, c2–4。唐時期。

LM20-1464-07-15　《妙法蓮華經》卷五

姚秦鳩摩羅什譯，CBETA, T09, no.262, p.43, a8–10。唐時期。

LM20-1464-07-16　《佛本行集經》卷五

隋闍那崛多譯，CBETA, T03, no.190, p.674, b29–c3。唐時期。

參：段真子 2019, 148。

LM20-1464-07-17　《摩訶般若波羅蜜經》卷九

姚秦鳩摩羅什譯，CBETA, T08, no.223, p.285, c9–11。高昌國時期。

LM20-1464-07-18　《妙法蓮華經》卷三

姚秦鳩摩羅什譯，CBETA, T09, no.262, p.26, b13–19。高昌國時期。

LM20-1464-07-19 《妙法蓮華經》卷五

姚秦鳩摩羅什譯，CBETA, T09, no.262, p.38, a29-b2。有貼附殘片, 無法揭取。唐時期。

LM20-1464-08-01 《大般若波羅蜜多經》卷五四九

唐玄奘譯，CBETA, T07, no.220, p.824, b21-26。唐時期。

LM20-1464-08-02 《大般涅槃經》卷二〇

北涼曇無讖譯，CBETA, T12, no.374, p.481, a10-13。唐時期。

LM20-1464-08-03 《摩訶般若波羅蜜經》卷七

姚秦鳩摩羅什譯，CBETA, T08, no.223, p.269, b18-20。高昌國時期。

LM20-1464-08-04 《十方千五百佛名經》

譯者不詳，CBETA, T14, no.442, p.312, c6-8, "一切德" 作 "一切功德"。高昌國時期。

LM20-1464-08-05 《大般涅槃經》注疏

參隋慧遠述《大般涅槃經義記》卷二，CBETA, T37, no.1764, p.671, c3-4。高昌國時期。

LM20-1464-08-06 佛典注疏

高昌國時期。

LM20-1464-08-07 《大寶積經》卷一一三

北涼道龔譯，CBETA, T11, no.310, p.643, a16-22。有朱筆句讀。唐時期。

LM20-1464-08-08 佛典殘片

唐時期。

LM20-1464-08-09 佛典殘片

高昌國時期。

LM20-1464-08-10 佛典殘片

高昌國時期。

LM20-1464-08-11 《佛說觀佛三昧海經》卷一

東晉佛陀跋陀羅譯，CBETA, T15, no.643, p.646, a6-10, "我今諦" 作 "諦"。第1、2 行間有脫文。高昌國時期。

LM20-1464-08-12 《大方廣佛華嚴經》卷一四（五十卷本）

東晉佛陀跋陀羅譯，《中華大藏經》第12 冊, 173c14-18; 參 CBETA, T09, no.278, p.507, a22-26。細字寫本。高昌國時期。

LM20-1464-08-13 佛名經

高昌國時期。

LM20-1464-08-14 佛典殘片

唐時期。

LM20-1464-08-15 文書殘片

高昌國時期。

LM20-1464-08-16a　《説無垢稱經疏》卷一

唐窺基撰，CBETA, T38, no.1782, p.1006, a16–19。唐時期。

LM20-1464-08-16b　　佛典殘片

唐時期。

LM20-1464-08-16c　《大方廣佛華嚴經》卷一五（五十卷本）

東晉佛陀跋陀羅譯，《中華大藏經》第 12 册，181a9–14；參 CBETA, T09, no.278, p.510, c18–22。細字寫本。高昌國時期。

LM20-1464-08-16d　《大方廣佛華嚴經》卷一五（五十卷本）

東晉佛陀跋陀羅譯，《中華大藏經》第 12 册，181a9–14；參 CBETA, T09, no.278, p.510, c18–22。細字寫本。高昌國時期。

LM20-1464-08-17　《大乘百法明門論開宗義記》

唐曇曠撰，CBETA, T85, no.2810, p.1047, c1–4。西州回鶻時期。

參：《旅博選粹》，181；王丁2007, 158；榮新江 2019a, 39。

LM20-1464-08-18　《佛説仁王般若波羅蜜經》卷下

姚秦鳩摩羅什譯，CBETA, T08, no.245, p.833, a28–b3。唐時期。

LM20-1464-08-19　　佛典殘片

高昌國時期。

LM20-1464-08-20　《十誦律》卷一

姚秦弗若多羅、鳩摩羅什譯，CBETA, T23, no.1435, p.6, c7–9。高昌國時期。

LM20-1464-08-21　　無字殘片

LM20-1464-08-22　《大方廣佛華嚴經》卷三九

東晉佛陀跋陀羅譯，CBETA, T09, no.278, p.647, c25–28。唐時期。

LM20-1464-08-23　　勝鬘經疏

參唐明空述《勝鬘經疏義私鈔》卷六，CBETA, X19, no.353, p.972, c21–p.973, a9。有雙行小字注。高昌國時期。

參：《旅博選粹》，167；橘堂晃一 2006a, 93。

LM20-1464-08-24　《大般涅槃經》卷二三

北涼曇無讖譯，CBETA, T12, no.374, p.501, a1–3。高昌國時期。

LM20-1464-09-01　　仁王經疏

參姚秦鳩摩羅什譯《佛説仁王般若波羅蜜經》卷上，CBETA, T08, no.245, p.827, b23–25。高昌國時期。

LM20-1464-09-02　　陀羅尼集

高昌國時期。

參：《旅博選粹》，176；磯邊友美 2006, 210、217。

LM20-1464-09-03　《妙法蓮華經》卷一

姚秦鳩摩羅什譯，CBETA, T09, no.262, p.2, b14–17。高昌國時期。

LM20-1464-09-04　《大般涅槃經》注疏

參北涼曇無讖譯《大般涅槃經》卷一〇，CBETA,T12,no.374,p.422,c19–22。高昌國時期。

LM20-1464-09-05　《妙法蓮華經馬明菩薩品第三十》

作者不詳，CBETA, T85, no.2899, p.1429, b26–29。唐時期。

LM20-1464-09-06　佛教戒律

高昌國時期。

LM20-1464-09-07　《四分律》卷一七

姚秦佛陀耶舍、竺佛念等譯，CBETA, T22, no.1428, p.682, c13–16。西州回鶻時期。

LM20-1464-09-08　《大般涅槃經》卷二〇

北涼曇無讖譯，CBETA, T12, no.374, p.481, c16–19。高昌國時期。

LM20-1464-09-09　佛典殘片

唐時期。

LM20-1464-09-10　佛典殘片

西州回鶻時期。

LM20-1464-09-11　《勝天王般若波羅蜜經》卷一

陳月婆首那譯，CBETA, T08, no.231, p.688, c22–25。唐時期。

LM20-1464-09-12　《佛説藥師如來本願經》

隋達摩笈多譯，CBETA, T14, no.449, p.402, b13–15。唐時期。

LM20-1464-09-13　《觀無量壽經義疏》

隋慧遠撰，CBETA, T37, no.1749, p.174, a28–b3。西州回鶻時期。

參:《旅博選粹》，148;《净土集成》，105。

LM20-1464-09-14　《大般涅槃經》卷三四

北涼曇無讖譯，CBETA, T12, no.374, p.564, c20–23。高昌國時期。

LM20-1464-09-15　《維摩詰所説經》注疏

參姚秦鳩摩羅什譯《維摩詰所説經》卷下，CBETA, T14, no.475, p.553, b27–28; 姚秦僧肇《注維摩詰經》卷九，CBETA, T38, no.1775, p.403, b9–11。高昌國時期。

LM20-1464-09-16　《不空羂索咒經》

隋闍那崛多譯，CBETA, T20, no.1093, p.400, a10–11。唐時期。

LM20-1464-09-17　《妙法蓮華經》卷七

姚秦鳩摩羅什譯，CBETA, T09, no.262, p.58, c8–10。高昌國時期。

LM20-1464-10-01　《金剛般若波羅蜜經》

元魏菩提流支譯，CBETA, T08, no.236a, p.755, a15–18。唐時期。

LM20-1464-10-02 《大方廣佛華嚴經》卷一四（五十卷本）

東晉佛陀跋陀羅譯，《中華大藏經》第 12 册，175c6-11；參 CBETA, T09, no.278, p.508, b24-29。細字寫本。高昌國時期。

LM20-1464-10-03 《佛説四不可得經》

西晉竺法護譯，CBETA, T17, no.770, p.707, a12-13。唐時期。

LM20-1464-10-04 《大般涅槃經》卷一〇

北涼曇無讖譯，CBETA, T12, no.374, p.426, c7-11。高昌國時期。

LM20-1464-10-05r 《菩薩地持經》卷七

北涼曇無讖譯，CBETA, T30, no.1581, p.930, a2-4。有朱筆句讀。高昌國時期。

LM20-1464-10-05v 殘片

無法揭取拍攝。

LM20-1464-10-06 《大方廣佛華嚴經》卷一五（五十卷本）

東晉佛陀跋陀羅譯，《中華大藏經》第 12 册，181a2-7；參 CBETA, T09, no.278, p.510, c11-16。細字寫本。唐時期。

LM20-1464-10-07 佛典殘片

唐時期。

LM20-1464-10-08 佛典殘片

高昌國時期。

LM20-1464-10-09 《劉子》卷三九

參劉晝著，傅亞庶校釋《劉子校釋》，中華書局，1998 年，370-371 頁。有朱筆句讀。唐時期。

參：徐維焱 2016, 357-369；游自勇 2019b, 56。

LM20-1464-10-10 《佛説四不可得經》

西晉竺法護譯，CBETA, T17, no.770, p.707, b1。唐時期。

LM20-1464-10-11 《妙法蓮華經》卷六

姚秦鳩摩羅什譯，CBETA, T09, no.262, p.52, c18-20。高昌國時期。

LM20-1464-10-12 《佛説五王經》

譯者不詳，CBETA, T14, no.523, p.797, a22-24，"出家"作"出家爲道"。高昌國時期。

LM20-1464-10-13 《救疾經》

作者不詳，CBETA, T85, no.2878, p.1361, c1-3。唐時期。

參：王宇、王梅 2006a, 107；馬俊傑 2019, 442。

LM20-1464-10-14 《救疾經》

作者不詳，CBETA, T85, no.2878, p.1362, a11-13。唐時期。

參：馬俊傑 2019, 442。

LM20-1464-10-15 《大般涅槃經》卷二五

北涼曇無讖譯，CBETA, T12, no.374, p.511, a25–26。高昌國時期。

LM20-1464-10-16　《大般涅槃經》卷二

北涼曇無讖譯，CBETA, T12, no.374, p.377, b14–17。高昌國時期。

LM20-1464-10-17　《大方廣佛華嚴經》卷一五（五十卷本）

東晉佛陀跋陀羅譯，《中華大藏經》第 12 册，179c16–180a13；參 CBETA, T09, no.278, p.510, a2–20，第 4 行"趣諸佛"作"趣向一切菩薩"，第 5 行"不"作"施"。細字寫本。右邊貼附一"世"字殘片。高昌國時期。

LM20-1464-10-18　《大方廣佛華嚴經》卷一六（五十卷本）

東晉佛陀跋陀羅譯，《中華大藏經》第 12 册，192c16–20；參 CBETA, T09, no.278, p.517, b2–5。細字寫本。高昌國時期。

LM20-1464-10-19　《大般涅槃經》卷三一

北涼曇無讖譯，CBETA, T12, no.374, p.550, b5–7。高昌國時期。

LM20-1464-10-20　佛教戒律

高昌國時期。

LM20-1464-10-21　《大智度論》卷五〇

姚秦鳩摩羅什譯，CBETA, T25, no.1509, p.418, c13–16。高昌國時期。

LM20-1464-10-22　《佛説觀彌勒菩薩上生兜率天經》

劉宋沮渠京聲譯，CBETA, T14, no.452, p.418, b29–c3。唐時期。

LM20-1464-10-23　《成實論》卷一六

姚秦鳩摩羅什譯，CBETA, T32, no.1646, p.372, b16–21。高昌郡時期。

LM20-1464-11-01　佛典殘片

唐時期。

LM20-1464-11-02　《大般涅槃經》卷一八

北涼曇無讖譯，CBETA, T12, no.374, p.470, a13–19。高昌郡時期。

LM20-1464-11-03　《佛説諫王經》

劉宋沮渠京聲譯，CBETA, T14, no.514, p.786, c10–12。高昌郡時期。

LM20-1464-11-04　《大般涅槃經》卷三一

北涼曇無讖譯，CBETA, T12, no.374, p.551, a2–3。高昌國時期。

LM20-1464-11-05　《法華論疏》

隋吉藏撰，CBETA, T40, no.1818, p.785, b15–18。西州回鶻時期。

LM20-1464-11-06　《大般涅槃經》卷四〇

北涼曇無讖譯，CBETA, T12, no.374, p.600, a22–24。高昌國時期。

LM20-1464-11-07　《大方廣十輪經》卷一

譯者不詳，CBETA, T13, no.410, p.682, b10–13。唐時期。

LM20-1464-11-08　殘片

高昌國時期。

LM20-1464-11-09　《金剛般若波羅蜜經》

姚秦鳩摩羅什譯，CBETA, T08, no.235, p.750, a3–6。唐時期。

LM20-1464-11-10　《佛本行集經》卷四〇

隋闍那崛多譯，CBETA, T03, no.190, p.838, b15–21。唐時期。

參：段真子 2019, 159。

LM20-1464-11-11　《悲華經》卷二

北涼曇無讖譯，CBETA, T03, no.157, p.174, c22–25。高昌國時期。

LM20-1464-11-12　《佛説灌頂經》卷一二

東晉帛尸梨蜜多羅譯，CBETA, T21, no.1331, p.535, b19–21。唐時期。

LM20-1464-11-13　《大方廣佛華嚴經》卷五（五十卷本）

東晉佛陀跋陀羅譯，《中華大藏經》第 12 册，56a18–20；參 CBETA, T09, no.278, p.430, c5–7。高昌國時期。

LM20-1464-11-14　《大般涅槃經》卷三九

北涼曇無讖譯，CBETA, T12, no.374, p.591, b21–24。高昌國時期。

LM20-1464-11-15　《妙法蓮華經》卷四

姚秦鳩摩羅什譯，CBETA, T09, no.262, p.35, a17–19。唐時期。

LM20-1464-11-16　《佛説觀佛三昧海經》卷一

東晉佛陀跋陀羅譯，CBETA, T15, no.643, p.649, a25–28。高昌國時期。

LM20-1464-11-17　《佛説大愛道般泥洹經》

西晉白法祖譯，CBETA, T02, no.144, p.868, a19–20。唐時期。

LM20-1464-11-18　佛典殘片

唐時期。

LM20-1464-11-19　《大般涅槃經》卷二三

北涼曇無讖譯，CBETA, T12, no.374, p.501, a6–7。高昌國時期。

LM20-1464-11-20　《妙法蓮華經》卷一

姚秦鳩摩羅什譯，CBETA, T09, no.262, p.6, b8–9。唐時期。

LM20-1464-11-21　《大通方廣懺悔滅罪莊嚴成佛經》卷下

作者不詳，CBETA, T85, no.2871, p.1349, b13–14。高昌國時期。

LM20-1464-11-22r　佛典殘片

高昌國時期。

LM20-1464-11-22v　殘片

無法揭取拍攝。

LM20-1464-11-23　佛典殘片

有貼附殘片,無法揭取。唐時期。

LM20-1464-11-24　《彌勒菩薩所問經論》卷六

元魏菩提流支譯,CBETA,T26,no.1525,p.257,c2-3。有貼附殘片,無法揭取。高昌國時期。

LM20-1464-11-25　《大般涅槃經》卷二三

北涼曇無讖譯,CBETA,T12,no.374,p.499,c4-7。高昌郡時期。

參:《旅博選粹》,51。

LM20-1464-12-01　《大般涅槃經》卷二八

北涼曇無讖譯,CBETA,T12,no.374,p.534,c24-26。高昌國時期。

LM20-1464-12-02　《妙法蓮華經》卷七

姚秦鳩摩羅什譯,CBETA,T09,no.262,p.58,b10-13。高昌國時期。

LM20-1464-12-03　佛典殘片

高昌國時期。

LM20-1464-12-04　《維摩詰所説經》卷下

姚秦鳩摩羅什譯,CBETA,T14,no.475,p.556,c28-p.557,a2。唐時期。

LM20-1464-12-05　《妙法蓮華經》卷三

姚秦鳩摩羅什譯,CBETA,T09,no.262,p.22,b28-c4。高昌國時期。

LM20-1464-12-06　佛典注疏

高昌國時期。

LM20-1464-12-07　《妙法蓮華經》卷二

姚秦鳩摩羅什譯,CBETA,T09,no.262,p.12,a2-6。高昌國時期。

LM20-1464-12-08　《摩訶般若波羅蜜經》卷八

姚秦鳩摩羅什譯,CBETA,T08,no.223,p.283,a1-4。高昌國時期。

LM20-1464-12-09　《大般涅槃經》卷三五

北涼曇無讖譯,CBETA,T12,no.374,p.573,b25-26。高昌國時期。

LM20-1464-12-10　《金光明經》卷二

北涼曇無讖譯,CBETA,T16,no.663,p.346,b2-3。高昌國時期。

LM20-1464-12-11　《金剛般若波羅蜜經》

姚秦鳩摩羅什譯,CBETA,T08,no.235,p.749,b3-7。唐時期。

LM20-1464-12-12　《大智度論》卷六五

姚秦鳩摩羅什譯,CBETA,T25,no.1509,p.519,c26-28。高昌國時期。

LM20-1464-12-13　《大般若波羅蜜多經》卷一四八

唐玄奘譯,CBETA,T05,no.220,p.799,c12-15。唐時期。

LM20-1464-12-14　《妙法蓮華經》卷三

姚秦鳩摩羅什譯，CBETA, T09, no.262, p.25, a11–13。高昌國時期。

LM20-1464-12-15　《大般若波羅蜜多經》卷五八五

唐玄奘譯，CBETA, T07, no.220, p.1026, c3–4。唐時期。

LM20-1464-12-16　佛典殘片

高昌郡時期。

LM20-1464-12-17　《大方廣十輪經》卷二

譯者不詳，CBETA, T13, no.410, p.689, c2–5。高昌國時期。

LM20-1464-12-18　《梵網經》卷下

姚秦鳩摩羅什譯，CBETA, T24, no.1484, p.1007, a13–16。唐時期。

LM20-1464-12-19　《中本起經》卷上

後漢曇果、康孟詳譯，CBETA, T04, no.196, p.151, a7–10，"問佛亦事"作"問佛大道人亦事"。高昌郡時期。

參：《旅博選粹》，28。

LM20-1464-12-20　《大般涅槃經》卷三

北涼曇無讖譯，CBETA, T12, no.374, p.382, b15–19。高昌國時期。

LM20-1464-12-21　《論語義疏》卷二《八佾》

參梁皇侃撰，高尚榘校點《論語義疏》，中華書局，2013 年，52 頁。有雙行小字注。唐時期。

參：朱玉麒、孟彥弘 2019，44；何亦凡 2019，135、136。

LM20-1464-12-22　《佛説華手經》卷二

姚秦鳩摩羅什譯，CBETA, T16, no.657, p.136, c20–23。高昌國時期。

LM20-1464-12-23　《大方廣佛華嚴經》卷二七

東晉佛陀跋陀羅譯，CBETA, T09, no.278, p.577, c10–18。唐時期。

LM20-1464-12-24　《十方千五百佛名經》

譯者不詳，CBETA, T14, no.442, p.312, c20–22，"曾供養"作"曾已供養"。高昌國時期。

LM20-1464-12-25　《大方廣佛華嚴經》卷一一（五十卷本）

東晉佛陀跋陀羅譯，《中華大藏經》第 12 册，135b8–9；參 CBETA, T09, no.278, p.482, c28–30。高昌國時期。

LM20-1464-13-01　《大智度論》卷四

姚秦鳩摩羅什譯，CBETA, T25, no.1509, p.90, b25–29，"清瑠瑀"作"青瑠璃"，"云何"作"何等"。高昌國時期。

LM20-1464-13-02　《大般涅槃經》注疏

參北涼曇無讖譯《大般涅槃經》卷二七，CBETA, T12, no.374。高昌國時期。

LM20-1464-13-03　《大方等大集經》卷二三

北涼曇無讖譯, CBETA, T13, no.397, p.167, c2-5。唐時期。

LM20-1464-13-04　《佛説首楞嚴三昧經》卷上

姚秦鳩摩羅什譯, CBETA, T15, no.642, p.631, b14-18, 第二行有雙行小字"卅九"。高昌國時期。

LM20-1464-13-05　《合部金光明經》卷三

梁真諦譯, 隋寶貴合, CBETA, T16, no.664, p.375, a11-13。唐時期。

LM20-1464-13-06　《藥師琉璃光如來本願功德經》

唐玄奘譯, CBETA, T14, no.450, p.406, a5-8。西州回鶻時期。

LM20-1464-13-07　《大般涅槃經》卷一三

北涼曇無讖譯, CBETA, T12, no.374, p.441, b24-26。唐時期。

LM20-1464-13-08　《過去現在因果經》卷三

劉宋求那跋陀羅譯, CBETA, T03, no.189, p.637, a1-5。高昌國時期。

LM20-1464-13-09　《大智度論》卷六五

姚秦鳩摩羅什譯, CBETA, T25, no.1509, p.519, a23-25, "是名"作"是故名"。高昌國時期。

LM20-1464-13-10　《大智度論》卷四

姚秦鳩摩羅什譯, CBETA, T25, no.1509, p.92, c17-19。高昌國時期。

LM20-1464-13-11　《大般涅槃經》卷二八

北涼曇無讖譯, CBETA, T12, no.374, p.534, b7-8。唐時期。

LM20-1464-13-12　《一切經音義》卷五

唐玄應撰, CBETA, C56, no.1163, p.892, a12-15。唐時期。

參: 趙洋 2018, 34、37。

LM20-1464-13-13　《大般涅槃經》卷三〇

北涼曇無讖譯, CBETA, T12, no.374, p.542, c5-7, "見佛"作"近佛"。高昌郡時期。

LM20-1464-13-14　《維摩詰所説經》卷下

姚秦鳩摩羅什譯, CBETA, T14, no.475, p.556, c28-p.557, a2。唐時期。

LM20-1464-13-15　《妙法蓮華經》卷六

姚秦鳩摩羅什譯, CBETA, T09, no.262, p.54, b29-c1。唐時期。

LM20-1464-13-16　佛典殘片

唐時期。

LM20-1464-13-17　寫經題記

高昌國時期。

參:《旅博選粹》, 201。

LM20-1464-13-18　《大方廣佛華嚴經》卷一六（五十卷本）

東晉佛陀跋陀羅譯,《中華大藏經》第 12 册, 201b1-2; 參 CBETA, T09, no.278, p.523, b3-4。高昌國時期。

LM20-1464-13-19　《大般涅槃經》卷三〇

北涼曇無讖譯，CBETA, T12, no.374, p.543, b17-21。高昌國時期。

LM20-1464-14-01　涅槃經疏

參北涼曇無讖譯《大般涅槃經》卷一四，CBETA, T12, no.374, p.447, c16-22。高昌國時期。

LM20-1464-14-02　《金光明經》卷一

北涼曇無讖譯，CBETA, T16, no.663, p.338, b20-24。高昌國時期。

LM20-1464-14-03　《妙法蓮華經》卷五

姚秦鳩摩羅什譯，CBETA, T09, no.262, p.38, c15-18。高昌國時期。

LM20-1464-14-04　《大般涅槃經》卷三一

北涼曇無讖譯，CBETA, T12, no.374, p.548, c8-11。高昌國時期。

LM20-1464-14-05　《涅槃經疏》

參隋灌頂撰，唐湛然再治《涅槃經會疏》卷三五，CBETA, X36, no.659, p.835, a7-10。高昌國時期。

LM20-1464-14-06　《維摩詰所説經》卷下

姚秦鳩摩羅什譯，CBETA, T14, no.475, p.557, b1-4。唐時期。

LM20-1464-14-07　《大般涅槃經》卷一〇

北涼曇無讖譯，CBETA, T12, no.374, p.423, b9-11。高昌國時期。

LM20-1464-14-08　《大般涅槃經》卷二三

北涼曇無讖譯，CBETA, T12, no.374, p.499, c6-12。高昌國時期。

LM20-1464-14-09　《妙法蓮華經》卷四

姚秦鳩摩羅什譯，CBETA, T09, no.262, p.30, c14-17。高昌國時期。

LM20-1464-14-10　《大般涅槃經》卷一八

北涼曇無讖譯，CBETA, T12, no.374, p.470, b26-28。高昌國時期。

LM20-1464-14-11　佛典殘片

高昌國時期。

LM20-1464-14-12　《妙法蓮華經》卷六

姚秦鳩摩羅什譯，CBETA, T09, no.262, p.49, c14-18。高昌國時期。

LM20-1464-14-13　《悲華經》卷五

北涼曇無讖譯，CBETA, T03, no.157, p.196, b21-23。高昌國時期。

參：陰會蓮 2006，109。

LM20-1464-14-14　《妙法蓮華經》卷五

姚秦鳩摩羅什譯，CBETA, T09, no.262, p.46, b9-13。高昌國時期。

LM20-1464-14-15　《大方廣佛華嚴經》卷六

東晉佛陀跋陀羅譯，CBETA, T09, no.278, p.430, c7–9。唐時期。

LM20-1464-14-16　佛典論疏

高昌國時期。

LM20-1464-14-17　《妙法蓮華經》卷三

姚秦鳩摩羅什譯，CBETA, T09, no.262, p.26, a9–11。唐時期。

LM20-1464-14-18　《大般涅槃經》卷一七

北涼曇無讖譯，CBETA, T12, no.374, p.465, c14–16。唐時期。

LM20-1464-14-19　《放光般若經》卷一五

西晉無羅叉譯，CBETA, T08, no.221, p.107, c10–11。高昌國時期。

LM20-1464-14-20　《法華義疏》卷三

隋吉藏撰，CBETA, T34, no.1721, p.487, a12–13。高昌國時期。

LM20-1464-14-21　《發菩提心經論》卷下

姚秦鳩摩羅什譯，CBETA, T32, no.1659, p.513, c2–8, 第 2 行 "勇進" 作 "勇健"。高昌國時期。

LM20-1464-15-01　《金剛般若波羅蜜經》

元魏菩提流支譯，CBETA, T08, no.236a, p.753, b26–c2。唐時期。

LM20-1464-15-02　《妙法蓮華經》卷二

姚秦鳩摩羅什譯，CBETA, T09, no.262, p.17, b19–21。高昌國時期。

LM20-1464-15-03　《金光明經》卷一

北涼曇無讖譯，CBETA, T16, no.663, p.337, c6–9。高昌國時期。

LM20-1464-15-04　《大般涅槃經》卷八

北涼曇無讖譯，CBETA, T12, no.374, p.412, c4–7。高昌國時期。

LM20-1464-15-05　《金光明經》卷二

北涼曇無讖譯，CBETA, T16, no.663, p.340, c16–17。高昌國時期。

LM20-1464-15-06　《放光般若經》卷三

西晉無羅叉譯，CBETA, T08, no.221, p.16, a4–7。高昌國時期。

LM20-1464-15-07　《金剛般若波羅蜜經》

元魏菩提流支譯，CBETA, T08, no.236a, p.755, a29–b1。唐時期。

LM20-1464-15-08　《大通方廣懺悔滅罪莊嚴成佛經》卷中

作者不詳，CBETA, T85, no.2871, p.1346, b9–10, "若" 作 "善"。高昌國時期。

LM20-1464-15-09　《四分僧戒本》

姚秦佛陀耶舍譯，CBETA, T22, no.1430, p.1023, b11–15, 第 2 行 "合集" 作 "合僧集"。唐時期。

LM20-1464-15-10　《金剛般若波羅蜜經》

姚秦鳩摩羅什譯, CBETA, T08, no.235, p.750, b3–5。唐時期。

LM20-1464-15-11　《妙法蓮華經》卷七

姚秦鳩摩羅什譯, CBETA, T09, no.262, p.61, c12–14。高昌國時期。

LM20-1464-15-12　《佛説仁王般若波羅蜜經》卷下

姚秦鳩摩羅什譯, CBETA, T08, no.245, p.832, a3–4。高昌國時期。

LM20-1464-15-13　《大般涅槃經》卷一五

北涼曇無讖譯, CBETA, T12, no.374, p.457, a7–10。高昌國時期。

LM20-1464-15-14　《妙法蓮華經》卷七

姚秦鳩摩羅什譯, CBETA, T09, no.262, p.57, a7–9。唐時期。

LM20-1464-15-15　佛典殘片

唐時期。

LM20-1464-15-16　《佛説灌頂經》卷九

東晉帛尸梨蜜多羅譯, CBETA, T21, no.1331, p.521, a25–28, "告"作"又告", "三"作"三十"。唐時期。

LM20-1464-15-17　《摩訶般若波羅蜜經》卷二二

姚秦鳩摩羅什譯, CBETA, T08, no.223, p.382, a22–24。高昌國時期。

LM20-1464-15-18　《放光般若經》卷一〇

西晉無羅叉譯, CBETA, T08, no.221, p.71, a25–27。唐時期。

LM20-1464-15-19　《大般涅槃經》卷六

北涼曇無讖譯, CBETA, T12, no.374, p.401, a27–29。高昌國時期。

LM20-1464-15-20　《佛説灌頂拔除過罪生死得度經》

參東晉帛尸梨蜜多羅譯《佛説灌頂經》卷一二, CBETA, T21, no.1331, p.534, c11–15。高昌國時期。

LM20-1464-15-21　《妙法蓮華經》卷一

姚秦鳩摩羅什譯, CBETA, T09, no.262, p.2, a21–24。唐時期。

LM20-1464-15-22　《妙法蓮華經》卷五

姚秦鳩摩羅什譯, CBETA, T09, no.262, p.39, c24–27。唐時期。

LM20-1464-16-01　《大般涅槃經》卷一五

北涼曇無讖譯, CBETA, T12, no.374, p.456, b19–21。高昌郡時期。

LM20-1464-16-02　《妙法蓮華經》卷五

姚秦鳩摩羅什譯, CBETA, T09, no.262, p.39, c24–25。唐時期。

LM20-1464-16-03　《佛説灌頂經》卷一一

東晉帛尸梨蜜多羅譯, CBETA, T21, no.1331, p.528, c29–p.529, a2。唐時期。

LM20-1464-16-04　《大般涅槃經》卷九

北涼曇無讖譯，CBETA, T12, no.374, p.416, b25–c1。高昌國時期。

LM20-1464-16-05　《優婆塞戒經》卷二

北涼曇無讖譯，CBETA, T24, no.1488, p.1043, c28–p.1044, a3。高昌國時期。

LM20-1464-16-06　《金光明經》卷四

北涼曇無讖譯，CBETA, T16, no.663, p.355, a7–9。高昌國時期。

LM20-1464-16-07　《梵網經》卷下

姚秦鳩摩羅什譯，CBETA, T24, no.1484, p.1004, b19–23。高昌國時期。

LM20-1464-16-08　　佛典殘片

唐時期。

LM20-1464-16-09　《大般涅槃經》卷三一

北涼曇無讖譯，CBETA, T12, no.374, p.550, b5–7。高昌國時期。

LM20-1464-16-10　《金光明經》卷二

北涼曇無讖譯，CBETA, T16, no.663, p.344, c10–13。唐時期。

LM20-1464-16-11　《佛本行集經》卷二一

隋闍那崛多譯，CBETA, T03, no.190, p.749, b16。唐時期。

參：段真子 2019, 169。

LM20-1464-16-12　《佛說盂蘭盆經》注疏

參西晉竺法護譯《佛說盂蘭盆經》，CBETA, T16, no.685, p.779, c3–7。唐時期。

LM20-1464-16-13　《佛說灌頂經》卷一二

東晉帛尸梨蜜多羅譯，CBETA, T21, no.1331, p.534, b24–26，“過”作“之”。唐時期。

LM20-1464-16-14　《大般涅槃經》卷一九

北涼曇無讖譯，CBETA, T12, no.374, p.476, a17–19。高昌國時期。

LM20-1464-16-15　《大智度論》卷一七

姚秦鳩摩羅什譯，CBETA, T25, no.1509, p.183, c7–10。高昌國時期。

LM20-1464-16-16　《大般涅槃經》卷六

北涼曇無讖譯，CBETA, T12, no.374, p.398, a8–10。高昌國時期。

LM20-1464-16-17　《顯揚聖教論》卷三

唐玄奘譯，CBETA, T31, no.1602, p.493, a27–29。唐時期。

LM20-1464-16-18　《未來星宿劫千佛名經》

譯者不詳，CBETA, T14, no.448b, p.399, a2–5。高昌國時期。

LM20-1464-16-19　《摩訶般若波羅蜜經》卷二六

姚秦鳩摩羅什譯，CBETA, T08, no.223, p.410, c20–22。高昌國時期。

LM20-1464-16-20　《大智度論》卷五七

姚秦鳩摩羅什譯，CBETA, T25, no.1509, p.465, c17–19。高昌國時期。

LM20-1464-16-21 《佛説廣博嚴净不退轉輪經》卷一

劉宋智嚴譯，CBETA, T09, no.268, p.255, b5–7。高昌國時期。

LM20-1464-16-22 佛名經

西州回鶻時期。

LM20-1464-16-23 《文殊師利所説摩訶般若波羅蜜經》卷下

梁曼陀羅仙譯，CBETA, T08, no.232, p.731, a18–20；梁僧伽婆羅譯《文殊師利所説般若波羅蜜經》，CBETA, T08, no.233, p.738, a22–24。唐時期。

LM20-1464-16-24 《佛説諫王經》

劉宋沮渠京聲譯，CBETA, T14, no.514, p.786, c7–9。高昌郡時期。

參：《旅博選粹》，54。

LM20-1464-16-25 《大般涅槃經》卷四〇

北涼曇無讖譯，CBETA, T12, no.374, p.602, c1–2。唐時期。

LM20-1464-17-01a 佛典殘片

高昌國時期。

LM20-1464-17-01b 《佛説藥師如來本願經》

隋達摩笈多譯，CBETA, T14, no.449, p.401, b22–25。唐時期。

LM20-1464-17-02 《妙法蓮華經》卷六

姚秦鳩摩羅什譯，CBETA, T09, no.262, p.49, a9–13。高昌國時期。

LM20-1464-17-03 《大智度論》卷六四

姚秦鳩摩羅什譯，CBETA, T25, no.1509, p.511, b10–13。高昌國時期。

LM20-1464-17-04 《摩訶般若波羅蜜經》卷二七

姚秦鳩摩羅什譯，CBETA, T08, no.223, p.421, b13–16。高昌國時期。

LM20-1464-17-05 《妙法蓮華經》卷七

姚秦鳩摩羅什譯，CBETA, T09, no.262, p.61, c12–16。唐時期。

LM20-1464-17-06 《佛説灌頂經》卷一二

東晉帛尸梨蜜多羅譯，CBETA, T21, no.1331, p.532, c21–23，"設"作"攝"。唐時期。

LM20-1464-17-07 《老子德經下》

與今本差異較大，與敦煌本 P.2375 同。唐時期。

參：游自勇 2017, 144–145、159。

LM20-1464-17-08 《大般若波羅蜜多經》卷一八九

唐玄奘譯，此段文字多處可見。唐時期。

LM20-1464-17-09 《妙法蓮華經》卷一

姚秦鳩摩羅什譯，CBETA, T09, no.262, p.3, c19–22。唐時期。

LM20-1464-17-10 《妙法蓮華經》卷四

姚秦鳩摩羅什譯，CBETA，T09，no.262，p.27，c27-p.28，a1。唐時期。

LM20-1464-17-11 《雜阿毗曇心論》卷一

劉宋僧伽跋摩等譯，CBETA，T28，no.1552，p.874，a21-24。高昌國時期。

LM20-1464-17-12 《妙法蓮華經》卷一

姚秦鳩摩羅什譯，CBETA，T09，no.262，p.6，b15-19。唐時期。

LM20-1464-17-13 《放光般若經》卷四

西晉無羅叉譯，CBETA，T08，no.221，p.29，a23-29。高昌國時期。

LM20-1464-17-14 《法句譬喻經》卷三

西晉法炬、法立譯，CBETA，T04，no.211，p.596，a24-27。唐時期。

LM20-1464-17-15 《金剛般若波羅蜜經》

姚秦鳩摩羅什譯，CBETA，T08，no.235，p.751，a1-4。唐時期。

LM20-1464-17-16 《大般涅槃經》卷二七

北涼曇無讖譯，CBETA，T12，no.374，p.522，b26-28。高昌國時期。

LM20-1464-17-17 《摩訶般若波羅蜜經》卷二六

姚秦鳩摩羅什譯，CBETA，T08，no.223，p.415，c12-14。高昌國時期。

LM20-1464-17-18 《金光明經》卷三

北涼曇無讖譯，CBETA，T16，no.663，p.347，c13-17。高昌國時期。

LM20-1464-17-19 《道行般若經》卷一

後漢支婁迦讖譯，CBETA，T08，no.224，p.427，b1-6。高昌郡時期。

參：《旅博選粹》，10。

LM20-1464-17-20 《維摩詰所説經》注疏

參姚秦鳩摩羅什譯《維摩詰所説經》卷上，CBETA，T14，no.475，p.541，a2-6。高昌國時期。

LM20-1464-17-21 《妙法蓮華經》卷一

姚秦鳩摩羅什譯，CBETA，T09，no.262，p.2，b19-23。高昌國時期。

LM20-1464-17-22 《佛説灌頂經》卷一二

東晉帛尸梨蜜多羅譯，CBETA，T21，no.1331，p.533，a8-10。西州回鶻時期。

LM20-1464-17-23 《四分律》卷二七

姚秦佛陀耶舍、竺佛念等譯，CBETA，T22，no.1428，p.755，c28-p.756，a4。唐時期。

LM20-1464-17-24 《大般涅槃經》卷三七

北涼曇無讖譯，CBETA，T12，no.374，p.581，c4-6。高昌國時期。

LM20-1464-17-25 《勝天王般若波羅蜜經》卷一

陳月婆首那譯，此段文字多處可見。高昌國時期。

LM20-1464-18-01 《大般若波羅蜜多經》卷五六九

唐玄奘譯, CBETA, T07, no.220, p.936, c12–16。唐時期。

LM20-1464-18-02　《四分律》卷二五

姚秦佛陀耶舍、竺佛念等譯, CBETA, T22, no.1428, p.736, a6–8。唐時期。

LM20-1464-18-03　《大智度論》卷二〇

姚秦鳩摩羅什譯, CBETA, T25, no.1509, p.207, a19–23。高昌郡時期。

LM20-1464-18-04　《大寶積經》卷四五

唐玄奘譯, CBETA, T11, no.310, p.261, c11–15。唐時期。

LM20-1464-18-05　《添品妙法蓮華經》卷六

隋闍那崛多、達摩笈多譯, CBETA, T09, no.264, p.186, c20–22。唐時期。

LM20-1464-18-06　《妙法蓮華經》卷三

姚秦鳩摩羅什譯, CBETA, T09, no.262, p.22, b7–11。高昌國時期。

LM20-1464-18-07　《金光明經》卷二

北涼曇無讖譯, CBETA, T16, no.663, p.342, a12–17。高昌國時期。

LM20-1464-18-08　《大般涅槃經》卷三八

北涼曇無讖譯, CBETA, T12, no.374, p.587, b14–19。高昌國時期。

LM20-1464-18-09　《摩訶般若波羅蜜經》卷一九

姚秦鳩摩羅什譯, CBETA, T08, no.223, p.357, b4–9, "十二行"作"十二行法"。唐時期。

LM20-1464-18-10　《金剛般若波羅蜜經》

元魏菩提流支譯, CBETA, T08, no.236a, p.753, b18–21。唐時期。

LM20-1464-18-11　《阿毗曇毗婆沙論》卷一七

北涼浮陀跋摩、道泰譯, CBETA, T28, no.1546, p.125, a11–14。高昌國時期。

LM20-1464-18-12　佛典注疏

唐時期。

參:《旅博選粹》, 189。

LM20-1464-18-13　《摩訶般若波羅蜜經》卷一七

姚秦鳩摩羅什譯, CBETA, T08, no.223, p.346, b23–27。高昌國時期。

LM20-1464-18-14　《妙法蓮華經》卷七

姚秦鳩摩羅什譯, CBETA, T09, no.262, p.55, c17–20。高昌國時期。

LM20-1464-18-15　《大般涅槃經》卷二七

北涼曇無讖譯, CBETA, T12, no.374, p.526, c23–26。高昌國時期。

LM20-1464-18-16　《大般若波羅蜜多經》卷三七三

唐玄奘譯, 此段文字多處可見。唐時期。

LM20-1464-18-17　《維摩詰所説經》卷下

姚秦鳩摩羅什譯, CBETA, T14, no.475, p.556, c15–17。唐時期。

參: 王梅 2006, 157。

LM20-1464-18-18 《六度集經》卷七

吳康僧會譯, CBETA, T03, no.152, p.41, a8–11。唐時期。

LM20-1464-18-19 《維摩詰所説經》卷下

姚秦鳩摩羅什譯, CBETA, T14, no.475, p.554, c6–8。有朱筆句讀。唐時期。

LM20-1464-18-20 《大般若波羅蜜多經》卷四〇六

唐玄奘譯, CBETA, T07, no.220, p.29, a18–20。唐時期。

LM20-1464-18-21 《大般涅槃經》卷二五

北涼曇無讖譯, CBETA, T12, no.374, p.512, a21–23。高昌國時期。

LM20-1464-18-22 《妙法蓮華經》卷一

姚秦鳩摩羅什譯, CBETA, T09, no.262, p.9, c12–18。高昌國時期。

LM20-1464-19-01 《妙法蓮華經》卷三

姚秦鳩摩羅什譯, CBETA, T09, no.262, p.23, a2–8。唐時期。

LM20-1464-19-02 《大方廣佛華嚴經》卷五（五十卷本）

東晉佛陀跋陀羅譯,《中華大藏經》第 12 册, 59c14–17; 參 CBETA, T09, no.278, p.433, c3–6。高昌國時期。

LM20-1464-19-03 《大般涅槃經》卷五

北涼曇無讖譯, CBETA, T12, no.374, p.394, c24–26。唐時期。

LM20-1464-19-04 《妙法蓮華經》卷二

姚秦鳩摩羅什譯, CBETA, T09, no.262, p.15, b20–25。唐時期。

LM20-1464-19-05 《妙法蓮華經》卷六

姚秦鳩摩羅什譯, CBETA, T09, no.262, p.47, a7–12。唐時期。

LM20-1464-19-06 《金剛般若波羅蜜經》

姚秦鳩摩羅什譯, CBETA, T08, no.235, p.749, a20–22。唐時期。

LM20-1464-19-07 《大般涅槃經》卷二〇

北涼曇無讖譯, CBETA, T12, no.374, p.480, c6–9。高昌國時期。

LM20-1464-19-08 《大般涅槃經》卷五

北涼曇無讖譯, CBETA, T12, no.374, p.392, b26–29。高昌郡時期。

參:《旅博選粹》, 49。

LM20-1464-19-09 《合部金光明經》卷三

梁真諦譯, 隋寶貴合, CBETA, T16, no.664, p.377, a21–23。唐時期。

LM20-1464-19-10 《妙法蓮華經》卷四

姚秦鳩摩羅什譯, CBETA, T09, no.262, p.33, b7–8。唐時期。

LM20-1464-19-11 佛典殘片

唐時期。

LM20-1464-19-12　《金光明經》卷三

北涼曇無讖譯, CBETA, T16, no.663, p.350, b24–28。唐時期。

LM20-1464-19-13　《妙法蓮華經》卷一

姚秦鳩摩羅什譯, CBETA, T09, no.262, p.10, a28–b3。唐時期。

LM20-1464-19-14　《摩訶般若波羅蜜經》卷三

姚秦鳩摩羅什譯, 此段文字多處可見。唐時期。

LM20-1464-19-15　《妙法蓮華經》卷二

姚秦鳩摩羅什譯, CBETA, T09, no.262, p.16, b15–17。唐時期。

LM20-1464-19-16　《道行般若經》卷一〇

後漢支婁迦讖譯, CBETA, T08, no.224, p.475, c2–5。高昌郡時期。

參:《旅博選粹》, 34。

LM20-1464-19-17　《大般涅槃經》卷四

北涼曇無讖譯, CBETA, T12, no.374, p.385, c26–28。唐時期。

LM20-1464-19-18　《悲華經》卷六

北涼曇無讖譯, CBETA, T03, no.157, p.208, b3–5。高昌國時期。

參:《旅博選粹》, 27; 陰會蓮 2006, 109、113。

LM20-1464-19-19　《妙法蓮華經》注疏

參姚秦鳩摩羅什譯《妙法蓮華經》卷四, CBETA, T09, no.262, p.27, b20。唐時期。

LM20-1464-19-20　佛教經録

參唐道宣撰《大唐内典録》卷八, CBETA, T55, no.2149, p.307, a4–20。唐時期。

LM20-1464-19-21　《十方千五百佛名經》

譯者不詳。參《十方千五百佛名經》全文, 187 頁。高昌國時期。

LM20-1464-19-22　佛教經録

參唐道宣《大唐内典録》卷八, CBETA, T55, no.2149, p.304, b3–13。唐時期。

LM20-1464-19-23　《大智度論》卷四四

姚秦鳩摩羅什譯, CBETA, T25, no.1509, p.382, a3–6。高昌郡時期

LM20-1464-19-24　《文殊師利所説摩訶般若波羅蜜經》卷上

梁曼陀羅仙譯, CBETA, T08, no.232, p.728, b5–10。唐時期。

LM20-1464-19-25　《大方廣佛華嚴經》卷三

東晉佛陀跋陀羅譯, CBETA, T09, no.278, p.412, b17–23。唐時期。

LM20-1464-20-01　《妙法蓮華經》卷四

姚秦鳩摩羅什譯, CBETA, T09, no.262, p.30, c17–20。唐時期。

LM20-1464-20-02　《妙法蓮華經》卷一

姚秦鳩摩羅什譯, CBETA, T09, no.262, p.8, c12–20。高昌國時期。

LM20-1464-20-03 《善惡因果經》

作者不詳, CBETA, T85, no.2881, p.1381, b7–9。高昌國時期。

LM20-1464-20-04 《妙法蓮華經》卷六

姚秦鳩摩羅什譯, CBETA, T09, no.262, p.49, b29–c3。高昌國時期。

LM20-1464-20-05 《妙法蓮華經》卷七

姚秦鳩摩羅什譯, CBETA, T09, no.262, p.60, c22–27。高昌國時期。

LM20-1464-20-06 《摩訶般若波羅蜜經》卷二一

姚秦鳩摩羅什譯, CBETA, T08, no.223, p.368, c26–p.369, a1。高昌國時期。

LM20-1464-20-07 《大智度論》卷二四

姚秦鳩摩羅什譯, CBETA, T25, no.1509, p.240, b14–18。高昌國時期。

LM20-1464-20-08 《妙法蓮華經》卷三

姚秦鳩摩羅什譯, CBETA, T09, no.262, p.23, c8–12。唐時期。

LM20-1464-20-09 《妙法蓮華經》卷四

姚秦鳩摩羅什譯, CBETA, T09, no.262, p.30, a11–17。高昌國時期。

LM20-1464-20-10 《佛說盂蘭盆經》

西晉竺法護譯, CBETA, T16, no.685, p.779, c11–15。唐時期。

LM20-1464-20-11 《佛本行集經》卷五四

隋闍那崛多譯, CBETA, T03, no.190, p.904, c2–3。唐時期。

參: 段真子 2019, 170。

LM20-1464-20-12 《妙法蓮華經》卷七

姚秦鳩摩羅什譯, CBETA, T09, no.262, p.58, b27–29。唐時期。

LM20-1464-20-13 《妙法蓮華經》卷四

姚秦鳩摩羅什譯, CBETA, T09, no.262, p.36, a1–5。唐時期。

LM20-1464-20-14 《金剛般若波羅蜜經》

姚秦鳩摩羅什譯, CBETA, T08, no.235, p.751, c6–11。唐時期。

LM20-1464-20-15 《大般若波羅蜜多經》卷四七八

唐玄奘譯, CBETA, T07, no.220, p.421, b23–25。唐時期。

LM20-1464-20-16 《金剛般若波羅蜜經》

元魏菩提流支譯, CBETA, T08, no.236a, p.753, b23–26。唐時期。

LM20-1464-20-17 《大方廣佛華嚴經》卷一九

東晉佛陀跋陀羅譯, CBETA, T09, no.278, p.523, a29–b2。唐時期。

LM20-1464-20-18 《大般涅槃經》卷七

北涼曇無讖譯, CBETA, T12, no.374, p.403, b9–12。高昌國時期。

LM20-1464-20-19　《妙法蓮華經》卷一

姚秦鳩摩羅什譯，CBETA, T09, no.262, p.5, c27-a1。高昌國時期。

LM20-1464-20-20　《大般涅槃經》卷二三

北涼曇無讖譯，CBETA, T12, no.374, p.499, b23-25。高昌國時期。

LM20-1464-20-21　《佛説仁王般若波羅蜜經》卷上

姚秦鳩摩羅什譯，CBETA, T08, no.245, p.828, c9-10。高昌國時期。

LM20-1464-20-22　《摩訶般若波羅蜜經》卷二一

姚秦鳩摩羅什譯，CBETA, T08, no.223, p.371, c7-9。高昌國時期。

LM20-1464-21-01　《放光般若經》卷九

西晉無羅叉譯，CBETA, T08, no.221, p.61, a28-b3。高昌國時期。

LM20-1464-21-02　《妙法蓮華經》卷五

姚秦鳩摩羅什譯，CBETA, T09, no.262, p.44, b5-8。高昌國時期。

LM20-1464-21-03　《大般涅槃經》卷八

北涼曇無讖譯，CBETA, T12, no.374, p.410, b1-5。高昌國時期。

LM20-1464-21-04　《十方千五百佛名經》

譯者不詳，CBETA, T14, no.442, p.312, c11-12。高昌國時期。

LM20-1464-21-05　《大方廣佛華嚴經》卷四二（五十卷本）

東晉佛陀跋陀羅譯，《中華大藏經》第12册，507a19-22; 參 CBETA, T09, no.278, p.713, a18-21。高昌國時期，

LM20-1464-21-06　《佛説觀彌勒菩薩上生兜率天經》

劉宋沮渠京聲譯，CBETA, T14, no.452, p.419, a27-28。高昌國時期。

LM20-1464-21-07　《十誦比丘波羅提木叉戒本》

姚秦鳩摩羅什譯，CBETA, T23, no.1436, p.473, c4-9，"衆捨"作"衆中捨"。高昌國時期。

LM20-1464-21-08　《衆事分阿毗曇論》卷六

劉宋求那跋陀羅、菩提耶舍譯，CBETA, T26, no.1541, p.654, c19-21。唐時期。

LM20-1464-21-09　《大般涅槃經》卷二三

北涼曇無讖譯，CBETA, T12, no.374, p.501, b15-16。高昌國時期。

LM20-1464-21-10　《大般涅槃經》卷二三

北涼曇無讖譯，CBETA, T12, no.374, p.503, b18-20。高昌國時期。

LM20-1464-21-11　《大般涅槃經》卷一八

北涼曇無讖譯，CBETA, T12, no.374, p.471, c18-21。高昌國時期。

LM20-1464-21-12　《妙法蓮華經》卷四

姚秦鳩摩羅什譯，CBETA, T09, no.262, p.27, c13-15。唐時期。

LM20-1464-21-13　《太上靈寶諸天内音自然玉字》卷下

作者不詳，約出於東晉，《正統道藏》第 2 冊 562a7–9。唐時期。

參：《旅博選粹》，203；都築晶子等 2010，74；趙洋 2017a，186；趙洋 2017b，210。

LM20-1464-21-14　《合部金光明經》卷六

隋闍那崛多譯，隋寶貴合，CBETA，T16，no.664，p.386，b15–18。高昌國時期。

LM20-1464-21-15　《大般涅槃經》卷一三

北涼曇無讖譯，CBETA，T12，no.374，p.442，c14–18。高昌國時期。

LM20-1464-21-16　《大方廣佛華嚴經》卷三四（五十卷本）

東晉佛陀跋陀羅譯，《中華大藏經》第 12 冊，411c16–412a1；參 CBETA，T09，no.278，p.653，c13–18。高昌國時期。

LM20-1464-21-17　《大般涅槃經》卷二三

北涼曇無讖譯，CBETA，T12，no.374，p.501，b16–22。高昌國時期。

LM20-1464-21-18　《金光明經》卷一

北涼曇無讖譯，CBETA，T16，no.663，p.338，b12–16。高昌國時期。

LM20-1464-21-19　《大方廣佛華嚴經》卷三六（五十卷本）

東晉佛陀跋陀羅譯，《中華大藏經》第 12 冊，431a6–9；參 CBETA，T09，no.278，p.665，a13–15。高昌國時期。

LM20-1464-22-01　《正法念處經》卷六二

元魏般若流支譯，CBETA，T17，no.721，p.372，a11–17。唐時期。

LM20-1464-22-02　《維摩義記》

高昌國時期。

參：《旅博選粹》，71；橘堂晃一 2006a，94；榮新江 2019a，28。

LM20-1464-22-03　《大智度論》卷八八

姚秦鳩摩羅什譯，CBETA，T25，no.1509，p.683，b3–5。高昌國時期。

LM20-1464-22-04　《維摩詰所説經》卷上

姚秦鳩摩羅什譯，CBETA，T14，no.475，p.537，b28–c2。唐時期。

LM20-1464-22-05　《佛説仁王般若波羅蜜經》卷上

姚秦鳩摩羅什譯，CBETA，T08，no.245，p.828，b14–19。高昌國時期。

LM20-1464-22-06　《妙法蓮華經》卷六

姚秦鳩摩羅什譯，CBETA，T09，no.262，p.54，a5–7。唐時期。

LM20-1464-22-07　《摩訶般若波羅蜜經》卷一三

姚秦鳩摩羅什譯，CBETA，T08，no.223，p.318，b13–16。高昌國時期。

LM20-1464-22-08　《金光明經》卷一

北涼曇無讖譯，CBETA，T16，no.663，p.339，b7–11。唐時期。

LM20-1464-22-09　《大般若波羅蜜多經》卷三六〇

唐玄奘譯, CBETA, T06, no.220, p.854, b5-7。唐時期。

LM20-1464-22-10　《佛説仁王般若波羅蜜經》卷下

姚秦鳩摩羅什譯, CBETA, T08, no.245, p.831, b4-6。高昌國時期。

LM20-1464-22-11　《大通方廣懺悔滅罪莊嚴成佛經》卷下

作者不詳, CBETA, T85, no.2871, p.1354, b11-13。高昌國時期。

LM20-1464-22-12　《雜寶藏經》卷二

元魏吉迦夜、曇曜譯, CBETA, T04, no.203, p.454, b24-29。唐時期。

LM20-1464-22-13　《放光般若經》卷一三

西晉無羅叉譯, CBETA, T08, no.221, p.92, b14-16。高昌國時期。

LM20-1464-22-14　《妙法蓮華經》卷五

姚秦鳩摩羅什譯, CBETA, T09, no.262, p.39, a14-16。唐時期。

LM20-1464-22-15　《大般涅槃經》卷一四

北涼曇無讖譯, CBETA, T12, no.374, p.446, b29-c4。高昌國時期。

LM20-1464-22-16　《大般涅槃經》卷一八

北涼曇無讖譯, CBETA, T12, no.374, p.469, b15-20。高昌國時期。

LM20-1464-22-17　《大般涅槃經》卷一

北涼曇無讖譯, CBETA, T12, no.374, p.366, b5-6。高昌國時期。

LM20-1464-22-18　《大般涅槃經》卷二四

北涼曇無讖譯, CBETA, T12, no.374, p.504, c17-19。唐時期。

LM20-1464-22-19　《大般涅槃經》卷一九

北涼曇無讖譯, CBETA, T12, no.374, p.479, a25-27。高昌國時期。

LM20-1464-22-20　願文

高昌國時期。

LM20-1464-23-01　《妙法蓮華經》卷四

姚秦鳩摩羅什譯, CBETA, T09, no.262, p.29, c22-26。唐時期。

LM20-1464-23-02　佛典殘片

唐時期。

LM20-1464-23-03　《法句經》卷下

吳維祇難等譯, CBETA, T04, no.210, p.567, c23-25。高昌國時期。

LM20-1464-23-04　《大智度論》卷二七

姚秦鳩摩羅什譯, CBETA, T25, no.1509, p.257, c24-26, "無道"作"無漏道"。高昌國時期。

LM20-1464-23-05　佛典殘片

高昌國時期。

LM20-1464-23-06　《大般涅槃經》卷二四

北涼曇無讖譯，此段文字多處可見。高昌郡時期。

LM20-1464-23-07　《大般涅槃經》卷八

北涼曇無讖譯，CBETA, T12, no.374, p.412, c10-12。高昌郡時期。

參：《旅博選粹》，15。

LM20-1464-23-08　《大智度論》卷二七

姚秦鳩摩羅什譯，CBETA, T25, no.1509, p.261, b7-10。高昌國時期。

LM20-1464-23-09　《千眼千臂觀世音菩薩陀羅尼神咒經》卷下

唐智通譯，CBETA, T20, no.1057a, p.89, b10-13。唐時期。

LM20-1464-23-10　《釋禪波羅蜜次第法門》卷二

隋智顗説，CBETA, T46, no.1916, p.489, c29-p.490, a6。西州回鶻時期。

LM20-1464-23-11　《大智度論》卷三

姚秦鳩摩羅什譯，CBETA, T25, no.1509, p.79, a11-13。唐時期。

LM20-1464-23-12　《妙法蓮華經》卷六

姚秦鳩摩羅什譯，CBETA, T09, no.262, p.52, a26-29。唐時期。

LM20-1464-23-13　《妙法蓮華經》卷七

姚秦鳩摩羅什譯，CBETA, T09, no.262, p.55, c25-27。高昌國時期。

LM20-1464-23-14　《摩訶僧祇律》卷二九

東晉佛陀跋陀羅、法顯譯，CBETA, T22, no.1425, p.460, c26-p.461, a1。高昌郡時期。

LM20-1464-23-15　《優婆塞戒經》卷三

北涼曇無讖譯，CBETA, T24, no.1488, p.1047, b6-9。高昌郡時期。

參：《旅博選粹》，58。

LM20-1464-23-16　《妙法蓮華經》卷三

姚秦鳩摩羅什譯，CBETA, T09, no.262, p.26, b24-28。唐時期。

LM20-1464-23-17　《大般涅槃經》卷四

北涼曇無讖譯，CBETA, T12, no.374, p.386, a23-25。唐時期。

LM20-1464-23-18　《妙法蓮華經》卷四

姚秦鳩摩羅什譯，CBETA, T09, no.262, p.28, c4-6。唐時期。

LM20-1464-23-19　《光讚經》卷六

西晉竺法護譯，CBETA, T08, no.222, p.191, b4-6。高昌國時期。

LM20-1464-23-20　《妙法蓮華經》卷四

姚秦鳩摩羅什譯，CBETA, T09, no.262, p.33, a3-5。唐時期。

LM20-1464-23-21　《道行般若經》卷六

後漢支婁迦讖譯，CBETA, T08, no.224, p.454, c22-25。高昌國時期。

參：《旅博選粹》，33。

LM20-1464-23-22　佛典殘片

參後漢支婁迦讖譯《佛說伅真陀羅所問如來三昧經》卷下，CBETA, T15, no.624, p.365, b1–2。高昌國時期。

LM20-1464-23-23　《妙法蓮華經》卷二

姚秦鳩摩羅什譯，CBETA, T09, no.262, p.15, a2–4。高昌國時期。

LM20-1464-23-24　《合部金光明經》卷四

梁真諦譯，隋寶貴合，CBETA, T16, no.664, p.380, a19–23。唐時期。

LM20-1464-23-25　《道行般若經》注疏

參後漢支婁迦讖譯《道行般若經》卷四，CBETA, T08, no.224, p.446, b8–9。高昌國時期。

LM20-1464-23-26　《大般涅槃經》卷一九

北涼曇無讖譯，CBETA, T12, no.374, p.475, c13–14。高昌國時期。

LM20-1464-24-01　《大寶積經》卷四六

唐玄奘譯，CBETA, T11, no.310, p.269, b6–8。唐時期。

LM20-1464-24-02　《四分律》卷二三

姚秦佛陀耶舍、竺佛念等譯，CBETA, T22, no.1428, p.725, a22–26。高昌國時期。

LM20-1464-24-03　佛典殘片

高昌國時期。

LM20-1464-24-04　佛教戒律

參譯者不詳《大沙門百一羯磨法》，CBETA, T23, no.1438, p.493, a10–22。西州回鶻時期。

LM20-1464-24-05　《四分律》卷八

姚秦佛陀耶舍、竺佛念等譯，CBETA, T22, no.1428, p.620, b16–23。高昌國時期。

LM20-1464-24-06　《出曜經》卷二二

姚秦竺佛念譯，CBETA, T04, no.212, p.726, c6–11。唐時期。

LM20-1464-24-07　《大智度論》卷二二

姚秦鳩摩羅什譯，CBETA, T25, no.1509, p.228, a25–26。高昌國時期。

LM20-1464-24-08　《妙法蓮華經》卷六

姚秦鳩摩羅什譯，CBETA, T09, no.262, p.49, b22–24。高昌國時期。

LM20-1464-24-09　《妙法蓮華經》卷五

姚秦鳩摩羅什譯，CBETA, T09, no.262, p.37, a24–27。高昌國時期。

LM20-1464-24-10　《妙法蓮華經》卷七

姚秦鳩摩羅什譯，CBETA, T09, no.262, p.59, a22–27。唐時期。

LM20-1464-24-11　《大智度論》卷二〇

姚秦鳩摩羅什譯，CBETA, T25, no.1509, p.209, a22–24。唐時期。

LM20-1464-24-12　佛典殘片

唐時期。

LM20-1464-24-13　《妙法蓮華經》卷二

姚秦鳩摩羅什譯，CBETA, T09, no.262, p.10, c2–4。唐時期。

LM20-1464-24-14　《四分律比丘戒本》

姚秦佛陀耶舍譯，CBETA, T22, no.1429, p.1015, b6–12。西州回鶻時期。

LM20-1464-24-15　《佛說七千佛神符經》

作者不詳，CBETA, T85, no.2904, p.1446, b21–23。高昌國時期。

LM20-1464-24-16　《妙法蓮華經》卷七

姚秦鳩摩羅什譯，CBETA, T09, no.262, p.57, a2–4。唐時期。

LM20-1464-24-17　《佛說七千佛神符經》

作者不詳，CBETA, T85, no.2904, p.1446, b14–19。高昌國時期。

LM20-1464-24-18　佛名經

參譯者不詳《佛說佛名經》卷一六，CBETA, T14, no.441, p.247, b11–13。西州回鶻時期。

LM20-1464-24-19　《維摩詰所說經》卷上

姚秦鳩摩羅什譯，CBETA, T14, no.475, p.538, b17–20。唐時期。

參：王梅 2006, 150。

LM20-1464-24-20　《妙法蓮華經》卷三

姚秦鳩摩羅什譯，CBETA, T09, no.262, p.22, c19–21。高昌國時期。

LM20-1464-24-21　《諸佛要集經》卷下

西晉竺法護譯，CBETA, T17, no.810, p.769, b29–c3。高昌郡時期。

參：《旅博選粹》, 2；郭富純、王振芬 2006, 22；三谷真澄 2006, 68–69；《旅博研究》, 84；三谷真澄 2019, 17–18。

LM20-1464-24-22　《大般若波羅蜜多經》卷一八三

唐玄奘譯，此段文字多處可見。唐時期。

LM20-1464-24-23　《阿毗達磨順正理論》卷五八

唐玄奘譯，CBETA, T29, no.1562, p.663, c23–25，“又”作“受又”。唐時期。

LM20-1464-24-24　《合部金光明經》卷一

梁真諦譯，隋寶貴合，CBETA, T16, no.664, p.363, a18–20。唐時期。

LM20-1464-25-01　《維摩詰所說經》卷中

姚秦鳩摩羅什譯，CBETA, T14, no.475, p.545, c24–26。高昌國時期。

LM20-1464-25-02　《淨名經集解關中疏》卷下

唐道液撰，CBETA, T85, no.2777, p.473, c17–23。有朱筆句讀。西州回鶻時期。

LM20-1464-25-03　《妙法蓮華經》卷四

姚秦鳩摩羅什譯，CBETA, T09, no.262, p.28, a29–b6。唐時期。

LM20-1464-25-04　《達摩多羅禪經》卷下

東晉佛陀跋陀羅譯，CBETA, T15, no.618, p.322, a14-20。高昌郡時期。

LM20-1464-25-05　《金光明經》卷四

北涼曇無讖譯，CBETA, T16, no.663, p.354, c18-21，"持日障弊"作"持障蔽"。高昌國時期。

LM20-1464-25-06　《妙法蓮華經》卷七

姚秦鳩摩羅什譯，CBETA, T09, no.262, p.57, b19-22。高昌國時期。

LM20-1464-25-07　《妙法蓮華經》卷二

姚秦鳩摩羅什譯，CBETA, T09, no.262, p.11, b24-26。唐時期。

LM20-1464-25-08　《阿毗曇八犍度論》卷二〇

姚秦僧伽提婆、竺佛念譯，CBETA, T26, no.1543, p.865, b23-27。高昌郡時期。

參：《旅博選粹》, 22。

LM20-1464-25-09　《妙法蓮華經》卷六

姚秦鳩摩羅什譯，CBETA, T09, no.262, p.50, c20-22。高昌國時期。

LM20-1464-25-10　　寶積經

參譯者不詳《大寶積經》卷一一二，CBETA, T11, no.310, p.635, c15-18，"姓"作"性"。高昌國時期。

參：《旅博選粹》, 47。

LM20-1464-25-11　《大般涅槃經》卷一〇

北涼曇無讖譯，CBETA, T12, no.374, p.428, a11-13。高昌國時期。

LM20-1464-25-12　《四分律刪繁補闕行事鈔》卷中

唐道宣撰，CBETA, T40, no.1804, p.74, c12-19。西州回鶻時期。

LM20-1464-25-13　《摩訶般若波羅蜜經》卷一

姚秦鳩摩羅什譯，CBETA, T08, no.223, p.221, c1-5。唐時期。

LM20-1464-25-14　《妙法蓮華經》卷二

姚秦鳩摩羅什譯，CBETA, T09, no.262, p.11, b26-28。唐時期。

LM20-1464-25-15　《十誦律》（別本）

參姚秦弗若多羅譯《十誦律》卷二二,CBETA,T23,no.1435,p.163,c17-28。西州回鶻時期。

LM20-1464-25-16　《大般涅槃經》卷三三

北涼曇無讖譯，CBETA, T12, no.374, p.561, c10-13。高昌國時期。

LM20-1464-25-17　《別譯雜阿含經》卷一一

譯者不詳，CBETA, T02, no.100, p.448, a22-24。高昌郡時期。

參：《旅博選粹》, 26。

LM20-1464-25-18　　道經殘片

唐時期。

參: 趙洋 2017a, 191; 趙洋 2017b, 211。

LM20-1464-25-19 《大智度論》卷八

姚秦鳩摩羅什譯, CBETA, T25, no.1509, p.115, b16–21。高昌國時期。

LM20-1464-25-20 《妙法蓮華經》卷五

姚秦鳩摩羅什譯, CBETA, T09, no.262, p.45, b4–12。唐時期。

LM20-1464-25-21 佛典殘片

唐時期。

LM20-1464-25-22 《佛説灌頂經》卷一二

東晉帛尸梨蜜多羅譯, CBETA, T21, no.1331, p.532, c24–25。唐時期。

LM20-1464-25-23 《妙法蓮華經》卷四

姚秦鳩摩羅什譯, CBETA, T09, no.262, p.27, c15–17。唐時期。

LM20-1464-26-01 《大方廣佛華嚴經》卷三二（五十卷本）

東晉佛陀跋陀羅譯,《中華大藏經》第 12 册, 386b2–3; 參 CBETA, T09, no.278, p.638, b11–12。高昌國時期。

LM20-1464-26-02 《妙法蓮華經》卷三

姚秦鳩摩羅什譯, CBETA, T09, no.262, p.21, c7–12。唐時期。

LM20-1464-26-03 《大智度論》卷三二

姚秦鳩摩羅什譯, CBETA, T25, no.1509, p.297, a3–6。高昌國時期。

LM20-1464-26-04 《摩訶般若波羅蜜經》卷二五

姚秦鳩摩羅什譯, CBETA, T08, no.223, p.405, a2–7。高昌國時期。

LM20-1464-26-05 《請觀世音菩薩消伏毒害陀羅尼咒經》

東晉竺難提譯, CBETA, T20, no.1043, p.37, a26–29。高昌國時期。

LM20-1464-26-06 《菩薩地持經》卷一〇

北涼曇無讖譯, CBETA, T30, no.1581, p.955, b14–16。高昌國時期。

LM20-1464-26-07 《大智度論》卷七三

姚秦鳩摩羅什譯, CBETA, T25, no.1509, p.573, b11–13。高昌國時期。

LM20-1464-26-08 《四分律》卷三二

姚秦佛陀耶舍、竺佛念等譯, CBETA, T22, no.1428, p.787, b17–21。唐時期。

LM20-1464-26-09 《金剛般若波羅蜜經》

姚秦鳩摩羅什譯, CBETA, T08, no.235, p.749, a23–26。唐時期。

LM20-1464-26-10 《大般涅槃經》卷二七

北涼曇無讖譯, CBETA, T12, no.374, p.528, b2–5。高昌國時期。

LM20-1464-26-11 《大般涅槃經》卷二五

北涼曇無讖譯，CBETA, T12, no.374, p.512, a5-8。高昌國時期。

LM20-1464-26-12　《妙法蓮華經》卷四

姚秦鳩摩羅什譯，CBETA, T09, no.262, p.27, c6-8。唐時期。

LM20-1464-26-13　《大方等大集經》卷一三

北涼曇無讖譯，CBETA, T13, no.397, p.85, c17-22。高昌國時期。

LM20-1464-26-14　《大般涅槃經》卷二六

北涼曇無讖譯，CBETA, T12, no.374, p.519, b24-27。高昌國時期。

LM20-1464-26-15　《大智度論》卷三四

姚秦鳩摩羅什譯，CBETA, T25, no.1509, p.311, a19-21。唐時期。

LM20-1464-26-16　《大般涅槃經》卷三八

北涼曇無讖譯，CBETA, T12, no.374, p.587, b8-11。高昌國時期。

LM20-1464-27-01　《大通方廣懺悔滅罪莊嚴成佛經》卷上

作者不詳，CBETA, T85, no.2871, p.1339, b5-8。高昌國時期。

LM20-1464-27-02　《金剛般若波羅蜜經》

姚秦鳩摩羅什譯，CBETA, T08, no.235, p.751, c26-p.752, a1。西州回鶻時期。

LM20-1464-27-03　《摩訶般若波羅蜜經》卷二六

姚秦鳩摩羅什譯，CBETA, T08, no.223, p.408, a10-14。高昌國時期。

LM20-1464-27-04　《四分律刪補隨機羯磨序》

唐道宣撰，CBETA, T40, no.1808, p.492, b1-2。唐時期。

LM20-1464-27-05　《菩薩地持經》卷八

北涼曇無讖譯，CBETA, T30, no.1581, p.938, c5-8。高昌國時期。

LM20-1464-27-06　《摩訶般若波羅蜜經》卷七

姚秦鳩摩羅什譯，CBETA, T08, no.223, p.272, a17-20。高昌國時期。

LM20-1464-27-07　《妙法蓮華經》卷五

姚秦鳩摩羅什譯，CBETA, T09, no.262, p.46, a13-17。唐時期。

LM20-1464-27-08　《金光明經》卷二

北涼曇無讖譯，CBETA, T16, no.663, p.341, a15-18。唐時期。

LM20-1464-27-09　《大法鼓經》卷下

劉宋求那跋陀羅譯，CBETA, T09, no.270, p.295, b6-7。高昌國時期。

LM20-1464-27-10　佛典注疏

唐時期。

LM20-1464-27-11　《大般涅槃經》卷三九

北涼曇無讖譯，CBETA, T12, no.374, p.592, a9-14。高昌國時期。

LM20-1464-27-12　《妙法蓮華經》卷三

姚秦鳩摩羅什譯, CBETA, T09, no.262, p.19, c9-11。唐時期。

LM20-1464-27-13　《佛説法句經》

作者不詳, CBETA, T85, no.2901, p.1435, b8-11。西州回鶻時期。

LM20-1464-27-14　《道行般若經》卷三

後漢支婁迦讖譯, CBETA, T08, no.224, p.441, b1-4。唐時期。

參: 孫傳波 2006, 172。

LM20-1464-27-15　《合部金光明經》卷三

梁真諦譯, 隋寶貴合, CBETA, T16, no.664, p.373, c16-19。唐時期。

LM20-1464-27-16　《大智度論》卷二六

姚秦鳩摩羅什譯, CBETA, T25, no.1509, p.249, b26-29。高昌國時期。

LM20-1464-27-17　《佛説無量壽經》卷下

曹魏康僧鎧譯, CBETA, T12, no.360, p.275, b2-4。高昌國時期。

參:《净土集成》, 16-17。

LM20-1464-27-18　《金光明最勝王經》卷四

唐義净譯, CBETA, T16, no.665, p.420, a28-b1。唐時期。

LM20-1464-27-19　《妙法蓮華經》卷一

姚秦鳩摩羅什譯, CBETA, T09, no.262, p.2, a27-b1。唐時期。

LM20-1464-28-01　《佛垂般涅槃略説教誡經》

姚秦鳩摩羅什譯, CBETA, T12, no.389, p.1111, b5-8。唐時期。

LM20-1464-28-02　《大般涅槃經》卷三〇

北涼曇無讖譯, CBETA, T12, no.374, p.542, a2-7。高昌國時期。

LM20-1464-28-03r　羯磨文

與《西域考古圖譜》下卷 "佛典附録"（52）-（53）爲同一寫本, 據此定名。唐時期。

參:《旅博選粹》, 165; 橘堂晃一 2010, 93。

LM20-1464-28-03v　《法華義記》卷一

與《西域考古圖譜》下卷 "佛典附録"（51）爲同一寫本, 據尾題定名。高昌國時期。無法揭取拍攝。

LM20-1464-28-04r　《大比丘三千威儀》卷下

後漢安世高譯, CBETA, T24, no.1470, p.920, a21-26。唐時期。

參:《旅博選粹》, 139。

LM20-1464-28-04v　唐西州高昌縣户籍

有 "年十八" 字樣。背鈐朱文 "高昌縣印"。唐時期。無法揭取拍攝。

LM20-1464-28-05　《妙法蓮華經》卷四

姚秦鳩摩羅什譯, CBETA, T09, no.262, p.28, b16-22。唐時期。

LM20-1464-28-06　《大般涅槃經》卷二七

北涼曇無讖譯，CBETA，T12，no.374，p.524，c17–19。唐時期。

LM20-1464-28-07　《決罪福經》卷下

作者不詳，CBETA，T85，no.2868，p.1331，c9–11，“三者欲作無”作“三者欲無”。高昌國時期。

LM20-1464-28-08　《佛説灌頂經》卷一二

東晉帛尸梨蜜多羅譯，CBETA，T21，no.1331，p.532，c18–22，“能言”作“得語”。唐時期。

LM20-1464-28-09　《大般涅槃經》卷二七

北涼曇無讖譯，CBETA，T12，no.374，p.527，c18–22。高昌國時期。

LM20-1464-28-10　《摩訶般若波羅蜜經》卷一三

姚秦鳩摩羅什譯，CBETA，T08，no.223，p.319，a14–18。唐時期。

LM20-1464-28-11　《放光般若經》卷二

西晉無羅叉譯，CBETA，T08，no.221，p.9，c17–19。高昌國時期。

LM20-1464-28-12　《勝天王般若波羅蜜經》卷三

陳月婆首那譯，CBETA，T08，no.231，p.701，c5–10。高昌國時期。

LM20-1464-28-13　《妙法蓮華經》卷三

姚秦鳩摩羅什譯，CBETA，T09，no.262，p.22，b21–26。唐時期。

LM20-1464-29-01　《五分戒本》

劉宋佛陀什等譯，CBETA，T22，no.1422b，p.203，a15–24。高昌國時期。

LM20-1464-29-02　《妙法蓮華經》卷五

姚秦鳩摩羅什譯，CBETA，T09，no.262，p.38，c20–27。唐時期。

LM20-1464-29-03　《金光明經》卷四

北涼曇無讖譯，CBETA，T16，no.663，p.356，a2–5。高昌國時期。

LM20-1464-29-04　佛典殘片

有朱筆句讀。西州回鶻時期。

LM20-1464-29-05　《佛説廣博嚴浄不退轉輪經》卷一

劉宋智嚴譯，CBETA，T09，no.268，p.255，a27–b3。高昌國時期。

LM20-1464-29-06　佛典注疏

高昌國時期。

LM20-1464-29-07　《十住經》卷一

姚秦鳩摩羅什譯，CBETA，T10，no.286，p.506，a5–13。高昌郡時期。

參：《旅博選粹》，14。

LM20-1464-29-08　《大般涅槃經》卷三五

北涼曇無讖譯，CBETA，T12，no.374，p.573，b8–15。高昌郡時期。

LM20-1464-29-09 《金光明經》卷四

北涼曇無讖譯，CBETA，T16，no.663，p.356，a8–10，"夢見"作"見夢"。高昌國時期。

LM20-1464-29-10 佛典殘片

唐時期。

LM20-1464-30-01 《大般涅槃經》卷二○

北涼曇無讖譯，CBETA，T12，no.374，p.481，c7–9。高昌國時期。

LM20-1464-30-02 《妙法蓮華經》卷二

姚秦鳩摩羅什譯，CBETA，T09，no.262，p.15，b28–c4。高昌國時期。

LM20-1464-30-03 《妙法蓮華經》卷二

姚秦鳩摩羅什譯，CBETA，T09，no.262，p.13，b26–29。高昌國時期。

LM20-1464-30-04 《妙法蓮華經》卷三

姚秦鳩摩羅什譯，CBETA，T09，no.262，p.24，a20–23。高昌國時期。

參：《旅博選粹》，104。

LM20-1464-30-05 《金光明經》卷三

北涼曇無讖譯，CBETA，T16，no.663，p.348，c29–p.349，a4。唐時期。

LM20-1464-30-06 《妙法蓮華經》卷一

姚秦鳩摩羅什譯，CBETA，T09，no.262，p.3，a5–8。唐時期。

LM20-1464-30-07 《梵網經》卷下

姚秦鳩摩羅什譯，CBETA，T24，no.1484，p.1005，a25–b1。唐時期。

LM20-1464-30-08 《妙法蓮華經》卷一

姚秦鳩摩羅什譯，CBETA，T09，no.262，p.2，b26–28。唐時期。

LM20-1464-30-09 《大般涅槃經》卷二七

北涼曇無讖譯，CBETA，T12，no.374，p.522，b17–21。唐時期。

LM20-1464-30-10 《妙法蓮華經》卷六

姚秦鳩摩羅什譯，CBETA，T09，no.262，p.48，b2–8。高昌國時期。

LM20-1464-30-11 《妙法蓮華經》卷四

姚秦鳩摩羅什譯，CBETA，T09，no.262，p.31，c21–24。唐時期。

LM20-1464-30-12 《大般涅槃經》卷二二

北涼曇無讖譯，CBETA，T12，no.374，p.496，a11–13。高昌國時期。

LM20-1464-31-01 《大般若波羅蜜多經》卷五五七

唐玄奘譯，CBETA，T07，no.220，p.873，b6–9。唐時期。

LM20-1464-31-02 《妙法蓮華經》卷二

姚秦鳩摩羅什譯，CBETA，T09，no.262，p.14，b26–29。唐時期。

LM20-1464-31-03 《大方廣佛華嚴經》卷四五（五十卷本）

東晉佛陀跋陀羅譯，《中華大藏經》第 12 册，545a2-3；參 CBETA，T09, no.278, p.736, a26-28。高昌國時期。

LM20-1464-31-04　《妙法蓮華經》卷三

姚秦鳩摩羅什譯，CBETA, T09, no.262, p.20, c4-6。唐時期。

參：《旅博選粹》，104。

LM20-1464-31-05　《大般涅槃經》卷一

北涼曇無讖譯，CBETA, T12, no.374, p.367, b13-15。高昌國時期。

LM20-1464-31-06　《妙法蓮華經》卷七

姚秦鳩摩羅什譯，CBETA, T09, no.262, p.61, c11-16。高昌國時期。

LM20-1464-31-07　《大愛道比丘尼經》卷上

譯者不詳，CBETA, T24, no.1478, p.947, c25-28。唐時期。

LM20-1464-31-08　《大智度論》卷一八

姚秦鳩摩羅什譯，CBETA, T25, no.1509, p.193, c5-8。唐時期。

LM20-1464-31-09　《太子瑞應本起經》卷下

吳支謙譯，CBETA, T03, no.185, p.482, a12-14。高昌郡時期。

參：《旅博選粹》，28。

LM20-1464-31-10　《大般涅槃經》卷四

北涼曇無讖譯，CBETA, T12, no.374, p.386, b5-10。高昌國時期。

LM20-1464-31-11　《妙法蓮華經》卷六

姚秦鳩摩羅什譯，CBETA, T09, no.262, p.50, c16-17。唐時期。

LM20-1464-31-12　《大般涅槃經》卷二二

北涼曇無讖譯，CBETA, T12, no.374, p.494, b2-5。唐時期。

LM20-1464-31-13　《菩薩善戒經》卷七

劉宋求那跋摩譯，CBETA, T30, no.1582, p.998, c11-13。高昌國時期。

LM20-1464-31-14　《大般涅槃經》卷二五

北涼曇無讖譯，CBETA, T12, no.374, p.511, b8-12。高昌國時期。

LM20-1464-31-15　《菩薩地持經》卷八

北涼曇無讖譯，CBETA, T30, no.1581, p.937, b27-29。高昌國時期。

LM20-1464-31-16　《思益梵天所問經》卷三

姚秦鳩摩羅什譯，CBETA, T15, no.586, p.48, c16-23。唐時期。

LM20-1464-31-17　《佛説寶網經》

西晉竺法護譯，CBETA, T14, no.433, p.83, a24-29。唐時期。

參：榮新江 2019a, 29。

LM20-1464-32-01　《佛説觀藥王藥上二菩薩經》

劉宋畺良耶舍譯，CBETA, T20, no.1161, p.662, a11-17。唐時期。

LM20-1464-32-02 《妙法蓮華經》卷一

姚秦鳩摩羅什譯，CBETA, T09, no.262, p.3, a7-9。唐時期。

LM20-1464-32-03 《賢愚經》卷五

元魏慧覺等譯，CBETA, T04, no.202, p.387, a20-25。唐時期。

LM20-1464-32-04 陀羅尼集

參譯者不詳《陀羅尼雜集》卷二，CBETA, T21, no.1336, p.586, a6-8。高昌國時期。

參：《旅博選粹》，176；磯邊友美 2006, 206-208、216；橘堂晃一 2010, 91。

LM20-1464-32-05 《大智度論》卷六

姚秦鳩摩羅什譯，CBETA, T25, no.1509, p.105, b6-11。高昌郡時期。

LM20-1464-32-06 《大般涅槃經後分》卷上

唐若那跋陀羅譯，CBETA, T12, no.377, p.900, a21-25。唐時期。

LM20-1464-32-07 《大寶積經》卷二〇

唐菩提流志譯，CBETA, T11, no.310, p.110, c13-14。唐時期。

LM20-1464-32-08 《大般涅槃經》卷三一

北涼曇無讖譯，CBETA, T12, no.374, p.548, a15-18。高昌郡時期。

LM20-1464-32-09 《大智度論》卷二

姚秦鳩摩羅什譯，CBETA, T25, no.1509, p.67, a9-12。唐時期。

LM20-1464-32-10 《金光明經》卷四

北涼曇無讖譯，CBETA, T16, no.663, p.356, c23-29。偈語分欄書寫。高昌郡時期。

參：《旅博選粹》，57。

LM20-1464-32-11 《佛本行集經》卷三二

隋闍那崛多譯，CBETA, T03, no.190, p.802, b18-20。高昌國時期。

參：段真子 2019, 161。

LM20-1464-32-12 佛典殘片

高昌國時期。

LM20-1464-32-13 《摩訶般若波羅蜜經》卷一一

姚秦鳩摩羅什譯，CBETA, T08, no.223, p.298, c19-22。高昌國時期。

LM20-1464-32-14 《金剛般若波羅蜜經》

元魏菩提流支譯，CBETA, T08, no.236a, p.754, b14-20。唐時期。

LM20-1464-32-15 《大般涅槃經》卷四〇

北涼曇無讖譯，CBETA, T12, no.374, p.599, c12-20。西州回鶻時期。

LM20-1464-33-01 《大般涅槃經》卷二八

北涼曇無讖譯，CBETA, T12, no.374, p.530, c23-25。高昌國時期。

LM20-1464-33-02 《大般涅槃經》卷八

北涼曇無讖譯，CBETA, T12, no.374, p.411, b14–19。高昌國時期。

LM20-1464-33-03 《大般涅槃經》卷二一

北涼曇無讖譯，CBETA, T12, no.374, p.490, a27–b2。高昌國時期。

LM20-1464-33-04 《太玄真一本際妙經》卷二

隋劉進喜撰，唐李仲卿續，與敦煌本 P.2393 第 8–12 行同，相當於葉貴良《敦煌本〈太玄真一本際經〉輯校》（巴蜀書社，2010 年）38 頁錄文 5–9 行，"神仙"作"天仙"，"應現"作"見應"。唐時期。

參：趙洋 2017a, 172–175、190；趙洋 2017b, 207–209；游自勇 2019b, 53。

LM20-1464-33-05 《妙法蓮華經》卷五

姚秦鳩摩羅什譯，CBETA, T09, no.262, p.40, b10–15。高昌國時期。

LM20-1464-33-06 《四分律》卷四三

姚秦佛陀耶舍、竺佛念等譯，CBETA, T22, no.1428, p.878, c24–26。唐時期。

LM20-1464-33-07 《佛本行集經》卷二

隋闍那崛多譯，CBETA, T03, no.190, p.659, b24–26。唐時期。

參：段真子 2019, 162。

LM20-1464-33-08 《大般涅槃經》卷一一

北涼曇無讖譯，CBETA, T12, no.374, p.430, b6–11。高昌國時期。

LM20-1464-33-09 《大般涅槃經》卷一

北涼曇無讖譯，CBETA, T12, no.374, p.370, b6–10。高昌國時期。

LM20-1464-33-10 《大方廣佛華嚴經》卷三六（五十卷本）

東晉佛陀跋陀羅譯，此段文字多處可見。高昌國時期。

LM20-1464-33-11 《放光般若經》卷五

西晉無羅叉譯，CBETA, T08, no.221, p.31, c14–19，"短"作"無短"。高昌國時期。

LM20-1464-33-12 《摩訶般若波羅蜜經》卷二六

姚秦鳩摩羅什譯，CBETA, T08, no.223, p.409, c25–28。高昌國時期。

LM20-1464-33-13 《大般涅槃經》卷一〇

北涼曇無讖譯，CBETA, T12, no.374, p.426, b3–7。高昌國時期。

LM20-1464-33-14 《合部金光明經》卷一

北涼曇無讖譯，隋寶貴合，CBETA, T16, no.664, p.361, c29–p.362, a8。唐時期。

LM20-1464-33-15 《妙法蓮華經》卷一

姚秦鳩摩羅什譯，CBETA, T09, no.262, p.2, b12–15。唐時期。

LM20-1464-34-01 《大方廣佛華嚴經》卷三三（五十卷本）

東晉佛陀跋陀羅譯，《中華大藏經》第 12 冊，398b2–8；參 CBETA, T09, no.278, p.645,

b28-c4。高昌國時期。

LM20-1464-34-02　《金剛般若波羅蜜經》

元魏菩提流支譯，CBETA，T08，no.236a，p.753，a20-22。高昌國時期。

LM20-1464-34-03　《妙法蓮華經》卷五

姚秦鳩摩羅什譯，CBETA，T09，no.262，p.37，b28-c4。唐時期。

LM20-1464-34-04　《大方廣佛華嚴經》卷二八

東晉佛陀跋陀羅譯，CBETA，T09，no.278，p.583，c27-p.584，a2。唐時期。

LM20-1464-34-05　《佛説華手經》卷七

姚秦鳩摩羅什譯，CBETA，T16，no.657，p.178，a30-b2。唐時期。

LM20-1464-34-06　《善惡因果經》

作者不詳，CBETA，T85，no.2881，p.1381，b7-9。唐時期。

參：孟彦弘 2018，53。

LM20-1464-34-07　《佛本行集經》卷五

隋闍那崛多譯，CBETA，T03，no.190，p.675，b12-14。唐時期。

參：段真子 2019，152。

LM20-1464-34-08　《四分律》卷一六

姚秦佛陀耶舍、竺佛念等譯，CBETA，T22，no.1428，p.673，a18-22。唐時期。

LM20-1464-34-09　《諸佛要集經》卷下

西晉竺法護譯，CBETA，T17，no.810，p.769，c23-25。高昌郡時期。

參：《旅博選粹》，3；郭富純、王振芬 2006，24；三谷真澄 2006，68-69；《旅博研究》，84；三谷真澄 2019，18。

LM20-1464-34-10　《大般涅槃經》卷九

北涼曇無讖譯，CBETA，T12，no.374，p.421，b24-26。高昌國時期。

LM20-1464-34-11　《佛説仁王般若波羅蜜經》卷上

姚秦鳩摩羅什譯，CBETA，T08，no.245，p.829，c2-4。高昌國時期。

LM20-1464-34-12　《妙法蓮華經》卷六

姚秦鳩摩羅什譯，CBETA，T09，no.262，p.48，c9-19。高昌國時期。

LM20-1464-34-13　佛名經

參譯者不詳《佛説佛名經》卷一六，CBETA，T14，no.441，p.247，c5-7。高昌國時期。

LM20-1464-34-14　《大智度論》卷五

姚秦鳩摩羅什譯，CBETA，T25，no.1509，p.100，a12-16。高昌國時期。

LM20-1464-34-15　佛典殘片

高昌國時期。

LM20-1464-34-16　《長阿含經》卷一九

姚秦佛陀耶舍、竺佛念譯，CBETA, T01, no.1, p.124, c11-13。唐時期。

LM20-1464-34-17　《大般涅槃經》卷二八

北涼曇無讖譯，CBETA, T12, no.374, p.530, c16-19。高昌國時期。

LM20-1464-35-01　《大方廣佛華嚴經》卷三一（五十卷本）

東晉佛陀跋陀羅譯，《中華大藏經》第 12 册，382c6-10；參 CBETA, T09, no.278, p.637, b20-24。高昌郡時期。

參：《旅博選粹》，14。

LM20-1464-35-02　《御注金剛般若波羅蜜經》

唐玄宗注，CBETA, T85, no.2739, p.134, c22-25。唐時期。

參：《旅博選粹》，169；李昀 2017, 89。

LM20-1464-35-03　佛典注疏

唐時期。

LM20-1464-35-04　《觀無量壽佛經疏》卷三

唐善導集記，CBETA, T37, no.1753, p.268, a1-11, 第 2 行 "近遠" 作 "遠近"，第 3 行 "何光" 作 "何以佛光"。西州回鶻時期。

參：《旅博選粹》，148；《净土集成》，109。

LM20-1464-35-05　佛典注疏

有雙行小字注。唐時期。

LM20-1464-35-06　《大般若波羅蜜多經》卷二八八

唐玄奘譯，CBETA, T06, no.220, p.463, c21-27。唐時期。

LM20-1464-35-07　《菩薩地持經》卷一〇

北涼曇無讖譯，CBETA, T30, no.1581, p.956, b18-21。高昌國時期。

LM20-1464-35-08　《大般涅槃經》卷二二

北涼曇無讖譯，CBETA, T12, no.374, p.498, a6-9。高昌郡時期。

參：《旅博選粹》，51。

LM20-1464-35-09　《妙法蓮華經》卷六

姚秦鳩摩羅什譯，CBETA, T09, no.262, p.46, b29-c1。唐時期。

LM20-1464-35-10　《十方千五百佛名經》

譯者不詳，CBETA, T14, no.442, p.315, b3-5。高昌國時期。

LM20-1464-35-11　《妙法蓮華經》卷二

姚秦鳩摩羅什譯，CBETA, T09, no.262, p.11, a10-14。唐時期。

LM20-1464-35-12　《金剛般若波羅蜜經》

姚秦鳩摩羅什譯，CBETA, T08, no.235, p.749, c7-11。唐時期。

LM20-1464-35-13　《妙法蓮華經》卷三

姚秦鳩摩羅什譯，CBETA, T09, no.262, p.21, c20-23。高昌國時期。

LM20-1464-35-14　《妙法蓮華經》卷五

姚秦鳩摩羅什譯，CBETA, T09, no.262, p.37, c17-21。唐時期。

LM20-1464-36-01　《妙法蓮華經》卷三

姚秦鳩摩羅什譯，CBETA, T09, no.262, p.24, b12-15。唐時期。

LM20-1464-36-02　《妙法蓮華經》卷六

姚秦鳩摩羅什譯，CBETA, T09, no.262, p.47, a9-13。唐時期。

LM20-1464-36-03　《大般若波羅蜜多經》卷四二六

唐玄奘譯，CBETA, T07, no.220, p.139, c4-8。唐時期。

LM20-1464-36-04　《大方等陀羅尼經》卷一

北涼法衆譯，CBETA, T21, no.1339, p.642, c23-25。高昌國時期。

LM20-1464-36-05　《大智度論》卷一八

姚秦鳩摩羅什譯，CBETA, T25, no.1509, p.196, b3-5。高昌國時期。

LM20-1464-36-06　《説無垢稱經》卷一

唐玄奘譯，CBETA, T14, no.476, p.559, a11-12。唐時期。參：王梅 2006, 158。

LM20-1464-36-07　《金剛般若波羅蜜經》

姚秦鳩摩羅什譯，CBETA, T08, no.235, p.749, c7-9。唐時期。

LM20-1464-36-08　《佛本行集經》卷四六

隋闍那崛多譯，CBETA, T03, no.190, p.865, b22-25。唐時期。

參：段真子 2019, 169。

LM20-1464-36-09　《十方千五百佛名經》

譯者不詳。參《十方千五百佛名經》全文，190 頁。高昌國時期。

LM20-1464-36-10　佛典殘片

有雙行小字注，第 2 行有隔離符號 "一"。西州回鶻時期。

LM20-1464-36-11　佛典殘片

唐時期。

LM20-1464-36-12　《妙法蓮華經》卷一

姚秦鳩摩羅什譯，CBETA, T09, no.262, p.2, a28-b1。唐時期。

LM20-1464-36-13　佛典注疏

高昌國時期。

LM20-1464-36-14　《佛説佛名經》卷一五

譯者不詳，CBETA, T14, no.441, p.243, c20-21。高昌國時期。

LM20-1464-36-15　《金剛般若波羅蜜經》注疏

參姚秦鳩摩羅什譯《金剛般若波羅蜜經》，CBETA, T08, no.235, p.750, a24。唐時期。

參: 李昀 2017, 98–99。

LM20-1464-36-16　寶積經

參譯者不詳《大寶積經》卷一一二, CBETA, T11, no.310, p.635, b13–16。高昌郡時期。

LM20-1464-36-17　《大般涅槃經》卷一二

北涼曇無讖譯, CBETA, T12, no.374, p.435, c4–6。高昌國時期。

LM20-1464-37-01　《妙法蓮華經》卷四

姚秦鳩摩羅什譯, CBETA, T09, no.262, p.35, c12–16。唐時期。

LM20-1464-37-02　《妙法蓮華經》卷一

姚秦鳩摩羅什譯, CBETA, T09, no.262, p.4, a16–19。唐時期。

LM20-1464-37-03　《大般涅槃經》卷一九

北涼曇無讖譯, CBETA, T12, no.374, p.479, c23–29。高昌國時期。

LM20-1464-37-04　佛典注疏

高昌國時期。

LM20-1464-37-05　《妙法蓮華經》卷二

姚秦鳩摩羅什譯, CBETA, T09, no.262, p.13, b27–c2。高昌國時期。

LM20-1464-37-06　《妙法蓮華經》卷七

姚秦鳩摩羅什譯, CBETA, T09, no.262, p.59, b5–8。高昌國時期。

LM20-1464-37-07　《虛空藏菩薩神咒經》

劉宋曇摩蜜多譯, CBETA, T13, no.407, p.666, c28–p.667, a1。高昌國時期。

LM20-1464-37-08　《月燈三昧經》卷六

高齊那連提耶舍譯, CBETA, T15, no.639, p.589, c13–15。唐時期。

LM20-1464-37-09　佛典殘片

高昌國時期。

LM20-1464-37-10　《妙法蓮華經》卷五

姚秦鳩摩羅什譯, CBETA, T09, no.262, p.41, a15–17。高昌國時期。

LM20-1464-37-11　《大般涅槃經》卷一〇

北涼曇無讖譯, CBETA, T20, no.374, p.425, a3–4。高昌國時期。

LM20-1464-37-12　《大般涅槃經》卷九

北涼曇無讖譯, CBETA, T12, no.374, p.422, a5–7。高昌國時期。

LM20-1464-37-13　《大般涅槃經》卷八

北涼曇無讖譯, CBETA, T12, no.374, p.413, a2–4。高昌國時期。

LM20-1464-37-14　《金光明經》卷四

北涼曇無讖譯, CBETA, T16, no.663, p.357, c1–5, "迦釋"作"釋迦"。高昌國時期。

LM20-1464-37-15　《四分律》卷二三

姚秦佛陀耶舍、竺佛念等譯，CBETA，T22，no.1428，p.723，c29-p.724，a5。高昌國
時期。

LM20-1464-37-16 《摩訶般若波羅蜜經》卷五

姚秦鳩摩羅什譯，CBETA，T08，no.223，p.255，c4-8。高昌國時期。

LM20-1464-37-17 《悲華經》卷二

北涼曇無讖譯，CBETA，T03，no.157，p.174，c18-22。高昌國時期。

參：陰會蓮 2006，109。

LM20-1464-37-18 《妙法蓮華經》卷三

姚秦鳩摩羅什譯，CBETA，T09，no.262，p.25，b3-8。高昌國時期。

LM20-1464-38-01 《大般涅槃經》卷四〇

北涼曇無讖譯，CBETA，T12，no.374，p.601，c11-13。唐時期。

LM20-1464-38-02 《妙法蓮華經》卷一

姚秦鳩摩羅什譯，CBETA，T09，no.262，p.8，c5-13。唐時期。

LM20-1464-38-03 《佛說佛名經》卷一五

譯者不詳，CBETA，T14，no.441，p.245，a17-20。高昌國時期。

LM20-1464-38-04 《金光明經》卷一

北涼曇無讖譯，CBETA，T16，no.663，p.339，a9-11。唐時期。

LM20-1464-38-05 《大般涅槃經》卷一五

北涼曇無讖譯，CBETA，T12，no.374，p.452，c1-6，"慈三緣"作"慈有三緣"。唐時期。

LM20-1464-38-06 《大方等大集經》卷七

北涼曇無讖譯，CBETA，T13，no.397，p.44，a5-9。高昌國時期。

LM20-1464-38-07 《大智度論》卷一一

姚秦鳩摩羅什譯，CBETA，T25，no.1509，p.142，b28-29。高昌國時期。

LM20-1464-38-08 《大方等陀羅尼經》卷一

北涼法眾譯，CBETA，T21，no.1339，p.646，b16-17。高昌國時期。

LM20-1464-38-09 《大方廣佛華嚴經》卷五

唐實叉難陀譯，CBETA，T10，no.279，p.23，a15-17。唐時期。

LM20-1464-38-10 《菩薩地持經》卷四

北涼曇無讖譯，CBETA，T30，no.1581，p.911，b28-c2。高昌國時期。

LM20-1464-38-11 《佛說觀佛三昧海經》卷六

東晉佛陀跋陀羅譯，CBETA，T15，no.643，p.677，b1-5。西州回鶻時期。

LM20-1464-38-12 《妙法蓮華經》卷六

姚秦鳩摩羅什譯，CBETA，T09，no.262，p.47，a5-16。高昌國時期。

經册十六

LM20-1465-01-01　《合部金光明經》卷三

梁真諦譯, 隋寶貴合, CBETA, T16, no.664, p.374, a2–17。唐時期。

參:《旅博選粹》, 85。

LM20-1465-02-01　《妙法蓮華經》卷四

姚秦鳩摩羅什譯, CBETA, T09, no.262, p.27, c23–27。高昌國時期。

LM20-1465-02-02　《金剛般若波羅蜜經》

姚秦鳩摩羅什譯, CBETA, T08, no.235, p.752, a17–23。唐時期。

LM20-1465-02-03　《太上洞玄靈寶昇玄內教經》卷九

作者不詳, 與敦煌本 P.2750 第 72–74 行同。唐時期。

參:《旅博選粹》, 203; 榮新江 2007, 412–413; 都築晶子等 2010, 75; 橘堂晃一 2010, 93; 趙洋 2017a, 188; 趙洋 2017b, 204–205。

LM20-1465-02-04　《佛頂尊勝陀羅尼經》

唐佛陀波利譯, CBETA, T19, no.967, p.350, a12–18。唐時期。

LM20-1465-02-05　唐判集（？）

唐時期。

LM20-1465-02-06　《大智度論》卷六七

姚秦鳩摩羅什譯, CBETA, T25, no.1509, p.532, a28–b8。高昌國時期。

LM20-1465-03-01　《金剛般若波羅蜜經》

姚秦鳩摩羅什譯, CBETA, T08, no.235, p.749, c18–23。唐時期。

LM20-1465-03-02　《四分律》卷三六

姚秦佛陀耶舍、竺佛念譯, CBETA, T22, no.1428, p.823, c1–7。唐時期。

LM20-1465-03-03　《示所犯者瑜伽法鏡經》

唐室利末多譯, CBETA, T85, no.2896, p.1418, c4–18, 第 2 行 "惠" 作 "慧"。高昌國時期。

參:《旅博選粹》, 156。

LM20-1465-03-04　佛典注疏

高昌國時期。

LM20-1465-03-05　《小品般若波羅蜜經》卷二

姚秦鳩摩羅什譯, CBETA, T08, no.227, p.543, c25–p.544, a3。高昌國時期。

參: 孫傳波 2006, 185。

LM20-1465-04-01 《菩薩善戒經》卷一

劉宋求那跋摩譯, CBETA, T30, no.1582, p.965, c24-p.966, a2。高昌國時期。

參:《旅博選粹》, 65。

LM20-1465-04-02 《十地經論》卷一一

元魏菩提流支等譯, CBETA, T26, no.1522, p.188, b25-28。高昌國時期。

LM20-1465-04-03 《大般涅槃經》卷三一

北涼曇無讖譯, CBETA, T12, no.374, p.549, b6-9。高昌國時期。

LM20-1465-04-04 佛典殘片

有雙行小字注。唐時期。

LM20-1465-04-05 陀羅尼集

參譯者不詳《陀羅尼雜集》卷二, CBETA, T21, no.1336, p.586, a17-19。高昌國時期。

參:《旅博選粹》, 176; 磯邊友美 2006, 206-208、213、216; 橘堂晃一 2010, 91。

LM20-1465-04-06 《佛説須摩提菩薩經》

西晉竺法護譯, CBETA, T12, no.334, p.77, a5-7。唐時期。

LM20-1465-04-07 《金剛般若波羅蜜經》

元魏菩提流支譯, CBETA, T08, no.236a, p.753, c2-4。唐時期。

LM20-1465-04-08 《菩薩地持經》卷七

北涼曇無讖譯, CBETA, T30, no.1581, p.928, a16-19, "阤"作"他"。高昌國時期。

LM20-1465-04-09 《大般涅槃經》卷七

北涼曇無讖譯, CBETA, T12, no.374, p.405, b27-c2, "養"作"利"。高昌國時期。

LM20-1465-05-01 《大般涅槃經》卷五

北涼曇無讖譯, CBETA, T12, no.374, p.394, c12-18。唐時期。

LM20-1465-05-02 《妙法蓮華經》卷三

姚秦鳩摩羅什譯, CBETA, T09, no.262, p.22, c10-20。唐時期。

LM20-1465-05-03 《佛説佛名經》卷二三

譯者不詳, CBETA, T14, no.441, p.278, c13-17。高昌國時期。

LM20-1465-05-04 《金光明經》卷三

北涼曇無讖譯, CBETA, T16, no.663, p.351, a21-26。唐時期。

LM20-1465-05-05 《大般涅槃經》卷一

北涼曇無讖譯, CBETA, T12, no.374, p.366, c6-9。高昌國時期。

LM20-1465-05-06 《大般涅槃經》卷二五

北涼曇無讖譯, CBETA, T12, no.374, p.515, c7-21。"見"、"何"寫在欄外天頭。高昌郡時期。

參:《旅博選粹》, 17; 王宇、王梅 2006b, 58; 史睿 2019, 74。

LM20-1465-06-01　《勝鬘義記》卷中

與《西域考古圖譜》下卷"佛典附録"(1)-(5)爲同一寫本,據此件尾題定名。高昌國時期。

參:《旅博選粹》, 77; 橘堂晃一 2006a, 92、102; 橘堂晃一 2007, 281; 橘堂晃一 2010, 92。

LM20-1465-06-02　《勝鬘義記》卷中

與《西域考古圖譜》下卷"佛典附録"(1)-(5)爲同一寫本,據此件尾題定名。高昌國時期。

參:《旅博選粹》, 75; 橘堂晃一 2006a, 89-90、102; 橘堂晃一 2007, 270; 橘堂晃一 2010, 92。

LM20-1465-06-03　《勝鬘義記》卷中

與《西域考古圖譜》下卷"佛典附録"(1)-(5)爲同一寫本,據此件尾題定名。高昌國時期。

參:《旅博選粹》, 75; 橘堂晃一 2006a, 89、102; 橘堂晃一 2007, 269-270; 橘堂晃一 2010, 92。

LM20-1465-06-04　《勝鬘義記》卷中

與《西域考古圖譜》下卷"佛典附録"(1)-(5)爲同一寫本,據此件尾題定名。高昌國時期。

參:《旅博選粹》, 76; 橘堂晃一 2006a, 90、102; 橘堂晃一 2007, 273; 橘堂晃一 2010, 92。

LM20-1465-06-05　《勝鬘義記》卷中

與《西域考古圖譜》下卷"佛典附録"(1)-(5)爲同一寫本,據此件尾題定名。高昌國時期。

參:《旅博選粹》, 75; 橘堂晃一 2006a, 90、102; 橘堂晃一 2007, 272; 橘堂晃一 2010, 92。

LM20-1465-06-06　《勝鬘義記》卷中

與《西域考古圖譜》下卷"佛典附録"(1)-(5)爲同一寫本,據此件尾題定名。高昌國時期。

參:《旅博選粹》, 76; 橘堂晃一 2006a, 91、102; 橘堂晃一 2007, 275; 橘堂晃一 2010, 92。

LM20-1465-06-07　《勝鬘義記》卷中

與《西域考古圖譜》下卷"佛典附録"(1)-(5)爲同一寫本,據此件尾題定名。高昌國時期。

參:《旅博選粹》, 76; 橘堂晃一 2006a, 90-91、102; 橘堂晃一 2007, 273-274; 橘堂晃一 2010, 92。

LM20-1465-07-01　《勝鬘義記》卷中

與《西域考古圖譜》下卷"佛典附録"(1)-(5)爲同一寫本,據此件尾題定名。高昌國時期。

參:《旅博選粹》, 75; 橘堂晃一 2006a, 89-90; 橘堂晃一 2007, 269-270; 橘堂晃一 2010, 92。

LM20-1465-07-02　《勝鬘義記》卷中

與《西域考古圖譜》下卷"佛典附録"(1)–(5)爲同一寫本,據此件尾題定名。高昌國時期。

參:《旅博選粹》,77;橘堂晃一 2006a, 92;橘堂晃一 2007, 281;橘堂晃一 2010, 92。

LM20-1465-07-03　《勝鬘義記》卷中

與《西域考古圖譜》下卷"佛典附録"(1)–(5)爲同一寫本,據此件尾題定名。高昌國時期。

參:《旅博選粹》,75;橘堂晃一 2006a, 90;橘堂晃一 2007, 273;橘堂晃一 2010, 92。

LM20-1465-07-04　《勝鬘義記》卷中

與《西域考古圖譜》下卷"佛典附録"(1)–(5)爲同一寫本,據此件尾題定名。高昌國時期。

參:《旅博選粹》,76;橘堂晃一 2006a, 91;橘堂晃一 2007, 274;橘堂晃一 2010, 92。

LM20-1465-07-05　《勝鬘義記》卷中

與《西域考古圖譜》下卷"佛典附録"(1)–(5)爲同一寫本,據此件尾題定名。高昌國時期。

參:《旅博選粹》,76;橘堂晃一 2006a, 91;橘堂晃一 2007, 276;橘堂晃一 2010, 92。

LM20-1465-08-01　《勝鬘義記》卷中

與《西域考古圖譜》下卷"佛典附録"(1)–(5)爲同一寫本,據此件尾題定名。高昌國時期。

參:《旅博選粹》,77;橘堂晃一 2006a, 91;橘堂晃一 2007, 280;橘堂晃一 2010, 92(編號誤作 LM20-1468-08-01)。

LM20-1465-08-02　《勝鬘義記》卷中

與《西域考古圖譜》下卷"佛典附録"(1)–(5)爲同一寫本,據此件尾題定名。高昌國時期。

參:《旅博選粹》,75;橘堂晃一 2006a, 90;橘堂晃一 2007, 270;橘堂晃一 2010, 92。

LM20-1465-08-03　《大般涅槃經》卷三八

北涼曇無讖譯, CBETA, T12, no.374, p.588, b22-27。高昌國時期。

LM20-1465-08-04　《放光般若經》卷七

西晉無羅叉譯, CBETA, T08, no.221, p.48, a11-14。高昌國時期。

LM20-1465-08-05　《大方廣佛華嚴經》卷四七(五十卷本)

東晉佛陀跋陀羅譯,《中華大藏經》第 12 册, 584b2-8;參 CBETA, T09, no.278, p.763, a27-b3, "非受"作"受非受"。高昌國時期。

LM20-1465-08-06　《妙法蓮華經》卷三

姚秦鳩摩羅什譯, CBETA, T09, no.262, p.19, a27-29。唐時期。

LM20-1465-08-07　《妙法蓮華經》卷六

姚秦鳩摩羅什譯, CBETA, T09, no.262, p.49, b22-24。唐時期。

LM20-1465-08-08　《妙法蓮華經》卷二

姚秦鳩摩羅什譯, CBETA, T09, no.262, p.16, a1-7。唐時期。

LM20-1465-09-01　《摩訶般若波羅蜜經》卷一〇

姚秦鳩摩羅什譯, CBETA, T08, no.223, p.293, b7-9。高昌國時期。

LM20-1465-09-02　《大威德陀羅尼經》卷一一

隋闍那崛多譯，CBETA，T21，no.1341，p.805，a5-10。唐時期。

LM20-1465-09-03 《妙法蓮華經》卷一

姚秦鳩摩羅什譯，CBETA，T09，no.262，p.4，b16-20。唐時期。

LM20-1465-09-04 《注維摩詰經》卷六

姚秦僧肇撰，CBETA，T38，no.1775，p.381，c13-20。有雙行小字注。高昌國時期。

參：《旅博選粹》，169；鄭阿財 2019，190。

LM20-1465-09-05 《大般涅槃經》卷一六

北涼曇無讖譯，CBETA，T12，no.374，p.473，a20-23，"耨"作"阿耨"。高昌國時期。

LM20-1465-09-06 《金光明經》卷四

北涼曇無讖譯，CBETA，T16，no.663，p.356，a21-24，"夢"作"蒙"。高昌國時期。

LM20-1465-10-01 《佛說灌頂經》卷一二

東晉帛尸梨蜜多羅譯，CBETA，T21，no.1331，p.533，a11-14。西州回鶻時期。

LM20-1465-10-02 《合部金光明經》卷三

梁真諦譯，隋寶貴合，CBETA，T16，no.664，p.372，c27-p.373，a6。唐時期。

LM20-1465-10-03 《金剛般若波羅蜜經》

姚秦鳩摩羅什譯，CBETA，T08，no.235，p.751，a16-b5，第 9 行"如是言"作"是言"。唐時期。

參：《旅博選粹》，86。

LM20-1465-11-01 《宗四分比丘隨門要略行儀》

作者不詳，CBETA，T85，no.2791，p.655，a2-5。有雙行小字注。唐時期。

參：《旅博選粹》，153。

LM20-1465-11-02 《大般涅槃經》卷三七

北涼曇無讖譯，CBETA，T12，no.374，p.584，b4-9，"此"作"是"。高昌郡時期。

參：《旅博選粹》，52；王宇、王梅 2006b，58。

LM20-1465-11-03 佛典殘片

參姚秦佛陀耶舍、竺佛念譯《長阿含經》卷一八，CBETA，T01，no.1，p.118，b12-13。唐時期。

LM20-1465-11-04 《示所犯者瑜伽法鏡經》

唐室利末多譯，CBETA，T85，no.2896，p.1418，c12-16。唐時期。

LM20-1465-11-05 《金光明經》卷二

北涼曇無讖譯，CBETA，T16，no.663，p.341，b6-15，"經典"作"經者"。唐時期。

LM20-1465-11-06 《般若波羅蜜多心經幽贊》卷上

唐窺基撰，CBETA，T33，no.1710，p.524，c20-24。西州回鶻時期。

LM20-1465-11-07 《摩訶般若波羅蜜經》卷二一

姚秦鳩摩羅什譯，CBETA，T08，no.223，p.370，b19-25，"股"作"般"。高昌國時期。

LM20-1465-11-08 《大方便佛報恩經》卷一

譯者不詳，CBETA，T03，no.156，p.125，a7–15。唐時期。

LM20-1465-12-01 《大般涅槃經》卷八

北涼曇無讖譯，CBETA，T12，no.374，p.413，c9–16。西州回鶻時期。

LM20-1465-12-02 《妙法蓮華經》卷三

姚秦鳩摩羅什譯，CBETA，T09，no.262，p.19，b16–21。唐時期。

LM20-1465-12-03 《大智度論》卷九〇

姚秦鳩摩羅什譯，CBETA，T25，no.1509，p.695，c29–p.696，a3，“世諦”作“世諦法”。高昌國時期。

LM20-1465-12-04 《小品般若波羅蜜經》卷七

姚秦鳩摩羅什譯，CBETA，T08，no.227，p.571，a1–4。高昌國時期。

LM20-1465-12-05 《大般涅槃經》卷四〇

北涼曇無讖譯，CBETA，T12，no.374，p.598，c3–5。唐時期。

LM20-1465-12-06 《十方千五百佛名經》

譯者不詳，CBETA，T14，no.442，p.317，c6–20，“水香”作“大香”。高昌國時期。

LM20-1465-13-01 《大寶積經》卷四五

唐玄奘譯，CBETA，T11，no.310，p.267，a14–29。唐時期。

LM20-1465-13-02 《大智度論》卷二五

姚秦鳩摩羅什譯，CBETA，T25，no.1509，p.247，a5–9。唐時期。

LM20-1465-13-03 《妙法蓮華經》卷六

姚秦鳩摩羅什譯，CBETA，T09，no.262，p.50，a1–12。唐時期。

LM20-1465-13-04 《大般涅槃經》卷三二

北涼曇無讖譯，CBETA，T12，no.374，p.554，c29–p.555，a5，“脩集”作“修習”。高昌國時期。

LM20-1465-13-05 《大般涅槃經》卷一四

北涼曇無讖譯，CBETA，T12，no.374，p.450，c3–9。高昌國時期。

LM20-1465-13-06 《大般涅槃經》卷二七

劉宋慧嚴等譯，CBETA，T12，no.375，p.780，b27–c1，“所知”作“所覺知”。唐時期。

LM20-1465-13-07 《大般涅槃經》卷三二

北涼曇無讖譯，CBETA，T12，no.374，p.557，a14–17。高昌國時期。

LM20-1465-13-08 《大般涅槃經》第三二

北涼曇無讖譯，CBETA，T12，no.374，p.560，a25–28。高昌國時期。

LM20-1465-14-01 《佛説希有挍量功德經》

隋闍那崛多譯，CBETA，T16，no.690，p.784，a12–19。唐時期。

LM20-1465-14-02 《妙法蓮華經》卷一

姚秦鳩摩羅什譯，CBETA, T09, no.262, p.3, b13-20。高昌國時期。

LM20-1465-14-03　《大般涅槃經》卷三五

北涼曇無讖譯，CBETA,T12,no.374,p.569,a26-b2，"著爲是"作"執著爲是"。高昌郡時期。

參: 王宇、王梅 2006b, 57。

LM20-1465-14-04　《佛説灌頂經》卷一二

東晉帛尸梨蜜多羅譯，CBETA, T21, no.1331, p.535, a21-26。西州回鶻時期。

LM20-1465-14-05　《放光般若經》卷二〇

西晉無羅叉譯，CBETA, T08, no.221, p.144, c26-p.145, a1，"教"作"汝"。高昌國時期。

LM20-1465-14-06　《摩訶般若波羅蜜經》卷七

姚秦鳩摩羅什譯，CBETA, T08, no.223, p.272, b21-29。高昌國時期。

LM20-1465-15-01　《大般涅槃經》卷二三

北涼曇無讖譯，CBETA, T12, no.374, p.503, a23-25。高昌國時期。

LM20-1465-15-02　《大般涅槃經》卷三九

北涼曇無讖譯，CBETA, T12, no.374, p.594, a6-10。高昌國時期。

LM20-1465-15-03　《大般涅槃經》卷三

北涼曇無讖譯，CBETA, T12, no.374, p.382, c4-6。高昌國時期。

LM20-1465-15-04　《妙法蓮華經》卷二

姚秦鳩摩羅什譯，CBETA, T09, no.262, p.17, b17-22。唐時期。

LM20-1465-15-05　《大寶積經》卷五四

唐玄奘譯，CBETA, T11, no.310, p.321, a15-21。唐時期。

LM20-1465-15-06　《尊婆須蜜菩薩所集論》卷九

符秦僧伽跋澄等譯，CBETA, T28, no.1549, p.792, b4-8。唐時期。

LM20-1465-15-07　佛典殘片

唐時期。

LM20-1465-15-08　《小品般若波羅蜜經》卷五

姚秦鳩摩羅什譯，CBETA, T08, no.227, p.557, a10-15。高昌國時期。

參: 孫傳波 2006, 188。

LM20-1465-16-01　《十地經論》注疏

參元魏菩提流支譯《十地經論》卷八，CBETA, T26, no.1522, p.184, b2-9。高昌國時期。

LM20-1465-16-02　佛典殘片

高昌國時期。

LM20-1465-16-03　《大智度論》卷五五

姚秦鳩摩羅什譯，CBETA, T25, no.1509, p.455, c1-3。高昌國時期。

LM20-1465-16-04　《持世經》卷一

姚秦鳩摩羅什譯，CBETA，T14，no.482，p.646，c19–25。高昌國時期。

參：《旅博選粹》，132。

LM20-1465-16-05　《金剛般若波羅蜜經》

元魏菩提流支譯，CBETA，T08，no.236a，p.756，a28–b2。高昌國時期。

LM20-1465-16-06　《金剛般若波羅蜜經》

元魏菩提流支譯，CBETA，T08，no.236a，p.754，a21–26。唐時期。

LM20-1465-16-07　《大般涅槃經》卷一二

北涼曇無讖譯，CBETA，T12，no.374，p.435，a1–5。高昌國時期。

LM20-1465-16-08　《大通方廣懺悔滅罪莊嚴成佛經》卷上

作者不詳，CBETA，T85，no.2871，p.1339，a13–22，“生”作“生等”。高昌國時期。

參：《旅博選粹》，154。

LM20-1465-17-01　《十誦律》卷六一

東晉卑摩羅叉譯，CBETA，T23，no.1435，p.456，b22–24。唐時期。

LM20-1465-17-02　《大般涅槃經》卷一二

劉宋慧嚴等譯，CBETA，T12，no.375，p.682，a27–b3。高昌國時期。

LM20-1465-17-03　《妙法蓮華經》卷二

姚秦鳩摩羅什譯，CBETA，T09，no.262，p.16，a25–26。高昌郡時期。

參：《旅博選粹》，11。

LM20-1465-17-04　《菩薩地持經》卷九

北涼曇無讖譯，CBETA，T30，no.1581，p.944，a17–22。高昌國時期。

LM20-1465-17-05　《摩訶般若波羅蜜經》卷九

姚秦鳩摩羅什譯，CBETA，T08，no.223，p.286，b16–21。高昌國時期。

LM20-1465-17-06　《羯磨》

曹魏曇諦譯，CBETA，T22，no.1433，p.1064，a15–21。有雙行小字注。唐時期。

LM20-1465-17-07　《大方等大集經》卷五五

北涼曇無讖譯，CBETA，T13，no.397，p.363，b11–14。唐時期。

LM20-1465-17-08　《金剛般若波羅蜜經》

元魏菩提流支譯，CBETA，T08，no.236a，p.753，c26–p.754，a1。唐時期。

LM20-1465-17-09　《金剛般若波羅蜜經》

元魏菩提流支譯，CBETA，T08，no.236a，p.754，b13–22。唐時期。

LM20-1465-18-01　《小品般若波羅蜜經》卷二

姚秦鳩摩羅什譯，CBETA，T08，no.227，p.544，c25–p.545，a12，第12行“住”作“住處”。高昌國時期。

參：《旅博選粹》，79；孫傳波2006，186。

LM20-1465-18-02　《大般若波羅蜜多經》卷八六

唐玄奘譯，CBETA, T05, no.220, p.479, a19–23。唐時期。

LM20-1465-18-03　《大般涅槃經》卷二六

北涼曇無讖譯，CBETA, T12, no.374, p.517, c17–20。高昌國時期。

參：王宇、王梅 2006b, 56。

LM20-1465-18-04　《妙法蓮華經》卷七

姚秦鳩摩羅什譯，CBETA, T09, no.262, p.62, a3–8。唐時期。

LM20-1465-18-05　《金剛般若波羅蜜經》

元魏菩提流支譯，CBETA, T08, no.236a, p.754, a12–18。唐時期。

LM20-1465-19-01　《摩訶般若波羅蜜經》卷四

姚秦鳩摩羅什譯，CBETA, T08, no.223, p.246, c29–p.247, a1。高昌國時期。

LM20-1465-19-02　《小品般若波羅蜜經》卷六

姚秦鳩摩羅什譯，CBETA, T08, no.227, p.563, c5–18，第 3 行 "也" 作 "耶"，第 4 行 "所謂" 作 "若"，第 10 行 "不退不沒" 作 "不沒不退"。高昌國時期。

參：孫傳波 2006, 189。

LM20-1465-19-03　《大方等大集經》卷一四

北涼曇無讖譯，CBETA, T13, no.397, p.95, a15–19。唐時期。

LM20-1465-19-04　《大般涅槃經》卷一二

北涼曇無讖譯，CBETA, T12, no.374, p.440, a4–11，第 8 行 "乃至" 作 "乃能"。高昌國時期。

LM20-1465-19-05　《小品般若波羅蜜經》卷一〇

姚秦鳩摩羅什譯，CBETA, T08, no.227, p.581, c14–28，第 3 行 "三昧" 作 "諸三昧"。高昌國時期。

參：孫傳波 2006, 194；史睿 2019, 76。

LM20-1465-19-06　《大般涅槃經》卷一〇

北涼曇無讖譯，CBETA, T12, no.374, p.425, a2–4。高昌國時期。

LM20-1465-20-01　《大通方廣懺悔滅罪莊嚴成佛經》卷下

作者不詳，CBETA, T85, no.2871, p.1354, a18–21。高昌國時期。

LM20-1465-20-02　《菩薩地持經》卷一〇

北涼曇無讖譯，CBETA, T30, no.1581, p.954, b9–14。高昌國時期。

LM20-1465-20-03　《净土論》卷下

唐迦才撰，CBETA, T47, no.1963, p.100, c20–22。唐時期。

參：《旅博選粹》，151；《净土集成》，113。

LM20-1465-20-04　《大般涅槃經》卷三九

北涼曇無讖譯，CBETA, T12, no.374, p.592, c4–7。高昌國時期。

LM20-1465-20-05 《維摩詰所説經》卷下

姚秦鳩摩羅什譯，CBETA, T14, no.475, p.557, a17–20，"以"作"已"。高昌國時期。

LM20-1465-20-06 《善見律毗婆沙》卷一〇

蕭齊僧伽跋陀羅譯，CBETA, T24, no.1462, p.744, c24–p.745, a2。唐時期。

LM20-1465-20-07 《太玄真一本際經》卷一

隋劉進喜撰，唐李仲卿續，與敦煌本 P.3371 第 59–62 行同，相當於葉貴良《敦煌本〈太玄真一本際經〉輯校》（巴蜀書社，2010 年）21 頁録文 8–11 行。唐時期。

參：趙洋 2017a，190；趙洋 2017b，207–208。

LM20-1465-20-08 《大般涅槃經》卷一七

北涼曇無讖譯，CBETA, T12, no.374, p.463, c10–16。高昌郡時期。

LM20-1465-20-09 《妙法蓮華經》卷三

姚秦鳩摩羅什譯，CBETA, T09, no.262, p.19, c8–12。唐時期。

LM20-1465-20-10 《佛説佛名經》卷一九

譯者不詳，CBETA, T14, no.441, p.261, a2–6。唐時期。

LM20-1465-20-11 《大般涅槃經》卷四

北涼曇無讖譯，CBETA, T12, no.374, p.388, b10–13。高昌國時期。

LM20-1465-21-01 《光讚經》卷九

西晉竺法護譯，CBETA, T08, no.222, p.209, c25–p.210, a9，第 7 行"摩訶薩摩"作"摩訶薩"，第 14 行"真所"作"真爲"。高昌國時期。

參：《旅博選粹》，73。

LM20-1465-21-02 佛典殘片

高昌國時期。

LM20-1465-21-03 《大般若波羅蜜多經》卷四六一

唐玄奘譯，CBETA, T07, no.220, p.332, b16–23。唐時期。

LM20-1465-21-04 《妙法蓮華經》卷一

姚秦鳩摩羅什譯，CBETA, T09, no.262, p.2, a4–6。唐時期。

LM20-1465-21-05 《妙法蓮華經》卷五

姚秦鳩摩羅什譯，CBETA, T09, no.262, p.37, b7–15。唐時期。

LM20-1465-21-06 《妙法蓮華經》卷四

姚秦鳩摩羅什譯，CBETA, T09, no.262, p.32, a11–18。唐時期。

LM20-1465-22-01 《大般涅槃經》卷一二

北涼曇無讖譯，CBETA, T12, no.374, p.439, c28–p.440, a3。高昌國時期。

LM20-1465-22-02 《佛説灌頂經》卷一二

東晉帛尸梨蜜多羅譯，CBETA，T21，no.1331，p.534，c29-p.535，a11，第 5 行"此言"作"是言"。唐時期。

LM20-1465-22-03　《太子須大拏經》

西秦聖堅譯，CBETA，T03，no.171，p.422，a28-b5。高昌國時期。

LM20-1465-22-04　《金光明經》卷四

北涼曇無讖譯，CBETA，T16，no.663，p.355，c28-p.356，a7。高昌國時期。

LM20-1465-22-05　《阿毗曇毗婆沙論》卷三一

北涼浮陀跋摩、道泰譯，CBETA，T28，no.1546，p.226，b1-4。高昌國時期。

LM20-1465-22-06　《大般涅槃經》卷三二

北涼曇無讖譯，CBETA，T12，no.374，p.557，a27-b6。高昌國時期。

LM20-1465-22-07　《妙法蓮華經》卷四

姚秦鳩摩羅什譯，CBETA，T09，no.262，p.27，b19-26。唐時期。

LM20-1465-23-01　《金光明最勝王經》卷六

唐義净譯，CBETA，T16，no.665，p.429，a10-19。唐時期。

LM20-1465-23-02　《百論》卷下

姚秦鳩摩羅什譯，CBETA，T30，no.1569，p.177，c29-p.178，a5，"路也"作"路"。有雙行小字注。唐時期。

參：《旅博選粹》，146。

LM20-1465-23-03　《大般涅槃經》卷二一

北涼曇無讖譯，CBETA，T12，no.374，p.492，b26-c5。高昌國時期。

LM20-1465-23-04　《大般涅槃經》卷一七

北涼曇無讖譯，CBETA，T12，no.374，p.464，b24-c1。唐時期。

LM20-1465-23-05　禮懺文

高昌國時期。

LM20-1465-24-01　《妙法蓮華經》卷五

姚秦鳩摩羅什譯，CBETA，T09，no.262，p.43，b1-6。唐時期。

LM20-1465-24-02　《四分律比丘戒本》

姚秦佛陀耶舍譯，CBETA，T22，no.1429，p.1022，a2-6，"座"作"坐"。唐時期。

LM20-1465-24-03　《大般若波羅蜜多經》卷四七八

唐玄奘譯，CBETA，T07，no.220，p.421，b7-10。唐時期。

LM20-1465-24-04　《道行般若經》卷六

後漢支婁迦讖譯，CBETA，T08，no.224，p.455，b7-9。高昌國時期。

LM20-1465-24-05　《大智度論》卷七九

姚秦鳩摩羅什譯，CBETA，T25，no.1509，p.614，a16-19。唐時期。

LM20-1465-24-06　佛典殘片

高昌郡時期。

LM20-1465-24-07　《大般涅槃經》卷二八

北涼曇無讖譯，CBETA，T12，no.374，p.530，a18-21。唐時期。

LM20-1465-24-08　佛教戒律

疑爲四分律系統戒本。高昌國時期。

LM20-1465-24-09　《撰集百緣經》卷五

吳支謙譯，CBETA，T04，no.200，p.227，b9-11。唐時期。

LM20-1465-24-10　《悲華經》卷三

北涼曇無讖譯，CBETA，T03，no.157，p.185，a23-25。高昌國時期。

參：陰會蓮 2006，109。

LM20-1465-24-11　佛典殘片

唐時期。

LM20-1465-24-12　《大般涅槃經》卷三七

北涼曇無讖譯，CBETA，T12，no.374，p.584，b10-11。高昌國時期。

LM20-1465-24-13　《妙法蓮華經》卷二

姚秦鳩摩羅什譯，CBETA，T09，no.262，p.10，b29-c3。唐時期。

LM20-1465-24-14　《妙法蓮華經》卷六

姚秦鳩摩羅什譯，CBETA，T09，no.262，p.48，c13-22。唐時期。

LM20-1465-25-01　《大般涅槃經》卷七

北涼曇無讖譯，CBETA，T12，no.374，p.408，b8-9。高昌國時期。

LM20-1465-25-02　《金剛般若波羅蜜經》

元魏菩提流支譯，CBETA，T08，no.236a，p.753，a14-16。唐時期。

LM20-1465-25-03　《菩薩善戒經》卷九

劉宋求那跋羅譯，CBETA，T30，no.1582，p.1011，c29-p.1012，a3。唐時期。

LM20-1465-25-04　佛名經

唐時期。

LM20-1465-25-05　《大乘悲分陀利經》卷五

譯者不詳，CBETA，T03，no.158，p.265，a13-15。唐時期。

LM20-1465-25-06　《四分律》卷三八

姚秦佛陀耶舍、竺佛念譯，CBETA，T22，no.1428，p.838，a18-21。唐時期。

LM20-1465-25-07　《大般涅槃經》卷二五

北涼曇無讖譯，CBETA，T12，no.374，p.513，c20-24。高昌國時期

LM20-1465-25-08　《大般涅槃經》卷三二

北涼曇無讖譯, CBETA, T12, no.374, p.560, a1–3。高昌國時期。

LM20-1465-25-09 《金剛般若波羅蜜經》

元魏菩提流支譯, CBETA, T08, no.236a, p.753, c6–9。高昌國時期。

LM20-1465-25-10 《大般涅槃經》卷一

北涼曇無讖譯, CBETA, T12, no.374, p.369, c8–10。高昌國時期。

LM20-1465-25-11 《金剛般若波羅蜜經》

元魏菩提流支譯, CBETA, T08, no.236a, p.755, a29–b4。唐時期。

LM20-1465-25-12 《佛説灌頂經》卷一一

東晉帛尸梨蜜多羅譯, CBETA, T21, no.1331, p.532, a22–25。唐時期。

LM20-1465-25-13 《妙法蓮華經》卷三

姚秦鳩摩羅什譯, CBETA, T09, no.262, p.23, c27–p.24, a4, "思"作"忍", "諸梵"作"諸大梵"。高昌國時期。

LM20-1465-26-01 《月燈三昧經》

高齊那連提耶舍譯, 據尾題定名。高昌國時期。

LM20-1465-26-02 《妙法蓮華經》卷一

姚秦鳩摩羅什譯, CBETA, T09, no.262, p.2, a22–23。唐時期。

LM20-1465-26-03 《大般涅槃經》卷三

北涼曇無讖譯, CBETA, T12, no.374, p.379, c24–p.380, a2。唐時期。

LM20-1465-26-04 《妙法蓮華經》卷三

姚秦鳩摩羅什譯, CBETA, T09, no.262, p.19, b4–6。唐時期。

LM20-1465-26-05 《妙法蓮華經》卷六

姚秦鳩摩羅什譯, CBETA, T09, no.262, p.46, c20–22。唐時期。

LM20-1465-26-06 《金剛般若波羅蜜經》

姚秦鳩摩羅什譯, CBETA, T08, no.235, p.750, b25–28。唐時期。

LM20-1465-26-07 《妙法蓮華經》卷二

姚秦鳩摩羅什譯, CBETA, T09, no.262, p.15, a25–28。唐時期。

LM20-1465-26-08 佛典殘片

唐時期。

LM20-1465-26-09 《妙法蓮華經》卷二

姚秦鳩摩羅什譯, CBETA, T09, no.262, p.17, a7–10。唐時期。

LM20-1465-26-10 《妙法蓮華經》卷四

姚秦鳩摩羅什譯, CBETA, T09, no.262, p.33, c19–24。唐時期。

LM20-1465-26-11 《大般涅槃經》卷六

北涼曇無讖譯, CBETA, T12, no.374, p.399, a21–25。唐時期。

LM20-1465-26-12 《大般涅槃經》卷五

北涼曇無讖譯，CBETA，T12，no.374，p.395，b29-c2。高昌國時期。

LM20-1465-26-13 佛典殘片

唐時期。

LM20-1465-26-14 殘片

高昌國時期。

LM20-1465-27-01 《大般涅槃經》卷一三

北涼曇無讖譯，CBETA，T12，no.374，p.441，b25-27。高昌郡時期。

LM20-1465-27-02 《放光般若經》卷一三

西晉無羅叉譯，CBETA，T08，no.221，p.89，b16-18。高昌國時期。

LM20-1465-27-03 《大般若波羅蜜多經》卷五九

唐玄奘譯，CBETA，T05，no.220，p.334，b3-6。唐時期。

LM20-1465-27-04 《摩訶般若波羅蜜經》卷五

姚秦鳩摩羅什譯，CBETA，T08，no.223，p.251，a5-8。唐時期。

LM20-1465-27-05 《大寶積經》卷九三

姚秦鳩摩羅什譯，CBETA，T11，no.310，p.531，b10-13。唐時期。

LM20-1465-27-06 《金光明經》卷二

北涼曇無讖譯，CBETA，T16，no.663，p.344，a7-10。唐時期。

LM20-1465-27-07 《金剛般若波羅蜜經》

姚秦鳩摩羅什譯，CBETA，T08，no.235，p.750，c9-11。唐時期。

LM20-1465-27-08 《佛説灌頂經》卷一二

東晉帛尸梨蜜多羅譯，CBETA，T21，no.1331，p.532，b16-19。唐時期。

LM20-1465-27-09 《佛頂尊勝陀羅尼經》

唐佛陀波利譯，CBETA，T19，no.967，p.351，c13-15。唐時期。

LM20-1465-27-10 《金剛般若波羅蜜經》

元魏菩提流支譯，CBETA，T08，no.236a，p.753，a20-22。唐時期。

LM20-1465-27-11 《四分律》卷二四

姚秦佛陀耶舍、竺佛念等譯，CBETA，T22，no.1428，p.734，c23-25。唐時期。

LM20-1465-27-12 《佛説仁王般若波羅蜜經》卷下

姚秦鳩摩羅什譯，CBETA，T08，no.245，p.831，c22-24。高昌國時期。

LM20-1465-27-13 佛典殘片

高昌國時期。

LM20-1465-27-14 《妙法蓮華經》卷一

姚秦鳩摩羅什譯，CBETA，T09，no.262，p.3，b29-c3。唐時期。

LM20-1465-28-01　《佛説灌頂拔除過罪生死得度經》

參東晉帛尸梨蜜多羅譯《佛説灌頂經》卷一二，CBETA, T21, no.1331, p.532, b22–25。高昌國時期。

LM20-1465-28-02　《大智度論》卷三九

姚秦鳩摩羅什譯，CBETA, T25, no.1509, p.343, b2–5。高昌國時期。

LM20-1465-28-03　《金剛般若波羅蜜經》

元魏菩提流支譯，CBETA, T08, no.236a, p.756, c27–29。高昌國時期。

LM20-1465-28-04　《妙法蓮華經》卷二

姚秦鳩摩羅什譯，CBETA, T09, no.262, p.13, c6–8。高昌國時期。

LM20-1465-28-05　《妙法蓮華經》卷四

姚秦鳩摩羅什譯，CBETA, T09, no.262, p.33, b21–23。唐時期。

LM20-1465-28-06　《大般涅槃經》卷二〇

北涼曇無讖譯，CBETA, T12, no.374, p.483, c12–13。高昌國時期。

LM20-1465-28-07　《大般涅槃經》卷三六

北涼曇無讖譯，CBETA, T12, no.374, p.574, c16–19。高昌國時期。

LM20-1465-28-08　《金剛般若波羅蜜經論》卷上

元魏菩提流支譯，CBETA, T25, no.1511, p.781, c4。高昌國時期。

LM20-1465-28-09　《大般涅槃經》卷二

北涼曇無讖譯，CBETA, T12, no.374, p.372, a15–20。高昌國時期。

LM20-1465-28-10　《禪祕要法經》卷下

姚秦鳩摩羅什譯，CBETA, T15, no.613, p.265, a1–4。唐時期。

LM20-1465-28-11　《佛説灌頂經》卷一二

東晉帛尸梨蜜多羅譯，CBETA, T21, no.1331, p.535, c14–17。唐時期。

LM20-1465-28-12　《妙法蓮華經》卷一

姚秦鳩摩羅什譯，CBETA, T09, no.262, p.2, b11–13。唐時期。

LM20-1465-28-13　《大般若波羅蜜多經》卷一五

唐玄奘譯，CBETA, T05, no.220, p.82, c1–3。唐時期。

LM20-1465-29-01　《妙法蓮華經》卷七

姚秦鳩摩羅什譯，CBETA, T09, no.262, p.56, c9–10。高昌國時期。

LM20-1465-29-02　《摩訶般若鈔經》卷一

姚秦曇摩蜱、竺佛念譯，CBETA, T08, no.226, p.511, b12–14。唐時期。

LM20-1465-29-03　《妙法蓮華經》卷六

姚秦鳩摩羅什譯，CBETA, T09, no.262, p.52, c16–19。唐時期。

LM20-1465-29-04　《大般涅槃經》卷六

北涼曇無讖譯，CBETA, T12, no.374, p.400, a3-5。高昌國時期。

LM20-1465-29-05　《大般涅槃經》卷一五

北涼曇無讖譯，CBETA, T12, no.374, p.452, b17-19。唐時期。

LM20-1465-29-06　《佛説輪轉五道罪福報應經》

劉宋求那跋陀羅譯，CBETA, T17, no.747b, p.564, c12-15。高昌國時期。

LM20-1465-29-07　《妙法蓮華經》卷四

姚秦鳩摩羅什譯，CBETA, T09, no.262, p.27, c1-3。唐時期。

LM20-1465-29-08　《妙法蓮華經》卷五

姚秦鳩摩羅什譯，CBETA, T09, no.262, p.45, c2-5。高昌國時期。

LM20-1465-29-09　《妙法蓮華經》卷四

姚秦鳩摩羅什譯，CBETA, T09, no.262, p.35, b27-c4。唐時期。

LM20-1465-29-10　《妙法蓮華經》卷五

姚秦鳩摩羅什譯，CBETA, T09, no.262, p.39, c8-16。唐時期。

LM20-1465-29-11　《金剛般若波羅蜜經》

姚秦鳩摩羅什譯，CBETA, T08, no.235, p.749, a9-14。唐時期。

LM20-1465-29-12　《金剛般若波羅蜜經》

姚秦鳩摩羅什譯，CBETA, T08, no.235, p.752, a27-29。唐時期。

LM20-1465-29-13　《妙法蓮華經》卷一

姚秦鳩摩羅什譯，CBETA, T09, no.262, p.4, b4-7。唐時期。

LM20-1465-29-14　《説無垢稱經》卷一

唐玄奘譯，CBETA, T14, no.476, p.559, a12-15。唐時期。

參：王梅 2006, 158。

LM20-1465-29-15　佛典殘片

唐時期。

LM20-1465-30-01　《妙法蓮華經》卷三

姚秦鳩摩羅什譯，CBETA, T09, no.262, p.25, b20-23。唐時期。

LM20-1465-30-02　《大般涅槃經》卷七

北涼曇無讖譯，CBETA, T12, no.374, p.403, b19-20。高昌國時期。

LM20-1465-30-03　《妙法蓮華經》卷一

姚秦鳩摩羅什譯，CBETA, T09, no.262, p.7, a7-12。唐時期

LM20-1465-30-04　《金光明經》卷一

北涼曇無讖譯，CBETA, T16, no.663, p.335, c8-11。唐時期。

LM20-1465-30-05　《妙法蓮華經》卷一

姚秦鳩摩羅什譯，CBETA, T09, no.262, p.7, b24-29。唐時期。

LM20-1465-30-06　《大方廣佛華嚴經》卷一八（五十卷本）

東晉佛陀跋陀羅譯,《中華大藏經》第 12 册, 226a9-16; 參 CBETA, T09, no.278, p.537, b4-9。高昌國時期。

LM20-1465-30-07　《大智度論》卷二

姚秦鳩摩羅什譯, CBETA, T25, no.1509, p.72, c15-17。高昌國時期。

LM20-1465-30-08　《大般涅槃經》卷三八

北涼曇無讖譯, CBETA, T12, no.374, p.588, c1-4。高昌國時期。

LM20-1465-30-09　《賢愚經》卷八

元魏慧覺等譯, CBETA, T04, no.202, p.402, c14-17。高昌國時期。

LM20-1465-30-10　《佛説觀藥王藥上二菩薩經》

劉宋畺良耶舍譯, CBETA, T20, no.1161, p.661, c27-p.662, a1。唐時期。

LM20-1465-30-11　《大般若波羅蜜多經》卷二七七

唐玄奘譯, CBETA, T06, no.220, p.403, a19-22。唐時期。

LM20-1465-30-12　佛典殘片

高昌國時期。

LM20-1465-31-01　《大般涅槃經》卷三

北涼曇無讖譯, CBETA, T12, no.374, p.384, b15-18。高昌國時期。

LM20-1465-31-02　《大般涅槃經》卷二八

北涼曇無讖譯, CBETA, T12, no.374, p.530, a4-11。唐時期。

LM20-1465-31-03　《請觀世音菩薩消伏毒害陀羅尼咒經》

東晉竺難提譯, CBETA, T20, no.1043, p.37, b11-13。高昌國時期。

LM20-1465-31-04　《佛説灌頂經》卷一二

東晉帛尸梨蜜多羅譯, CBETA, T21, no.1331, p.533, a13-15。唐時期。

LM20-1465-31-05　佛典殘片

高昌國時期。

LM20-1465-31-06　《摩訶般若波羅蜜經》卷一七

姚秦鳩摩羅什譯, CBETA, T08, no.223, p.347, b25-27。高昌國時期。

LM20-1465-31-07　《佛説轉女身經》

劉宋曇摩蜜多譯, CBETA, T14, no.564, p.918, c14-15。高昌國時期。

LM20-1465-31-08　佛典殘片

唐時期。

LM20-1465-31-09　《妙法蓮華經》卷三

姚秦鳩摩羅什譯, CBETA, T09, no.262, p.27, a12-18。唐時期。

LM20-1465-31-10　《妙法蓮華經》卷二

姚秦鳩摩羅什譯, CBETA, T09, no.262, p.10, c13-19。唐時期。

LM20-1465-31-11 《大方等大集經》卷一一

北涼曇無讖譯, CBETA, T13, no.397, p.70, b1-5, "悟"作"寤"。唐時期。

LM20-1465-31-12 佛典殘片

唐時期。

LM20-1465-31-13 《樂瓔珞莊嚴方便品經》

姚秦曇摩耶舍譯, CBETA, T14, no.566, p.934, b28-c1。唐時期。

LM20-1465-31-14 《妙法蓮華經》卷五

姚秦鳩摩羅什譯, CBETA, T09, no.262, p.44, a14-18。唐時期。

LM20-1465-32-01 醫書殘片

參唐王燾撰《外臺秘要》卷三九, 人民衛生出版社, 1955年, 1090頁, "注"作"泄"。高昌國時期。

LM20-1465-32-02 《大般涅槃經》卷二三

北涼曇無讖譯, CBETA, T12, no.374, p.501, b20-23。高昌國時期。

LM20-1465-32-03 《佛説轉女身經》

劉宋曇摩蜜多譯, CBETA, T14, no.564, p.919, a4-6。高昌國時期。

LM20-1465-32-04 《賢愚經》卷九

元魏慧覺等譯, CBETA, T04, no.202, p.414, c3。高昌國時期。

LM20-1465-32-05 《妙法蓮華經》卷一

姚秦鳩摩羅什譯, CBETA, T09, no.262, p.5, b6-11。唐時期。

LM20-1465-32-06 《阿毗曇八犍度論》卷一六

姚秦僧伽提婆、竺佛念譯, CBETA, T26, no.1543, p.846, c12-15。高昌郡時期。
參:《旅博選粹》, 61。

LM20-1465-32-07 《修行道地經》卷二

西晉竺法護譯, CBETA, T15, no.606, p.192, a19-20。唐時期。

LM20-1465-32-08 《妙法蓮華經馬明菩薩品第三十》

作者不詳, CBETA, T85, no.2899, p.1429, b18-19。唐時期。

LM20-1465-32-09 《妙法蓮華經》卷三

姚秦鳩摩羅什譯, CBETA, T09, no.262, p.25, a17-19。唐時期。

LM20-1465-32-10 《小品般若波羅蜜經》卷三

姚秦鳩摩羅什譯, CBETA, T08, no.227, p.547, a23-25。高昌國時期。

LM20-1465-32-11 《大方廣佛華嚴經隨疏演義鈔》卷五六

唐澄觀述, CBETA, T36, no.1736, p.441, b11-12。唐時期。

LM20-1465-32-12 《佛説仁王般若波羅蜜經》卷下

　　姚秦鳩摩羅什譯, CBETA, T08, no.245, p.830, b24-27, "第"作"弟"。高昌國時期。

LM20-1465-32-13　《妙法蓮華經》卷五

　　姚秦鳩摩羅什譯, CBETA, T09, no.262, p.38, c22-24。高昌國時期。

LM20-1465-32-14　《妙法蓮華經》卷二

　　姚秦鳩摩羅什譯, CBETA, T09, no.262, p.15, b11-13。唐時期。

LM20-1465-32-15　《妙法蓮華經》卷三

　　姚秦鳩摩羅什譯, CBETA, T09, no.262, p.20, a5-7。唐時期。

LM20-1465-32-16　《金剛般若波羅蜜經》

　　元魏菩提流支譯, CBETA, T08, no.236a, p.753, c17-20。高昌國時期。

LM20-1465-32-17　《大般涅槃經》卷一四

　　北涼曇無讖譯, CBETA, T12, no.374, p.446, a29-b4。唐時期。

LM20-1465-32-18　佛典殘片

　　高昌國時期。

LM20-1465-32-19　《妙法蓮華經》卷四

　　姚秦鳩摩羅什譯, CBETA, T09, no.262, p.32, c16-19。唐時期。

LM20-1465-33-01　《妙法蓮華經》卷二

　　姚秦鳩摩羅什譯, CBETA, T09, no.262, p.15, c5-8。唐時期。

LM20-1465-33-02　《大般涅槃經》卷二三

　　北涼曇無讖譯, CBETA, T12, no.374, p.498, c2-3。高昌國時期。

LM20-1465-33-03　《光讚經》卷一

　　西晉竺法護譯, CBETA, T08, no.222, p.154, b26-29。高昌國時期。

　　參:《旅博選粹》, 39。

LM20-1465-33-04　《妙法蓮華經》卷四

　　姚秦鳩摩羅什譯, CBETA, T09, no.262, p.33, a14-19。高昌郡時期。

　　參:《旅博選粹》, 39。

LM20-1465-33-05　佛典殘片

　　唐時期。

LM20-1465-33-06　佛典殘片

　　高昌國時期。

LM20-1465-33-07　《佛説觀佛三昧海經》卷三

　　東晉佛陀跋陀羅譯, CBETA, T15, no.643, p.658, c2-6。高昌國時期。

LM20-1465-33-08　《禪祕要法經》卷上

　　姚秦鳩摩羅什譯, CBETA, T15, no.613, p.251, b16-20。唐時期。

LM20-1465-33-09　《佛説仁王般若波羅蜜經》卷下

姚秦鳩摩羅什譯，CBETA，T08，no.245，p.832，a29–b1。高昌國時期。

LM20-1465-33-10 《大般涅槃經》卷三

北涼曇無讖譯，CBETA，T12，no.374，p.384，b22–24。高昌國時期。

LM20-1465-33-11 《金光明經》卷二

北涼曇無讖譯，CBETA，T16，no.663，p.345，a25–28。高昌國時期。

LM20-1465-33-12 佛典殘片

唐時期。

LM20-1465-33-13 《摩訶般若波羅蜜經》卷六

姚秦鳩摩羅什譯，CBETA，T08，no.223，p.259，c13–15。高昌國時期。

LM20-1465-34-01 《佛説無量壽經》卷下

曹魏康僧鎧譯，CBETA，T12，no.360，p.276，b24–25。高昌國時期。

參：《净土集成》，18–19。

LM20-1465-34-02 《妙法蓮華經馬明菩薩品第三十》

作者不詳，CBETA，T85，no.2899，p.1429，a20–22。唐時期。

LM20-1465-34-03 《妙法蓮華經》卷三

姚秦鳩摩羅什譯，CBETA，T09，no.262，p.22，a22–23。唐時期。

LM20-1465-34-04 《金剛般若波羅蜜經》

元魏菩提流支譯，CBETA，T08，no.236a，p.756，c2–3。唐時期。

LM20-1465-34-05 《妙法蓮華經》卷七

姚秦鳩摩羅什譯，CBETA，T09，no.262，p.57，a24–26。唐時期。

LM20-1465-34-06 《佛説救護身命經》

作者不詳，CBETA，T85，no.2865，p.1325，c7–9。唐時期。

LM20-1465-34-07 《佛説仁王般若波羅蜜經》卷上

姚秦鳩摩羅什譯，CBETA，T08，no.245，p.825，b2–6。高昌國時期。

LM20-1465-34-08 《文殊師利所説摩訶般若波羅蜜經》卷下

梁曼陀羅仙譯，CBETA，T08，no.232，p.730，c11–14。高昌國時期。

LM20-1465-34-09 《妙法蓮華經》卷二

姚秦鳩摩羅什譯。唐時期。

參：《旅博選粹》，39。

LM20-1465-34-10 《大般涅槃經》卷二四

北涼曇無讖譯，CBETA，T12，no.374，p.509，c12–16。高昌國時期。

LM20-1465-34-11 佛典殘片

參西晉無羅叉譯《放光般若經》卷一〇，CBETA，T08，no.221，p.73，a17–20。有雙行小字注。高昌郡時期。

LM20-1465-34-12　《妙法蓮華經》卷四

姚秦鳩摩羅什譯，CBETA, T09, no.262, p.33, b9–13。唐時期。

LM20-1465-34-13　《妙法蓮華經》卷二

姚秦鳩摩羅什譯，CBETA, T09, no.262, p.13, b16–19。西州回鶻時期。

LM20-1465-34-14　佛典殘片

唐時期。

LM20-1465-34-15　《大般若波羅蜜多經》卷八九

唐玄奘譯，此段文字多處可見。唐時期。

LM20-1465-34-16　佛典殘片

高昌國時期。

LM20-1465-34-17　《妙法蓮華經》卷一

姚秦鳩摩羅什譯，CBETA, T09, no.262, p.9, b20–26。唐時期。

LM20-1465-34-18　《僧伽吒經》卷四

元魏月婆首那譯，CBETA, T13, no.423, p.975, a4–8。唐時期。

LM20-1465-35-01　佛典殘片

唐時期。

LM20-1465-35-02　《大般涅槃經》卷二九

北涼曇無讖譯，CBETA, T12, no.374, p.540, a19–22。高昌國時期。

LM20-1465-35-03　《四分僧戒本》

姚秦佛陀耶舍譯，CBETA, T22, no.1430, p.1026, c5–7。西州回鶻時期。

LM20-1465-35-04　《金光明經》卷二

北涼曇無讖譯，CBETA, T16, no.663, p.345, c10–14。高昌郡時期。

LM20-1465-35-05　《佛本行集經》卷一二

隋闍那崛多譯，CBETA, T03, no.190, p.709, c20–21。高昌國時期。

參：段真子 2019, 168。

LM20-1465-35-06　《妙法蓮華經》卷二

姚秦鳩摩羅什譯，CBETA, T09, no.262, p.16, c1–3。唐時期。

LM20-1465-35-07　《佛本行集經》卷五

隋闍那崛多譯，CBETA, T03, no.190, p.673, c7–8。唐時期。

參：段真子 2019, 145。

LM20-1465-35-08　《佛説灌頂經》卷一二

東晉帛尸梨蜜多羅譯，CBETA, T21, no.1331, p.532, c24–26。唐時期。

LM20-1465-35-09　《大般涅槃經》卷一

北涼曇無讖譯，CBETA, T12, no.374, p.366, a1–3。唐時期。

LM20-1465-35-10 《大寶積經》卷一〇三

隋達摩笈多譯，CBETA，T11，no.310，p.577，b18-20。唐時期。

LM20-1465-35-11 《放光般若經》卷二

西晉無羅叉譯，CBETA，T08，no.221，p.9，a18-20。高昌國時期。

LM20-1465-35-12 《小品般若波羅蜜經》卷六

姚秦鳩摩羅什譯，CBETA，T08，no.227，p.565，a15-19。高昌國時期。

LM20-1465-35-13 佛典殘片

唐時期。

LM20-1465-35-14 殘片

高昌國時期。

LM20-1465-35-15 《大般涅槃經》卷三三

北涼曇無讖譯，CBETA，T12，no.374，p.562，c8-10。高昌國時期。

LM20-1465-35-16 佛典殘片

唐時期。

LM20-1465-35-17 《佛說仁王般若波羅蜜經》卷下

姚秦鳩摩羅什譯，CBETA，T08，no.245，p.830，c29-p.831，a2。高昌國時期。

LM20-1465-36-01 佛典殘片

右邊有貼附殘片，無法揭取。唐時期。

LM20-1465-36-02 《佛說法句經》

作者不詳，CBETA，T85，no.2901，p.1433，c3-5。有朱筆句讀。唐時期。

LM20-1465-36-03 《摩訶般若波羅蜜經》卷一九

姚秦鳩摩羅什譯，CBETA，T08，no.223，p.357，c7-8。唐時期。

LM20-1465-36-04 《摩訶般若波羅蜜經》卷二四

姚秦鳩摩羅什譯，CBETA，T08，no.223，p.396，a17-18。唐時期。

LM20-1465-36-05 《金剛般若波羅蜜經》

元魏菩提流支譯，CBETA，T08，no.236a，p.754，b12-16。唐時期。

LM20-1465-36-06 《大般涅槃經》卷二一

北涼曇無讖譯，CBETA，T12，no.374，p.493，a13-15。唐時期。

LM20-1465-36-07 殘片

唐時期。

LM20-1465-36-08 《大般涅槃經》卷一

北涼曇無讖譯，CBETA，T12，no.374，p.371，b12-14。唐時期。

LM20-1465-36-09 《大般涅槃經》卷七

北涼曇無讖譯，CBETA，T12，no.374，p.403，b13-15。高昌國時期。

LM20-1465-36-10　《妙法蓮華經》卷四

　　姚秦鳩摩羅什譯, CBETA, T09, no.262, p.28, c24–27。唐時期。

LM20-1465-36-11　《大般涅槃經》卷二八

　　北涼曇無讖譯, CBETA, T12, no.374, p.533, c14–16。唐時期。

LM20-1465-36-12　《妙法蓮華經》卷四

　　姚秦鳩摩羅什譯, CBETA, T09, no.262, p.34, b5–9。唐時期。

LM20-1465-36-13　《合部金光明經》卷三

　　梁真諦譯, 隋寶貴合, CBETA, T16, no.664, p.373, a18–20。唐時期。

LM20-1465-36-14　《摩訶般若波羅蜜經》卷一

　　姚秦鳩摩羅什譯, CBETA, T08, no.223, p.224, a16–18。高昌國時期。

LM20-1465-36-15　《妙法蓮華經》卷三

　　姚秦鳩摩羅什譯, CBETA, T09, no.262, p.23, a3–8。唐時期。

LM20-1465-36-16　《五分律》卷二四

　　劉宋佛陀什、竺道生等譯, CBETA, T22, no.1421, p.160, b16–17。高昌國時期。

LM20-1465-37-01　佛典殘片

　　唐時期。

LM20-1465-37-02　佛名經

　　唐時期。

LM20-1465-37-03　《摩訶般若波羅蜜經》卷二五

　　姚秦鳩摩羅什譯, CBETA, T08, no.223, p.402, a1–3。唐時期。

LM20-1465-37-04　《妙法蓮華經》卷七

　　姚秦鳩摩羅什譯, CBETA, T09, no.262, p.57, a21–24。唐時期。

LM20-1465-37-05　《大般涅槃經》卷一〇

　　北涼曇無讖譯, CBETA, T12, no.374, p.426, b6–10。唐時期。

LM20-1465-37-06　《大般涅槃經》卷二八

　　北涼曇無讖譯, CBETA, T12, no.374, p.534, b18–20。高昌國時期。

LM20-1465-37-07　《佛説灌頂經》卷一二

　　東晉帛尸梨蜜多羅譯, CBETA, T21, no.1331, p.535, b18–20。唐時期。

LM20-1465-37-08　《佛説轉女身經》

　　劉宋曇摩蜜多譯, CBETA, T14, no.564, p.918, a9–11。高昌國時期。

LM20-1465-37-09　《根本説一切有部毗奈耶雜事》卷四〇

　　唐義凈譯, 此段文字多處可見。唐時期。

LM20-1465-37-10　《金剛般若波羅蜜經》

　　元魏菩提流支譯, CBETA, T08, no.236a, p.754, a6–8。高昌國時期。

LM20-1465-37-11　僧願寫經題記

高昌國時期。

參:《旅博選粹》,201。

LM20-1465-37-12　《妙法蓮華經》卷五

姚秦鳩摩羅什譯,CBETA,T09,no.262,p.42,b15-18。高昌國時期。

LM20-1465-37-13　《摩訶般若波羅蜜經》卷一〇

姚秦鳩摩羅什譯,CBETA,T08,no.223,p.294,a24-27。高昌國時期。

LM20-1465-37-14　《妙法蓮華經》卷一

姚秦鳩摩羅什譯,CBETA,T09,no.262,p.2,c9-12。唐時期。

LM20-1465-37-15　《放光般若經》卷一六

西晉無羅叉譯,CBETA,T08,no.221,p.109,c10-15。高昌郡時期。

參:《旅博選粹》,8。

LM20-1465-37-16　《大般涅槃經》卷三五

北涼曇無讖譯,CBETA,T12,no.374,p.572,a8-10。高昌國時期。

LM20-1465-37-17　《放光般若經》卷一六

西晉無羅叉譯,CBETA,T08,no.221,p.115,c10-12。高昌國時期。

LM20-1465-38-01　佛典殘片

參西晉法炬譯《頂生王故事經》,CBETA,T01,no.39,p.823,c22-23。唐時期。

LM20-1465-38-02　《大般涅槃經》卷一九

北涼曇無讖譯,CBETA,T12,no.374,p.479,a18-20。高昌國時期。

LM20-1465-38-03　《妙法蓮華經》卷四

姚秦鳩摩羅什譯,CBETA,T09,no.262,p.33,b2-4。唐時期。

LM20-1465-38-04　《大智度論》卷七八

姚秦鳩摩羅什譯,CBETA,T25,no.1509,p.611,c1-4。高昌國時期。

LM20-1465-38-05　《金剛般若波羅蜜經》

元魏菩提流支譯,CBETA,T08,no.236a,p.755,c21-24。高昌國時期。

LM20-1465-38-06　《大般涅槃經》卷三八

北涼曇無讖譯,CBETA,T12,no.374,p.587,b22-23。高昌國時期。

LM20-1465-38-07　《大方等大集經》卷二

北涼曇無讖譯,CBETA,T13,no.397,p.11,a24-27。高昌國時期。

LM20-1465-38-08　《大般涅槃經》卷三一

北涼曇無讖譯,CBETA,T12,no.374,p.553,a6-7。高昌國時期。

LM20-1465-38-09　《菩提資糧論》卷二

隋達磨笈多譯,CBETA,T32,no.1660,p.524,b14-16。唐時期。

LM20-1465-38-10　《妙法蓮華經》卷三

　　姚秦鳩摩羅什譯, CBETA, T09, no.262, p.22, c3–8。唐時期。

LM20-1465-38-11　《妙法蓮華經》卷六

　　姚秦鳩摩羅什譯, CBETA, T09, no.262, p.54, b14–16。唐時期。

LM20-1465-38-12　《妙法蓮華經》卷一

　　姚秦鳩摩羅什譯, CBETA, T09, no.262, p.7, a10–12。唐時期。

LM20-1465-38-13　《妙法蓮華經》卷一

　　姚秦鳩摩羅什譯, CBETA, T09, no.262, p.3, a9–13。唐時期。

LM20-1465-38-14　《大般涅槃經》卷二七

　　北涼曇無讖譯, CBETA, T12, no.374, p.525, b16–17。高昌國時期。

LM20-1465-38-15　《妙法蓮華經》卷七

　　姚秦鳩摩羅什譯, CBETA, T09, no.262, p.57, b1–3。唐時期。

LM20-1465-38-16　《大般涅槃經》卷二七

　　北涼曇無讖譯, CBETA, T12, no.374, p.522, b23–26。高昌郡時期。

LM20-1465-38-17　《大般涅槃經》卷二九

　　北涼曇無讖譯, CBETA, T12, no.374, p.536, b9–12。高昌國時期。

LM20-1465-38-18　佛典殘片

　　高昌國時期。

LM20-1465-38-19a　《金剛三昧經》

　　譯者不詳, CBETA, T09, no.273, p.368, b19–20。唐時期。

LM20-1465-38-19b　佛典殘片

　　高昌國時期。

經册十七

LM20-1466-01-01 《要行捨身經》

作者不詳，CBETA，T85，no.2895，p.1415，a22-25，此本異文較多。唐時期。

LM20-1466-01-02 《大般涅槃經》卷二五

北涼曇無讖譯，CBETA，T12，no.374，p.510，b19-25。高昌國時期。

LM20-1466-01-03 《大方廣佛華嚴經》卷五（五十卷本）

東晉佛陀跋陀羅譯，《中華大藏經》第12册，55c21-56a4; 參 CBETA，T09，no.278，p.430，b17-22。高昌國時期。

LM20-1466-01-04 《雜阿含經》卷八

劉宋求那跋陀羅譯，CBETA，T02，no.99，p.51，a29-b3。唐時期。

LM20-1466-01-05 《佛説灌頂經》卷一一

東晉帛尸梨蜜多羅譯，CBETA，T21，no.1331，p.529，a5-12。唐時期。

LM20-1466-01-06 《佛説灌頂經》卷一二

東晉帛尸梨蜜多羅譯，CBETA，T21，no.1331，p.535，c25-28。唐時期。

LM20-1466-01-07 《受十善戒經》

譯者不詳，CBETA，T24，no.1486，p.1024，b4-9，"今華"作"金花"。高昌國時期。

LM20-1466-02-01 《大般涅槃經》卷二五

北涼曇無讖譯，CBETA，T12，no.374，p.515，b8-11。高昌國時期。

LM20-1466-02-02 《摩訶般若波羅蜜經》卷一四

姚秦鳩摩羅什譯，CBETA，T08，no.223，p.325，c3-10。高昌國時期。

LM20-1466-02-03 《大般涅槃經》卷一七

北涼曇無讖譯，CBETA，T12，no.374，p.465，b28-c3。高昌國時期。

LM20-1466-02-04 《大般涅槃經》卷一五

北涼曇無讖譯，CBETA，T12，no.374，p.453，a23-25。唐時期。

LM20-1466-02-05 《妙法蓮華經》卷一

姚秦鳩摩羅什譯，CBETA，T09，no.262，p.5，c25-p.6，a2。唐時期。

LM20-1466-02-06 《修行道地經》卷二

西晉竺法護譯，CBETA，T15，no.606，p.192，a7-10。唐時期。

LM20-1466-02-07 《大般涅槃經》卷三五

北涼曇無讖譯，CBETA, T12, no.374, p.574, a10–14。高昌國時期。

LM20-1466-02-08　《放光般若經》卷一五

西晉無羅叉譯，CBETA, T08, no.221, p.106, b10–12。唐時期。

LM20-1466-02-09　《大般涅槃經》卷三八

北涼曇無讖譯，CBETA, T12, no.374, p.588, a17–23。高昌國時期。

LM20-1466-02-10　《妙法蓮華經》卷三

姚秦鳩摩羅什譯，CBETA, T09, no.262, p.24, b28–c6。唐時期。

LM20-1466-03-01　《妙法蓮華經》卷一

姚秦鳩摩羅什譯，CBETA, T09, no.262, p.6, b24–c7。高昌國時期。

LM20-1466-03-02　《大通方廣懺悔滅罪莊嚴成佛經》卷中

作者不詳，CBETA, T85, no.2871, p.1346, b1–4。高昌國時期。

LM20-1466-03-03a　《金剛般若波羅蜜經》

姚秦鳩摩羅什譯，CBETA, T08, no.235, p.750, a9–10。唐時期。

LM20-1466-03-03b　《金剛般若波羅蜜經》

姚秦鳩摩羅什譯，CBETA, T08, no.235, p.750, a11–14。唐時期。

LM20-1466-03-04　《妙法蓮華經》卷七

姚秦鳩摩羅什譯，CBETA, T09, no.262, p.61, c24–p.62, a5。唐時期。

LM20-1466-03-05　《大般涅槃經》卷二〇

北涼曇無讖譯，CBETA, T12, no.374, p.483, c15–18。唐時期。

LM20-1466-03-06　《光讚經》卷五

西晉竺法護譯，CBETA, T08, no.222, p.184, a18–22，“其”作“摩”。高昌國時期。

LM20-1466-03-07　《大般涅槃經》卷七

北涼曇無讖譯，CBETA, T12, no.374, p.403, b16–21，“馬”作“瑪”，“豬狗”作“豬猫狗”。唐時期。

LM20-1466-03-08　《説無垢稱經》卷六

唐玄奘譯，CBETA, T14, no.476, p.585, c2–7。唐時期。

參：王梅 2006, 158。

LM20-1466-03-09　《大方等陀羅尼經》卷二

北涼法衆譯，CBETA, T21, no.1339, p.650, b4–11，“總”作“校”，“押”作“壓”，“每”作“默”。高昌國時期。

LM20-1466-03-10　《大般涅槃經》卷二五

北涼曇無讖譯，CBETA, T12, no.374, p.522, c19–25。唐時期。

LM20-1466-04-01　《摩訶般若波羅蜜經》卷二五

姚秦鳩摩羅什譯，CBETA, T08, no.223, p.403, c13–18，“云何”作“云何如”。高昌國時期。

參: 史睿 2019, 77。

LM20-1466-04-02 《大般涅槃經》卷一三

北涼曇無讖譯, CBETA, T12, no.374, p.441, b13–16。唐時期。

LM20-1466-04-03 《大般若波羅蜜多經》卷三一〇

唐玄奘譯, CBETA, T06, no.220, p.580, a17–22。唐時期。

LM20-1466-04-04 《妙法蓮華經》卷七

姚秦鳩摩羅什譯, CBETA, T09, no.262, p.61, c8–12。唐時期。

LM20-1466-04-05 《十地經論》

元魏菩提流支譯, CBETA, T26, no.1522, p.126, a8–13。唐時期。

LM20-1466-04-06 《大愛道比丘尼經》卷下

譯者不詳, CBETA, T24, no.1478, p.951, b25–28。唐時期。

LM20-1466-04-07 《大般涅槃經》卷一七

北涼曇無讖譯, CBETA, T12, no.374, p.465, c19–22。高昌國時期。

LM20-1466-04-08 道經殘片

唐時期。

參: 趙洋 2017a, 191; 趙洋 2017b, 211–212。

LM20-1466-04-09 《大般涅槃經》卷三五

北涼曇無讖譯, CBETA, T12, no.374, p.574, a15–19。高昌國時期。

LM20-1466-05-01 《妙法蓮華經》卷二

姚秦鳩摩羅什譯, CBETA, T09, no.262, p.17, c3–8, "無有" 作 "無心有"。唐時期。

LM20-1466-05-02 《摩訶般若波羅蜜經》卷二五

姚秦鳩摩羅什譯, CBETA, T08, no.223, p.403, b16–26, "是故" 作 "以是因緣故"。高昌國時期。

LM20-1466-05-03 《大般若波羅蜜多經》卷一二七

唐玄奘譯, CBETA, T05, no.220, p.695, a22–26。唐時期。

LM20-1466-05-04 《大般若波羅蜜多經》卷四六二

唐玄奘譯, CBETA, T07, no.220, p.335, a5–8。唐時期。

LM20-1466-05-05 《佛説灌頂經》卷一二

東晉帛尸梨蜜多羅譯, CBETA, T21, no.1331, p.535, c29–p.536, a10, "五七" 作 "三七", "燃" 作 "然"。唐時期。

LM20-1466-05-06 《佛本行集經》卷五三

隋闍那崛多譯, CBETA, T03, no.190, p.897, b27–c5。唐時期。

參: 段真子 2019, 166。

LM20-1466-05-07 《妙法蓮華經》卷一

　　姚秦鳩摩羅什譯, CBETA, T09, no.262, p.6, a26-29。唐時期。

LM20-1466-05-08　《大般涅槃經》卷二〇

　　北涼曇無讖譯, CBETA, T12, no.374, p.481, a14-20。高昌國時期。

LM20-1466-05-09　《大智度論》卷三一

　　姚秦鳩摩羅什譯, CBETA, T25, no.1509, p.291, a29-b5。高昌國時期。

LM20-1466-06-01　《信力入印法門經》卷五

　　元魏曇摩流支譯, CBETA, T10, no.305, p.953, c18-26。高昌國時期。

LM20-1466-06-02　《妙法蓮華經》卷七

　　姚秦鳩摩羅什譯, CBETA, T09, no.262, p.61, b7-12。高昌國時期。

LM20-1466-06-03　《顯揚聖教論》卷一〇

　　唐玄奘譯, CBETA, T31, no.1602, p.530, a9-16。唐時期。

LM20-1466-06-04　《妙法蓮華經》卷二

　　姚秦鳩摩羅什譯, CBETA, T09, no.262, p.12, a13-19。唐時期。

LM20-1466-06-05　　佛典殘片

　　唐時期。

LM20-1466-06-06　《大般涅槃經》卷五

　　北涼曇無讖譯, CBETA, T12, no.374, p.396, b20-26。唐時期。

LM20-1466-07-01　《大般涅槃經》卷一一

　　北涼曇無讖譯, CBETA, T12, no.374, p.431, b26-c14。唐時期。

LM20-1466-07-02　《光讚經》卷五

　　西晉竺法護譯, CBETA, T08, no.222, p.183, a20-23。高昌國時期。

LM20-1466-07-03　《金光明經》卷四

　　北涼曇無讖譯, CBETA, T16, no.663, p.357, b6-14。唐時期。

LM20-1466-07-04　《妙法蓮華經》卷一

　　姚秦鳩摩羅什譯, CBETA, T09, no.262, p.6, b1-7。唐時期。

LM20-1466-07-05　《毗耶娑問經》卷下

　　元魏般若流支譯, CBETA, T12, no.354, p.233, b2-5。唐時期。

LM20-1466-07-06　《妙法蓮華經》卷三

　　姚秦鳩摩羅什譯, CBETA, T09, no.262, p.20, a8-14。高昌國時期。

LM20-1466-07-07　《大般涅槃經》卷一六

　　北涼曇無讖譯, CBETA, T12, no.374, p.458, b4-7。唐時期。

LM20-1466-08-01　《佛本行集經》卷五

　　隋闍那崛多譯, CBETA, T03, no.190, p.674, c11-15。唐時期。

　　參: 段真子 2019, 164。

LM20-1466-08-02　《佛説觀藥王藥上二菩薩經》

劉宋畺良耶舍譯，CBETA，T20，no.1161，p.662，c11-19，"窟"作"屈"。唐時期。

LM20-1466-08-03　《摩訶般若波羅蜜經》卷二六

姚秦鳩摩羅什譯，CBETA，T08，no.223，p.410，c19-23。高昌國時期。

LM20-1466-08-04　《大般涅槃經》卷一一

北涼曇無讖譯，CBETA，T12，no.374，p.428，c5-9。高昌國時期。

LM20-1466-08-05　《大般涅槃經》卷七

北涼曇無讖譯，CBETA，T12，no.374，p.406，c22-28。高昌國時期。

LM20-1466-08-06　《摩訶般若波羅蜜經》卷二六

姚秦鳩摩羅什譯，CBETA，T08，no.223，p.410，b1-9。高昌國時期。

LM20-1466-08-07　《大般若波羅蜜多經》卷五六八

唐玄奘譯，CBETA，T07，no.220，p.931，b18-22，CBETA，T07，no.220，p.932，b25-c3，"性身常勤修"作"性身何以故"，"理離尋"作"離尋"。唐時期。

LM20-1466-08-08　《大智度論》卷九四

姚秦鳩摩羅什譯，CBETA，T25，no.1509，p.715，b10-16。高昌國時期。

LM20-1466-09-01　《大般涅槃經》卷一五

北涼曇無讖譯，CBETA，T12，no.374，p.456，b21-29。高昌郡時期。

參：《旅博選粹》，16。

LM20-1466-09-02　《添品妙法蓮華經》卷六

隋闍那崛多、達摩笈多譯，CBETA，T09，no.264，p.181，c11-17。高昌國時期。

參：史睿 2019，76。

LM20-1466-09-03　《大智度論》卷九四

姚秦鳩摩羅什譯，CBETA，T25，no.1509，p.715，c26-p.716，a3。高昌國時期。

LM20-1466-09-04　《迦丁比丘説當來變經》

譯者不詳，CBETA，T49，no.2028，p.9，a2-5。高昌國時期。

LM20-1466-09-05　《大般涅槃經》卷一七

北涼曇無讖譯，CBETA，T12，no.374，p.478，a1-6。唐時期。

LM20-1466-09-06　道經殘片

唐時期。

參：趙洋 2017a，192；趙洋 2017b，212。

LM20-1466-09-07　《合部金光明經》卷六

北涼曇無讖譯，隋寶貴合，CBETA，T16，no.664，p.389，c15-22。高昌郡時期。

參：《旅博選粹》，57。

LM20-1466-09-08　《大般涅槃經》卷一九

北涼曇無讖譯, CBETA, T12, no.374, p.478, a21–29。唐時期。

LM20-1466-09-09 《摩訶般若波羅蜜經》卷二

姚秦鳩摩羅什譯, CBETA, T08, no.223, p.231, c18–21。高昌國時期。

LM20-1466-09-10 《妙法蓮華經》卷一

姚秦鳩摩羅什譯, CBETA, T09, no.262, p.8, c22–29。唐時期。

LM20-1466-10-01 《大般若波羅蜜多經》卷四六二

唐玄奘譯, CBETA, T07, no.220, p.337, a25–29。唐時期。

LM20-1466-10-02 《佛説仁王般若波羅蜜經》卷上

姚秦鳩摩羅什譯, CBETA, T08, no.245, p.829, b12–15。高昌國時期。

LM20-1466-10-03 《大般涅槃經》卷三九

北涼曇無讖譯, CBETA, T12, no.374, p.591, b20–22。高昌國時期。

LM20-1466-10-04 《大般涅槃經》卷三二

北涼曇無讖譯, CBETA, T12, no.374, p.559, a18–19。高昌國時期。

LM20-1466-10-05 《大方等陀羅尼經》卷二

北涼法衆譯, CBETA, T21, no.1339, p.650, b12–14。唐時期。

LM20-1466-10-06 《大般涅槃經》卷一九

北涼曇無讖譯, CBETA, T12, no.374, p.475, a20–23。唐時期。

LM20-1466-10-07 《中本起經》卷上

後漢曇果、康孟詳譯, CBETA, T04, no.196, p.155, b14–18, "廣無邊"作"快無雙"。高昌郡時期。

LM20-1466-10-08 《大般若波羅蜜多經》卷三六三

唐玄奘譯, CBETA, T06, no.220, p.874, b22–24。唐時期。

LM20-1466-10-09 《大般涅槃經》卷二五

北涼曇無讖譯, CBETA, T12, no.374, p.515, b4–6。高昌國時期。

LM20-1466-10-10 《方廣大莊嚴經》卷一二

唐地婆訶羅譯, CBETA, T03, no.187, p.615, c22–25。唐時期。

LM20-1466-10-11 《佛説灌頂經》卷一一

東晉帛尸梨蜜多羅譯, CBETA, T21, no.1331, p.529, c22–24。唐時期。

LM20-1466-10-12 《金光明經》卷四

北涼曇無讖譯, CBETA, T16, no.663, p.356, b8–10。高昌國時期。

LM20-1466-10-13 《大般涅槃經》卷二九

北涼曇無讖譯, CBETA, T12, no.374, p.537, c2–3。唐時期。

LM20-1466-10-14 《金光明最勝王經》卷四

唐義浄譯, CBETA, T16, no.665, p.421, c17–21。唐時期。

LM20-1466-10-15 《妙法蓮華經》卷四

姚秦鳩摩羅什譯, CBETA, T09, no.262, p.31, a26-b1。

LM20-1466-10-16 《妙法蓮華經》卷一

姚秦鳩摩羅什譯, CBETA, T09, no.262, p.4, a1-5。唐時期。

LM20-1466-10-17 《摩訶般若波羅蜜經》卷一四

姚秦鳩摩羅什譯, CBETA, T08, no.223, p.320, b23-25。高昌國時期。

LM20-1466-10-18 《大般涅槃經》卷九

北涼曇無讖譯, CBETA, T12, no.374, p.421, c14-16。唐時期。

LM20-1466-10-19 《妙法蓮華經》卷四

姚秦鳩摩羅什譯, CBETA, T09, no.262, p.31, a28-b1。唐時期。

LM20-1466-10-20 《大般若波羅蜜多經》卷一九五

唐玄奘譯, CBETA, T05, no.220, p.1046, a2-4。唐時期。

LM20-1466-10-21 《妙法蓮華經》卷二

姚秦鳩摩羅什譯, CBETA, T09, no.262, p.11, a2-4。高昌國時期。

LM20-1466-10-22 《金光明經》卷一

北涼曇無讖譯, CBETA, T16, no.663, p.339, b18-21。唐時期。

LM20-1466-10-23 《摩訶般若波羅蜜經》卷九

姚秦鳩摩羅什譯, CBETA, T08, no.223, p.289, c14-17。高昌國時期。

LM20-1466-10-24 《妙法蓮華經》卷三

姚秦鳩摩羅什譯, CBETA, T09, no.262, p.19, b5-6。唐時期。

LM20-1466-10-25 《小品般若波羅蜜經》卷四

姚秦鳩摩羅什譯, CBETA, T08, no.227, p.553, a24-28, "无異"作"無以"。高昌國時期。

LM20-1466-10-26 《大智度論》卷三三

姚秦鳩摩羅什譯, CBETA, T25, no.1509, p.304, a10-12。高昌國時期。

LM20-1466-10-27 《梵網經》卷下

姚秦鳩摩羅什譯, CBETA, T24, no.1484, p.1008, a15-18。唐時期。

LM20-1466-10-28 殘片

高昌國時期。

LM20-1466-11-01 典籍殘片

第1行上有貼附殘片, 無法揭取。唐時期。

LM20-1466-11-02 《妙法蓮華經》卷六

姚秦鳩摩羅什譯, CBETA, T09, no.262, p.50, c4-7。唐時期。

LM20-1466-11-03 《大般涅槃經》卷二三

北涼曇無讖譯, CBETA, T12, no.374, p.502, b21-24。高昌國時期。

LM20-1466-11-04　《佛説觀佛三昧海經》卷二

東晉佛陀跋陀羅譯，CBETA, T15, no.643, p.655, c17–20。高昌國時期。

LM20-1466-11-05　《佛説七千佛神符經》

作者不詳，CBETA, T85, no.2904, p.1446, b13–17。唐時期。

LM20-1466-11-06　《妙法蓮華經》卷二

姚秦鳩摩羅什譯，CBETA, T09, no.262, p.12, a7–10。唐時期。

LM20-1466-11-07　《大般涅槃經》卷一二

北涼曇無讖譯，CBETA, T12, no.374, p.435, b6–9。高昌國時期。

LM20-1466-11-08　《金剛般若波羅蜜經》

姚秦鳩摩羅什譯，CBETA, T08, no.235, p.752, b11–13。唐時期。

LM20-1466-11-09　《大般涅槃經》卷二

北涼曇無讖譯，CBETA, T12, no.374, p.378, c22–24。唐時期。

LM20-1466-11-10　《大般涅槃經》注疏

參北涼曇無讖譯《大般涅槃經》卷四，CBETA, T12, no.374, p.386, b1–2; 隋慧遠述《大般涅槃經義記》卷二，CBETA, T37, no.1764, p.665, a12–13。高昌國時期。

LM20-1466-11-11　《大般涅槃經》卷三五

北涼曇無讖譯，CBETA, T12, no.374, p.570, b12–15。高昌國時期。

LM20-1466-11-12　《大般若波羅蜜多經》卷二九八

唐玄奘譯，CBETA, T06, no.220, p.515, b18–20。唐時期。

LM20-1466-11-13　《大方便佛報恩經》卷四

譯者不詳，CBETA, T03, no.156, p.144, a23–25。唐時期。

LM20-1466-11-14　《大般涅槃經》卷一三

北涼曇無讖譯，CBETA, T12, no.374, p.440, b14–18。唐時期。

LM20-1466-11-15　《放光般若經》卷一三

西晉無羅叉譯，CBETA, T08, no.221, p.88, b18–23。高昌國時期。

LM20-1466-11-16　《佛説佛名經》卷二八

譯者不詳，CBETA, T14, no.441, p.293, c14–15。唐時期。

LM20-1466-11-17　《大方廣佛華嚴經》卷三一

東晉佛陀跋陀羅譯，CBETA, T09, no.278, p.600, b5–7。唐時期。

LM20-1466-11-18　《摩訶般若波羅蜜經》卷四

姚秦鳩摩羅什譯，CBETA, T08, no.223, p.241, a5–6。唐時期。

LM20-1466-11-19　《佛説灌頂經》卷一二

東晉帛尸梨蜜多羅譯，CBETA, T21, no.1331, p.533, b8–9。唐時期。

LM20-1466-11-20　《大般涅槃經》卷三七

北涼曇無讖譯，CBETA, T12, no.374, p.581, a24–25。高昌國時期。

LM20-1466-11-21 《妙法蓮華經》卷七

姚秦鳩摩羅什譯，CBETA, T09, no.262, p.56, c8–11。唐時期。

LM20-1466-11-22 《大般涅槃經》卷三三

北涼曇無讖譯，CBETA, T12, no.374, p.563, b8–10。唐時期。

LM20-1466-11-23 《妙法蓮華經》卷二

姚秦鳩摩羅什譯，CBETA, T09, no.262, p.11, b20–21。高昌國時期。

LM20-1466-11-24 《妙法蓮華經》卷一

姚秦鳩摩羅什譯，CBETA, T09, no.262, p.2, b26–28。唐時期。

LM20-1466-11-25 《諸法無行經》卷上

姚秦鳩摩羅什譯，CBETA, T15, no.650, p.751, c28–p.752, a5。唐時期。

LM20-1466-11-26 《阿毗曇毗婆沙論》卷五三

北涼浮陀跋摩、道泰譯，CBETA, T28, no.1546, p.383, c9–10。唐時期。

LM20-1466-11-27 佛名經

參譯者不詳《佛説佛名經》卷二三，CBETA, T14, no.441, p.278, c10–15。高昌國時期。

LM20-1466-11-28 《觀世音三昧經》

作者不詳，CBETA, D11, no.8817, p.3, a4–7。高昌國時期。

LM20-1466-12-01 《大般涅槃經》卷一九

北涼曇無讖譯，CBETA, T12, no.374, p.475, c5–6。高昌國時期。

LM20-1466-12-02 《妙法蓮華經》卷五

姚秦鳩摩羅什譯，CBETA, T09, no.262, p.38, c21–24。唐時期。

LM20-1466-12-03 《道行般若經》卷九

後漢支婁迦讖譯，CBETA, T08, no.224, p.472, b26–28。唐時期。

LM20-1466-12-04 《妙法蓮華經》卷五

姚秦鳩摩羅什譯，CBETA, T09, no.262, p.37, c17–19。唐時期。

LM20-1466-12-05 《佛説法句經》

作者不詳，CBETA, T85, no.2901, p.1435, a15–19。唐時期。

LM20-1466-12-06 《金剛般若波羅蜜經》

姚秦鳩摩羅什譯，CBETA, T08, no.235, p.751, b12–14。高昌國時期。

LM20-1466-12-07 《大般涅槃經》卷三五

北涼曇無讖譯，CBETA, T12, no.374, p.570, b21–23。唐時期。

LM20-1466-12-08 《大般若波羅蜜多經》卷三一一

唐玄奘譯，CBETA, T06, no.220, p.585, c26–29。唐時期。

LM20-1466-12-09 佛教戒律

參唐道宣《毗尼作持續釋》卷八, CBETA, X41, no.730, p.437, c5-7。高昌國時期。

LM20-1466-12-10　《大智度論》卷一一

姚秦鳩摩羅什譯, CBETA, T25, no.1509, p.142, b26-27。唐時期。

LM20-1466-12-11　《大般涅槃經》卷二七

北涼曇無讖譯, CBETA, T12, no.374, p.528, b16-18。高昌國時期。

LM20-1466-12-12　《佛説大安般守意經》卷下

後漢安世高譯, CBETA, T15, no.602, p.168, b28-c2。唐時期。

LM20-1466-12-13　《諸佛要集經》卷下

西晉竺法護譯, CBETA, T17, no.810, p.769, c1-4。高昌郡時期。

參:《旅博選粹》, 2; 三谷真澄 2006, 68-69;《旅博研究》, 84; 三谷真澄 2019, 17-18。

LM20-1466-12-14　《毛詩・周頌・閔予小子—訪落》鄭氏箋

參《毛詩》卷一九,《四部叢刊初編》, 商務印書館, 1919 年, 葉 12b-13a。唐時期。

參: 徐媛媛 2018, 5、11; 朱玉麒、孟彦弘 2019, 42。

LM20-1466-12-15　《佛説法句經》

作者不詳, CBETA, T85, no.2901, p.1435, b9-11。唐時期。

LM20-1466-12-16　佛典殘片

唐時期。

LM20-1466-12-17　佛典殘片

墨色深淺不同。西州回鶻時期。

LM20-1466-12-18　《佛説灌頂經》卷一二

東晉帛尸梨蜜多羅譯, CBETA, T21, no.1331, p.533, b26-27。唐時期。

LM20-1466-12-19　《中天竺舍衛國祇洹寺圖經》卷下

唐道宣撰, CBETA, T45, no.1899, p.893, b14-16, "六" 作 "三"。唐時期。

LM20-1466-12-20　《道行般若經》卷四

後漢支婁迦讖譯, CBETA, T08, no.224, p.446, b14-15。高昌國時期。

LM20-1466-12-21　《般泥洹經》卷下

譯者不詳, CBETA, T01, no.6, p.187, c9-14。高昌郡時期。

參:《旅博選粹》, 26。

LM20-1466-12-22　佛典殘片

唐時期。

LM20-1466-12-23　佛典殘片

唐時期。

LM20-1466-12-24　《妙法蓮華經》卷六

姚秦鳩摩羅什譯, CBETA, T09, no.262, p.51, a22-24。高昌國時期。

LM20-1466-12-25　《妙法蓮華經》卷七

姚秦鳩摩羅什譯, T09, no.262, p.58, c1–3。有雙行小字注。唐時期。

LM20-1466-12-26　佛典殘片

唐時期。

LM20-1466-12-27　佛典注疏

有雙行小字注。唐時期。

LM20-1466-12-28　《薩婆多毗尼毗婆沙》卷四

譯者不詳, CBETA, T23, no.1440, p.524, c26–28。唐時期。

LM20-1466-12-29　《妙法蓮華經》卷四

姚秦鳩摩羅什譯, CBETA, T09, no.262, p.36, a16–19。唐時期。

LM20-1466-12-30　《妙法蓮華經》卷一

姚秦鳩摩羅什譯, CBETA, T09, no.262, p.3, b25–28。唐時期。

LM20-1466-12-31　《摩訶般若波羅蜜經》卷一五

姚秦鳩摩羅什譯, CBETA, T08, no.223, p.330, a23–26。唐時期。

LM20-1466-12-32　《阿毗達磨順正理論》卷四二

唐玄奘譯, CBETA, T29, no.1562, p.578, c29–p.579, a2。唐時期。

LM20-1466-13-01　《雜阿毗曇心論》卷六

劉宋僧伽跋摩等譯, CBETA, T28, no.1552, p.917, c22–25。高昌郡時期。

參:《旅博選粹》, 22。

LM20-1466-13-02　佛典殘片

高昌國時期。

LM20-1466-13-03　《大智度論》卷六五

姚秦鳩摩羅什譯, CBETA, T25, no.1509, p.519, a18–20。高昌國時期。

LM20-1466-13-04　《大般涅槃經》卷二

北涼曇無讖譯, CBETA, T12, no.374, p.377, b10–13。高昌國時期。

LM20-1466-13-05　《大辯邪正經》

作者不詳, CBETA, T85, no.2893, p.1412, a2–6。西州回鶻時期。

LM20-1466-13-06　《妙法蓮華經》卷二

姚秦鳩摩羅什譯, CBETA, T09, no.262, p.17, b19–22。高昌國時期。

LM20-1466-13-07　《大般涅槃經》卷四〇

北涼曇無讖譯, CBETA, T12, no.374, p.599, a21–24。高昌國時期。

LM20-1466-13-08　《大通方廣懺悔滅罪莊嚴成佛經》卷中

作者不詳, CBETA, T85, no.2871, p.1347, b2–5。高昌國時期。

LM20-1466-13-09　《妙法蓮華經》卷一

姚秦鳩摩羅什譯, CBETA, T09, no.262, p.4, c28-p.5, a3。唐時期。

LM20-1466-13-10　《放光般若經》卷三

西晉無羅叉譯, CBETA, T08, no.221, p.16, c5-8。唐時期。

LM20-1466-13-11　佛典殘片

疑爲變文。西州回鶻時期。

參：《旅博選粹》, 170。

LM20-1466-13-12　佛典殘片

西州回鶻時期。

LM20-1466-13-13　《大方廣佛華嚴經》卷一五（五十卷本）

東晉佛陀跋陀羅譯,《中華大藏經》第 12 册, 181a21-b17; 參 CBETA, T09, no.278, p.510, c28-p.511, a16。細字寫本。高昌國時期。

LM20-1466-13-14　《大般涅槃經》卷一六

北涼曇無讖譯, CBETA, T12, no.374, p.457, a26-28。高昌國時期。

LM20-1466-13-15　《佛説佛名經》卷五

元魏菩提流支譯, CBETA, T14, no.440, p.139, b11-14。唐時期。

LM20-1466-13-16　《佛説佛名經》卷六

元魏菩提流支譯, CBETA, T14, no.440, p.147, c10-11。唐時期。

LM20-1466-13-17　《千眼千臂觀世音菩薩陀羅尼神咒經》卷上

唐智通譯, CBETA, T20, no.1057a, p.85, b9-13。西州回鶻時期。

LM20-1466-13-18　《佛説廣博嚴净不退轉輪經》卷六

劉宋智嚴譯, CBETA, T09, no.268, p.281, c19-22。唐時期。

LM20-1466-13-19　《大方廣佛華嚴經》卷二一（五十卷本）

東晉佛陀跋陀羅譯,《中華大藏經》第 12 册, 263c20-264a10; 參 CBETA, T09, no.278, p.562, b15-26。細字寫本。高昌國時期。

LM20-1466-13-20　《大佛頂如來密因修證了義諸菩薩萬行首楞嚴經》卷七

唐般刺蜜帝譯, CBETA, T19, no.945, p.141, a13-27, 文書每佛名序號比 CBETA 所見佛名序號遞減一位, 如 "六十八" 作 "六十九"。唐時期。

參：《旅博選粹》, 136。

LM20-1466-13-21　陀羅尼

參隋闍那崛多譯《如來方便善巧咒經》, CBETA, T21, no.1334, p.565, b2-21。唐時期。

LM20-1466-14-01　《大般若波羅蜜多經》卷三六三

唐玄奘譯, CBETA, T06, no.220, p.874, b20-24。唐時期。

LM20-1466-14-02　《大般涅槃經》卷七

北涼曇無讖譯, CBETA, T12, no.374, p.408, a18-27。唐時期。

LM20-1466-14-03 《大般涅槃經》卷一四

　　北涼曇無讖譯，CBETA, T12, no.374, p.447, c26–29。高昌國時期。

LM20-1466-14-04 《大般涅槃經》卷一二

　　北涼曇無讖譯，CBETA, T12, no.374, p.436, a13–17。高昌國時期。

LM20-1466-14-05 《大般涅槃經》卷一二

　　北涼曇無讖譯，CBETA, T12, no.374, p.439, c19–24。高昌國時期。

LM20-1466-14-06 《放光般若經》卷一六

　　西晉無羅叉譯，CBETA, T08, no.221, p.116, a6–14，"等"作"等佛"。高昌國時期。

LM20-1466-14-07 《大智度論》卷二六

　　姚秦鳩摩羅什譯，CBETA, T25, no.1509, p.247, c9–14。高昌國時期。

LM20-1466-14-08 《金剛般若波羅蜜經》

　　元魏菩提流支譯，CBETA, T08, no.236a, p.754, b13–20。唐時期。

LM20-1466-15-01 《放光般若經》卷七

　　西晉無羅叉譯，CBETA, T08, no.221, p.49, a8–13。高昌國時期。

LM20-1466-15-02 《放光般若經》卷七

　　西晉無羅叉譯，CBETA, T08, no.221, p.49, a1–8。第3行下有小字"放光十卷成合九十品"。高昌國時期。

　　參：《旅博選粹》，90。

LM20-1466-15-03 《文殊師利問菩薩署經》

　　後漢支婁迦讖譯，CBETA, T14, no.458, p.435, c26–p.436, a2。

LM20-1466-15-04 《佛説佛名經》卷九

　　元魏菩提流支譯，CBETA, T14, no.440, p.167, a13–23，"迴"作"因"。唐時期。

LM20-1466-15-05 《小品般若波羅蜜經》卷六

　　姚秦鳩摩羅什譯，CBETA, T08, no.227, p.564, c13–19。唐時期。

LM20-1466-16-01 《妙法蓮華經》卷二

　　姚秦鳩摩羅什譯，CBETA, T09, no.262, p.17, b26–c5。高昌郡時期。

　　參：《旅博選粹》，11。

LM20-1466-16-02 《佛頂尊勝陀羅尼經》

　　唐佛陀波利譯，CBETA, T19, no.967, p.350, a17–23。唐時期。

LM20-1466-16-03 《佛説灌頂經》卷一

　　東晉帛尸梨蜜多羅譯，CBETA, T21, no.1331, p.495, a9–12。唐時期。

LM20-1466-16-04 《妙法蓮華經》卷五

　　姚秦鳩摩羅什譯，CBETA, T09, no.262, p.46, b5–12，"天人"作"人天"。高昌國時期。

LM20-1466-16-05 《金剛般若波羅蜜經》

姚秦鳩摩羅什譯, CBETA, T08, no.235, p.750, b17–23。唐時期。

LM20-1466-16-06　《大般涅槃經》卷一一

北涼曇無讖譯, CBETA, T12, no.374, p.430, a1–5。高昌國時期。

LM20-1466-16-07　《大般涅槃經》卷一六

北涼曇無讖譯, CBETA, T12, no.374, p.469, b5–9。高昌國時期。

LM20-1466-16-08　《大般若波羅蜜多經》卷五二七

唐玄奘譯, CBETA, T07, no.220, p.703, c21–23。唐時期。

LM20-1466-17-01　《妙法蓮華經》卷三

姚秦鳩摩羅什譯, CBETA, T09, no.262, p.21, b9–12。唐時期。

LM20-1466-17-02　《大般涅槃經》卷二八

北涼曇無讖譯, CBETA, T12, no.374, p.529, b6–21, 第 6 行 "解脱" 作 "爲得解脱"。高
昌國時期。

LM20-1466-17-03　《金剛仙論》卷八（異本）

參元魏菩提流支譯, CBETA, T25, no.1512, p.859, b1–10, "劫修十地" 作 "修十地"。高
昌國時期。

參:《旅博選粹》, 158; 李昀 2017, 93。

LM20-1466-17-04　《放光般若經》卷一

西晉無羅叉譯, CBETA, T08, no.221, p.7, a5–9, "法性應現" 作 "法性現"。第 4 行左
側貼附一小殘片, 内面有一 "覺" 字。高昌國時期。

LM20-1466-17-05　佛典殘片

高昌國時期。

參:《旅博選粹》, 158。

LM20-1466-17-06　《妙法蓮華經》卷五

姚秦鳩摩羅什譯, CBETA, T09, no.262, p.45, b18–23。唐時期。

LM20-1466-18-01　《大方等大集經》卷一二

北涼曇無讖譯, CBETA, T13, no.397, p.76, b8–12, "相" 作 "性"。高昌郡時期。

LM20-1466-18-02　《合部金光明經》卷一

梁真諦譯, 隋寶貴合, CBETA, T16, no.664, p.362, c15–20。唐時期。

LM20-1466-18-03　《大般涅槃經》卷二二

北涼曇無讖譯, CBETA, T12, no.374, p.496, c25–28。高昌國時期。

LM20-1466-18-04　《大般涅槃經》卷九

北涼曇無讖譯, CBETA, T12, no.374, p.421, b20–23。高昌國時期。

LM20-1466-18-05　《妙法蓮華經》卷六

姚秦鳩摩羅什譯, CBETA, T09, no.262, p.48, a8–23, 第 3、4 行間脱 "清净好歌聲聽之

而不著無數種人聲聞悉能解了"句。唐時期。

LM20-1466-18-06　《妙法蓮華經》卷七

姚秦鳩摩羅什譯，CBETA，T09，no.262，p.60，a2-6。高昌國時期。

LM20-1466-18-07　《妙法蓮華經》卷一

姚秦鳩摩羅什譯，CBETA，T09，no.262，p.5，b15-21。高昌國時期。

LM20-1466-18-08　《妙法蓮華經》卷二

姚秦鳩摩羅什譯，CBETA，T09，no.262，p.17，b8-10。唐時期。

LM20-1466-18-09　《大般若波羅蜜多經》卷二八八

唐玄奘譯，CBETA，T06，no.220，p.464，c17-21。唐時期。

LM20-1466-18-10　《大般涅槃經》卷一

北涼曇無讖譯，CBETA，T12，no.374，p.371，a18-21。唐時期。

LM20-1466-18-11　《金剛般若波羅蜜經》

元魏菩提流支譯，CBETA，T08，no.236a，p.753，a9-17。唐時期。

LM20-1466-19-01　《勝鬘義疏本義》

梁僧旻撰。據敦煌本 BD5793、BD4224《勝鬘義疏本義》(擬)定名。高昌國時期。

參：《旅博選粹》，72；橘堂晃一 2006a，87、101；榮新江 2019a，27。

LM20-1466-19-02　佛典殘片

高昌國時期。

LM20-1466-19-03　《金光明經》卷二

北涼曇無讖譯，CBETA，T16，no.663，p.341，b6-9。唐時期。

LM20-1466-19-04　《大智度論》卷五〇

姚秦鳩摩羅什譯，CBETA，T25，no.1509，p.419，a10-17，"國土"作"世界"。唐時期。

LM20-1466-19-05　《道行般若經》卷一

後漢支婁迦讖譯，CBETA，T08，no.224，p.427，c16-20。高昌國時期。

LM20-1466-19-06　《大般涅槃經》卷一一

北涼曇無讖譯，CBETA，T12，no.374，p.436，b2-5。唐時期。

LM20-1466-19-07　佛典殘片

唐時期。

LM20-1466-19-08　《十方千五百佛名經》

譯者不詳。參《十方千五百佛名經》全文，204 頁。高昌國時期。

LM20-1466-19-09　《大般涅槃經》卷七

北涼曇無讖譯，CBETA，T12，no.374，p.408，a14-16。唐時期。

LM20-1466-19-10　《十地經論不動地》卷八

元魏菩提流支譯，CBETA，T26，no.1522，p.179，c25-27。高昌國時期。

LM20-1466-19-11　僧羯磨

參唐懷素集《僧羯磨》，CBETA，T40，no.1809，p.519，b2-3；姚秦佛陀耶舍、竺佛念等譯《四分律》卷三八，CBETA，T22，no.1428，p.840，c6-8。有雙行小字注。唐時期。

LM20-1466-19-12　《大般涅槃經》卷二二

北涼曇無讖譯，CBETA，T12，no.374，p.493，c29-p.494，a2。高昌國時期。

LM20-1466-19-13　《大般涅槃經》卷七

北涼曇無讖譯，CBETA，T12，no.374，p.407，c7-15。唐時期。

LM20-1466-20-01　《法華論疏》

隋吉藏撰，CBETA，T40，no.1818，p.785，b13-19。唐時期。

LM20-1466-20-02　《妙法蓮華經》卷五

姚秦鳩摩羅什譯，CBETA，T09，no.262，p.44，b2-5。唐時期。

LM20-1466-20-03　《大般涅槃經》卷九

北涼曇無讖譯，CBETA，T12，no.374，p.416，a18-22。高昌國時期。

LM20-1466-20-04　《十住毗婆沙論》卷五

姚秦鳩摩羅什譯，CBETA，T26，no.1521，p.42，c14-17。唐時期。

LM20-1466-20-05　佛典殘片

唐時期。

LM20-1466-20-06　《大般若波羅蜜多經》卷三八六

唐玄奘譯，CBETA，T06，no.220，p.998，b7-9。唐時期。

LM20-1466-20-07　《妙法蓮華經》卷五

姚秦鳩摩羅什譯，CBETA，T09，no.262，p.42，c3-5。唐時期。

LM20-1466-20-08　《小品般若波羅蜜經》卷一〇

姚秦鳩摩羅什譯，CBETA，T08，no.227，p.580，c24-27。高昌國時期。

LM20-1466-20-09　《大乘百法明門論開宗義記》

唐曇曠撰，CBETA，T85，no.2810，p.1050，c1-5。西州回鶻時期。

參：上山大峻 2012，40-42；榮新江 2019a，39。

LM20-1466-20-10　佛典殘片

高昌國時期。

LM20-1466-20-11　佛典殘片

唐時期。

LM20-1466-20-12　《大乘本生心地觀經》卷八

唐般若譯，CBETA，T03，no.159，p.330，c27-29。唐時期。

LM20-1466-20-13　《佛説仁王般若波羅蜜經》卷上

姚秦鳩摩羅什譯，CBETA，T08，no.245，p.829，a6-10。西州回鶻時期。

LM20-1466-20-14 《大般涅槃經》卷二一

北涼曇無讖譯，CBETA, T12, no.374, p.491, c16–19。唐時期。

LM20-1466-20-15 《妙法蓮華經》卷二

姚秦鳩摩羅什譯，CBETA, T09, no.262, p.12, c3–8。唐時期。

LM20-1466-20-16 《大般涅槃經》卷六

北涼曇無讖譯，CBETA, T12, no.374, p.401, c24–26。高昌國時期。

LM20-1466-20-17 《大般涅槃經》卷二〇

北涼曇無讖譯，CBETA, T12, no.374, p.483, c29–p.484, a2。唐時期。

LM20-1466-20-18 《妙法蓮華經》卷七

姚秦鳩摩羅什譯，CBETA, T09, no.262, p.57, a2–6。西州回鶻時期。

LM20-1466-20-19 《大般涅槃經》卷二

北涼曇無讖譯，CBETA, T12, no.374, p.372, c5–9。高昌國時期。

LM20-1466-20-20 《大般若波羅蜜多經》卷四四〇

唐玄奘譯，CBETA, T07, no.220, p.219, c10–15。唐時期。

LM20-1466-21-01 佛典注疏

唐時期。

LM20-1466-21-02 佛典注疏

高昌國時期。

LM20-1466-21-03 《十方千五百佛名經》

譯者不詳，CBETA, T14, no.442, p.317, a20–27；參《十方千五百佛名經》全文，204頁。
高昌國時期。

LM20-1466-21-04 殘片

疑爲醫方。唐時期。

LM20-1466-21-05 佛名經

參作者不詳《禮懺文》，CBETA, T85, no.2854, p.1303, c2–4; 唐宗密述《圓覺經道場修證
儀》卷八，CBETA, X74, no.1475, p.429, c20–23。唐時期。

LM20-1466-21-06 《大般涅槃經》卷六

北涼曇無讖譯，CBETA, T12, no.374, p.398, b7–15。唐時期。

LM20-1466-21-07 《大般涅槃經》卷四

北涼曇無讖譯，CBETA, T12, no.374, p.388, c9–13。高昌郡時期。

參：《旅博選粹》，48；王宇、王梅 2006b, 53。

LM20-1466-21-08 《佛頂尊勝陀羅尼經》

唐佛陀波利譯，CBETA, T19, no.967, p.351, b11–15。唐時期。

LM20-1466-21-09 《法苑珠林》卷三九

唐道世撰, CBETA, T53, no.2122, p.593, c15-20, "遠離"作"遠", "前"作"同前"。
唐時期。

LM20-1466-21-10　《妙法蓮華經》卷六

姚秦鳩摩羅什譯, CBETA, T09, no.262, p.53, c23-27。高昌國時期。

LM20-1466-21-11　《金剛般若波羅蜜經》

姚秦鳩摩羅什譯, CBETA, T08, no.235, p.749, c17-24。唐時期。

LM20-1466-21-12　《摩訶般若波羅蜜經》卷八

姚秦鳩摩羅什譯, CBETA, T08, no.223, p.276, b14-20, "所謂"作"所"。高昌國時期。

LM20-1466-21-13　佛典殘片

唐時期。

LM20-1466-22-01　《佛説仁王般若波羅蜜經》卷下

姚秦鳩摩羅什譯, CBETA, T08, no.245, p.831, b25-c10, "議"作"義諦"。高昌國時期。

LM20-1466-22-02　《佛所行讚》卷三

北涼曇無讖譯, CBETA, T04, no.192, p.22, a14-b4, 第3行"煞"作"殺"。高昌國時期。
參: 史睿 2019, 76。

LM20-1466-22-03　《光讚經》卷三

西晉竺法護譯, CBETA, T08, no.222, p.166, c22-26。高昌國時期。

LM20-1466-22-04　《妙法蓮華經》卷五

姚秦鳩摩羅什譯, CBETA, T09, no.262, p.37, a14-19。唐時期。

LM20-1466-22-05　《摩訶般若波羅蜜經》卷二五

姚秦鳩摩羅什譯, CBETA, T08, no.223, p.404, c12-18。高昌國時期。

LM20-1466-23-01　《妙法蓮華經》卷五

姚秦鳩摩羅什譯, CBETA, T09, no.262, p.45, a16-b2。唐時期。

LM20-1466-23-02　《大般涅槃經》卷三〇

北涼曇無讖譯, CBETA, T12, no.374, p.541, b25-c3。高昌郡時期。
參:《旅博選粹》, 18; 王宇、王梅 2006b, 56。

LM20-1466-23-03　《道行般若經》卷六

後漢支婁迦讖譯, CBETA, T08, no.224, p.456, c21-p.457, a2, "還"作"逮"。高昌國時期。

LM20-1466-23-04　《大般涅槃經》卷一二

北涼曇無讖譯, CBETA, T12, no.374, p.435, b8-14。高昌國時期

LM20-1466-24-01　《四分律》卷二四

姚秦佛陀耶舍、竺佛念等譯, CBETA, T22, no.1428, p.734, c16-21。高昌國時期。

LM20-1466-24-02　《佛説灌頂經》卷一二

東晉帛尸梨蜜多羅譯，CBETA, T21, no.1331, p.534, b13-18，"若"作"若臥"。唐時期。

LM20-1466-24-03　《妙法蓮華經》卷五

姚秦鳩摩羅什譯，CBETA, T09, no.262, p.41, b8-9。唐時期。

LM20-1466-24-04　《道行般若經》卷三

後漢支婁迦讖譯，CBETA, T08, no.224, p.440, c10-14。高昌國時期。

參：孫傳波 2006, 171。

LM20-1466-24-05　《佛所行讚》卷三

北涼曇無讖譯，CBETA, T04, no.192, p.22, b4-13。高昌國時期。

LM20-1466-24-06　《妙法蓮華經馬明菩薩品第三十》

作者不詳，CBETA, T85, no.2899, p.1429, b26-c13，第 16 行 "天" 作 "光"。唐時期。

參：《旅博選粹》, 156。

LM20-1466-25-01　《大方廣佛華嚴經》卷三

東晉佛陀跋陀羅譯，CBETA, T09, no.278, p.412, c4-22。唐時期。

LM20-1466-25-02　《優婆塞戒經》卷二

北涼曇無讖譯，CBETA, T24, no.1488, p.1042, a5-12。唐時期。

LM20-1466-25-03　《光讚經》卷一〇

西晉竺法護譯，CBETA, T08, no.222, p.211, b16-24。唐時期。

LM20-1466-25-04　《大方等大集經》卷一一

北涼曇無讖譯，CBETA, T13, no.397, p.70, b13-24。高昌國時期。

LM20-1466-26-01　《十誦律》卷六〇

東晉卑摩羅叉譯，CBETA, T23, no.1435, p.448, c9-18。高昌國時期。

LM20-1466-26-02　《十誦律》卷六〇

東晉卑摩羅叉譯，CBETA, T23, no.1435, p.448, c20-p.449, a3，"唱"作"唱言"，"摩"作"魔"。高昌國時期。

LM20-1466-26-03　《大般涅槃經》卷三八

北涼曇無讖譯，CBETA, T12, no.374, p.588, c20-21。高昌國時期。

LM20-1466-26-04　《妙法蓮華經》卷六

姚秦鳩摩羅什譯，CBETA, T09, no.262, p.53, c18-24。高昌國時期。

LM20-1466-27-01　《大方廣佛華嚴經》卷三一（五十卷本）

東晉佛陀跋陀羅譯，《中華大藏經》第 12 册, 382c7-383a3；參 CBETA, T09, no.278, p.637, b21-c7。高昌郡時期。

參：《旅博選粹》, 14。

LM20-1466-27-02　《大般涅槃經》卷二九

北涼曇無讖譯，CBETA, T12, no.374, p.541, b12-25。高昌郡時期。

LM20-1466-27-03　《阿毗曇毗婆沙論》卷三三

北涼浮陀跋摩、道泰譯，CBETA，T28，no.1546，p.238，c5-13。高昌郡時期。

LM20-1466-27-04　《妙法蓮華經》卷五

姚秦鳩摩羅什譯，CBETA，T09，no.262，p.40，b4-9。唐時期。

LM20-1466-27-05　《妙法蓮華經》卷七

姚秦鳩摩羅什譯，CBETA，T09，no.262，p.56，c24-p.57，a1。唐時期。

LM20-1466-27-06　《道行般若經》卷五

後漢支婁迦讖譯，CBETA，T08，no.224，p.452，b14-21。高昌國時期。

LM20-1466-28-01　《大般涅槃經》卷一一

劉宋慧嚴等譯，CBETA，T12，no.375，p.677，b28-c11，"人"作"癡"。高昌國時期。

LM20-1466-28-02　《大般若波羅蜜多經》卷三三

唐玄奘譯，CBETA，T05，no.220，p.185，a6-10。西州回鶻時期。

LM20-1466-28-03　《大智度論》卷六三

姚秦鳩摩羅什譯，CBETA，T25，no.1509，p.504，b25-c2。高昌國時期。

LM20-1466-28-04　《摩訶般若波羅蜜經》卷五

姚秦鳩摩羅什譯，CBETA，T08，no.223，p.248，a26-b4，"菩薩"作"菩薩摩訶薩於此中"。高昌郡時期。

參:《旅博選粹》，9。

LM20-1466-28-05　《大方廣佛華嚴經》卷五七

東晉佛陀跋陀羅譯，CBETA，T09，no.278，p.763，c21-26。唐時期。

LM20-1466-28-06　《妙法蓮華經度量天地品》

作者不詳，相當於敦煌本 BD2463。唐時期。

LM20-1466-28-07　《悲華經》卷一

北涼曇無讖譯，CBETA，T03，no.157，p.171，a13-19。高昌郡時期。

參《旅博選粹》，7; 陰會蓮 2006，108-109、112，圖四。

LM20-1466-29-01　《妙法蓮華經》卷五

姚秦鳩摩羅什譯，CBETA，T09，no.262，p.40，b4-11。唐時期。

LM20-1466-29-02　《妙法蓮華經》卷三

姚秦鳩摩羅什譯，CBETA，T09，no.262，p.23，b4-17。唐時期。

LM20-1466-29-03　佛教戒律

參姚秦佛陀耶舍譯《四分比丘尼戒本》，CBETA，T22，no.1431，p.1037，c3-8; 姚秦佛陀耶舍、竺佛念等譯《四分律》卷二八，CBETA，T22，no.1428，p.759，a22-27。唐時期。

LM20-1466-29-04　《大方廣佛華嚴經》卷四二（五十卷本）

東晉佛陀跋陀羅譯，《中華大藏經》第 12 冊，505c14-19; 參 CBETA，T09，no.278，p.712，

a21-25。高昌國時期。

LM20-1466-29-05　《金剛般若波羅蜜經》

元魏菩提流支譯，CBETA，T08，no.236a，p.753，b12-20，"云何云何"作"云何"。唐時期。

LM20-1466-29-06　《佛本行集經》卷五九

隋闍那崛多譯，CBETA，T03，no.190，p.927，b28-c5。唐時期。

參：段真子 2019，170。

LM20-1466-30-01　《放光般若經》卷二〇

西晉無羅叉譯，CBETA，T08，no.221，p.142，c3-10。高昌國時期。

LM20-1466-30-02　《佛說觀藥王藥上二菩薩經》

劉宋畺良耶舍譯，CBETA，T20，no.1161，p.662，a25-29。高昌國時期。

LM20-1466-30-03　《合部金光明經》卷三

梁真諦譯，隋寶貴合，CBETA，T16，no.664，p.376，c29-p.377，a6。唐時期。

LM20-1466-30-04　《金光明經》卷一

北涼曇無讖譯，CBETA，T16，no.663，p.339，b8-20，"炎"作"焰"，"集"作"習"。唐時期。

LM20-1466-30-05　《摩訶般若波羅蜜經》卷二五

姚秦鳩摩羅什譯，CBETA，T08，no.223，p.403，a1-5，"即"作"則"，"處處"作"處中"。
高昌國時期。

參：史睿 2019，77-78。

LM20-1466-31-01　《發菩提心經論》卷下

姚秦鳩摩羅什譯，CBETA，T32，no.1659，p.513，b23-29。高昌國時期。

LM20-1466-31-02　《大般涅槃經》卷四

北涼曇無讖譯，CBETA，T12，no.374，p.388，c8-19。高昌郡時期。

參《旅博選粹》，48；王宇、王梅 2006b，53。

LM20-1466-31-03　《梵網經》卷下

姚秦鳩摩羅什譯，CBETA，T24，no.1484，p.1008，a23-28。唐時期。

LM20-1466-31-04　《舍利弗阿毗曇論》卷五

姚秦曇摩耶舍、曇摩崛多等譯，CBETA，T28，no.1548，p.560，a28-b3。唐時期。

LM20-1466-31-05　《佛說佛名經》卷一〇

元魏菩提流支譯，CBETA，T14，no.440，p.168，c20-22。唐時期。

LM20-1466-31-06　《雜阿含經》卷二四

劉宋求那跋陀羅譯，CBETA，T02，no.99，p.170，c29-p.171，a2。唐時期。

LM20-1466-31-07　《菩薩善戒經》卷八

劉宋求那跋摩譯，CBETA，T30，no.1582，p.1006，a6-12。高昌郡時期。

LM20-1466-32-01　《諸法無行經》卷下

姚秦鳩摩羅什譯, CBETA, T15, no.650, p.758, a2-6。唐時期。

LM20-1466-32-02 《大智度論》卷二九

姚秦鳩摩羅什譯, CBETA, T25, no.1509, p.271, b29-c6。高昌國時期。

LM20-1466-32-03 《妙法蓮華經》卷四

姚秦鳩摩羅什譯, CBETA, T09, no.262, p.29, b27-c4。高昌國時期。

LM20-1466-32-04 《請觀世音菩薩消伏毒害陀羅尼咒經》

東晉竺難提譯, CBETA, T20, no.1043, p.37, a28-b6。高昌國時期。

參:《旅博選粹》, 136。

LM20-1466-32-05 《大般涅槃經》卷一四

北涼曇無讖譯, CBETA, T12, no.374, p.449, b18-27。高昌國時期。

LM20-1466-32-06 《菩薩地持經》卷三

北涼曇無讖譯, CBETA, T30, no.1581, p.905, b20-25。高昌郡時期。

參:《旅博選粹》, 64。

LM20-1466-33-01 《金光明經》卷一

北涼曇無讖譯, CBETA, T16, no.663, p.336, a14-22。高昌國時期。

LM20-1466-33-02 《妙法蓮華經》卷二

姚秦鳩摩羅什譯, CBETA, T09, no.262, p.13, b20-25。高昌國時期。

LM20-1466-33-03 《妙法蓮華經》卷五

姚秦鳩摩羅什譯, CBETA, T09, no.262, p.40, a14-19。唐時期。

LM20-1466-33-04 《大般涅槃經》卷一五

北涼曇無讖譯, CBETA, T12, no.374, p.454, a19-26, "相" 作 "想"。高昌國時期。

LM20-1466-33-05 《摩訶般若波羅蜜經》卷二〇

姚秦鳩摩羅什譯, CBETA, T08, no.223, p.366, c7-16。高昌國時期。

LM20-1466-33-06 《悲華經》卷一

北涼曇無讖譯, CBETA, T03, no.157, p.170, c17-p.171, a4。高昌郡時期。

參:《旅博選粹》, 7; 陰會蓮 2006, 108-109、圖四。

LM20-1466-34-01 《大般涅槃經》卷一三

北涼曇無讖譯, CBETA, T12, no.374, p.441, b6-11。高昌郡時期。

參:《旅博選粹》, 16。

LM20-1466-34-02 《救疾經》

作者不詳, CBETA, T85, no.2878, p.1362, b4-10, "案" 作 "安"。高昌國時期。

參: 馬俊傑 2019, 447。

LM20-1466-34-03 《中阿含經》卷四九

東晉僧伽提婆譯, CBETA, T01, no.26, p.735, c4-8。高昌國時期。

LM20-1466-34-04 《入楞伽經》注疏

參元魏菩提流支譯《入楞伽經》卷二，CBETA, T16, no.671, p.522, b21–22。西州
回鶻時期。

LM20-1466-34-05 《大般涅槃經》卷三〇

北涼曇無讖譯，CBETA, T12, no.374, p.541, b25–28。高昌國時期。

參：《旅博選粹》，18；王宇、王梅 2006b, 56。

LM20-1466-34-06 《大般涅槃經》卷九

北涼曇無讖譯，CBETA, T12, no.374, p.416, b11–15。高昌國時期。

LM20-1466-34-07 《阿毗曇毗婆沙論》卷三三

北涼浮陀跋摩、道泰譯，CBETA, T28, no.1546, p.238, b29–c13。高昌郡時期。

LM20-1466-34-08 《阿毗曇毗婆沙論》卷三三

北涼浮陀跋摩、道泰譯，CBETA, T28, no.1546, p.238, b23–28。高昌郡時期。

LM20-1466-35-01 《大般涅槃經》卷六

北涼曇無讖譯，CBETA, T12, no.374, p.402, b4–12，"作" 作 "詐"。高昌國時期。

LM20-1466-35-02 《摩訶般若波羅蜜經》卷二〇

姚秦鳩摩羅什譯，CBETA, T08, no.223, p.366, c16–20。高昌國時期。

LM20-1466-35-03 《妙法蓮華經》卷一

姚秦鳩摩羅什譯，CBETA, T09, no.262, p.4, c8–26。唐時期。

LM20-1466-35-04 《佛説救護身命經》

作者不詳，CBETA, T85, no.2866, p.1327, a6–11，無 "此經乃是諸"。西州回鶻時期。

參：《旅博選粹》，154；孟彦弘 2018, 50、54。

LM20-1466-35-05 《妙法蓮華經》卷二

姚秦鳩摩羅什譯，CBETA, T09, no.262, p.17, b17–25。高昌國時期。

LM20-1466-36-01 《大方等大集經》卷六

北涼曇無讖譯，CBETA, T13, no.397, p.39, c7–p.40, a6。唐時期。

LM20-1466-36-02 《大方廣佛華嚴經》卷三七（五十卷本）

東晉佛陀跋陀羅譯，《中華大藏經》第 12 册，446c11–18；參 CBETA, T09, no.278, p.677,
c14–22。高昌國時期。

LM20-1466-36-03 《治禪病祕要法》卷上

劉宋沮渠京聲譯，CBETA, T15, no.620, p.337, a23–27，"責" 作 "債"。高昌國時期。

參：包曉悦 2017, 114–116。

LM20-1466-37-01 《妙法蓮華經》卷三

姚秦鳩摩羅什譯，CBETA, T09, no.262, p.23, b27–c4，"國" 作 "土"。高昌國時期。

LM20-1466-37-02 《大智度論》卷一〇

姚秦鳩摩羅什譯，CBETA, T25, no.1509, p.134, c18–27, 第 3 行 "世人界" 作 "世界"。高昌郡時期。

參：《旅博選粹》, 20。

LM20-1466-38-01　《大般涅槃經》卷二九

北涼曇無讖譯, CBETA, T12, no.374, p.541, b9–13。高昌郡時期。

LM20-1466-38-02　《大般涅槃經》卷三八

北涼曇無讖譯, CBETA, T12, no.374, p.586, c9–19。高昌郡時期。

LM20-1466-38-03　《大般涅槃經》卷三〇

北涼曇無讖譯, CBETA, T12, no.374, p.541, b26–c1。高昌郡時期。

LM20-1466-38-04　《金光明經》卷一

北涼曇無讖譯, CBETA, T16, no.663, p.339, c19–23。高昌國時期。

LM20-1466-38-05　《四分律》卷二四

姚秦佛陀耶舍、竺佛念等譯, CBETA, T22, no.1428, p.734, c23–29, 第 2 行 "自手" 作 "自", "使" 作 "教"。高昌國時期。

LM20-1466-38-06　《大般涅槃經》卷二〇

北涼曇無讖譯, CBETA, T12, no.374, p.483, a24–29。高昌國時期。

LM20-1466-38-07　《金剛經疏》

作者不詳, CBETA, T85, no.2737, p.122, a4–13。西州回鶻時期。

參：李昀 2017, 95–96。

經册十八

LM20-1467-01-01　《佛頂尊勝陀羅尼經》

唐佛陀波利譯，CBETA，T19，no.967，p.352，a15-18。唐時期。

LM20-1467-01-02　《放光般若經》卷一九

西晉無羅叉譯，CBETA，T08，no.221，p.137，a25-29，"已不復"作"故不復"。高昌國時期。

LM20-1467-01-03　《大般涅槃經》卷三二

北涼曇無讖譯，CBETA，T12，no.374，p.554，a17-21。高昌國時期。

LM20-1467-01-04　《大般涅槃經》卷六

北涼曇無讖譯，CBETA，T12，no.374，p.401，b12-14。高昌國時期。

LM20-1467-01-05　《摩訶般若波羅蜜經》卷二七

姚秦鳩摩羅什譯，CBETA，T08，no.223，p.421，b6-8。高昌國時期。

LM20-1467-01-06　《像法決疑經》

作者不詳，CBETA，T85，no.2870，p.1336，a1-5。唐時期。

LM20-1467-01-07　《佛説無量壽經》卷上

曹魏康僧鎧譯，CBETA，T12，no.360，p.269，a12-19。高昌國時期。

LM20-1467-01-08　《菩薩善戒經》卷一

劉宋求那跋摩譯，CBETA，T30，no.1582，p.965，b25-c1。高昌國時期。

LM20-1467-01-09　《大般涅槃經》卷一一

北涼曇無讖譯，CBETA，T12，no.374，p.429，b21-25。唐時期。

LM20-1467-01-10　《維摩詰所説經》卷上

姚秦鳩摩羅什譯，CBETA，T14，no.475，p.537，a26-29。唐時期。

LM20-1467-01-11　《摩訶般若波羅蜜經》卷三

姚秦鳩摩羅什譯，CBETA，T08，no.223，p.234，a28-b2。高昌郡時期。

參：《旅博選粹》，9。

LM20-1467-01-12　《像法決疑經》

作者不詳，CBETA，T85，no.2870，p.1336，b2-7，"勸化"作"勸他"。唐時期。

LM20-1467-01-13　《大般涅槃經》卷一六

北涼曇無讖譯，CBETA，T12，no.374，p.457，b20-23。高昌國時期。

LM20-1467-01-14　《大唐内典録》卷二

唐道宣撰, CBETA, T55, no.2149, p.226, c13–17。唐時期。

參:《旅博選粹》, 152; 王振芬、孟彦弘 2017, 191。

LM20-1467-02-01　陀羅尼集

參譯者不詳《陀羅尼雜集》卷二, CBETA, T21, no.1336, p.585, c19–29。高昌國時期。

參:《旅博選粹》, 176; 磯邊友美 2006, 206–208、216; 橘堂晃一 2010, 91。

LM20-1467-02-02　《妙法蓮華經》卷五

姚秦鳩摩羅什譯, CBETA, T09, no.262, p.40, a26–b3。唐時期。

LM20-1467-02-03　《妙法蓮華經》卷一

姚秦鳩摩羅什譯, CBETA, T09, no.262, p.3, a20–25。高昌國時期。

LM20-1467-02-04　《大般涅槃經》卷六

北涼曇無讖譯, CBETA, T12, no.374, p.397, a11–15, "以" 作 "爲"。高昌國時期。

LM20-1467-02-05　《金光明經》卷一

北涼曇無讖譯, CBETA, T16, no.663, p.337, b10–16。唐時期。

LM20-1467-02-06　《雜阿毗曇心論》卷一一

劉宋僧伽跋摩等譯, CBETA, T28, no.1552, p.960, a4–13。有朱筆句讀。唐時期。

LM20-1467-02-07　《摩訶般若波羅蜜經》卷二一

姚秦鳩摩羅什譯, CBETA, T08, no.223, p.370, b14–23, "不可得" 作 "無所得"。高昌國時期。

LM20-1467-02-08　《大方等陀羅尼經》卷二

北涼法衆譯, CBETA, T21, no.1339, p.650, b23–26, "屋" 作 "室"。高昌國時期。

LM20-1467-03-01　《妙法蓮華經》卷四

姚秦鳩摩羅什譯, CBETA, T09, no.262, p.33, a24–b1。高昌郡時期。

參:《旅博選粹》, 13。

LM20-1467-03-02　《放光般若經》卷二

西晉無羅叉譯, CBETA, T08, no.221, p.10, c3–9。唐時期。

LM20-1467-03-03　《妙法蓮華經》卷三

姚秦鳩摩羅什譯, CBETA, T09, no.262, p.21, b18–22。唐時期。

LM20-1467-03-04　《金剛般若波羅蜜經》

姚秦鳩摩羅什譯, CBETA, T08, no.235, p.749, a22–26。唐時期。

LM20-1467-03-05　《光讚經》卷二

西晉竺法護譯, CBETA, T08, no.222, p.161, b28–c2。高昌國時期。

LM20-1467-03-06　《妙法蓮華經》卷四

姚秦鳩摩羅什譯, CBETA, T09, no.262, p.34, c25–p.35, a1。唐時期。

LM20-1467-03-07　《大般若波羅蜜多經》卷三四五

唐玄奘譯，CBETA, T06, no.220, p.772, a1–5。唐時期。

LM20-1467-03-08 《摩訶般若波羅蜜經》卷三

姚秦鳩摩羅什譯，CBETA, T08, no.223, p.234, a3–7。高昌郡時期。

參：《旅博選粹》, 9。

LM20-1467-03-09 《金剛般若波羅蜜經》

元魏菩提流支譯，CBETA, T08, no.236a, p.754, b20–25，"有爲"作"則爲"。唐時期。

LM20-1467-04-01 《大般若波羅蜜多經》卷一八四

唐玄奘譯，CBETA, T05, no.220, p.989, b7–21。唐時期。

LM20-1467-04-02 《大般涅槃經》卷二四

北涼曇無讖譯，CBETA, T12, no.374, p.507, b24–27。高昌郡時期。

LM20-1467-04-03 《大般若波羅蜜多經》卷一八一

唐玄奘譯，CBETA, T05, no.220, p.976, c5–6。唐時期。

LM20-1467-04-04 《佛説佛名經》卷一一

元魏菩提流支譯，CBETA, T14, no.440, p.177, c25–27。唐時期。

LM20-1467-04-05 《妙法蓮華經》卷七

姚秦鳩摩羅什譯，CBETA, T09, no.262, p.57, b4–6。唐時期。

LM20-1467-04-06 《大智度論》卷二五

姚秦鳩摩羅什譯，CBETA, T25, no.1509, p.243, b24–28。高昌國時期。

LM20-1467-04-07 《妙法蓮華經》卷六

姚秦鳩摩羅什譯，CBETA, T09, no.262, p.50, c14–19。唐時期。

LM20-1467-04-08 《大般若波羅蜜多經》卷五一

唐玄奘譯，CBETA, T05, no.220, p.289, c27–29。唐時期。

LM20-1467-04-09 《大般涅槃經》卷二八

北涼曇無讖譯，CBETA, T12, no.374, p.534, b25–28。唐時期。

LM20-1467-04-10 《金剛般若波羅蜜經》

姚秦鳩摩羅什譯，CBETA, T08, no.235, p.750, c11–15。

LM20-1467-05-01 《金光明經》卷三

北涼曇無讖譯，CBETA, T16, no.663, p.351, b29–c13，第 10 行"受苦"作"受諸苦"。高昌國時期。

LM20-1467-05-02 《大般若波羅蜜多經》卷四六〇

唐玄奘譯，CBETA, T07, no.220, p.325, a14–26。唐時期。

LM20-1467-05-03 《大方廣佛華嚴經》卷三八（五十卷本）

東晉佛陀跋陀羅譯，《中華大藏經》第 12 册, 459a5–13；參 CBETA, T09, no.278, p.685, c11–18。高昌國時期。

LM20-1467-05-04　《大般涅槃經》卷七

北涼曇無讖譯，CBETA，T12，no.374，p.406，c28–p.407，a6。唐時期。

LM20-1467-06-01　《大般若波羅蜜多經》卷五八

唐玄奘譯，CBETA，T05，no.220，p.331，a29–b6。唐時期。

LM20-1467-06-02　《金剛般若波羅蜜經》

姚秦鳩摩羅什譯，CBETA，T08，no.235，p.750，a9–b5，第13行"尊"作"來"。唐時期。

LM20-1467-06-03　《妙法蓮華經》卷七

姚秦鳩摩羅什譯，CBETA，T09，no.262，p.62，a6–16。唐時期。

LM20-1467-06-04　《合部金光明經》卷一

梁真諦譯，隋寶貴合，CBETA，T16，no.664，p.362，c20–p.363，a2。唐時期。

LM20-1467-06-05　《大方廣佛華嚴經》卷一七（五十卷本）

東晉佛陀跋陀羅譯，《中華大藏經》第12册，21c11–22a5；參 CBETA，T09，no.278，p.528，b16–c1。高昌國時期。

LM20-1467-06-06　《佛説灌頂經》卷九

東晉帛尸梨蜜多羅譯，CBETA，T21，no.1331，p.523，b28–c14，第9行"百病"作"萬病"，第13行"神龍"作"龍大神"。唐時期。

LM20-1467-07-01　《妙法蓮華經》卷二

姚秦鳩摩羅什譯，CBETA，T09，no.262，p.17，b12–24。唐時期。

LM20-1467-08-01　《勝思惟梵天所問經論》卷四

元魏菩提流支譯，CBETA，T26，no.1532，p.354，c22–29。唐時期。

LM20-1467-08-02　《像法決疑經》

作者不詳，CBETA，T85，no.2870，p.1336，a29–b6。唐時期。

參：《旅博選粹》，154。

LM20-1467-08-03　《妙法蓮華經》卷一

姚秦鳩摩羅什譯，CBETA，T09，no.262，p.6，a26–b4。高昌國時期。

參：《旅博選粹》，36。

LM20-1467-08-04　《妙法蓮華經》卷二

姚秦鳩摩羅什譯，CBETA，T09，no.262，p.18，c4–16，"道師"作"導師"。唐時期。

LM20-1467-08-05　《大般涅槃經》卷七

北涼曇無讖譯，CBETA，T12，no.374，p.406，c23–p.407，a8。高昌國時期。

LM20-1467-09-01　《摩訶般若波羅蜜經》卷二五

姚秦鳩摩羅什譯，CBETA，T08，no.223，p.404，a6–16，第7行"一"作"是一"。高昌國時期。

參：《旅博選粹》，93；橘堂晃一2010，93。

LM20-1467-09-02　《道行般若經》卷四

後漢支婁迦讖譯，CBETA, T08, no.224, p.445, c24-p.446, a3, "政"作"正"。高昌國時期。

參：《旅博選粹》, 32。

LM20-1467-09-03 《大般涅槃經》卷一八

北涼曇無讖譯，CBETA, T12, no.374, p.471, c21-24。高昌國時期。

LM20-1467-09-04 《大般涅槃經》卷三八

北涼曇無讖譯，CBETA, T12, no.374, p.586, c6-19, 第12行"藏"作"人"。高昌國時期。

LM20-1467-09-05 《金剛般若波羅蜜經》

姚秦鳩摩羅什譯，CBETA, T08, no.235, p.749, a15-19。唐時期。

LM20-1467-10-01 《四分律刪補隨機羯磨序》

唐道宣撰，CBETA, T40, no.1808, p.492, a3-10。唐時期。

參：《旅博選粹》, 149; 朱義德 2020, 112。

LM20-1467-10-02 《像法決疑經》

作者不詳，CBETA, T85, no.2870, p.1336, a19-29。唐時期。

參：《旅博選粹》, 154。

LM20-1467-10-03 《妙法蓮華經》卷一

姚秦鳩摩羅什譯，CBETA, T09, no.262, p.6, a16-26。高昌國時期。

參：《旅博選粹》, 36。

LM20-1467-10-04 《妙法蓮華經》卷四

姚秦鳩摩羅什譯，CBETA, T09, no.262, p.27, c10-12。唐時期。

LM20-1467-10-05 《大般若波羅蜜多經》卷一七八

唐玄奘譯，CBETA, T05, no.220, p.957, a15-18。唐時期。

LM20-1467-10-06 《大般涅槃經》卷三二

北涼曇無讖譯，CBETA, T12, no.374, p.554, a17-23。高昌國時期。

LM20-1467-10-07 《妙法蓮華經》卷一

姚秦鳩摩羅什譯，CBETA, T09, no.262, p.10, a21-b15。高昌國時期。

LM20-1467-11-01 《大方等陀羅尼經》卷四

北涼法眾譯，CBETA, T21, no.1339, p.660, c10-17, "我説已"作"我已説", 羅尼"作"如是", "不也"作"不", "勒"作"羅"。高昌國時期。

參：《旅博選粹》, 138。

LM20-1467-11-02 《大般若波羅蜜多經》卷一五八

唐玄奘譯，CBETA, T05, no.220, p.853, b2-11。唐時期。

LM20-1467-11-03 《佛説灌頂經》卷一二

東晉帛尸梨蜜多羅譯，CBETA, T21, no.1331, p.533, a2-8。唐時期。

LM20-1467-11-04 《光讚經》卷六

西晉竺法護譯，CBETA，T08，no.222，p.190，c21–29。唐時期。

參：《旅博選粹》，90。

LM20-1467-11-05　空號

LM20-1467-11-06　《道行般若經》卷八

後漢支婁迦讖譯，CBETA，T08，no.224，p.465，a4–9，"維"作"惟"。唐時期。

參：孫傳波 2006，180–181、197。

LM20-1467-12-01　《舍利弗問經》

譯者不詳，CBETA，T24，no.1465，p.900，c17–23，"幣"作"弊"。唐時期。

LM20-1467-12-02　《摩訶般若波羅蜜經》卷二

姚秦鳩摩羅什譯，CBETA，T08，no.223，p.230，c3–12。唐時期。

LM20-1467-12-03　《合部金光明經》卷三

梁真諦譯，隋寶貴合，CBETA，T16，no.664，p.374，b22–28。第1、2行間夾寫胡語。唐時期。

LM20-1467-12-04　《請觀世音菩薩消伏毒害陀羅尼咒經》

東晉竺難提譯，CBETA，T20，no.1043，p.37，b23–28。高昌國時期。

LM20-1467-12-05　《大般涅槃經》卷一

北涼曇無讖譯，CBETA，T12，no.374，p.367，a4–8。高昌國時期。

LM20-1467-12-06　《妙法蓮華經》卷三

姚秦鳩摩羅什譯，CBETA，T09，no.262，p.23，b18–21。唐時期。

LM20-1467-12-07　《金剛般若波羅蜜經》

姚秦鳩摩羅什譯，CBETA，T08，no.235，p.751，b22–25。唐時期。

LM20-1467-12-08　《大般涅槃經》卷九

北涼曇無讖譯，CBETA，T12，no.374，p.420，b3–9，"四重"作"四禁"。高昌郡時期。

參：《旅博選粹》，15。

LM20-1467-13-01　《佛本行集經》卷五

隋闍那崛多譯，CBETA，T03，no.190，p.674，b26–c2。唐時期。

參：段真子 2019，148。

LM20-1467-13-02　《妙法蓮華經》卷五

姚秦鳩摩羅什譯，CBETA，T09，no.262，p.44，a11–21。高昌國時期。

LM20-1467-13-03　《大般涅槃經》卷二五

北涼曇無讖譯，CBETA，T12，no.374，p.517，b19–26。高昌國時期。

LM20-1467-13-04　《金剛般若波羅蜜經》

姚秦鳩摩羅什譯，CBETA，T08，no.235，p.748，c17–21。唐時期。

LM20-1467-13-05　《大般涅槃經》卷三二

北涼曇無讖譯，CBETA，T12，no.374，p.558，a25–b3。唐時期。

LM20-1467-14-01 《經律異相》卷二八

梁僧旻、寶唱等集，CBETA, T53, no.2121, p.150, b27-c7。唐時期。

LM20-1467-14-02 《大般涅槃經》卷二二

劉宋慧嚴等譯，CBETA, T12, no.375, p.752, b25-29，"墮"作"隨"。高昌國時期。

LM20-1467-14-03 《佛説仁王般若波羅蜜經》卷上

姚秦鳩摩羅什譯，CBETA, T08, no.245, p.827, b2-6。高昌國時期。

LM20-1467-14-04 《大般涅槃經》卷八

北涼曇無讖譯，CBETA, T12, no.374, p.411, b17-20。高昌國時期。

LM20-1467-14-05 《大般若波羅蜜多經》卷五九四

唐玄奘譯，CBETA, T07, no.220, p.1072, c24-p.1073, a6。唐時期。

LM20-1467-14-06 《妙法蓮華經》卷一

姚秦鳩摩羅什譯，CBETA, T09, no.262, p.3, a4-21。高昌國時期。

LM20-1467-15-01 《維摩詰所説經》卷上

姚秦鳩摩羅什譯，CBETA, T14, no.475, p.539, a25-b3。有朱筆句讀。唐時期。

LM20-1467-15-02 《善思童子經》卷下

隋闍那崛多譯，CBETA, T14, no.479, p.613, b2-16。唐時期。

參：《旅博選粹》，131。

LM20-1467-15-03 《摩訶般若波羅蜜經》卷二七

姚秦鳩摩羅什譯，CBETA, T08, no.223, p.419, b12-22，"求聞般"作"求般"。唐時期。

LM20-1467-15-04 《佛説仁王般若波羅蜜經》卷上

姚秦鳩摩羅什譯，CBETA, T08, no.245, p.828, b13-14。高昌國時期。

LM20-1467-15-05 《大般涅槃經》卷一七

北涼曇無讖譯，CBETA, T12, no.374, p.467, b3-7。高昌國時期。

LM20-1467-15-06 《摩訶般若波羅蜜經》卷八

姚秦鳩摩羅什譯，CBETA, T08, no.223, p.281, c13-15，"煞"作"殺"。高昌國時期。

LM20-1467-16-01 《像法決疑經》

作者不詳，CBETA, T85, no.2870, p.1338, b22-25。高昌國時期。

LM20-1467-16-02 《要行捨身經》

作者不詳，CBETA, T85, no.2895, p.1415, a14-22，"則無"作"即無"，"置水"作"水"。
唐時期。

參：《旅博選粹》，155。

LM20-1467-16-03 《金光明經》卷二

北涼曇無讖譯，CBETA, T16, no.663, p.341, c10-18。高昌國時期。

LM20-1467-16-04 《大般涅槃經》卷二

北涼曇無讖譯, CBETA, T12, no.374, p.373, c26–28。高昌國時期。

LM20-1467-16-05　《四分律比丘戒本》

姚秦佛陀耶舍譯, CBETA, T22, no.1429, p.1015, c13–20, "如是" 作 "是", "忘" 作 "妄"。
唐時期。

LM20-1467-16-06　《妙法蓮華經》卷一

姚秦鳩摩羅什譯, CBETA, T09, no.262, p.1, c21–26。唐時期。

LM20-1467-17-01　《千手千眼觀世音菩薩廣大圓滿無礙大悲心陀羅尼經》

唐伽梵達摩譯, CBETA, T20, no.1060, p.111, b28–c2。西州回鶻時期。

LM20-1467-17-02　《大般涅槃經》卷一二

北涼曇無讖譯, CBETA, T12, no.374, p.434, a11–12。高昌國時期。

LM20-1467-17-03　《妙法蓮華經》卷四

姚秦鳩摩羅什譯, CBETA, T09, no.262, p.29, a5–9。唐時期。

LM20-1467-17-04　《大般涅槃經》卷三二

北涼曇無讖譯, CBETA, T12, no.374, p.557, b21–24。高昌國時期。

LM20-1467-17-05　《佛本行集經》卷五

隋闍那崛多譯, CBETA, T03, no.190, p.677, a1–4。唐時期。

參: 段真子 2019, 153。

LM20-1467-17-06　《大般涅槃經》卷五

北涼曇無讖譯, CBETA, T12, no.374, p.392, a17–20。高昌國時期。

LM20-1467-17-07　《摩訶般若波羅蜜經》卷二五

姚秦鳩摩羅什譯, CBETA, T08, no.223, p.402, c29–p.403, a4。高昌國時期。

LM20-1467-17-08　《大般涅槃經》卷一九

北涼曇無讖譯, CBETA, T12, no.374, p.478, b20–23, "罔" 作 "網"。高昌國時期。

LM20-1467-17-09　《大寶積經》卷五〇

唐玄奘譯, CBETA, T11, no.310, p.294, b17–20。唐時期。

LM20-1467-17-10　《四分律》卷四〇

姚秦佛陀耶舍、竺佛念等譯, CBETA, T22, no.1428, p.854, b5–8。高昌國時期。

LM20-1467-17-11　《佛説仁王般若波羅蜜經》卷下

姚秦鳩摩羅什譯, CBETA, T08, no.245, p.830, c17–20。高昌國時期。

LM20-1467-17-12　《悲華經》卷三

北涼曇無讖譯, CBETA, T03, no.157, p.182, c3–6。唐時期。

LM20-1467-18-01　《大般涅槃經》卷三

北涼曇無讖譯, CBETA, T12, no.374, p.384, a19–26。高昌郡時期。

LM20-1467-18-02　《救疾經》

作者不詳，CBETA, T85, no.2878, p.1361, c14–19，"創"作"瘡"。高昌國時期。

參：馬俊傑 2019, 446。

LM20-1467-18-03　《金剛般若波羅蜜經》

姚秦鳩摩羅什譯，CBETA, T08, no.235, p.749, a3–11。唐時期。

LM20-1467-18-04　《大般涅槃經》卷三

北涼曇無讖譯，CBETA, T12, no.374, p.379, a9–21。唐時期。

LM20-1467-18-05　《金剛般若波羅蜜經》

姚秦鳩摩羅什譯，CBETA, T08, no.235, p.750, a28–b6。唐時期。

LM20-1467-18-06　《大般若波羅蜜多經》卷一五八

唐玄奘譯，CBETA, T05, no.220, p.853, a25–b4。唐時期。

LM20-1467-19-01　《妙法蓮華經》卷五

姚秦鳩摩羅什譯，CBETA, T09, no.262, p.45, a1–4。唐時期。

LM20-1467-19-02　《妙法蓮華經》卷一

姚秦鳩摩羅什譯，CBETA, T09, no.262, p.7, b28–c9。高昌國時期。

LM20-1467-19-03　《大般涅槃經》卷九

北涼曇無讖譯，CBETA, T12, no.374, p.420, b10–21，"哲下"作"癊下"。高昌郡時期。

參：《旅博選粹》，50；王宇、王梅 2006b, 53。

LM20-1467-19-04　《大般若波羅蜜多經》卷一八四

唐玄奘譯，CBETA, T05, no.220, p.989, a26–b5。唐時期。

LM20-1467-19-05　佛典殘片

高昌國時期。

LM20-1467-19-06　《金剛般若波羅蜜經》

姚秦鳩摩羅什譯，CBETA, T08, no.235, p.750, a7–15。唐時期。

LM20-1467-19-07　《摩訶般若波羅蜜經》卷一二

姚秦鳩摩羅什譯，CBETA, T08, no.223, p.312, c15–20，"四念"作"念"。高昌國時期。

LM20-1467-20-01　《摩訶般若波羅蜜經》卷二三

姚秦鳩摩羅什譯，CBETA, T08, no.223, p.385, a1–4。唐時期。

LM20-1467-20-02　《妙法蓮華經》卷一

姚秦鳩摩羅什譯，CBETA, T09, no.262, p.10, a11–17。唐時期。

LM20-1467-20-03　《太上洞玄靈寶業報因緣經》卷六

作者不詳，與敦煌本 P.2387 第 39–45 行同。《正統道藏》第 6 册，108c1–c5，"勤脩"作"勤苦"，"輿下迎爲九天仙人如斯等輩"無，"念度"作"濟度一切"，"子宜勤之子宜勤之"作"子宜勤之"，"太上業報因緣經救護品第十五"作"救苦品第十五"。唐時期。

參：《西域考古圖譜》下卷"佛典附錄"（48）；《旅博選粹》，203；榮新江 2007, 413；《旅博研究》, 240-241; 都築晶子等 2010, 74-75; 趙洋 2017a, 188; 趙洋 2017b, 199-201。

LM20-1467-20-04 《大般涅槃經》卷一四

北涼曇無讖譯, CBETA, T12, no.374, p.449, a23-28。高昌郡時期。

參:《旅博選粹》, 6; 史睿 2019, 76。

LM20-1467-20-05 《阿毗曇毗婆沙論》卷一五

北涼浮陀跋摩、道泰譯, CBETA, T28, no.1546, p.110, b21-23。唐時期。

LM20-1467-20-06 《摩訶般若波羅蜜經》卷二三

姚秦鳩摩羅什譯, CBETA, T08, no.223, p.385, a1-5, "已净"作"已得净"。唐時期。

LM20-1467-20-07 《妙法蓮華經》卷五

姚秦鳩摩羅什譯, CBETA, T09, no.262, p.37, a25-27。唐時期。

LM20-1467-20-08 《佛説灌頂經》卷一

東晉帛尸梨蜜多羅譯, CBETA, T21, no.1331, p.495, a12-15。唐時期。

LM20-1467-21-01 《大般若波羅蜜多經》卷三四二

唐玄奘譯, CBETA, T06, no.220, p.755, b8-25。唐時期。

LM20-1467-21-02 《大般涅槃經》卷三九

北涼曇無讖譯, CBETA, T12, no.374, p.592, a13-18。高昌郡時期。

參:《旅博選粹》, 18。

LM20-1467-21-03 陀羅尼集

高昌國時期。

LM20-1467-21-04 《大般若波羅蜜多經》卷三三〇

唐玄奘譯, CBETA, T06, no.220, p.689, b8-16。唐時期。

LM20-1467-21-05 《摩訶般若波羅蜜經》卷二四

姚秦鳩摩羅什譯, CBETA, T08, no.223, p.396, c15-22。唐時期。

LM20-1467-21-06 《大般涅槃經義記》卷二

隋慧遠撰, CBETA, T37, no.1764, p.645, a24-b3。高昌國時期。

參:《旅博選粹》, 148; 橘堂晃一 2006a, 96。

LM20-1467-21-07 《成實論》卷四

姚秦鳩摩羅什譯, CBETA, T32, no.1646, p.270, b3-12。高昌郡時期。

參:《旅博選粹》, 22; 孫傳波 2008, 65。

LM20-1467-22-01 《菩薩善戒經》卷一

劉宋求那跋摩譯, CBETA, T30, no.1582, p.961, b19-28。尾題"菩薩懺悔"、"承陽三年"
等。高昌郡時期。

參:《旅博選粹》, 4; 王振芬 2006, 74、76; 關尾史郎 2007, 65; 孫傳波 2008, 67; 王振
芬 2014, 467-477; 史睿 2019, 74。

LM20-1467-22-02 《大般涅槃經》卷三二

北涼曇無讖譯，CBETA, T12, no.374, p.557, c29-p.558, a15。高昌國時期。

LM20-1467-22-03 《菩薩善戒經》卷一

劉宋求那跋摩譯，CBETA, T30, no.1582, p.961, b7-19。高昌郡時期。

參：《旅博選粹》, 4; 王振芬 2006, 76-77; 孫傳波 2008, 67; 王振芬 2014, 469-470; 史睿 2019, 74。

LM20-1467-22-04 《大般涅槃經》卷三四

北涼曇無讖譯，CBETA, T12, no.374, p.566, b1-14。高昌國時期。

LM20-1467-23-01 《大般涅槃經》卷二九

北涼曇無讖譯，CBETA, T12, no.374, p.540, a9-12。高昌國時期。

LM20-1467-23-02 《僧伽吒經》卷四

元魏月婆首那譯，CBETA, T13, no.423, p.975, b6-13。唐時期。

LM20-1467-23-03 《阿毗曇毗婆沙論》卷三五

北涼浮陀跋摩、道泰譯，CBETA, T28, no.1546, p.257, c24-29。高昌國時期。

LM20-1467-23-04 佛典殘片

唐時期。

LM20-1467-23-05 《大般若波羅蜜多經》卷三

唐玄奘譯，CBETA, T05, no.220, p.14, a12-15。唐時期。

LM20-1467-23-06 《金光明最勝王經》卷九

唐義净譯，CBETA, T16, no.665, p.444, b8-9。唐時期。

LM20-1467-23-07 《大唐內典録》卷八

唐道宣撰，CBETA, T55, no.2149, p.310, c9-16。唐時期。

參：《旅博選粹》, 175; 王振芬、孟彥弘 2017, 194。

LM20-1467-23-08 《維摩詰所説經》卷上

姚秦鳩摩羅什譯，CBETA, T14, no.475, p.538, a18-23。唐時期。

LM20-1467-23-09 《佛説佛名經》卷三

元魏菩提流支譯，CBETA, T14, no.440, p.131, a10-15。西州回鶻時期。

LM20-1467-24-01 《摩訶般若波羅蜜經》卷二一

姚秦鳩摩羅什譯，CBETA, T08, no.223, p.370, b18-28。高昌國時期。

LM20-1467-24-02 《大般若波羅蜜多經》卷二三三

唐玄奘譯，CBETA, T06, no.220, p.175, a6-13。唐時期。

LM20-1467-24-03 《佛説觀佛三昧海經》卷三

東晉佛陀跋陀羅譯，CBETA, T15, no.643, p.659, b13-21。高昌國時期。

LM20-1467-24-04 《摩訶般若波羅蜜經》卷二五

姚秦鳩摩羅什譯，CBETA, T08, no.223, p.406, a8–14。高昌國時期。

LM20-1467-24-05　《大般涅槃經》卷六

北涼曇無讖譯，CBETA, T12, no.374, p.401, c25–p.402, a2。高昌國時期。

LM20-1467-25-01　《大般涅槃經》卷二二

北涼曇無讖譯，CBETA, T12, no.374, p.497, b16–28。高昌郡時期。

參：《旅博選粹》, 51；王宇、王梅 2006b, 54。

LM20-1467-25-02　《大般涅槃經》卷六

北涼曇無讖譯，CBETA, T12, no.374, p.402, a1–6。高昌國時期。

LM20-1467-25-03　《放光般若經》卷二

西晉無羅叉譯，CBETA, T08, no.221, p.8, c20–28, "无"作"不"。高昌國時期。

LM20-1467-25-04　《佛本行集經》卷五

隋闍那崛多譯，CBETA, T03, no.190, p.673, b17–c6。唐時期。

參：段真子 2019, 145。

LM20-1467-26-01　《妙法蓮華經》卷七

姚秦鳩摩羅什譯，CBETA, T09, no.262, p.61, b10–12。唐時期。

LM20-1467-26-02　《四分律》卷一五

姚秦佛陀耶舍、竺佛念等譯，CBETA, T22, no.1428, p.668, c11–18。唐時期。

LM20-1467-26-03　《毗尼母經》卷一

譯者不詳，CBETA, T24, no.1463, p.804, b25–c6。唐時期。

LM20-1467-26-04　《放光般若經》卷一

西晉無羅叉譯，CBETA, T08, no.221, p.1, c26–p.2, a6。高昌國時期。

LM20-1467-27-01　《金剛般若波羅蜜經》

姚秦鳩摩羅什譯，CBETA, T08, no.235, p.751, a20–28。唐時期。

LM20-1467-27-02　《大般涅槃經》卷三一

北涼曇無讖譯，CBETA, T12, no.374, p.553, a15–17。唐時期。

LM20-1467-27-03　《合部金光明經》卷二

梁真諦譯，隋寶貴合，CBETA, T16, no.664, p.371, b7–15, "諸佛"作"佛土"。唐時期。

LM20-1467-27-04　《大智度論》卷九〇

姚秦鳩摩羅什譯，CBETA, T25, no.1509, p.695, c21–29, 第 2 行"皆"作"法皆以", 第 4 行"須菩提菩提"作"菩提"。高昌國時期。

LM20-1467-27-05　《道行般若經》卷七

後漢支婁迦讖譯，CBETA, T08, no.224, p.461, c21–29。高昌郡時期。

參：《旅博選粹》, 33。

LM20-1467-28-01　《佛本行集經》卷一

隋闍那崛多譯，CBETA, T03, no.190, p.655, c6-7。唐時期。

參: 段真子 2019, 162。

LM20-1467-28-02　《放光般若經》卷一五

西晉無羅叉譯，CBETA, T08, no.221, p.108, b2-5。高昌國時期。

LM20-1467-28-03r　《法華義記》卷一

作者不詳。與《西域考古圖譜》下卷"佛典附錄"(51)可以綴合，據尾題定名。高昌國時期。

參:《旅博選粹》, 209; 橘堂晃一 2006a, 95; 榮新江 2007, 413; 橘堂晃一 2010, 93; 榮新江 2019a, 40。

LM20-1467-28-03v　羯磨文

與《西域考古圖譜》下卷"佛典附錄"(52)可上下綴合，存子目"羯磨法出曇無德律"，題"三藏法師集"。唐時期。

參: 橘堂晃一, 93。

LM20-1467-28-04　《大方廣佛華嚴經》卷二三（五十卷本）

東晉佛陀跋陀羅譯,《中華大藏經》第 12 册，289a21-22, b13-14; 參 CBETA, T09, no.278, p.578, b26-27, c19-20, 兩句間脱 21 行經文。高昌國時期。

LM20-1467-28-05　《大般涅槃經》卷二二

北涼曇無讖譯，CBETA, T12, no.374, p.498, a10-17。唐時期。

LM20-1467-29-01　《大般涅槃經》卷二二

北涼曇無讖譯，CBETA, T12, no.374, p.496, b27-c3。高昌國時期。

LM20-1467-29-02　《大方廣佛華嚴經》卷五（五十卷本）

東晉佛陀跋陀羅譯,《中華大藏經》第 12 册，56a22-b7; 參 CBETA, T09, no.278, p.430, c19-17。高昌國時期。

LM20-1467-29-03　《大般涅槃經》卷二七

北涼曇無讖譯，CBETA, T12, no.374, p.526, c14-17。高昌國時期。

LM20-1467-29-04　《大般涅槃經》卷二〇

北涼曇無讖譯，CBETA, T12, no.374, p.494, a28-b8。高昌郡時期。

參:《旅博選粹》, 19。

LM20-1467-29-05　《攝大乘論釋》卷二

唐玄奘譯，CBETA, T31, no.1598, p.391, b11-21。唐時期。

LM20-1467-30-01　《大般涅槃經》卷三〇

北涼曇無讖譯，CBETA, T12, no.374, p.542, a14-22。高昌國時期。

LM20-1467-30-02　《大般涅槃經》卷三七

北涼曇無讖譯，CBETA, T12, no.374, p.580, c22-p.581, a2。高昌國時期。

LM20-1467-30-03　《佛說佛名經》卷一二

元魏菩提流支譯，CBETA, T14, no.440, p.181, b1–8。高昌國時期。

LM20-1467-31-01　《大智度論》卷二一唐西州司馬麴仕悦題記

與《西域考古圖譜》下卷"佛典附録"（4）–（2）可以綴合，據此定名。唐時期。

參：《旅博選粹》，209；榮新江 2007, 413；都築晶子等 2010, 86。

LM20-1467-31-02　《梵網經》卷下

姚秦鳩摩羅什譯，CBETA, T24, no.1484, p.1005, b8–16。西州回鶻時期。

LM20-1467-31-03　《金剛般若波羅蜜經》

元魏菩提流支譯，CBETA, T08, no.236a, p.752, c24–28。唐時期。

LM20-1467-31-04　《大般涅槃經》卷三六

北涼曇無讖譯，CBETA, T12, no.374, p.580, a6–9。高昌國時期。

LM20-1467-31-05　《妙法蓮華經》卷三

姚秦鳩摩羅什譯，CBETA, T09, no.262, p.20, a8–14。唐時期。

LM20-1467-32-01　《大般涅槃經》卷二

北涼曇無讖譯，CBETA, T12, no.374, p.371, c10–14。高昌國時期。

參：《旅博選粹》，126。

LM20-1467-32-02　《妙法蓮華經》卷五

姚秦鳩摩羅什譯，CBETA, T09, no.262, p.41, c12–p.42, a12。唐時期。

LM20-1467-32-03　《大方廣佛華嚴經》卷一五

唐實叉難陀譯，CBETA, T10, no.279, p.78, a20–24。唐時期。

LM20-1467-32-04　《讚僧功德經》

作者不詳，CBETA, T85, no.2911, p.1457, a3–17。唐時期。

LM20-1467-32-05　《金光明經》卷四并高昌王麴乾固寫經題記

北涼曇無讖譯，CBETA, T16, no.663, p.353, c14–20, 第 3 行 "者" 作 "子", 第 9 行以下爲高昌王麴乾固寫經題記。高昌國時期。

參：《旅博選粹》，201；榮新江 2007, 412；都築晶子等 2007, 12；《旅博研究》，228；彭傑 2015, 68。

LM20-1467-33-01　《小品般若波羅蜜經》卷二

姚秦鳩摩羅什譯，CBETA, T08, no.227, p.544, a24–b1。高昌國時期。

參：孫傳波 2006, 185。

LM20-1467-33-02　《維摩詰所説經》卷中

姚秦鳩摩羅什譯，CBETA, T14, no.475, p.545, a13–17, "病" 作 "疾"。高昌國時期。

參：王梅 2006, 153。

LM20-1467-34-01　《妙法蓮華經》卷二

姚秦鳩摩羅什譯，CBETA, T09, no.262, p.11, a15–20。唐時期。

LM20-1467-34-02 《大般涅槃經》卷二

北涼曇無讖譯，CBETA, T12, no.374, p.372, b10–15。高昌國時期。

LM20-1467-34-03 《妙法蓮華經》卷六

姚秦鳩摩羅什譯，CBETA, T09, no.262, p.47, c15–20。唐時期。

LM20-1467-34-04 《妙法蓮華經》卷一

姚秦鳩摩羅什譯，CBETA, T09, no.262, p.2, c6–10，"豪"作"毫"。唐時期。

LM20-1467-34-05 《大般涅槃經》卷二八

北涼曇無讖譯，CBETA, T12, no.374, p.529, b20–25。高昌國時期。

LM20-1467-34-06 《大般涅槃經》卷八

北涼曇無讖譯，CBETA, T12, no.374, p.411, b2–6。高昌國時期。

LM20-1467-34-07 《大般涅槃經》卷七

北涼曇無讖譯，CBETA, T12, no.374, p.408, b14–16。高昌國時期。

LM20-1467-34-08 《佛本行集經》卷二五

隋闍那崛多譯，CBETA, T03, no.190, p.768, a5–9。唐時期。

參：段真子 2019, 169。

LM20-1467-35-01 《佛説觀佛三昧海經》卷三

東晉佛陀跋陀羅譯，CBETA, T15, no.643, p.662, b23–29。高昌國時期。

LM20-1467-35-02 《妙法蓮華經》卷二

姚秦鳩摩羅什譯，CBETA, T09, no.262, p.11, a2–8。唐時期。

LM20-1467-35-03 《妙法蓮華經》卷二

姚秦鳩摩羅什譯，CBETA, T09, no.262, p.11, c1–3。唐時期。

LM20-1467-35-04 《大般涅槃經》卷一〇

北涼曇無讖譯，CBETA, T12, no.374, p.425, c15–17。高昌國時期。

LM20-1467-35-05 《妙法蓮華經》卷二

姚秦鳩摩羅什譯，CBETA, T09, no.262, p.18, a4–8。唐時期。

LM20-1467-35-06 《大方等大集經》卷一一

北涼曇無讖譯，CBETA, T13, no.397, p.71, a13–18。高昌郡時期。

LM20-1467-35-07 《金剛般若波羅蜜經》

姚秦鳩摩羅什譯，CBETA, T08, no.235, p.749, a17–23。唐時期。

LM20-1467-35-08 《妙法蓮華經》卷二

姚秦鳩摩羅什譯，CBETA, T09, no.262, p.13, b23–27。唐時期。

LM20-1467-35-09 《金剛般若波羅蜜經》

元魏菩提流支譯，CBETA, T08, no.236a, p.753, b21–22。唐時期。

LM20-1467-35-10 《放光般若經》卷一九

西晉無羅叉譯，CBETA, T08, no.221, p.137, b18–22。高昌國時期。

LM20-1467-36-01　《大寶積經》卷四七

唐玄奘譯，CBETA, T11, no.310, p.280, a11–13。唐時期。

LM20-1467-36-02　《大般涅槃經》卷三九

北涼曇無讖譯，CBETA, T12, no.374, p.593, a13–16。唐時期。

LM20-1467-36-03　《大般涅槃經》卷三四

北涼曇無讖譯，CBETA, T12, no.374, p.567, b6–8。唐時期。

LM20-1467-36-04　《維摩詰所説經》卷中

姚秦鳩摩羅什譯，CBETA, T14, no.475, p.545, b27–c6。高昌國時期。

參：王梅 2006, 153。

LM20-1467-36-05　《金光明經》卷二

北涼曇無讖譯，CBETA, T16, no.663, p.341, c1–3。高昌國時期。

LM20-1467-36-06　《金光明經》卷四

北涼曇無讖譯，CBETA, T16, no.663, p.354, a18–22，“政”作“正”。高昌國時期。

LM20-1467-36-07　《佛説觀佛三昧海經》卷八

東晉佛陀跋陀羅譯，CBETA, T15, no.643, p.683, c9–14。高昌國時期。

LM20-1467-36-08　《大般涅槃經》卷一五

北涼曇無讖譯，CBETA, T12, no.374, p.452, b13–16。高昌國時期。

LM20-1467-36-09　《妙法蓮華經》卷二

姚秦鳩摩羅什譯，CBETA, T09, no.262, p.12, a12–15。唐時期。

LM20-1467-36-10　《放光般若經》卷二〇

西晉無羅叉譯，CBETA, T08, no.221, p.145, b28–c2。高昌國時期。

LM20-1467-36-11　《大般涅槃經》卷三一

北涼曇無讖譯，CBETA, T12, no.374, p.547, c25–27。高昌國時期。

LM20-1467-37-01　《大般涅槃經》卷一六

北涼曇無讖譯，CBETA, T12, no.374, p.457, b6–14。高昌國時期。

LM20-1467-37-02　《大般涅槃經》卷三二

北涼曇無讖譯，CBETA, T12, no.374, p.554, c13–17。高昌國時期。

LM20-1467-37-03　《大般涅槃經》卷一七

北涼曇無讖譯，CBETA, T12, no.374, p.464, a1–5。高昌國時期。

LM20-1467-37-04　《大寶積經》卷五四

唐玄奘譯，CBETA, T11, no.310, p.321, a21–29。唐時期。

LM20-1467-37-05　《大般涅槃經》卷三一

北涼曇無讖譯，CBETA, T12, no.374, p.552, b11–14。高昌國時期。

LM20-1467-37-06 《大般涅槃經》卷三七

北涼曇無讖譯，CBETA，T12，no.374，p.584，a2-7。高昌郡時期。

參：王宇、王梅 2006b，58。

LM20-1467-37-07 《放光般若經》卷二〇

西晉無羅叉譯，CBETA，T08，no.221，p.144，b28-c2。高昌國時期。

LM20-1467-37-08 佛典殘片

高昌國時期。

LM20-1467-37-09 《光讚經》卷五

西晉竺法護譯，CBETA，T08，no.222，p.182，c21-23。高昌國時期。

LM20-1467-38-01 《大般涅槃經》卷二二

北涼曇無讖譯，CBETA，T12，no.374，p.494，a26-29。高昌國時期。

LM20-1467-38-02 《大方廣佛華嚴經》卷五八

東晉佛陀跋陀羅譯，CBETA，T09，no.278，p.770，c5-6。唐時期。

LM20-1467-38-03 《佛本行集經》卷五

隋闍那崛多譯，CBETA，T03，no.190，p.674，c20-22。唐時期。

參：段真子 2019，150。

LM20-1467-38-04 《妙法蓮華經》卷六

姚秦鳩摩羅什譯，CBETA，T09，no.262，p.50，c13-17。唐時期。

LM20-1467-38-05 《妙法蓮華經》卷一

姚秦鳩摩羅什譯，CBETA，T09，no.262，p.2，a24-28。唐時期。

LM20-1467-38-06 《大般涅槃經》卷一五

北涼曇無讖譯，CBETA，T12，no.374，p.453，b20-21。唐時期。

LM20-1467-38-07 《大般涅槃經》卷一五

北涼曇無讖譯，CBETA，T12，no.374，p.452，a19-25。唐時期。

LM20-1467-38-08 《摩訶般若波羅蜜經》卷六

姚秦鳩摩羅什譯，CBETA，T08，no.223，p.257，c8-12。唐時期。

LM20-1467-38-09 《大方等陀羅尼經》卷一

北涼法衆譯，CBETA，T21，no.1339，p.642，b12-16，"主"作"王"。高昌郡時期。

參：《旅博選粹》，57。

LM20-1467-38-10 《妙法蓮華經》卷七

姚秦鳩摩羅什譯，CBETA，T09，no.262，p.56，c11-14。唐時期。

LM20-1467-38-11 《妙法蓮華經》卷二

姚秦鳩摩羅什譯，CBETA，T09，no.262，p.10，c27-p.11，a6。唐時期。

LM20-1467-38-12 《妙法蓮華經》卷五

姚秦鳩摩羅什譯, CBETA, T09, no.262, p.37, a17-20。唐時期。

LM20-1467-38-13　《維摩詰所説經》卷下

姚秦鳩摩羅什譯, CBETA, T14, no.475, p.555, b6-7。唐時期。

LM20-1467-38-14　《金剛般若波羅蜜經》

姚秦鳩摩羅什譯, CBETA, T08, no.235, p.751, b23-26。唐時期。

經册十九

LM20-1468-01-01　《寅朝禮》

參唐智昇撰《集諸經禮懺儀》卷上，CBETA，T47，no.1982，p.456，b6–8。西州回鶻時期。

參：《旅博選粹》，183；橘堂晃一 2010，94。

LM20-1468-01-02　佛教戒律

參吳支謙譯《菩薩本緣經》卷三，CBETA，T03，no.153，p.69，b14–19；唐愛同《彌沙塞羯磨本》，CBETA，T22，no.1424，p.216，b18–23。西州回鶻時期。

參：《旅博選粹》，182。

LM20-1468-01-03　《大方廣佛華嚴經》卷五六

東晉佛陀跋陀羅譯，CBETA，T09，no.278，p.761，a6–12。唐時期。

LM20-1468-01-04　《大方廣佛華嚴經》卷五（五十卷本）

東晉佛陀跋陀羅譯，《中華大藏經》第 12 册，55a18–22；參 CBETA，T09，no.278，p.429，c22–28。高昌國時期。

LM20-1468-01-05　《妙法蓮華經》卷三

姚秦鳩摩羅什譯，CBETA，T09，no.262，p.20，b5–10。唐時期。

LM20-1468-01-06　《雜阿毗曇心論》卷七

劉宋僧伽跋摩等譯，CBETA，T28，no.1552，p.927，c13–17。高昌郡時期。

參：《旅博選粹》，64。

LM20-1468-01-07　《佛說仁王般若波羅蜜經》卷上

姚秦鳩摩羅什譯，CBETA，T08，no.245，p.826，c2–4。高昌國時期。

LM20-1468-01-08　《妙法蓮華經》卷五

姚秦鳩摩羅什譯，CBETA，T09，no.262，p.40，a5–10。唐時期。

LM20-1468-01-09　《梵網經》卷下

姚秦鳩摩羅什譯，CBETA，T24，no.1484，p.1004，a15–21，"住"作"位"。唐時期。

LM20-1468-01-10　《正法華經》卷五

西晉竺法護譯，CBETA，T09，no.263，p.97，c17–24。唐時期。

LM20-1468-02-01r　佛典殘片

有雙行小字注。有貼附殘片，無法揭取。西州回鶻時期。

參：《旅博選粹》，182。

LM20-1468-02-01v　殘片

無法揭取拍攝。

LM20-1468-02-02　《大乘入道次第》

唐智周撰，CBETA, T45, no.1864, p.449, c27-p.450, a2。西州回鶻時期。

LM20-1468-02-03　《四分律比丘戒本》

姚秦佛陀耶舍譯，CBETA, T22, no.1429, p.1016, c4-13。"如今"作"行今"，"諫諸"作"諫語言諸。"西州回鶻時期。

參：《旅博選粹》，181。

LM20-1468-02-04　《佛説勝天王般若波羅蜜經》經題

西州回鶻時期。

參：《旅博選粹》，183。

LM20-1468-02-05　佛典殘片

西州回鶻時期。

參：《旅博選粹》，183。

LM20-1468-03-01　佛典殘片

西州回鶻時期。

參：《旅博選粹》，183。

LM20-1468-03-02　書信

高昌國時期。

參：《旅博選粹》，183。

LM20-1468-03-03　《大般若波羅蜜多經》卷三

唐玄奘譯，此段文字多處可見。西州回鶻時期。參：《旅博選粹》，183。

LM20-1468-03-04　《寅朝禮》

參唐智昇撰《集諸經禮懺儀》卷上，CBETA, T47, no.1982, p.456, b6-9。與LM20-1468-01-01爲同一寫本，據首題定名。西州回鶻時期。

參：《旅博選粹》，183；橘堂晃一2010，94。

LM20-1468-03-05　佛典殘片

參姚秦鳩摩羅什譯《妙法蓮華經》卷五，CBETA, T09, no.262, p.37, b6-9。下有貼附殘片，無法揭取。唐時期。

參：《旅博選粹》，183。

LM20-1468-03-06　《佛説無常經》

唐義净譯，CBETA, T17, no.801, p.746, a19-25，"寶"作"貨"。下有貼附殘片，無法揭取。西州回鶻時期。

參：《旅博選粹》，183。

LM20-1468-03-07 《大乘入道次第》

唐智周撰，CBETA，T45，no.1864，p.449，b22–27；p.450，a7–8。西州回鶻時期。

參：《旅博選粹》，183。

LM20-1468-04-01 陀羅尼集

有雙行小字注反切。高昌國時期。

LM20-1468-04-02 佛典殘片

西州回鶻時期。

LM20-1468-04-03 佛典殘片

西州回鶻時期。

LM20-1468-04-04 佛典殘片

下有貼附殘片，無法揭取。西州回鶻時期。

LM20-1468-04-05 佛典殘片

西州回鶻時期。

LM20-1468-04-06 《釋門自鏡録》卷上

唐懷信述，CBETA，T51，no.2083，p.813，b19–24。西州回鶻時期。

LM20-1468-04-07 《大乘同性經》卷下

北周闍那耶舍譯，CBETA，T16，no.673，p.649，a29–b5。西州回鶻時期。

LM20-1468-04-08 《御注金剛般若波羅蜜經宣演》卷下

唐道氤集，CBETA，T85，no.2733，p.33，b6–10，“得”作“而”。唐時期。

參：李昀 2017，91–92。

LM20-1468-04-09 佛典殘片

西州回鶻時期。

LM20-1468-05-01 《四分律比丘戒本》

姚秦佛陀耶舍譯，CBETA，T22，no.1429，p.1020，a23–27。西州回鶻時期。

LM20-1468-05-02 《佛説無常經》

唐義净譯，CBETA，T17，no.801，p.745，b19–22。西州回鶻時期。

LM20-1468-05-03 佛典殘片

參唐玄奘譯《成唯識論》卷九，CBETA，T31，no.1585，p.49，c19–20；CBETA，T31，no.1585，p.50，c14–17，“具如”作“生”。有朱點句讀。西州回鶻時期。

參：《旅博選粹》，184。

LM20-1468-05-04 《佛説無常經》

唐義净譯，CBETA，T17，no.801，p.745，c20–25。唐時期。

LM20-1468-05-05 《佛説佛名經》卷一

元魏菩提流支譯，CBETA，T14，no.440，p.114，a7–8。唐時期。

LM20-1468-05-06　《佛説無常經》

唐義淨譯，CBETA，T17，no.801，p.746，a27–b4。唐時期。

LM20-1468-05-07　社邑文書

唐時期。

參：《旅博選粹》，184。

LM20-1468-05-08　《佛説無常經》

唐義淨譯，CBETA，T17，no.801，p.745，c8–17，"浮"作"夫"。西州回鶻時期。

LM20-1468-05-09　陀羅尼

西州回鶻時期。

LM20-1468-05-10　佛典殘片

有貼附殘片，無法揭取。西州回鶻時期。

LM20-1468-05-11　《觀世音經讚》

題金剛藏菩薩撰，據 LM20-1506-C0871c+LM20-1502-C0032 首題定名，參 BD3351。唐時期。

參：嚴世偉 2019，314、336、340。

LM20-1468-06-01　《圓覺經道場修證儀》卷三

唐宗密述，CBETA，X74，no.1475，p.393，a5–6。西州回鶻時期。

LM20-1468-06-02　佛典殘片

西州回鶻時期。

參：《旅博選粹》，184。

LM20-1468-06-03　鎮疣氣之法

西州回鶻時期。

參：《旅博選粹》，184。

LM20-1468-06-04　《摩訶般若波羅蜜經》卷一五

姚秦鳩摩羅什譯，CBETA，T08，no.223，p.330，a26–27；CBETA，T08，no.223，p.330，b17–18。高昌國時期。

LM20-1468-06-05　《大般涅槃經》卷三一

北涼曇無讖譯，CBETA，T12，no.374，p.549，b26–c1。高昌國時期。

LM20-1468-06-06　《菩薩戒》

參唐明曠刪補《天台菩薩戒疏》卷三，CBETA，T40，no.1812，p.597，b16–18。西州回鶻時期。

LM20-1468-06-07　《四分律刪繁補闕行事鈔》卷上

唐道宣撰，CBETA，T40，no.1804，p.33，a7–10。西州回鶻時期。

LM20-1468-06-08r　《古文尚書·盤庚下》孔安國傳

參顧頡剛、顧廷龍《尚書文字合編》，上海古籍出版社，1996年，1014頁。有朱筆句讀。唐時期。

參：呂媛媛 2019a, 6；朱玉麒、孟彥弘 2019, 41。

LM20-1468-06-08v　殘片

無法揭取拍攝。

LM20-1468-06-09　佛典殘片

西州回鶻時期。

LM20-1468-06-10　《佛説相好經》

作者不詳，CBETA, ZW03, no.31b, p.419, a16-17。西州回鶻時期。

LM20-1468-06-11　佛典殘片

西州回鶻時期。

參：《旅博選粹》，184。

LM20-1468-06-12　《金光明經》卷四

北涼曇無讖譯，CBETA, T16, no.663, p.356, b15-16，"至"作"志"。唐時期。

LM20-1468-06-13　佛典殘片

西州回鶻時期。

LM20-1468-06-14　《大般涅槃經》卷五

北涼曇無讖譯，CBETA, T12, no.374, p.394, c2-4。唐時期。

LM20-1468-07-01　《金剛般若波羅蜜經》經題

誤作"金光波若般羅蜜經"。西州回鶻時期。

參：《旅博選粹》，175。

LM20-1468-07-02　《佛説無常經》

唐義净譯，CBETA, T17, no.801, p.745, c8-15。西州回鶻時期。

LM20-1468-07-03　陀羅尼集

西州回鶻時期。

LM20-1468-07-04　《大乘入道次第》

唐智周撰，CBETA, T45, no.1864, p.450, b23-c2。西州回鶻時期。

LM20-1468-07-05　《大乘入道次第》

唐智周撰，CBETA, T45, no.1864, p.451, a24-b1。西州回鶻時期。

LM20-1468-07-06　《净名經集解關中疏》卷下

唐道液述，CBETA, ZW03, no.25, p.112, a7-10。有朱筆句讀。西州回鶻時期。

LM20-1468-07-07　《法苑珠林》卷三九

唐道世撰，CBETA, T53, no.2122, p.593, b16-18。西州回鶻時期。

參：《旅博選粹》，184。

LM20-1468-07-08r　願文

西州回鶻時期。

LM20-1468-07-08v　殘片

　　無法揭取拍攝。

LM20-1468-07-09　《五分律》卷三〇

　　劉宋佛陀什、竺道生等譯，CBETA，T22，no.1421，p.192，b2-5。唐時期。

LM20-1468-07-10　《金剛般若波羅蜜經》

　　姚秦鳩摩羅什譯，CBETA，T08，no.235，p.750，b17-22。西州回鶻時期。

LM20-1468-07-11　《妙法蓮華經》卷四

　　姚秦鳩摩羅什譯，CBETA，T09，no.262，p.29，a24-b5。唐時期。

LM20-1468-07-12　《讚僧功德經》

　　作者不詳，CBETA，T85，no.2911，p.1456，c19-25。西州回鶻時期。

LM20-1468-07-13　《金剛般若波羅蜜經》

　　姚秦鳩摩羅什譯，CBETA，T08，no.235，p.750，a22-24。唐時期。

LM20-1468-07-14　《妙法蓮華經》卷五

　　姚秦鳩摩羅什譯，CBETA，T09，no.262，p.37，a13-18。唐時期。

LM20-1468-08-01　《大乘入道次第》

　　唐智周撰，CBETA，T45，no.1864，p.459，c29-a12。唐時期。

LM20-1468-08-02　《妙法蓮華經》卷一

　　姚秦鳩摩羅什譯，CBETA，T09，no.262，p.2，b22-24。唐時期。

LM20-1468-08-03　佛名經

　　高昌國時期。

LM20-1468-08-04　《小品般若波羅蜜經》卷三

　　姚秦鳩摩羅什譯，CBETA，T08，no.227，p.548，b3-7。高昌國時期。

　　參：孫傳波 2006，186。

LM20-1468-08-05　《佛説法句經》

　　作者不詳，CBETA，T85，no.2901，p.1432，c10-18。唐時期。

LM20-1468-08-06　《四分僧戒本》

　　姚秦佛陀耶舍譯，CBETA，T22，no.1430，p.1027，a5-10。唐時期。

LM20-1468-08-07　《維摩經義疏》卷二

　　隋吉藏撰，CBETA，T38，no.1781，p.924，c12-14。唐時期。

LM20-1468-08-08　《阿毗曇毗婆沙論》卷三

　　北涼浮陀跋摩、道泰譯，CBETA，T28，no.1546，p.20，c28-p.21，a2。高昌郡時期。

LM20-1468-08-09　《阿毗曇毗婆沙論》卷三

　　北涼浮陀跋摩、道泰譯，CBETA，T28，no.1546，p.21，a5-10。高昌郡時期。

　　參：《旅博選粹》，62。

LM20-1468-08-10 《十住經》卷三

姚秦鳩摩羅什譯, CBETA, T10, no.286, p.518, c11-14。高昌郡時期。

參:《旅博選粹》, 14。

LM20-1468-08-11 佛典殘片

唐時期。

LM20-1468-08-12 《大智度論》卷二〇

姚秦鳩摩羅什譯, CBETA, T25, no.1509, p.213, b15-20。高昌郡時期。

參:《旅博選粹》, 59。

LM20-1468-09-01 《大法炬陀羅尼經》卷一二

隋闍那崛多譯, CBETA, T21, no.1340, p.715, c26-p.716, a1。唐時期。

LM20-1468-09-02 《四分僧戒本》

姚秦佛陀耶舍譯, CBETA, T22, no.1430, p.1027, a4-6。唐時期。

LM20-1468-09-03r 《梵網經》卷下

姚秦鳩摩羅什譯, CBETA, T24, no.1484, p.1004, c14-17。下有貼附殘片, 無法揭取。唐時期。

LM20-1468-09-03v 胡語殘片

無法揭取拍攝。

LM20-1468-09-04 《妙法蓮華經》卷四

姚秦鳩摩羅什譯, CBETA, T09, no.262, p.34, c1-3。高昌國時期。

LM20-1468-09-05 《大般涅槃經》卷四〇

北涼曇無讖譯, CBETA, T12, no.374, p.601, a28-b2。高昌國時期。

LM20-1468-09-06 《阿毗達磨順正理論》卷七二

唐玄奘譯, CBETA, T29, no.1562, p.733, c4-7。西州回鶻時期。

LM20-1468-09-07 佛典殘片

西州回鶻時期。

LM20-1468-09-08 《出曜經》卷二二

姚秦竺佛念譯, CBETA, T04, no.212, p.725, b19-20。高昌國時期。

LM20-1468-09-09 《大方便佛報恩經》卷五

譯者不詳, CBETA, T03, no.156, p.149, c9-13。西州回鶻時期。

LM20-1468-09-10 《四分僧戒本》

姚秦佛陀耶舍譯, CBETA, T22, no.1430, p.1029, a28-b5。西州回鶻時期。

LM20-1468-09-11 佛典殘片

西州回鶻時期。

LM20-1468-09-12 《大般涅槃經》卷七

北涼曇無讖譯, CBETA, T12, no.374, p.408, b26-29。唐時期。

LM20-1468-09-13　《俱舍論頌疏論本》卷二

唐圓暉述，CBETA, T41, no.1823, p.828, c8-13。唐時期。

LM20-1468-09-14　《金光明經》卷二

北涼曇無讖譯，CBETA, T16, no.663, p.344, c21-22。唐時期。

LM20-1468-10-01　《金剛般若波羅蜜經》

姚秦鳩摩羅什譯，CBETA, T08, no.235, p.750, a17-26。唐時期。

參：《旅博選粹》，179。

LM20-1468-10-02　《妙法蓮華經》卷六

姚秦鳩摩羅什譯，CBETA, T09, no.262, p.53, a7-11。唐時期。

參：《旅博選粹》，179。

LM20-1468-10-03　《大般涅槃經》卷九

北涼曇無讖譯，CBETA, T12, no.374, p.416, b26-28。高昌國時期。

LM20-1468-10-04　《妙法蓮華經》卷二

姚秦鳩摩羅什譯，CBETA, T09, no.262, p.13, b22-25。唐時期。

LM20-1468-10-05　《大般涅槃經》卷九（異本）

北涼曇無讖譯，CBETA, T12, no.374, p.416, c10-13。第3行不見於北本《大般涅槃經》。

有貼附殘片，無法揭取。高昌國時期。

LM20-1468-10-06　《妙法蓮華經》卷二

姚秦鳩摩羅什譯，CBETA, T09, no.262, p.14, a28-b1。唐時期。

LM20-1468-10-07　《雜阿含經》卷一八

劉宋求那跋陀羅譯，CBETA, T02, no.99, p.129, c26-p.130, a2。唐時期。

LM20-1468-10-08　《摩訶僧祇律》卷二七

東晉佛陀跋陀羅、法顯譯，CBETA, T22, no.1425, p.446, b4-7。唐時期。

LM20-1468-10-09　《雜阿含經》卷一八

劉宋求那跋陀羅譯，CBETA, T02, no.99, p.130, a3-7。唐時期。

LM20-1468-11-01　《大般涅槃經》卷六

北涼曇無讖譯，CBETA, T12, no.374, p.402, b9-16。高昌國時期。

LM20-1468-11-02　《佛説佛名經》卷八

元魏菩提流支譯，CBETA, T14, no.440, p.158, a18-21。唐時期。

LM20-1468-11-03　　佛典殘片

水浸，字迹漶漫，可辨一"議"字。唐時期。

LM20-1468-11-04　《妙法蓮華經》卷五

姚秦鳩摩羅什譯，CBETA, T09, no.262, p.43, a11-16。水浸，字迹漶漫。唐時期。

LM20-1468-11-05　《大通方廣懺悔滅罪莊嚴成佛經》卷上

作者不詳，CBETA, T85, no.2871, p.1345, a1–5。唐時期。

LM20-1468-11-06 《添品妙法蓮華經》卷五

隋闍那崛多、達摩笈多譯，CBETA, T09, no.264, p.174, a22–23。唐時期。

LM20-1468-11-07 《妙法蓮華經》卷一

姚秦鳩摩羅什譯，CBETA, T09, no.262, p.5, b7。高昌國時期。

LM20-1468-11-08 《賢劫經》卷三

西晉竺法護譯，CBETA, T14, no.425, p.22, c19–21。西州回鶻時期。

LM20-1468-11-09 佛典殘片

水浸，字迹漶漫。高昌國時期。

LM20-1468-11-10 佛典殘片

高昌國時期。

LM20-1468-12-01 殘片

唐時期。

LM20-1468-12-02 《妙法蓮華經》卷六

姚秦鳩摩羅什譯，CBETA, T09, no.262, p.54, c9–15。唐時期。

LM20-1468-12-03 《妙法蓮華經》卷四

姚秦鳩摩羅什譯，CBETA, T09, no.262, p.31, a21–25。西州回鶻時期。

LM20-1468-12-04 《放光般若經》卷六

西晉無羅叉譯，CBETA, T08, no.221, p.40, a26–27。首行有"此放光經有廿卷合九十品"。
高昌國時期。

參：《旅博選粹》，90。

LM20-1468-12-05 《大般涅槃經》卷三八

北涼曇無讖譯，CBETA, T12, no.374, p.590, b20–23。浸染其他殘片字跡。高昌國時期。

LM20-1468-12-06 《大般涅槃經》卷三一

北涼曇無讖譯，CBETA, T12, no.374, p.548, b25–27。高昌國時期。

LM20-1468-13-01 《法華經玄贊攝釋》卷四

唐智周撰，CBETA, X34, no.636, p.116, b22–23。有小字注。唐時期。

LM20-1468-13-02 《佛説灌頂經》卷一二

東晉帛尸梨蜜多羅譯，CBETA, T21, no.1331, p.534, c16–18。唐時期。

LM20-1468-13-03 佛典殘片

西州回鶻時期。

LM20-1468-13-04 殘片

有貼附殘片，無法揭取。唐時期。

LM20-1468-13-05 佛典殘片

高昌國時期。

LM20-1468-13-06a　　殘片

高昌國時期。

LM20-1468-13-06b　　殘片

高昌國時期。

LM20-1468-13-07r　　殘片

西州回鶻時期。

LM20-1468-13-07v　　殘片

無法揭取拍攝。

LM20-1468-13-08r　《大般涅槃經》卷三八

北涼曇無讖譯，CBETA，T12，no.374，p.590，b22-23。細字寫本。高昌國時期。

LM20-1468-13-08v　　殘片

無法揭取拍攝。

LM20-1468-14-01　《四分律比丘戒本》

姚秦佛陀耶舍譯，CBETA，T22，no.1429，p.1015，b25-c3。西州回鶻時期。

參:《旅博選粹》，180。

LM20-1468-14-02　《佛說佛名經》卷九

譯者不詳，CBETA，T14，no.441，p.222，c16-18、p.223，a3-4。有朱筆句讀。西州回鶻時期。

LM20-1468-14-03　　佛典殘片

高昌國時期。

LM20-1468-14-04　《阿毗達磨順正理論》卷四三

唐玄奘譯，CBETA，T29，no.1562，p.588，c29-p.589，a2。唐時期。

LM20-1468-14-05　《中阿含經》卷一一

東晉僧伽提婆譯，CBETA，T01，no.26，p.496，c1-4。唐時期。

LM20-1468-14-06　《金剛般若波羅蜜經》

姚秦鳩摩羅什譯，CBETA，T08，no.235，p.749，b24-27。唐時期。

LM20-1468-14-07　《大智度論》卷四一

姚秦鳩摩羅什譯，CBETA，T25，no.1509，p.362，c1-3。高昌郡時期。

參:《旅博選粹》，21。

LM20-1468-14-08　《大般涅槃經》卷一

北涼曇無讖譯，CBETA，T12，no.374，p.368，c24-29。高昌國時期。

LM20-1468-15-01　《說無垢稱經》卷一

唐玄奘譯，CBETA，T14，no.476，p.559，b23-28。唐時期。

參:王梅2006，158。

LM20-1468-15-02　陀羅尼集

高昌國時期。

參：磯邊友美 2006，212、217。

LM20-1468-15-03　《摩訶般若波羅蜜經》卷一三

姚秦鳩摩羅什譯，CBETA，T08，no.223，p.318，a19–22。唐時期。

LM20-1468-15-04　《佛説佛名經》卷八

元魏菩提流支譯，CBETA，T14，no.440，p.158，c29–p.159，a3。唐時期。

LM20-1468-15-05　《大般若波羅蜜多經》卷五八四

唐玄奘譯，此段文字多處可見。印本。有貼附殘片，無法揭取。西州回鶻時期。

LM20-1468-15-06　《佛説維摩詰經》卷下

吳支謙譯，CBETA，T14，no.474，p.531，b21–25。唐時期。

參：王梅 2006，137。

LM20-1468-15-07　《大方廣佛華嚴經》卷四一（五十卷本）

東晉佛陀跋陀羅譯，《中華大藏經》第 12 册，495a16–20；參 CBETA，T09，no.278，p.706，c1–5。高昌國時期。

LM20-1468-15-08　佛名經

唐時期。

LM20-1468-15-09　《金光明最勝王經》卷一

唐義净譯，CBETA，T16，no.665，p.404，c16–19。唐時期。

LM20-1468-16-01　《往生禮讚偈》

唐善導集，CBETA，T47，no.1980，p.439，a10–15。西州回鶻時期。

參：《旅博選粹》，151；《净土集成》，115。

LM20-1468-16-02　願文

西州回鶻時期。

參：《旅博選粹》，184。

LM20-1468-16-03　《大般涅槃經》卷八

北涼曇無讖譯，CBETA，T12，no.374，p.411，a19。高昌國時期。

LM20-1468-16-04　《梁朝傅大士頌金剛經序》

作者不詳，CBETA，T85，no.2732，p.1，b4–5，b17–19。第 1、2 行 CBETA 在 3、4 行後。西州回鶻時期。

LM20-1468-16-05　佛典殘片

西州回鶻時期。

LM20-1468-16-06　佛典殘片

高昌國時期。

LM20-1468-16-07　《大智度論》卷一〇

姚秦鳩摩羅什譯，CBETA，T25，no.1509，p.129，a8–11，"任"作"䊸"，"是時比丘"作"是比丘"。高昌郡時期。

參：《旅博選粹》，20。

LM20-1468-16-08　《大方廣佛華嚴經》卷五（五十卷本）

東晉佛陀跋陀羅譯，《中華大藏經》第 12 册，55a18–22；參 CBETA，T09，no.278，p.430，b15–17。高昌國時期。

LM20-1468-16-09　《大般若波羅蜜多經》卷一一三

唐玄奘譯，CBETA，T05，no.220，p.621，b17–21。唐時期。

LM20-1468-16-10　《佛説灌頂經》卷一二

東晉帛尸梨蜜多羅譯，CBETA，T21，no.1331，p.533，a15–16。西州回鶻時期。

LM20-1468-17-01　《大般涅槃經》卷三

北涼曇無讖譯，CBETA，T12，no.374，p.379，a18–25。唐時期。

LM20-1468-17-02　《佛説佛名經》卷一二

元魏菩提流支譯，CBETA，T14，no.440，p.180，b9–12。唐時期。

LM20-1468-17-03　《佛説無常經》

唐義净譯，CBETA，T17，no.801，p.746，a28–b4。西州回鶻時期。

LM20-1468-17-04　佛名經

參梁諸大法師集撰《慈悲道場懺法》卷三，CBETA，T45，no.1909，p.934，b21–23。高昌國時期。

LM20-1468-17-05　《妙法蓮華經》卷七

姚秦鳩摩羅什譯，CBETA，T09，no.262，p.57，a9–14。唐時期。

LM20-1468-17-06　《修行本起經》卷上

後漢竺大力、康孟詳譯，CBETA，T03，no.184，p.464，b20–21。西州回鶻時期。

LM20-1468-17-07　《金剛般若波羅蜜經》

元魏菩提流支譯，CBETA，T08，no.236a，p.756，b27–28。西州回鶻時期。

LM20-1468-17-08　《摩訶般若波羅蜜經》卷一一

姚秦鳩摩羅什譯，CBETA，T08，no.223，p.301，a4–5。高昌國時期。

LM20-1468-17-09　經帙籤題

參唐道宣撰《大唐内典録》卷八，CBETA，T55，no.2149，p.305，c16–17。西州回鶻時期。

LM20-1468-17-10　佛典殘片

西州回鶻時期。背面有殘筆劃，無法揭取拍攝。

LM20-1468-17-11　《妙法蓮華經》卷七

姚秦鳩摩羅什譯，CBETA，T09，no.262，p.58，b21–24。西州回鶻時期。

LM20-1468-17-12 《新刪定四分僧戒本》

唐道宣撰，CBETA，X39，no.707，p.273，a19。有朱筆句讀。西州回鶻時期。

LM20-1468-17-13 《大般涅槃經》卷一四

北涼曇無讖譯，CBETA，T12，no.374，p.448，c8-10。唐時期。

LM20-1468-17-14 佛典殘片

西州回鶻時期。

LM20-1468-17-15 《大般若波羅蜜多經》卷一

唐玄奘譯，此段文字多處可見。唐時期。

LM20-1468-18-01 《讚僧功德經》

作者不詳，CBETA，T85，no.2911，p.1457，c19-20。唐時期。

LM20-1468-18-02 《太上洞玄靈寶智慧定志通微經》

作者不詳，約出於東晉，《正統道藏》第5册890b16-19。唐時期。

參：趙洋2017a，187；趙洋2017b，198。

LM20-1468-18-03 《大般涅槃經》卷二六

北涼曇無讖譯，CBETA，T12，no.374，p.529，b17-c2，"如是耶"作"如是問也"。唐時期。

LM20-1468-18-04r 佛典注疏

高昌國時期。

LM20-1468-18-04v 《維摩義記》卷三

隋慧遠撰，CBETA，T38，no.1776，p.495，c4-9，"三一分別"作"分別有三一"。唐時期。

無法揭取拍攝。

LM20-1468-18-05 《金剛般若波羅蜜經》

姚秦鳩摩羅什譯，CBETA，T08，no.235，p.749，c15-16。唐時期。

LM20-1468-18-06 《妙法蓮華經》卷七

姚秦鳩摩羅什譯，CBETA，T09，no.262，p.61，b14-17。唐時期。

LM20-1468-18-07 佛典注疏

高昌國時期。

LM20-1468-18-08 《妙法蓮華經》卷五

姚秦鳩摩羅什譯，CBETA，T09，no.262，p.46，b2-6。唐時期。

LM20-1468-18-09r 《增壹阿含經》卷五一

東晉僧伽提婆譯，CBETA，T02，no.125，p.825，c25-26。唐時期。

LM20-1468-18-09v 胡語殘片

無法揭取拍攝。

LM20-1468-18-10 《千字文》

西州回鶻時期。

參: 朱玉麒、孟彦弘 2019, 44。

LM20-1468-18-11　佛典殘片

唐時期。

LM20-1468-18-12　《佛本行集經》卷二〇

隋闍那崛多譯, CBETA, T03, no.190, p.744, c13-18。高昌國時期。

參: 段真子 2019, 161。

LM20-1468-18-13　佛典殘片

唐時期。

LM20-1468-19-01　《妙法蓮華經》卷六

姚秦鳩摩羅什譯, CBETA, T09, no.262, p.48, a3-6。高昌國時期。

LM20-1468-19-02　《千字文》

西州回鶻時期。

參: 朱玉麒、孟彦弘 2019, 44。

LM20-1468-19-03　《千字文》

西州回鶻時期。

參: 朱玉麒、孟彦弘 2019, 44。

LM20-1468-19-04　佛典殘片

西州回鶻時期。

LM20-1468-19-05　佛典殘片

參唐懷信述《釋門自鏡録》卷上, CBETA, T51, no.2083, p.813, b27-c1。西州回鶻時期。

LM20-1468-19-06　《妙法蓮華經》卷三

姚秦鳩摩羅什譯, CBETA, T09, no.262, p.22, c4-9。唐時期。

LM20-1468-20-01　《佛說觀佛三昧海經》卷二

東晉佛陀跋陀羅譯, CBETA, T15, no.643, p.651, b6-9。高昌國時期。

LM20-1468-20-02　《太上洞玄靈寶智慧本願大戒上品經》

作者不詳, 約出於東晉, 與敦煌本 P.2468 第 80-85 行同。《正統道藏》第 6 册 158b5-10, "玩服" 作 "玩好"。唐時期。

參: 趙洋 2017a, 188; 趙洋 2017b, 197-198。

LM20-1468-20-03　《法句經序》

參梁僧祐撰《出三藏記集》, 卷七 CBETA, T55, no.2145, p.50, a14-17。高昌國時期。

LM20-1468-20-04　《妙法蓮華經》卷六

姚秦鳩摩羅什譯, CBETA, T09, no.262, p.51, c11-15。唐時期。

LM20-1468-20-05　《大般若波羅蜜多經》卷五三〇

唐玄奘譯, CBETA, T07, no.220, p.720, c2-4。唐時期。

LM20-1468-20-06 《菩薩地持經》抄

參北涼曇無讖譯《菩薩地持經》，第 1 行見 CBETA, T30, no.1581, p.903, a12–13，第 2、3 行見 CBETA, T30, no.1581, p.904, c1–2。高昌國時期。

LM20-1468-20-07 《大般涅槃經》卷一五

北涼曇無讖譯，CBETA, T12, no.374, p.455, b13–16。高昌國時期。

LM20-1468-20-08 《正法念處經》卷六二

元魏般若流支譯，CBETA, T17, no.721, p.368, b24–29。高昌國時期。

LM20-1468-20-09 《維摩詰所説經》卷下

姚秦鳩摩羅什譯，CBETA, T14, no.475, p.556, b20–23。高昌國時期。

參：王梅 2006, 156。

LM20-1468-21-01 《佛説彌勒下生成佛經》

姚秦鳩摩羅什譯，CBETA, T14, no.454, p.423, c9–13。唐時期。

LM20-1468-21-02 《佛説灌頂經》卷四

東晉帛尸梨蜜多羅譯，CBETA, T21, no.1331, p.508, b13–16。唐時期。

LM20-1468-21-03 《大方廣佛華嚴經》卷四五

唐實叉難陀譯，CBETA, T10, no.279, p.237, c25–29。唐時期。

LM20-1468-21-04 《維摩詰所説經》卷下

姚秦鳩摩羅什譯，CBETA, T14, no.475, p.553, b18–22。有朱筆句讀。唐時期。

LM20-1468-21-05 《維摩義記》

參敦煌本 P.2273（《法藏敦煌西域文獻》第 10 册，317 頁上）。高昌國時期。

參：橘堂晃一 2006a, 87; 榮新江 2019a, 27。

LM20-1468-21-06 《妙法蓮華經》卷四

姚秦鳩摩羅什譯，CBETA, T09, no.262, p.29, a10–12。高昌國時期。

LM20-1468-21-07 《十方千五百佛名經》

譯者不詳，CBETA, T14, no.442, p.312, c10–13。高昌國時期。

LM20-1468-21-08 《妙法蓮華經》卷三

姚秦鳩摩羅什譯，CBETA, T09, no.262, p.24, c24–26。唐時期。

LM20-1468-21-09 《佛説灌頂經》卷一二

東晉帛尸梨蜜多羅譯，CBETA, T21, no.1331, p.532, b26–28。唐時期。

LM20-1468-21-10 《放光般若經》卷一一

西晉無羅叉譯，CBETA, T08, no.221, p.80, b27–29，"如是須菩提"作"須菩提"。高昌郡時期。

LM20-1468-21-11 《妙法蓮華經》卷三

姚秦鳩摩羅什譯，CBETA, T09, no.262, p.22, a26–b1。唐時期。

LM20-1468-21-12　《妙法蓮華經》卷二

姚秦鳩摩羅什譯，CBETA, T09, no.262, p.18, a18–24。高昌國時期。

LM20-1468-22-01　佛典殘片

高昌國時期。

LM20-1468-22-02　佛名經

唐時期。

LM20-1468-22-03　佛典殘片

唐時期。

LM20-1468-22-04　佛典殘片

唐時期。

LM20-1468-22-05　《合部金光明經》卷六

北涼曇無讖譯，隋寶貴合，CBETA, T16, no.664, p.386, c19–24。唐時期。

LM20-1468-22-06　佛典殘片

唐時期。

LM20-1468-22-07　《佛説佛名經》卷一一

譯者不詳，CBETA, T14, no.441, p.228, c14–17。唐時期。

LM20-1468-22-08　《菩薩善戒經》卷一

劉宋求那跋摩譯，CBETA, T30, no.1582, p.965, c15–21。高昌國時期。

參：《旅博選粹》，65。

LM20-1468-23-01　《妙法蓮華經》卷三

姚秦鳩摩羅什譯，CBETA, T09, no.262, p.20, b6–8。唐時期。

LM20-1468-23-02　佛典殘片

高昌國時期。

LM20-1468-23-03　《洞玄靈寶長夜之府九幽玉匱明真科》

作者不詳，約出於東晉，與敦煌本 P.2730 第 17–19 行同，《正統道藏》第 34 册，380b13–15。唐時期。

參：趙洋 2017a, 186; 趙洋 2017b, 197。

LM20-1468-23-04　《妙法蓮華經》卷六

姚秦鳩摩羅什譯，CBETA, T09, no.262, p.48, c1–4。唐時期。

LM20-1468-23-05　《御製道德真經疏》卷七

唐玄宗撰，《正統道藏》第 11 册，791b1–3。唐時期。

參：游自勇 2017, 150–151。

LM20-1468-23-06　《大方廣佛華嚴經》卷四五

唐實叉難陀譯，CBETA, T10, no.279, p.237, c24–26。唐時期。

LM20-1468-23-07　《金光明最勝王經》卷四

唐義净譯，CBETA，T16，no.665，p.422，a29–b2。唐時期。

LM20-1468-23-08　《妙法蓮華經》卷二

姚秦鳩摩羅什譯，CBETA，T09，no.262，p.16，b24–28。唐時期。

LM20-1468-24-01　《合部金光明經》卷一

梁真諦譯，隋寶貴合，CBETA，T16，no.664，p.362，b25–p.363，a2。唐時期。

參:《旅博選粹》，134。

LM20-1468-24-02　《大般若波羅蜜多經》卷一九五

唐玄奘譯，CBETA，T05，no.220，p.1047，a17–b9，"士夫"皆作"我"。唐時期。

LM20-1468-25-01　《量處輕重儀》

唐道宣輯叙，CBETA，T45，no.1895，p.851，b9–13。唐時期。

參:《旅博選粹》，150。

LM20-1468-26-01　《妙法蓮華經》卷五

姚秦鳩摩羅什譯，CBETA，T09，no.262，p.38，b9–18。右上角有貼附殘片，無法揭取。唐時期。

LM20-1468-26-02　《妙法蓮華經》卷四

姚秦鳩摩羅什譯，CBETA，T09，no.262，p.33，c22–p.34，a17，第5行"涼"作"净"。唐時期。

LM20-1468-27-01　《金光明經》卷三

北涼曇無讖譯，CBETA，T16，no.664，p.391，b10–11。唐時期。

LM20-1468-27-02　《梵網經菩薩戒序》

作者不詳，CBETA，T24，no.1484，p.1003，a25–29，"是時"作"難保"。西州回鶻時期。

LM20-1468-27-03　《金剛仙論》卷八（異本）

元魏菩提流支譯，CBETA，T25，no.1512，p.855，b2–14。高昌國時期。

參:《旅博選粹》，158；李昀 2017，93–94。

LM20-1468-28-01　《金剛般若波羅蜜經論》卷上

元魏菩提流支譯，CBETA，T25，no.1511，p.782，a10–b1。唐時期。

參:《旅博選粹》，144；李昀 2017，94。

LM20-1468-28-02　《注維摩詰經》卷八

姚秦僧肇撰，CBETA，T38，no.1775，p.399，a6–12。唐時期。

LM20-1468-29-01　《金光明最勝王經》卷五

唐義净譯，CBETA，T16，no.665，p.422，c7–19。西州回鶻時期。

參:《旅博選粹》，135。

LM20-1468-29-02　比丘尼壇文

參姚秦弗若多羅、羅什譯《十誦律》卷二一，CBETA，T23，no.1435，p.331，c25–p.332，

a21。高昌國時期。

LM20-1468-30-01　羯磨文（？）

高昌國時期。

參：《旅博選粹》，164。

LM20-1468-30-02　比丘尼壇文

高昌國時期。

參：《旅博選粹》，164。

LM20-1468-31-01　《妙法蓮華經》卷六

姚秦鳩摩羅什譯，CBETA，T09，no.262，p.47，c21-p.48，a9。唐時期。

LM20-1468-31-02　《根本説一切有部毗奈耶雜事》卷三

唐義淨譯，CBETA，T24，no.1451，p.216，a24-b3。唐時期。

LM20-1468-32-01　《迦丁比丘説當來變經》

譯者不詳，CBETA，T49，no.2028，p.9，a24-b16，第 5 行“比丘即煞”作“即以鐵杵打殺”、
“留”作“流”，第 6 行“即”作“復”、“煞”作“殺”，第 7 行“變”作“反”、“激”作“叫”，
第 9 行“惡”作“變”，第 11 行“戒”作“法”。高昌國時期。

參：《旅博選粹》，151。

LM20-1468-32-02　《中阿含經》卷二四

東晉僧伽提婆譯，CBETA，T01，no.26，p.583，a3-9。高昌國時期。

LM20-1468-32-03　《妙法蓮華經》卷五

姚秦鳩摩羅什譯，CBETA，T09，no.262，p.43，c28-p.44，a5。唐時期。

LM20-1468-33-01a　《太上洞玄靈寶昇玄內教經》卷九

作者不詳，與敦煌本 P.2750 第 57-60 行同。唐時期。

參：趙洋 2017a，188；趙洋 2017b，204-205。

LM20-1468-33-01b　《妙法蓮華經》卷五

姚秦鳩摩羅什譯，CBETA，T09，no.262，p.38，b11-12。唐時期。

LM20-1468-33-02　《太玄真一本際經》卷一

隋劉進喜撰，唐李仲卿續，與敦煌本 P.3371 第 59-61 行同，相當於葉貴良《敦煌本〈太
玄真一本際經〉輯校》（巴蜀書社，2010 年）21 頁録文 8-10 行。唐時期。

參：趙洋 2017a，190；趙洋 2017b，207-208。

LM20-1468-33-03　唐某隊名籍

唐時期。

LM20-1468-34-01　《摩訶般若波羅蜜經》卷二五

姚秦鳩摩羅什譯，CBETA，T08，no.223，p.405，b10-c23。高昌國時期。

參：《旅博選粹》，78；橘堂晃一 2010，93。

LM20-1468-35 空號

LM20-1468-36-01 《放光般若經》卷一八

西晉無羅叉譯，CBETA，T08，no.221，p.129，b1–24。唐時期。

參：《旅博選粹》，91。

LM20-1468-37-01 《大般涅槃經》卷一〇

北涼曇無讖譯，CBETA，T12，no.374，p.424，c12–16。唐時期。

LM20-1468-37-02 《大般涅槃經》

北涼曇無讖譯，此段文字多處可見。唐時期。

LM20-1468-37-03 佛經經題

唐時期。

LM20-1468-37-04 佛經經題

唐時期。

參：《旅博選粹》，175。

LM20-1468-38-01 寫經題記

高昌國時期。

LM20-1468-38-02 佛經外題

唐時期。

LM20-1468-38-03 佛經外題

唐時期。

LM20-1468-38-04 《妙法蓮華經》外題

姚秦鳩摩羅什譯。唐時期。

LM20-1468-38-05 佛經經題

唐時期。

LM20-1468-38-06 佛典殘片

唐時期。

LM20-1468-38-07 佛經經題

唐時期。

LM20-1468-38-08 《大般涅槃經》經題

高昌國時期。

LM20-1468-38-09 佛經外題

唐時期。

LM20-1468-38-10 佛經外題

唐時期。

LM20-1468-38-11 佛典殘片

高昌國時期。

LM20-1468-38-12　寫經題記

高昌郡時期。

參:《旅博選粹》, 175。